네트워크 접근통제 시스템 구축

오픈소스를 활용한 802.1X 기반의
개방형 정보보안 플랫폼 개발

네트워크 접근통제 시스템 구축

이민철 지음 | 김정호 감수

i!i
에이콘

이 책에 쏟아진 찬사

우리 시대의 보안 레시피, 맛과 영양을 한꺼번에! 드디어 맛과 영양이 어우러진 소중한 책이 우리들 손에 들어왔다. 이 책은 저자가 연구 및 산업 현장에서 건진 맛깔 나는 내용으로 채운 걸작이다. 처음 감수를 요청받았을 때 경이로움을 금치 못했다. 우선, 책의 분량이 적지 않은 규모인 데다가, 이 책에서 주로 다루는 802.1X는 그간 학계뿐만 아니라 정보보안 현장에서도 주목받지 못하는 주제였기 때문이다. 이 책을 통해 802.1X를 다시금 주목하게 되었다. 이 책에서 저자는 현장의 언어로 802.1X를 풀이하고 적용을 제시할 뿐 아니라, 끊임없이 자기 갱신과 발전을 위해 힘쓰는 모습을 보여주고, 고심이 서려 있는 노하우를 과감하게 공개한다. 또한 오픈소스 소프트웨어를 사용해 누구나 어렵지 않게 네트워크 접근통제를 구현하도록 적용하고 있다. 이 책은 정보보안 업무에 종사하는 이들뿐만 아니라, 정보보안 전문가를 꿈꾸는 많은 사람 곁에서 생기 넘치는 올바른 방향과 통찰력을 제공할 것이다.

– 김정호 / 국립한밭대학교 교수

굵직굵직한 정보보안 사고가 발생할 때마다 해양수산사이버안전센터[OSEC]의 수장으로서 막중한 책임을 느낀다. 그리고 우리나라 해양과 항만 관련 정보보호를 위한 효과적인 방안도 고민하지 않을 수 없다. 저자가 책에서 말하고 있듯이, 효과적인 정보보안의 시작점은 시스템과 서비스에 대한 접근통제이며 지금은 진화하는 보안 위협에 대응하기 위한 새로운 시각이 요구되는 시점이다. 이 책은 네트워크와 정보보안 체계 구축과 관련해 새로운 시각을 갖게 하는 티핑포인트가 될 것이다. 우리나라 저자, 특히 해양수산부 산하 기관에서 근무했던 저자에 의해 이러한 책이 쓰이게 된 것을 매우 기쁘게 생각한다.

– 강재화 / 해양수산부 부이사관(정보화담당관)

오늘날 네트워크 세상은 보안과의 전쟁 중이라 해도 과언이 아니다. 따라서 네트워크에 대한 원천적인 접근통제는 더욱 더 중요하게 여겨진다. 이 책은 802.1X에 대한 자세한 설명뿐만 아니라, 이전의 접근통제 기술에 대한 자세한 설명이 어우러져 802.1X를 활용하는 데 많은 도움을 준다. 802.1X가 뭔지 모르더라도 누구든 쉽게 읽을 수 있고, 그것을 통한 접근통제가 얼마나 효과적인지 잘 알 수 있게 설명하고 있다. 또한 저자가 직접 수행한 실제 프로젝트를 예로 들며 시나리오 중심으로 서술되어, 이 책을 다 읽으면 마치 프로젝트를 모두 직접 수행했다는 느낌이 들 정도다. 실무에서의 프로젝트는 항상 이론적인 결과로 쉽게 진행되지 않는다. 각 시나리오에 대한 프로젝트를 하나하나 진행할 때마다 저자가 경험했던 예상하지 못한 결과를 극복해가는 과정이 무척 좋았고, 이를 담으려는 저자의 노고가 느껴졌다.

– 정철윤 / 『시스코 라우팅 완전 분석』 저자

한마디로, 시원하다! 다양한 정보보안 솔루션을 운영하면서도 채워지지 않는 갈증이 있었다. 바로 IP 주소 관리와 네트워크 접근통제다. 802.1X와 DHCP를 응용해 제시하는 저자의 해법은 타의 추종을 불허한다. 시나리오만 읽어봐도 저자의 깊은 고민을 느낄 수 있으며, 한 단계 한 단계 진행할수록 나 같은 관리자의 고민들을 속속들이 파헤치고 이에 대한 명쾌한 해결책을 제시한다. 네트워크 또는 정보보안 관리자라면 반드시 일독을 권한다.

– 이도섭 / 국가핵융합연구소 선임기술원

지은이 소개

이민철(way.of.cross@gmail.com)

극지연구소에서 선임기술원으로 근무했다. 네트워크 및 정보보안, 극지과학데이터 관리 업무를 수행했으며, 남극자료관리상임위원회[SCADM] 한국대표, 과학기술사이버 안전센터[SnT-SEC]와 과학기술연구망[KREONET] 실무자협의회의 운영위원으로 활동했다. 현재 국립한밭대학교 정보통신전문대학원에 재학 중이며 과학데이터 관리체계 구축 및 분석, 네트워크 접근통제에 관심이 있다.

지은이의 말

"그러나 하나님께서 세상의 미련한 것들을 택하사 지혜 있는 자들을 부끄럽게 하려 하시고 세상의 약한 것들을 택하사 강한 것들을 부끄럽게 하려 하시며…." (고린도전서 1:27)

가장 먼저 살아계신 하나님께 모든 감사와 영광과 찬양을 올려드립니다. 늘 부족한 저에게 하나님의 은혜와 도우심이 없었다면 이 책은 세상의 빛을 볼 수 없었을 것입니다. 그리고 전 세계에 있는 오픈소스 소프트웨어 개발자 분들의 헌신에 감사 드립니다. 만약 이분들의 헌신이 없었다면 이 책의 기획은 물론이거니와 이 책에서 구현하고 있는 모든 기능의 구현은 꿈도 꾸지 못했을 것입니다.

그리고 지금의 제가 있기까지 항상 응원해주시고 도움을 주셨던 모든 분들께 감사를 드립니다. 이 책이 나오기까지 도움을 주시고 응원해주신 모든 분들의 이름을 언급하고 싶지만, 참으로 많은 분들이 도움을 주셔서 혹여 이름이 누락되어 마음 상하게 하진 않을까 우려하는 마음에 한 분 한 분의 이름을 적지는 않습니다. 저를 알고 계시는 모든 분들이 고마움과 감사의 대상입니다.

마지막으로, 힘겨운 여건 속에서도 802.1X 프로젝트를 성공적으로 마무리할 수 있도록 협력해준 (주)한경아이넷 임직원 여러분과 책의 출판을 위해 수고해주신 에이콘출판사 김희정 부사장님과 전도영 실장님 그리고 모든 스탭 분들께 감사를 드립니다.

다시 한 번 모든 분께 감사 드립니다.

2015년 새해를 열며
이 민 철

감수자 소개

김정호

국립한밭대학교 컴퓨터공학과 교수로 재직 중이며 공학박사, 기술사다. 네트워크와 데이터통신, 정보보호, 통신서비스를 주로 연구한다.

[기술 자문]

이도섭

국가핵융합연구소에서 선임기술원으로 네트워크 및 정보보안 업무를 수행한다. 과학기술사이버안전센터^{SnT-SEC} 실무자협의회 운영위원으로 활동 중이며, SDN^{Software Defined Network}, 보안 인프라 설계 및 구축, 클라우드, 가상화 및 VDI 기반의 망 분리에 관심이 많다.

호태용

(주)DH기술에 기술이사로 재직 중이다. 10년 이상 국가과학기술연구망^{KREONET} 운영 지원, 공공기관 및 정부출연연구소 네트워크 컨설팅 및 구축, 유무선 802.1X 인증체제 구축 경험을 갖고 있으며, 인증 네트워크^{Authentication Network}, SIEM^{Security Information and Event Management} 기반의 위협분석, SDN 등의 최신 이슈에 관심이 있다.

목차

4장   802.1X 인증 맛보기   207

5장   DHCP를 이용한 IP 주소 관리 자동화   247

다양한 정보보안 솔루션이 출시되는 이 시대에 IEEE^{Institute of Electrical and Electronics} ^{Engineers} 802.1X(이하 '802.1X')는 뜬금없는 주제일 수 있다. 더욱이 네트워크 접근통제와 관련된 솔루션이라면 더욱 그렇다. 802.1X는 약 15년 전인 2001년에 표준으로 정립되었지만 아직까지 빛을 보지 못한 기술이기 때문이다. 빛을 못 봤다고 표현하면 과한 것일까? 사실 802.1X는 알게 모르게 우리의 주변에서 활용되고 있다. 와이파이^{Wi-Fi} 연결을 위한 인증의 핵심에 802.1X가 이용되기 때문이다. 그런데도 빛을 못 봤다고 표현한 이유는 802.1X는 원래 유선 네트워크를 위해 제정된 표준임에도 유선 네트워크에 적용된 사례를 쉽게 찾아볼 수 없기 때문이다.

네트워크 접근통제에 관심이 있는 독자라면 802.1X가 얼마나 강력한 접근통제 기능을 제공하는지 알고 있을 것이다. 하지만 몇 가지 걸림돌로 인해 쉽사리 도입되지 못했고, 그 자리를 다른 네트워크 접근통제에 내줬다. 우선 네트워크 장비에서 802.1X를 지원하지 않았을 뿐만 아니라, 대부분의 운영체제가 802.1X를 지원하지 않았고 802.1X 인증을 위한 환경 설정 절차가 복잡했기 때문이다. 최근 들어 이러한 걸림돌이 거의 제거되었지만, 관리자의 관심을 802.1X로 돌릴 수 있는 기회가 쉽사리 찾아오지는 않았다.

나 역시 네트워크와 정보보안을 10여 년 가까이 수행했음에도, 802.1X에 대해 구체적으로 알지 못했다. 802.1X라는 것이 있다는 사실을 아는 정도였다. 때문에 처음부터 802.1X를 네트워크에 적용해볼 생각은 없었다. 그저 IP^{Internet Protocol} 주소를 좀 더 효율적으로 관리할 수 있는 방법을 찾던 중에 우연히 802.1X를 접할 수 있었고, 결국 IP 주소 관리와 연계한 네트워크 접근통제시스템을 구축하게 되었다.

만약 나도 처음부터 네트워크에 적용하려는 목적으로 802.1X를 시작했다면, 이 책에서 제공하는 기능들을 구현할 수 없었을 것이다. 802.1X가 관리자로부터 환영받지 못했던 이유 중 하나가 802.1X 자체가 수많은 인증체제 중 하나이기 때문이다. 이미 다양한 인증체제가 도입된 상황에서 네트워크 접속 과정을 통제하기 위해 추가적으로 인증시스템을 도입하는 것과, 더욱이 레퍼런스 사이트가 확보되지 않은 802.1X를 네트워크에 적용하는 일은 여간 부담스러운 일이 아닐 수 없다.

이 책은 그동안 멀찌감치 떨어져서 바라보기만 했던 802.1X에 쉽게 다가갈 수 있는 방법을 제공하기 위해 쓰여졌다. 사실 나는 네트워크 전문가도 아니고, 정보보안 전문가도 아니다. 그렇다고 훌륭한 애플리케이션 개발자도 아니다. 10년간 근무했던 직장에 IT^{Information Technology} 전공자가 한 명뿐이었기 때문에 어쩔 수 없이 네트워크와 정보보안 업무를 다른 업무와 병행할 수밖에 없었다. 그 덕분인지 손이 많이 가는 업무를 효율적으로 처리할 수 있는 방법을 찾게 되었다. IP 주소 관리는 가장 빨리 효율화시켜야 할 업무 중 하나였다. IP 주소 관리의 해법을 찾는 와중에 802.1X와 조우하게 되었고, DHCP^{Dynamic Host Configuration Protocol}와 연계해 네트워크 접근통제를 구축했다.

이 책의 대상 독자

- 정보보안 또는 네트워크 관련 의사결정자
- 유연한 네트워크를 설계하고자 하는 네트워크 엔지니어
- 효과적인 접근통제 방안을 고민하는 정보보안 담당자
- 차별화된 기능 구현을 원하는 정보보안 시스템 개발자
- 정보보안 전문가를 꿈꾸는 학생

이 책에서 다루는 내용

이 책에서는 내가 구현한 네트워크 접근통제의 개념과 구조, 그리고 구현 방법을 상세히 설명한다. 이 책은 총 10개 장으로 구성된다. 첫 장과 마지막 장을 제외한 나머지 장들은 선후 관계로 밀접하게 연결되어 있어 순서대로 진행해야만 한다. 마

음 같아서는 독자의 필요에 따라 내용을 발췌해 사용할 수 있도록 각각의 장을 독립적으로 구성하고 싶었지만, 전체가 하나의 시스템으로 동작해야 하기 때문에 그렇게 하지는 못했다. 각 장의 내용은 다음과 같다.

제일 먼저 1장에서는 정보보안체계, 네트워크 구성, 그리고 네트워크 접근통제의 문제점에 대해 살펴보고, 이에 대한 대안으로 802.1X를 제시한다.

2장에서는 802.1X 기반 네트워크 접근통제 구현을 위한 다음 8개의 시나리오를 소개한다. 각각의 시나리오는 네트워크 또는 정보보안 담당자가 현장에서 경험한 문제를 제시하고 이에 대한 해결 방법을 설명하는 형식을 취한다.

- DHCP를 이용한 IP 주소 할당 자동화

- 사용자 인증을 통한 IP 주소 할당

- 사용자 인증 절차 간소화

- 사용자 권한별 네트워크 및 시스템 접근통제

- 인사이동에 따른 접근권한 변경

- 캡티브 포털을 이용한 단말기 환경 설정

- 장기 미사용 단말기 인증 해제

- 망 분리와 사용자 인증

3장에서는 네트워크 접근통제 구현을 위한 환경을 구성한다. 이 장에서는 기본적인 네트워크 설계, 네트워크 장비와 인증서버 환경 설정 등을 실제 운영환경과 동일하게 진행한다.

4장에서는 802.1X에 의해 어떻게 네트워크 접근통제가 이뤄지는지 간단하게 살펴본다. 단말기에 802.1X 환경 설정을 진행하고, 인증서버에 사용자 계정을 설정하고, 인증을 통해 VLAN^Virtual Local Area Network을 할당하고, DHCP를 통해 IP 주소를 할당하는 과정을 확인한다.

5장에서는 DHCP를 이용한 IP 주소 할당 방법에 대해 알아본다. 이 장의 핵심은 DHCP와 MySQL DBMS^Database Management System를 연동하고 DHCP를 통해 IP 주소를 고정으로 할당하는 메커니즘을 구현하는 것이다.

6장에서는 802.1X 인증과 DHCP를 연계해 IP 주소 실명제를 구현하고, 사용자 인증을 통과한 장치에 대한 단말기 인증과 802.1X를 지원하지 않는 단말기에 대한 인증 방법을 살펴본다.

7장에서는 업무에 따른 네트워크 접근통제, 인사이동에 따른 접근통제정책 변경, 퇴직자 단말기에 대한 접근통제, 장기 미사용 단말기에 대한 접근통제 구현 방법을 살펴본다.

8장에서는 캡티브 포털을 통해 사용자 단말기에 대한 802.1X 인증환경 자동화를 설명한다.

9장에서는 각각 독립적인 ISP^Internet Service Provider를 사용하는 2개의 네트워크를 하나의 관리체계를 이용해 접근통제하는 방법에 대해 알아본다.

마지막으로 10장에서는 정적 네트워크에서 802.1X 네트워크 접근통제 환경으로 전환하는 방법에 대해 알아본다. 많은 관리자가 802.1X 도입의 필요성에 대해 공감하면서도 쉽게 도입하지 못하는 것은 전환의 어려움 때문이다. 이 장에서는 빅뱅 전환, 스텔스 전환, 점진적 전환의 세 가지 방법을 통해 관리자의 고민을 해결해 주고자 한다.

이 책은 네트워크 또는 정보보안 실무자를 대상으로 한다. 그러나 각각의 시나리오를 구현하면서 '이렇게까지 구체적으로 설명해야만 했을까?'라는 생각을 하게 될 수도 있다. 앞서 제시한 사항들을 구현하기 위해서는 정보보안, 네트워크, 데이터베이스, 보안 프로토콜, 웹 프로그래밍 등 다양한 분야의 지식이 요구된다. 상세한 설명이 필요할 수 있는 독자를 배려하는 마음에서 때론 지나치다고 생각할 만큼 상세한 설명과 배경지식을 포함했다. 이러한 점 때문에 독자 여러분이 받아들이기에 핵심을 비켜가거나 내용이 산만한 부분도 있을지 모른다. 이런 점은 모두 책을 처음 집필한 내 미숙함에서 비롯되는 것이므로, 독자 여러분에게 미리 양해를 구하고 싶다. 한편, 모든 내용을 이미 잘 알고 있는 독자에게는 미안한 마음을 전하고 싶다. 마찬가지로, 이 책에서 발견되는 오류와 버그는 802.1X를 빨리 소개하고 싶었던 내 성급함 때문으로 이해해주길 바란다.

마지막으로, 이 책이 802.1X에 대한 독자들의 궁금증을 해소하고 이해의 수준을 높이는 데 도움이 되길 소원한다.

1장

정보보안, 기초 체력이 중요하다

2002년 히딩크 감독이 이끈 '월드컵 4강 신화'는 대한민국 국민이라면 모두가 생생하게 기억하고 있을 것이다. 우리나라 대표팀이 4강에 올라설 수 있었던 가장 큰 원인으로 당시 전문가들은 우리 선수들의 강한 기초체력을 꼽았다. 기초체력을 기반으로 하는 압박축구. 이것이 히딩크 감독이 내세운 전략의 핵심이었다. 그리고 이것을 이뤄내기 위해 선수들은 하루에도 몇 번씩 천국과 지옥을 오가는 체력훈련을 견뎌내야만 했다. 체격적인 조건에서 우위에 있는 유럽 선수들과 경쟁해서 이기려면 상대 선수에 대한 강력한 압박이 요구되었고, 이를 경기 시간 내내 구사하기 위해서는 강인한 체력이 요구되었기 때문이다.

그럼 정보보안에서 기초체력은 무엇일까? 이번 장에서는 정보보안에서의 기초체력이 무엇인지 살펴보고, 효과적인 기초체력 향상 방안에 대해 알아보자.

1.1 정보보안 기초체력

지금부터 정보보안을 위한 기초체력을 다지기 위해 정보보안 현상에 대한 이해를 시작으로 정보보안 솔루션과 정보보안체계에 대한 내용을 차례로 살펴본다.

1.1.1 정보보안 현상 바로 보기

세상을 떠들썩거리게 만들었던 몇몇 '인터넷 대란'과 인터넷 포털, 통신, 금융 분야에서 고루 발생했던 개인정보 유출 사고는 온 국민이 정보보안의 중요성을 인식하는 계기가 되고 있다. 다만 현장의 정보보안 담당으로서는 사고 후에 발표되는 많은 후속대책이 '단지 후속대책을 위한 후속대책' 정도에 머무르는 게 아닌가라는 아쉬움이 들 때가 많다. 후속대책에 상응하는 투자와 지원이 지연되는 것처럼 보이기 때문이다. 그림 1-1에서 볼 수 있듯이 현재 50% 이상의 기업들이 정보보안에 대해 전혀 투자하지 않고 있으며, 투자하는 기업도 전체 정보화 예산 중에서 극히 일부만 정보보안에 투자하고 있는 것이 우리나라의 현실이다.

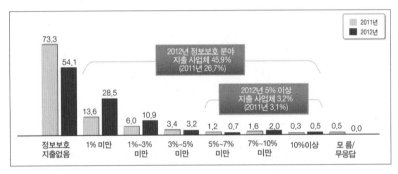

그림 1-1 기업의 정보화 예산 중 정보보호 예산 비율 [출처: 2014 국가정보보호 백서, KISA]

일반적으로 정보보안 업무는 보안 사고가 발생하지 않을 때 최고의 평가를 받아야 함에도 불구하고, 대부분의 경영자들은 정보보안을 '계륵鷄肋'으로 받아들이고 있다. 기업 간의 경쟁이 심화되면서 비용 절감과 경영 효율화를 통한 수익 극대화를 위해 일부 기업에서는 종이 한 장까지도 아끼려 하는 상황인 터라, 적지 않은 비용 투자를 요구하는 정보보안이야말로 부담스럽게 느껴지기 때문이다. 이와 더불어 정보보안과 관련된 법률과 규제가 늘어나면서 투자의 대상이 될 정보보안의 범위도 점차 확대되고 있다. 예를 들어 불과 몇 년 전까지만 하더라도 개인정보에 관한 법률은 존재하지 않았고, 단지 서비스 제공자의 선의(?)에 맡겨두고 있었다. 그러나 개인정보의 무분별한 수집 및 이용을 목적으로 하는 범죄와 같은 악의적 이용이 증가하면서 '개인정보보호법'을 제정하고 시행하기에 이르렀다. 또한 망 분리,

데이터베이스 암호화, 보조기억매체 사용 통제, 내부정보유출 방지^{DLP} 등과 같은 기술적 보안조치는 물론, 정보보안관리체계^{ISMS, Information Security Management System} 인증, 정부 및 공공기관을 대상으로 요구되는 전자정부 정보보안관리체계^{G-ISMS, Government Information Security Management System}인증, 정보보호국제인증(ISO/IEC 27001) 등과 같은 인증 체계를 포함하는 정보보안 관련 컴플라이언스^{compliance} 요구사항이 증가하고 있다.

그렇다면 정보보안과 관련된 법률, 규정과 지침, 그리고 다양한 컴플라이언스에서 요구하는 관리적, 물리적, 기술적 보안조치를 이행하기만 하면 정보보안 사고가 발생하지 않는 것일까? 언론에서 꾸준히 보도되는 정보보안과 관련된 사고를 차치하더라도, '그렇다.'라고 대답할 수 없을 것이다. ISMS 인증을 주관하는 한국인터넷진흥원^{KISA, Korea Internet Security Agency}은 '연도별 ISMS 인증서 발급목록' 서비스(http://isms.kisa.or.kr)를 제공하고 있다. 이 목록에서 개인정보 유출 또는 침해 사고로 언론에 보도된 기업의 이름을 검색하면 많은 기업이 ISMS 인증을 획득했음을 확인할 수 있다. 이를 통해 알게 되는 사실 하나는 '공인된 기관으로부터 획득한 정보보안 관리체계 인증이 곧 완벽한 정보보안으로 이어지지 않는다.'는 것이다.

이러한 문제에서 IT 분야를 선도하는 미국도 자유로울 수 없다. 미국의 중앙정보국^{CIA, Central Intelligence Agency}과 국가안보국^{NSA, National Security Agency}은 정보보안에 있어서 단연 최고라 해도 과언이 아닌 기관이다. 그러나 이 기관들조차도 내부 정보가 유출되는 보안 사고를 막아내지 못했다. 이들 기관의 전직 전산 담당자였던 에드워드 조지프 스노든^{Edward Joseph Snowden}에 의해 자국은 물론, 적국과 우방국을 가리지 않는 통화감찰과 국가 보안전자감시체계^{Clandestine National Security Electronic Surveillance} 중 하나인 프리즘^{PRISM, Planning tool for Resource Integration, Synchronization and Management}에 의한 무차별적인 정보 수집 사실이 폭로되었기 때문이다. 그림 1-2에서 보는 것처럼, 스노든의 폭로 이전에는 각국의 정보기관과 기업의 비밀 문건들이 줄리언 폴 어산지^{Julian Paul Assange}가 운영하는 위키리크스^{WikiLeaks}(https://wikileaks.org)를 통해 공개되기도 했다.

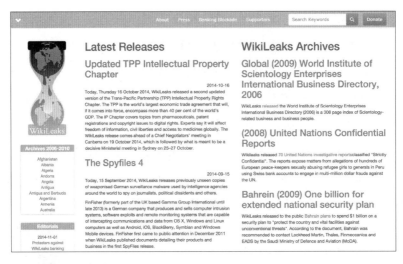

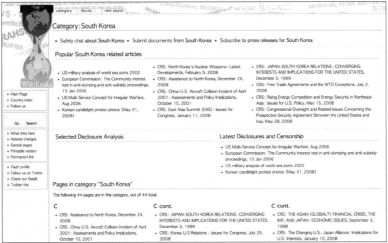

그림 1-2 위키리크스 메인 페이지와 한국 관련 페이지

다양한 정보보안 관련 사고 사례들을 볼 때 '완벽한' 정보보안은 불가능해 보인다. 이것은 끊임없이 발생하는 '취약점vulnerability' 때문이다. 다시 말하자면, 정보보안의 중요성이 강조되고 투자가 증가했음에도 취약점이 계속해서 생겨나므로 정보보안 사고가 계속 발생할 수밖에 없는 것이다. 언론보도를 통해서나 업무 현장에서 접하는 대부분의 사고를 살펴보면 다양한 유형의 취약점이 원인이었음을 확인할 수 있다. 2014년 1월 밝혀진 '카드사 개인정보 유출 사고'는 협력업체 직원에 대한 관리적 취약점이 원인이었고, 뒤이어 밝혀진 'KT 개인정보 유출 사고'는 애플리케

이션 취약점이 원인이었다. 또한 2013년 3월 20일 발생한 '은행 및 방송사에 대한 해킹 사고'는 정보보안의 한 축을 담당하는 백신 관리 서버의 취약점이 이용되었으며, 2003년에 발생한 '1.25 인터넷 대란'은 마이크로소프트 SQL 서버의 취약점이 이용되었다. 표 1-1의 사고와 앞으로 발생하는 다양한 유형의 사고에서 관리적, 물리적, 기술적 취약점들을 확인할 수 있다.

표 1-1 대한민국 주요 정보보안 사고 [출처: 위키피디아]

시기	기관	유형	피해규모
2003년 1월	KT	DNS 서버 공격	9시간 동안 마비
2005년 5월	엔씨소프트	개인정보 유출	50만 명
2008년 2월	옥션	개인정보 유출	1,863만 명
2008년 4월	하나로텔레콤	개인정보 유출	600만 명
2008년 9월	GS칼텍스	개인정보 유출	1,125만 명
2009년 4월	네이버	명의 도용	9만 명
2009년 7월	정부기관, 포털, 은행	사이트 마비	
2010년 3월	신세계몰	개인정보 유출	820만 명
2011년 3월	정부기관, 포털, 은행	사이트 마비	
2011년 4월	현대캐피탈	개인정보 유출	175만 명
2011년 4월	농협	전산망 마비	수백억 원 추정
2011년 5월	네이버, 다음, 네이트, 파란	개인정보 유출	17만 명
2011년 7월	SK컴즈	개인정보 유출	3,500만 명
2011년 8월	한국앱손	개인정보 유출	35만 명
2011년 10월	선거관리위원회	사이트 마비	
2011년 11월	넥슨	개인정보 유출	1,320만 명
2012년 3월	SK텔레콤, KT	개인정보 유출	20만 명
2012년 5월	EBS	개인정보 유출	400만 명
2012년 6월	코웨이	개인정보 유출	198만 명
2012년 7월	KT	개인정보 유출	870만 명
2013년 3월	MBC, KBS, 신한은행, 농협 등(3 · 20 전산 대란)	전산망 마비	
2013년 4월	SC제일은행, 씨티은행	개인정보 유출	13만 명
2013년 5월	민족문제연구소	개인정보 유출	912명

(이어짐)

시기	기관	유형	피해규모
2013년 6월	새누리당, 군장병, 청와대, 주한미군	개인정보 유출	294만명
2014년 1월	KB국민은행, 롯데카드, NH농협은행	개인정보 유출	2,000만 명
2014년 3월	KT	개인정보 유출	1,200만 명
2014년 3월	SKT, LG U+ 등	개인정보 유출	1,230만 명
2014년 3월	국토교통부	개인정보 유출	2,000만 명

이러한 취약점들로 인해 정보보안 담당자는 매일매일 '보이지 않는 적'과의 일전을 벌이게 된다. 이때 벌어지는 전투는 공수를 주고받는 일반적인 개념의 전투와 달리 정보보안 담당자는 오직 방어만 수행할 뿐, 공격자에 대해 어떠한 공격도 수행할 수 없다. 정보보안 담당자는 어떠한 공격자가 언제, 어디서, 어느 취약점을 이용해 공격할지 알 수 없을 뿐만 아니라, 사고가 발생하기 전까지는 취약점을 인지하기 어렵고, 다양한 업무 영역에서 새로운 취약점이 지속적으로 발생하고, 소수의 정보보안 인력이 모든 취약점을 진단·분석하고 해결할 수 없다는 취약점이 가진 세 가지 특징 때문이다. 이와 같은 어려움을 효과적으로 해결하기 위해 다양한 정보보안 솔루션을 도입하게 된다. 따라서 다음에 제시된 정보보안 솔루션 중에서 일부를 이미 도입해 운영하고 있거나, 도입의 필요성을 절감하고 있을 것이다.

■■■ 정보보안 솔루션

방화벽(Firewall), 침입탐지시스템(IDS, Intrusion Detection System), 침입차단시스템(IPS, Intrusion Protection System), 통합위협관리(UTM, Unified Threat Management), 네트워크 접근통제(NAC, Network Access Control), 바이러스 백신(Anti Virus), 스팸메일 차단(Anti Spam), 보안 USB(Universal Serial Bus), 내부정보유출 방지(DLP, Data Loss Prevention), 통합인증시스템, 가상 사설망(VPN, Virtual Private Network), 데이터베이스 암호화, 콘텐츠필터(Contents Filter), 논리적 망 분리, DDoS 공격차단(Anti DDoS), 좀비PC(Personal Computer) 진단·치료, 개인정보보호통제, 패치관리시스템(PMS, Patch Management System), IP 주소관리시스템(IPMS, IP address Management System) 등과 같이 다양한 정보보안 솔루션을 도입하는 궁극적인 목적은 무엇일까? 이것은 현재 운영하는 IT 환경에 잠재적으로 존재하는 취약점을 제거하거나 개선하기 위함이다. 독자의 관점에 따라 생각이 다를

수 있겠지만, 나는 정보보안 솔루션 도입의 근본적인 목적은 '접근통제'에 있다고 생각한다. 많은 정보보안 솔루션이 특정한 대상에 대해 직접적으로 접근을 통제하거나 시스템이 갖고 있는 취약점을 개선하고 취약점을 이용한 악의적인 공격을 차단함으로써 간접적인 접근통제를 수행하고 있는 것은 주지의 사실이다. 예를 들어 방화벽은 IP 주소와 서비스 포트를 이용해 네트워크 또는 시스템에 대한 접근을 허용하거나 차단하는 직접적인 접근통제 기능을 수행한다. 반면에 패치관리시스템은 직접적인 접근통제 기능을 수행하지는 않지만, 운영체제와 각종 소프트웨어의 업데이트나 패치를 자동화함으로써 시스템에 내재되어 있는 취약점을 감소시켜 취약점을 이용한 공격을 차단한다. 방화벽과 패치관리시스템이 아닌 다른 솔루션을 살펴보더라도 접근통제의 관점에서 크게 벗어나지 않을 것이다.

1.1.2 정보보안 솔루션 도입 과정의 문제점

이번 절에서는 이러한 정보보안 솔루션 도입과 관련된 의사결정이 어떻게 진행되는지를 잠시 생각해보자. 주변을 둘러보면 다양한 정보보안 솔루션들이 고객의 선택을 기다리고 있다. 정보보안 업무를 오랫동안 수행한 독자라면 정보보안 솔루션의 흥망성쇠를 잘 알고 있을 것이다. 1990년대 초반 방화벽을 시작으로 침입탐지시스템, 침입차단시스템, 통합위협관리, 네트워크 접근통제, 보안 USB, 내부정보유출 방지를 비롯해 망 분리, 가상화에 이르기까지 시기별 보안 이슈에 따라 다양한 솔루션이 출시되었고, 업무 현장에서는 이슈로 제기된 문제에서 벗어나기 위해 앞다퉈 정보보안 솔루션을 도입하기에 여념이 없었다. 물론 대부분의 관리자는 시대적 분위기와 이슈를 따르기보다는 업무적인 필요와 도입의 적합성을 꼼꼼히 따진 후 솔루션 도입 여부를 결정했다. 그러나 시기별 보안 이슈와 사회적 분위기에 의해 솔루션을 도입하는 경우도 심심치 않게 발생했다. 이렇게 된 데에는 많은 원인이 있지만 나는 다음의 세 가지를 꼽고자 한다.

첫째로 언론의 지나친 확대 보도다. 정보보안 사고에 따른 피해와 생활에 미치는 영향이 커지면서 정보보안 사고에 대한 언론의 보도 자세가 변했다. 사고 사실이 언론에 노출되면 언론에서는 즉각적으로 보도하면서 때로는 헤드라인으로 장식하기도 한다. 이는 정보보안에 대한 다양한 계층의 관심이 높아졌음을 반증하는 것으로 정보보안 일선에 있는 한 사람으로서 당연히 기뻐해야 할 일이지만, 한편으로 안타까움이 가시질 않는다. 15~20여 년 전 컴퓨터 바이러스나 해킹에 의한 정보보안 사고가 언론을 통해 보도되던 시절에는 사고 사실과 함께 사고의 원인, 재발 방지 방법 등에 대한 구체적인 분석 보도가 중심을 이뤘다. 그러나 최근의 정보보안 사고를 대하는 언론의 모습을 보면 사고에 의한 피해 사실과 정도, 사고의 원인과 공격자 등에 집중하는 경향이 커지고 있으며, 사고 내용에 비해 과도한 확대 보도로 인해 오해를 유발하기도 한다. 뿐만 아니라 기업에서는 이러한 상황을 비즈니스를 위한 기회로 활용해 언론 인터뷰와 기고를 통해 자사 제품의 홍보를 벌이기도 한다. 이와 같은 상황으로 인해 잠재적인 불안감과 위협을 제거하기 위해 솔루션 도입을 검토하게 되는 것이다.

그림 1-3 정보보안 관련 언론보도

둘째로 정보보안 이슈에 따라 만들어지고 시행되는 법과 제도다. 최근 몇 년간 발생한 대표적인 보안 사고 유형을 살펴보면 DDoS 공격에 의한 정보통신망 장애, 대량의 개인정보 유출, 피싱·스미싱에 의한 개인 금융 사기 등이 떠오른다. 사고가 발생할 때마다 정부와 국회에서는 신속하게 관련 법률과 규정 및 지침을 제정해 시행하는 한편, 정부(공공기관)와 기업에서는 제정된 법률과 규정 및 지침에 따라 재발 방지를 위한 노력을 기울였다. 정부와 국회, 그리고 기업의 발 빠른 대응은 당연히 칭찬받아야 마땅하다. 그러나 이러한 신속함이 일선의 정보보안 담당자에게는 혼란을 가중시키는 요인으로 작용한다. 법률과 규정 및 지침이 구체적이지 않아 자의적 해석에 의해 대응해야 하는 경우가 많기 때문이다. 대표적인 사례로 개인정보 유출 사고가 빈번해지면서 데이터베이스에 저장된 개인정보의 암호화가 중요한 이슈로 제기되는 상황을 들 수 있다. 그러나 관련 법률과 정부의 정책에서는 암호화에 대한 구체적인 방안을 제시하지 않고 있다. 이 때문에 현장의 정보보안 담당자들은 어느 단계에서 암호화를 적용해야 하는지, 어떠한 알고리즘이 적합한지, 정부에서 요구하는 암호화의 방향이 변경되지는 않을지 등으로 고민하고 있다. 이러한 상황에서 선택되는 방법이 정부의 정책 방향과 가장 부합하는 솔루션을 도입하는 것이다. 물론 도입 과정에서 꼼꼼한 검토를 거치지만 관리자로서 고민을 완전히 떨치지 못한 채 솔루션을 도입하게 된다.

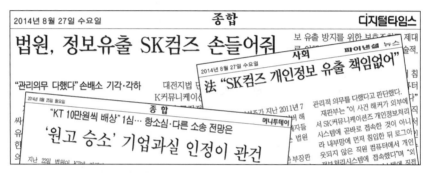

그림 1-4 개인정보 유출에 대한 법원의 판결 기사

셋째로 정보보안 사고 발생에 따른 처벌과 손해배상 책임 유무다. 〈법률신문〉의 '개인정보 유출 손배사건…… 보안조치 여부에 승패'(2011년 11월 7일)를 제목으로 하는 기사의 본문에서 '법령이 요구하는 것과 현 시점에 맞는 보안기술을 적절하게 도입했는지의 유무와 사고 발생 후 신속한 대처를 했는지의 여부가 손해배상 책임 감액의 중요한 요소로 작용한다.'며 정보보안 사고가 발생했을 때 기술적 보안조치가 중요함을 밝히고 있다. 여기서 말하는 '현 시점에 맞는 보안기술'이 직접적으로 정보보안 솔루션의 도입을 의미하는 것은 아니다. 그러나 현실을 감안해볼 때 적절한 솔루션의 도움 없이는 정교해지고 치밀해지는 공격을 차단할 수 없다. 따라서 정보보안 솔루션이 '현 시점에 맞는 보안기술'과 동일시될 수 있다. 이 때문에 기업과 정보보안 담당자 입장에서는 정보보안 이슈사항에 대한 실효적인 대응

방안으로 솔루션 도입을 선택하게 되는 것이다. 그림 1-4는 SK컴즈와 KT에서 발생한 개인정보 유출 사고에 대한 법원의 상반된 판결을 보여준다.

앞에서 제시한 세 가지 사항은 나를 비롯한 많은 정보보안 담당자들이 그동안의 현실을 바라보며 느꼈던 사항들이다. 많은 부분 공감하리라 생각한다. 현재 도입되어 있는 정보보안 솔루션들을 살펴봄으로써 공감의 정도를 확인할 수 있다. 정보보안 솔루션 도입을 검토할 당시에는 해당 이슈에 대한 해결 방안을 지속적으로 제공해줄 것으로 믿어 의심치 않았을 것이다. 그러나 솔루션 도입 이후 기대했던 성능이 제공되지 않거나 기능이 정상적으로 작동하지 않아 실망했던 경험이 있을지도 모른다. 또한 이슈에 대응하기 위한 솔루션 도입으로 일관된 정보보안시스템 운영체계가 구축되지 않아 체계적인 보안정책 적용에 어려움을 겪기도 했을 것이다.

1.1.3 정보보안체계 제대로 구축하자

이와 같은 상황이 발생하게 된 근본적인 원인은 무엇일까? 나는 정보보안에 대한 '기초체력'이 준비되지 않았기 때문이라고 생각한다. 그렇다면 정보보안에서의 기초체력은 도대체 무엇을 의미하는 것일까? 기초체력이 무엇인지를 알아보기 전에 정보보안에 대해 생각해보자. 정보보안 담당자라면 누구나 목청 높여 정보보안의 중요성에 대해 강조한다. 그러나 정보보안에 대해 외치면서도 정보보안이 무엇인지, 무엇을 의미하는지를 생각해본 시간은 그리 많지 않을 것이다. 그림 1-5는 위키피디아에서 정보보안의 정의에 사용된 키워드를 보여주고 있다.

그림 1-5 정보보안을 정의하는 다양한 키워드

독자 여러분은 정보보안을 어떻게 정의하고 있는가? 책이나 검색엔진에서 말하는 정의가 아닌 자신만의 정의가 있는지 궁금하다. 나는 정보보안 담당자라면 업무 수행 이전에 자신만의 정보보안을 정의해야 한다고 생각한다. 정보보안에 대한 정의에 의해 정보보안 업무를 바라보는 시각과 보안체계 구축 방향이 결정되기 때문이다. 나는 정보보안을 '정보와 시스템에 대한 효과적인 접근통제'로 정의한다. 이 정의는 다음 두 가지 사항에 근거하고 있다.

첫 번째로 '보안security'이라는 단어의 의미에 근거한다. 보안이라는 단어는 '무엇인가를 보호protection하거나 안전하게securely 만드는 것'을 의미한다. 여기서 말하는 '보호'는 외부로부터 가해지는 허가되지 않은 접근이나 공격으로부터 특정한 대상을 지키는 행위 또는 방법을 말하며, 이를 간단하게 표현하면 '접근통제'일 것이다.

두 번째는 정보보안 업무의 특성에 근거한다. 정보보안을 위해 보안관제, 침해사고 예방·분석·대응, 보안시스템 구축·운영 등의 다양한 업무가 수행되고, 이는 다시 서버 보안, 네트워크 보안, 웹 보안, 개인정보보호, 데이터베이스 보안, 보안정책 개발, 보안관리수준 진단·평가 등 다양한 영역으로 세분화된다. 이러한 다양한 업무를 통해 달성하고자 하는 궁극적인 목적은 외부에서 시도되는 다양한 공격으로부터 내부의 정보 또는 시스템을 안전하게 지키는 것이다. 여기서 말하는 '지키는' 행위는 기술적 관점에서 살펴보면 방화벽을 이용한 네트워크 및 시스템에 대한 접근통제, 사용자 계정별 권한관리를 통한 접근통제, 정보에 대한 암호화에 의한 접근통제 등을 의미한다.

나는 이 두 가지 근거, 즉 단어가 품고 있는 의미와 실제적인 정보보안 업무의 내용에 의해 정보보안을 정의했다. 독자들도 정보보안에 대한 자신만의 정의를 작성해보길 권한다. 정보보안에 대한 자신만의 정의가 만들어지면 정보보안을 바라보는 독립적인 시각 또는 관점이 형성된다. 그리고 형성된 시각에 따라 정보보안과 관련된 업무 수행을 위한 커다란 골격을 세우게 되고, 골격에 가지와 살을 붙여나가듯 중요도와 우선순위에 따라 정보보안체계를 구축하게 된다. 나는 앞서 살펴본 정보보안의 정의에 따라 '접근통제'의 시각으로 정보보안을 바라보고 있으며, 정보보안과 관련된 모든 업무는 직접적인 접근통제 또는 보조적인 접근통제로 생각한다. 이는 앞서 언급했던 정보보안 솔루션 도입 목적과 일맥상통하며, 효과적인 접근통제를 구현함으로써 전반적인 정보보안 수준을 향상시킬 수 있다.

그렇다면 접근통제는 어디서부터 시작하고 어떻게 구현해야 할까? 이 질문을 이끌어내기 위해 지금까지 많은 이야기를 했다. 질문에 대한 대답이 이번 장에서 말하고자 하는 '정보보안의 기초체력'이기 때문이다. 정보보안이 효과적인 접근통제의 구현이라면 끝은 없을지언정 시작은 분명히 있을 것이다. '첫 단추를 잘 꿰어야 한다.'는 속담이 있듯이, 정보보안을 위한 접근통제의 구현에서도 시작이 중요하다. 지금까지 무엇을 시작으로 접근통제가 구현되었는지를 되새겨보자.

일반적으로 방화벽이 접근통제의 시작이다. 네트워크 구축이 완료되면 이유 여하를 불문하고 방화벽을 제일 먼저 도입한다. 폐쇄망이 아닌 인터넷과 연결되는 네트워크라면 누구에게 물어볼 필요도 없이 방화벽은 접근통제를 위해 도입하는 최우선의 솔루션이다. 방화벽 도입은 정보보안과 관련된 법령, 정책, 규정 및 지침의 유무와도 관계가 없으며, 앞으로도 변하지 않을 절대 법칙임에 틀림없다. 왜 그럴까? 외부로부터 가해지는 공격 차단을 위한 일차적인 방어막이기 때문이며, 공항의 출입국 심사대와 같은 역할을 수행한다. 인터넷에 연결된 네트워크는 방화벽을 기준으로 내부 네트워크와 외부 네트워크로 구별되고, 구별된 각 영역 간에 신뢰할 수 있는 IP 주소와 서비스에 대해 접근을 차단하거나 허용한다. 이렇게 일차적인 접근통제가 구현된 이후에 관련 법령, 정책, 규정 또는 지침을 참조해 접근통제에 필요한 솔루션을 도입한다.

지금까지, 그리고 지금 이 순간에도 이와 같은 방법으로 접근통제가 구현되고 있다. 이런 접근 방법은 불과 몇 년 전까지만 하더라도 올바른 방법이었을 수 있지만, 오늘날의 정보보안 환경에는 그리 적합하지 않다. 정보통신망 또는 시스템에 대한 공격이 외부에 위치한 공격자에 의해서만 이뤄지는 것이 아니라, 노트북과 스마트폰 등의 모바일 기기의 확산에 따라 내부 사용자에 의한 공격도 급증하고 있기 때문이다. 이러한 정보보안 환경 변화에 대응하기 위해서는 방화벽을 이용한 내·외부 네트워크 분리뿐 아니라 내부 망에 대한 접근통제 방안도 함께 검토되어야 한다. 물론 네트워크 접근통제 솔루션을 통해 내부망에 대한 접근통제가 수행되고 있다고 말할 수 있다. 그러나 현재 국내에서 활용되고 있는 네트워크 접근통제 솔루션은 제한적인 접근통제 기능만을 제공한다고 생각한다.

이제 '정보보안의 기초체력'이 무엇인지 어렴풋이나마 정리되었을 것이다. 이번 절에서 말하고자 했던 정보보안 기초체력은 다음 두 가지로 정리할 수 있다. 첫째, 외부에서 시도되는 내부 네트워크와 시스템에 대한 접근통제뿐 아니라, 내부 사용자와 단말기에 대한 적절한 접근통제도 이뤄져야 한다. 둘째, 네트워크 구축 시작 단계에서부터 방화벽과 함께 내부 사용자와 단말기의 네트워크 접근을 통제할 수 있는 방안이 강구되어야 한다. 이 두 가지가 접근통제의 초석이 될 때 더욱 효과적인 정보보안체계를 구축할 수 있을 것이다.

지금까지 정보보안 현장에서 직면하고 있는 문제와 그 발생 원인에 대해 간략하게 살펴봤으며, 이에 대한 해결 방안의 하나로 '정보보안에서의 기초체력'에 대해 알아봤다. 이제 보다 구체적으로 어떻게 기초체력을 향상할 수 있을지에 대해 알아봐야 할 것이다. 이에 대해서는 다음 절에서 더 구체적으로 살펴보자.

1.2 | 네트워크 접근통제

다양한 정보보안 솔루션이 운영되고 있음에도 불구하고 끊임없이 발생하는 정보보안 사고는 기존에 구축된 정보보안체계의 문제점을 돌아보는 계기가 되었다. 네트워크 접근통제의 등장 이전에 구축된 정보보안체계는 크게 네트워크 보호 관점, 단말기 보호 관점, 정보 보호 관점으로 구분해 살펴볼 수 있다.

방화벽Firewall, IDS, IPS, UTM, 안티 DDoSAnti-DDoS, 안티스팸Anti-Spam 등은 내·외부에서 시도되는 공격을 탐지, 차단 또는 방어하는 솔루션으로 네트워크 보호 관점에 해당한다. 이러한 솔루션은 주로 내·외부 네트워크의 경계에 위치해, 경계를 기준으로 트래픽에 대한 허용과 차단을 결정한다. 반면에 엔드포인트 보안End-Point Security 제품으로 구분되는 안티바이러스Anti-Virus, PMS, DLP와 같은 솔루션은 해킹이나 악성코드 감염, 또는 정보 유출 시도를 차단하는 단말기 보호 관점에 해당한다. 마지막으로 정보 보호 관점은 비즈니스 수행을 위해 사용되는 다양한 정보를 안전하게 저장, 관리 및 전송하기 위해 사용되는 기술들을 의미한다. 이러한 기술에는 SSL, DB 암호화, DB 접근제어, VPN 등이 포함된다.

세 가지 범주에 포함되는 정보보안 솔루션은 외부에서 내부로(또는 이와 반대로) 시도되는 공격을 탐지, 차단하거나 단말기를 보호하는 데에는 효과적인 반면, 사용자 단말기에서 내부 네트워크 또는 서비스에 행해지는 공격에 대한 방어와 접근통제에서는 한계를 드러낸다.

일반적으로 사용자 단말기에서 내부 네트워크와 시스템에 이르는 경로에는 방화벽, IDS, IPS, 안티 DDoS와 같은 솔루션을 설치하지 않는다. 이 때문에 내부 사용자 단말기를 이용한 악의적인 공격이나 악성코드 유포 등의 사고가 발생했을 때 대부분은 속수무책일 수밖에 없다. 물론 중요 시스템의 보호를 위해 별도의 방화벽을 설치하기도 하지만, 이를 통해 모든 공격을 차단하는 것은 불가능하다. 그러므로 새로운 형태의 보안 솔루션이 필요했다.

1.2.1 네트워크 접근통제의 어제와 오늘

2003년 발생한 1 · 25 인터넷 대란과 같은 정보보안 사고는 엔드포인트 보안의 중요성과 내부 네트워크에 대한 접근통제 필요성을 인식하는 전환점이 되었고, 이를 통해 네트워크 접근통제(이하 NAC)라는 새로운 보안 제품이 개발되었다.

NAC는 등장 초기에 관리자가 직면하고 있는 내부망 보호 문제를 해결할 수 있는 이상적인 솔루션으로 인식되었다. 슬래머Slammer, 사세르Sasser, 블래스터Blaster 같은 웜worm과 유해 트래픽으로부터 네트워크를 보호하고, 단말기 무결성 검사를 통해 정책에 위배되는 단말기의 내부망 접근을 차단할 수 있었기 때문이다. 뿐만 아니라 미디어 통제, SW 패치 관리, SW 라이선스 관리, IP 주소 관리, IT 자산 관리 등의 부가 기능이 추가됨에 따라 NAC에 대한 관심은 급속도로 높아졌다.

[지니네트웍스]　　　　　　[넷맨]　　　　　　[카운터액트]

그림 1-6 다양한 NAC 제품

하지만 업계의 기대와 달리 NAC의 확산은 지속되지 못하고 정체기에 들어섰다. 이러한 현상은 많은 고객들이 NAC에 대한 기대감으로 서둘러 도입했기 때문이기도 하지만, 다음 몇 가지 사항에서 그 원인을 찾아볼 수 있다.

먼저, 정책 수립과 운영의 어려움이다. NAC에서는 네트워크 접근통제정책에 NAC에서 획득 가능한 사용자정보, 단말기 상태 정보, 트래픽 정보, 맥 주소/IP 주소정보, SW 설치 정보와 엔드포인트 보안 솔루션에서 제공하는 정보를 이용한다. 다양한 기준 정보를 이용할수록 정밀한 통제가 가능하지만, 그에 따라 정책이 복잡해지고, 환경 변화에 따른 정책 유지관리의 어려움을 가중시킨다. 이미 NAC를 도입한 곳에서도 복잡한 통제정책보다는 단말기 사용자 인증, 단말기 무결성 점검, 맥 주소/IP 주소 차단, 유무선 공유기 차단 등의 단순한 기능과 정책을 중심으로 운영하고 있다.

둘째, 유해 트래픽에 대한 탐지 오류다. 일반적으로 NAC는 행위 기반 탐지 기법을 이용해 유해 트래픽을 식별한다. 행위 기반 탐지는 시그니처^{Signature} 기반 탐지에 비해 제로데이 공격$^{Zero-Day\ Attack}$에 대한 대응력이 높지만, 탐지 오류에 의해 네트워크를 차단하거나 유해 트래픽을 허용하는 등의 오류가 빈번하게 발생했다. 이 때문에 NAC의 핵심 기능 중 하나인 유해 트래픽 차단 기능을 활성화하지 않는 경우가 대부분이다.

셋째, 성능 저하다. NAC는 기본적으로 네트워크에서 발생하는 모든 트래픽에 대한 감시뿐 아니라, 다양한 통제 및 관리 기능을 수행한다. NAC는 기존에 별도로 출시된 네트워크 보안 또는 엔드포인트 보안 솔루션이 제공하는 기능들을 네트워크 접근통제 프로세스에 맞춰 체계적으로 통합했다고 할 수 있다. 개별 보안 솔루션에 분산되어 처리되던 부하가 NAC에 집중되는 현상이 발생했으며, 일시적인 처리 지연과 같은 성능 저하를 보이기도 한다.

넷째, 다양한 제품 유형에 따른 고객의 혼란이다. 방화벽, IPS, IDS, 안티바이러스, PMS, DDoS 같은 보안 솔루션은 제조사에 관계없이 대부분 비슷한 형태를 띤다. 그러나 NAC는 다른 보안 솔루션과 달리 다양한 유형의 제품이 출시되었다. 먼저 통제 방식과 설치 위치에 따라 IEEE 802.1X 방식, 인라인$^{In-line}$ 방식, 아웃오브밴드$^{Out-of-Band}$ 방식으로 구분되며, 에이전트^{Agent} 설치 유무에 따라 에이전트 방식과 에이전트리스^{Agentless} 방식으로 나뉜다. 다양성은 고객의 비즈니스 환경에 적합한 제품 선택의 기회를 제공하기도 하지만, 오히려 고객의 혼란을 초래하기도 한다.

> **참고** IEEE 802.1X는 전기전자기술자협회(IEEE)에 의해 2001년 제정된 네트워크 접근통제 표준으로, 포트 기반 네트워크 접근통제(Port-based Network Access Control) 또는 포트 기반 인증(Port-based Authentication)으로 불리운다.
>
> 802.1X는 장치에 대한 접근통제를 액세스 스위치의 개별 포트에서 수행하며, 장치 또는 사용자 인증을 통과한 장치에 한해 네트워크 접근을 허용하는 네트워크 접근통제다. 802.1X에 대한 보다 구체적인 설명은 1.3절을 참고한다.

다섯째, 보유하고 있는 보안 솔루션과 기능이 중복된다. NAC는 단말기 무결성 확보를 위해 바이러스 백신 설치 및 업데이트, SW 업데이트 및 보안 패치, 보안정책 변경 등의 조치를 강제적으로 수행한다. 그러나 이러한 기능들은 NAC 이전에 도입된 IT 자산관리, 엔드포인트 보안 솔루션에서 이미 제공되고 있다. 이 솔루션들은 단말기 관리를 위해 에이전트를 이용하며, 에이전트의 설치를 위해 네트워크 접속 차단과 캡티브 포털을 이용한다. 이러한 방법은 NAC가 제공하는 방법과 동일하다.

이러한 현상은 우리나라뿐 아니라 전 세계적으로 발생한 공통적인 모습이다. 이는 가트너Gartner의 분석을 통해 확인할 수 있다.

NAC는 2003년 시장에 출시된 이후 네트워크 접근을 관리하는 정책을 기반으로 네트워크를 보호하는 역할을 수행했다. 이러한 정책은 위협 동향과 네트워크에 연결되는 단말기의 변화에 대응해 점진적으로 변화하고 있다.

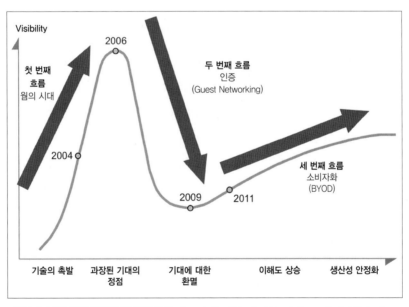

그림 1-7 NAC 정책 변화의 세 흐름 [출처: Strategic Road Map for Network Access Control, Gartner]

그림 1-7은 네트워크 접근통제에 적용된 정책 변화를 세 가지 흐름으로 표현하고 있다.

첫 번째 흐름은 사세르(2003), 블래스터(2004)로 대변되는 웜이 초래한 피해가 정점에 달한 시기를 말한다. 웜에 의한 피해가 커지면서 NAC 도입이 증가했으며, NAC의 정책은 안전하지 않은 랩톱laptop의 네트워크 접근을 차단하는 데 초점을 맞췄다. 즉, 네트워크에 접속하는 단말기의 무결성 확보를 목적으로, 최신 패치 및 바이러스 백신 업데이트, 개인 방화벽에 의한 시스템 보호 등을 강제로 수행하는 정책을 수립했다. 이 시기에 NAC에 대한 공통적인 제약사항으로는 솔루션의 복잡성, 높은 도입 비용, 네트워크 차단 정책 운영에 대한 고려사항 등이 있다.

두 번째 흐름은 첫 번째 흐름에 더해 보안 위협이 변화하는 시기를 말한다. 경제적 이익을 목적으로 조용히 시도되던 공격이 대량의 웜을 이용하는 요란한 공격으로 변경되었으며, 주된 위협으로 자리 잡았다. 기업 역시 이에 대응해 단말기에 대한 보안을 강화했다. 이와 더불어 NAC의 정책은 간단한 인증 기반 정책으로 옮겨졌다. 기업소유 단말기와 (네트워크 접속이 허용된 일부) 관리되는 단말기를 대상으로, 네트워크에 대한 제한된 접근을 위해 사용자 인증에 초점을 맞췄다. 인증에 실패한 단말기는 오직 인터넷 접근만 허용된 게스트 네트워크로 접근 대상 네트워크가 제한된다.

세 번째 흐름은 지금까지 적용되었던 정책이 아닌 앞으로 구현해야 할 NAC의 정책 방향을 담고 있다. 지금까지는 기업의 입장에서 강력한 통제를 목적으로 NAC 정책을 수립했음에도 불구하고 BYODBring Your Own Device 확산은 지금의 정책과는 다른 유연한 정책을 요구한다. 예를 들어 일부 직원에게는 개인소유 단말기라 하더라도 필요에 따라 내부 네트워크에 대한 접속을 허용하지만, 다른 모든 직원의 개인소유 단말기는 외부 인터넷 접속만 허용된 네트워크에 접속하도록 하는 것이다.

이 세 가지 변화에서 우리는 세 번째 변화에 주목해야 한다. 앞의 두 변화에서 드러난 현상은 우리나라에서 나타난 NAC에 대한 반응과 유사하다. NAC 등장 초기에 관리자에게 드리워졌던 환상이 사라지면서, NAC 도입은 필수가 아닌 선택으로 자리매김했다. 그렇다고 해서 네트워크 접근통제의 중요성이 반감되었거나 사라진 것은 아니다. 오히려 BYOD 확산과 이를 비즈니스에 활용하고자 하는 기업이 증가하면서 네트워크 접근통제의 중요성이 더욱 커지고 있다.

세 번째 변화에서는 BYOD 또는 소비자화^{consumerization} 현상에 유연하게 대응하기 위한 NAC 정책 방향을 제시하고 있다. 지금까지 NAC 정책은 기업소유 단말기와 기업 내 사용이 허가된 외부 단말기를 대상으로 단말기의 상태 또는 인증 결과에 따라 네트워크 접속을 허용하거나 차단했다. 이와 같은 정책으로 통제되는 네트워크는 업무용^{full access}과 방문자용^{guest access} 네트워크로 구분된다. 업무용은 NAC에 의해 접근이 허가된 단말기가 접근할 수 있는 네트워크로, 비즈니스와 관련된 시스템과 데이터에 대한 접근을 허용한다. 반면에 방문자용 네트워크는 인터넷 접속만 허용하는 제한된 네트워크로 인증에 실패한 단말기 또는 방문자를 대상으로 서비스한다.

기업 내 BYOD 활용이 피할 수 없는 현상으로 자리 잡으면서, BYOD로부터 발생하는 위험 요인을 최소화하기 위해 MDM^{Mobile Device Management} 솔루션을 도입하기도 한다. 그러나 기업소유의 단말기와 비교해 BYOD에 대한 통제는 제한적일 수밖에 없으며, 이전에 존재하지 않던 새로운 위험을 유발한다. 이러한 위험에는 BYOD를 이용한 기업정보 유출, 내부 네트워크에 대한 악성코드 유입, 네트워크 불안정성 증가 등이 있으며, 이를 줄이기 위해서는 단말기 측면의 취약점 관리뿐 아니라, 네트워크 측면의 위험관리 방안이 요구된다.

다양한 BYOD의 네트워크 접근을 허용하면서, 기업의 IT 자원과 정보를 보호하기 위한 방안으로 가트너에서는 NAC를 이용한 제한된 네트워크 접근^{limited access network}을 제안하고 있다.

제한된 네트워크 접근은 직원의 역할과 단말기 종류에 따라 접근 가능한 몇 개의 네트워크를 사전에 정의하고, 사용자 또는 단말기 인증 결과에 따라 사전에 정의된 네트워크를 할당해 IT 자원과 정보에 대한 접근을 통제하는 방법이다. 예를 들어 기업소유 단말기는 업무용 네트워크를 할당해 기업 내 모든 정보시스템 접근을 허용한다. 반면에, 직원 소유의 랩톱은 그룹웨어와 경영정보시스템 접근만 허용하고 다른 시스템에 대한 접근은 허용하지 않는다. 스마트폰과 태블릿에 대해서는 메일 서비스 접근만 허용하는 것이다.

제한된 네트워크 접근을 구현하기 위해서는 세분화된 NAC의 접근통제정책에 앞서 네트워크에 대한 유연성이 먼저 확보되어야 한다. 즉, 동적 네트워크^{dynamic} network가 구성되어야 한다. 그리고 단말기 사용자에 대한 식별이 가능해야 한다.

1.2.2 동적 네트워크 구성

나는 네트워크를 크게 정적 네트워크^{static network}와 동적 네트워크^{dynamic network}로 구분한다. 네트워크 토폴로지^{network topology}에 관계없이 가상 랜^{VLAN, Virtual Local Area Network}의 설계 기준과 할당 방법, 그리고 IP 주소 할당 방식을 기준으로 구분하는 것이다. 표 1-2는 각 네트워크를 구분하는 기준을 제시하고 있다.

표 1-2 정적 네트워크와 동적 네트워크 구분 기준

구분	정적 네트워크	동적 네트워크
VLAN 설계 기준	공간(건물, 층)	업무, 역할
VLAN 할당 방식	정적/수동할당	동적/자동할당
IP 주소 할당 방식	Static/DHCP	DHCP
단말기 이동성	동일 VLAN으로 제한	자유로운 이동성 보장

표 1-2의 기준으로 볼 때 국내에서 운영 중인 거의 모든 네트워크는 정적 네트워크에 해당한다. 지금도 새롭게 구축되는 네트워크에서 관리자는 VLAN 구분 기준으로 건물 또는 건물의 층을 사용하고, VLAN의 규모를 결정하기 위해 고민하고 있을 것이다. 이러한 방식을 정적 VLAN^{Static VLAN}이라고 부른다. 이름 그대로 스위치 포트에 한 번 VLAN이 할당되면 변경되는 경우가 흔하지 않기 때문이다.

정적 네트워크에는 어떠한 장·단점이 있을까? 장점으로는 VLAN 구성 기준이 간단하고 네트워크 구성에 대한 이해가 용이하다는 점을 들 수 있다. 즉, 건물의 위치 또는 IP 주소만으로 문제가 발생한 단말기의 물리적 위치를 쉽게 파악할 수 있다. 반면에 단점으로는 유·무선 네트워크가 별도로 구성되고 업무 성격이 다른 직원의 단말기가 동일한 서브넷에 포함되고 근무위치 변경에 따라 IP 주소 변경이 발생하고 개별 IP 주소 기반의 접근통제정책이 적용되어 정책의 구조가 복잡해지고 관리의 어려움이 증가하는 점 등을 꼽을 수 있다. 물론 현재까지 익숙하게 사용해

왔기 때문에 큰 불편을 느끼지 못할 수도 있다. 그러나 앞서 언급한 제한된 네트워크 접근과 같이 새롭게 요청되는 네트워크 접근통제 환경에서는 큰 제약으로 작용한다.

표 1-3은 정적 네트워크 환경에서 적용되는 VLAN 설계를 보여주고 있다. 유·무선 네트워크가 구분되어 있고, 유선 네트워크는 각 층별로 VLAN을 할당했다. 이처럼 설계된 네트워크에서 직원의 역할과 단말기의 종류에 따라 네트워크 접근을 통제하기란 매우 어렵다. 네트워크 설계 시점에 단말기에 할당할 네트워크가 이미 결정되었기 때문이다. 예를 들어 1층의 유선 네트워크에 연결되는 모든 단말기는 110번 네트워크에 연결된다. 2층의 인사팀에 근무하는 직원의 단말기라 하더라도 1층에서는 110번 네트워크에 연결할 수밖에 없다. 이에 더해, 유·무선 네트워크를 구분하지 않고 동일한 네트워크 접근통제를 구현하기란 더더욱 어렵다.

표 1-3 정적 네트워크 환경에서의 VLAN 설계

네트워크	층	VLAN ID	서브	근무부서
유선	1F	110	172.16.110.0/24	구매팀, 자재팀, 총무팀
	2F	120	172.16.120.0/24	기획팀, 인사팀, 전산팀
	3F	130	172.16.130.0/24	임원실, 감사실
무선	−	200	172.16.200.0/24	모든 무선 단말기

이와 같은 문제를 해결하기 위해서는 네트워크 설계 방법을 근본부터 다시 생각해야 한다. 즉, 정적 네트워크가 아닌 동적 네트워크를 구성해야 한다.

동적 네트워크란 표 1-3에서와 같이 건물 또는 건물의 층과 같은 정적인 조건에 의해 미리 접속 대상 네트워크가 결정되어 있지 않고 수행업무, 근무부서, 또는 단말기 유형과 같은 가변적인 조건에 의해 접속 네트워크가 동적으로 결정되는 방식을 말하며, 동적 VLAN^{Dynamic VLAN}이라 부르기도 한다. 동적 네트워크 구성을 위해서는 다음 세 가지 요건을 만족해야만 한다. VLAN을 동적으로 설계해야 하고, NAC에서 지정된 조건에 따라 동적으로 VLAN을 할당할 수 있어야 하며, 마지막으로 DHCP^{Dynamic Host Configuration Protocol}를 이용해 IP 주소를 할당할 수 있어야 한다.

먼저 동적 VLAN 설계에 대해 알아보자. 동적 VLAN 설계는 VLAN을 구분할 때 건물 또는 건물의 층과 같은 정적 기준이 아니라 수행업무, 근무부서, 단말기와 같은 동적인 기준을 사용하는 것이다. 표 1-4는 부서를 기준으로 설계된 VLAN의 사례를 보여주고 있다. 표 1-3과 비교해 큰 차이가 없어 보인다. 표 1-3은 건물의 층을 기준으로 VLAN을 할당했고, 유·무선 네트워크에 별도의 VLAN을 할당했다. 반면에 표 1-4는 유·무선 네트워크를 구분하지 않고 부서를 기준으로 VLAN을 할당했다.

표 1-4 동적 네트워크 환경에서의 VLAN 설계

네트워크	근무부서	VLAN ID	서브넷
유·무선 공통	구매팀(1F), 자재팀(1F)	110	172.16.110.0/24
	인사팀(2F), 총무팀(1F)	120	172.16.120.0/24
	감사실(3F), 기획팀(2F)	130	172.16.130.0/24
	전산팀(2F)	140	172.16.140.0/24
	임원실(3F)	150	172.16.150.0/24

이 두 설계의 근본적인 차이는 단말기의 이동성mobility에 있다. 표 1-3에서는 단말기의 이동성이 같은 VLAN을 사용하는 공간으로 제약받게 된다. 이 때문에 1층에서 사용하던 단말기를 2층으로 이동하게 되면 근무자 또는 부서에 관계없이 VLAN과 IP 주소의 변경이 불가피했다. 그러나 표 1-4의 설계를 적용하면, 근무부서가 변경되지 않는 한은 단말기의 위치와 유·무선 네트워크에 관계없이 동일한 VLAN과 IP 주소를 할당받는다. 즉, 단말기 이동성에 제약이 사라지는 것이다. 예를 들어 1층의 구매팀에 근무하는 직원 B는 110번 VLAN과 해당 서브넷의 IP 주소를 할당받는다. 만약 B가 부서 변경이 없는 상태로 3층의 감사실에서 근무하게 된다 하더라도, B의 단말기는 1층의 사무실에서 근무할 때와 동일한 네트워크 접속을 보장받게 된다. 단말기의 이동성을 보장하는 것, 이것이 동적 네트워크의 핵심이다.

VLAN이 동적 기준에 따라 설계된 이후에는 사용자를 식별하고, 적절한 VLAN을 할당하기 위한 기술적 조치가 요구된다. 즉, NAC를 통해 사용자를 인증하고, 인증 결과에 따라 사용자의 조건에 부합하는 VLAN을 할당해야 한다. 이를 구현하기 위해서는 한 가지 대전제를 충족해야 한다. NAC와 네트워크 인프라에서 IEEE 802.1X를 지원해야 한다는 것이다. 시장에 출시된 대부분의 NAC가 802.1X 인증을 표방하고 있다. 그러나 구체적인 규격을 살펴보면 무선 네트워크에 대한 인증 기능만 제공할 뿐, 유선 네트워크에 대해서는 지원이 불가능한 경우가 대부분이다. 국내 제조사가 개발한 NAC 중에서 유·무선 네트워크에 대해 802.1X를 정상적으로 지원하는 제품은 한두 종류밖에 없는 것으로 알고 있다.

다음으로 네트워크 인프라에서 802.1X를 지원해야 한다. 이 부분이 동적 네트워크 구성에 있어서 가장 큰 걸림돌이다. 최근 출시되는 대부분의 네트워크 스위치는 국내·외 제조사에 관계없이 기본적으로 802.1X를 지원한다. 이는 시스코, 노텔, 알카텔, HP, 델 등의 해외 제조사뿐 아니라, 다산네트웍스, 한드림넷과 같은 국내 제조사의 제품도 포함된다. 그러나 불과 몇 년 전만 하더라도 802.1X를 지원하는 스위치는 몇 개 제조사의 제품에 불과했다. 이 때문에, 동적 네트워크 구성을 원한다면 현재 운영 중인 네트워크 인프라가 802.1X를 지원하는지 확인해야 한다.

네트워크 인프라가 802.1X를 지원하지 않는다면, 인프라에 대한 교체를 검토해야 한다. 이는 막대한 비용을 유발한다. 그러나 인프라의 교체시기를 단축시키거나 점진적 전환 방법 등을 선택함으로써 네트워크 인프라를 802.1X를 지원하는 인프라로 교체할 수 있을 것이다. 물론 동적 네트워크 구현 방법으로 802.1X가 유일한 방법은 아니다. SNMP^{Simple Network Management Protocol}를 이용해 구현할 수도 있다. 다만 구축 과정이 복잡하고 어려울 뿐만 아니라, SNMP를 이용한 구축 사례를 찾아보기 어려워 모든 문제를 관리자 스스로 해결해야 한다.

동적 네트워크 구성의 마지막 요건은 DHCP를 이용한 IP 주소 할당이다. 표 1-4에서는 부서를 기준으로 VLAN을 할당했다. 만약 B의 근무부서가 구매팀에서 인사팀으로 변경되면 B에게 할당된 VLAN은 110번에서 120번으로 자동 변경될 것이다. 이때 B의 단말기에 할당된 IP 주소가 정적^{static}으로 할당되었다면, 부서 변경 이후 변경된 VLAN에 맞춰 새로운 IP 주소를 할당받아야 네트워크 접속이 가능할 것이다. 이러한 구조라면 완전한 동적 네트워크로 보기 어렵다. VLAN 할당과 IP 주소 할당 모두가 동적으로 수행될 때 동적 네트워크라 할 수 있다.

IP 주소를 동적으로 할당하기 위해서는 DHCP를 사용할 수밖에 없다. 그러나 업무용 네트워크에서 DHCP를 이용해 IP 주소를 할당하는 경우는 흔치 않다. 가장 큰 이유는 IP 주소 추적에 어려움이 있기 때문이다. 만약 IP 주소 할당을 위해 DHCP를 사용하더라도 항상 동일한 IP 주소를 단말기에 할당할 수 있다면, IP 주소 할당을 자동화하면서도 IP 주소에 대한 추적성을 확보할 수 있을 것이다. DHCP를 이용해 IP 주소를 고정적으로 할당하는 방법은 뒷부분에서 살펴보고자 한다.

세 가지 요건 중에서 가장 중요한 것은 무엇일까? 물론 세 가지 요건 모두가 중요하다. VLAN은 단말기에 대한 이동성을 부여하고 네트워크 접근통제의 범위를 결정하기 때문에 중요하다. DHCP는 IP 주소를 동적으로 할당하기 때문에 중요하다. 그러나 이보다 더 중요한 요소는 NAC라고 할 수 있다. VLAN과 DHCP는 NAC가 없다면 제 역할을 수행할 수 없다. 네트워크에 연결되는 단말기 사용자 식별, 접근을 허가할 네트워크 결정 및 할당과 관련된 통제 기능을 NAC가 수행하기 때문이다.

그렇다면 모든 NAC에서 이와 같은 통제 기능을 구현할 수 있을까? 모든 NAC에서 이를 구현할 수는 없다. 이에 대해서는 다음 절에서 알아보자.

1.2.3 NAC의 제약과 802.1X

통상적으로 NAC는 통제 방식과 설치되는 위치에 따라서 IEEE 802.1X 방식, 인라인In-line 방식, 아웃오브밴드Out-of-Band 방식으로 구분한다. 그러나 이 책에서는 802.1X 방식과 그렇지 않은 방식으로 구분하고자 한다. 두 방식을 구분하는 기준은 조건에 따라서 접속 가능한 네트워크를 동적으로 할당할 수 있는지의 여부다. 그림 1-8과 그림 1-9는 두 가지 방식의 NAC가 수행하는 네트워크 접근통제 절차를 보여주고 있다.

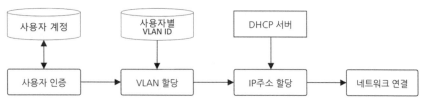

그림 1-8 802.1X 방식 NAC의 통제 절차

먼저 802.1X 방식은 사용자 인증에서 네트워크 연결까지 관리자의 개입이 필요치 않으며, 전 과정이 NAC에 의해 자동으로 수행된다. 이 방식의 가장 큰 강점은 그림 1-8에서 보여주듯이 네트워크에 연결되는 단말기는 예외 없이 사용자 인증을 받아야만 네트워크에 접속할 수 있다는 것이다. 정적 네트워크와 달리 802.1X 방식에서는 인증 결과에 따라 사용자에게 접속이 허가된 네트워크가 할당되고, 이후에 IP 주소를 할당받기 때문이다. 사용자 인증에 실패한 단말기는 비록 물리적으로는 스위치에 연결되어 있다 하더라도, 어떠한 네트워크에도 연결할 수 없다. 이전에 인증에 성공한 단말기의 맥 주소와 IP 주소를 이용해 신규 단말기의 주소를 변경했다 하더라도, NAC의 단말기 인증(맥 주소 인증)이 활성화되지 않았다면 네트워크 접근이 불가능하다.

그러나 인증 기반의 강력한 접근통제 기능을 제공하는 802.1X에도 몇 가지 문제점이 있다. 우선 유선 네트워크에서 구현 과정이 복잡하고 비용 문제가 발생할 수 있다. 보유하고 있는 네트워크 인프라가 802.1X를 지원하지 않는 경우 구현이 불가능하거나, 네트워크 인프라 교체에 많은 비용이 소모될 수 있다. 다음으로 802.1X 방식에서는 일반적인 NAC에서 네트워크 연결 전후Pre/Post-Admission에 수행하는 무결성 관리와 모니터링 기능을 제공하지 않는다. 이는 802.1X 방식 NAC에서 지속적으로 제기되는 문제점이지만, 기존에 도입한 안티바이러스, PMS, IT 자산관리 등과 연계해 보완 가능하다.

그림 1-9 802.1X 방식이 아닌 NAC의 통제 절차

반면에 802.1X 방식이 아닌 NAC, 즉 일반적인 NAC는 설치 및 운영 과정에서 네트워크의 구성 변경을 최소화하고 인프라 교체를 요구하지 않는다. 뿐만 아니라 네트워크 연결 전후, 단계별로 단말기 무결성 검증과 모니터링 기능, 그리고 격리 및 치료 기능을 제공한다. 네트워크 승인 전Pre-Admission 단계에서는 사용자 인증, 맥/IP 주소 인증, 단말기 무결성 검증(바이러스 백신 설치 및 업데이트 확인, SW 업데이트 및 패치 설치 확인, 단말기 방화벽 활성화 등)을 수행한다. 네트워크 승인 후Post-Admission 단계에서는 네트워크 연결이 허용된 단말기에 대해 트래픽 모니터링, 보안정책 위반 모니터링, 취약점 점검 및 개선, IT 자산에 대한 형상관리 및 통제 등을 수행한다. 만약 두 단계에서 문제가 발견된 단말기가 있다면 네트워크에서 격리하고 치료를 유도한다.

그렇다면 일반적인 NAC에는 어떠한 한계가 있을까? 여기서는 세 가지 한계에 대해 살펴보자. 그림 1-9에서 보여주듯이 일반적인 NAC는 단말기가 네트워크 스위치에 연결된 이후부터 접근통제를 시작한다. 이 과정을 좀 더 구체적으로 살펴보면, 네트워크에 연결되는 모든 단말기는 NAC에 의해 인식되기 전까지는 접근통제에서 벗어나 자유로운 네트워크 접속이 허용될 수 있다는 것이다. 물론 NAC의 구성 방식에 따라 인식되는 시간에는 차이가 있을 수 있으나, 공격자에게는 충분한 공격 시간이 될 수 있다. NAC의 통제 이전에 단말기가 네트워크에 연결되는 것과 통제 범위에 포함되기까지의 짧은 시간. 이것이 일반적인 NAC가 갖고 있는 첫 번째 한계다. 두 번째 한계는 NAC가 제공하는 접근통제의 연속성이다. NAC가 정상적으로 동작할 때는 접근통제가 원활히 수행될 것이다. 만약 NAC가 정상적으로 동작하지 않을 때는 어떻게 동작하는 것이 바람직할까? 나는 네트워크에 대한 접근이 차단되어야 한다고 생각한다. NAC 도입의 목적 중 하나는 허가되지 않은 단말기의 네트워크 접근 차단이기 때문이다. 그러나 일반적인 NAC는 오히려 모든 단말기의 네트워크 접근을 허용한다. 이 때문에 접근통제의 연속성을 보장할 수 없게 된다. 마지막 한계는 단말기 통제의 제약이다. NAC는 구현 방법에 따라 에이전트Agent 방식과 네트워크(또는 에이전트리스) 방식으로 구현된다. 각각의 방법에 따라 장단점이 있지만, 공통적으로 단말기 통제에 제약을 갖고 있다. 에이전트 방식의 경우 단말기 통제를 위해 단말기에 에이전트를 설치해야 한다. 이때 모든 단말기에 에이전트를 설치할 수 있다면 좋겠지만, 현실은 그렇지 못하다. 국내에서 제조된 대부분의 NAC는 윈도우용 에이전트만 제공할 뿐, 리눅스, OS X, 안드로이드 등에 대한 에이전트는 제공하지 않는다. 뿐만 아니라, 에이전트 설치가 불가능한 프린터, IP폰IP-Phone 등과 같은 단말기에 대해서는 NAC 정책에서 무조건적인 예외 처리가 불가피하다. 네트워크 방식의 경우 단말기에 에이전트를 설치하지 않아 보다 넓은 단말기에 대한 통제가 가능하지만, 단말기에 대한 무결성 검증, 보안정책 적용에 제약이 있다. 물론 이를 개선하기 위해 액티브X 기반의 간단한 프로그램을 설치하기도 한다. 그러나 이 또한 윈도우를 제외한 다른 운영체제는 지원하지 않는다.

지금까지 IEEE 802.1X 방식과 802.1X 방식이 아닌 NAC의 장단점을 살펴봤다. 각 방식은 상호 보완적인 장단점을 가지고 있어 어느 방식을 선택하는 것이 정답이라고 말할 수는 없다. 다만 두 방식을 통해 앞으로 개발될 NAC의 기능을 엿볼 수 있었다.

802.1X 방식이 아닌 일반적인 NAC는 성숙기에 접어들었다고 할 수 있다. 국내외 제조사를 통해 다양한 NAC가 유통되고 있을 뿐 아니라, 소비자의 요구에 발맞춰 다양한 기능들을 추가하고 있다. 또한 다양한 엔드포인트 보안 제품과의 연동을 통해 강력한 접근통제를 구현하도록 하고 있다.

이에 반해, 802.1X 방식의 NAC는 아직까지 시작 단계에 있다고 할 수 있다. 802.1X 방식으로 구현된 몇몇 제품이 시장에 출시되었지만, 도입된 사례는 손에 꼽을 정도다. 802.1X 방식의 NAC를 도입했다 하더라도 대부분 일반적인 NAC와 같은 용도로 사용할 뿐, 동적 네트워크 구성을 위해 사용하는 사례는 한두 곳에 불과하다. 이는 구현의 복잡성과 어려움뿐 아니라, 네트워크 구성 및 설계에 대한 변경이나 네트워크 인프라에 대한 교체까지 발생할 수 있어 도입이 쉽지 않기 때문이다.

그렇다고 해서 언제까지 802.1X의 도입을 미룰 수는 없다. 앞에서 제기한 새로운 물결인 BYOD와 소비자화 현상에 대해 유연하게 대응하기 위해서는 802.1X의 도입이 필수적이다. 그렇다고 일반적인 NAC의 무용성을 주장하는 것은 아니다. 각 방식은 적절한 통제 위치와 방법을 제공하고 있기 때문에, 상호 보완적으로 운영되어야 한다. 이 책에서는 일반적인 NAC에 대해서는 다루지 않는다. 이미 잘 알려져 있기 때문이다.

이 책에서는 802.1X에 집중한다. 특히 오픈소스를 이용한 802.1X NAC 구축 방법에 대해 살펴보고자 한다.

1.2.4 오픈소스 기반 802.1X NAC 구현

802.1X를 알게 된 이후, 몇몇 오픈소스 프로젝트를 접할 수 있었다. 802.1X 기반 네트워크 접근통제의 구현을 시작할 당시, 국내에서는 구현된 사례를 쉽사리 접할 수 없었고, 일천한 지식으로 이를 구현하기 위해서는 해외 사례를 참조할 수밖에 없었다. 그때 알게 된 오픈소스 기반 802.1X NAC 구축 프로젝트가 PacketFence(www.packetfence.org)와 OpenNAC(www.opennac.org)다.

처음에는 802.1X에 대한 아무런 개념도 없는 상태에서 PacketFence를 설치하고, 아무런 대책도 없이 내가 근무하는 층의 네트워크에 적용했다. 설치 당일에는 아무런 문제도 발생하지 않았지만, 다음 날 아침 출근 시간부터 문제가 발생했다. 사용자로부터 인터넷이 안 된다는 전화가 걸려오기 시작한 것이다. 의미도 모른 채 수행했던 스위치의 환경 설정과 NAC의 정책에 의해 스위치 포트에 엉뚱한 VLAN이 할당되었던 것이다. 당시에는 황당하기도 했지만 재미있는 경험이었다. 그때까지 한 번도 경험해보지 못했던 경험을 했기 때문이다. VLAN이 자동으로 변경될 수 있다는 생각을 그때까지는 해보지 못했던 것이다.

PacketFence 설치를 계기로 802.1X를 좀 더 깊이 알게 되었을 뿐 아니라, 802.1X를 깊이 알아갈수록 오픈소스를 이용한 구현도 가능하겠다는 생각을 갖게 되었다. 그 후 약 1년 여의 시간 동안 802.1X 기반의 네트워크 접근통제를 구현했다. 물론 PacketFence, OpenNAC와 비교하면 초보적인 단계지만, 802.1X의 불모지나 다름없는 국내의 현실을 감안하면 나쁘지 않은 시작이라고 생각한다.

이 책은 내가 경험한 802.1X 기반 네트워크 접근통제 솔루션 구축의 전 과정을 관리자의 시각에서 단계별로 제시하고 있다. 가급적 쉽게 이해할 수 있도록 설명하고자 노력했지만, 다양한 솔루션과 기술들이 복잡하게 얽혀 있어 어려움이 느껴지는 부분도 물론 있을 것이다. 그렇더라도 한 단계씩 정복해 나가다 보면 802.1X와 네트워크 접근통제에 대해 이해할 수 있는 좋은 계기가 될 것이다.

1.3 | IEEE 802.1X

앞의 두 절에서는 정보보안체계 구축 과정에서 경험하게 되는 문제점과 발생 원인, 그리고 이를 해결하기 위한 근본적인 접근 방법에 대해 살펴봤다. 가장 큰 문제점으로는 접근통제의 단방향성을 지적했다. 정보보안체계를 구축할 때는 비즈니스의 특성과 관계없이 제일 먼저 방화벽을 도입해 외부에서 시도되는 허가되지 않은 접근을 차단한다. 그다음에는 기업의 비즈니스와 정보보안 우선순위에 따라 다양한 보안 제품을 도입하게 된다. 이러한 전통적인 정보보안체계 구축 방식에서는 내부사용자 단말기에 대한 접근통제는 다른 보안정책에 비해 우선순위가 상대적으로 낮다. 많은 경우 패치관리시스템, 바이러스 백신관리시스템, 내부정보 유출 방지 등을 통해 단말기와 정보가 안전하게 보호될 것이라는 판단 오류를 범하기 때문이다. 이와 같은 오류의 발생 원인은 정보보안체계 구축 초기에 내부망에 대한 접근통제를 고려하지 않은 데 있다. 이러한 상황을 1.1절에서는 정보보안 기초체력 부족으로 정의했으며, 이를 개선하기 위한 대안으로 IEEE 802.1X 기반의 네트워크 접근통제를 제시했다.

정보보안 현장에서는 이미 다양한 유형의 NAC를 통해 네트워크에 대한 접근통제를 수행하고 있다. 그러나 NAC를 이용한 네트워크 접근통제를 완벽하게 구현한 사례를 찾아보기란 쉽지 않다. NAC를 도입했다 하더라도 많은 경우, 네트워크에 접속하는 단말기의 사용자 인증, IP 주소 사용 통제, 단말기 상태 확인 및 필수 SW 자동 설치 등에 사용한다. 더욱이 유·무선 네트워크에 대한 경계가 사라져가고 BYOD를 비즈니스에 활용하게 되면서 중요 비즈니스 정보, 네트워크 및 시스템에 대한 접근통제가 더 중요해지고 있지만, 기존의 NAC로는 새로운 접근통제 요구사항에 유연한 대응이 어려운 것이 사실이다. 이를 효과적으로 지원하기 위해서는 동적 네트워크 환경 구축과 이를 관리 및 통제하기 위한 시스템이 필요하며, 이에 적합한 기술이 802.1X인 것이다.

지금부터는 지금까지 '장님 코끼리 만지기'와 같이 부분적으로 설명했던 802.1X가 무엇인지 보다 구체적으로 살펴보자.

1.3.1 IEEE 802.1X는 무엇인가

IEEE 802.1X는 포트 기반 네트워크 접근통제PNAC, Port based Network Access Control를 위한 전기전자기술협회IEEE 표준으로, 802.1X 또는 포트 기반 인증으로 불린다. 802.1X 는 네트워크에 접속을 시도하는 단말기에 대한 인증 메커니즘 제공을 목적으로 개발되었으며, 유 · 무선 네트워크에 모두 적용할 수 있다. 일반적으로 802.1X를 무선 네트워크 보안을 위한 인증체계로 오해하는 경우가 있는데, 이는 무선 네트워크에서 WPAWi-Fi Protected Access/WPA2WPA version 2 인증 시에 802.1X가 기본적으로 사용되기 때문이다. 또한 국내에서는 유선 네트워크에 802.1X를 적용한 사례를 쉽게 찾아볼 수 없기 때문이기도 하다. 이번 기회에 802.1X는 유 · 무선 네트워크에 모두 적용 가능한 네트워크 접근통제임을 기억해두자.

802.1X는 이름에서도 알 수 있듯이 '네트워크 접근통제' 또는 '인증체계'의 하나다. 그러나 일반적인 네트워크 접근통제와 구별되는 분명한 차이가 있다.

첫째, 포트 기반Port based이라는 것이다. 먼저 여기서 말하는 '포트'는 단말기가 네트워크에 연결되는 접점을 말한다. 즉, 유선 네트워크에서는 액세스 스위치의 물리적 포트를 말하며, 무선 네트워크에서는 AP와 단말기 사이의 결합association을 말한다. 다음으로 포트 기반이란 단말기가 네트워크에 접속해 통신을 시도할 때, 엄밀히 말해 네트워크 포트에 연결되는 순간 물리적 포트를 기반으로 인증Authentication과 인가Authorization를 수행하는 것을 말한다.

둘째, 인증 및 인가와 관련된 절차와 방법이 다르다는 것이다. 802.1X가 아닌 NAC는 인증 및 인가를 NAC와 단말기에 설치된 에이전트를 통해 수행한다. 즉, NAC가 단말기를 통제하기 위해서는 단말기가 네트워크에 이미 연결되어 있어야 한다는 것을 의미하며, 단말기가 접속할 네트워크는 이미 결정된 것이다. 엄밀히 말해 일반적인 NAC에서 수행하는 인가는, NAC 또는 에이전트가 단말기의 네트워크 트래픽을 모니터링하고 허가되지 않은 내부망에 대한 접근이 탐지되면, IP 주소 충돌, IP 주소 또는 URL^{Uniform Resource Locator} 리다이렉션, 패킷 리셋 등의 방법으로 네트워크에 대한 접근을 차단하는 것이다. 그림 1-10은 802.1X가 아닌 NAC의 네트워크 접근통제 원리를 표현한다.

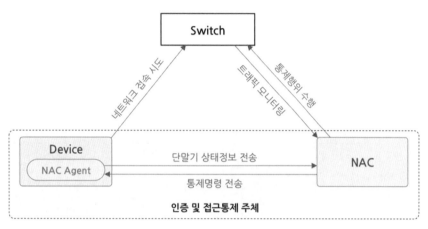

그림 1-10 802.1X 방식이 아닌 NAC의 인증과 접근통제

802.1X 방식이 아닌 NAC는 설치 위치에 따라 인라인^{In-line} 방식과 아웃오브밴드 방식으로 구분되며, 네트워크 구성에 대한 변경을 요구하지 않는 아웃오브밴드 방식을 선호한다. 아웃오브밴드 방식을 선호하는 또 다른 이유는 NAC의 오동작에 대한 유연한 대응을 고려한 결정 때문이다. 인라인 방식은 NAC에서 오류를 일으키거나 물리적으로 문제가 생기면 최악의 상황으로 네트워크 중단을 유발하게 된다. 반면에 아웃오브밴드 방식은 문제가 발생했을 때 NAC와 네트워크의 연결을 끊는 것만으로 응급조치가 가능하기 때문이다. 그러나 대부분의 NAC가 갖는 공통적인 취약점은 앞서 언급했듯이 NAC 자체에 문제가 발생했을 때 네트워크에 대한 접근 통제 기능을 상실하게 되는 것과 NAC의 통제로부터 벗어나기 위한 우회경로가 존재하고 에이전트 방식의 경우 에이전트가 설치되는 플랫폼이 제한된다는 것이다. 이러한 취약점은 지속적으로 보완되고 있지만, 개선된 네트워크 접근통제를 위해

서는 802.1X와 기존 NAC의 장점을 활용한 NAC 구축이 요구된다.

이제 802.1X에 대해 살펴보자. 앞서 802.1X는 포트 기반 네트워크 접근통제 또는 포트 기반 인증이라고 정의했다. 정의에서 알 수 있듯이 802.1X는 스위치의 물리적인 포트를 중심으로 단말기에 대한 인증과 접근 대상 네트워크에 대한 인가를 수행한다. 앞서 살펴봤듯이 802.1X가 아닌 NAC의 경우, 인증과 인가를 위해서는 네트워크에 대한 접근이 사전에 허용되어야 한다. 물론 DHCP를 이용한 NAC는 예외겠지만, 대부분의 경우 접근통제 이전에 네트워크 연결이 필수적으로 요구된다. 그러나 802.1X는 단말기가 네트워크에 연결되기 전에 인증과 인가를 수행한다. 그림 1-11은 802.1X에서 수행되는 사용자(단말기) 인증과 네트워크에 대한 인가 절차를 보여준다.

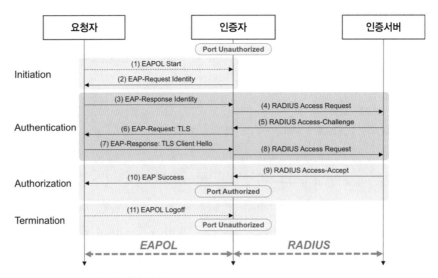

그림 1-11 802.1X 인증 및 인가 절차

그림에서 볼 수 있듯이 802.1X는 요청자Supplicant, 인증자Authenticator, 인증서버Authentication Server로 구성되며, 각각의 요소는 독자의 이해를 돕기 위해 단말기(장치), 스위치, RADIUSRemote Authentication Dial-In User Services와 혼용해 사용한다.

802.1X가 적용된 네트워크에서 단말기가 연결되는 인증자의 포트, 즉 장치가 연결되는 스위치 포트의 초기 상태는 미인가Unauthorized 상태다. 이는 일반적인 네트

워크 연결과 달리, 단말기에서 네트워크 연결에 필요한 환경 설정이 완료되었다 하더라도, 단말기(사용자)가 인증에 성공하기 전에는 네트워크에 대한 접근이 허용되지 않는 것을 의미한다. 이 때문에 네트워크를 통해 다른 장치와 통신하길 원하는 장치는 인증과 인가 절차를 반드시 거쳐야 한다.

802.1X에서 인증과 인가 절차는 개시^{Initiation}, 인증^{Authentication}, 인가^{Authorization}, 종료^{Termination} 단계로 구분해 살펴볼 수 있다. 개시 단계는 인증을 준비하는 단계로, 단말기가 802.1X 인증을 지원하는지 확인하고, 인증을 지원하는 경우 인증에 필요한 정보를 요청(EAP-Request Identity)한다. 단말기의 802.1X 인증 지원 여부는 스위치에 수신되는 EAPOL$^{\text{Extensible Authentication Protocol Over LAN}}$ 시작 패킷으로 확인하며, EAPOL 시작 패킷은 단말기가 스위치에 연결된 직후 또는 단말기 사용자의 요청에 의해 단말기가 스위치에 발송한다. 만일 단말기가 스위치에 연결되고 30초가 지나도록 스위치에 EAPOL 시작 패킷이 수신되지 않으면, 스위치는 단말기에 인증정보를 요청(EAP-Request Identity)하고 30초를 기다린다. 이후에도 응답이 없으면 인증정보 요청과 대기 과정을 2회 더 수행한 후 인증 과정을 종료하거나 설정에 따라 방문자^{Guest} 네트워크를 할당한다.

인증 단계는 단말기에서 제공된 인증정보를 이용해 사용자의 자격을 검증한다. 그림 1-11에서 보여주듯이 사용자 자격검증 과정에서 요청자와 인증서버 사이에는 직접적인 정보 교환이 불가능하며, 인증자의 개입에 의해서만 자격검증이 가능하다. 이 단계를 간략히 설명하면, 인증자는 요청자에게 인증에 필요한 정보를 요청한다. 요청자가 인증에 필요한 정보를 제공하면, 인증자는 이를 인증서버에 전달해 자격검증을 요청한다. 인증서버는 인증자로부터 제공된 인증정보를 기초로 자격검증을 실시하고, 자격검증 결과를 인증자에 전달한다. 이러한 구조는 그림 1-10과 같은 전통적인 NAC의 인증 구조에 비해 복잡해 보이지만, 다음과 같은 장점이 있다. 첫째, 공격자에게 인증서버가 노출되는 것을 방지할 수 있다. 이는 단말기에서 인증서버로 접속하기 위한 경로를 제공하지 않기 때문이다. 둘째, 다양한 인증 방법을 사용할 수 있다. 802.1X는 EAP-메소드로 표현되는 다양한 인증 메커니즘을 제공하기 때문에, 아이디/비밀번호 기반의 인증뿐 아니라, 공인인증서, OTP^{One}

Time Password, SIM^Subscriber Identity Module과 같은 다양한 인증 방법을 사용할 수 있다. 셋째, 접근통제의 가용성을 보장한다. 인증과 통제의 역할을 인증자(스위치)와 인증서버가 별도로 수행함에 따라, 하나의 구성 요소가 오작동하더라도 전통적인 NAC와 달리 네트워크 접근통제의 가용성을 지속적으로 보장할 수 있다.

인가 단계는 사용자 자격검증 결과에 따라 요청자에 대한 네트워크 접근을 허용하거나 차단한다. 인가는 인증자에 의해 수행되며 크게 두 종류로 구분할 수 있다. 첫 번째는 초기 비인가^Unauthorized 상태인 스위치 포트의 상태를 인가^Authorized 상태로 변경해 단말기의 네트워크 접속을 허용하는 것이다. 이는 인증서버로부터 전달받은 자격검증 결과가 성공^Success일 때 수행된다. 만약 정적인 네트워크 환경에서 802.1X를 단말기 사용자 인증 목적으로 사용하면, 첫 번째 인가만으로 단말기는 네트워크를 이용할 수 있게 된다. 두 번째는 사용자별로 사전에 정의된 속성^attribute들을 이용해 스위치 포트의 동작을 제어하는 것이다. 즉, 사용자에게 접근이 허가된 VLAN을 동적으로 할당하거나 접근통제리스트^ACL, Access Control List를 동적으로 할당하고, 또는 단말기가 사용할 IP 주소를 제한하는 등의 제어를 수행한다. 스위치 포트 제어를 위한 속성은 RADIUS 서버에 등록하며 구체적인 속성과 사용 방법은 IETF^Internet Engineering Task Force RFC 3850 문서(IEEE 802.1X를 위한 RADIUS 사용 가이드라인)에서 확인할 수 있다.

마지막으로 종료 단계는 요청자의 네트워크 연결을 종료하고 스위치 포트의 상태를 미인가 상태로 변경한다. 연결의 종료는 요청자의 명시적이거나 묵시적인 연결 종료 요청에 의해 처리된다. 명시적 연결 종료의 경우 요청자가 연결 종료 패킷(EAPOL Logoff)을 인증자에게 전송해 인증자에 의해 연결을 종료하며, 묵시적 연결 종료의 경우는 요청자를 셧다운하거나 인증자와 물리적 연결을 해지함으로써 연결을 종료한다.

지금까지 설명한 네 단계를 수행하기 위해서는 두 가지의 프로토콜이 사용된다. 요청자와 인증자 사이에 교환되는 정보의 캡슐화를 위해서는 EAPOL이 사용되고, 인증자와 인증서버 간의 패킷 교환과 캡슐화를 위해서는 RADIUS 프로토콜이 사용된다. 이에 대해서는 뒤에서 자세히 살펴본다.

1.3.2 802.1X 구성 요소

앞서 언급했듯이 802.1X를 구성하는 물리적 구성 요소에는 그림 1-12와 같이 요청자, 인증자, 인증서버가 있다.

요청자
(Supplicant)　　　　　인증자
　　　　　　　　　　 (Authenticator)　　　　인증서버
　　　　　　　　　　　　　　　　　　　　(Authentication Server)

그림 1-12 802.1X의 물리적 구성 요소

요청자

802.1X에서 요청자^{Supplicant}는 두 가지를 의미한다. 첫 번째는 네트워크에 접근하고자 하는 단말기 또는 클라이언트를 의미한다. 이러한 단말기에는 데스크톱, 랩톱, 태블릿, 스마트폰 등과 같은 802.1X를 지원하는 단말기뿐 아니라, 네트워크 프린터, IP CCTV, IP폰과 같이 802.1X를 지원하지 않는 단말기도 포함된다. 두 번째는 802.1X를 지원하는 단말기에서 인증을 위해 사용되는 클라이언트 소프트웨어를 말한다. 802.1X를 지원하는 단말기라도, 단말기(사용자) 인증을 위해서는 인증과 관련된 소프트웨어가 구동되어야 한다. 802.1X를 지원하는 단말기의 경우 운영체제에 기본적으로 클라이언트 소프트웨어가 내장되어 있지만, 초기에는 비활성화되어 있어 802.1X 네트워크 연결을 위해서는 활성화 과정이 요구된다.

인증자

인증자^{Authenticator}는 단말기와 인증서버의 중간에서 인증에 필요한 자격 정보를 전달하는 네트워크 장치를 의미한다. 유선 네트워크에서는 관리 가능한 스위치를 의미하며, 무선 네트워크에서는 AP를 의미한다. 네트워크에 대한 접근통제는 바로 이 인증자가 수행한다. 인증자를 구성하는 각각의 물리적 포트의 초기 상태는 단말기에 대한 네트워크 접근이 차단된 '비인가^{unauthorized}' 상태를 유지하며, 인증이 완료되면 포트의 상태가 '인가authorized'로 변경되고 네트워크에 대한 접근이 허용된다.

인증자를 통해 수행되는 인가는 크게 두 가지로 구분할 수 있다. 첫 번째 인가는 앞서 설명한 바와 같이 인증이 완료된 이후 포트의 상태가 '비인가' 상태에서 '인가' 상태로 변경됨으로써 단말기가 포트에 연결되는 인가를 말한다. 만약 일반적인 네트워크 환경, 즉 각각의 스위치 포트에 지정된 VLAN이 할당되어 있는 상태라면 단말기는 해당 VLAN을 통해 통신하게 될 것이다. 보다 강력한 네트워크 접근통제를 원한다면 두 번째 인가를 이용할 수 있다. 두 번째 인가는 포트의 상태가 변경된 이후 사용자 또는 단말기에 할당될 VLAN을 동적으로 할당하는 것이다. 이를 위해서는 인증서버에서 사용자 또는 단말기에 할당할 VLAN이 정의되어 있어야 한다.

인증서버

전통적으로 RADIUS로 대변되는 인증서버Authentication Server는 단말기 또는 사용자 인증에 필요한 정보를 저장하고 있으며, 요청자가 네트워크 접속을 위해 제공하는 자격정보를 검증하는 역할을 수행한다. 이때 사용하는 자격정보에는 사용자 식별자/비밀번호, 디지털 인증서, 단말기 맥 주소 및 기타 다양한 방법이 활용될 수 있다. 뿐만 아니라 인증서버는 인증자의 물리적 포트에 할당할 속성정보를 저장 및 관리한다. 이를 통해 앞서 설명했듯이 인증이 완료된 후 사용자 또는 단말기에 할당된 VLAN 속성을 인증자의 포트에 전송한다.

1.3.3 802.1X의 역사

802.1X는 독립적으로 완성된 표준이 아니라 여러 개의 표준들이 어우러져 만들어진 프레임워크라 할 수 있다. 엄격한 의미에서 802.1X는 EAPExtensible Authentication Protocol를 IEEE 802 미디어에 적용하기 위한 방법으로, 요청자와 인증자 사이에 발생하는 인증과 관련된 정보의 교환 절차와 방법을 의미한다. 즉, EAPOL을 의미하는 것이다. EAPOL은 2001년 처음 IEEE 표준으로 제정된 이후, 인증과 관련된 다양한 표준들이 포함되면서 현재의 802.1X 형태를 갖추게 되었다.

802.1X는 어디서부터 시작해 어떻게 발전해왔을까? 간단히 요약하면 2001년

에 비준된 IEEE 802.1X-2001 표준을 시작으로, 두 번의 개정(IEEE 802.1X-2004, IEEE 802.1X-2010)을 거쳐 현재에 이르렀다. 그러나 802.1X를 보다 구체적으로 이해하기 위해서는 802.1X에 영향을 미친 표준들을 살펴볼 필요가 있다.

EAP

EAP^{Extensible Authentication Protocol}는 IETF에 의해 1998년 RFC 2284로 발표되었으며, 공식적인 이름은 PPP Extensible Authentication Protocol이다. PPP^{Point-to-Point Protocol}는 이더넷^{Ethernet}이나 토큰링^{Token Ring}이 아닌 시리얼 연결^{Serial Connection}에 관한 프로토콜이며, 1989년 RFC 1134 문서로 소개되어 이듬해인 1990년 RFC 1171 표준으로 발표되었다. EAP는 그 이름에서도 알 수 있듯이, 사용자 인증 프로토콜로 점대점 연결 프로토콜^{PPP}에서 사용하기 위해 개발되었다.

PPP는 캡슐화^{Encapsulation}, 링크 제어 프로토콜^{LCP, Link Control Protocol}, 네트워크 제어 프로토콜^{NCP, Network Control Protocol}로 구성된다. EAP는 이들 구성 요소 중에서 링크 제어 프로토콜을 구현하기 위해 개발되었다. LCP는 Layer 2 계층에서 두 장치의 연결 방법, 즉 두 장치 간 연결의 확립^{establish}, 유지^{maintain}, 종결^{terminate}에 관한 방법을 정의하고, 장치의 신뢰성 검증을 위한 인증 단계^{Authentication Phase}를 언급한다. 그러나 인증 단계에서 구현해야 하는 인증 방법이나 절차에 대한 설명을 제공하지 않는다. RFC 2284는 LCP에서 언급한 인증 단계를 구현하기 위한 표준으로, EAP라고 불린다.

RFC 2284 문서는 3개의 섹션으로 구성되어 있다. 첫 번째 섹션은 프로토콜에 대해 간략히 설명하며, 물리적 구성 요소를 정의한다. EAP는 802.1X와 같이 세 가지 요소인 동료^{Peer}, 인증자^{Authenticator}, 백엔드^{Back-end}로 구성되지만, 백엔드 서버는 사용이 허용되었을 뿐 필수 구성 요소에 포함되지 않았다. 두 번째 섹션에서는 EAP 패킷의 구조와 구성 요소 간 패킷의 흐름에 대해 개략적으로 설명하고 있으며, 구체적인 인증 방법에 대해서는 설명하지 않는다. 이를 통해 EAP를 확장한 다양한 인증 방법을 구현하도록 허용했으며, 독자적으로 구현된 인증 방법을 EAP-메소드라고 부른다. EAP-메소드는 기본적으로 인증에 사용되는 정보와 정보의 전송 구간에 대한 암호화를 지원한다. 세 번째 섹션에서는 인증 과정에서 발생하는 정보의 요청^{Request}과 응답^{Response}에서 사용되는 EAP 타입^{type}과 인증 메커니즘을 정의한다. 여기서는 여섯 종류의 EAP 타입을 제공하며, 1~3번 타입인 Identity, Notification, NAK는 인증 과정에서 정보의 요청과 응답을 위한 코드로 사용된다. 4번 타입인 MD5$^{Message\ Digest\ algorithm\ 5}$-Challenge는 초기 EAP에서 제공되는 유일한 인증 메커니즘이다. 위의 1~4번 타입은 모든 EAP 구현에서 반드시 지원되어야 한다. 5번과 6번 타입인 원타임 패스워드^{OTP}와 제너릭 토큰카드$^{Generic\ Token\ Card}$는 아이디/비밀번호와 함께 EAP가 지원하는 인증정보 제공 방식이다.

앞서 말했듯이, 초기 EAP는 백엔드 서버, 즉 인증서버를 필수적으로 요구하지 않았다. 이는 EAP-메소드로 제공되는 MD5-챌린지에서 인증서버를 사용하거나 그렇지 않을 수 있었기 때문이다. 그러나 이러한 상황은 EAP-TLS의 공개로 바뀌게 된다. 사실 EAP-TLS 외에도 다양한 인증 메커니즘들이 개발되어 있었다. 그러나 이를 공개한 것은 EAP-TLS가 처음이었다. EAP-TLS는 공개 이후 1999년 RFC 2716 표준으로 비준되었으며, PPP EAP Transport Level Security^{TLS} Authentication Protocol로 이름 붙여졌다.

EAP-TLS는 인증 과정에서 인증서^{Certificate}를 통한 인증정보의 검증을 요구했으며, 이를 위해서는 백엔드 서버, 즉 인증서버가 필수적으로 요구되었다. EAP-TLS는 백엔드 서버로 RADIUS를 선택하고, 이에 대한 논의를 시작한다. 그리고 이후 백엔드, 즉 RADIUS는 별개의 장치로 개발된다.

지금까지 설명한 과정을 통해 EAP와 RADIUS는 연결고리가 맺어진다. 이제 RADIUS에 대해 살펴보자.

RADIUS

RADIUS$^{Remote\ Authentication\ Dial-In\ User\ Services}$는 인증 과정에서 두 가지 기능을 수행한다. 첫 번째는 EAP를 통해 제공되는 자격 증명의 인증에 사용되는 신뢰할 수 있는 소스를 제공하는 것이다. 두 번째는 인증을 위해 제공된 자격 증명과 연관된 정보에 기초해 인증자(스위치)의 동작을 제어한다. 즉, 사용자(또는 사용자 그룹)에 따라 다른 VLAN을 할당하거나 접근통제리스트^{ACL}를 할당하는 등의 제어를 수행한다.

RADIUS는 EAP-TLS에서 백엔드 서버로 받아들여진 이후, RFC 2284에서 언급하고 있는 백엔드 서버로 인정받게 된다. 그리고 이듬해인 2000년 6월 RFC 2865 표준으로 발표되고, 'Remote Authentication Dial In User Service^RADIUS'로 이름 붙여진다. 이때 발표된 RFC 문서에는 802.1X와 관계 있는 다양한 정보들이 포함되어 있었다. 이 중 가장 중요한 내용은 인증 메커니즘에 대해 논의한 것이다. 인증을 위해서는 반드시 사용자 이름과 비밀번호가 제공되어야 함을 명시했으며, 인증을 위한 다양한 방법들, 즉 EAP-메소드들을 허용하도록 한 것이다. 또한 오늘날의 802.1X 구현의 기반이 되는 부가적인 정보들을 포함하고 있었다. 즉 사용자를 설명하기 위해 사용되는 44개의 속성이 정의되었으며, 그중 일부가 802.1X와 관련되었다. 오늘날에는 200개 이상의 속성이 정의되어 있을 뿐만 아니라, 네트워크 장비 제조사에서 독립적으로 정의한 속성도 지원한다. 이러한 속성들은 인증이 완료된 후 인증자(스위치)에 전달되어 인증자의 동작을 제어하는 데 이용된다.

RFC 2865가 발표된 이후, 기존에 정의된 RADIUS를 보충하거나 구체적으로 설명하는 추가적인 RFC 문서들이 발표된다. 대표적인 RFC 문서는 2866에서 2869까지의 문서들이다. 이 문서들이 제공하는 대부분의 정보가 유용하긴 했지만, 802.1X와 직접적으로 연관되지는 않는다.

이후 2003년, RFC 2865에 정의된 RADIUS 속성의 사용법을 정리한 RFC 3850이 발표되어 'IEEE 802.1X를 위한 RADIUS 사용 가이드라인^IEEE 802.1X Remote Authentication Dial In User Service(RADIUS) Usage Guidelines'으로 이름 붙여졌다. 이 문서는 RADIUS의 속성들이 802.1X 인증 과정에서 어떻게 적용되고 어떠한 역할을 수행하는지 구체적으로 설명한다.

802.1X의 등장

21세기에 진입할 무렵 EAP와 RADIUS가 발표되고, EAP-TLS를 통해 둘 사이의 연계성이 강화되기 시작했다. 여기서 주목해야 할 사항은 아직까지 RFC 2284(EAP)는 PPP를 위한 표준으로 LAN 환경에 적용하기 위한 방법은 정의되지 않았다는 것이다. 이것이 IEEE로 하여금 802.1X를 만들게 하는 계기가 되었다. IEEE 802.1 그룹에서 정의한 미디어에도 효과적인 인증체제가 요구되었기 때문이다. 2001년 6월 IEEE의 LAN/MAN 표준화 위원회는 IEEE 802.1X-2001 표준으로 802.1X를 승인한다. 이 표준이 중요한 이유는 EAP를 LAN 환경에서 구현할 수 있는 메커니즘을 정의하고, 이를 802.1X라고 불렀기 때문이다. 또한 IEEE 802.1X-2001은 오늘날의 802.1X의 뼈대를 제공하고 있기 때문이다.

IEEE 802.1X-2001에서 가장 혁명적인 내용은 EAPOL에 대해 정의다. 앞서 설명했듯이 EAP는 PPP에서 인증을 위해 개발된 프로토콜로서 1:1의 시리얼 연결을 염두에 두고 있을 뿐, LAN과 같은 공유 네트워크 환경을 고려하고 있지 않다. EAPOL은 EAP를 이더넷(802.3) 또는 토큰링(802.5) 같은 IEEE 미디어 환경 위에서 사용하기 위한 방법을 정의한다. 이 때문에 IEEE 802.1X-2001을 EAPOL이라고 부르기도 한다.

EAPOL은 이름에서도 알 수 있듯이, EAP를 LAN 환경에 적용하기 위해 만들어졌기 때문에, 802.1X는 EAP의 많은 부분을 그대로 수용했다. 특이한 점은 다음과 같다. 첫째, EAP에서 백엔드로 정의된 인증서버의 역할을 구체적으로 정의했다는 것이다. 그러나 EAP처럼 인증서버를 필수 구성 요소로 포함하지 않았다. 둘째, 802.1X 프레임워크에서 RADIUS의 속성들이 어떻게 사용되는지 정의했다는 것이다. 이때 정의된 RADIUS 속성에 대한 IEEE의 정의는 2003년 발표된 RFC 3580에 정의된 의미와 일치한다.

802.1X의 진화

지금까지 802.1X의 탄생 과정을 개략적으로 설명했다. 이제부터 802.1X가 어떻게 발전되어 왔는지를 간략히 살펴보자.

IEEE 802.1X-2001이 발표되고 2년 후인 2003년에 이르러 RADIUS와 관련된 다양한 RFC 문서가 발표되었다. 이 문서들 중에서 RFC 3579와 RFC 3580 문서가 802.1X와 연관되며, 거의 동시에 발표되었다. RFC 3580은 앞서 언급했듯이 802.1X 프레임워크 안에서 RADIUS 속성의 사용 방법을 설명하고, RFC 3579는 EAP와 RADIUS의 상호작용에서 RADIUS가 수행하는 동작에 대해 설명한다. 이 문서들은 RADIUS를 백엔드로 선택해야 하는 명확한 근거를 제공하고, 802.1X에서 어떻게 사용해야 하는지를 설명한다.

이로써 802.1X에 대한 정의가 완료되었을 뿐만 아니라 RADIUS를 백엔드로 사용하기 위한 작업들이 마무리되어 포트 기반 인증을 구현하는 기반을 확고히 다지게 되었다. 다만 기술의 진보와 함께 악의적인 사용자들에 의해 802.1X의 취약점이 공개되었고, 이에 대한 개선이 요구되었다.

IEEE는 2004년에 802.1X-2004를 발표한다. 이는 앞서 언급한 취약점 이외에도 다양한 요인들이 영향을 미친 결과였다. 가장 큰 영향을 미친 것은 새로운 EAP의 발표였다. IETF가 1998년 발표한 RFC 2284(EAP)를 개선한 RFC 3748이 2004년 6월 발표된 것이다. RFC 3748은 EAP에 대한 정의를 확장했을 뿐만 아니라, 백엔드 서버를 필수 구성 요소로 포함했으며 피기백킹^{Piggybacking}, 스누핑^{Snooping}, 크로스톡^{Crosstalk}, 미인가 인증자^{Rogue Bridge}, 비트 플리핑^{Bit flipping}, 협상 공격^{Negotiation attack} 등의 공격을 정의하고 대응 방안을 설명한다. 다음으로 IEEE 802.1X-2001의 유지 및 변경 관리를 위해 표준화를 수행하던 IEEE 802.1aa를 계속 진행해야 한다는 목소리도 제기되었다. 이러한 이니셔티브^{initiative}들로 인해 IEEE 802.1X-2004가 2004년 12월 발표된다.

IEEE 802.1X-2004는 RFC 3748과 IEEE 802.1aa를 포함했을 뿐만 아니라, 802.1X의 기능을 보다 명확히 정의하고, EAPOL 생태머신^{state machines}에 대해 구체적으로 설명한다. 그리고 문서의 많은 분량을 할애해 포트 관리 방법과 포트 관리 프로세스에 대해 설명하며, AAA^{Authentication, Authorization, Accounting}와 관련해 802.1X 환경에서 과금^{Accounting}을 위한 몇 가지 속성에 대해 설명한다. 또한 RFC 3580에서 정의하는 RADIUS의 다양한 속성과 그 속성들이 인증 과정에서 수행하는 기능에 대한 설명을 부록으로 첨부함으로써 RADIUS를 802.1X의 백엔드로 확정한다.

지금까지 설명한 모든 내용은 유선 네트워크 환경을 중심으로 설계되고 구현되었다. 이는 무선 네트워크 환경에서 802.1X를 적용할 수 없음을 의미한다. IEEE는 이를 해결하기 위한 논의를 시작해 2004년 6월 IEEE 802.11i-2004 표준을 발표한다. 802.11i는 WPA/WAP2로 알려져 있으며, 무선 네트워크 환경에서 802.1X

를 적용할 수 있도록 했다. 그러나 802.1X를 무선 네트워크에 완벽히 적용하기 위해서는 무선 네트워크의 특성이 반영된 EAP가 요구되었다. IETF는 이러한 요구사항을 반영해 RFC 4017, '무선 네트워크를 위한 EAP-메소드 요구사항^{Extensible} Authentication Protocol (EAP) Method Requirements for Wireless LANs'을 2005년 3월 발표한다. 이 문서는 RFC 3748에 정의된 EAP-메소드를 무선 네트워크 환경에 적용할 수 있도록 최적화한 것이다. IEEE 802.11i는 무선 네트워크 보안 표준으로 별도 관리되고 있으며, 2007년에 최종 갱신되었다.

IEEE 802.1X는 인증을 이용해 포트 기반의 네트워크 접근통제를 제공한다. 그러나 인증 하나만으로 네트워크상의 데이터에 대한 기밀성과 무결성을 보장하지는 못한다. IEEE 802.1X 인증이 적용된 네트워크에 대한 물리적 보안과 단말기 사용자 식별을 통해 데이터에 가해지는 위협을 감소시킬 수 있지만, 더 안전하게 데이터를 보호하기 위해서는 추가적인 조치가 요구된다. IEEE 802.1 그룹에서는 이를 인식하고 2006년 6월 IEEE 802.1AE-2006, 미디어 접근제어 보안^{Media Access Control (MAC) Security} 표준을 비준한다. 이 표준은 MACsec로 불리며, 2010년에 IEEE 802.1X-2004를 개정한 IEEE 802.1X-2010 표준에 포함된다.

MACsec는 유선 네트워크 환경에서 안전한 데이터 통신을 보장하기 위해 개발된 IEEE 표준으로, Layer 2 계층에서 강력한 데이터 암호화 기능을 제공해 데이터에 대한 기밀성을 보장하고, 데이터의 위변조 여부를 확인하는 데 필요한 데이터 무결성 검증 기능을 제공한다. 또한 정책의 중앙 통제를 통해 단말기의 MACsec 지원 여부를 고려함으로써 유연한 MACsec 정책 적용이 가능하다. 마지막으로, 종단간에 암호화된 패킷을 전송할 때 중간 경로에 위치하는 네트워크 장비에서 해당 패킷의 내용에 대한 확인이 불가능한 VPN과 같은 Layer 3 암호화 기술과 달리, MACsec는 트래픽에 대해 Layer 2에 기초한 홉^{hop} 단위 암/복호화를 지원해 패킷이 경유하는 개별 네트워크 장비에서 정책에 따라 트래픽에 대한 조사^{Inspection}, 모니터링^{Monitoring}, 표시 달기^{Mark} 또는 재전송^{Retransferring} 등을 수행할 수 있다.

MACsec는 앞서 설명한 것처럼 뛰어난 데이터 보호 기능을 제공하나, 실제 적용을 위해서는 몇 가지 제약사항을 극복해야 한다. 우선, 모든 엔드포인트 장치가

MACsec를 지원하지 않기 때문에 사전에 확인이 요구된다. 다음으로, 네트워크 장비에서 MACsec를 지원해야 한다. 최근 들어 대부분의 스위치에서 802.1X를 지원하고 있지만, 아직까지 MACsec를 지원하는 스위치는 일부에 불과하며, 이마저도 고사양의 스위치에서만 지원하고 있다. 마지막으로, 네트워크에서 MACsec를 활성화하기 전에 다른 네트워크 기술과의 호환성이나 충돌 가능성을 확인해야 한다.

802.1X가 적용된 네트워크에서 MACsec를 보편적으로 사용할 수 있기까지는 어느 정도의 시간이 더 필요할 것이다. 그러나 분명한 사실은 그 시기가 멀지 않다는 것이다. 지금 당장은 MACsec를 적용할 수 없다고 하더라도 지금부터 802.1X를 준비한다면, MACsec가 활성화되는 시점에는 더 강력한 데이터 보호환경과 네트워크 접근통제를 구축할 수 있을 것이다.

2장 시나리오

네트워크 또는 정보보안 관리자라면 802.1X에 대해 한 번쯤은 들어봤을 것이다. 그리고 얼마나 강력한 접근통제를 구현해주는지도 알고 있을 것이다. 그러나 이를 실제 유무선 네트워크에 적용해본 경험은 흔치 않을 것이다. 왜 그럴까? 아마도 가장 큰 원인은 관리자의 무관심이 아닐까 생각한다. 802.1X, 그 자체만으로는 관리자의 관심을 끌기에 어려운 솔루션임에 틀림없다. 많은 관리자에게 802.1X는 이미 도입된 다양한 인증시스템에 추가적으로 인증시스템을 도입하는 것과 같은, 또 다른 의미에서는 사용자의 불편을 가중시키는 인증시스템 중 하나로 인식될 수 있다. 또한 어떻게 얻어진 경험인지 알 수 없지만 대부분의 관리자가 '802.1X는 어렵다.'고 생각한다. 이러한 편견이 802.1X가 갖고 있는 다양한 장점에도 불구하고 도입을 꺼리는 걸림돌로 작용하고 있다. 만약 이러한 걸림돌을 제거할 수 있다면, 802.1X 도입을 통해 더 강화된 네트워크 및 정보보안체계를 구축할 수 있을 것이다.

이 책에서는 관리자로서 네트워크와 정보보안 업무를 수행하면서 고민했던, 함께 공감할 수 있는 8개의 시나리오를 기반으로 802.1X의 필요성과 구체적인 구축 방법을 소개한다. 그림 2-1은 이 책에서 구현하고자 하는 네트워크 접근통제의 전체적인 프레임워크를 제시하고 있으며, 이후의 각 절에서는 이를 구현하기 위한 시나리오를 제시한다.

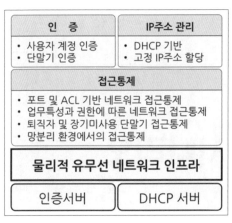

인 증	IP주소 관리
• 사용자 계정 인증 • 단말기 인증	• DHCP 기반 • 고정 IP주소 할당

접근통제

• 포트 및 ACL 기반 네트워크 접근통제
• 업무특성과 권한에 따른 네트워크 접근통제
• 퇴직자 및 장기미사용 단말기 접근통제
• 망분리 환경에서의 접근통제

물리적 유무선 네트워크 인프라

인증서버	DHCP 서버

그림 2-1 802.1X 기반 네트워크 접근통제 프레임워크

첫 번째 시나리오는 IP 주소 관리를 위한 시나리오다. IP 주소 관리 업무는 모든 네트워크 관리자가 만성적으로 힘들어하거나 귀찮게 생각하는 업무라고 생각한다. PC, 네트워크 프린터 등과 같은 IT 기기가 들어오면 IP 주소를 할당해 달라는 요청이 네트워크 담당자에게 반드시 접수된다. 물론 IP 주소 관리 솔루션을 통해 손쉽게 IP 주소를 관리하는 기관도 있지만, 아직까지 IP 주소관리시스템을 도입하지 않아 IP 주소 관리가 수작업에 의해 수행되는 기관도 상당히 많다. 내가 802.1X를 접하게 된 계기도 사실 IP 주소 관리를 자동화하고자 하는 고민에서부터 비롯되었으니, IP 주소 관리는 네트워크 또는 정보보안 담당자에게 있어서 고민의 시작이라고 감히 말하고 싶다. 그래서 첫 번째 시나리오는 IP 주소의 자동할당으로 정했다.

두 번째 시나리오는 첫 번째 시나리오를 개선해 IP 주소 관리를 자동화하고 자동화한 IP 주소 할당 환경에서 누구나 IP 주소를 할당받지 못하도록 사용자 인증 기능을 추가하고자 한다. 뒤에 이어질 나머지 6개의 시나리오도 두 번째 시나리오와 같이 그 전의 시나리오를 개선해 나가는 방식으로 진행된다.

세 번째 시나리오는 한 번 인증받은 사용자는 장비 인증으로 인증을 대신해 매번 사용자 인증을 받는 번거로움을 해소하고자 하는 것이다. 우리나라 사람들은 이른바 '빨리빨리'와 효율을 너무 좋아하는 탓에 IT 기기의 인증을 받을 때도 한 번 인증받은 사용자 또는 단말기의 경우에는 다시 인증할 때 절차를 간소화해주기를 원한다. 그래서 세 번째 시나리오에서는 한 번 인증받은 단말기는 맥 주소^{Mac Address}를 인증도구로 사용해 장비 인증으로 대신하도록 하고 있다. 물론 기관의 정보보안 정책과 인증정책에 따라 인증의 난이도를 달리할 수 있으나, 사용자의 편의를 위해 이번 시나리오를 제공하기로 했다.

네 번째 시나리오는 본격적으로 802.1X 인증을 보안 업무에 적용하는 단계다. 약간의 고급 기술이라고도 말할 수 있다. 이번 시나리오에서는 부서 또는 수행업무의 특성을 고려해 사용자에게 VLAN과 IP 주소를 할당하고, 할당된 VLAN과 IP 주소에 따라 네트워크 또는 시스템에 대한 접근통제정책을 적용하는 시나리오다. 이제 조금 빛이 보일 것이다. 이제 802.1X를 어떻게 사용할지 감이 오는 독자에게는 축하 메시지를 전하고 싶다. 감이 오는 독자는 802.1X라는 도구를 자유자재로 이용할 준비가 된 것이다. 아직 감이 오지 않았더라도 걱정할 필요가 없다. 이 책을 끝까지 읽고 실습을 진행한다면 마지막에는 802.1X에 관한 전문가가 되어 있을 것으로 확신한다.

다섯 번째 시나리오 역시 관리자가 귀찮아할 문제를 해결해주는 시나리오라고 생각한다. 바로 인사이동이나 퇴직에 따른 IT 단말기의 관리 문제와 관련되어 있다. IT 자산관리 시스템이 체계적으로 구축된 기관에서는 어려움이 없겠지만, 많은 기관에서는 인사이동에 따른 시스템 또는 네트워크에 대한 접근권한 변경, 퇴직자가 사용하던 디바이스의 네트워크 또는 시스템에 대한 접근 차단 등의 이슈로 고민하고 있다. 이러한 문제를 완벽하지는 않지만 802.1X와 연계해 해결해보고자 한다.

여섯 번째 시나리오는 신규 IT 단말기에 대한 네트워크 접속 차단과 인증 유도로 잡아봤다. 일부 기관에서는 NAC 또는 IP 주소관리시스템을 이용해 IP/MAC 고정을 통해 IP 주소 사용을 통제하고 있으나, 아직도 많은 기관에서는 IP 주소의 임의변경 및 다른 장치로의 할당이 차단되지 않는 경우가 있다. 이렇게 통제되지 않는 IP 주소의 사용으로 인해 사용자가 임의로 반입한 노트북, 스마트폰 등으로 인한 BYOD 이슈가 점차 확산되고 있어 심각한 보안 문제가 제기될 수 있다. 이러한 문제를 해결하기 위한 방법으로 미등록, 미인증 단말기에 대한 인증 유도 및 802.1X 인증 지원 단말기의 인증환경 구성에 대해 살펴본다.

지금까지는 802.1X를 기반으로 하는 단말기의 인증에 대해 살펴봤다. 그래서 일곱 번째 시나리오에서는 인증받았던 단말기 중 장기간 사용되지 않는 IT 단말기의 인증 해제에 대해 살펴본다. 업무를 수행하다 보면, 그러지 말아야 함에도 불구하고 직원들이 업무 수행의 편의를 위해 자신의 계정정보를 이용해 외부 방문자의 노트북이나 스마트 기기를 인증해줌으로써 내부 네트워크를 사용하도록 해주는 경우가 있다. 이러한 상황이 발생했을 때 추후 발생할 보안 사고를 예방하기 위해 일정 기간 동안 사용되지 않는 IT 단말기의 인증을 해제하는 것에 대해 알아보도록 한다.

마지막 시나리오는 본사와 지사가 분리되어 있을 때를 고려해 시나리오를 구성했다. 본사에 근무하는 품질관리 담당자 A가 품질관리를 위해 본사와 지사를 옮겨가며 근무한다고 가정하는 경우에, 본사와 지사 모든 곳에서 인증받고 각각의 근무지에서 정해진 IP 주소를 할당받는 시나리오다.

이제 개별 시나리오를 좀 더 구체적으로 살펴보자.

2.1 | IP 주소 할당 자동화

나는 2006년부터 네트워크 관리 업무를 시작했다. 근무하는 연구소가 이전하게 되고, 네트워크를 신규로 구축하게 되면서 네트워크 관리자로서의 험난한 발걸음을 내디뎠다. 비록 IT를 전공했지만 네트워크에 대해서는 아무런 지식도 없는 상태였다. 따라서 여러모로 답답한 상황이었지만 '아무리 네트워크에 대해 몰라도 비전공자보다는 내가 낫다.'라고 생각하며 힘겹게 업무를 시작했다. 그 당시 가장 많이 고심했던 문제는 IP 주소 관리였다. 초보 관리자로서 연구소 전체 사용자에게 IP 주소를 효과적으로 분배하고 관리하는 일은 풀기 힘든 숙제였다. 고민 끝에 우선 건물의 층별로 C 클래스의 IP 주소대역을 하나씩 배정했다. 그리고 그림 2-2처럼 직원한 명당 5개의 IP 주소를 할당해 사무실별 근무인원 수에 맞게 IP 주소 목록을 출력하고, 각 사무실 출입구에 붙여놓음으로써 직원들 모두에게 골고루 IP 주소를 할당했었다. 지금 생각해보면 우습기만 하지만, 초보 관리자였던 내 입장에서는 합리적인 방법으로 생각되었다.

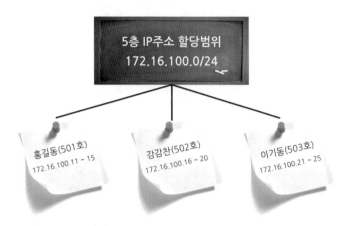

그림 2-2 직원별 IP 주소 할당

몇몇 관리자와 이야기를 나눠보면 IP 주소 관리의 어려움을 호소하는 경우가 적지 않다. IP 주소 관리에 특화된 솔루션을 이용하기도 하지만, 관리자의 필요를 모두 충족시키지 못하는 것이 현실이다. 나 역시 IP 주소 관리를 위한 솔루션을 수시로 찾아봤지만, 만족할 만한 솔루션을 찾지는 못했다. 이러한 경험 때문에 직접 IP 주소 관리 방법을 찾아나섰고 이 책에서 제시하는 결론에 도달할 수 있었다. 물론 이 책에서 제시하는 방법이 최선의 방법은 아닐 것이다. 그러나 현장에서 관리자로 고민했던 부분을 해결하려고 한 만큼 일선에 있는 관리자들도 많은 부분 공감하고 만족할 수 있을 것이다.

나는 802.1X 구축의 출발점으로 IP 주소 관리를 선택했다. 그만큼 IP 주소 관리와 802.1X는 떼려야 뗄 수 없는 관계를 갖고 있다. 처음 802.1X에 발을 들여놓게 된 계기도 IP 주소 관리를 효과적으로 수행하기 위한 방법을 찾다가 도달한 결론에서 비롯되었다.

DHCP를 활용한 IP 주소 할당 자동화는 네트워크 관리자라면 누구나 알고 있는 주제다. 일부 기관의 관리자는 오래 전부터 DHCP를 이용해 IP 주소 관리를 수행하고 있다. 그러나 대부분의 기관에서는 오픈소스로 제공되는 DHCP의 참된 가치를 발견하지 못하고 상용 IP 주소 관리 솔루션을 도입해 IP 주소를 관리하거나, 아니면 휴먼 프로세스에 의해 IP 주소를 할당하거나 회수하는 업무를 수행하고 있다.

이번 시나리오에서는 다른 관리적 요소(예를 들어 사용자 인증, 보안, IP 주소 사용자 관리 등)는 제외하고 오로지 IP 주소의 자동할당과 할당된 IP 주소를 어떻게 관리하는지에 대해서만 알아보고자 한다.

우선 일반적인 IP 주소 관리 사례를 살펴보자. 다음 사례는 내가 네트워크 담당자로 근무하면서 겪었던 경험을 중심으로 구성한 것이다.

사례1

8층에 근무하는 연구원 A는 데이터 분석을 위해 워크스테이션을 신규로 도입하고 연구실에 설치했다. 워크스테이션에 등록할 IP 주소의 할당을 위해 연구원 A는 IP 주소 할당 신청서를 작성해 네트워크 관리자인 M에게 제출한다. M은 IP 관리를 위해 엑셀로 작성해둔 IP 주소 관리대장 파일을 열고, 할당되지 않은 IP 주소 중 기존에 연구원 A가 사용하고 있던 IP 주소와 인접한 IP 주소를 할당한다. IP 주소를 할당한 후 M은 연구원 A가 할당받은 IP 주소로 네트워크에 접속하기를 기다렸다가 네트워크 접근통제(NAC, Network Access Control) 시스템에서 IP 주소와 MAC를 고정해 다른 사용자 또는 PC에서 IP 주소를 사용하지 못하도록 한다.

사례2

연구원 B는 어느 날 갑자기 PC가 느려져서 정상적인 업무 수행에 불편을 느껴 PC 유지보수 담당자에게 PC 점검을 요청했고, PC 유지보수 담당자로부터 윈도우 운영체제를 다시 설치해야 한다는 결과를 통보받았다. 연구원 B는 중요한 데이터를 백업하고 PC 유지보수 담당자에게 운영체제와 기타 업무용 프로그램의 재설치를 요청했다. 운영체제 설치를 마친 PC 유지보수 담당자는 해당 PC의 네트워크 연결을 위해 연구원 B에게 IP 주소정보를 요청했지만, 연구원 B는 본인의 PC에 할당되어 있던 IP 주소를 기억하지 못한다. 결국 네트워크 관리자인 M에게 연구원 B의 PC에 할당된 IP 주소를 알려달라고 요청하고, 관리자 M은 자신의 IP 주소 관리도구인 엑셀 파일을 열어 해당 IP 주소를 알려준다.

6층의 총무팀에 근무하는 C는 인사이동에 의해 7층에 배치되어 있는 기지지원팀으로 발령받았다. C가 근무하는 회사의 네트워크는 보안 사고나 장애가 발생했을 때 추적성 향상을 위해 건물의 각 층별로 VLAN을 구성해 각각 다른 IP 주소대역을 사용하고 있다. 기지지원팀에 배속된 C는 자신이 사용하던 PC를 7층에서 사용하고자 했으나, 네트워크에 연결되지 않아 네트워크 관리자에게 문의했고 관리자로부터 6층에서 사용하던 IP 주소는 7층에서 사용할 수 없음을 통보받았다. 네트워크 관리자는 7층의 IP 주소대역 중 사용되지 않는 IP 주소를 C에게 할당하고, IP 주소 관리대장에서 C가 사용하던 기존 IP 주소와 신규로 할당된 IP 주소를 갱신한다.

이 사례들은 관리자라면 누구나 한 번쯤은 경험해봤을 것이다. IP 주소 할당과 관리 업무는 복잡하거나 전문적인 지식을 요구하는 업무는 아니지만, IT 기기의 네트워크 접속을 위해서는 반드시 거쳐야 하는 단계다. 이 때문에 관리자라면 누구나 체계적인 업무 수행을 위한 고민과 함께 솔루션 도입을 검토해봤을 것이다. 일부 기관에서는 IP 주소 관리를 위한 전문 솔루션을 도입해 운영하고 있다. 그러나 IP 주소 할당과 관리 업무는 여전히 관리자의 손길이 요구된다. 그렇다면 관리자의 손길을 요구하지 않는 솔루션은 없을까? 이미 DHCP라는 솔루션이 있고, 오래 전부터 오픈소스로 제공되어 누구라도 마음만 먹으면 손쉽게 설치하고 운영할 수 있다. 그렇다면 이렇게 훌륭한 솔루션이 현장에서는 왜 그렇게 냉대(?)를 받고 있을까? 물론 전혀 사용되지 않는 것은 아니다. 스마트폰이 활성화된 이후로는 대부분의 거리에서 무선 인터넷 서비스가 제공되고 있다. 이와 같이 공개된 장소에서 제공하는 서비스에서는 DHCP를 이용해 단말기에 IP 주소를 할당해주곤 한다. 그리고 회사 또는 공공기관에서는 방문자가 노트북을 이용해 업무 수행을 하도록 방문자용 인터넷 서비스를 제공한다. 이런 곳에서도 DHCP를 이용해 단말기에 IP 주소를 할당한다. 그렇지만 대부분의 회사나 기관의 경우 업무를 목적으로 하는 네트워크에서는 DHCP를 아예 사용하지 않거나 제한적으로 사용한다.

(1) 커피숍   (2) 지하철

그림 2-3 DHCP를 기반으로 IP 주소를 할당하는 무료 와이파이 서비스 제공 장소

왜 그럴까? 이유는 간단하다. IP 주소에 대한 추적성에 문제가 있기 때문이다. 정보보안 업무에서 사고가 발생했을 때 사고 원인을 분석하기 위한 단서로 가장 먼저 이용되는 항목이 바로 단말기의 IP 주소다. 언론에서 보도되는 대부분의 해킹 사고에서 항상 빠지지 않고 등장하는 항목이 공격지 IP 주소가 어디인지를 분석하는 내용이다. 생각해보면 보안 사고 보도에는 한 번도 빠지지 않고 등장했고, IP 주소 추적을 통해 공격지와 공격자를 추정해 발표하곤 했다. DHCP를 통해 할당받은 IP 주소는 일반적으로 정해진 사용시간이 끝나면 IP 주소를 반환하고 다시 할당받도록 한다. 이는 곧 보안 사고가 발생했을 때 IP 주소를 통한 단말기 추적을 어렵게 해서 사고의 원인 분석과 대응을 지연시키는 결과를 유발한다. 그래서 대부분의 업무용 네트워크에서는 DHCP의 적용을 꺼리며 고정 IP 주소 할당 방식으로 IP 주소를 관리하고 있다. 물론 DHCP를 사용할 때 임대시간$^{lease\ time}$ 옵션을 이용해 IP 주소 할당 기간을 1년 또는 2년으로 길게 설정할 수 있지만 근본적인 해결 방법이 되지 못하고, IP 주소 할당과 관리를 위한 적절한 방법으로 여겨지지 않고 있어 임대시간을 길게 가져가는 방법은 사용하지 않는다.

그렇다면 IP 주소의 추적성을 향상시킬 수 있는 방법만 있다면, 업무용 네트워크에서도 DHCP 도입을 충분히 검토할 수 있지 않을까? 물론 관리자에 따라 다양한 사항을 검토하겠지만, IP 주소의 추적성을 향상시킬 수 있다면 DHCP 도입을 충분히 고려할 수 있을 것이다. 그럼 DHCP로 할당된 IP 주소에 대한 추적성을 어떻게 향상시킬 수 있을까? DHCP에서 할당된 IP 주소와 단말기의 맥^{Mac} 주소를 고정해두면 될 것이다. 너무 간단해서 실망했을 수도 있지만, 이 방법은 이미 네트워크에서 IP 주소 관리를 위해 적용되고 있다. 주로 고정 IP 주소로 할당된 IP 주소가 다른 단말기에서 사용되지 못하도록 하기 위해 네트워크 접근통제 또는 IP 주소 관리시스템IPMS, IP address Management System에서 맥 주소와 IP 주소를 고정할 때 사용하는 방법이다. 이 방법을 응용해서 유동적dynamic으로 할당된 IP 주소가 고정 IP 주소처럼 사용되도록 구현하고자 한다. 물론 실제 네트워크 환경에서 적용할 수 있도록 VLAN과 연계해서 구현할 계획이다.

이번 시나리오에 대한 전체적인 흐름은 그림 2-4와 같다. 효과적인 구현을 위해 그림과 같이 VLAN을 달리하는 3개의 부서를 기준으로 IP 주소를 DHCP로 할당하고 맥 주소와 IP 주소를 고정하고자 한다. 그림 2-4에서는 하나의 스위치에 연결되어 있지만, 현실에서는 물리적으로 공간을 달리하는 곳에 사무실이 배치되어 있고 VLAN으로 구분되어 있다고 가정하자.

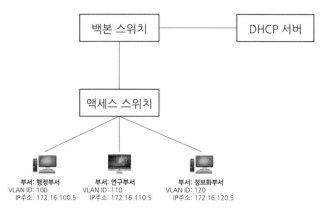

그림 2-4 DHCP를 이용한 고정 IP 주소 할당

IP 주소 할당 과정을 간략히 설명하면 다음과 같다.

1. 개별 부서에 근무하는 직원의 PC가 네트워크에 연결되면 PC에서는 IP 주소를 요청하는 DHCP 메시지를 브로드캐스팅한다.

2. DHCP 서버는 브로드캐스팅 패킷을 수신하고, 해당 VLAN에 들어맞는 IP 주소 서브넷subnet에서 사용되지 않는 IP 주소를 IP 주소 요청 PC에 할당한다.

3. DHCP 서버에서는 IP 주소 할당이 완료되고 IP 주소를 요청한 단말기의 맥 주소와 할당된 IP 주소정보를 데이터베이스에 저장한다.

4. 저장된 맥/IP 주소정보 테이블을 이용해 DHCP 서버의 환경 설정 파일을 갱신하고 PC의 맥 주소에는 처음 할당되었던 IP 주소가 지속적으로 할당되게 함으로써 고정 IP 주소 할당과 같이 IP 주소가 할당되도록 한다.

어렵지 않은 시나리오다. IP 주소 관리로 고민해본 관리자라면 충분히 이해할 수 있을 것이다. 물론 DHCP를 설명하며 이야기했듯이 시나리오와 같이 구현한다고 해서 IP 주소 관리에 관한 모든 문제가 해결되는 것은 아니다. 다만 이 책의 전체 과정에서 첫 번째 시나리오는 DHCP를 이용한 고정 IP 주소 할당까지로 정했기에 현장에서 고민하는 많은 문제점들에 대한 해결 방법은 두 번째 시나리오부터 제시하고자 한다. 그럼 간단히 현재 시나리오에서 부족한 부분을 살펴보자.

첫째, IP 주소와 맥 주소를 고정해서 IP 주소가 특정 단말기로만 할당되도록 했는데, IP 주소에 대한 실제 사용자정보가 없어 문제가 발생했을 때 추적하기가 어렵다.

둘째, 현재 상태로 사용한다면 사용자정보를 파악하기 위해서 별도의 IP 주소 관리 솔루션 등의 도움을 받아야 한다.

셋째, VLAN이 고정되어 있어 단말기의 이동성이 제한되고, VLAN이 다른 공간으로 단말기가 이동할 때 IP 주소의 변경이 발생한다. 행정부 직원이 근무하는 사무실 공간이 좁아 일부 직원이 연구부가 위치한 건물에서 근무해야 할 경우 VLAN의 구성을 변경해야 하는 상황이 발생한다.

간단히 살펴봐도 IP 주소 관리에 있어서는 답답한 문제점이다. 다음 시나리오에서부터 이 문제점들에 대한 해결 방법을 제시해 나가면서 관리자의 고민을 말끔히 없애보자(첫 번째 시나리오는 5장에서 구현된다.).

2.2 | 사용자 인증을 통한 IP 주소 할당

첫 번째 시나리오에서는 IP 주소 관리를 위한 최고(?)의 솔루션이지만 막상 네트워크에 적용하기에는 부담스러웠던 DHCP를 효과적으로 활용해 DHCP에서 할당된 IP 주소를 고정 IP 주소와 같이 할당하는 방법을 살펴봤다. 그러나 앞에서 지적했듯이 실제 IP 주소 관리에 DHCP를 적용하기 위해서는 몇 가지 해결되어야 할 사항들이 있다. 그중 가장 먼저 해결해야 할 문제는 IP 주소를 누가 사용하는지를 파악하는 것이다. 다시 한 번 말하지만 IP 주소의 사용자를 파악하는 것은 네트워크에서 발생하는 다양한 문제의 원인 분석과 해결을 위한 실마리를 제공한다.

독자 여러분은 네트워크 또는 정보보안 관리자로서 IP 주소에 대한 사용자 관리를 위해 어떠한 방법을 사용하고 있는가? 나는 IP 주소에 대한 사용자 관리를 위해 표 2-1의 세 가지 방법을 시도해봤다.

표 2-1 IP 주소 관리 방법

구분		내용
엑셀	절차	• 사용자에게 IP 주소 사용현황 조사 파일을 배포해 조사 • IP 주소 할당 요청서에 의해 IP 주소 할당 • 관리 대상 IP 주소 전체를 엑셀에 기재해 관리
	장점	• 관리자의 역량에 따라 치밀한 IP 주소 관리 가능 • 관리자 임의의 관리 대상 항목 선정과 관리 가능
	단점	• 관리자의 지속적인 노력과 사용자 협력이 성공의 관건 • 미사용 단말기에 할당된 IP 주소 관리가 매우 어려움 • 사용자의 허가되지 않은 IP 주소 사용에 대한 통제 불가능
IT 자산관리	절차	• 에이전트 미설치 단말기에 에이전트 강제 설치 유도 • 미확인 단말기 인터넷 차단 및 사용자정보 등록 요청
	장점	• 자동화된 관리 절차에 의해 관리자의 개입 최소화 • 인사정보와 연계한 퇴직자 단말기 관리 가능 • IP 주소/맥 주소 고정으로 허가되지 않은 IP 주소 사용 차단
	단점	• IP 주소 할당과 회수 과정에서 관리자의 수작업 요구 • 대부분의 에이전트가 윈도우 운영체제에만 설치 가능 • 에이전트 설치가 불가능한 장치는 별도 관리 필요

(이어짐)

구분		내용
NAC	절차	• 웹인증 요청 또는 에이전트 강제 설치 요구 • 미확인 단말기 인터넷 차단 및 사용자정보 등록 요청
	장점	• 자동화된 관리 절차에 의해 관리자의 개입 최소화 • 인사정보와 연계한 퇴직자 단말기 관리 가능 • IP 주소/맥 주소 고정으로 허가되지 않은 IP 주소 사용 차단 • 장치 유형 자동 식별을 통한 예외 처리 자동화
	단점	• IP 주소 할당과 회수 과정에서 관리자의 수작업 요구 • 단말기 유형이 잘못 식별된 경우 별도 관리 필요 • 예외 처리 장치에 대한 사용자정보 추가 등록 필요

물론 이와 같은 방법이 아니더라도, 관리자의 역량과 노력에 따라 IP 주소 관리 수준을 향상시킬 수 있다. 그러나 관리 대상 IP 주소대역이 증가하거나, IP 주소 체계가 IPv6로 전환되었을 때에도 과연 관리자의 노력만으로 IP 주소 자원을 효과적으로 관리할 수 있을까? 결코 쉽지는 않을 것이다. 소수의 관리자가 자신의 역량을 IP 주소 관리에만 집중할 수 없을 뿐 아니라, IP 주소 관리가 아니더라도 다양한 정보보안 이벤트가 관리자를 동분서주하게 만들기 때문이다.

그렇다면 IP 주소 관리는 현재의 수준에서 만족하고 적당히 이뤄져야 할까? 나도 그렇게 할까라고 생각하기도 했다. 그러나 네트워크 및 정보보안 관리자로서 업무를 수행하다 보니, IP 주소 관리가 체계적으로 수행되지 않으면 연관된 업무가 체계적으로 수행될 수 없음을 깨달았다. 결국 IP 주소 관리를 위한 효과적인 방법을 찾으려고 대략 1년에 가까운 시간을 구글 검색과 솔루션 검토를 위해 투자해야만 했다. 물론 IP 주소관리시스템IPMS의 도입을 검토하지 않았던 것은 아니지만, 그 도입 효과를 확신할 수 없었기에 더 좋은 솔루션을 찾아 매일 저녁 구글이라는 숲을 헤매고 다녔다.

결국 실마리를 찾은 것은 업무 차 해외 출장을 갔을 때였다. 해외에 나가 호텔에 투숙해본 독자는 경험해봤을 것이다. 해외에 있는 대부분의 호텔에서는 우리나라와 같은 무료 인터넷 서비스를 제공하지 않는다. 인터넷을 이용하려면 프런트 데스크에서 사용료를 지불하고 인터넷 연결을 위한 계정을 구입해야만 한다. 계정을 구입하고 객실로 돌아와 유선 또는 무선 네트워크를 연결하고 인터넷 사용을 위해 웹 브라우저를 실행하면 '짜잔'하고 나오는 사용자 인증 화면을 봤을 것이다. 여기에 계정정보를 입력하고 인증에 성공해야만 인터넷을 이용할 수 있게 된다. 고민하던 중에 이 방법을 IP 주소 관리에 적용하면 될 것이라고 생각했다. 그런데 그 당시에는 그것이 캡티브 포털Captive Portal이라는 것을 알지 못했다. 그래서 캡티브 포털이라는 것을 알아내기까지 구글에서 몇 달을 헤매고 다녔다. 그 과정에서 802.1X라는 마법의 지팡이를 알게 되었다.

이번 시나리오는 위에서 설명한 호텔에서의 인터넷 연결 방법과 동일한 내용이다. 다만 호텔에서와 같이 사용자 인증을 위해 캡티브 포털을 이용하는 것이 아니라 학습 중인 802.1X를 기반으로 인증을 수행한다. 그림 2-5는 IP 주소 할당을 위한 사용자 인증 과정을 표현하고 있다.

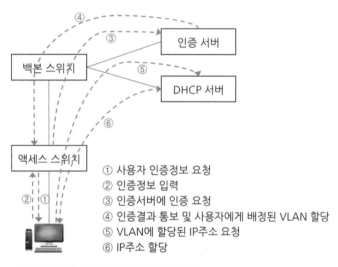

① 사용자 인증정보 요청
② 인증정보 입력
③ 인증서버에 인증 요청
④ 인증결과 통보 및 사용자에게 배정된 VLAN 할당
⑤ VLAN에 할당된 IP주소 요청
⑥ IP주소 할당

그림 2-5 IP 주소 할당을 위한 사용자 인증 절차

먼저 사용자가 PC 등의 단말기를 네트워크에 연결하게 되면 액세스 스위치Access Switch가 사용자에게 인증정보를 요청한다. 인증정보를 요청받은 사용자는 인증정보로 식별자ID와 비밀번호Password를 입력하고, 액세스 스위치는 인증정보를 암호화한 후 인증서버에 전달해 신원을 확인한다. 만약 정상적인 사용자로 인증에 성공하면, 인증서버는 스위치 포트에 인증받은 사용자가 접근할 수 있는 네트워크의 VLAN이 할당된다. VLAN이 정상적으로 할당되면 사용자의 단말기는 IP 주소를 할당받기 위해 DHCP 서버에 IP 주소 할당을 요청하고, DHCP 서버는 사용자에게 할당된

VLAN의 서브넷^{subnet}에 해당하는 IP 주소 풀^{pool}에서 사용되지 않는 IP 주소를 할당한다. IP 주소가 정상적으로 할당된 단말기는 네트워크에 접속되고 사용자가 원하는 업무를 수행할 수 있게 된다.

802.1X를 사용한 사용자 인증, DHCP를 이용한 IP 주소 할당, 그리고 두 과정에서 발생하는 정보를 이용한 IP 주소 사용자 관리는 모든 관리자의 로망이 아닐까? 두 번째 시나리오를 통해 802.1X에 대한 기대감이 한층 높아졌기를 소원한다. 다음 시나리오로 넘어가기에 앞서 한 가지 개념을 정리해보자.

그림 2-5의 과정은 인증과 인가로 구분할 수 있다. 인증이란 네트워크에 접근하고자 하는 사용자의 신원을 검증하는 것으로 그림 2-5에서는 1~3의 과정에 해당하며, 인가는 인증받은 사용자에게 할당된 권한에 따라 네트워크에 대한 접근을 허용하는 것으로 4~6의 과정이 이에 해당한다. 인증과 인가. 눈치 빠른 독자라면 이 순간 AAA, 즉 인증^{Authentication}, 인가^{Authorization}, 과금^{Accounting}을 떠올렸을 것이다. 그렇다. 다음 시나리오로 넘어가기 전에 정리하고자 하는 개념이 바로 AAA인 것이다. 지금까지 정보보안 업무를 수행하면서 AAA에 대해 많이 들어봤지만, 구체적으로 구현해볼 기회가 많지 않았을 것이다. 어찌 보면 이 책에서 구현하고자 하는 네트워크 접근통제는 AAA에 기반한다고 할 수 있다. 802.1X를 시작하게 된 계기를 IP 주소 관리가 제공했다면, 이를 구현하기 위해서는 AAA 수행 과정에서 발생하는 정보를 이용했기 때문이다. 인증과 인가에 대해서는 충분히 이해했을 것이다. 그렇다면 마지막 요소인 과금은 무엇일까? 과금은 인증과 인가를 통해 네트워크에 접속한 사용자의 자원 사용 내역을 기록하는 것이다. 대표적인 기록사항으로는 사용자 계정, 네트워크 접속 위치, 접속 및 종료시간, 단말기 맥 주소, 송·수신 패킷 크기 등이 있다. 이러한 정보를 활용한 대표적인 사례로 통신사의 통화 요금 또는 데이터 요금 계산을 들 수 있다.

접근통제는 결국 인증과 인가로 바꿔 말할 수 있다. 여기에 인증과 인가 이후에 발생하는 사용자의 행위를 담은 과금 기록을 추가적으로 사용할 수 있다면, 더 강력한 접근통제를 구현할 수 있을 것이다. 이에 대해서는 앞으로 전개될 시나리오와 구현 과정을 통해 구체적으로 확인해보자(두 번째 시나리오는 6.1~6.3절에서 구현된다.).

2.3 | 사용자 인증 절차 간소화

우리는 아침에 출근해서 PC의 전원을 켜고, 업무를 위해 인트라넷에 접속하고, 메일을 열람하고, 웹 서핑을 하거나 인터넷 커뮤니티 활동을 위해 포털에 접속하는 등 다양한 목적을 가지고 PC를 사용한다. 그리고 정보보호를 위해 더욱 강화된 통제시스템이 도입된 회사에서는 저장장치를 사용할 때마다 저장장치의 등록을 요구하거나, 보안성이 확보된 저장매체인지 여부를 확인하기도 한다. 이렇게 PC를 사용해 업무를 수행할 때 가장 개선되었으면 하는 것은 무엇일까? 아마도 사용자 인증을 위한 로그인 절차가 가장 귀찮은 과정이 아닌가 싶다. PC를 켜는 순간부터 로그인 창이 사용자를 반기며 계정정보를 요구한다. 일부 시스템에서는 싱글 사인온^{SSO,} Single Sign-On을 도입해 인증 절차를 간소화하기도 하지만, 대부분은 PC를 이용해 업무를 수행하면서 하루에도 수십 번씩 로그인과 로그아웃을 반복한다.

표 2-2 업무 수행과 관련된 주요 인증

구 분	시스템 인증	서비스 인증	미디어 인증
내 용	• CMOS 인증 • 운영체제 사용자 인증 • DLP 사용자 인증 • 화면보호기 인증 • VDI/망 분리 인증	• 네트워크 접속 인증 • 포털, 그룹웨어 인증 • 메신저 인증 • 자료 반출입 인증	• 보안 USB 인증 • 보조기억 매체 등록/인증 • 프린터 출력 인증

보안 업무를 수행하는 과정에서 내부 직원들로부터 듣는 가장 큰 불만사항은 PC의 화면보호기 암호 설정을 강제화한 것과 화면보호기로 진입하기까지 설정된 대기시간(10분)이 너무 짧아 불편하다는 점이다. 내가 근무하는 회사는 공공기관으로서, 정부의 정책에 따라 10분 이상 PC를 사용하지 않으면 암호가 설정된 화면보호기가 작동하는 보안정책을 적용하고 있다. 물론 10분이라는 시간이 짧은 시간일 수 있다. 그러나 정보보안 관점에서 본다면 10분이면 중요한 연구자료를 충분히 복사해 유출할 수 있는 시간이기에 이 정책을 고수하고 있다. 그러나 잦은 로그인과 인증 절차가 사용자를 불편하게 만드는 것은 사실이다.

이와 같이 로그인과 로그아웃의 반복 속에서 업무를 수행하고 있는 수많은 직원들에게 네트워크의 접속과 IP 주소 할당을 위해 PC의 전원을 켤 때마다 로그인을 요구한다면 어떠한 반응을 보일까? 내가 근무하는 회사에서는 PC를 부팅하고 정상적인 업무환경으로 진입하기까지 그림 2-6과 같이 최소 세 번의 로그인을 요구한 적도 있다. 처음에는 CMOS^{Complementary Metal-Oxide Semiconductor} 인증을 요구하고, 두 번째로는 윈도우 사용자 인증을 요구하고, 마지막으로 DLP^{Data Loss Prevention}에서 최종적으로 인증을 요구했다. 물론 업무시스템 사용이나 보조기억매체 사용을 위한 로그인은 제외한 것이다. 사용자로서는 엄청난 불편을 느끼면서, 때로는 정보보안 담당자를 깊이 원망하면서 로그인했을 것이다. 그런데 여기에 네트워크 접속을 위해 추가적인 인증을 요구한다면? 아마도 로그인 때문에 업무를 못 하겠다는 항의가 빗발칠지도 모를 일이다.

그림 2-6 업무환경 진입까지의 사용자 인증 절차

이쯤 되면 적정한 수준의 사용자 인증을 요구하면서 사용자의 편의성을 높일 수 있는 방법을 찾아봐야 한다. 정보보안의 트레이드오프^{trade off} 관계에 대해 들어봤을 것이다. 보안을 강화하면 사용자의 편의성은 떨어진다. 인터넷뱅킹을 위해 금융기관 홈페이지에 접속해보면 이를 확인할 수 있다. 그림 2-7과 같이 금융거래 단계마다 공인인증서를 통한 로그인, 보안카드 번호 입력, 로그인용 비밀번호와 송금용 비밀번호 입력 등을 요구한다. 물론 안전한 금융거래를 위해서는 강력한 보안조치가 필요하다. 다만 사용자에게 이로 인한 불편을 감수할 것을 요구한다. 이렇듯 사용자의 편의성과 정보보안 사이의 차이를 좁히는 일이 쉽지만은 않다.

그림 2-7 안전한 온라인 금융 거래를 위한 투 팩터 인증

이렇게 장황하게 설명하며 시작하는 이유는 이번 시나리오에서 구현할 내용이 바로 네트워크 접속과 IP 주소 할당을 위한 사용자 인증 절차의 생략 또는 대체에 관한 것이기 때문이다. 기존의 네트워크 환경에서는 네트워크 접속과 IP 주소를 할당받을 때 별도의 인증 절차가 존재하지 않았기 때문에, IP 주소를 할당받고 네트워크에 연결되면 그다음부터는 별도의 절차가 없어도 네트워크를 사용하는 데 아무런 문제가 없었다. 이에 반해 관리자와 사용자의 편의성을 높이자고 도입하는 802.1X인데, 이로 인해 오히려 사용자의 불편이 증가한다면 어떨까? 도입의 취지에서 벗어나는 문제가 발생하고, 물론 사용자의 불평도 상당 부분 늘어날 것이다.

이번 시나리오에서는 기존의 네트워크 환경과 다름없이 단말기가 네트워크에 접속하고 IP 주소를 할당받기 위해, 한 번 인증을 받은 후에는 별도의 인증 절차 없이 지속적으로 네트워크를 사용하도록 할 계획이다. 사실 인증 절차가 완전히 없어지는 것이 아니고 사용자가 인식하지 못하는 사이 다른 인증 방식으로 대체되는 것이다. 다음으로 802.1X를 도입할 때 가장 큰 문제가 되는 부분을 살펴보고 이에 대한 해결 방안도 제시하고자 한다. 802.1X 도입의 가장 큰 장애 요인은 무엇일까?

802.1X가 정의되고 표준으로 제정된 것은 최근의 일이 아니다. 그런데 왜 802.1X 가 아직 활성화되지 못한 것일까? 지금까지 802.1X의 도입에 있어서 가장 큰 장애 요인이 된 것 중 하나는 802.1X 인증을 지원하지 않는 장치들이다. 간단한 예를 살펴보자.

■■ 사례4 ■■■■■■■■■■■■■■■■■■■■■■

지금 근무하는 회사에서 802.1X를 엔드포인트 보안의 시작으로 도입을 결정하고 전체 네트워크 스위치에 802.1X 인증을 설정했다. 그런데 예상하지 못한 문제가 발생했다. 네트워크 프린터를 연결해서 사용해야 하는데 802.1X 인증 때문에 네트워크에 연결조차 할 수 없는 것이다. 결국 네트워크 관리자에게 프린터를 연결하는 포트는 802.1X가 아닌 일반 포트로 설정을 변경해 달라고 요청한다. 얼마 지나지 않아 디지털 복합기가 도입되자 또 스위치 포트의 설정을 변경한다. 또 어느 날에는 조직 변경에 따라 자리 배치가 바뀌면서 그동안 프린터나 복합기 연결을 위해 802.1X 설정을 일반 설정으로 변경했던 포트를 찾아 다시 802.1X 설정으로 변경하고…….

위 사례와 같은 일들이 반복된다면 아마도 802.1X 도입을 보류할 수도 있을 것이다. 실제로 내가 근무하는 현장에서도 802.1X를 지원하지 않는 단말기로 인해 대체할 수 있는 인증 수단을 요구받았으며, 위의 사례와 같은 상황에 대한 지원 방법이 없었다면 802.1X 도입을 적극적으로 추진하는 데 걸림돌이 되었을 것이다.

1. 한 번 인증받은 이후에 사용자 인증을 반복하지 않고 네트워크에 접속하도록 할 것인가?

2. 802.1X를 지원하지 않는 프린터, 복합기, 연구 장비 등의 장치에 대한 인증을 효과적으로 수행할 것인가?

그렇다면 앞에서 설명한 두 가지 문제를 해결하기 위한 방법이 있을까? 물론 있다. 단말기의 맥 주소를 이용하는 것이다. 맥 주소는 모두 알고 있듯이 중복되지 않는 유일한 주소값으로, 네트워크에 연결되는 모든 장치는 고유의 맥 주소를 갖고 있다. 이러한 특징을 활용하면 사용자 계정을 대체할 수 있는 고유의 인증키로 사용할 수 있다. 이를 네트워크 벤더마다 다른 명칭으로 부른다. 이 책에서는 시스코 Cisco 사가 제정한 명칭인 MAB^Mac Authentication Bypass로 부르고자 한다.

802.1X 환경에서 MAB는 그림 2-8과 같이 동작한다. 먼저 액세스 스위치에서 링크 업^link up 이벤트가 발생하면 스위치는 스위치 포트에 연결된 단말기의 맥 주소를 인증서버에 전송한다. 인증서버에서는 스위치로부터 전달받은 맥 주소를 인증서버에 저장되어 있는 맥 주소 데이터베이스와 비교하고 일치하는 주소가 있을 경우 인증 성공 메시지와 해당 맥 주소와 연관된 부가적인 속성정보를 스위치의 포트에 전송한다. 이러한 속성정보에 VLAN 정보가 포함되어 있으며 맥 주소에 할당된 VLAN이 스위치 포트에 할당되면, 단말기는 다시 DHCP 서버에 IP 주소 할당을 요청하고 DHCP 서버는 해당 VLAN의 서브넷의 IP 주소 풀에서 IP 주소를 할당한다.

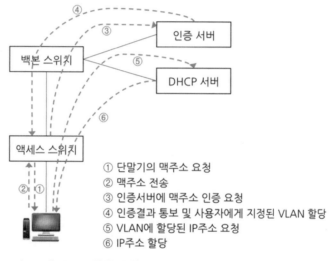

그림 2-8 맥 주소를 이용한 단말기 인증 절차

비교적 간단한 시나리오지만, MAB가 가능해짐으로써 네트워크에 연결되는 모든 장치를 802.1X의 인증체계로 수용할 수 있게 된다. 이에 따라 네트워크에 접속하는 단말기에 대한 통제 범위와 영역이 확대되고 사용자는 네트워크 접속을 위한 인증에서 자유로워지면서도 편의성은 향상되는, 지금까지의 보안과 사용자 편의성의 연관관계를 뒤집는 효과를 얻을 수 있다.

물론 MAB가 간단하게 구현되는 것은 아니다. 앞의 인증 처리 과정에서 언급했듯이 MAB의 구현을 위해서는 단말기에 할당된 맥 주소를 관리하기 위한 맥 주소 데이터베이스의 체계적인 구축과 관리가 요구되고, 맥 주소에 대한 추적성 보장을 위해 사용자정보와의 면밀한 관계 설정이 요구된다. 이러한 과정 또한 실제 구현 과정에서 구체적으로 살펴보자.

이번 시나리오까지가 802.1X 구현을 위한 전체적인 내용이었다. 이쯤 되면 어떻게 802.1X를 활용할지 아이디어가 떠오르는 독자도 있을 것이다. 다음 시나리오부터는 탄탄한 기초를 바탕으로 802.1X를 관리와 통제의 도구로서 어떻게 활용하는지를 구체적으로 설명하고자 한다. 다음 시나리오로 넘어가기 전에 지금까지 알게 된 802.1X를 어떻게 활용하면 좋을지 깊이 생각해보면 좋을 듯싶다(세 번째 시나리오는 6.4절에서 구현된다.).

2.4 │ 사용자 권한별 접근통제

다음 사례와 같은 요구사항은 IT 부서에서 일상적으로 접하는 요구사항이다.

> **사례5**
>
> 기후연구부에서는 기후 모델링을 위한 신규 시스템을 도입해 서버팜(Server Farm)에 설치했다. 이 시스템은 기후변화 연구를 위해 중요하므로, 기후연구부는 시스템 사용 권한이 있는 몇몇 연구원을 제외한 나머지 직원의 시스템 접근을 차단해 달라고 정보보안 부서에 요청했다.

독자들은 이러한 요청들을 어떻게 처리하는가? 장비 운영을 위한 서버팜 구성 방식에 따라 대응 방법이 달라진다. 관리자마다 선호하는 서버팜 구성 방식이 다를 것이다. 나는 서버팜을 크게 DMZ^{Demilitarized Zone}와 내부 서버팜으로 분리한다. DMZ는 방화벽의 인터페이스를 활용해 내부 네트워크와 분리되도록 구성하고 대외적인 서비스를 위한 시스템(DNS, WEB, MAIL 등)을 운영한다. 내부 서버팜은 백본 스위치에 서버 운영을 위한 별도의 VLAN을 구성해 대외 서비스가 아닌 내부 서비스용 전산 장비 및 연구 장비를 운영한다. 그림 2-9는 일반적인 네트워크 토폴로지와 서버 팜 구성을 보여준다.

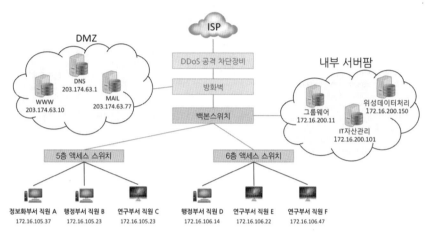

그림 2-9 일반적인 네트워크 토폴로지와 서버팜 구성

서버팜을 구성하고 운영할 때 우선시되어야 할 주의사항으로는 사용자, 서비스, 권한 등에 의한 접근통제가 있다. 요즘같이 보안 사고가 뉴스의 전면을 장식하는 시기에는 접근통제야말로 시스템 운영의 가장 기초적인 요소이기 때문이다. 이를 효과적으로 수행하고자 내부 서버팜에 대한 접근통제를 목표로 삼아 별도의 방화벽을 도입하는 사례도 증가하고 있다.

나는 서버팜에서 운영되는 시스템에 대한 접근통제를 두 단계로 시행하고 있다. 첫 번째는 방화벽과 백본 스위치에서 제공하는 ACL을 이용하는 것이다. DMZ의 경우 방화벽에 인접해 있기에, 방화벽의 접근통제정책을 이용해 시스템별, 서비스별, IP 주소별 접근을 통제하고 있고, 내부 서버팜의 경우 서버팜을 위한 별도의 방화벽을 도입하지 않고 스위치에서 제공하는 접근통제리스트[ACL]를 이용해 일차적인 접근통제를 실시한다. 두 번째는 시스템 내부의 방화벽 기능을 이용한 접근통제다. 내가 관리·운영하는 대부분의 시스템은 리눅스 기반의 시스템으로, 운영체제 설치 시 iptables가 기본적으로 설치되어 있다. 그래서 시스템의 특성에 따라 iptables의 규칙[rule]을 이용해 보다 세밀한 접근통제를 구현한다. 이와 같은 접근통제 체계에서는 연구 프로젝트에 참여하는 연구원이 추가되거나 연구 장비에 접근해야 하는 단말기가 추가될 경우, 매번 접근통제정책을 변경해야 하는 불편함이 있다. 표 2-3은 앞서 설명한 형태의 접근통제에 필요한 정책을 보여주고 있다. 독자들도 같은 방식은 아니더라도, 유사한 방식의 접근통제를 실시하고 있을 것이다.

표 2-3 서버팜 영역별 시스템 접근통제 사례 (보안취약점 점검용)

서버팜	사용자 (출발지: S)	시스템 (목적지: D)	1차 접근통제		2차 접근통제	
			수행주체	정책	수행주체	정책
DMZ	외부사용자	전자메일	방화벽	S-〉D: 모든 IP 주소 접근 허용 S-〉D: HTTP(S) 허용	전자메일 (iptables)	• 동일 서브넷의 다른 호스트에서 시도되는 SSH 접속 차단 • D-〉All(A): 불필요한 서비스 포트 차단
	내부사용자			S-〉D: 모든 IP 주소 접근 허용 S-〉D: HTTP(S)/SMTP/IMAP 허용		
	보안담당자			S-〉D: 관리자 IP 주소 접근 허용 S-〉D: HTTP(S)/SSH 허용		
내 부	연구부 직원	위성데이터 처리시스템	백본 스위치 (ACL)	S-〉D: 허가된 IP 주소 허용 S-〉D: SSH 허용	위성데이터 처리시스템 (iptables)	• 동일 서브넷의 다른 호스트에서 시도되는 SSH 접속 차단 • S-〉D: 연구부 직원/ 보안담당자 IP 주소에 대한 접근 허용 • D-〉A: 불필요한 서비스 포트 차단
	행정부 직원			S-〉D: 모든 접근 차단		
	보안담당자			S-〉D: 보안담당자 IP 주소 허용 S-〉D: 모든 서비스 허용 (보안취약점 점검용)		

이번에는 내부 서버팜 구성과 관련해 질문하고자 한다. 독자들이 근무하는 회사에서는 서버팜을 업무와 시스템의 특성별로 구분해 구성하고 있는가? 아니면 업무 특성이나 시스템의 특성을 고려하지 않고 하나의 서버팜을 구성해 운영하고 있는가? IDC를 제외한 대부분의 공공기관이나 기업에서는 일반적으로 하나의 서버팜을 구성해 모든 서버를 집중적으로 관리할 것이다. 이런 상황에서 시스템에 대한 접근통제를 구현하기는 쉽지 않을 것이다. 하나의 서버팜이라는 이야기는 결국 단일 네트워크에 모든 서버가 위치하고 있다는 것이고, 특정 서버에 문제가 생기면 업무적 특성에 차이가 있는 다른 서버에도 영향을 미칠 수 있다는 얘기가 된다. 물론 같은 네트워크에 위치한 시스템들이라 하더라도 개별적인 접근통제정책이 적용되어 있어 시스템 간 허가되지 않은 접근은 허용하지 않을 것이다. 그러나 일부 기관의 경우 서버팜까지 들어오는 길목에는 접근통제정책이 적용되어 있으나, 그림

2-10과 같이 한 번 길목을 통과해 서버팜 내에 있는 시스템에 접속하면 같은 서브넷에 속하는 시스템 간에는 접근통제정책이 적용되지 않는 사례를 종종 발견할 수 있다. 이러한 상황에서 발생할 수 있는 문제에 대해서는 굳이 언급하지 않겠다.

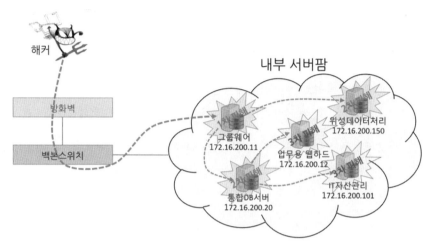

그림 2-10 서버팜 내에서 발생하는 연쇄적인 공격

그런데 접근통제정책을 수립하고 관리하는 것이 그리 쉬운 일은 아니다. 방화벽과 같이 사용자 인터페이스^{UI, User Interface}가 제공되는 도구를 사용한다면 그리 어려운 일이 아닐 수 있겠지만, 방화벽도 규칙이 많아지면 관리하기가 만만치 않다. UI가 제공되는 방화벽도 효과적으로 관리하기가 어려운데, UI도 제공되지 않는 명령 기반 인터페이스^{CLI, Command Line Interface} 환경에서 정책을 관리할 수 있을까? 더욱이 ACL이나 iptables를 다뤄본 독자라면 알겠지만, 세밀한 접근통제정책의 구현을 위해서는 각고의 노력과 시간을 투자해야만 한다. 그렇다 하더라도 쉽지 않은 일임에 분명하다. 그렇다고 접근통제를 소홀히 할 수 있는 문제는 더더욱 아니다. 정말 머리 아픈 일이다.

지금까지 내부 시스템 또는 내부 사용자 간에 발생할 수 있는 접근통제에 대해 살펴봤다. 이제 좀 더 범위를 넓혀서 접근통제와 관련된 상황을 살펴보자.

회사에서 운용 중인 모든 전산 장비와 네트워크 장비, 기타 IT 기기의 운영과 유지보수를 직접 수행하는 관리자는 없을 것이다. 자체적인 전산실을 운영할 정도의 회사와 기관에서는 시스템의 운영과 유지보수를 위해 협력업체와 계약을 맺고 협력업체의 직원을 통해 유지보수를 수행한다. 이제부터 이러한 협력업체를 통한 유지보수 과정에서 발생하는 접근통제의 취약점에 대해 살펴보자.

다음 몇 가지 질문에 대답해보길 바란다.

첫 번째 질문, 우리 회사는 협력업체 직원의 유지보수 업무 수행 시 유지보수를 위한 별도의 단말기를 지급하고, 외부에서 반입한 단말기는 사용하지 못하도록 하고 있는가?

두 번째 질문, 우리 회사는 협력업체의 유지보수 대상 장비의 종류 및 특성에 따라 유지보수 대상 장비에만 접근을 허용하고 다른 장비 또는 다른 서브넷의 네트워크로 접근하는 것을 차단하고 있는가?

세 번째 질문, 우리 회사는 협력업체의 유지보수 수행 시 관리 부서와 같은 서브넷에 속하는 IP 주소를 부여하지 않고 유지보수를 위한 협력업체용 IP 주소를 부여하고 있는가?

네 번째 질문, 우리 회사는 협력업체의 유지보수용 단말기에서 유지보수용 목적에 맞는 서비스 포트만을 개방하고 그 이외의 모든 서비스 포트로의 접근을 차단하고 있는가?

다섯 번째 질문, 우리 회사는 협력업체 직원의 단말기가 어느 건물, 어느 스위치, 어느 포트(Access Port)에 접근해 유지보수를 수행했는지 파악이 가능한가?

아마도 위의 다섯 가지 질문에 모두 "그렇다."라고 대답하기 어려울 것이다. 질문이 황당할 수 있지만, 한편으로 질문대로만 될 수 있으면 얼마나 좋을까 하는 생각을 가질 수도 있다. 세상을 살아가다 보면 정답을 찾기 어려운 질문에 부딪치기도 하면서, 많은 질문에 대해 정답은 아니지만 정답에 가까운 답을 찾을 수는 있다. 위의 다섯 가지 질문도 어느 정도 정답처럼 보이는 답이 있기 때문에 물어본 것이다. 물론 드물게, 아주 드물게 모든 질문에 대해 "그렇다."라고 대답할 수 있을 정도의 접근통제를 실시하는 기관이 있다. 바로 시스템 접근통제^{SAC, System Access Control}를 도입한 기관이다. NAC가 네트워크에 대한 접근을 통제하는 솔루션이라면, SAC는 시스템에 대한 접근통제를 가능하게 하는 솔루션이다. SAC를 도입하면 모든 시스템에 접근하고자 할 때 SAC를 경유해 접근하게 되고, 유지보수 담당자는 SAC에서 발급한 계정을 통해 SAC에 접근한다. SAC는 유지보수 담당자에게 할당된 권한에 따라 유지보수 대상 시스템에 접근을 허용하고, 유지보수 담당자가 시스템에서 실행할 수 있는 명령통제, 행위에 대한 레코딩 등을 통해 (거의) 완벽한 접근통제를 구현할 수 있게 한다. 그럼 'SAC를 도입하면 간단하게 정리되는 문제가 아닌가.'라고 질문을 던질 수 있다. 여기에는 넘어야 할 큰 장벽이 있다. SAC 솔루션이 조금 비싸다는 것! 이 장벽만 넘으면 눈앞에 '가나안 땅(풍요로운 땅)'이 펼쳐진다. 아마 몇 년 전 농협 사태 이후로 SAC 솔루션의 가격이 폭등하기 시작한 것으로 알고 있다. 이가 없으면 잇몸으로 씹는다고, SAC를 도입하기 어렵다면 다른 방법을 찾아야 할 것이다.

다시 협력업체 직원의 유지보수 문제로 돌아가서, 802.1X를 구축하기 이전의 사례를 살펴보고 어떠한 문제점이 있는지 파헤쳐보자. 나는 앞의 다섯 가지 질문 중 어느 질문에도 "그렇다."라고 대답하지 못하는 관리자였다. 내가 근무하는 회사에서는 유지보수를 위한 단말기 하나조차 갖춰놓고 있지 않았다. 일부 장비의 경우 콘솔을 직접 연결해 유지보수를 수행해서 별도의 유지보수용 단말기가 필요치 않았지만, 모든 장비의 유지보수를 콘솔로 수행할 수는 없다. 그래서 나는 유지보수 직원이 방문할 때면 그림 2-11과 같이 두 가지 방식으로 유지보수를 수행하도록 했다.

(a) 관리자 단말기를 이용한 유지보수   (b) 관리자와 동일한 서브넷 IP주소 할당

그림 2-11 시스템 유지보수를 위한 단말기 사용 사례

먼저 네트워크 장비의 유지보수에 해당하는 방법으로, 협력업체에서 유지보수를 위해 반입한 노트북 PC에 네트워크 장비에 접근할 수 있는 내부 IP 주소를 하나 할당해주고 그 노트북 PC를 이용해 유지보수를 수행하도록 했다. 다른 한 가지 방법은 네트워크 장비를 제외한 보안 장비, 서버 등의 유지보수를 위한 것으로, 관리자인 내 PC에서 협력업체 직원이 직접 유지보수를 실시하도록 한 것이다. 물론, 유지보수를 수행하는 동안에는 내가 꼭 옆자리에 앉아 두 눈을 부릅뜨고 유지보수 이외에 다른 일을 하는지를 지켜봤다. 이 대목에서 많은 독자들이 고개를 끄덕여 공감을 표현할지도 모르겠다.

하지만 이와 같은 유지보수 수행 방법에는 적지 않은 문제점이 있다. 먼저 첫 번째 방법의 문제점을 살펴보자. 협력업체에서 반입한 노트북 PC를 내부망에 접속할 수 있도록 허용하면서 아무런 접근통제정책도 적용하지 않았기에, 악의적인 의도를 갖고 있다면 유지보수 대상 네트워크 장비 이외에 내부 직원에게만 접근이 허용된 다양한 시스템에 접근할 수 있다. 그리고 유지보수 대상 노트북이 악성코드에 감염되어 있다면, 다음 상황이 어느 정도 짐작될 것이다.

두 번째 방법의 문제점도 쉽게 파악할 수 있다. 네트워크 또는 정보보안 담당자의 PC를 손에 쥐게 된 협력업체 직원이 무시무시한 생각을 품는다면 어떻게 될까? 우선 관리자의 PC를 협력업체 직원이 사용한다는 그 자체가 문제가 된다. 관리자의 PC에는 해당 기관의 네트워크 및 시스템에 관련된 모든 정보가 저장되어 있다. 악의적인 목적으로 중요 파일을 허가되지 않은 보조기억 매체를 사용해 복사한다면, 작성 중인 중요 사업 계획의 초안을 읽게 된다면, 좀 더 나아가 관리자의 PC에 백도어를 설치해둔다면 어떻게 될까? 물론 내가 두 눈을 똑바로 뜬 채 지키고 있어서 그렇게 할 리는 없겠지만, 솔직히 모든 일을 중단하고 협력업체 직원만 계속해서 모니터링할 수는 없다. 가끔은 화장실도 가야 하고, 외부에서 찾아온 방문객을 맞이하기도 해야 하고, 내부 직원의 시스템에 대한 트러블 슈팅도 해야 된다. 이렇다 보니 악의적인 의도를 갖고 있는 협력업체 직원이라면 내 PC를 이용해 많은 일을 할 수 있을 것이다.

이제 지금까지 얘기했던 사항을 그림 2-12와 같이 두 가지 문제 영역으로 정의하고 해결 방법을 제시하고자 한다.

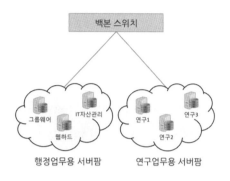

(a) 업무특성에 따른 서버팜 분리 (b) 유지보수 대상별 접근통제

그림 2-12 두 가지 문제 영역

첫 번째 문제 영역은 회사 내부에서 사용자 또는 조직의 특성에 따른 서버팜의 구분과 접근통제의 구현이다.

두 번째 문제 영역은 협력업체 직원이 수행하는 유지보수 대상에 따른 차별화된 접근통제정책의 구현이다.

이 두 가지 문제 영역에 대한 해결만으로도 보안 사고의 단초를 제공하는 많은 원인들을 차단할 수 있다.

이번 시나리오에서는 VLAN을 지금까지의 사용법과는 다르게 활용하려고 한다. 앞서 VLAN 활용 방법에 대해 설명했듯이 지금까지는 VLAN을 일반 사용자 네트워크와 서버팜을 구분하는 용도로 사용했을 것이다. 물론 사용자 네트워크를 좀 더 세분화하기 위해 사용했을 수도 있다. 일반적으로 사용되는 방법, 즉 건물과 건물을 구분하거나 층과 층을 구분하는 데 VLAN을 사용했을 것이다. 그렇지만 이제부터는 VLAN을 통해 네트워크를 분리하는 방법에 대한 개념을 조금 새롭게 정리했으면 한다.

VLAN을 구성할 때 종전의 방법과 같이 사용자와 서버팜, 건물과 건물 또는 건물의 층을 구분하는 것이 아니라, 보다 구체적으로 구성해 업무의 특성에 따라 VLAN을 구성하는 것이다. VLAN 구성을 위한 업무의 특성은 분류 기준과 세분화 정도에 따라 달라지고, 이에 따라 구성 대상 VLAN의 수도 달라진다. 그렇지만 업무 특성별로 VLAN을 구성할 수 있다면 분명한 장점이 있을 것이다. 두루뭉술하게나마 앞에서 제기했던 문제점에 대한 해결의 실마리가 보일 것이다. 이것은 조금 뒤에 살펴보자.

내가 근무하는 회사의 청사에는 기관운영동, 연구동, 창고동, 기숙사, 이렇게 4개의 건물이 있다. 만약 전통적인 설계 방식에 따라 건물 단위로 VLAN을 설계했다면, 건물별로 1개의 VLAN을 할당하고 서버팜 1개를 할당하면 최소 5개의 VLAN이 요구된다. 만약 건물에 할당되는 VLAN을 층별로 구성한다면 VLAN의 숫자는 더 많아질 것이다. 이는 업무적 특성이 반영되지 않은 정적 네트워크 설계로, 첫 번째 시나리오에서 언급했던 IP 주소 관리 문제가 지속적으로 발생한다.

나는 앞서 언급한 문제들을 해결하기 위해 업무적 특성을 고려한 동적 네트워크 설계를 적용했다. 내가 근무하는 회사는 남극과 북극을 연구하는 연구기관이다. 제일 먼저 연구원 간의 효과적인 정보 공유와 연구 수행을 위해 전체 연구 부서를 하나의 VLAN으로 통합했다. 두 번째로 연구 부서를 제외한 각종 기획, 행정, 인프라 운영 부서 등은 행정 · 지원 부서로 분리해 행정 · 지원 업무용 VLAN을 구성했다. 세 번째 VLAN은 정보보안담당 부서의 VLAN이다. 정보보안 업무를 수행하다 보면 보안점검이나 보안감사 등을 위해 기관 내의 모든 네트워크 장비, IT 단말기 및 서버에 대한 접근권한이 필요할 때가 있다. 그래서 정보보안 부서도 일종의 지원 부서로 분류할 수 있지만, 효과적인 정보통신망 관리 및 보안 업무 수행을 위해 별도의 보안 VLAN을 구성했다. 네 번째는 서버팜의 분리였다. 앞서 사용자 VLAN을 구성할 때 업무적인 특성에 따라 VLAN을 분리해 연구 부문과 행정 · 지원 부문으로 분리했다. 그렇다면 '서버팜도 연구 부문과 행정 · 지원 부문으로 분리하는 것이 효과적이지 않을까.'라고 생각했다. 연구 부문에서 운영하는 서버 장비에 행정 · 지원 부서의 직원이 접근하거나 운영할 일은 거의 발생하지 않는다. 따라서 연구 부서의 서버 장비에는 행정 · 지원 부서에서 근무하는 직원의 접근을 차단하기로 결정했다. 반면에 행정 · 지원 업무와 관련된 시스템은 일상적인 업무 처리를 위해 행정 · 지원 부서뿐 아니라 연구 부서에서도 일상적으로 사용하므로 모든 직원에 대한 접근을 허용해야 한다. 그래서 서버팜도 연구 부문과 행정 · 지원 부문 서버팜으로 분리하기로 했다. 이렇게 해서 5개의 VLAN이 연구소 업무 수행을 위해 도출 되었다.

이쯤해서 독자가 근무하는 회사에서는 어떠한 방식으로 VLAN을 구성하면 좋을지 생각해보는 것도 좋을 듯싶다.

그런데 앞의 VLAN 구성을 보면 한 가지 부족한 부분이 보일 것이다. 앞에서 문제점을 설명할 때 유지보수 협력업체와 관련된 문제점도 설명했다. 그렇다면 'VLAN을 설계할 때 협력업체 VLAN도 고려해야 하지 않을까?'라는 의문을 가져야 한다. 앞에서 구성한 VLAN은 내부적인 시각으로만 VLAN을 구성한 사례다. 외부적인 시각인 협력업체와 관련된 VLAN이 구성되지 않는다면, 앞에서 제기한 두 가지 문제 영역 중 한 가지 문제 영역에 대한 해결 방법일 뿐 나머지 문제 영역에 대한 해결 방법은 제시하지 못한다. 그래서 이 VLAN 구성에 유지보수를 위한 협력업체용 VLAN을 추가하도록 한다. 이쯤 되면 구성이 거의 완료된 듯싶지만, 한걸음만 더 나아가면 추가적인 요구사항을 발견할 수 있다. 요즘 스마트폰이나 스마트패드 사용이 증가하고 있다. 그래서 커피숍이나 동사무소, 아니면 조그마한 회사 사무실을 방문해도 무선 인터넷이 안 되면 시대에 뒤처진 공간이라고 생각하게 된다. 그래서 마지막으로 외부 방문자를 위한 인터넷 접속용 VLAN을 하나 더 추가했다. 이렇게 함으로써 최종적으로 7개의 VLAN을 구성했다. 지금까지 설계한 VLAN을 정리하면 표 2-4와 같다.

표 2-4 업무 특성에 따른 VLAN 구성

영역	사용대상	VLAN ID
업무 영역	정보보안 부서	200
	연구 부서	210
	행정 · 지원 부서	220
서버팜	연구 업무용 서버팜	320
	행정 · 지원 업무용 서버팜	330
협력업체 및 방문자	협력업체	230
	방문자용 무선 인터넷	240

전통적인 VLAN 구성에 익숙한 네트워크 관리자라면 'VLAN이 이와 같이 설계되면, 각 건물의 스위치 포트마다 사용자를 구분해서 VLAN을 설정해줘야 하는 것인가?'라는 의문을 가질 수 있다. 기존의 VLAN 체계에서 업무 특성별로 VLAN을 할당하려면 당연히 사용자 단말기가 접속하는 스위치의 포트에 VLAN을 지정해야 했기 때문이다. 이러한 의문을 해결하기 위해 동적^{dynamic} VLAN이라는 개념이 필요하다. 대부분의 네트워크 관리자라면 동적 VLAN이 무엇인지 알고 있을 것이다. 그러나 실제로 이를 적용해본 경험은 그리 많지 않을 것이다. 이는 지금까지 동적 VLAN에 대한 요구가 없었을 뿐만 아니라, 이에 필요한 기술적 지원 역시 미비했기 때문이다. 그러나 802.1X를 네트워크 접근통제에 적용하면서 동적 VLAN을 효과적으로 활용할 수 있게 되었다.

동적 VLAN을 간단하게 설명하면 다음과 같다. 일반적으로 네트워크를 구성할 때 각각의 스위치 포트에는 건물 또는 층에 할당된 VLAN이 사전에 정의된다. 이러한 방식을 정적^{static} VLAN이라고 한다. 이는 관리자의 개입 없이는 VLAN이 변경되지 않는 것을 의미한다. 이에 반해 동적 VLAN은 관리자의 개입이 없어도, 조건에 따라 각각의 스위치 포트에 할당된 VLAN이 자동으로 변경되는 것을 말한다. 이를 적용하면 동일한 스위치 포트에 접속하는 단말기라도 업무 특성에 따라 VLAN을 할당하고 네트워크에 대한 접근통제를 적용할 수 있게 된다.

그렇다면 802.1X에서는 어떻게 사용자의 특성에 따라 스위치의 포트에 VLAN을 유동적으로 할당할까? 802.1X에는 기본적으로 RADIUS와의 통신을 통해 미리 정의된 VLAN 정보를 스위치에 할당해줄 속성(AVP^{Attribute Value Pair})이 정의되어 있다. 이를 이용하기 위해 관리자는 단지 RADIUS 서버에 업무적인 특성에 대한 VLAN만 정의하면 된다. 그 이후에는 스위치와 RADIUS 서버 간의 상호작용에 의해 VLAN이 할당된다. 그다지 복잡하거나 어렵지 않아 보인다. 이와 관련된 모든 과정은 실습을 통해 알아볼 것이다.

업무적 특성에 따른 VLAN이 설계된 이후에는 각 VLAN 간 연관관계 매트릭스를 정의한다. 연관관계 매트릭스를 통해 각 VLAN 간에 적용될 접근통제정책을 명확히 정의하고 이해할 수 있다. 그림 2-13은 업무 특성별 VLAN 간 접근통제 매트릭스다. 매트릭스의 세로축은 출발지 VLAN을 나타내고 가로축은 목적지 VLAN을 나타낸다.

구분	행정시스템	연구시스템	네트워크 장비	보안장비	인터넷
행정/지원부서	O	X	X	X	O
연구부서	O	O	X	X	O
유지관리업체	X	X	O	O	X
방문자	X	X	X	X	O
정보화부서	O	O	O	O	O

부서별로 VLAN을 다르게 할당하고 VLAN에 따른 네트워크 및 시스템 접근정책 적용

구분	네트워크 장비	방화벽장비	NAC장비	DDoS 장비	NMS
네트워크 업체	O	X	X	X	X
방화벽 및 NAC	X	O	O	X	X
DDoS 업체	X	X	X	O	X
NMS 업체	O	X	X	X	O

유지보수 업체의 담당 업무에 따라 VLAN을 할당하고 VLAN에 따라 네트워크 및 시스템 접근정책 차별화

그림 2-13 업무 특성별 접근통제 매트릭스

그림 2-13의 매트릭스를 살펴보면 다음과 같다. 우선 행정·지원 부서는 주로 행정·지원 업무를 수행하기 때문에 행정시스템과 인터넷 이외에 연구시스템, 네트워크 장비, 보안 장비 등은 접근권한을 가질 필요가 없으므로, 행정시스템과 인터넷에 대한 접근은 허용하고, 나머지에 대해서는 접근을 차단한다. 연구 부서는 행정·지원 부서의 접근 허용 대상과 동일한 접근통제정책을 적용하고, 연구시스템에 대한 접근을 추가적으로 허용한다. 유지보수 업체는 유지보수 범위에 해당하는 네트워크 장비와 보안 장비에 대한 접근은 허용되지만, 범위를 벗어나는 영역에 대해서는 접근이 통제된다. 유지보수 업체의 경우 업체별 유지보수 대상에 따라 VLAN과 접근통제정책을 세분화할 수 있다.

이번 시나리오에서 구현하고자 하는 접근통제는 역할 기반 접근통제[RBAC, Role Based Access Control]의 일종이라고 할 수 있다. RBAC는 사용자의 역할과 역할에 따른 접근통제정책을 미리 정의해두고 사용자에게 역할을 할당하는 접근통제 방식이다.

앞에서 구현한 VLAN 설계는 RBAC에서 역할을 미리 정의하는 단계로 볼 수 있다.

RBAC 관점에서 그림 2-13은 한 가지 사항이 누락되어 있다. 그림 2-13은 사용자의 역할과 접근통제 대상은 정의하고 있지만, 접근통제를 위한 정책은 정의되어 있지 않다. 접근통제정책은 어떻게 구현할 수 있을까? 두 가지 유형의 구현 방법이 있다. 첫 번째 방법은 기존에 도입해서 운영 중인 방화벽을 이용하는 방법이다. 이를 위해서는 접근통제 대상 시스템 또는 네트워크 영역에 방화벽이 설치되어 있어야 한다. 두 번째 방법은 백본 스위치에서 제공하는 접근통제리스트ACL를 이용하는 방법이다. ACL은 거의 모든 스위치나 라우터에서 기본적으로 지원하는 접근통제 기법으로, 이미 ACL을 이용한 접근통제를 부분적으로 적용하고 있다.

이번 시나리오에서는 두 번째 방법을 선택해서 ACL을 이용해 접근통제정책을 구현하고자 한다. 여기서 구현하고자 하는 ACL 기반의 접근통제는 지금까지 적용된 ACL의 사용법과 조금 차이가 있다. 일반적으로 적용되는 ACL은 접근통제 대상과 범위가 호스트 또는 서비스 포트다. 그러나 이번 시나리오에서 구현되는 접근통제의 대상과 범위는 그림 2-13에서 제시한 매트릭스와 같다. 즉 업무 특성에 따라 설계된 VLAN별로 접근통제정책이 구현된다.

예를 들어 유지보수를 위한 협력업체 직원이 사용하는 단말기는 어느 장소에서 네트워크에 접속하더라도 유지보수 대상 장비 이외의 다른 장비에 대한 접근은 기본적으로 차단된다. 이렇게 네트워크 단위의 접근통제정책을 적용함으로써 협력업체에서 반입한 PC 또는 기타 장비에 의한 악성코드 및 바이러스 감염을 예방할 수 있고, 유지보수 대상 장비 이외의 허가되지 않은 장비의 접근을 최소화할 수 있게 된다. 다른 VLAN도 그림 2-13에 정의된 바와 같이 네트워크 기반의 ACL을 적용하면 어떠한 사용자라 하더라도 사전에 정의된 접근통제정책을 적용해 불필요한 네트워크와 시스템에 대한 접근을 차단할 수 있다. 이를 통해 사용자의 의도와 관계없는 바이러스나 악성코드 유포 등을 미연에 방지할 수 있다. 이것이 이번 시나리오에서 달성하고자 하는 궁극의 목적이다.

802.1X를 도입하기 위한 동기가 점점 더 선명해지고 있다. 802.1X 도입 목적을 앞에서 소개한 시나리오와 같이 네트워크 접속을 위한 사용자 인증이나 IP 주소 관

리에 둘 수도 있다. 그러나 802.1X의 진정한 가치는 802.1X의 도입 이후 802.1X를 지속적으로 활용해 다양한 관리 또는 통제의 도구로서 사용할 때 발휘된다고 생각한다. 독자 여러분도 이 책에서 제공하는 시나리오를 기반으로 다양한 802.1X 활용 방안을 모색해보기를 소원한다(네 번째 시나리오는 7.1절에서 구현된다.).

2.5 | 인사이동에 따른 접근권한 변경

네트워크 관리자 또는 정보보안 담당자로서 업무량이 증가하는 시점은 언제일까? 해킹 또는 악성코드 감염에 의한 보안 사고를 제외하면 조직개편 또는 인사발령 시즌이 아닐까 생각한다. 일부 관리자의 경우 인사발령이나 조직개편 무렵에는 며칠에 걸쳐 꽤 많은 업무를 처리한다고 한다. 물론 전체 업무 시간을 조직개편에 할애하지는 않을지라도 적지 않게 영향받을 것으로 짐작해볼 수 있다. 내 경험으로는 조직개편이나 인사발령에 의해 발생하는 업무 중에서 직원들이 VLAN이 다른 업무 공간으로 자리를 이동할 때 PC에 설정된 IP 주소를 변경해주거나, 업무시스템에 대한 접근권한을 변경해주는 것이 가장 까다롭고 귀찮은 업무였다. 이외에도 만만치 않은 업무가 한 가지 더 있다. 바로 퇴직자가 사용하던 단말기에 대한 사용자 관리 문제다.

내가 근무하는 연구소는 일반 회사와 달리, 각 연구과제별로 연구과제 수행에 필요한 장비를 구매해 사용하는 시스템이다. 물론 구매 업무를 담당하는 부서가 있지만, 일반 회사처럼 규격화된 PC를 일괄적으로 구매해 지급하지는 않는다. PC만 하더라도 조립 PC와 브랜드 PC, 매킨토시, 노트북 등 다양하게 존재하고, 운영체제 또한 윈도우XP에서 윈도우8, 리눅스, OS X 등 현존하는 모든 운영체제가 고루 사용되고 있다.

다양한 운영체제 환경에서는 정보자산 관리에도 적지 않은 제약이 따른다. 우리나라에서 사용되는 IT 자산관리 솔루션의 대부분은 윈도우를 사용하는 IT 기기 관리에 특화되어 윈도우를 사용하지 않는 정보자산에 대해서는 관리가 쉽지 않다. 이 때문에 단말기와 사용자 간의 정합성을 확보하기가 쉽지 않다. 게다가 하나의 연구 과제 수행에 다양한 직종의 인력이 참여하고 수시로 변경되다 보니, IT 기기에 대한 사용자도 수시로 변경된다. 이로 인해 IT 기기에 대한 실사용자 파악은 점점 더 어려워진다. 물론 연구소에서 공급한 IT 기기만 사용해서 업무를 수행한다면 통제의 범위가 조금은 명확해질 수 있다. 그러나 BYOD의 확산으로 개인용 기기를 업무에 활용하는 직원이 늘어나면서 어느 날 네트워크에 새롭게 등장했다 어느 날 사라져서 관리자의 시선을 혼란케 만드는 사례가 적지 않다. 물론 BYOD를 사용하지 못하도록 통제할 수는 있지만, 내가 근무하는 연구소와 같이 국제 공동연구나 협력을 장려하는 연구기관에서는 쉽지 않은 일이다.

이러한 상황에서 가장 큰 문제는 통제되지 않은 네트워크 및 시스템에 대한 접근이다. 완벽하게 관리되는 네트워크라면 사고가 발생했을 때, 정확한 경로 추적을 통해 원인 분석과 대응이 가능한 반면에, 반대의 상황에서 발생한 사고에 대해서는 원인 분석과 대응에 어려움을 겪게 된다.

내가 근무하는 연구소의 경우에 연구 부서에서 근무하던 직원이 퇴직 후에도 논문의 마무리나 업무 인수인계 등을 위해 일정 기간 동안 방문하는 경우가 종종 발생한다. 이때 연구소에서 할당해준 IP 주소가 퇴직자의 노트북에 할당되어 있다면, 퇴직한 직원임에도 연구소 네트워크에 접근해 인터넷을 사용할 수 있고 연구데이터를 저장해놓은 저장장치 등에 접근해 데이터를 불법적으로 유출할 수도 있다. 이러한 사고를 방지하기 위해 통제되지 않은 외부인의 네트워크 접속을 제한하는 방법을 강구해야 한다.

물론 조선소, 반도체 기업 등과 같이 외부인의 단말기 반입과 반출을 통제하고, 반입 장비의 데이터 용량까지 확인하는 엄격한 통제시스템을 운영 중인 곳이라면 걱정할 필요가 없다. 그러나 예산과 인력이 부족한 공공기관 또는 중소기업에서 이렇게까지 통제하는 것은 현실적으로 어려운 일이다. 그렇다 하더라도 통제를 위한 효과적인 방안을 찾는 노력마저 게을리할 수는 없다. 손쉬운 방법으로 NAC 같은 솔루션을 도입하는 방법을 고려할 수도 있고, 인사관리시스템과 보안시스템을 연계해 퇴직자에 대해서는 퇴직 처리 직후 네트워크 접속을 차단할 수도 있다. 사실

많은 곳에서 허가되지 않은 단말기의 네트워크 접근 차단을 위해 NAC를 도입한다. 또한 인사정보와 연계해 퇴직자의 네트워크 접근을 차단하기 위해 마이크로소프트의 액티브 디렉터리^{AD, Active Directory}를 이용한 인증을 수행하기도 한다. 이러한 노력에도 불구하고 단말기에 대해 원천적으로 네트워크 접근을 통제하기란 쉽지만은 않은 일이다.

이번 시나리오에서는 앞서 제기한 네트워크 접근통제와 관련해 더 효과적인 방안을 제시하려고 한다. 퇴직자가 사용하던 단말기에 대한 네트워크 접근통제를 구현하고, 다음으로 인사이동에 따른 시스템 접근통제를 구현하고자 한다.

먼저 퇴직자가 사용하던 단말기에 대한 네트워크 및 시스템 접근통제 방법을 알아보자. 이 방법은 아주 간단하다. 인사 부서에서 퇴직 발령이 나면 발령 즉시 퇴직 처리된 사용자가 관리자로 등록된 단말기의 인증을 해지하면 된다. 앞서 두 번째와 세 번째 시나리오에서 언급했듯이, 802.1X를 이용한 인증 방법에는 두 가지가 있다. 첫 번째 방법은 사용자 계정을 사용한 인증이고, 나머지 방법은 사용자의 단말기에 할당된 맥 주소를 사용한 인증이다.

802.1X를 인증시스템으로 보는 경우, 인증에 사용되는 사용자 계정 또는 맥 주소가 인증시스템 내에 존재하지 않으면 네트워크에 접속을 위해 아무리 인증을 시도해도 인증을 통과할 수 없다. 독자들도 보안시스템을 도입하면서 사용자 인증이 필요한 시스템에 대해 인사 DB와 계정 연동하는 작업을 많이 해봤을 것이다. 이번 시나리오에서도 인사 DB에 저장되어 있는 사용자 계정정보를 인증서버와 연동하고, 인사정보에서 퇴직 처리된 직원에 대해서는 인증서버의 계정정보와 사용자 계정에 연계되어 있는 단말기의 맥 주소정보를 삭제하고자 한다. 사용자 계정정보가 삭제되면 그림 2-14에서 표현하고 있듯이, 퇴직한 직원이 관리자(사용자)로 등록된 모든 단말기 중 하나가 네트워크에 접근하려고 하면 인증에 실패한다. 그리고 해당 단말기는 네트워크 접속이 차단되고, 퇴사 전에 접속 가능했던 어떠한 서비스나 시스템에도 접속할 수 없게 된다. 비교적 간단한 방법이지만 퇴직자에 대한 강력한 네트워크 접근통제를 구현할 수 있게 된다.

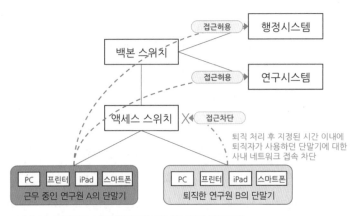

그림 2-14 퇴직자가 사용하던 단말기의 네트워크 접근통제

다음으로 인사발령이나 조직개편 이후의 직원 재배치에 따른 네트워크와 시스템에 대한 접근통제 방법을 알아보자.

사례6

연구 부서에 근무하던 A가 기획담당 부서의 팀장으로 발령받았다. 인사발령이 공지되자 연구원 A는 기획팀장 역할을 수행하면서도 자신이 참여했던 연구과제를 지속적으로 수행하기 위해 연구정보가 저장되어 있는 연구 부서의 공유 디스크에 접근하려고 시도했지만, 공유 디스크에 연결할 수 없다는 메시지만 확인하고, 공유 디스크에는 접근할 수 없었다. 그래서 같은 과제에 참여하고 있는 연구원 C에게 디스크에 접근되는지 확인을 요청했고, C로부터 정상적으로 접근된다는 회신을 받았다.

연구원 A에게는 인사발령 이후 어떤 일이 발생했던 것일까?

A가 근무하는 연구소는 802.1X 기반의 네트워크 인증시스템이 도입되어 있다. 인사팀에서 A를 연구 부서에서 기획팀장으로 발령 처리하자, 약 한 시간 후쯤 인증시스템에서 인사 DB와 계정 연동을 수행한다. 계정 연동 과정에서 A의 소속부서와 직책이 변경된 것을 확인한 인증시스템은 A에게 할당된 VLAN을 행정·지원 부서 VLAN으로 변경한다. A에게 할당된 VLAN이 변경되자 이어서 A가 사용자로 등록된 모든 단말기의 맥 주소에 할당되었던 VLAN과 IP 주소도 동시에 변경된다. 이후

A가 사무실을 옮겨 PC를 네트워크에 연결하고 전원을 켠다. A가 연결한 네트워크 스위치의 포트가 활성화되면서 A에게 변경된 VLAN이 할당되고 DHCP에서는 변경된 VLAN에 속한 신규 IP 주소가 할당된다. 여기까지다. 이후로는 바로 앞의 시나리오에서 설명한 업무 특성에 따른 접근통제정책에 의해 A는 연구 부서의 네트워크에 접속할 수 없게 되는 것이다. 그림 2-15는 A의 소속부서 변경 이후에 발생하는 접근통제를 보여주고 있다.

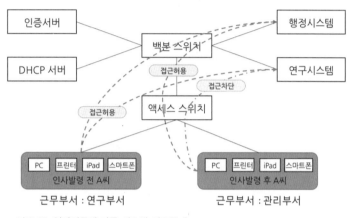

그림 2-15 인사이동에 따른 시스템 접근통제

접근통제 원리가 그리 어렵거나 복잡하지는 않다. 앞에서 설명한 내용을 이해했다면 구현 과정도 그리 어렵지 않다. 이번 장에서는 앞에서 설명한 인사정보와 인증시스템 간의 사용자 계정정보 연동을 응용할 것이다. 계정 연동 과정에서 다음 사항에 주의를 기울여야 한다. 부서별로 할당된 VLAN을 짜임새 있게 관리해야 한다. 그리고 사용자에게 할당된 VLAN을 변경할 때, 사용자 단말기의 맥 주소에 할당된 VLAN도 함께 변경해줘야 한다. 사용자와 단말기에 할당되는 VLAN이 체계적으로 관리되지 않으면 네트워크에 대한 접근통제 과정에서 논리적 오류가 발생하게 된다. 즉, 사용자에게 할당되는 VLAN은 100번인데, 단말기의 맥 주소에 할당되는 VLAN이 200번이라면 정보보안에 심각한 악영향을 미칠 수 있다.

이쯤에서 802.1X가 네트워크 및 정보보안 영역에서 얼마나 중요한 역할을 수행하게 되는지 짐작할 수 있을 것이다. 단말기가 맨 처음 네트워크에 진입하고자 할 때는 사용자 인증을 수행하고, 인증을 통과한 사용자에 한해 허가된 VLAN과 IP 주소를 할당한다. 그 이후에는 네트워크와 시스템에 대한 접근통제까지 실시하니 그 역할이 어떠한 시스템보다 중요하다고 말할 수 있다. 이렇게 중요한 시스템이라면 역할에 대한 정의와 관리도 중요할 뿐만 아니라, 인증시스템에 대한 물리적인 관리와 가용성 보장을 위한 관리도 매우 중요하다. 이 부분에 대해서는 독자 여러분이 생각해보길 바란다.

이번 시나리오를 읽으며 802.1X가 단순한 인증시스템에 머물지 않고 다양한 목적으로 사용할 수 있음을 확인했다. 이제부터는 독자 여러분도 근무 현장에서 802.1X를 어떠한 방법으로 적용할 수 있을지에 대해 더 넓은 응용범위를 바탕으로 생각해보길 권한다. 이를 통해 802.1X의 응용범위를 확대하고, 오픈소스를 이용해서도 상용 솔루션에 버금가는 정보보안시스템을 구축할 수 있음을 널리 알렸으면 한다(다섯 번째 시나리오는 7.2절에서 구현된다.).

2.6 | 캡티브 포털을 이용한 단말기 환경 설정

앞에서 설명한 다섯 가지 시나리오는 모두 802.1X 인증 수행을 위한 환경 구성과 802.1X를 구체적으로 활용하기 위한 시나리오다. 첫 번째는 시나리오에서는 누구나 알고 있지만, 실제 IP 주소 관리에서는 활용도가 낮았던 DHCP를 이용한 IP 주소 관리에 대해 살펴봤다. 두 번째는 첫 번째 시나리오에 이어서 IP 주소를 사용자 단말에 할당하기 전에 정상적인 접근권한을 갖고 있는 사용자 여부를 확인하고 IP 주소를 할당하기 위한 시나리오였고, 세 번째 시나리오에서는 한 번 인증받은 장비에 대해서는 매번 사용자 인증을 수행하지 않고, 장비 인증을 통해 인증 절차를 간소화하는 방법을 제시했다. 그리고 네 번째 시나리오에서는 802.1X 인증체계 구축이 완료된 상태에서 업무 특성에 따라 네트워크에 대한 접근권한을 설정하고 권한이 없는 사용자의 접근을 차단하는 방법을 살펴봤다. 그리고 바로 앞의 시나리오에서는 회사에서 빈번히 발생하는 인사이동과 퇴직에 따라 사용자 단말기의 접근권한을 자동으로 변경해 퇴직자에 대한 승인되지 않은 네트워크 및 시스템에 대한 접근을 차단하고 인사조치에 의한 부서 변경 후에 권한을 조정함으로써, 권한 변경에 따른 시스템 접근통제 시나리오를 살펴봤다.

지금까지의 시나리오는 모두 네트워크와 인증시스템과 관련된 주제들이었다. 이번 시나리오는 사용자 단말기와 관련된 시나리오다. 아마 일부 독자는 802.1X와 관련해 사용자 단말기와 관련된 설정은 필요하지 않은지 궁금할 것이다. 이번 시나리오에서는 사용자 단말기와 관련된 시나리오를 소개하고자 한다.

IT 업계에 종사하고 있는 사람이라면 '환경 설정'이라는 용어가 매우 익숙할 것이다. 시스템에 운영체제를 설치할 때에도, 운영체제 설치 후에 응용프로그램을 설치할 때에도, 그리고 웹 서버에서 웹 애플리케이션이 운영될 수 있도록 웹 서버와 데이터베이스, 웹 프로그래밍 언어를 설치할 때에도 환경 설정이라고 표현한다. 그만큼 IT 업계에서 범용적으로 사용하고 있으며, 대부분 '환경을 설정한다.'라고 하면 어떤 의미를 가진 표현인지를 이해할 수 있다. 그래서 이번 시나리오에서 환경 설정이라는 표현을 사용하고자 한다. 다른 표현으로 '프로파일 배포'라는 표현도 있지만, 독자들의 빠른 이해를 돕기 위해 두 표현을 혼용해서 사용하고자 한다.

이번 시나리오에서 환경 설정은 802.1X 인증이 필요한 요청자(단말기 또는 클라이언트)에 802.1X 인증을 수행할 수 있도록 요청자(애플리케이션)를 활성화하고, 인증에 필요한 인증서를 배포 및 설치하며, 마지막으로 인증에 필요한 사용자 계정정보를 등록하는 절차로 정의한다.

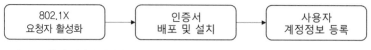

그림 2-16 환경 설정의 의미와 절차

언론보도를 통해 금융기관의 무선 인터넷 패킷을 가로채서 타인의 계좌에서 타인의 계좌로 온라인 송금을 하는 수법을 접해봤을 것이다. 이와 같은 공격 기법을 중간자 공격MITM, Man In The Middle Attack이라고 한다. 이러한 기술의 특징은 무엇일까? 바로 네트워크상에서 암호화되지 않은 패킷을 가로채고, 이를 재조합해 특정 사용자의 중요 정보를 알아낼 수 있다는 것이다. 그만큼 네트워크를 통해 이동하는 패킷은 손쉽게 가로채고 조합할 수 있다. 이와 같은 상황에서 패킷을 암호화한다면 패킷이 가로채였다 하더라도 악의적인 이용을 최소화할 수 있다. 그럼 네트워크를 통해 이동하는 패킷이 암호화되는 지점과 복호화되는 지점은 어디일까? 아마 대부분의 암호화 지점은 패킷을 전송하는 클라이언트이고 복호화되는 지점은 암호화된 패킷의 정상적인 수신자가 될 것이다. 그림 2-17은 중간자 공격(a)과 이를 방어하기 위한 기법(b)을 보여주고 있다.

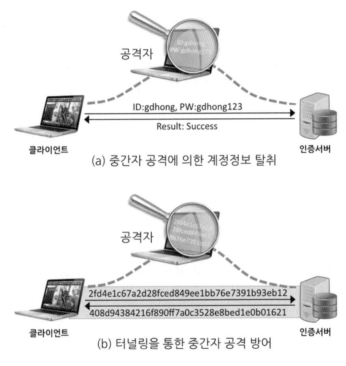

그림 2-17 중간자 공격과 방어

이제 802.1X로 돌아가서 지금까지 설명한 사항을 적용해보자. 802.1X는 네트워크에 접속하는 사용자를 인증하기 위한 인증체계다. 그리고 802.1X를 위해 사용되는 각종 정보들(사용자 계정, 맥 주소 및 VLAN 정보 등)도 모두 네트워크를 통해 클라이언트에서 스위치로, 다시 스위치에서 인증서버로 전송되면서 주고받는다. 만약 중간자 공격으로 사용자의 계정정보가 악의적인 사용자에게 탈취당하게 되면 심각한 문제가 아닐 수 없다. 다행히 802.1X는 이러한 상황을 방지하기 위해 몇 가지 안전대책을 제공한다. 그림 2-18에서 보여주는 바와 같이 인증정보가 전송되는 구간별로 정보를 암호화하는 것이다. 첫 번째 구간은 요청자와 인증자 구간으로 EAPOL에 의해 사용자 인증정보가 암호화된다. EAPOL은 인증정보의 안전한 전송을 위해 EAP-TLS, PEAP^{Protected Extensible Authentication Protocol}, MS-CHAPv2^{Microsoft Challenge Handshake Authentication Protocol version 2} 등과 같은 다양한 EAP-메소드를 이용한다. 두 번째 구간은 인증자와 인증서버 구간으로 첫 번째 구간에서 전송된 EAP 패킷을 RADIUS 프로토콜로 캡슐화해 전송한다. 이 과정에서 인증서버는 인증자의 인증 요청을 접수하기 전에 인증자에 대한 검증을 수행하게 된다. 인증자의 검증에는 인증자의 IP 주소와 사전에 정의된 비밀키를 이용하게 된다. 또한 인증정보를 안전하게 보호하기 위해 인증서^{Certificate}를 사용하기도 한다. 이와 같은 구간별 암호화와 인증자의 검증으로 인해 중간자 공격으로 패킷을 가로챘다 하더라도 사용자 계정정보를 확인하는 것은 불가능하다.

요청자   인증자   인증서버

그림 2-18 802.1X 구성 요소 간 구간별 암호화 프로토콜

이렇게 암호화를 지원하기 위해서는 당연히 클라이언트에 환경 설정이 이뤄져야 한다. 요즘 출시되는 대부분의 운영체제는 기본적으로 802.1X를 지원한다. 그러나 마이크로소프트 윈도우 계열의 운영체제 중 홈 에디션^{Home Edition}의 경우 802.1X를 사용할 수 없다. 만약 현재 운영 중인 네트워크에 802.1X 인증을 적용하고자 한다면 윈도우 운영체제는 홈 에디션이 아닌 프로페셔널^{Professional} 또는 엔터프라이즈^{Enterprise} 버전으로 다시 설치해야 한다. 다만 대부분의 운영체제가 802.1X를 지원하나, 기본적으로 802.1X 인증환경이 활성화되어 있지는 않다. 아직까지 802.1X를 적용한 사례가 많지 않고, 일반적인 네트워크 환경에서는 802.1X를 사용하지 않아도 되기 때문이다.

그렇지만 앞서 제시한 시나리오에 따라 802.1X를 구축한다면 상황은 달라진다. 단말기의 802.1X 환경에 대한 활성화가 필요하다. 대부분의 관리자들은 802.1X를 활성화해본 경험이 없겠지만, 대규모 무선 네트워크 관리자라면 아마도 경험이 있을 것이다. BYOD에 대한 보안 이슈가 제기되고, BYOD 대부분이 무선 IT 기기이기 때문에 무선 보안 구축 시에 802.1X를 기본적인 인증 도구로 도입하는 사례들이 증가하고 있기 때문이다. 그럼에도 아직까지 802.1X 환경 설정은 낯설기만 하다. 더욱이 우리나라에서는 802.1X를 유선 네트워크 접근통제로 도입한 사례를 쉽게 찾아볼 수 없다. 아직까지 802.1X에 대한 관심도가 낮을 뿐 아니라 802.1X를 제대로 구축할 수 있는 엔지니어가 절대적으로 부족하기 때문이다.

이야기가 잠시 샛길로 빠졌는데, 다시 본론으로 돌아가자. 네트워크 관리자로 근무하면서 유선 네트워크에 연결된 단말기의 802.1X 인증환경을 활성화시켜본 관리자는 흔치 않을 것이다. 혹시 경험이 있다 하더라도 테스트를 위한 활성화가 대부분일 것이다. 이렇듯 관리자들조차 802.1X와 관련된 설정을 경험해보지 않았다. 이러한 상황에서 사용자 스스로 802.1X를 활성화하고, 서버에 설정된 암호화 기법에 맞춰서 클라이언트의 암호화 기법을 설정하고 계정정보를 입력한 후 인증을 수행하라고 한다면 돌아올 피드백은 충분히 예측 가능하다. 사용자들뿐만 아니라 최고 경영자로부터도 '당장 집어치우고 예전처럼 서비스해!'라는 불호령이 떨어질 것이다. 이런 상황을 방지하기 위해 사용자 단말기에 환경 설정을 자동으로 해주는 도구들이 이미 출시되어 있다.

표 2-5는 802.1X 환경 설정에 사용되는 각종 도구들이다.

표 2-5 802.1X 환경 설정 자동화 도구

구분	제품
오픈소스	SU1X 802.1X Configuration Deployment Tool
상용	Clear Pass Quick Connect(Aruba) Odyssey Access Client(Juniper)
제조사 무료 제공	Apple Configurator

표 2-5의 도구들은 미리 정의된 802.1X 프로파일을 사용자 단말기에 배포한 후 단말기의 802.1X 환경을 활성화하고, 인증서버와 효과적으로 통신할 수 있도록 인증서를 자동으로 설치하고, 사용자 계정정보를 입력받아 저장하도록 하는 역할들을 수행한다. 또한 다양한 운영체제 환경에 적합한 인증환경을 배포해 단말기의 종류에 관계없이 다양한 종류의 장치에서 802.1X 인증환경을 구성해주는 역할도 수행한다.

여기서 독자 여러분에게 한 가지 양해를 구하고자 한다. 나는 애초에 802.1X를 구축하면서 모든 것을 오픈소스로 구성해 이후 구축을 시도하는 도전자들에게는 어떠한 경제적인 부담도 지우지 않겠다고 결심했지만, 전 과정에서 딱 한 가지, 이 인증환경 설정 자동화 도구만큼은 상용 도구를 사용할 수밖에 없었다. 그러나 상용 도구라 하더라도 경제적 부담이 그다지 크지 않고 도입 이전에 테스트를 통해 일정 부분 성능을 미리 경험해볼 수 있는 도구를 선정했으니, 너그러운 마음으로 이해해 줬으면 한다.

환경 설정도구 선정은 다음의 기준을 적용했다.

- 윈도우, OS X, iOS, 안드로이드 등의 운영체제를 지원해야 한다.
- 사용자 단말기에 어떠한 에이전트도 설치하지 않아야 한다.
- 인증서의 배포와 설치를 지원해야 한다.
- 도입 비용이 크지 않아야 한다.
- 관리자가 배포 툴을 사용하기 쉬워야 한다.
- 인증환경 배포 시에 추가적인 프로그램 배포가 가능해야 한다.

이러한 요구조건을 만족하는 도구로는 아루바네트웍스의 클리어패스 퀵커넥트 ClearPass QuickConnect (이하 퀵커넥트)를 선정했다. 실제 구축 단계에서 살펴보겠지만, 퀵커넥트는 기대 이상의 만족감을 제공해줬다. 더욱이 공급사에 요청해 데모를 위한 계정을 발급받고 한 달간 무료로 사용하는 서비스까지 제공되어 도입을 위한 충분한 테스트를 진행할 수 있었다.

사용자에게 802.1X 인증환경 설정을 위한 도구가 준비되었다. 남은 일은 도구를 배포하는 것이다. 참고로 내가 근무하는 연구소는 앞에서 언급했던 다양한 운영체제를 설치한 단말기를 종류별로 고루 사용하고 있어 마치 IT 기기 전시장을 방불케 한다. 이 때문에 환경 설정도구의 효과적인 배포 방법이 요구되었다. 이메일을 통해 사용자에게 플랫폼별 환경 설정도구를 모두 배포하고 사용자가 플랫폼에 따라 선별해서 설치하라고 할 수 있다. 아니면 대다수를 차지하는 윈도우에 대한 환경 설정도구만 배포하고, 나머지 운영체제를 사용하는 단말기는 사용자의 요청이 있을 때 방문해서 환경 설정을 대신해줄 수 있다. 또 다른 방법으로 환경 설정도구를 웹사이트에 등록해두고 사용자의 운영체제에 적합한 환경 설정도구를 다운로드해 설치하라고 할 수도 있다. 앞에서 언급한 세 가지 방법은 모두 적용 가능한 방법이지만, 일정 수준의 불편을 감수해야 한다.

802.1X를 성공적으로 도입하기 위해서는 사용자 단말기에 대한 환경 설정을 효과적으로 진행할 수 있는 환경을 제공해야 한다. 서비스 제공자 입장에서 아무리 최고의 서비스를 제공했다고 자부해도 소비자, 즉 사용자가 최악의 서비스라고 평가하면 그것은 최악의 서비스인 것이다. 802.1X도 마찬가지다. '이것은 사용자를 위한 좋은 서비스다.', '사용자의 편의성을 향상시킨다.' 등과 같이 다양한 802.1X의 장점을 홍보하고 적용했다고 해도 막상 사용자 입장에서 환경 설정에 어려움을 느끼고, 사용자가 느끼는 불편을 해결해주지 못하면 802.1X 인증체계 도입은 성공할 수 없다. 따라서 사용자 단말에 대한 인증환경 구성이 802.1X의 성공을 위한 핵심 요소인 것이다.

그렇다면 어떻게 사용자가 인증에 필요한 환경 설정을 손쉽게 진행하도록 지원할 수 있을까?

정보보안의 중요성이 커지면서 보안 사고 예방을 위해 NAC, 바이러스 백신 설치 및 업데이트, 좀비PC 탐지 및 치료, 내부정보 유출 방지, 개인정보 보호 등과 관련된 에이전트 프로그램을 사용자 단말기에 배포하고 있다. 이러한 에이전트 배포 방법은 크게 세 가지로 분류할 수 있다. 첫 번째 방법은 네트워크에 인라인으로 에이전트 배포를 위한 장치를 설치하고 클라이언트에 설치된 에이전트에서 웹 브라우저에 특정 플래그값을 심어 패킷을 내보낸 후, 모니터링 장치에서 특정 패킷 유무를 체크해 패킷이 없으면 에이전트가 설치되지 않은 것으로 인식해 웹사이트를 에이전트 설치 페이지로 유도하는 방식이다. 두 번째 방법은 아웃오브밴드 방식으로 백본 스위치에서 패킷을 미러링받거나, 802.1Q 방식으로 네트워크의 패킷을 모니터링해서 에이전트가 내보내는 특정 패킷 여부를 확인해 설치유도 페이지로 유도하는 방식이다. 마지막 방법은, 첫 번째 방법과 두 번째 방법에 의해 소프트웨어 배포 기능을 갖고 있는 에이전트를 우선적으로 배포하고 나머지 에이전트를 처음 설치된 에이전트를 통해 배포하는 방식이다.

802.1X 환경 설정도구 배포를 위해서도 이와 비슷한 방식을 사용하지만, 이 책에서는 조금 다른 방식으로 구성하고자 한다. 사실 이 세 가지 에이전트 배포 방법은 내 입장에서 구현하기 힘든 고급 기술에 속한다. 따라서 보다 간단한 방법으로 환경 설정도구를 배포할 수 있는 방법을 구현했다. 802.1X 인증을 위해 스위치에서 기본적으로 제공하는 기능과 리눅스에서 방화벽으로 사용하는 iptables의 포트 포워딩 기능, 그리고 아파치 웹 서버의 에러 페이지 출력 기능을 이용한다. 이 과정에서는 지금까지와 달리 아파치 웹 서버 환경 설정과 iptables에 대한 지식이 요구되지만, 아파치 웹 서버와 iptables에 익숙하지 않은 독자라도 충분히 따라할 수 있도록 내용을 구성했기 때문에 걱정하지 않아도 된다.

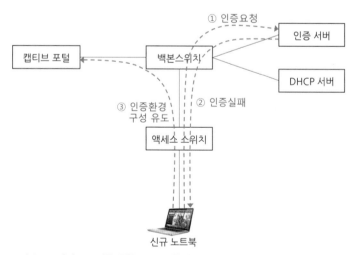

그림 2-19 캡티브 포털을 통한 802.1X 환경 설정 절차

설치 유도 구성이 완료되면 사용자는 그림 2-19의 과정을 통해 사용자의 단말기에 자동으로 802.1X 인증을 위한 환경을 구성하고 네트워크에 접속하게 된다.

1. 사용자가 네트워크에 장치를 연결하면 스위치에서는 사용자 단말기에 802.1X 인증을 위한 환경이 구성되어 있는지를 확인한다.

2. 802.1X 인증을 위한 환경이 구성되어 있지 않으면, 스위치는 사용자 단말기가 접속되어 있는 스위치 포트에 999번 VLAN을 할당한다.

3. 사용자 단말기는 VLAN이 할당되면 DHCP 브로드캐스팅을 통해 IP 주소를 요청하고, 인증서버는 VLAN 999에 해당하는 서브넷에서 할당되지 않은 IP 주소를 할당한다.

4. 단말기에 IP 주소가 할당되고 웹 브라우저를 통해 웹 서핑을 시도하면, 사용자가 요청한 URL에 상관없이 무조건 802.1X 인증환경 설정을 위한 페이지로 웹 페이지가 전환된다.

5. 사용자는 안내문구에 따라 단계별로 실행해 802.1X 인증을 위한 환경을 구성한다.

6. 구성이 완료되고 정상적으로 사용자 인증이 완료된 후 사용자의 단말기는 사용자에게 할당된 VLAN과 IP 주소를 할당받고 정상적인 서비스 제공을 위한 네트워크에 연결된다.

이러한 시스템을 캡티브 포털Captive Portal이라고 부른다. 캡티브 포털은 이미 우리의 일상 가운데 깊숙이 들어와 있다. 앞서 언급한 세 가지의 에이전트 배포 방법도 캡티브 포털의 일종에 해당한다. 우리는 일상생활에서 캡티브 포털을 경험할 수 있다. 스타벅스에 가서 무료 와이파이를 연결하려면 이름, 이메일, 전화번호와 같은 개인정보를 제공해야 한다. 이때 개인정보를 요청하는 페이지가 캡티브 포털이다. 이번 시나리오에서는 캡티브 포털의 필요성과 간단한 동작 원리에 대해 설명했다. 물론 캡티브 포털이라는 개념이 생소할 수 있겠지만, 이미 업무 현장에서 사용했기에 쉽게 이해할 수 있을 것이다. 보다 구체적인 사항은 구현 과정에서 살펴보자(여섯 번째 시나리오는 8장에서 구현된다.).

2.7 장기 미사용 단말기 인증 해제

인터넷 공간에서 서비스를 이용하려고 웹사이트에 로그인하면 비밀번호 변경을 요청하는 창으로 페이지가 전환되는 경우를 경험한다. 내가 근무하는 연구소는 공공기관으로서의 보안정책에 따라 최소 3개월에 한 번씩은 웹 서비스뿐 아니라 단말기의 비밀번호를 의무적으로 변경하도록 한다. 이는 허가되지 않은 사용자에게 비밀번호가 노출되어 사용되는 것을 방지하고, 비밀번호가 외부에 노출되었다 하더라도 비밀번호를 주기적으로 변경함으로써 피해를 최소화하기 위한 조치다.

이렇게 단말기와 서비스에 대한 비밀번호 관리가 이뤄지듯이, 802.1X를 도입한 이후에는 단말기 인증에 대한 추가적인 관리가 요구된다. 두 번째, 세 번째 시나리오에서 사용자 단말기에 대해 사용자 계정인증을 거친 단말기는 하드웨어 인증으로 대체되는데, 이런 인증 과정의 불편을 최소화해 사용자의 편의성을 향상시키기 위한 방법들을 알아봤다. 이 과정에서 주목해야 할 취약점이 있다. 웹사이트를 이용할 때 사용하는 비밀번호 저장 기능은 초기부터 제기되었던 문제점이다. 사용자는 자신의 PC에서 웹 페이지에 로그인할 때 계정정보를 웹 브라우저에 저장해두고, 향후 웹사이트에 로그인할 때 저장된 정보를 이용함으로써 더 편리하게 웹 서비스를 이용하려고 했다. 웹 서비스의 경우 사용자의 정보보호 의식이 개선되면서 대부분의 사용자는 계정정보를 웹 브라우저에 저장하지 않지만, 아직도 PC에서 동작하는 일부 애플리케이션의 경우에는 PC가 시작되면 자동으로 로그인되도록 설정하기 위해 비밀번호를 저장하는 방식을 이용하고 있다. 대표적인 경우가 메신저 프로그램이다. 업무용 메신저나 범용 메신저가 업무 수행을 위한 커뮤니케이터로 활용되면서, 대부분의 사용자는 PC에 메신저를 설치하고 자동 로그인 옵션을 켜놓는 경우가 많다. 이렇듯 사용자는 로그인 과정에서 비밀번호 입력을 생략하는 순간적인 편리함을 위해 계정정보를 저장하게 되고, 이로 인해 의도하지 않은 외부인의 사용에 무방비로 노출될 수 있다.

802.1X를 도입한 이후의 사용자와 단말기 인증도 마찬가지다. 한 번 인증된 단말기가 폐기되는 시점까지 다시는 사용자 인증을 거치지 않는다면 어떻게 될까?

네 번째와 다섯 번째 시나리오에서 봤듯이 802.1X 도입을 통해 기대하는 것 중 하나가 업무 특성에 따른 네트워크와 시스템에 대한 접근통제다. 접근통제와 보안의 관점에서 볼 때 장기간 사용되지 않는 단말기는 기관 내에서 보안 위협 요인으로 작용한다. 내가 근무하는 연구소를 기준으로 단말기가 장기간 사용되지 않은 경우를 정리하면 다음과 같다.

첫 번째는 장기간의 출장이다. 내가 근무하는 연구소는 남극과 북극을 연구하기 때문에 기지 운영을 위한 월동대원은 기본적으로 1년의 장기 출장을 가고, 연구 활동을 위한 목적으로는 짧게는 한 달, 길게는 서너 달 정도의 출장을 가게 된다. 이 때문에 정상적인 경우라면 출장자의 단말기는 출장 기간에는 사용되지 않아야 한다.

두 번째는 자산관리와 관련이 있다. PC의 수명주기가 짧아지면서 정해진 사용 기간을 채우지 않더라도 새 PC의 구매로 인해 기존에 사용하던 PC는 자산관리 부서에 반납된다. 그리고 일정 기간 사용되지 않다가, 신규 직원이 일시적으로 사용하거나 아니면 아르바이트 학생에게 지급하는 PC로 사용되는 경우가 있다.

마지막으로 단말기의 분실을 들 수 있다. 스마트 단말기의 사용이 증가하면서 단말기 분실에 의한 피해가 확대되고 있다. 단말기 분실로 인한 가장 큰 피해자는 사용자 본인이다. 그러나 분실 단말기가 악의적으로 사용된다면 사용자 본인뿐 아니라 회사에도 큰 피해를 입힐 수 있다.

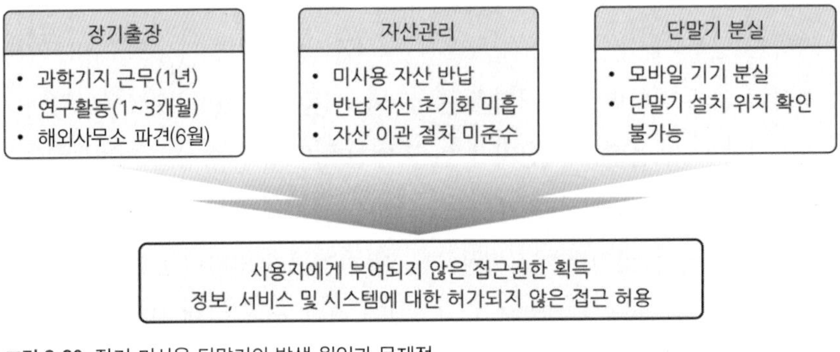

장기출장	자산관리	단말기 분실
• 과학기지 근무(1년) • 연구활동(1~3개월) • 해외사무소 파견(6월)	• 미사용 자산 반납 • 반납 자산 초기화 미흡 • 자산 이관 절차 미준수	• 모바일 기기 분실 • 단말기 설치 위치 확인 불가능

사용자에게 부여되지 않은 접근권한 획득
정보, 서비스 및 시스템에 대한 허가되지 않은 접근 허용

그림 2-20 장기 미사용 단말기의 발생 원인과 문제점

앞서 살펴본 장기간 사용되지 않았던 단말기로 인해 발생할 수 있는 문제점을 살펴보자. 일차적인 문제는 사용자의 의도와 관계없이 허가되지 않는 접근권한을

획득하는 것이다. 즉, 접근통제를 우회할 수 있게 된다. 이는 장기 미사용 단말기를 새로운 사용자에게 제공했을 때 이전 사용자에게 할당된 접근통제 권한이 해제되지 않음으로 인해 발생한다. 다음 문제는 접근통제 오류로 인해 정상적인 권한으로는 접근할 수 없는 정보, 서비스 시스템에 접근할 수 있게 되는 것이다.

이번 시나리오는 이러한 상황을 예방하기 위해 장기간 사용되지 않은 단말기에 대한 네트워크 접속을 차단하는 방법을 설명한다. 802.1X를 도입한 상황에서 어떻게 하면 장기간 사용하지 않았던 단말기의 네트워크 접근을 차단할 수 있는지 고민해보자.

지금까지 구현한 802.1X에서는 두 가지 인증 방법을 사용하고 있다. 처음 네트워크에 연결되는 단말기는 사용자 계정을 통해 인증 받고, 그렇게 인증받은 후에는 단말기 고유의 맥 주소를 통해 인증을 시행한다.

그럼 앞에서 소개한 세 가지 사례의 단말기는 우선은 사용자 인증을 받아 맥 주소로 인증받는 단말기일 것이다. 사용자 인증을 받지 않은 단말기라면 장기간 사용되지 않았더라도 사용자 인증을 요청할 것이기 때문이다. 장기간 사용되지 않은 단말기의 네트워크 접속 차단을 위해서는 다음의 과정이 필요하다.

첫 번째 과정은 장기간 사용되지 않는 단말기의 식별이다. RADIUS에서는 AAA를 지원하고, AAA 항목 중 마지막 요소가 과금^{Accounting}이라고 앞서 설명했다. 그럼 RADIUS는 어떻게 과금에 필요한 정보를 획득할까? 802.1X 환경에서 RADIUS 서버는 과금을 위해 스위치로부터 개별 포트에 대한 네트워크 사용량을 통보받도록 되어 있다. 스위치에 RADIUS 서버를 설정할 때 과금정보 전송을 위한 포트를 설정한다. 이 포트를 통해 스위치로부터 인증에 사용된 계정 또는 단말기 맥 주소, 사용 시작시간 및 종료시간, 밖으로 나가고 들어온 데이터 양에 대한 정보를 RADIUS 서버로 전송한다. 이 정보들을 이용해 장비의 최종 사용일자와 기준일자를 비교하면 장기 미사용 장비를 식별할 수 있다. 그림 2-21은 장기 미사용 단말기의 식별 방법을 보여주고 있다.

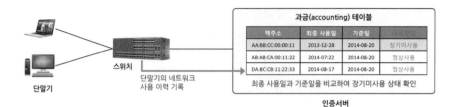

그림 2-21 장기 미사용 단말기 식별 방법

두 번째 과정은 장기간 사용되지 않은 장비로 식별되었을 때 네트워크 접속을 차단하는 것이다. 두 번째와 세 번째 시나리오에서 설명했듯이 인증에 성공한 단말기가 연결된 스위치의 포트는 단말기에게 접속이 허용된 네트워크의 VLAN 정보를 RADIUS 서버로부터 다운로드해 단말기의 네트워크 접속을 허용한다. 이때 인증서버에서 인증이 완료된 장비에 대해 존재하지 않는 VLAN 정보를 내려보내면 어떻게 될까? 인증에는 성공했다고 해도 정상적으로 네트워크에 접속할 수 없을 것이다. 바로 이 방법을 장기간 사용되지 않은 단말기에 적용하고자 하며, 그림 2-22는 장기 미사용 단말기에 대한 VLAN 할당 방법을 보여주고 있다. 장기간 사용되지 않은 단말기 식별이 완료되면 단말기에 할당된 VLAN 정보를 변경함으로써 네트워크 접속을 차단하고자 한다.

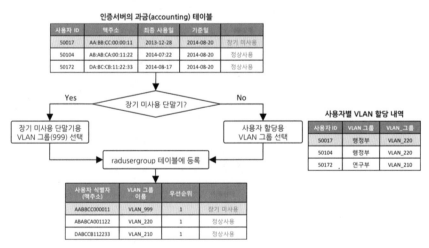

그림 2-22 장기 미사용 단말기용 VLAN 할당 방법

마지막으로 네트워크 접속이 차단된 단말기에 대해 장기간 사용되지 않아 접속이 차단되었음을 알리고, 관리자에게 연락해 조치받도록 하는 안내 메시지를 전달해야 한다. 사용자에게 전달되는 메시지는 웹 브라우저를 통해 전달한다. 바로 앞의 시나리오에서 사용자 단말기를 802.1X 인증을 위한 환경 설정 페이지로 유도해 인증환경을 구성할 때 사용했던 방법을 응용한다. 네트워크가 차단된 상태에서 웹 브라우저를 실행시키면 네트워크 접속이 차단되었음을 알리는 메시지를 확인하도록 한다.

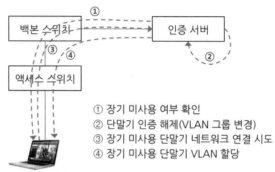

그림 2-23 장기 미사용 단말기 인증 해제 절차

그림 2-23은 장기 미사용 단말기에 대한 인증 해제 절차를 개략적으로 보여주고 있다. 이번 시나리오는 복잡하거나 어렵지는 않지만, 네트워크 또는 정보보안 관리자 입장에서 본다면 꽤나 효과적인 단말기 접근통제 기법일 것이다. IT 장비에 대한 자산관리가 수행되고 있지만, 장비의 존재 유무만 확인하는 과정이 대부분이고 미사용 장비에 대한 접근통제를 시스템적으로 구현하고 관리하는 회사는 그리 많지 않다. 그렇지만 이번 시나리오를 응용해 자산관리 솔루션을 이미 도입했다면 보다 개선된 자산관리를 수행할 수 있고, 자산관리 솔루션을 도입하지 않았다 하더라도 장기간 사용되지 않는 장비에 대해 효과적인 관리 업무를 수행할 수 있을 것이다.

이제 마지막 시나리오만 남겨두고 있다. 지금까지 소개한 시나리오는 모두 물리적으로 인접한 영역의 네트워크를 기준으로 작성되었다. 마지막 시나리오는 독립적인 ISP^{Internet Service Provider} 회선을 사용하는 분리된 복수의 네트워크 환경, 원거리에 있는 본사와 지사 또는 이와 유사한 구조를 갖고 있는 네트워크에서 802.1X를 적용하고 IP 주소 관리를 수행하는 방법에 관한 것이다(일곱 번째 시나리오는 7.3절에서 구현된다.).

2.8 | 망 분리와 사용자 인증

N 연구소는 대전에 본원이 있고 대구광역시(분소 A)와 전라북도 전주(분소 B)에 분소가 위치하고 있다. 본원과 분소에는 연구 조직과 행정·지원 조직이 근무하고 있고, 802.1X 도입을 추진하면서 본원과 분소 모두에 연구 부서용 네트워크, 행정·지원 부서용 네트워크를 구성하기로 했다. 기관 전체로 보면 연구 부서용 VLAN 3개, 행정·지원 부서용 VLAN 3개가 존재하는 형태이며 본원과 분소는 모두 전용선으로 연결되어 있고, 업무시스템과 연구에 활용되는 슈퍼컴퓨터와 저장장치는 모두 본원에 위치하고 있다. 물리적으로 보면 3개의 분리된 공간에 개별적인 연구소가 위치하고 있지만 논리적인 망 구성으로 보면 하나의 망으로 구성되어 있기에 인증서버와 DHCP 서버는 모두 본원에 위치시키고 중앙에서 통제하는 형태로 인증체계를 구성하기로 했다.

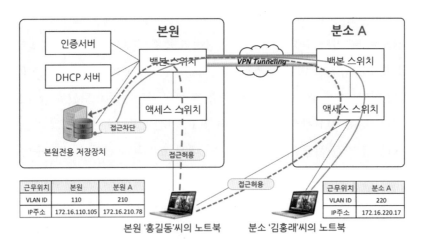

그림 2-24 N 연구소의 본원·분소 근무에 따른 접근통제

네트워크 접근통제 요구사항으로는 그림 2-24와 같이 본원의 연구부에 근무하는 직원 '홍길동' 씨가 분소 A에 방문했을 때에는 분소 A의 연구 부서 VLAN과 IP 주소를 할당받아서 업무를 수행하고, 분소 B에 방문했을 때는 분소 B의 연구 부서 VLAN과 IP 주소를 할당받아서 업무를 처리하고자 한다. 분소에 근무하는 연구 부서 직원들도 각각의 근무지에서 업무를 수행할 때는 본원의 '홍길동' 씨와 같은 방식으로 VLAN과 IP 주소를 할당하고자 한다. 요구사항은 비교적 간단해 보인다. 원래 요구사항 수집 단계에서 관리자 또는 요구사항을 말하는 사람은 "정말 간단한 요구사항인데……"라고 운을 떼면서 말을 시작한다. 그러나 막상 본론으로 들어가 보면 간단한 요구사항은 하나도 없다. 지금 상황도 마찬가지다.

다른 상황을 살펴보자. 내가 근무하는 연구소가 새로운 청사로 입주하게 되면서, 네트워크 사용과 관련된 요구사항으로 기숙사에서는 전사적으로 적용되는 보안정책이 아닌 완화된 보안정책을 적용해 달라는 내용이 접수되었다. 이를 해결하기 위해 기숙사에는 별도의 ISP 회선을 이용해 그림 2-25와 같이 네트워크를 구성하기로 결정했다. 이것만으로 기숙사 이용자에 대한 네트워크 서비스를 제공할 수 있을까? 네트워크 관리적인 측면뿐만 아니라 정보보안 측면에서도 여러 가지 사항들을 고려해야 할 것이다.

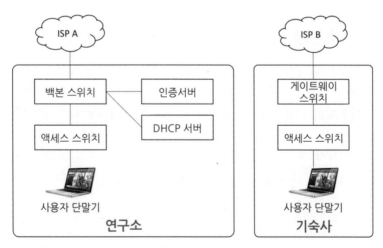

그림 2-25 연구소의 네트워크 구성 개념도

우선 기숙사 사용자에 대한 IP 주소 할당과 관리는 어떻게 수행할 것인가? 802.1X를 도입하게 된 계기가 IP 주소 관리에 있음을 첫 번째 시나리오에서 설명했다. 그렇다면 기숙사에 대한 IP 주소 관리에도 이를 이용할 수 있지 않을까? 두 번째, 입주자 이외의 사용자에 대한 네트워크 접근통제다. 물론, 기숙사에 출입관리 시스템이 설치되어 있어 외부인의 출입이 제한된다. 그러나 통제되지 않은 네트워크를 통해 언제든지 사고가 발생할 수 있기 때문에 정보보안 관리자로서는 이에 대한 대비가 요구된다. 세 번째는 정보보안 사고 발생에 따른 책임 부분이다. 일부 관리자는 '기숙사는 업무공간이 아니기 때문에 보안 사고가 발생하면 이에 대한 책임도 사용자에게 있다.'라고 말할 것이다. 그러나 네트워크 서비스를 제공한 주체는 회사이므로 관리적 책임을 다해야 마땅할 것이다. 마지막으로는 통제 시스템의 효율적인 활용이다. 앞서 소개한 시나리오들이 구현되면 사용자 인증, IP 주소 관리, 그리고 네트워크 접근통제가 가능해진다. 그렇다면 이를 기숙사에도 적용할 수 있지 않을까? 이번 시나리오에서는 이러한 사항들을 해결해보고자 한다.

N 연구소와 내가 근무하는 연구소의 사례에는 구조적인 유사점이 있다. 한 직원이 보유하고 있는 단말기가 사용하는 위치에 따라서 다른 VLAN과 IP 주소를 할당받아야 한다는 점이다. 이 문제를 해결하기 위해서는 사용자 또는 단말기의 맥 주소에 따라 VLAN이 할당되는 과정을 이해하고 있어야 한다.

앞의 시나리오를 통해 충분히 이해했겠지만, 인증서버(RADIUS)에서 각각의 스위치 포트에 VLAN을 할당하기 위해서는 VLAN 정보가 인증서버에 저장되어 있어야 하고, VLAN 식별자와 사용자 식별자 간의 관계가 정의되어 있어야 한다. 이 책에서 인증서버로 사용하는 FreeRadius는 다음의 테이블에 정보가 저장된다.

1. 사용자 계정 테이블: radcheck
2. 사용자 식별자와 VLAN 연계 테이블: radusergroup
3. VLAN 정보가 저장된 테이블: radgroupreply
4. RADIUS에 접근이 허용된 스위치정보: nas

FreeRadius에서 VLAN을 할당하는 구조를 살펴보면, 하나의 사용자 식별자에는 하나의 VLAN이 할당되는 형태다. 이 때문에 앞에서 제기한 문제, 즉 직원이 보유하고 있는 단말기의 위치에 따라 동적으로 VLAN을 할당하기 위해서는 FreeRadius의 구조를 변경해야만 한다.

이제 문제 해결을 위한 실마리를 찾아보자. 802.1X 인증을 수행할 때 스위치와 인증서버 간에는 다양한 종류의 값들이 오가면서 인증을 수행한다. 이러한 값에는 인증을 요청하는 스위치의 IP 주소값도 포함된다. 앞서도 설명했듯이, 인증서버는 인증서버의 주소를 알고 있는 모든 스위치의 인증 요청에 대해 응답하는 것이 아니라, 인증서버에 스위치의 IP 주소가 등록되어 있고 인증서버와 스위치 간에 사용하는 비밀키가 일치할 때에만 인증 요청을 받아들이고 인증 결과를 스위치에 통보한다. 일반적인 인증 상황에서는 스위치의 IP 주소와 상관없이 VLAN을 할당하고 해당 VLAN에 해당하는 IP 주소를 단말기에 할당한다. 여기서 스위치의 IP 주소를 확인하고 특정한 IP 주소에 요청된 인증에 대해 원래 할당되어야 할 VLAN 값이 아니라 의도적으로 지정된 VLAN 정보를 내려보내도록 할 수 있다면, 앞의 두 사례에 대한 해결 방법이 될 수 있을 것이다. 그림 2-26은 단말기의 위치에 따른 VLAN 할당 방법을 표현하고 있다.

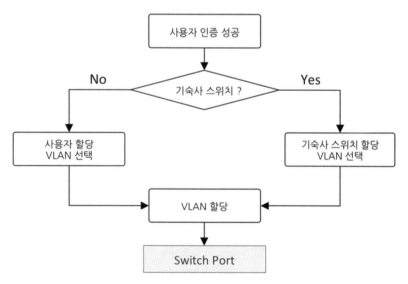

그림 2-26 단말기의 위치에 따른 동적 VLAN 할당 방법

다시 한번 곰곰이 생각해보자. 사용자 인증 프로세스의 특정 단계에서 관리자가 개입해 사용자에게 할당되는 VLAN 정보를 변경하면 스위치에서는 원래 할당되어야 할 VLAN 정보가 아니라 관리자에 의해 임의로 할당된 VLAN 정보를 할당받게 되고, VLAN에 해당하는 별도의 IP 주소를 할당받게 된다. 논리적으로도 크게 문제가 없어 보인다. 다만 정상적으로 구현되어 있는 프로세스를 변경하려면 일정 부분 인증시스템에 대한 변경이 요구된다. 이럴 때 최적화 또는 커스터마이징^{customizing}이라는 용어를 사용한다. 이번 시나리오에서는 두 번째 사례로 설명한 연구소의 기숙사 문제를 해결하기 위해 VLAN이 할당되는 시점에 특정 스위치에서 요청된 사용자 인증에 대해서는 사용자에게 할당되는 VLAN 정보를 관리자가 임의로 변경하도록 FreeRadius의 환경 설정의 일부분을 최적화할 계획이다.

이번 시나리오의 진행 과정을 간략히 정리하면 다음과 같다.

1. 인증시스템의 데이터베이스에 별도의 VLAN을 할당할 인증자, 또는 NAS^{Network Access Server} IP 주소와 VLAN을 연계하는 맵핑 테이블 및 정보 등록
2. 인증 과정에서 사용자에 할당할 VLAN ID를 선택하는 질의문을 원하는 목적에 맞도록 수정

이렇게 두 과정만 거치면 앞서 언급했던 문제들을 해결할 수 있다. 물론 각각의 사례에 딱 맞는 해결 방안을 이 책에서는 제공하지 않지만, 이번 시나리오에서 제시하는 실마리를 이용해 VLAN 선택을 위한 프로세스를 보다 효과적으로 개발한다면 원하는 방법으로 사용자에게 VLAN 정보를 할당할 수 있을 것이다. 예를 들어 연구 부서에 근무하는 직원이라고 모두 연구 업무에 종사하는 직원만 있는 것은 아니다. 일부 직원은 연구 부서에서 발생하는 행정 업무 처리를 위해 연구 부서에 근무하는 경우도 있다. 따라서 연구 부서에 근무하는 행정직원의 경우 굳이 연구 부서 VLAN이 아니라 행정ㆍ지원 부서의 VLAN을 할당받도록 함으로써 중요 연구시스템 또는 장비에 접근하는 것을 차단할 수 있다. 이번에도 간단한 시나리오지만 응용하기에 따라서 다양한 용도로 이용할 수 있을 것이다.

지금까지 실습도 없이 약간의 그림과 글만으로 구성된 시나리오 관련 내용을

읽느라 지루하고 힘들었을 것이다. 다음 장부터는 지금까지 읽은 시나리오를 기반으로 본격적인 802.1X 인증체계 구축에 들어간다. 반드시 마지막까지 완주해서 802.1X의 신세계에 들어오기를 응원한다(여덟 번째 시나리오는 9장에서 구현된다.).

3장 인증시스템 구축 환경 구성

2장의 시나리오를 읽으며 802.1X에 대한 관심과 함께 도입의 필요성을 충분히 느꼈길 바란다. 아마도 현업에 있는 독자라면 대부분 공감하는 내용들일 것이다. 한편으로는 '과연 시나리오처럼 실제로 관리할 수 있을까.'라는 의구심을 가질 수 있다. 이는 시나리오가 제시하는 네트워크 접근통제의 구체화된 모습을 경험하지 못했기에 생길 수 있는 합리적 의구심일 것이다. 어쩌면 지금까지 경험했던 수많은 솔루션에 대한 불만족에서 비롯된 결과일 수도 있다. 하지만 이번만큼은 믿음을 가져주기를 기대한다. "믿음은 바라는 것들의 실상이요."라는 성경의 말씀처럼, 시나리오가 구현될 것이라는 믿음으로 끝까지 함께해주길 바란다.

설계도 없이 건물을 지을 수는 없다. 건물의 크기나 구조와 상관없이 건물을 짓기 위해서는 반드시 설계도가 필요하다. 그것이 비록 A4 용지에 그려진 단순한 스케치에 불과할지라도 설계도는 존재하기 마련이다. 설계도가 건물의 주인에게는 건물의 구조와 형태를 보여주고, 건물을 짓는 사람들에게는 건물을 어떻게 지어야 하는지를 알려주듯이, 2장의 시나리오는 이 책에서 구현하고자 하는 접근통제시스템의 설계도 역할을 수행한다.

건물을 짓기 위한 설계가 완료된 후 가장 중요한 단계는 무엇일까? 여러 단계가 있겠지만, 가장 중요한 것은 기초공사 단계다. 건물을 받쳐주는 기초가 부실하면 아무리 훌륭한 건물이라도 쉽게 무너질 수 있기 때문이다. 일본 도쿄에 있는 제국호텔은 기초공사의 중요성을 여실히 증명하는 사례다. 이 호텔은 미국의 건축가인 프랑크 로이드 라이트^{Frank Lloyd Wright}에 의해 건축되었다. 건축 당시 제국호텔은 몇 가지 논란에 휩싸였다. 가장 큰 논란은 호텔이 들어설 부지 문제를 놓고 벌어졌다. 부지가 무른 땅이었기 때문에 일본의 대다수 관계자들은 안전을 이유로 건축을 반대했다. 또 다른 하나는 공사기간에 대한 논란이었다. 전체 공사기간 4년 중 기초공사에만 2년이나 걸렸기 때문이다. 이 때문에 여러 건축가와 언론들은 제국호텔을 가장 비효율적인 건물이라고 평가절하했다. 이러한 논란에도 불구하고 라이트의 철학대로 호텔은 건축되었고, 결국은 그가 옳았음이 증명되었다. 1923년 9월 1일 관동대지진이 발생했을 때, 수많은 건물이 붕괴되고 큰 인명 피해가 발생했음에도 불구하고 제국호텔만큼은 조금의 피해도 입지 않았기 때문이다.

기초공사는 건축에서뿐만 아니라 다른 영역에서도 중요하다. 물론 이 책에서 구현하고자 하는 접근통제시스템도 예외일 수는 없다. 정보보안시스템을 신규로 도입할 때 가장 먼저 확인하는 사항은 무엇인가? 내 경험으로는 십중팔구 네트워크에 대한 환경 파악이 가장 우선시되었다. 정보보안시스템의 설치 위치, 통제 범위와 방법 등을 결정하기 위해서는 네트워크 환경에 대한 이해가 필수적이기 때문이다. 여기서 말하는 네트워크 환경은 물리적 네트워크 구성^{topology}, 네트워크 장비 사양, VLAN과 서브넷 구성, 라우팅 정보, 기존에 설치되어 있는 정보보안시스템 등을 포함한다. 그리고 네트워크 환경을 구성하는 과정을 접근통제시스템 구축의 기초공사로 표현할 수 있다. 이번 장에서는 여기서 말하는 네트워크 환경 구성, 즉 접근통제시스템 구축을 위한 기초공사를 진행하고자 한다.

기초공사의 범위와 방법이 건물에 따라 달라지듯이, 이번 장에서는 8개의 시나리오 구현에 적합한 네트워크 환경을 구성하고자 한다. 지금부터 구현하는 네트워크 환경은 기존의 네트워크 환경과는 다른 방식으로 구성된다. 물리적 구성은 기존의 설계 및 구성 방식과 동일하다. 하지만 논리적 구성에 있어서는 기존의 방식과 확연한 차이가 있다. 기존 방법과의 차이를 비교하면서 진행한다면 보다 효과적으로 학습할 수 있다.

이번 장은 크게 4개의 주제로 구분해 진행한다.

맨 처음에는 2장에서 제시된 8개의 시나리오가 적용된 네트워크의 물리적 구성과 논리적 구성을 간략하게 소개한다. 그리고 VLAN을 이용한 네트워크 분리, IEEE 802.1X에 의한 인증 과정과 DHCP를 이용한 IP 주소 할당 원리에 대해 간략히 살펴본다.

두 번째 절에서는 접근통제시스템 구성에 필요한 구성 요소에 대해 알아본다. 구성 요소는 물리적 요소와 논리적 요소로 구분한다. 물리적 요소에서는 802.1X를 구성하는 세 가지 구성 요소(요청자, 인증자, Radius)와 서버 및 단말기 등의 물리적 장치에 대해 설명한다. 논리적 요소에서는 물리적 요소 위에 구성되는 VLAN 구성과 배치, 인터페이스 정의, 인터페이스별 IP 주소 할당 등에 대해 설명한다.

세 번째 절에서는 실제적인 네트워크 환경을 구성한다. 제일 먼저 준비된 네트워크 장비들을 물리적으로 연결한다. 다음에는 각각의 스위치에 대한 기본적인 환경 설정과 VLAN 설정, 인터페이스별 IP 주소 설정을 통해 실제 동작하는 네트워크를 구성한다.

마지막으로 네 번째 절에서는 인증서버와 DHCP 서버 운영을 위한 서버의 환경 설정을 진행한다. 가장 먼저 운영체제를 설치하고 네트워크를 활성화한다. 다음으로 사용자 인증과 IP 주소 관리에 사용될 FreeRadius와 DHCP, MySQL, VLAN 관련 패키지를 설치한다.

이것이 이번 장에서 수행할 접근통제시스템 구축을 위한 기초공사다. 이제부터 구체적인 환경 설정을 진행하자.

3.1 ┃ 네트워크 살펴보기

802.1X 구축을 위해 개별적인 시나리오를 읽으며, 시나리오대로 구축했을 때 어떠한 형태의 시스템을 갖추게 될지 상상할 수 있는가? 물론 첫 번째 시나리오에서부터 마지막 시나리오까지 연계성을 가지고 있어서 한 단계씩 지날수록 두루뭉술하게나마 어떠한 모양새를 갖게 될지를 어느 정도는 이해했다고 생각한다.

이번 절에서는 시나리오대로 802.1X가 구축되었을 때 어떠한 모습이 되는지를 전체적인 그림을 놓고 간략하게 살펴보고 인증체계 구축을 위한 준비를 시작한다.

그림 3-1은 이번 프로젝트를 전체적으로 바라볼 수 있는 개념도다. 마음 같아 서는 네트워크 구성과 관련된 모든 요소를 표현하고 싶었지만, 기관의 안전한 네트 워크 운영을 위해 핵심적인 내용만을 요약해서 표현했다. 그림 3-1에서 그 흔한 방 화벽이나 DDoS 차단장비가 보이진 않지만, 실제로는 모든 것을 갖추고 있다. 다만 학습을 위해 필요치 않은 요소들은 과감하게 제거했을 뿐이다.

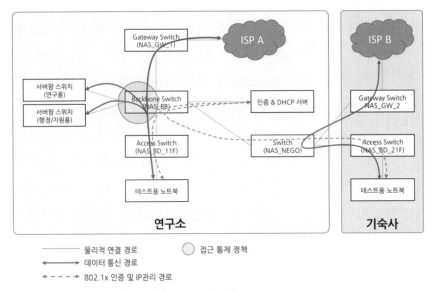

그림 3-1 802.1X와 DHCP가 적용된 네트워크 구성 개념도

앞에서도 잠시 설명했듯이 내가 근무하는 연구소는 청사를 건립하고 네트워크 를 설계하는 과정에서, 기숙사(게스트하우스)에는 연구소에서 적용하는 강력한 보안 정책보다는 완화된 보안정책을 적용함으로써 가정에서와 같이 편안하게 인터넷을 사용할 수 있도록 해 달라는 요구사항이 있었다. 고심 끝에 업무용으로 사용하는 네트워크를 VLAN으로 분리해 사용하기보다는 확실하게 서비스를 분리하기 위해 연구소와 기숙사, 이렇게 물리적으로 완전히 분리된 2개의 망을 운영하게 되었다.

그림 3-1에서 왼쪽의 큰 박스는 연구소 업무용 네트워크를, 오른쪽의 작은 상

자는 기숙사 네트워크를 나타내고 있다. 이 그림을 보고 NAS_NEGO 스위치를 통해 기숙사 네트워크와 연구소 네트워크가 연결되어 있는 것 아닌가라고 의아해하는 독자들도 혹시 있을지 모르겠다. 나중에 구축 단계를 살펴보면 알게 되겠지만, NAS_NEGO 스위치를 통해 연구소와 기숙사를 연결하게 된 이유가 있다. 맨 처음 네트워크를 설계했을 때는 그림 3-2와 같은 구성을 갖고 있었다.

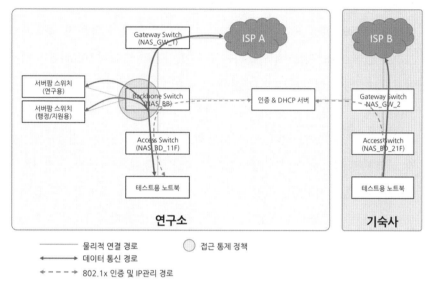

그림 3-2 초기 네트워크 구성 개념도

그림 3-1의 개념도와 달리 그림 3-2에서는 연구소와 기숙사가 물리적으로 완전히 분리되어 있다. 대시(-)선으로 연결되어 있는 부분은 기숙사 입주자가 네트워크를 사용할 때 신원을 확인하고 정상적인 사용자일 경우에만 802.1X 인증을 통해 IP 주소를 할당받을 수 있는 절차를 구현하기 위해 인증서버에 별도의 인터페이스를 설정하고, 이를 통해 인증을 위한 통신 수단을 갖추고자 인증 전용 선로를 구성한 것이다. 이와 같이 설계해놓고 처음에는 아무런 문제가 없을 것만 같았다. 그냥 봐서는 물리적으로도 분리되어 기숙사에서 사용자가 무슨 일을 해도 연구소 업무망에는 아무런 영향을 미치지 못할 것이라는 확신이 들었다. 그리고 시나리오를 리뷰할 때 설명했듯이 인증을 통해 사용자에게 IP 주소를 할당해주기 때문에 문제가 발생하거나 보안 사고가 발생해도 충분한 추적성을 보장받을 수 있게 되었다. 다시

한 번 살펴봐도 그렇게 큰 문제가 있어 보이지는 않는다.

그러나 문제가 없었다면 첫 번째 보여준 그림으로 설계를 변경하지 않았을 것이다. 사실 네트워크에서 크게 이슈가 제기된 것은 아니었다. 다름 아닌 시설관리와 출입보안을 담당하는 부서에서 출입관리와 관련된 협조를 요청해온 것이다. 카드키를 사용하는 출입관리시스템을 구축하면서, 출입관리시스템과 단말기 간의 통신망을 구성하는데, 연구소 네트워크를 사용할 수 있도록 해 달라는 요청이었다. 그래서 특별히 곤란한 점은 없을 것으로 판단해서 그 요청을 흔쾌히 승인해줬다. 그리고 연구소 네트워크에 외부와는 통신이 단절된 격리된 VLAN을 구성해주고 출입관리시스템에 대한 네트워크 이용을 지원했다. 그런데 문제는 기숙사에서 발생했다. 그림 3-2를 보면 알 수 있듯이 기숙사와 연구소 간의 네트워크는 물리적으로 완벽하게 분리되어 있다. 이 문제를 해결하기 위한 방법이 없는 것은 아니다. 가장 간단한 방법으로 어차피 연구소와 기숙사 구간에는 여분의 광케이블이 설치되어 있으니, 출입관리만을 위한 별도의 스위치를 설치하고 출입관리 단말기를 연결해주면 아주 간단하게 해결된다. 그렇지만 이 방법이 합리적이라고 할 수 있을까? 출입관리를 위해 광케이블을 사용하고 별도의 스위치를 설치하는 것이 나는 합리적이지 않다고 판단했다. 또한 망을 분리하면서 덮어두려 했던 것으로 기숙사에 설치된 스위치의 관리 문제가 있었다. 이렇게까지 문제가 불거지지 않았다면 기숙사 스위치에 문제가 발생하는 경우에 산책하는 기분으로 직접 찾아가서 콘솔케이블을 연결하고 해결할 생각이었다. 그렇지만 어차피 문제가 제기된 김에 이마저도 함께 해결하고 싶어졌다. 그래서 결국에 연구소와 기숙사 간에 별도의 스위치를 두어 앞에서 제기한 문제들을 해결하도록 했다.

그림 3-1로 돌아가서, NAS_NEGO 스위치로 인해 연구소와 기숙사의 망이 연결되어 있는 것처럼 보임에도 불구하고 왜 연결되지 않았다고 주장하는지를 설명하고자 한다.

그림에서 데이터의 흐름을 보면 크게 실선으로 표현한 업무용 데이터가 있고, 점선으로 표현한 인증용 데이터가 있다. 그림에서 업무용 데이터와 인증용 데이터는 분리된 경로를 통해 데이터가 흐르고 있다. 어떻게 이것이 가능할까? 네트워크에 대해 대부분의 독자들은 자세히 알고 있어서 "뭐, 이런 걸 물어보고 그래!"라면서 코웃음을 치겠지만, 처음에 내가 이러한 것을 접했을 때는 하나하나가 신기하기만 했다. 잘 모르는 독자를 위해 설명하면, '가상 랜VLAN'을 사용한 것이다. VLAN은 앞으로 802.1X를 구축하면서도 자주 등장하고 802.1X의 구현을 위해 빠질 수 없는 핵심 기술이다. 혹시 VLAN에 대해 잘 모르고 있다면 주변의 네트워크 고수들을 통해 VLAN에 대한 개념을 잡고 다음 과정을 진행하길 바란다.

> **참고 가상 랜**
>
> 가상 랜(VLAN, Virtual Local Area Network)은 물리적으로는 하나의 네트워크로 구성되어 있지만 가상의 네트워크를 논리적으로 여러 개 만들어서 데이터가 중첩되지 않는 복수의 네트워크를 운영하도록 하는 기술이다. 만약 물리적으로 하나의 네트워크에는 논리적으로도 하나의 네트워크만을 운영해야 한다면 어떠한 일이 발생할까? 네트워크가 필요할 때마다 유사한 네트워크 장비를 구매하고 설치하고 케이블도 모두 깔아야 할 것이다. 그렇지만 가상 랜을 이용해 망을 논리적으로 구성할 수 있게 됨으로써 네트워크의 효율을 높일 수 있고, 물리적으로 다른 위치에 있다 하더라도 하나의 단일한 네트워크에 있는 것처럼 네트워크를 사용할 수 있다.

앞서 보여준 그림 3-1에서 주의 깊게 살펴봐야 할 내용은 기숙사에서 어떻게 연구소에 있는 인증서버를 사용하고, 데이터는 연구소의 네트워크로 진입하지 않고 ISP B를 이용해 통신하도록 하는가다.

이 과정을 살펴보기 전에 그림에서 사용되는 VLAN 몇 개를 소개하고자 한다.

첫 번째 VLAN은 300번 VLAN으로 기관에서 운영하고 있는 중요 보안 장비, 인증서버 및 DHCP 서버 등의 운영에 이용되는 VLAN이다. 300번 VLAN은 기본적으로 접근통제정책이 적용되어 있어 관리자 이외의 사용자는 접근이 차단된다. 그리고 개개의 시스템별 서비스 특성에 따라 개별적인 서비스 포트 및 접근 대상 호스트를 통제함으로써 보안 위협을 최소화하도록 하고 있다. 우리가 사용할 인증서버와 DHCP 서버도 300번 VLAN에서 운영되고 있으며, SSH^{Secure Shell}, RADIUS, DHCP, DNS 및 HTTP^{HyperText Transfer Protocol} 서비스 이외의 서비스는 접근을 통제하고 있다.

두 번째 VLAN은 310번 VLAN으로 네트워크 장비의 관리 목적으로 사용되는

VLAN이다. 앞의 그림에서 등장하는 네트워크 장비 NAS_BB, NAS_GW1, NAS_BD_11F, NAS_BD_21F와 NAS_NEGO 등의 네트워크 장비의 관리용 IP 주소 할당과 원격지에서 유지보수를 위해 사용하는 VLAN이다. VLAN 310에 속하는 스위치 장비는 VLAN 300에 위치한 인증서버와 인증을 위한 통신이 가능하도록 되어 있다.

세 번째 VLAN은 기숙사 네트워크에서 사용되는 800번 VLAN이다. 800번 VLAN은 기숙사 사용자에게만 할당될 수 있다. 그래서 기숙사 VLAN에서 발생하는 트래픽은 연구소 내부로는 라우팅되지 않으며, NAS_GW_2를 통해 연구소와는 다른 통신 회선인 ISP B로 통신하도록 되어 있다.

이 세 가지 VLAN이 그림 3-1을 이해하는 데 매우 중요한 역할을 수행한다.

앞에서 언급한 3개의 VLAN에 대한 이해를 바탕으로 연구소와 기숙사가 인증서버와 DHCP 서버를 공유하면서 어떻게 네트워크를 별도의 망으로 분리해서 사용할 수 있는지 구체적으로 알아보자. 이 부분에 대한 이해를 통해 802.1X 인증체계 안에서 어떻게 VLAN이 응용되고, 어떻게 스위치 포트에 유동적으로 VLAN이 할당되는지를 알게 된다.

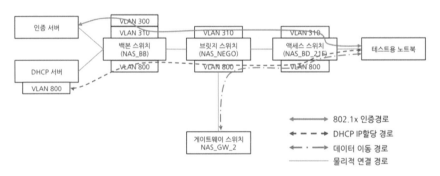

그림 3-3 802.1X 인증, IP 주소 할당 및 데이터 이동 개념도

그림 3-3은 그림 3-1의 연구소와 기숙사 간의 네트워크 구성을 VLAN을 포함해 도식화해본 것이다. 그림 3-1은 단지 스위치의 배치와 물리적 연결 구조만을 표현하고 있다면, 그림 3-3은 스위치별로 선언된 VLAN을 구체적으로 표시하고 있다. 먼저 백본 스위치(NAS_BB)에는 VLAN 300, 310, 800이 선언되어 있다. 다음으로 연구소와 기숙사를 연결하는 스위치(NAS_NEGO)에는 VLAN 310과 800이 선언

되어 있다. 그림을 보면 어느 스위치에 어떤 VLAN이 선언되어 있는지를 파악할 수 있다. VLAN이 조금 어렵게 느껴지더라도, 이 그림을 보면 동일한 VLAN이 선언되어 있는 스위치 간에는 통신이 될 것이라고 추측할 수 있다.

그림 3-3에서 구별되는 각각의 선은 인증과 관련된 데이터가 경유하는 경로를 표시하고 있다. 인증서버에서 테스트용 노트북까지 연결된 실선은 사용자 인증과 관련된 패킷이 흐르는 경로를 나타내고, DHCP 서버에서 테스트용 노트북을 연결하는 대시(-) 선은 IP 주소 할당과 관련된 패킷의 경로를 나타낸다. 마지막으로 게이트웨이 스위치와 테스트용 노트북을 연결하는 가운데 점으로 이어진 실선은 네트워크 연결이 완료된 후 실제 데이터가 흐르는 경로를 나타낸다. 이제 각각의 경로에 대해 보다 구체적으로 살펴보자.

먼저 실선으로 표시된 인증 관련 패킷의 흐름에 대해 알아보자. 엄밀하게 인증 관련 패킷이 흐르는 경로는 기숙사 사용자 단말기가 연결된 액세스 스위치(NAS_BD_21F)와 인증서버 간의 경로다. 그러나 사용자 단말기에서 인증에 필요한 정보들을 제공하기 때문에 사용자 단말기에서 인증서버까지를 인증 관련 패킷의 전달 경로로 표기했다. 그림 3-4는 그림 3-3의 전체 경로 중에서 인증 관련 패킷의 전달 경로만 별도로 표기했다.

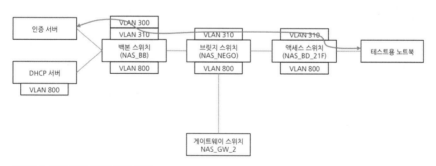

그림 3-4 인증 관련 패킷 전달 경로

그럼 인증정보는 어떻게 사용자에서부터 인증서버까지 전달될까? 인증과 관련된 흐름을 위해서는 802.1X를 구성하는 요소에 대한 약간의 지식이 요구된다. 이에 대해 잠시 살펴보고 인증정보의 전달 과정에 대해 설명하고자 한다.

802.1X 인증의 구현을 위한 세 가지 구성 요소로는 요청자Supplicant, 인증자Authenticator, 인증서버RADIUS가 있다. 요청자는 802.1X 인증의 대상이 되는 랩톱, 데스크톱, 스마트폰, 맥북MacBook 등과 같은 IT 단말기를 의미한다. 인증자는 요청자에게 인증정보를 요청하고, 이를 인증서버에 전달하는 역할을 수행하는 네트워크 스위치를 의미한다. 이 스위치를 보통 액세스 스위치라고도 표현하며, 사용자의 단말기가 직접 연결되는 스위치를 말한다. 마지막 구성 요소는 요청자를 인증하는 RADIUS다. RADIUS는 인증자로부터 인증정보를 넘겨받아 정상적인 사용자인지 여부를 인증하고, 사용자의 권한에 따라 스위치 포트를 통제해 사용자의 네트워크 이용을 통제하는 역할과 과금을 위한 정보를 인증자로부터 수집하고 저장하는 역할을 담당한다. 그림 3-5는 이 구성 요소들이 어떻게 배치되는지를 보여주고 있다.

그림 3-5 802.1X의 구성 요소 배치

그림 3-5는 말 그대로 개략적인 그림으로 실제 네트워크를 구성할 때에는 요청자와 인증서버 사이에 복잡한 네트워크 구성이 존재할 것이다. 맨 처음에 보여준 구성도만 하더라도 인증서버와 사용자 단말기 사이에는 백본 스위치라는 강력한 스위치가 자리하고 있다. 이 정도 네트워크는 물리적 구조로 봤을 때 엄청나게 단순한 구성이다. 복잡한 구성에서는 백본 스위치 외에도 다양한 장비들이 존재한다. 이쯤에서 생각해볼 문제가 있다. 그림 3-6과 같이 사용자 단말기와 인증서버 간에 많은 스위치가 자리 잡고 있을 때, 어떤 스위치가 인증자 역할을 수행하는가의 문제다.

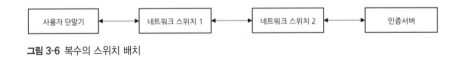

그림 3-6 복수의 스위치 배치

어떤 스위치가 인증자의 역할을 감당하는지에 대해서는 앞서 이미 설명했다. 인증자 역할을 수행하는 스위치는 사용자 단말기가 직접 연결되는 스위치다. 그림

3-6의 스위치 1과 스위치 2에서는 스위치 1이 인증자가 된다. 인증자 이외의 스위치는 일반적인 네트워크의 브릿지 역할을 수행한다. 그럼 스위치 2는 인증자로서의 역할을 전혀 수행하지 않을까? 그럴 수도 있고 그렇지 않을 수도 있다. 기본적으로 인증자는 사용자 단말기가 직접 연결되는 스위치(스위치 1)가 그 역할을 수행한다고 설명했다. 그런데 스위치 2에 사용자 단말기를 직접 연결해야 할 필요가 생겨났고, 802.1X 인증을 사용하려고 스위치 2의 일부 포트에 802.1X 인증을 설정했다면, 스위치 1과 스위치 2 모두가 인증자가 되는 것이다.

다시 본론으로 들어가서 사용자 단말기에서 인증서버까지의 인증정보 전달 과정에 대해 설명하고자 한다. 802.1X 환경에서 인증정보 전달의 양 끝 단에는 인증서버와 인증자가 위치하고 있다. 인증자와 인증서버 간에는 인증자에 할당된 관리용 IP 주소를 이용해 Layer 2(IP 주소) 통신을 한다. 이 말은 결국 인증자에서는 인증서버에 대한 IP 주소를 알고 있어야 하고, 서로 간에 통신이 가능하도록 네트워크 경로가 확립되어 있어야만 한다. 다시 한 번 그림 3-3을 확인하길 바란다. 하나의 네트워크 스위치에 최소 2개 이상의 VLAN이 선언되어 있고, 기숙사에 설치된 인증자와 인증서버 간 통신을 위해서는 VLAN 310을 사용한다. 그런데 왜 VLAN 310이 모든 스위치에 선언되어야 하는 것일까? VLAN은 앞서 말했듯이 실제로 존재하는 네트워크가 아니라 논리적으로 구성된 가상의 네트워크다. 그럼 각각의 스위치가 똑똑해서 다른 스위치에 선언된 가상 네트워크에서 전달되는 패킷에 대해 능동적으로 가상 네트워크 패킷임을 식별하고 알아서 처리해줄까? 그렇지 않다. 패킷이 가상 네트워크 패킷인 것은 식별할 수 있다. 그러나 처리를 위한 지시자를 지정했을 때에만 처리가 가능하다. 바로 스위치별로 처리할 VLAN을 선언해줘야만 한다. 이와 관련해서는 실제 환경 구성에서 다시 살펴볼 예정이다. 어쨌든 다른 스위치에서 넘어온 패킷의 온전한 처리를 위해 기숙사와 인증서버 간에 위치하는 스위치에는 VLAN 310이 선언되어 있고, 이렇게 선언된 VLAN을 통해 기숙사에 설치된 인증자(NAS_BD_21F)와 인증서버 간에 인증정보 경로가 만들어지는 것이다. 이렇게 만들어진 경로 위에서 L2^{Layer 2} 통신을 통해 인증정보를 전달하고 인증서버는 인증자에 개별 포트를 인증하며, VLAN ID를 할당하는 등의 동작을 수행하게 된다. 인증 과정에 대해서는 어느 정도 이해할 수 있을 것이다.

이 책에서 구현하는 802.1X 인증시스템 및 IP 주소관리시스템에서는 사용자 단말기에 대한 인증이 완료된 후에 DHCP를 통해 단말기에서 사용할 IP 주소를 할당한다.

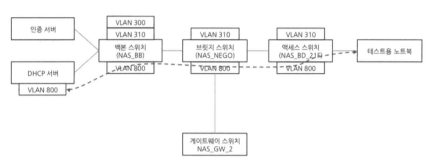

그림 3-7 DHCP 패킷 전달 경로

이번에 살펴볼 내용은 IP 주소 할당에 관한 것으로, 그림 3-7에서 보여주는 DHCP 패킷의 흐름에 대해 설명하고자 한다. 앞서 기숙사 인증자와 인증서버 간에 어떻게 경로가 설정되는지를 설명했다. IP 주소 할당을 위한 경로도 인증정보 전송을 위한 경로 전송 방법과 동일해 이에 대한 설명은 생략하고자 한다.

일부 독자들은 왜 이렇게 복잡하게 구성해야 하는지가 매우 궁금할 것이다. 혹시라도 궁금해할 독자를 위해 그 이유를 간단히 설명한다. 누구라도 802.1X에 쉽게 접근해서 적용할 수 있도록 돕는 것이 이 책의 목표이기도 하기 때문이다.

우선 이 책을 통해 구축하고 있는 802.1X의 IP 주소 할당 정책과 이에 따른 DHCP의 동작 원리에 대해 설명하겠다. 앞 장에서 살펴본 시나리오 중 네 번째 시나리오에서 업무 특성을 고려해 네트워크와 시스템에 대한 접근통제를 구현하기로 했고, 구현을 위한 핵심 요소로 VLAN을 제시했다.

업무 특성에 관계없이 하나의 네트워크에 모든 사용자 단말기가 연결되어 있다면 어떠한 다양한 일들이 발생할지는 굳이 설명하지 않아도 알 것이다. 접근통제 영역에 한해 설명하면, 접근통제의 구현을 위한 가장 쉬운 방법으로 스위치의 ACL^Access Control List을 고려할 수 있다. 정보보안에 투자를 많이 한 기업 또는 기관이라면 별도의 방화벽과 같은 보안 장비를 통해 디테일한 접근통제정책을 구현한다. 여기서 접근통제정책의 적용 대상이 되는 것은 무엇일까? 네트워크 단위가 아닌 개별 사용자 단말기의 IP 주소가 된다. 좀 더 관리적 여건을 고려한다면, 사용자별로 IP 주소를 부여할 때 서브넷 단위로 IP 주소를 부여했을 수도 있다. 그러나 여기까지 하는 관리자는 솔직히 찾아보기 어렵다. IP 주소 단위로 접근통제정책을 적용한다면, 시스템이 늘거나 줄어들거나 또는 조직개편 등에 의해 부서가 바뀌는 등의 상황에 유연하게 대처하기 어려울 것이다.

그러나 앞서 언급했듯이 업무 특성에 따라 네트워크가 분리되어 있다면? 접근통제정책을 개별 IP 주소에 적용할 때보다는 정책이 훨씬 단순해지고, 정책관리와 업무별 IP 주소 관리에 투입되는 자원이 절약될 것이다. 그럼으로써 관리자는 단순 반복적인 업무에서 해방될 수 있다. 그렇다면 업무 특성별로 네트워크를 분리하지 않을 이유가 없다. 그렇다고 업무 특성에 따라 물리적으로 네트워크를 분리하려고 하는 관리자는 없을 것이다. 네트워크 분리에 사용할 수 있는 효과적인 방법이 이미 존재하기 때문이다. 그게 앞에서 계속 말하고 있는 VLAN이다. VLAN을 통해 네트워크를 분리하게 되면 기존 인프라의 변경 없이도 효과적인 네트워크 분리가 가능하고, 필요에 따라 네트워크를 늘리거나 줄일 수 있다. 이러한 장점 때문에 802.1X를 효과적으로 이용하기 위해서는 VLAN을 필수적으로 이용해야 한다. 이쯤 되면 왜 앞서 보여준 그림에서 각각의 서비스별로 VLAN이 분리되어 있는지 조금은 이해할 것이다.

먼저 DHCP 서버에서 어떻게 사용자 단말기에 IP 주소를 할당하는지 살펴보자. 앞에서 설명했듯이 사용자 인증과 관련된 정보들은 인증자에서 인증서버까지 IP 주소 기반의 통신을 통해 전달된다. 여기서 사용된 IP 주소는 네트워크 구성 단계에서 미리 설정해둔 정보들이다. 이렇게 되어 있지 않다면 인증자에서는 사용자 인증정보를 어디로 전달해야 하는지 알 수 없어서 인증을 수행할 수 없고, 인증서버에서는 인증을 요청한 인증자가 허가된 인증자인지 아닌지를 식별하는 데 어려움이 있다. 그래서 인증자와 인증서버 간에는 미리 IP 주소를 설정하고 IP 주소 기반의 통신을 통해 사용자를 인증하며, 인증 결과에 따라 네트워크 접근을 위한 정보를 할당하는 구조로 구성되어 있다.

그럼 사용자 단말기 환경은 어떨까? 앞 장의 시나리오에서 살펴봤듯이, 802.1X 인증체계 구축으로 사용자 단말기에 할당되는 IP 주소는 사용자 인증 후에 자동으로 할당된다. 사용자 인증이 완료되기 전에는 사용자 단말기를 아무리 네트워크에 연결한다고 해도 IP 주소가 할당되지 않고, 네트워크를 이용한 어떤 작업도 수행할 수 없다. 그럼 네트워크에 접근하기 위한 제일의 전제 조건은 사용자 인증이다. 그 다음 전제 조건은 IP 주소를 할당받는 것이다. 그 이후에야 네트워크를 통해 웹 서핑을 하고, 인트라넷에 접속해서 업무를 수행할 수 있게 된다. 그럼 IP 주소는 어떻게 할당되는 것일까? 그리고 왜 IP 주소 할당에서 VLAN을 사용하는 것일까? 이 책을 읽으면서 지금까지 설명한 내용에 대해 "이처럼 쉬운 내용을 왜 이렇게 길게 설명하는 거야?"라고 의문을 가지는 독자들도 있을지 모른다. 다시 한 번 말하지만, 이 책은 전문적인 지식이 없는 독자라도 802.1X에 대해 어느 정도 이해할 수 있도록 구성되었으므로 부디 너그러운 마음으로 이해해주길 바란다.

먼저 DHCP를 통해 IP 주소가 할당되는 과정을 설명하고자 한다. 지금까지 그랬던 것처럼, 여기서도 전문용어는 가급적 사용하지 않고 이해하기 쉽게 설명할 것이다. 남자들만의 우정을 그린 영화에서는 흔히 다음과 같은 장면이 나온다. 몹시 화가 난 남학생 한 명이 씩씩거리면서 어느 교실의 문을 거칠게 열어젖히고는 누군가를 큰소리로 부른다. "홍길동이 누구야? 빨리 나와!" 이 소리에 거의 대부분의 학생들은 놀라서 아무런 대답을 하지 않고 조용히 있기만 한다. 그때 교실 한 구석에서 고개 숙이고 있던 한 학생이 천천히 일어나면서 고개를 들고 상대방을 노려보며 대답한다. "내가 홍길동인데, 넌 왜 남의 교실에 와서 소란을 피우고 XX이야?" 이렇게 짧은 대화가 이어진 이후에는 주먹이 날아오든 의자가 날아오든 뭔가 응답이 온다. 비유에 꼭 들어맞는 예제는 아니지만, 이와 같은 상황 전개는 대충 DHCP를 통해 IP 주소를 할당받는 과정과 비슷하다고 생각한다. IP 주소를 할당받지 않은 단말기는 IP 주소를 할당받기 위해 누가 응답할지는 모르지만, "누가 나한테 내가 사용할 IP 주소 좀 줄래?"라고 네트워크에 외친다. 그럼 동일한 네트워크에 존재하는 모든 시스템이 이 요청을 듣게 된다. 그런데 대부분의 시스템은 이 요청을 무시해버

린다. 대부분의 시스템은 다른 시스템에 IP 주소를 할당하기 위한 서비스를 제공하지 않기 때문이다. 그렇지만 IP 주소를 요청한 단말기가 속하는 네트워크에 DHCP 서비스를 제공하는 시스템이 있다면, 귀를 쫑긋 세우고 있다가 IP 주소를 달라는 요청이 들어오면 자신이 갖고 있는 IP 주소 중에 할당 가능한 IP 주소가 있는지를 확인하고, 다른 시스템에 할당되지 않는 IP 주소를 달라고 한 시스템에 할당한다. 여기서는 어떤 방식으로 DHCP 서버와 사용자 단말기 간에 통신을 수행할까? 앞에서는 인증자와 인증서버 간에 통신을 위한 IP 주소를 알고 있었기에 통신이 가능했다. 그렇다면 서로 간의 IP 주소를 알지 못하는 DHCP 서버와 단말기 간에는 어떻게 통신할까? 컴퓨터를 사용하면서 대표적인 다음의 세 가지 주소는 적어도 한 번쯤 들어봤을 것이다. 하나는 웹 페이지 접속을 위해 사용하는 URL이다. 두 번째 주소는 위에서 계속 언급되는 IP 주소이고, 마지막 주소는 통신을 위한 물리적 장치에 할당되어 있는 맥 주소^{mac address}다. 위에서 언급한 DHCP 서버와 단말기 간에는 마지막에 말한 주소, 즉 맥 주소를 통해 통신한다. 맥 주소는 하드웨어를 제조하는 단계에서 장비에 등록되는 주소로, 고유한 주소체계를 갖고 있으며 제조자 고유번호와 단말기 고유번호의 조합으로 생성되기 때문에 전 세계에서 유일한 주소체계를 제공한다. 그럼 동일한 네트워크에서 여러 개의 단말기가 있어도 주소가 중복되는 경우는 거의 발생하지 않는다. 물론 사용자가 임의로 맥 주소를 변조할 수는 있지만 일반적인 경우라면 맥 주소가 변경되거나 중복되는 경우는 없다. 이렇게 유일한 주소를 사용해서 DHCP 서버와 단말기 간에 통신을 하는데, 사용자 단말기는 어떻게 DHCP 서버에 IP 주소를 할당해 달라고 요청할 수 있을까? 여기서 사용하는 방법이 '브로드캐스팅^{broadcasting}'이라는 방법이다. 브로드캐스팅은 단말기에서 패킷을 보낼 때 동일한 네트워크에 존재하는 모든 단말기가 수신할 수 있도록 패킷을 전송하는 방법이다. 브로드캐스팅은 곧 방송을 의미하는데, 이 방법은 방송의 특징을 잘 반영된 형태다. 해당 방송을 수신하고 싶은 사용자만 방송을 수신해서 듣는 것과 동일한 원리가 통신에 적용된 것이다. 그래서 동일한 네트워크에 DHCP 서비스를 제공하는 단말기가 있으면, 사용자 단말기는 자동으로 IP 주소를 할당받을 수 있다. 이제 충분히 이해했을 것이라고 생각한다.

여기서 한 가지 더 이해하고 넘어가야 할 사항이 있다. DHCP를 이용한 IP 주소 자동할당은 기본적으로 동일한 네트워크 범위, 즉 라우팅 서비스가 이뤄지지 않는 범위에서만 유효하다. 물론 DHCP RELAY와 같은 방법을 사용해 IP 주소 요청 패킷을 다른 네트워크에 전달할 수 있지만, 이 책에서는 기본적인 원칙에 따라 인증체계를 구현하고자 한다.

네 번째 시나리오에서는 업무 특성에 따라서 VLAN을 구성하고 이를 통해 네트워크와 시스템에 대한 접근통제를 구현하기로 했다. 이것과 DHCP를 연계해서 생각해보자. 업무 특성에 따라 각각의 VLAN에 접속하는 사용자 단말기는 모두 DHCP를 통해 IP 주소를 할당받는다. 만약 DHCP 서버가 하나의 네트워크에만 존재한다면 어떻게 될까? 앞에서 언급했던 VLAN 800에서만 DHCP 서비스가 제공되고 있다면? 예를 들어 VLAN 200 또는 VLAN 210은 IP 주소를 정상적으로 할당받을 수 있을까? 앞에서 설명한 바로는 당연히 VLAN 800 이외의 네트워크에서는 IP 주소를 할당받을 수 없다. 그래서 DHCP 서버는 DHCP 서비스가 필요한 네트워크, 즉 자동으로 사용자 단말기에 IP 주소 할당이 요청되는 네트워크에는 모두 DHCP 서버를 구축할 예정이다. 그렇다고 여기서 '그럼 VLAN별로 DHCP 서버를 각각 한 대씩 구축해야 되는거야?'라고 질문할 독자는 없을 것이다. 적어도 802.1X 구축을 시도하는 독자라면 당연히 이런 질문은 하지 않아야 한다. 이러한 문제의 해결을 위해 물리적으로는 한 대의 DHCP 서버가 존재하지만, DHCP 서버에서도 각각의 VLAN에서 요청되는 IP 주소 할당 요청의 처리를 위해 VLAN과 유사한 가상의 네트워크 인터페이스를 만들어서 각각의 VLAN에 DHCP 서버가 각각 존재하는 것처럼 구성할 계획이다.

이쯤 되면 사용자 인증, DHCP를 통한 IP 주소 할당, 이러한 과정에서 VLAN의 역할 등에 대해 어느 정도는 이해했을 것이라고 생각한다. 이제 마지막으로 설명할 내용은 그림 3-8에서 보여주는 데이터 이동경로에 관한 것이다.

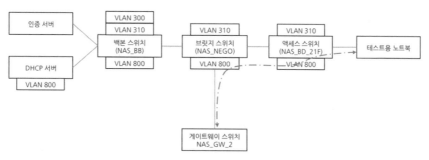

그림 3-8 데이터 이동경로

그림 3-1로 되돌아가보면 연구소 네트워크와 기숙사 네트워크가 완벽하게 분리되어 있다고 했는데, 실제 그림에서는 물리적으로 NAS_NEGO 스위치를 통해 연결되어 있음을 볼 수 있다. 이 부분에 대한 설명이 지금 다룰 내용이다.

단말기를 네트워크에 연결하고 IP 주소를 설정할 때 기본적으로 IP 주소와 게이트웨이Gateway 주소, 네트워크 마스크Network Mask, DNS 주소를 설정한다. 각각의 주소는 각각의 역할을 갖고 있다. 이때 제일 중요한 주소는 아마도 IP 주소와 게이트웨이 주소가 아닐까 생각한다. IP 주소가 없는 단말기는 네트워크에 있는 다른 단말기와의 통신이 불가능하기 때문이다. 그리고 다음으로 게이트웨이 주소를 뽑은 이유는 단말기가 다른 네트워크로 통신할 수 있는 길을 열어주는 주소이기 때문이다. 단일 네트워크에서는 게이트웨이가 설정되지 않아도 단말기 간에 IP 주소만으로도 통신이 가능하다. 하지만 웹 서핑이나 토렌트 등의 사용을 위해 현재 네트워크가 아닌 다른 네트워크에 접속하기 위해서는 게이트웨이가 있어야만 원활하게 통신할 수 있다. 여기에 앞에서 설명한 네트워크 분리에 대한 핵심이 있다. 그림 3-8에서 볼 수 있듯이, 기숙사 네트워크에 연결된 단말기의 데이터 이동경로는 경로상에서 백본 스위치를 경유하지 않고 NAS_GW_2 스위치로 경로가 설정되어 있다. 어떻게 이렇게 경로가 설정될 수 있을까? 바로 NAS_GW_2에 게이트웨이 IP 주소가 지정되어 있고, 기숙사 네트워크에 접속하는 모든 단말기에는 기본 게이트웨이 주소로 NAS_GW_2에 할당된 IP 주소를 할당했기 때문이다. 반면에 다른 모든 VLAN에 접속하는 단말기의 기본 게이트웨이는 백본 스위치로 향하도록 설정해서 연구소 네트워크와 기숙사 네트워크가 분리되도록 구성할 수 있는 것이다. 일부 독자는 "그렇다 하더라도 기숙사에 있는 단말기에서 발생한 패킷이 VLAN을 따라서 백본 스위치까지 도달해서 통신할 수 있는 것 아닌가?"라고 질문할 수도 있다. 물론 브로드캐스팅 패킷의 경우에는 백본 스위치까지 도달하기도 하지만, 이러한 패킷은 백본에서는 무시된다. 그리고 백본 스위치에는 기숙사에서 인증서버와 DHCP까지의 패킷 전송을 위한 경로설정에 필요한 VLAN만 선언되어 있을 뿐, IP 주소가 할당되어 있지 않아서 기숙사에서 전송하는 패킷은 백본 스위치에서는 전혀 처리하지 않는다. 또한 네트워크 간에 패킷 교환이 발생하려면 라우팅이 선언되어 있어야 하는데, 백본 스위치에는 기숙사에서 다른 네트워크로 패킷을 전달하기 위한 어떠한 라우팅도 설정되어 있지 않아서 안전하게 망을 분리할 수 있다.

앞에서 설명한 내용이 이 책에서 구축하고자 하는 802.1X 인증체계의 전체적이고 핵심적인 내용이다. 다음 절에서부터는 802.1X 구현을 위해 필요한 네트워크 장비의 구성과 인증서버 및 DHCP 서버 구성에 필요한 장비에 대해 알아보고 기본적인 장비 연결, 네트워크 환경 구성, 인증서버 및 DHCP 서버 구성 등을 진행하고자 한다.

3.2 │ 구성 요소 준비

802.1X에 대한 구성 요소가 무엇이었는지 기억하고 있는가? 앞 절에서 설명했듯이 802.1X는 요청자(단말기), 인증자(스위치), 인증서버(Radius)로 구성되어 있다. 이 세 가지는 802.1X를 구성하고 인증을 수행하기 위한 기본적인 구성 요소로서 반드시 구성되어야 한다. 여기에 덧붙여 인증이 완료된 단말기에 IP 주소를 자동으로 할당하고 이를 관리함으로써 보다 완전한 인증체계를 구축하기로 했다. 이를 위해서는 802.1X를 구성하는 기본 요소 외에 추가적으로 DHCP 서버가 추가되어야 한다. 이를 개념적으로 표현하면 그림 3-9와 같다.

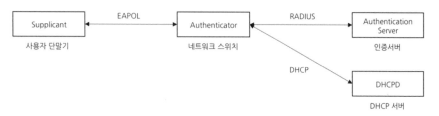

그림 3-9 802.1X 구성 요소와 DHCP 서버 구성 개념도

그림과 같이 제시되어 있는 각각의 구성 요소는 물리적 장비로 표현할 수 있으며, 각각의 구성 요소를 연결하는 연결선은 앞서 설명할 때 나왔던 다양한 논리적인 구성 요소라고 할 수 있다. 예들 들어 물리적 구성 요소는 PC, 프린터, 스위치, 서버 등으로 표현할 수 있고, 논리적인 구성 요소는 VLAN과 ACL 등으로 표현할 수 있다. 이번 절에서는 보다 구체적으로 각각의 구성 요소에 사용되는 물리적 장치 및 논리적 구성에 대해 살펴본다.

3.2.1 물리적 장치

물리적 장치는 802.1X를 구현할 때 물리적 공간에 설치, 운영되는 각각의 장치들로 여러분이 실제 업무 현장에서 눈으로 접할 수 있는 장치들을 말한다. 앞서 살펴본 그림에 표현되어 있는 요청자, 인증자, 인증서버 및 DHCP 서버가 바로 물리적 장치다. 각각의 장치에 대해 좀 더 구체적으로 살펴보자.

요청자

요청자Supplicant는 앞서도 여러 가지 단어로 혼용해서 사용했지만, 쉽게 이해할 수 있는 말로는 '클라이언트' 또는 '단말기' 등의 표현이 있으며, 관계자와의 업무협의 등을 위한 용어로서는 'Supplicant'라는 단어보다는 클라이언트나 단말기라는 용어를 사용하는 것이 서로 간의 의사소통에 보다 유용할 수 있다. 앞으로도 때에 따라서 이러한 용어들을 혼용하고자 한다.

업무 현장에서 요청자로 사용될 수 있는 것에는 어떤 것들이 있을까? 너무 많아서 다 열거하기는 어렵지만, 대표적으로 떠오르는 몇 가지 요청자를 꼽으면 PC(랩톱, 데스크톱), 워크스테이션, 아이폰, 아이패드, 프린터 등이 있다. 그러나 업무의 종류에 따라서는 더 많은 요청자가 존재할 수 있다. 내가 근무하는 연구소에서는 건물의 출입을 통제하는 장치도 네트워크에 연결되어 있어서 이 또한 하나의 요청자가 될 수 있다.

이 책에서 사용할 요청자의 경우, 그렇게 복잡한 요청자보다는 일상의 업무 현장에서 사용할 수 있는 노트북이나 데스크톱 PC, 프린터 정도만 준비하면 훌륭한 테스트 환경을 구축할 수 있다. 조금 여유가 있어 PC는 2대 이상을 준비한다면 더 효과적으로 인증체제를 구축하고 테스트를 수행할 수 있다. 그리고 반드시 지켜야 할 사항이 있다면 모든 장비는 네트워크 연결을 지원해야만 한다는 것이다. 예를 들어 프린터의 경우에 혹시라도 네트워크 인터페이스를 지원하지 않는 프린터를 준비하면 802.1X를 지원하지 않는 단말기의 테스트를 수행할 수 없다. 이런 점만 유의한다면 요청자에 대한 준비와 관련해서 특별한 사항은 없다.

인증자

이 책에서 802.1X의 구축을 위해 선택한 스위치는 시스코 사의 스위치를 이용하도록 한다. 대부분의 독자가 그렇듯이 나 역시 네트워크를 처음 접하면서 시스코 사의 장비를 사용했다. 그것이 계기가 되어 시스코 장비에 익숙해졌고, 현재까지 시스코 장비를 운용하고 있다. 또한 시스코 장비와 관련된 문제가 발생했을 때, 전문적인 엔지니어의 도움이 없더라도 대부분은 검색엔진을 통해 솔루션을 찾아낼 수 있다. 802.1X의 도입을 결정한 후 대부분의 솔루션은 검색엔진을 통해 찾아내고 이를 실제 테스트하는 과정을 통해 최종 구축 단계까지 이를 수 있었다. 또한 가장 큰 장점은 국내에는 네트워크 장비를 공급하는 벤더와 관계없이 802.1X 구축 사례를 찾아보기 어렵지만, 해외의 경우에 손쉽게 시스코 장비를 이용한 구축 사례와 문서를 검색할 수 있었다는 것이다. 물론 국내에는 아직까지 유·무선 모든 분야에서 802.1X를 업무적으로 적용해본 사례가 드물고 엔지니어도 거의 찾아볼 수 없는 상황이다. 그래서 어쩔 수 없이 자의 반 타의 반으로 시스코 장비를 기반으로 구축하게 되었다. 시스코 사의 네트워크 장비가 아닌 다른 벤더의 네트워크 장비를 사용하고 있는 독자라도 기본적인 맥락은 동일하니 너무 염려할 필요는 없다. 어차피 표준에 근거해서 명령 체계만 다를 뿐 기본적인 개념과 동작 원리는 동일하니 벤더의 도움을 받으면 쉽게 구축할 수 있을 것이다.

이 책에서 제공하는 모든 시나리오를 직접 구현하고자 한다면, 최소한 6대의 스위치가 필요하다. 3.1절의 그림 2-1에서 확인할 수 있듯이, 백본 스위치 1대, 액세스 스위치 5대가 필요하다. 그렇지만 이것은 어디까지나 시나리오를 전체적으로 구현하고 운영한다는 전제를 기준으로 하는 스위치 구성일 뿐, 독자의 네트워크 환경에 따라 스위치를 확보하고 구성하면 된다. 다만, 원활한 실습과 테스트를 위해서는 최소한 2대의 스위치를 준비하는 것이 좋다. 물론 1대로도 충분히 가능하지만, 802.1X가 어떻게 동작하는지 여부를 넘어서 실제로 네트워크에 적용을 검토하고 있는 독자라면 필히 실제 운용환경과 유사한 환경을 구성하고 실습에 임하길 바란다. 참고로 나는 802.1X 공부를 처음 시작하면서부터 실제 운영망의 액세스 스위치와 백본 스위치에서 실습과 테스트를 진행했었다. 물론 합리적인 방법은 아니었지만 그만큼 802.1X 도입이 간절했었기 때문에, 큰 사고를 일으키지 않고 802.1X 도입에 성공할 수 있었다고 생각한다.

실습을 위해 필요한 스위치 목록은 표 3-1과 같다. 이것은 어디까지나 최적의 환경을 구성할 수 있다는 전제하에 제시된 구성임을 주지하길 바라며, 환경에 따라 적절한 방법으로 구현하길 바란다.

표 3-1 네트워크 스위치 목록

순번	모델	호스트 이름	관리 IP / 서브넷 마스크	용도	비고
1	C4507R	NAS_BB	172.30.11.1 / 255.255.255.0	백본 스위치	• 3번 모듈 사용
			172.30.10.1 / 255.255.255.0	보안 장비 관리용 스위치	• 4번 모듈 사용 • VLAN 300 고정
			172.30.13.1 / 255.255.255.0	연구용 서버팜	• 5번 모듈 사용 • VLAN 320 고정
			172.30.14.1 / 255.255.255.0	행정 · 지원용 서버팜	• 6번 모듈 사용 • VLAN 330 고정

(이어짐)

순번	모델	호스트 이름	관리 IP / 서브넷 마스크	용도	비고
2	C2960	NAS_BD_11F	172.30.11.11 / 255.255.255.0	업무건물 1동 1층	IOS V12.2(25)
3	C2960	NAS_BD_21F	172.30.11.21 / 255.255.255.0	기숙사동 1층	IOS V12.2(25)
4	C2960	NAS_GW_1	172.30.11.99 / 255.255.255.0	업무용 네트워크 게이트웨이	IOS V12.2(25)
5	C2960	NAS_GW_2	10.10.10.1 / 255.255.255.0	기숙사 네트워크 게이트웨이	IOS V12.2(25)
6	C2960	NAS_NEGO	172.16.11.88 / 255.255.255.0	업무용/기숙사용 네트워크 연결용	IOS V12.2(25)

　　망 사업자가 아닌 이상 대부분의 기관에서 테스트를 위한 여분의 백본 스위치를 보유하고 있는 것은 현실적으로 어려운 일이다. 그렇더라도 백본 스위치를 제시하는 이유는, 앞서 설명했듯이 여기서 제시하는 구축 방법은 실습용이 아닌 현장용이기 때문이다. 그래서 지금은 어렵더라도 나중에 실제 네트워크에 적용한다는 기준으로 실습을 진행하기 위해 실제 현장에 준해 네트워크 장비의 스펙을 결정하고 목록을 제공하는 것이다. 실습을 위해서, 백본급의 스위치가 아닌 액세스 스위치(C2960)와 동급의 스위치를 백본 스위치 대신에 사용해도 아무런 문제가 없다. 다만, 백본 스위치와 액세스 스위치에서 환경을 구성하는 방법이 달라지는 부분이 있다. 이 부분에 대해서는 나중에 다시 설명하겠다.

인증서버와 DHCP 서버

이것은 간단히 넘어가도 문제가 없을 듯싶다. 인증서버^{Authentication Server}와 DHCP 서버는 별도로 분리하지 않고 1대의 서버를 이용해 운용하도록 한다. 테스트해본 결과 하나의 시스템에 인증서버와 DHCP 서비스를 모두 운영해도 시스템에서 발생하는 부하가 그리 크지 않았다. 그래서 인증서버와 DHCP 서버 운용을 위한 시스템의 구체적인 사양은 제시하지 않는다. 서버 시스템을 이용해서 구성하면 금상첨화겠지만, 서버에 여유가 없다면 PC를 이용해도 테스트까지는 아무런 문제가 없다. 다만 네트워크 인터페이스는 2개 이상 장착된 시스템을 권장한다. 하나의 인터페이스로도 기능의 구현에는 아무런 문제가 없지만, 안정적인 시스템 운영을 위해서는 2개 이상의 인터페이스가 바람직하다. 하나의 인터페이스는 시스템 관리용으로 사용할 예정이고, 나머지 하나의 인터페이스는 각각의 VLAN에 IP 주소를 할당해주는 가상의 인터페이스를 선언하기 위해 사용할 계획이기 때문이다. 그리고 운영체제는 우분투^{Ubuntu} 12.04 LTS 64bit 서버 버전을 설치할 예정이니 이에 대한 호환성을 미리 확인한다.

테스트용 단말기

이 책을 통해 구현되는 802.1X 인증체제와 DHCP 시스템의 효과적인 구축과 테스트를 위해서는 테스트 전용 단말기가 요구된다. 물론 독자가 근무하는 회사에서 전폭적인 지원을 받아 테스트를 위한 다양한 유형의 단말기를 확보할 수 있다면 좋겠지만, 그렇지 못하더라도 최소한 1대 이상의 윈도우 운영체제가 설치된 데스크톱 PC 또는 노트북 PC를 준비하길 바란다. 이 책에서는 유선 네트워크를 기준으로 구현한다. 무선 네트워크에 대한 구축 사례는 벤더를 통해 쉽게 제공받을 수 있기 때문에 어렵지 않게 구축할 수 있다.

관리용 단말기

관리용 단말기는 전체 시스템 구축 과정에서 시스템의 환경 설정과 동작 상태 등의 모니터링을 위해 사용할 장치로 윈도우 운영체제가 설치된 PC보다는 애플사의 맥북을 추천한다. 물론 맥 OS에 익숙하지 않은 독자라면 볼멘소리를 할 수 있지만, 개인적으로 맥북을 사용하면 노트북을 사용할 때보다 관리적인 효율이 향상되는 느낌을 받았다. 이번 기회에 독자도 맥 OS를 경험해보고 유닉스 기반의 단말기를 이용해 네트워크와 보안시스템을 관리해보길 바란다. 실제로, 기존 노트북을 사용하던 관리자들에게 맥북을 추천하고 나서 향후 반응을 확인해보면 동급의 노트북을 사용할 때보다 더 만족하는 경우가 많았다. 아울러, 이 책에서 사용되는 시스템 관리도구는 주로 OS X를 기반으로 하는 도구들이라는 점을 미리 밝혀둔다. 물론 맥북을 사용하지 않더라도 대체할 수 있는 도구들이 많기 때문에 크게 걱정할 필요는 없다. 내가 사용하는 맥용 도구와 윈도우용 도구를 비교하면 표 3-2와 같다. 이

도구들은 모두 무료로 사용할 수 있다.

표 3-2 운영체제별 사용 도구

구분	맥 OS X용	윈도우용
터미널 프로그램	iTerm	PuTTY
MySQL 관리도구	Sequel Pro	MySQL Workbench
텍스트 에디터	Sublime Text 2	AcroEdit

3.2.2 논리적 구성

논리적 구성은 앞서 언급했듯이 물리적 구성 요소를 기반으로 802.1X를 구성하기 위해 필요한 논리적인 설계를 말한다. 논리적 구성 요소로는 VLAN 구성과 배치, 각각의다.

VLAN의 설계와 배치

네 번째 시나리오에서 설명했듯이 802.1X 인증체제를 구축하면서 달성하고자 하는 목표 중 하나가 업무 특성을 고려한 네트워크와 시스템에 대한 접근통제 구현이다. 이것을 구현하기 위해 업무 특성에 따라 네트워크를 별도로 구성하기로 했고, 이것을 위해 물리적으로 네트워크를 분리하는 것이 아니라 VLAN을 사용해 논리적으로 분리된 가상의 네트워크를 구성하기로 했다. 802.1X의 구현을 위해 VLAN은 표 3-3과 같이 12개 정도가 사용된다. 표 3-3의 내용을 참조해 독자의 업무환경과 네트워크 환경에 따라 별도의 VLAN 설계를 작성하고, 이에 따라 앞으로 진행될 실습 과정에서 별도로 설계한 VLAN 내역을 인증체계에 반영한다면 바로 현장에 적용 가능한 인증체계를 구축할 수 있다.

표 3-3 VLAN 명세

순번	구분	VLAN ID	이름	사용 IP 주소대역	설명
1	장비 관리 및 서비스용	300	MGMT_DEV_SECURITY	172.30.10.0/24	인증서버 및 보안 장비 관리용
2		310	MGMT_DEV_NAS	172.30.11.0/24	네트워크 장비 관리용
3		320	SVR_FARM_RESEARCH	172.30.13.0/24	연구 장비용 서버팜
4		330	SVR_FARM_BUSINESS	172.30.14.0/24	행정·지원 장비용 서버팜
5	사용자용	200	USER_DEPT_SECURITY	172.20.20.0/24	사용자 – 정보보안담당 부서용
6		210	USER_DEPT_RESEARCH	172.20.21.0/24	사용자 – 연구 부서용
7		220	USER_DEPT_BUSINESS	172.20.22.0/24	사용자 – 행정·지원 부서용
8		230	USER_OUTSOURCING	172.20.23.0/24	사용자 – 유지보수 협력업체용
9		240	USER_GUEST	172.20.24.0/24	사용자 – 일시방문자용
10	기숙사용	800	USER_DOMITORY	10.10.10.0/24	사용자 – 기숙사 입주자용
11	802.1X 인증용	998	8021X_AUTH_FAIL	192.168.8.0/24	802.1X 인증 실패용
12		999	8021X_AUTH_START	192.168.9.0/24	802.1X 인증환경 구성용

VLAN은 특성에 따라 크게 네 가지 그룹으로 구분하고 별도의 세부 VLAN으로 설계했다. 먼저 네트워크 장비와 서비스 운용을 위한 '장비 관리 및 서비스용' 그룹이 있다. 두 번째 그룹은 실제 사용자 단말기가 연결되어 인증받고 IP 주소를 할당받는 '사용자용' 그룹으로, 부서별 업무 특성에 따라 VLAN을 구분했다. 세 번째는 '기숙사용' 그룹으로 우선은 하나의 VLAN만 할당했다. 그리고 마지막 그룹은 '802.1X 인증용' 그룹으로, 여섯 번째 시나리오 구현 시에 신규 단말기를 도입하거나 인증에 실패하면 사용자에게 인증을 유도하거나 메시지를 전달하기 위한 VLAN이 구성된다.

이제 앞서 설계된 각각의 VLAN들이 어느 스위치에 어떻게 정의되어야 하는지를 알아보자. 표 3-3을 보면 각각의 VLAN들이 스위치별로 다르게 할당되어 있는 것을 확인할 수 있다. 이는 각각의 스위치에서 서비스하는 네트워크의 목적에 따라 VLAN을 다르게 할당할 필요가 있기 때문이다.

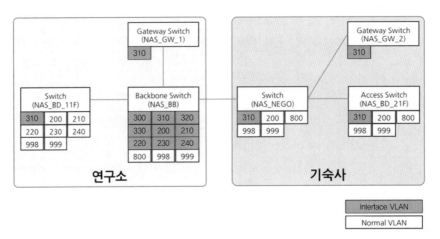

그림 3-10 스위치별 VLAN 선언

백본 스위치(NAS_BB)의 경우 모든 네트워크 트래픽에 대한 중계자 또는 전달자 역할을 수행해야 하기 때문에 모든 VLAN이 선언되어 있다. 그러나 연구소에서 업무용으로 사용하는 액세스 스위치(NAS_BD_11F)에는 기숙사에서 사용하는 VLAN을 정의할 필요가 없어서 기숙사용 VLAN은 제외되어 있다. 그런데 눈치가 빠른 독자는 확인했겠지만, VLAN 310은 모든 스위치에 정의되어 있다. 그리고 다른 VLAN과는 다르게 VLAN 310은 회색 상자로 구별해서 표시되어 있다. 왜 이렇게 VLAN 310은 모든 스위치에 다 정의되어 있는 것일까? 앞의 VLAN 설계서를 다시 한 번 살펴보자. VLAN 310은 네트워크 장비 관리용으로 설계된 VLAN이다. 따라서 네트워크 스위치에 직접 가지 않고 관리자의 단말기에서 각각의 스위치를 관리하기 위해 모든 스위치에 VLAN 310을 선언한 것이다. 그리고 한 가지 더 눈에 띄는 것이 있다. VLAN을 표시할 때 색이 칠해진 상자와 그렇지 않은 상자 두 가지로 표현하고 있다.

앞 절에서 이 책에서 구축하고자 하는 802.1X 네트워크 접근통제와 IP 주소 관리를 설명하면서 왜 VLAN을 구성해야 하고 VLAN이 어떠한 역할을 하는지에 대해 간략히 설명했다. 그때 VLAN을 각각의 스위치에 정의하는 것은 각각의 가상 네트워크가 하나의 스위치에 정의되었을 때 네트워크 장비 간에 통신이 가능하도록 만들어주는 역할을 각각의 VLAN이 수행할 수 있게 하기 위해서라고 설명했다. 이게 바로 색이 칠해지지 않은 VLAN이 수행하는 역할이다. 물론 색이 칠해진 VLAN은 경로를 열어주는 역할을 겸하고 있다고 생각하면 된다. 그럼 색이 칠해진 VLAN 인터페이스는 색이 칠해지지 않은 VLAN과 어떻게 다를까? 일반적으로 스위치에서 VLAN을 선언해주게 되면, 그 스위치는 선언된 VLAN으로 들어오는 패킷을 수신하거나 전송할 수 있는 경로를 갖게 되는 것이다. 그렇지만, 스위치에 연결된 특정 단말기에서 패킷을 수신할 수는 없다. 앞서 설명한 VLAN 310은 네트워크 장비를 관리하기 위한 목적으로 설계된 VLAN이라고 설명했다. 네트워크 장비의 관리를 위해서는 장비에 IP 주소가 할당되어 있어야 하고, 아무나 접근하지 못하도록 해야 한다. 그럼 네트워크 장비에 관리 목적의 IP 주소를 어떻게 할당할 수 있을까? 이때 사용하는 방법이 VLAN 인터페이스다. VLAN이 가상의 네트워크를 생성하는 것이었다면, VLAN 인터페이스는 VLAN이라는 네트워크에 속하는 가상의 네트워크 인터페이스를 생성해 IP 주소를 할당하고, 관리자 또는 다른 장비와 통신할 수 있게 한다. 요즘 한창 뜨고 있는 주제 중에 '가상화^{Virtualization}'가 있는데, 네트워크에서는 이미 오래 전부터 가상화를 적용해왔고, 여러분은 이미 실제 환경 속에서 가상화를 이용하고 있었던 것이다.

마지막으로 눈에 띄는 것이 하나 더 있다. 백본 스위치(NAS_BB)에는 VLAN 인터페이스가 다른 스위치보다 더 많이 보인다. 앞서 잠시 언급했는데, 백본 스위치는 기숙사와 인증 관련 VLAN을 제외한 모든 VLAN의 게이트웨이 역할을 수행한다. 따라서 각각의 VLAN에 VLAN 인터페이스를 선언하고 IP 주소를 할당하기 때문에, 다른 스위치에 비해 VLAN 인터페이스가 많이 생성된다. 이렇게 설계해줘야 나중에 업무 특성에 따른 네트워크와 시스템에 대한 접근통제정책을 중앙에서 효과적으로 정의하고 적용할 수 있다.

이제 각각의 VLAN의 배치에 대해 이해했을 것이다. VLAN의 배치를 좀 더 깊이 이해하면 전체적으로 어떻게 통신이 이뤄지는지도 이해할 수 있다.

인터페이스별 IP 주소 할당내역

앞서 설명한 VLAN 설계와 스위치별 VLAN 배치를 기초로 각각의 스위치에 선언되어야 할 VLAN과 관리 및 통신을 위한 VLAN 인터페이스에 할당되어야 할 IP 주소를 정리했다. 그리고 미리 인증서버와 DHCP 서버에 할당되어야 할 인터페이스별 IP 주소를 같이 정리했다. 표 3-4는 앞으로 자주 참조할 표이므로 미리 눈에 익혀두자. IP 주소 역시 기본적인 원칙에 따라 할당되었으니, 원칙을 파악하면서 익혀두면 실제 구축 단계에서 편리하게 구축할 수 있다.

표 3-4 스위치별 VLAN 인터페이스 상세 설계

구분	모델	호스트 이름	VLAN 인터페이스	IP 주소 / 서브넷 마스크	선언 VLAN
스위치	C4507R	NAS_BB	Interface vlan 300	172.30.10.1 / 255.255.255.0	300, 310, 320, 330, 200, 210, 220, 230, 240, 600, 998, 999
			Interface vlan 310	172.30.11.1 / 255.255.255.0	
			Interface vlan 320	172.30.13.1 / 255.255.255.0	
			Interface vlan 330	172.30.14.1 / 255.255.255.0	
			Interface vlan 200	172.20.20.1 / 255.255.255.0	
			Interface vlan 210	172.20.21.1 / 255.255.255.0	
			Interface vlan 220	172.20.22.1 / 255.255.255.0	
			Interface vlan 230	172.20.23.1 / 255.255.255.0	
			Interface vlan 240	172.20.24.1 / 255.255.255.0	
	C2960	NAS_BD_11F	Interface vlan 310	172.30.11.11 / 255.255.255.0	300, 200, 210, 220, 230, 240, 998, 999
	C2960	NAS_BD_21F	Interface vlan 310	172.30.11.21 / 255.255.255.0	300, 200, 800, 998, 999
	C2960	NAS_GW_1	Interface vlan 310	172.30.11.99 / 255.255.255.0	300

(이어짐)

구분	모델	호스트 이름	VLAN 인터페이스	IP 주소 / 서브넷 마스크	선언 VLAN
	C2960	NAS_GW_2	Interface vlan 310	172.30.11.77 / 255.255.255.0 10.10.10.1 / 255.255.255.0	300
	C2960	NAS_NEGO	Interface vlan 310	172.16.11.88 / 255.255.255.0	300, 200, 800, 998, 999
서버	RADIUS & DHCP	RADIUS	eth0	172.30.10.11 / 255.255.255.0	
			eth1	192.168.0.1 / 255.255.255.0	
			eth1.200	172.20.20.5 / 255.255.255.0	
			eth1.210	172.20.21.5 / 255.255.255.0	
			eth1.220	172.20.22.5 / 255.255.255.0	
			eth1.230	172.20.23.5 / 255.255.255.0	
			eth1.240	172.20.24.5 / 255.255.255.0	
			eth1.800	10.10.10. 5 / 255.255.255.0	
			eth1.998	192.168.8.5 / 255.255.255.0	
			eth1.999	192.168.9.5 / 255.255.255.0	

접근통제목록 테이블

네 번째 시나리오에서 살펴본 업무 특성별 네트워크와 시스템에 대한 접근통제정책을 구현하기 위해서는 사전에 각각의 네트워크에 대한 접근 방향별 통제정책을 정리해볼 필요가 있다. 여기서는 간단히 각각의 출발지 VLAN에서 목적지 VLAN으로 가는 패킷의 허용과 차단에 대해 정의했다.

표 3-5 VLAN 접근통제 매트릭스

구분	도착지 / 출발지	300	310	320	330	200	210	220	230	240	800	998	999
장비 관리 및 서비스용	300	O	O	X	X	X	X	X	X	X	X	X	X
	310	O	O	X	X	X	X	X	X	X	X	X	X
	320	X	X	O	X	O	O	O	X	X	X	X	X
	330	X	X	X	O	X	O	X	X	X	X	X	X
사용자용	200	O	O	O	O	O	O	O	O	O	X	O	O
	210	X	X	O	X	X	O	X	X	X	X	X	X
	220	X	X	X	O	X	X	O	X	X	X	X	X
	230	O	O	X	O	X	X	X	O	X	X	X	X
	240	X	X	X	X	X	X	X	X	O	X	X	X
기숙사용	800	X	X	X	X	X	X	X	X	X	O	X	X
802.1X 인증용	998	X	X	X	X	X	X	X	X	X	X	O	X
	999	X	X	X	X	X	X	X	X	X	X	X	O

표 3-5에서 정의된 ACL 정책은 네 번째 시나리오를 구현할 때 백본 스위치 (NAS_BB)에서 상세하게 구현할 계획이다. 이 단계에서는 각각의 네트워크가 어느 네트워크에 접근할 수 있고, 어느 네트워크에 접근할 수 없는지 정도만 이해하면 된다.

지금까지 802.1X 인증체제 구축을 위한 기본적인 준비사항을 살펴봤다. 이 내용을 토대로 해서 다음 절에서는 네트워크 장비들을 물리적으로 연결하고 실제로 네트워크 장비의 환경을 설정해보자.

3.3 | 네트워크 환경 구성

이제 802.1X와 IP 주소 관리에 대한 기본 지식을 갖췄을 것으로 생각한다. 이번 절에서는 네트워크 장비를 물리적으로 연결한 후, 앞 절에서 설명했던 VLAN을 정의하고 VLAN 인터페이스를 설정해 기본적인 통신이 이뤄질 수 있는 환경을 구성하고자 한다.

3.3.1 네트워크 장치 연결

네트워크 구성을 위한 장비들이 준비되었다면, 우선 연결해야 한다. 네트워크 장비의 연결을 위해 광케이블과 광 모듈을 사용하면 더욱 현실감 있는 환경을 구성할수 있겠지만, 자주 케이블을 연결하고 분리하는 과정을 거쳐야 하는 만큼 장비 간의 통신을 위한 케이블로는 UTP^{Unshielded Twisted Pair} 케이블을 사용한다.

앞서 사용하기로 한 네트워크 장비가 모두 준비되었다는 것을 전제로 이제 실제 장비들을 연결한다. 먼저 그림 3-11을 주목하자. 이 그림은 장비 간에 어떠한인터페이스를 사용해 연결되는지를 표현하고 있다. 모든 연결은 백본 스위치를 중심으로 방사형으로 이뤄져 있다.

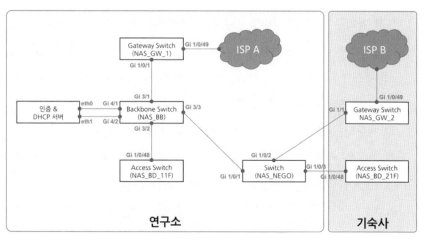

그림 3-11 네트워크 스위치 간 인터페이스 연결 개념도

예를 들어, 백본 스위치(NAS_BB)로부터 연구소에서 업무용으로 사용할 액세스스위치(NAS_BD_11F)에 연결하기 위해서는 백본 스위치의 3번 모듈의 2번 포트에먼저 UTP 케이블을 연결하고 케이블의 반대 방향을 연구소 업무용 액세스 스위치의 48번 포트에 연결하면 된다. 이와 같은 방법으로 나머지 스위치를 UTP 케이블을 이용해 연결한다. 물론 이렇게 연결했다고 하더라도 실제 통신이 이뤄지는 것은

아니다. 각각의 통신장비에서 통신할 수 있도록 앞서 설명한 VLAN도 선언하고 각 각의 VLAN에 속하는 VLAN 인터페이스도 선언해야 하는 등 할 일들이 남아 있다.

스위치의 물리적 연결이 정상적으로 이뤄졌다면, 이제 본격적으로 각각의 스 위치의 목적에 맞도록 환경을 설정한다. 시스코의 스위치 명령을 이미 알고 있다 면 이번 장은 쉽게 넘어갈 수 있다. 802.1X를 위한 네트워크 환경이라고 해서 기존 의 명령과 다른 새로운 명령을 사용하지 않기 때문이다. 다만 기본적인 환경 설정 이 완료되고 802.1X 인증을 활성화하기 위해서는 기존에 사용하지 않았던 조금은 낯선 명령들을 사용한다. 하지만 이 단계는 기본적으로 네트워크 환경 구성을 위한 단계이니만큼 802.1X와 관계된 명령은 사용하지 않도록 한다. 혹시 시스코의 스위 치와 관련된 명령을 모르더라도 네트워크 환경 구성에 대해 걱정할 필요는 없다. 이번 과정에서도, 사전 지식이 전혀 없는 독자라도 지금부터 설명할 내용을 따라오 기만 하면 이 책에 있는 모든 것을 구성할 수 있도록 하나부터 열까지 모든 명령을 자세히 알려주고자 한다. 다만 사용하는 스위치의 IOS 버전은 최신 버전으로 업그 레이드해야 한다. 이 책에서 사용하는 IOS 버전은 백본 스위치는 IOS 12.2(50r)이 고, 액세스 스위치는 IOS V12.2(25)이다. IOS 업그레이드는 매뉴얼을 참고하거나 엔지니어의 도움을 받아 수행한다.

이제부터 실제 환경 설정을 진행하자. 장비별 설정은 백본 스위치(NAS_BB) ❯ 연 구소 업무용 액세스 스위치(NAS_BD_11F) ❯ 기숙사 사용자용 액세스 스위치(NAS_ BD_21F) ❯ 연구소와 기숙사 간 연계 스위치(NAS_NEGO) ❯ 연구소 게이트웨이 스위 치(NAS_GW_1) ❯ 기숙사 게이트웨이 스위치(NAS_GW_2)의 순서로 진행한다.

3.3.2 백본 스위치

백본 스위치는 기숙사와 인증용 VLAN을 제외한 모든 VLAN의 게이트웨이 역할을 할 수 있도록 환경을 구성한다. 백본 스위치로 사용할 C4507R 모델의 경우 7개의 모듈 에는 2장의 Supervisor 모듈과 3개의 48포트 UTP 모듈, 마지막으로 광 모듈 1장이 장착되어, 백본 역할뿐 아니라 장착된 UTP 모듈을 적절히 나눠 서버팜도 구성하고 자 한다. 그림 3-12는 백본 스위치의 모듈별 용도를 개념적으로 설명하고 있다.

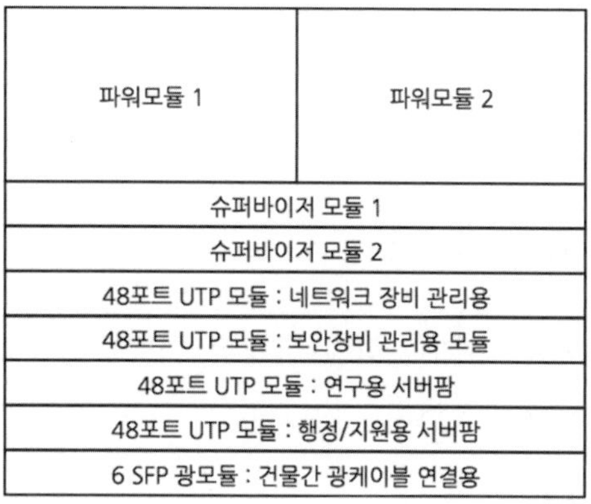

파워모듈 1	파워모듈 2
슈퍼바이저 모듈 1	
슈퍼바이저 모듈 2	
48포트 UTP 모듈 : 네트워크 장비 관리용	
48포트 UTP 모듈 : 보안장비 관리용 모듈	
48포트 UTP 모듈 : 연구용 서버팜	
48포트 UTP 모듈 : 행정/지원용 서버팜	
6 SFP 광모듈 : 건물간 광케이블 연결용	

그림 3-12 백본 스위치 모듈 구성

이제부터 본격적으로 백본 스위치의 환경 설정에 들어가보자.

접속자 인증 설정하기

처음 구입한 스위치 또는 라우터의 경우 사용자 인증을 위한 비밀번호가 설정되어 있지 않다. 그래서 네트워크 장비에 대해 알고 있는 사람이라면 네트워크 장비에 접근해 환경을 마음대로 변경할 수 있다. 이를 방지하기 위해 스위치를 구입하고 설치한 후에는 맨 먼저 스위치에 아무나 접속하지 못하도록 인증을 위한 사용자정보를 설정해야 한다.

백본 스위치의 경우 네트워크 전체의 중심에 위치하고 있기 때문에 더욱 보안에 관심을 기울여야 한다. 따라서 스위치 접속 시 사용자 인증에 필요한 계정 설정을 먼저 진행해보겠다. 보안 관련 세미나 등에서는 항상 스위치의 관리자 비밀번호 설정을 강조하지만, 일부 기관에서는 비밀번호를 설정하지 않는 경우가 있어 이에 대한 주의가 항상 요구된다. 이 책을 읽고 있는 독자라면 스위치를 설치할 때는 반드시 인증을 위한 계정을 설정하길 바란다.

먼저 환경 설정을 위해 백본 스위치의 관리 포트에 콘솔케이블을 연결해 관리 모드로 접속한다. 접속을 위해 콘솔용 단말기에서는 COM 포트를 사용해 연결하고 연결 전에 Serial Port 옵션을 다음과 같이 설정한다.

- Baud Rate: 9600 bps

- Data Bit: 8

- Parity: none

- Stop Bit: 1

- Flow Control: XON/XOFF

콘솔용 단말기가 백본 스위치에 정상적으로 연결되면 리스트 3-1의 User EXEC Mode 프롬프트가 화면에 나타난다.

리스트 3-1 User EXEC 모드 프롬프트

```
Switch>            <- User EXEC Mode
```

명령 프롬프트에서 enable 명령을 입력하고 **Enter** 키를 입력한다. 비밀번호를 묻는 프롬프트에서 초기 비밀번호인 Cisco를 입력해 Privileged EXEC Mode로 진입한다. 몇 년 전에 출시된 스위치의 경우 비밀번호가 설정되어 있지 않으므로 비밀번호 입력 단계에서 **Enter** 키를 입력한다.

리스트 3-2 Privileged EXEC 모드 진입

```
Switch>enable
Password:
Switch#            <- Privileged EXEC Mode
```

Privileged EXEC Mode에 접속하면 이제 스위치의 운영과 관련된 모든 명령어를 자유롭게 사용할 수 있다. 스위치의 환경 설정 내용에서부터 환경 설정의 변경까지 못하는 게 없다. 이렇게 중요한 영역이기 때문에 아무나 Privileged EXEC Mode로 접근할 수 있도록 허용해서는 안 된다. 지금부터 Privileged EXEC Mode에 접속하는 사용자에 대한 인증을 수행하도록 환경을 변경하고자 한다.

시스코의 스위치 또는 라우터 장비에 접속하기 위해 설정할 수 있는 인증은 두 종류가 있다. 하나는 방금 전에 봤듯이 스위치까지의 접속은 아무런 통제 절차 없이 User EXEC Mode까지는 접근을 허용하고 Privileged EXEC Mode에 접속하

기 위한 비밀번호를 묻는 방식과 아예 User EXEC Mode에 접근할 때도 인증을 수행하는 방식이다. 물론 보안을 위해 두 번째 방법을 사용해 User EXEC Mode와 Privileged EXEC Mode에 모두 인증을 설정해야만 한다. 여기서도 두 번째 방법을 사용해 User EXEC Mode와 Privileged EXEC Mode에 대한 인증을 설정한다. 그리고 추가적인 보안을 위해서는 SSH를 통한 접속을 설정해야 하지만, 설정의 간소화를 위해 TELNET 모드로 접속하도록 한다.

우선 Privileged EXEC Mode에 접속해둔 상태이므로, 먼저 Privileged EXEC Mode로 접속할 때 사용했던 비밀번호를 변경하도록 한다. 비밀번호의 변경을 위해서는 전역 설정 모드^{Global Configuration Mode}로 진입해야 한다. 전역 설정 모드로 진입하기 위해서는 명령 프롬프트에서 리스트 3-3과 같이 configure terminal 또는 conf t를 입력한다. 전역 설정 모드의 명령 프롬프트는 리스트 3-3과 같이 (config)#으로 표시되니, 프롬프트를 보고 어떤 설정 모드인지를 구별하면 된다. 설정 모드에는 여러 가지가 있지만 대표적으로 자주 접하는 명령 모드는 인터페이스 설정 모드(config-if), 인터페이스 범위지정 설정 모드(config-if-range), VLAN 모드(config-vlan) 등이다.

리스트 3-3 전역 설정 모드 진입

```
Switch#configure terminal
Switch(config)#
```

Privileged EXEC Mode 진입에 사용되는 비밀번호는 리스트 3-4의 두 가지 방법으로 설정할 수 있다.

리스트 3-4 비밀번호 등록

```
Switch(config)#enable password pass      <- 'pass'를 평문으로 저장
Switch(config)#enable secret pass        <- 'pass'를 해시로 저장
```

비밀번호를 변경하려면 리스트 3-4의 명령에서 pass에 사용할 비밀번호를 입력한다. 여기서는 09n072를 비밀번호로 사용하도록 한다. 리스트 3-4에서 두 명

령 모두 Privileged EXEC Mode로 진입하기 위해 사용하는 비밀번호를 설정하는 명령이다. 두 명령의 차이점으로는 enable secret 명령은 비밀번호가 저장될 때 MD5 해시 알고리즘을 이용해 해시값을 저장하고, enable password 명령은 비밀번호를 일반 텍스트, 즉 평문으로 저장한다. 혹시 명령을 둘 다 실행했을 경우에는 순서에 관계없이 enable secret 명령이 적용된다. 두 명령의 차이점을 확인하려면, Privileged EXEC Mode에서 리스트 3-5와 같이 show running-config 명령을 입력해 결과를 확인할 수 있다.

리스트 3-5 비밀번호 확인

```
Switch#show running-config
......
enable password 09n072                          <- enable password 실행 결과
(또는)
enable secret 5 $1$9cYU$Z/btL1geN1lc6/qKt9lum.   <- enable secret 실행 결과
......
```

다음으로는 User EXEC Mode에 접속할 때 사용자 인증을 받도록 사용자 계정과 비밀번호를 설정한다. 사용자 계정과 비밀번호 설정을 위해서는 리스트 3-6의 명령을 그대로 입력하면 된다.

리스트 3-6 콘솔 접속과 텔넷 접속 시의 사용자 인증 설정

```
1:  Switch#configure terminal
2:  Switch(config)#username admin secret 09n072
3:  Switch(config)#line console 0
4:  Switch(config-line)#login local
5:  Switch(config-line)#exit
6:  Switch(config)#line vty 0 15
7:  Switch(config-line)#login
8:  Switch(config-line)#exit
9:  Switch(config)#service password-encryption
10: Switch(config)#end
11: Switch#write
```

리스트 3-6의 명령에서 인증에 사용할 사용자 이름과 비밀번호를 변경하고 싶

다면, 두 번째 줄의 user 명령에서 admin과 09n072 부분을 변경하면 된다. 그리고 명령을 보면 알 수 있지만, 같은 명령이 반복되는 것처럼 보인다. 두 번 반복되는 명령의 차이점이라고는 세 번째 줄에 있는 line console 0과 여섯 번째 줄에 있는 line vty 0 15의 차이밖에 없다. 두 번째 줄의 명령은 스위치에 콘솔케이블을 이용해서 접속했을 때 사용자를 인증하기 위해 사용되고, 여섯 번째 줄의 명령은 사용자가 TELNET을 이용해 스위치에 접속했을 때 사용자 인증을 위해 사용된다. 인증한다면 빈틈 없이 해야 한다. 정상적으로 명령이 실행되었다면 다음 접속 때부터는 리스트 3-7과 같이 사용자 인증을 위한 프롬프트가 표시되고 사용자 이름과 비밀번호 입력을 요구한다.

리스트 3-7 스위치 로그인 테스트

```
Username: admin
Password: 09n072
Switch$enable
Password: 09n072
Switch#
```

혹시 관리자 계정이나 비밀번호가 잘못 입력되어 변경이 필요할 경우에는 전역 설정 모드로 진입한 후 리스트 3-8의 명령을 입력해 이전의 설정을 삭제할 수 있다. 시스코의 스위치에서 명령이 잘못되었을 때, 명령을 취소하기 위해서는 리스트 3-8의 두 번째 줄과 같이 전에 입력한 명령의 맨 앞에 no를 붙이면 이전 명령에 대한 취소 명령으로 동작한다.

리스트 3-8 사용자 계정과 비밀번호 변경

```
1: Switch#configure terminal
2: Switch(config)#no username admin password 09n072
3: Switch(config)#username new_admin password new_09n072
```

지금까지 설정한 인증환경은 나머지 스위치에도 동일하게 적용할 계획이며, 다음 스위치 환경 설정부터는 사용자 인증과 관련해 언급하지 않는다. 따라서 다음 스위치에서부터는 환경 설정 이전에 리스트 3-8의 명령을 이용해 미리 사용자 인증 관련 설정을 수행하길 바란다.

네트워크 환경 설정하기

이제부터 본격적으로 네트워크와 관련된 설정을 수행한다. 본격적인 설정에 앞서 앞 절의 준비 과정에서 살펴봤던 표 3-3 VLAN 명세를 기억하길 바란다. 스위치 환경 설정은 표 3-4에 정리된 내용을 기초로 설정할 예정이다.

호스트 이름 설정

호스트 이름은 스위치에 로그인했을 때, 스위치를 식별하기 위해 장치에 부여되는 이름이다. IT 장비들을 관리하면서 관리의 효율성을 높이기 위한 방법에 여러 가지가 있으며, 그중 한 가지로 호스트 이름을 꼽을 수 있다. 호스트 이름만 잘 부여해도 장비에 대한 식별성이 높아져, 효과적으로 장비를 배치하고 운영할 수 있다. 그다음 한 가지는 바로 IP 주소가 아닐까 생각한다. IP 주소를 체계적으로 부여하면 특별한 관리대장이 준비되어 있지 않아도, 장비 접속을 쉽게 할 수 있다. 특히 네트워크 장비의 경우 IP 주소를 규칙에 따라 부여하면 효과적인 관리체계로 활용될 수 있다.

이번에는 이 두 가지 중요한 사항 중에서 호스트 이름을 설정하도록 한다. 호스트 이름 설정을 위해 리스트 3-9의 명령을 입력하면 바로 호스트 이름이 변경되는 것을 확인할 수 있다. 호스트 이름의 변경은 리스트 3-9처럼 전역 설정 모드에서 실행해야 한다.

리스트 3-9 백본 스위치 호스트 이름 설정

```
Switch#configure terminal
Switch(config)#hostname NAS_BB
NAS_BB(config)#
```

VLAN 선언하기

VLAN에 대해서는 이제 꽤 익숙해졌을 것으로 생각한다. 호스트 이름 설정이 매우 쉬웠듯이 VLAN 선언도 무척이나 쉽다. 모든 것이 그렇겠지만, 802.1X 인증체계를 구축하는 과정도 하나하나 개념과 원리를 이해하고 명령을 접하게 되면 처음 이 책을 집었을 때의 막막함은 온데간데 없고 너무나 친근한 친구처럼 느껴질 것이다. 혹시 백본에서는 몇 개의 VLAN이 선언되어야 하는지 기억하고 있는가? 앞 장에서 확인해보면 12개의 VLAN이 선언되어야 한다. 12개 VLAN의 선언을 위해 같은 명령을 12번 반복해서 표기하는 것은 의미가 없을 듯싶어 이 책에서는 2개 정도만 선언해 선언 방법만 알려주고자 한다. 나머지 VLAN은 독자가 직접 선언해보길 바란다. VLAN이 영향을 미치는 범위가 스위치 전체이기 때문에 리스트 3-10과 같이 전역 설정 모드에서 진행한다.

리스트 3-10 백본 스위치 VLAN 선언

```
NAS_BB#configure terminal
NAS_BB(config)#vlan 300
NAS_BB(config-vlan)#name MGMT_DEV_SECURITY
NAS_BB(config-vlan)#exit
NAS_BB(config)#vlan 310
NAS_BB(config-vlan)#name MGMT_DEV_NAS
NAS_BB(config-vlan)#exit
NAS_BB(config)#
......
```

명령을 보면 어떤 역할인지 짐작이 가능하다. vlan 명령은 말 그대로 vlan 명령 뒤에 있는 숫자값을 ID로 갖는 VLAN을 선언하는 명령이다. VLAN을 선언할 때에는 명령 뒤에 오는 ID 값을 다르게 해서 선언해야 한다. 같은 ID 값으로 여러 번 선언해도 하나의 ID를 갖는 VLAN이 생성된다. 그다음의 name 명령은 숫자값으로 선언된 VLAN의 효과적인 식별을 위한 이름을 할당하는 명령이다. 인터넷에서 IP 주소와 도메인 이름을 연결해서 URL만으로도 웹 서핑이 가능한 것처럼 VLAN에서도 ID 값으로는 각각의 VLAN에 관한 식별이 어려워 이를 보조하기 위해 name 명령을 통해 이름을 지정하는 것이다.

VLAN의 선언이 모두 종료되었으면 정상적으로 선언되었는지를 확인해야 한다. 확인 방법에는 두 가지가 있다. 두 가지 방법 모두 Privileged EXEC Mode에서 명령을 실행해야 한다. 첫 번째는 show running-config 명령을 실행해 스위치에 설정된 모든 설정값을 확인하는 방법이다. 두 번째는 show vlan 명령을 실행해 VLAN을 확인하는 방법이다. 리스트 3-11은 두 명령의 차이점을 보여준다.

리스트 3-11 스위치 환경 설정과 등록된 VLAN 확인

```
NAS_BB#
NAS_BB#show running-config
......
vlan internal allocation policy ascending
!
vlan 300
 name MGMT_DEV_SECURITY
!
vlan 310
 name MGMT_DEV_NAS
!
......

NAS_BB#
NAS_BB#show vlan

LAN   Name                                Status     Ports
----  ----------------------------------  ---------  -------------------------------
1     default                             active     Gi1/1, Gi1/2, Gi2/1, Gi2/2,
                                                     Gi7/1, Gi7/2, Gi7/3, Gi7/4,
                                                     Gi7/5, Gi7/6

300   MGMT_DEV_SECURITY                   active
310   MGMT_DEV_NAS                        active
......
```

이것으로 VLAN 선언이 끝났다. 너무 간단해서 허탈감을 느낄 수도 있다. 앞으로도 스위치의 설정을 위해 사용하는 명령들은 모두 이렇게 단순한 명령들이 반복적으로 수행된다. 뒤에서 살펴보겠지만, 802.1X 인증체계를 구축함으로써 8개의 시나리오 구축을 통한 장점뿐 아니라 다양한 이점을 얻을 수 있다. 그중에서 가장 큰 이점은 네트워크 운용을 위해 설치된 스위치의 환경 설정이 너무도 간편해지는 것이다. 내가 근무하는 연구소에서는 액세스 스위치 70여 대를 운영하고 있지만, 네트워크 구축이 완료되었을 당시 호스트 이름과 관리 IP 주소를 제외한 모든 스위치의 환경을 동일하게 설정했다. 이렇게 스위치의 환경 설정이 표준화되어 관리에

필요한 역량을 최소화하는 장점도 제공해주는 것이 바로 802.1X다.

VLAN 인터페이스 선언하기(VLAN별 게이트웨이 정의하기)

VLAN은 물리적으로 존재하는 하나의 네트워크를 논리적으로 분할해 여러 개의 네트워크를 구성하고, 연결된 네트워크 장비 간에 통신이 가능하도록 길을 열어주는 것이라고 설명했다. 또한 백본 스위치는 선언된 대부분의 VLAN의 게이트웨이 역할을 수행한다고 했다. 여러분은 PC 또는 IT 단말기를 네트워크에 연결할 때, IP 주소를 입력하고 넷마스크와 게이트웨이 IP 주소를 입력한다. 왜 그럴까? 하나의 네트워크에서 다른 네트워크와 통신하기 위해서는 데이터를 전송할 관문이 필요하다. 이 역할을 게이트웨이가 수행하는 것이다. 그런데 백본 스위치에는 여러 개의 가상 네트워크가 선언되어 있다. 그럼 가상 네트워크에는 어떠한 인터페이스가 선언되어야 할까? 실제 존재하는 인터페이스가 적합할까? 아니면 네트워크가 가상으로 존재하니 가상의 인터페이스가 적합할까?

대부분의 스위치는 약 4,096개의 VLAN 선언을 지원한다. 그럼 스위치에서 지원할 수 있는 물리적 인터페이스의 개수는 몇 개나 될까? 이 책에서 사용하는 백본 스위치에는 슈퍼바이저 모듈을 장착하지 않고 48포트짜리 이더넷 스위치 모듈 7장을 설치하면 대략 336개의 물리적 인터페이스를 사용할 수 있다. 무슨 말을 하려는지 짐작할 수 있을 것이다. 가상의 네트워크와 통신하려면 가상의 인터페이스를 선언해주는 것이 정답이다. 이때 가상의 네트워크에 선언해주는 가상의 인터페이스를 'VLAN 인터페이스'라고 한다. 이번에는 각각의 VLAN별로 이 VLAN 인터페이스를 선언한다. VLAN 선언과 마찬가지로 이번에도 표 3-3의 VLAN 명세를 참조해 VLAN 인터페이스를 선언하길 바라며, 앞서 실습한 것과 동일하게 여기서도 2개의 VLAN 인터페이스 선언을 보여주고 나머지는 표 3-4에 제시된 내용을 참조해 직접 설정하길 바란다.

리스트 3-12 VLAN 인터페이스 선언

```
NAS_BB#configure terminal
NAS_BB(config)#interface vlan 300
NAS_BB(config-if)#description MGMT_DEV_SECURITY
```

```
NAS_BB(config-if)#ip address 172.30.10.1 255.255.255.0
NAS_BB(config-if)#exit
NAS_BB(config)#interface vlan 310
NAS_BB(config-if)#description MGMT_DEV_NAS
NAS_BB(config-if)#ip address 172.30.11.1 255.255.255.0
NAS_BB(config-if)#exit
NAS_BB(config)#
……
```

이번에도 어렵지 않았을 것이다. 명령어 몇 줄을 반복해서 입력하면 원하는 대로 VLAN 인터페이스가 선언되기 때문이다. 설정을 마친 다음에는 앞서 배웠던 환경 설정 내용을 보여주는 show running-config 명령을 실행해서 설정사항이 맞는지 확인한다.

VLAN에 인터페이스 할당하기

앞 절에서 제시한 스위치 목록에 보면 백본 스위치로 사용할 C4507의 경우에는 각 모듈의 사용 용도를 표기해뒀다. 표 3-6은 표 3-1과 동일한 표로서 참조를 위해 다시 제시했다.

표 3-6 스위치별 IP 주소 서브넷 할당

순번	모델	호스트 이름	관리 IP / 서브넷	용도	비고
1	C4507R	NAS_BB	172.30.11.1 / 255.255.255.0	백본 스위치	
			172.30.10.1 / 255.255.255.0	보안 장비 관리용 스위치	VLAN 300 고정
			172.30.13.1 / 255.255.255.0	연구용 서버팜	VLAN 320 고정
			172.30.14.1 / 255.255.255.0	행정 · 지원용 서버팜	VLAN 330 고정
2	C2960	NAS_BD_11F	172.30.11.11 / 255.255.255.0	업무건물 1동 1층	
3	C2960	NAS_BD_21F	172.30.11.21 / 255.255.255.0	기숙사동 1층	
4	C2960	NAS_GW_1	172.30.11.99 / 255.255.255.0	업무용 네트워크 게이트웨이	

(이어짐)

순번	모델	호스트 이름	관리 IP / 서브넷	용도	비고
5	C2960	NAS_GW_2	10.10.10.1 / 255.255.255.0	기숙사 네트워크 게이트웨이	
6	C2960	NAS_NEGO	172.16.11.88 / 255.255.255.0	업무용/기숙사용 네트워크 연결용	

표 3-6에서 보는 바와 같이 3번 모듈은 각각의 건물에서 사용할 스위치 관리용으로 사용할 예정이고, 4번 모듈은 보안 장비 운영용으로 사용된다. 5번 모듈은 연구용 서버팜 구성을 위해 사용되고, 마지막으로 6번 모듈은 행정 · 지원용 서버팜으로 사용할 계획이다. 그런데 지금까지의 스위치 설정 과정에서 어떤 용도로 어떤 모듈의 인터페이스를 사용한다고 정의한 적이 있는가? 지금까지 VLAN과 VLAN에서 사용할 VLAN 인터페이스만 선언했지, 실제 물리적으로 존재하는 인터페이스들이 어디서 어떻게 사용되는지에 대해서는 선언하지 않았다. 이번에는 지금까지 선언된 VLAN에 물리적 인터페이스들을 할당해, 물리적 인터페이스에 단말기를 연결했을 때 통신할 수 있도록 환경을 구성하겠다.

앞에서 설명한 내용을 스위치에 적용하기 전에, 먼저 생각해보는 시간을 갖도록 하자. 앞의 상황처럼 백본 스위치에 VLAN들이 선언되어 있고, 물리적 인터페이스가 존재할 때, 물리적 인터페이스가 특정 VLAN의 인터페이스로 동작하도록 하려면 어떻게 해야 할까? 제일 간단한 방법은 물리적 인터페이스에 "너는 300번 VLAN에서 사용될 인터페이스이고, 너는 310번 VLAN에서 사용될 인터페이스다!"라는 식으로 라벨을 붙이면 간단하지 않을까? 지금껏 일하면서 나 역시 많이 경험했지만, IT의 경우 특히나 생각한 범위에서 벗어나는 경우는 그리 많지 않았다. 이번에 할 일은 각각의 물리적 인터페이스에 어느 VLAN의 인터페이스를 어떻게 동작하도록 할지 라벨을 붙이는 과정이다. 그럼 이제 본격적으로 물리적 인터페이스에 이름표를 붙여보자.

우선 리스트 3-13의 명령을 이용해 보안 장비 운영용으로 사용할 4번 모듈을 보안 장비 운영용 VLAN인 300번 VLAN에 할당한다.

리스트 3-13 인터페이스에 300번 VLAN 할당

```
 1:  NAS_BB#configure terminal
 2:  NAS_BB(config)#interface gi4/1
 3:  NAS_BB(config-if)#switchport access vlan 300
 4:  NAS_BB(config-if)#switchport mode access
 5:  NAS_BB(config-if)#exit
 6:  NAS_BB(config)#interface range gi4/2 - 48
 7:  NAS_BB(config-if-range)#switchport access vlan 300
 8:  NAS_BB(config-if-range)#switchport mode access
 9:  NAS_BB(config-if-range)#exit
10:  NAS_BB(config-if)#exit
11:  NAS_BB(config)#
```

명령들이 정말 간단하다. 그럼 이제 간단하게 몇 가지 명령의 의미를 살펴보고 다음으로 진행하자. 먼저 두 번째, 여섯 번째 줄에서 수행한 명령인 interface gi4/1과 interface range gi4/2 - 48의 차이점을 설명하고자 한다. 일반적으로 백본 스위치에 장착되는 UTP 스위치 모듈의 경우 48개의 포트를 갖고 있다. 그리고 각각의 인터페이스 포트는 설정을 다르게 해서 사용할 수 있다. 그래서 각각의 인터페이스 포트에 개별적인 설정값을 입력하고자 할 경우에는 interface gi4/1과 같이 하나의 포트를 지정하는 명령을 사용하고, 연이어 있는 복수의 인터페이스 포트에 동일한 설정값을 입력하고자 할 때에는 interface range gi4/2 - 48과 같이 인터페이스의 범위를 지정하는 명령을 사용한다. 리스트 3-13의 2행과 6행의 명령은 VLAN 할당 명령의 차이를 설명하기 위해 두 번에 나누어 명령을 실행했고, 앞으로는 인터페이스 포트의 범위를 지정하는 명령을 사용한다.

다음으로 인터페이스 설정 모드와 인터페이스 범위 설정 모드에서 수행한 명령을 살펴본다. 앞서 설명할 때 물리적 인터페이스를 특정 VLAN에 속하는 인터페이스로 정의하기 위해서는 VLAN 라벨을 붙여야 한다고 했다. 이렇게 물리적 인터페이스 포트에 라벨을 붙이는 명령이 세 번째, 일곱 번째 줄에서 사용한 switchport access vlan 300 명령이다. 이 명령이 실행된 스위치 포트는 앞으로 VLAN 300에 속하는 스위치 포트로 동작하게 된다.

그다음에 있는 switchport mode access 명령은 스위치 포트의 작동 방식을

결정하는 명령이다. 스위치 포트의 동작 모드는 access, dynamic, trunk의 세 가지 모드가 있다. 여기서는 access 모드만 사용하며, access 모드는 스위치 포트를 특정 VLAN 전용으로 동작하도록 한다. 이번 설정에서 요구하는 바와 일치하는 동작 모드다. 우선 여기서는 access 모드로 설정한다는 사실 정도만 기억하자.

다음으로 리스트 3-14와 같이 VLAN 320과 VLAN 330번에 스위치 포트를 할당한다.

리스트 3-14 인터페이스에 320번, 330번 VLAN 할당

```
NAS_BB(config)#interface range gi5/1 - 48
NAS_BB(config-if-range)#switchport access vlan 320
NAS_BB(config-if-range)#switchport mode access
NAS_BB(config-if-range)#exit
NAS_BB(config-if)#exit
NAS_BB(config)#interface range gi6/1 - 48
NAS_BB(config-if-range)#switchport access vlan 330
NAS_BB(config-if-range)#switchport mode access
NAS_BB(config-if-range)#exit
NAS_BB(config-if)#exit
```

스위치와 연결되는 인터페이스 설정하기

백본 스위치의 역할 중에서 가장 중요한 것은 무엇일까? 이름 그대로 네트워크의 뼈대 역할이라면 어떤 것이 있을까? 내가 생각하기에는 백본에서 뻗어나가 있는 각각의 네트워크 장비들 간의 통신을 중계하고 조정하는 역할이 아닐까 싶다. 만약 근무하고 있는 회사에서 운영하고 있는 네트워크의 백본 스위치가 다운되었다고 생각해보자. 내가 근무하는 연구소에서는 약 10분 정도까지는 전화벨이 울리지 않는다. 하지만 그 이후에는 마구 울려대는 전화벨 소리에 주변 동료들이 많이 피곤해하곤 한다. 나는 문제가 발생한 스위치를 점검하러 장비실에 들어가 있기 때문에 전화를 받을 수 없기 때문이다. 만약 독자가 근무하는 직장이 금융 관련 업종이라면 백본 스위치에 문제가 발생하는 상황은 생각조차 하기 싫을 것이다. 네트워크 운영에서는 어느 한 부분도 중요하지 않은 곳이 없지만, 백본 스위치는 그 중요도에 있어서 최상위임이 분명하다. 이번에 수행할 환경 설정이 바로 백본 스위치와

다른 네트워크 장비가 서로 통신할 수 있도록 길을 열어주는 작업이다. 백본 스위치에서 먼저 길을 열어주고 나중에 백본 스위치와 연결되는 각각의 스위치에 대한 환경 설정을 진행하고자 한다. 이번에도 따라하기는 변함이 없다. 이번에는 리스트 3-15의 명령을 입력하기 전에 각각의 명령에 어떠한 의미들이 있는지 짐작해보는 것도 좋을 듯싶다.

리스트 3-15 다운링크 인터페이스 설정

```
[ Internet Gateway Switch로 가는 경로 설정 ]
NAS_BB(config)#interface gi3/1
NAS_BB(config-if)#description NAS_GW_1
NAS_BB(config-if)#switchport trunk encapsulation dot1q
NAS_BB(config-if)#switchport mode trunk
NAS_BB(config-if)#exit

[ 연구소 근무자용 스위치(NAS_BB_11F)로 가는 경로 설정 ]
NAS_BB(config)#interface gi3/2
NAS_BB(config-if)#description NAS_BB
NAS_BB(config-if)#switchport trunk encapsulation dot1q
NAS_BB(config-if)#switchport mode trunk
NAS_BB(config-if)#exit

[ 기숙사용 네트워크 장비 관리를 위한 연계 스위치로 가는 경로 설정 ]
NAS_BB(config)#interface gi3/3
NAS_BB(config-if)#description NAS_NEGO
NAS_BB(config-if)#switchport trunk encapsulation dot1q
NAS_BB(config-if)#switchport mode trunk
NAS_BB(config-if)#exit
```

명령이 너무 간단해서 특별해 보이지도 않는다. 앞에서 설명할 때는 VLAN이 어떻고 데이터 경로가 어떻고 하며 마구 떠들어놓고서는 막상 설정할 때는 너무 간단해서 실망하지 않았을까 걱정이다. 명령은 간단하지만 저 짧은 명령 속에도 심오한 네트워크의 원리들이 숨어 있다. interface gi3/x 명령은 앞서 스위치 포트에 VLAN을 할당할 때 살펴봤듯이, 각각의 인터페이스에 독립적인 환경을 설정할 때 사용하는 명령이다. description은 명령에서도 의미를 파악할 수 있듯이, 스위치 포트에 주석을 달아 나중에 어떤 목적으로 환경이 설정되었는지를 파악할 수 있도록 해주는 명령이다. 여기서 주의해서 살펴봐야 할 키워드는 trunk다. trunk는 무엇을 의미할까? 앞서 사용했던 switchport mode access 명령이 적용된 스위치 포트는 특정 VLAN 전용으로 사용한다고 했다. 이에 반해 switchport mode trunk 명령이 적용된 스위치 포트는 복수의 VLAN을 수용하도록 하는 명령이다. 이 책에서 구현할 시나리오 중 하나에서 업무 특성에 따라 구별된 가상의 네트워크를 구성하고 이 네트워크를 대상으로 네트워크와 시스템에 대한 접근통제정책을 적용하기로 했다. 여기서 등장하는 가상의 네트워크는 물리적 경계에 의해 달라지는 것이 아니라, 하나의 스위치 내에서 사용자의 업무 특성에 따라 구별되는 네트워크, 즉 VLAN이 운영되는 것이다. 결국에 하나의 스위치에는 복수의 VLAN이 존재하게 되고, 백본 스위치와 액세스 스위치 간에는 복수의 VLAN에 속하는 데이터를 송·수신해야 한다. 이때 이것을 가능하게 해주는 명령이 바로 switch port mode trunk 명령이다. 그럼 switchport trunk encapsulation dot1q는 무슨 명령일까? 이 명령은 간단하게 VLAN을 트렁크 모드로 전송할 때 VLAN 식별을 위해 여러 가지 정보를 덧붙여서 보내는 IEEE 802.1Q 표준 프로토콜이라는 사실 정도만 알고 있으면 된다.

인증서버와 보안 장비 운영용 스위치 포트 설정하기

이제 백본 스위치 설정의 마지막 과정을 남겨두고 있다. 마지막 설정 과정에서는 보안 장비 운영용 VLAN 300에 할당된 4번 모듈의 일부 스위치 포트에 인증서버의 연결을 위해 필요한 사항을 미리 설정하려고 한다. 앞 절에서 구성 요소를 소개할 때 인증서버의 필수적인 요구사항으로 이더넷 인터페이스는 반드시 2개 장착되어 있어야 한다고 했다. 하나의 인터페이스는 인증서버 관리용으로 사용하고, 나머지 하나는 업무적 특성별로 선언된 각각의 VLAN에 소속된 단말기의 DHCP 요청을 처리하기 위한 트렁크 인터페이스로 사용할 예정이다.

```
NAS_BB(config)#interface gi4/1
NAS_BB(config-if)#description ## RADIUS Server eth0
NAS_BB(config-if)#exit
NAS_BB(config)#interface gi4/2
NAS_BB(config-if)#description ## RADIUS Server eth1
NAS_BB(config-if)#no switchport access vlan 300
NAS_BB(config-if)#no switchport mode access
NAS_BB(config-if)#switchport trunk encapsulation dot1q
NAS_BB(config-if)#switchport mode trunk
NAS_BB(config-if)#exit
NAS_BB(config)#exit
NAS_BB#write
```

리스트 3-16의 명령은 이미 앞에서 사용했던 명령들의 반복이기 때문에 무슨 의미인지 충분히 이해할 수 있을 것이다. 굳이 설명해야 한다면 no로 이전에 설정된 명령을 취소했는데, 왜 취소했는지를 알 수 있는 이유 정도가 아닐까 한다. 앞서 VLAN 300에 네 번째 모듈에 있는 모든 스위치 포트를 할당했다. 그러나 인증서버에서 DHCP 운영을 위해 하나의 포트를 트렁크 인터페이스로 사용하기로 함에 따라 백본 스위치에서도 이에 대응해서 해당 스위치 포트에 대한 트렁크 선언이 필요했다. 그래서 gi4/2 스위치 포트를 트렁크 포트로 전환하기 위해 이전 명령을 취소했다.

3.3.3 연구소 업무용 스위치

백본 스위치 환경 설정 과정에서 스위치 설정과 관련된 명령들에 대한 간략한 의미까지 살펴봤다. 이번 스위치 환경 설정에서는 명령에 대한 세부적인 설명은 하지 않고, 단계별로 환경 설정을 진행하면서 새로 등장하는 명령들에 대해서만 간략히 설명하고자 한다. 혹시 네트워크 장비를 잘 다룰 줄 모르는 독자는 이번 기회에 검색엔진의 힘을 체험해보는 것도 경험 측면에서 좋을 듯싶다.

액세스 스위치에 대한 환경 설정을 진행하기 전에 리스트 3-17의 사항을 미리 확인하도록 한다.

- show version 명령을 실행해 iOS 버전이 12.2(25)이상의 버전인지를 확인하고, 하위 버전일 경우 iOS 업그레이드 실시
- 백본 스위치 환경 설정 중 3.3.2절의 '접속자 인증 설정하기'와 동일하게 스위치에 대한 인증환경 설정 수행

호스트 이름 설정하기

스위치의 호스트 이름을 변경하기 전에 스위치의 명령 프롬프트는 "Switch#"로 표시되어 복수의 스위치를 관리할 때 각 스위치의 식별을 어렵게 한다. 이를 효과적으로 관리하기 위해 각각의 스위치에 호스트 이름을 지정하고, 명령 프롬프트에 호스트 이름이 표시되도록 할 수 있다. 이를 위해 리스트 3-18과 같이 연구소 업무용 스위치에 호스트 이름을 설정한다.

리스트 3-18 연구소 업무용 스위치 호스트 이름 설정

```
[호스트 이름 설정하기]
Switch#configure terminal
Switch(config)#hostname NAS_BD_11F
NAS_BD_11F(config)#
```

스위치에서 사용할 VLAN 선언

3.2.2절에서 설명했듯이 스위치에서 VLAN을 사용하기 위해서는 먼저 사용하고자 하는 VLAN이 선언되어야 한다. 연구소 업무용 스위치에는 리스트 3-19와 같이 VLAN을 선언하고, 각 VLAN의 식별을 위해 VLAN별 이름을 부여한다. 리스트 3-10에서 선언하는 VLAN은 그림 3-10과 같다.

리스트 3-19 연구소 업무용 스위치에 VLAN 선언

```
NAS_BD_11F(config)#vlan 310
NAS_BD_11F(config-vlan)#name MGMT_DEV_NAS
NAS_BD_11F(config-vlan)#exit
NAS_BD_11F(config)#vlan 200
NAS_BD_11F(config-vlan)#name USER_DEPT_SECURITY
NAS_BD_11F(config-vlan)#exit
NAS_BD_11F(config)#vlan 210
NAS_BD_11F(config-vlan)#name USER_DEPT_RESEARCH
```

```
NAS_BD_11F(config-vlan)#exit
NAS_BD_11F(config)#vlan 220
NAS_BD_11F(config-vlan)#name USER_DEPT_BUSINESS
NAS_BD_11F(config-vlan)#exit
NAS_BD_11F(config)#vlan 230
NAS_BD_11F(config-vlan)#name USER_OUTSOURCING
NAS_BD_11F(config-vlan)#exit
NAS_BD_11F(config)#vlan 240
NAS_BD_11F(config-vlan)#name USER_GUEST
NAS_BD_11F(config-vlan)#exit
NAS_BD_11F(config)#vlan 998
NAS_BD_11F(config-vlan)#name 8021X_AUTH_FAIL
NAS_BD_11F(config-vlan)#exit
NAS_BD_11F(config)#vlan 999
NAS_BD_11F(config-vlan)#name 8021X_AUTH_START
NAS_BD_11F(config-vlan)#exit
NAS_BD_11F(config)#
```

백본 스위치와 통신할 업링크 인터페이스 설정

리스트 3-20의 설정에서 사용한 인터페이스는 그림 3-11에서 보면 백본 스위치와 업무용 액세스 스위치를 연결하기 위한 업링크^{Uplink} 포트임을 확인할 수 있다. 백본 스위치를 설정하면서 설명했듯이, 스위치 포트의 모드가 트렁크^{trunk} 모드일 때는 복수의 VLAN을 수용할 수 있다. 이 스위치는 리스트 3-19에서 볼 수 있듯이, 업무 특성에 따른 다양한 VLAN이 선언되어 있고, 스위치 포트에 접속하는 사용자의 업무 특성에 따라 다른 VLAN이 할당될 것이다. 그럼 스위치는 서로 다른 VLAN에 속하는 단말기로부터의 데이터 전송 요청을 처리해야 하는데, 이를 가능하게 하는 방법이 백본 스위치와 연결되는 업링크 포트의 모드를 트렁크 모드로 선언해주는 것이다.

리스트 3-20 연구소 업무용 스위치에 업링크 인터페이스 설정

```
NAS_BD_11F(config)#interface gi1/0/48
NAS_BD_11F(config-if)#description ## Connecting_to_BB ##
NAS_BD_11F(config-if)#switchport mode trunk
NAS_BD_11F(config-if)#exit
```

스위치 관리용 VLAN 인터페이스 설정

리스트 3-21의 명령도 살펴볼 필요가 있다. 앞서 VLAN을 설계할 때 VLAN 310은 네트워크 장비 관리용으로 사용한다고 했다. 그리고 스위치에서 사용할 VLAN을 선언하면서 VLAN 310번도 선언했다. 그런데 왜 다시 VLAN 인터페이스를 선언해 주는 것일까?

리스트 3-21 연구소 업무용 스위치에 관리용 VLAN 설정

```
NAS_BD_11F(config)#interface vlan 310
NAS_BD_11F(config-if)#description ## MGMT_DEV_NAS ##
NAS_BD_11F(config-if)#ip address 172.30.11.11 255.255.255.0
NAS_BD_11F(config-if)#exit
NAS_BD_11F(config)#ip default-gateway 172.30.11.1
```

이 두 가지의 차이점에 대해서는 이미 알고 있을 것이다. 계속 말해왔듯이 다시 한 번 각인시키는 의미로 설명하면, 앞서 선언한 VLAN은 현재 설정 중인 스위치에서 통신을 허용해줄 VLAN을 선언하는 것이다. 앞 절의 VLAN 설계에 보면 총 12개의 VLAN을 사용하는 것으로 설계되어 있다. 그런데 앞의 VLAN 선언에 보면 8개의 VLAN만 선언하고 있다. 그럼 나머지 4개의 VLAN은 이 스위치에서는 통신할 수 없는 것일까? 그렇다. 스위치에 정의되지 않은 VLAN 태그가 붙어서 넘어오는 패킷은 처리하지 않고 그냥 무시한다.

리스트 3-21에서 설정한 VLAN 인터페이스는 VLAN 310번에 속하는 가상의 인터페이스(포트)를 만들고 IP 주소를 할당하기 위한 것이다. 여기서 할당한 IP 주소를 사용해 원격지에서 스위치에 접속하고, 관리를 수행할 수 있다. 그리고 802.1X 인증을 위해 인증서버와 통신할 때, 인증서버에 여기서 할당한 IP 주소를 등록함으로써 인증서버에 요청된 인증 요청정보가 정상적인 인증 요청인지 여부를 판단하도록 한다.

위의 설정에서 마지막 줄을 살펴보면 전역환경 설정 모드에서 `ip default-gateway 172.30.11.1`로 선언하고 있는데, 백본 스위치 환경 설정 과정에서 일부 VLAN을 제외한 모든 VLAN의 기본 게이트웨이는 백본 스위치로 한다고 했다. 이

때문에 이 스위치에서도 기본 게이트웨이를 백본 스위치로 지정하는 것이다.

보안을 위해 Default VLAN 1번 사용 중지

리스트 3-22도 조금은 특이하다. 지금까지 환경 설정에서는 VLAN을 선언하고 사용하는 것에 중점을 둔 설정이 대부분이었다. 그런데 이번에는 특이하게도 VLAN을 사용하지 못하게 하는 설정이다.

리스트 3-22 연구소 업무용 스위치 VLAN 1번 사용 중지

```
NAS_BD_11F(config)#interface vlan 1
NAS_BD_11F(config-if)#no ip address
NAS_BD_11F(config-if)#shutdown
NAS_BD_11F(config-if)#exit
NAS_BD_11F(config)#
```

왜 그럴까? VLAN 1은 스위치를 설정할 때 관리자가 선언하지 않아도 자동으로 생성되는 Default VLAN이다. Default VLAN이란 말은 결국 모든 스위치에 VLAN 1이 존재한다는 것이고, VLAN 1을 악의적으로 이용하면 네트워크에 악영향을 미치는 패킷을 전송할 수 있다는 것을 의미한다. 그래서 스위치를 설정할 때에는 기본적으로 VLAN 1을 사용하지 않도록 설정한다. 리스트 3-22의 환경 설정 명령은 VLAN 1에 혹시라도 IP 주소가 할당되어 있다면 IP 주소 할당을 취소하고, VLAN이 활성화되어 있다면 비활성화 모드로 전환해 Default VLAN을 통한 통신을 차단하는 것이다.

관리자용 단말기 연결 포트 설정

이 책에서 제시하는 인증체계의 구축 전 과정에서 관리자는 수시로 인증서버와 네트워크 스위치에 접속해 환경을 변경하고 재설정하는 작업을 진행한다. 그때마다 관리자가 각각의 장비로 직접 이동해 콘솔케이블을 연결하거나 인증서버의 터미널을 통해 작업을 수행한다면 상당히 비효율적일 것이다

리스트 3-23 연구소 업무용 스위치에 관리자용 단말기 연결 포트 설정

```
NAS_BD_11F(config)#interface gi1/0/47
NAS_BD_11F(config-if)#description ## ADMIN_DEVICE ##
NAS_BD_11F(config-if)#switchport mode access
NAS_BD_11F(config-if)#switchport access vlan 200
NAS_BD_11F(config-if)#end
NAS_BD_11F#write.
```

그래서 연구소 업무용 스위치의 47번 포트를 관리자 전용 단말기 접속용 포트로 설정하고 관리자의 단말기를 연결해 네트워크 스위치와 인증서버를 관리할 수 있도록 했다. 관리자용 단말기에 설정할 IP 주소정보는 리스트 3-24와 같다.

리스트 3-24 관리자용 단말기 할당 IP 주소

```
IP address : 172.20.20.4
Gateway IP address : 172.20.20.1
Network Mask : 255.255.255.0
DNS Server : 168.126.63.1
```

3.3.4 기숙사 사용자용 스위치

기숙사용 스위치도 기본적인 설정 내용은 연구소 업무용 스위치와 별반 다르지 않다. 이번에는 설정을 따라하면서 각각의 명령의 의미를 한 번씩 되새겨보길 바란다.

호스트 이름 설정하기

3.3.3절의 연구소 업무용 스위치와 같이 기숙사 사용자용 스위치도 효과적으로 식별할 수 있도록 리스트 3-25와 같이 호스트 이름을 설정한다.

리스트 3-25 기숙사용 스위치 호스트 이름 설정

```
Switch#configure terminal
Switch(config)#hostname NAS_BD_21F
NAS_BD_11F(config)#
```

스위치에서 사용할 VLAN 선언

기숙사 사용자용 스위치에도 표 3-3과 그림 3-10을 참조해 리스트 3-26과 같이
VLAN을 선언한다.

리스트 3-26 기숙사용 스위치에 VLAN 선언

```
NAS_BD_21F(config)#vlan 310
NAS_BD_21F(config-vlan)#name MGMT_DEV_NAS
NAS_BD_21F(config-vlan)#exit
NAS_BD_21F(config)#vlan 200
NAS_BD_21F(config-vlan)#name USER_DEPT_SECURITY
NAS_BD_21F(config-vlan)#exit
NAS_BD_21F(config)#vlan 800
NAS_BD_21F(config-vlan)#name USER_DOMITORY
NAS_BD_21F(config-vlan)#exit
NAS_BD_21F(config)#vlan 998
NAS_BD_21F(config-vlan)#name 8021X_AUTH_FAIL
NAS_BD_21F(config-vlan)#exit
NAS_BD_21F(config)#vlan 999
NAS_BD_21F(config-vlan)#name 8021X_AUTH_START
NAS_BD_21F(config-vlan)#exit
NAS_BD_21F(config)#
```

이 부분에서 연구소 업무용 스위치와 설정이 조금 다르다고 느꼈을 것이다. 업
무용 스위치에 비해 선언된 VLAN의 개수가 상대적으로 적다. 앞서 설명할 때 기숙
사와 연구소는 망을 분리해서 연구소의 네트워크 트래픽이 기숙사로 들어오거나,
기숙사의 패킷이 연구소로 들어오는 것을 차단하기로 했다. 그래서 기숙사에서 사
용하지 않는 업무 특성별 VLAN은 선언하지 않고, 기숙사용 VLAN 800을 추가했다.
잘 이해되지 않는다면 이번 장의 첫 번째 절을 다시 학습하길 바란다.

백본 스위치와 통신할 업링크 인터페이스 설정

기숙사에서 발생한 트래픽을 상위계층(연구소와 기숙사 연계 스위치)으로 전달하기 위
해 업링크 인터페이스를 리스트 3-27과 같이 설정한다. 이때 업링크 인터페이스를
통해 전달되는 패킷은 리스트 3-26에서 선언한 VLAN에 해당하는 모든 트래픽을
전송해야 하기 때문에 스위치 포트의 모드를 트렁크^{trunk}로 설정한다.

```
NAS_BD_21F(config)#interface gi1/0/48
NAS_BD_21F(config-if)#description ## Connecting_to_NAS_BD_21F ##
NAS_BD_21F(config-if)#switchport mode trunk
NAS_BD_21F(config-if)#exit
```

스위치 관리용 VLAN 인터페이스 설정

원격지에서 기숙사용 스위치를 관리할 수 있도록 리스트 3-28과 같이 스위치 관리용 VLAN 인터페이스를 선언하고 IP 주소를 할당한다.

리스트 3-28 기숙사용 스위치 관리용 VLAN 인터페이스 설정

```
NAS_BD_21F(config)#interface vlan 310
NAS_BD_21F(config-if)#description ## MGMT_DEV_NAS ##
NAS_BD_21F(config-if)#ip address 172.30.11.21 255.255.255.0
NAS_BD_21F(config-if)#exit
NAS_BD_21F(config)#ip default-gateway 172.30.11.1
```

보안을 위해 Default VLAN 1번 사용 중지

스위치에 기본적으로 정의되어 있는 1번 VLAN으로 인해 발생할 수 있는 보안 취약점을 제거하기 위해 리스트 3-29와 같이 1번 VLAN의 사용을 중지한다.

리스트 3-29 기숙사용 스위치 기본 VLAN 사용 중지

```
NAS_BD_21F(config)#interface vlan 1
NAS_BD_21F(config-if)#no ip address
NAS_BD_21F(config-if)#shutdown
NAS_BD_21F(config-if)#exit
NAS_BD_21F(config)#exit
NAS_BD_21F#write
```

3.3.5 연구소와 기숙사 간의 연계 스위치

그림 3-1에서 보여주듯이 연구소와 기숙사는 별도의 ISP를 이용한다. 그렇지만 사용자 인증과 IP 주소관리시스템은 하나의 시스템에 의해 수행된다. 연구소와 기숙

사 간 연계 스위치는 기숙사에서 발생하는 패킷을 구분해 사용자 인증이나 IP 주소 관리와 관련된 패킷은 연구소에 위치한 인증시스템과 DHCP 서버로 전달하고, 사용자 패킷은 기숙사용 ISP로 전달하는 역할을 수행한다. 이번에는 연계 스위치에 대한 환경 설정을 진행하자.

호스트 이름 설정하기

연계 스위치를 효과적으로 식별하기 위해 리스트 3-30과 같이 호스트 이름을 설정한다.

리스트 3-30 연계 스위치 호스트 이름 설정

```
Switch#configure terminal
Switch(config)#hostname NAS_NEGO
```

스위치에서 사용할 VLAN 선언

연계 스위치에 대해서도 표 3-3과 그림 3-10을 참조해 리스트 3-31과 같이 VLAN을 선언한다.

리스트 3-31 연계 스위치 사용 VLAN 선언

```
NAS_NEGO(config)#vlan 310
NAS_NEGO(config-vlan)#name MGMT_DEV_NAS
NAS_NEGO(config-vlan)#exit
NAS_NEGO(config)#vlan 200
NAS_NEGO(config-vlan)#name USER_DEPT_SECURITY
NAS_NEGO(config-vlan)#exit
NAS_NEGO(config)#vlan 800
NAS_NEGO(config-vlan)#name USER_DOMITORY
NAS_NEGO(config-vlan)#exit
NAS_NEGO(config)#vlan 998
NAS_NEGO(config-vlan)#name 8021X_AUTH_FAIL
NAS_NEGO(config-vlan)#exit
NAS_NEGO(config)#vlan 999
NAS_NEGO(config-vlan)#name 8021X_AUTH_START
NAS_NEGO(config-vlan)#exit
NAS_NEGO(config)#exit
```

백본 스위치와 통신할 업링크 인터페이스 설정

기숙사에서 발생하는 사용자 인증과 IP 주소 할당, 스위치 관리와 관련된 패킷을 연구소에 위치한 인증 및 DHCP 서버에 전달하기 위한 업링크 인터페이스를 리스트 3-32와 같이 설정한다.

리스트 3-32 연계 스위치 백본 업링크 인터페이스 설정

```
NAS_NEGO(config)#interface gi1/0/1
NAS_NEGO(config-if)#description ##Connecting_to_BB ##
NAS_NEGO(config-if)#switchport mode trunk
NAS_NEGO(config-if)#exit
```

기숙사 스위치(NAS_BD_21F)와 통신할 다운링크 인터페이스 설정

연계 스위치와 기숙사 스위치(NAS_BD_21F) 사이에 패킷이 정상적으로 교환될 수 있도록 다운링크 인터페이스를 리스트 3-33과 같이 설정한다.

리스트 3-33 연계 스위치 기숙사 다운링크 인터페이스 설정

```
NAS_NEGO(config)#interface gi1/0/3
NAS_NEGO(config-if)#description ##Connecting_to_NAS_BD_21F ##
NAS_NEGO(config-if)#switchport mode trunk
NAS_NEGO(config-if)#exit
```

기숙사 전용으로 ISP 게이트웨이 스위치(NAS_GW_2)로 연결될 업링크 인터페이스 설정

기숙사에서 발생하는 사용자 패킷을 기숙사용 게이트웨이로 전달하기 위한 업링크 인터페이스를 리스트 3-34와 같이 설정한다.

리스트 3-34 연계 스위치 기숙사 전용 ISP 업링크 인터페이스 설정

```
NAS_NEGO(config)#interface gi1/0/2
NAS_NEGO(config-if)#description ##Connecting_to_NAS_GW2 ##
NAS_NEGO(config-if)#switchport access vlan 800
NAS_NEGO(config-if)#switchport mode access
NAS_NEGO(config-if)#exit
```

스위치 관리용 VLAN 인터페이스 설정

원격지에서 연계 스위치를 관리할 수 있도록 리스트 3-35와 같이 스위치 관리용 VLAN 인터페이스를 선언하고 IP 주소를 할당한다.

리스트 3-35 연계 스위치 관리용 VLAN 인터페이스 설정

```
NAS_NEGO(config)#interface vlan 310
NAS_NEGO(config-if)#description ## MGMT_DEV_NAS ##
NAS_NEGO(config-if)#ip address 172.30.11.88 255.255.255.0
NAS_NEGO(config-if)#exit
NAS_NEGO(config)#ip default-gateway 172.30.11.1
```

보안을 위해 Default VLAN 1번 사용 중지

스위치에 기본적으로 정의되어 있는 1번 VLAN으로 인해 발생할 수 있는 보안 취약점을 제거하기 위해 리스트 3-36과 같이 1번 VLAN의 사용을 중지한다.

리스트 3-36 연계 스위치 기본 VLAN 사용 중지

```
NAS_NEGO(config)#interface vlan 1
NAS_NEGO(config-if)#no ip address
NAS_NEGO(config-if)#shutdown
NAS_NEGO(config-if)#exit
NAS_NEGO(config)#exit
NAS_NEGO#write
```

3.3.6 연구소 네트워크 게이트웨이 스위치

이제 스위치의 환경 설정을 위한 각각의 명령에 대해 설명하지 않아도 명령만 보면 어떠한 역할을 하는지 즉시 이해할 수 있을 것이다. 그래서 남은 2개의 스위치에서는 명령에 대해 설명하지 않고 필요한 환경 설정을 진행하고자 한다. 연구소 네트워크 게이트웨이 스위치는 리스트 3-37의 명령을 이용해 환경을 설정한다.

리스트 3-37 연구소 게이트웨이 스위치(NAS_GW_1) 환경 설정 명령

```
[ 호스트 이름 설정 ]
Switch#configure terminal
Switch(config)#hostname NAS_GW_1

[ 스위치 원격 관리용 VLAN 선언 ]
NAS_GW_1(config)#vlan 310
NAS_GW_1(config-vlan)#name MGMT_DEV_NAS
NAS_GW_1(config-vlan)#exit
NAS_GW_1(config)#exit

[ 스위치 관리용 VLAN 인터페이스 설정 ]
NAS_GW_1(config)#interface vlan 310
NAS_GW_1(config-if)#description ##MGMT_DEV_NAS ##
NAS_GW_1(config-if)#ip address 172.30.11.99 255.255.255.0
NAS_GW_1(config-if)#exit
NAS_GW_1(config)#ip default-gateway 172.30.11.1

[ 백본 스위치와 통신할 업링크 인터페이스 설정 ]
NAS_GW_1(config)#interface gi1/0/1
NAS_GW_1(config-if)#description ##Connecting_to_BB ##
NAS_GW_1(config-if)#switchport mode trunk
NAS_GW_1(config-if)#exit
NAS_GW_1(config)#exit
NAS_GW_1#write
```

3.3.7 기숙사 네트워크 게이트웨이 스위치

기숙사 네트워크 게이트웨이 스위치는 리스트 3-38의 명령을 입력해 환경 설정을
마무리한다.

리스트 3-38 기숙사 게이트웨이 스위치(NAS_GW_2) 환경 설정

```
[ 호스트 이름 설정 ]
Switch#configure terminal
Switch(config)#hostname NAS_GW_2

[ 스위치 원격 관리용 VLAN 선언 ]
NAS_GW_1(config)#vlan 310
NAS_GW_1(config-vlan)#name MGMT_DEV_NAS
NAS_GW_1(config-vlan)#exit
NAS_GW_1(config)#exit
```

```
[ 스위치 관리용 VLAN 인터페이스 설정 ]
NAS_GW_1(config)#interface vlan 310
NAS_GW_1(config-if)#description ##MGMT_DEV_NAS ##
NAS_GW_1(config-if)#ip address 172.30.11.77 255.255.255.0
NAS_GW_1(config-if)#exit
NAS_GW_1(config)#ip default-gateway 172.30.11.1

[ 연계 스위치(NAS_NEGO)와 업링크 인터페이스 설정 ]
NAS_GW_2(config)#interface gi1/0/1
NAS_GW_2(config-if)#description ##Connecting_to_NAS_NEGO ##
NAS_GW_2(config-if)#switchport mode trunk
NAS_GW_2(config-if)#exit
NAS_GW_2(config)#exit
NAS_GW_2#write
```

이번 절에서는 준비된 네트워크 장비의 물리적 연결을 완료하고, 논리적인 구성까지 완료했다. 다만 지금까지 구성한 환경에서는 외부와의 통신은 가능하지 않고, 내부에서만 통신이 가능하다. 아직 연구소와 기숙사에서 사용할 ISP의 망과는 연계하지 않았기 때문이다. 이 부분은 각자 근무하는 회사의 네트워크 환경에 따라 설정하길 바란다. 다음 절에서는 802.1X의 핵심이라고 할 수 있는 인증서버RADIUS와 DHCP 서버를 운영할 서버에 대한 환경 설정을 진행하고자 한다.

3.4 | 인증서버 구성하기

네트워크 구성도 완료했고, 이제 802.1X 인증체제를 맛보기 위한 마지막 단계에 이르렀다. 이번 장의 초반부에서 802.1X의 세 가지 구성 요소에 대해 설명했고, 그 중 두 가지 요소에 대한 준비를 마쳤다. 세 가지 구성 요소를 다시 언급하면, 첫 번째 구성 요소로서 인증의 대상이 되는 요청자, 즉 우리가 사용하는 단말기가 있다. 이것은 PC, 프린터, 아이패드 등과 같은 IT 기기를 예로 들 수 있다. 두 번째 구성 요소로는 인증자Authenticator라고 하는 스위치가 있는데, 앞 절에서 물리적 연결과 논리적 설정을 완료했다. 그럼 이제 마지막 요소만 남았다. 마지막 요소는 인증서버다. 802.1X의 다른 표현이 포트 기반 인증Port-based Authentication이기 때문에 인증을 위해 인증서버가 반드시 준비되어야 한다. 이번 절에서는 이 인증서버를 구성하고자 한다. 앞서 말했듯이 이 책에서는 802.1X 인증체제 구축뿐 아니라, IP 주소관리 체계도 함께 구축하기로 했다. 시스템의 가용성을 위해서는 2개의 서버로 각각 분리된 서비스를 운영하는 것이 바람직하겠지만, 하나의 서버로도 2개의 시스템을 운영하기에 전혀 문제가 되지 않을 것으로 판단해 하나의 서버에서 인증시스템과 DHCP 시스템, 이 2개의 시스템을 동시에 운영하고자 한다. 그래서 이번 절에서는 인증서버뿐만 아니라 DHCP 서버와 인증 서비스 및 DHCP 서비스 운영에 필요한 기타 부가적인 서비스들을 설치할 계획이다.

개인적으로 오픈소스 소프트웨어OSS, Open Source Software를 상당히 좋아한다. 업무를 수행하다 IT 관련 이슈가 발생하면 솔루션 선정 과정에서 대부분의 경우 OSS를 이용해서 문제 해결이 가능한지 따져보거나 상용 솔루션을 도입하기 이전에 유사한 기능을 가진 OSS를 도입해 기능을 비교 검증한 후에 솔루션을 도입하곤 한다. 또한 정보보안 업무가 아닌 R&D 데이터 관리 업무와 관련해서도 국제적인 공동 프로젝트에 참여해보면, 해외에서는 OSS 기반으로 만들어진 다양한 데이터 관리 플랫폼들이 자유롭게 공유되는 것을 알게 된다. 그래서 802.1X 기반의 NAC를 구축하면서도 OSS를 기반으로 구축한다는 전제를 갖고 시작하게 되었다. 여러분도 이번 계기를 통해 OSS에 대해 좀 더 깊이 이해함으로써 인프라의 주변부가 아니라 핵심에도 OSS가 자리할 수 있음을 확인하고, 더 적극적인 OSS 활용을 위해 노력해줬으면 한다. 다만 시나리오에서도 말했듯이, 사용자 단말기를 802.1X에 적합한 환경으로 구성하기 위해 필요한 프로파일 배포 솔루션은 적절한 OSS 제품을 찾을수 없어 상용 제품을 이용해야만 했다.

사용자 인증과 IP 주소 관리를 위해 설치할 OSS는 표 3-7과 같다.

표 3-7 인증체제 구축에 사용할 오픈소스 소프트웨어

순번	구분	제품명	제작사	비고
1	운영체제	Ubuntu 12.04 LTS Server	Ubuntu(www.ubuntu.com)	
2	인증	FreeRadius 2	FreeRadius(www.freeradius.org)	

(이어짐)

순번	구분	제품명	제작사	비고
3	DBMS	MySQL	Oracle (www.mysql.com, www.oracle.com)	
		Oracle Instant Client		
4	IP 관리	DHCP	ISC(Internet Systems Consortium) (www.isc.org)	
5	Log 관리	Rsyslog Rsyslog-mysql	Adiscon(www.rsyslog.com)	
6	웹 서버	Apache 2	Apache Software Foundation (apache.org)	
7	DNS	Bind 9.6	ISC(www.isc.org)	
8	프로파일 배포	Clear Pass Quick Connect	ARUBA(www.arubanetworks.com)	상용 제품

802.1X라는 익숙하지 않은 네트워크 접근통제를 구축한다고 해서 이전에 들어보지 못한 생소한 소프트웨어를 사용하는 것은 아니다. 표 3-7에 제시한 소프트웨어 목록을 보면 알 수 있듯이, 대부분의 소프트웨어는 이미 잘 알려진 것들이다. 특히 아파치Apache 웹 서버나 MySQL 같은 경우는 이미 업무적으로 많이 사용하는 OSS들이다. 생소한 것이 있다면, FreeRadius와 Rsyslog가 아닐까 싶다. 하지만 무선 네트워크 인증을 위한 대부분의 시스템에는 형태는 다르지만 이미 Radius 인증 시스템이 탑재되어 있다. 그리고 Rsyslog는 시스템의 로그 관리 소프트웨어로, 리눅스 또는 유닉스 운영체제에서 사용하는 syslog와 유사한 기능을 가진다. 소프트웨어에 대한 더 자세한 정보는 각 소프트웨어의 홈페이지나 검색엔진을 통해 얻을 수 있다.

이제부터 준비된 PC 또는 서버에 인증서버와 IP 주소관리시스템 구축을 위한 기초적인 환경을 구성하자. 환경 설정 과정을 살펴보면서 운영체제 설치와 관련된 사항은 구체적으로 설명하지 않고 간략한 내용만 언급하고자 한다. 따라서 운영체제 설치는 엔지니어의 도움을 받거나 홈페이지 또는 블로그 등을 통해 제공되는 설치 안내 자료를 참고하길 바란다.

3.4.1 운영체제 설치 및 환경 설정

인증서버 구성을 위해 제일 먼저 준비해야 할 사항은 물리적인 서버다. 그다음에는 인증기능 수행의 기반이 되는 운영체제가 설치되어야 한다. 이 책에서는 인증 시스템 운영을 위한 운영체제로 우분투^{Ubuntu}를 선택했다. 물론 독자의 취향에 따라 CentOS, RHEL, Fedora, FreeBSD 등의 운영체제를 사용해도 시스템 구축과 운영에 문제가 될 것은 없다. 다만 내 경우에는 패키지의 설치 및 관리에 있어서 타 운영체제보다 비교우위에 있다고 판단되는 우분투를 선택했다. 이제 운영체제를 설치하고 기본적인 네트워크 설정을 진행해보자.

운영체제 설치

운영체제는 효과적인 패키지 관리를 위해 우분투 리눅스를 사용한다.

[우분투 리눅스 설치 옵션]

- 운영체제 설치 모드: Install Ubuntu Server

- 호스트 이름: radius

- 사용자 계정/비밀번호: sysop / 09n072

그림 3-13 우분투 설치 화면

운영체제 설치 전이나 설치 후에 시스템의 네트워크 인터페이스를 백본 스위치의 보안 장비 관리용 포트에 연결하고 다음 절차를 진행한다.

네트워크 설정하기

이번 장의 두 번째 절에서 살펴봤던 인터페이스별 IP 주소 할당내역 중에서 인증서버에 할당된 IP 주소 내역을 다시 한 번 살펴보고자 한다. 표 3-8과 같이 인증서버에는 총 10개의 인터페이스를 생성하고 IP 주소를 할당했다. 그러나 이번 절에서는 기본적인 통신 가능 여부의 확인과 인터넷을 통한 소프트웨어 설치를 위해 eth0 인터페이스에 대한 IP 주소만 설정하고 나머지 IP 주소는 본격적인 시나리오 구현 단계에서 설정한다.

표 3-8 인증서버 인터페이스 구성

인터페이스	IP	Net Mask	Network	Broadcast	Gateway	DNS	Raw Device	비고
eth0	172.30.10.11	255.255.255.0	172.30.10.0	172.30.10.255	172.30.10.1	168.126.63.1		
eth1	192.168.0.1	255.255.255.0	192.168.0.0	192.168.0.255	192.168.0.1	168.126.63.1		
eth1.200	172.20.20.5	255.255.255.0	172.20.20.0	172.20.20.255	172.20.20.1	168.126.63.1	eth1	
eth1.210	172.20.21.5	255.255.255.0	172.20.21.0	172.20.21.255	172.20.21.1	168.126.63.1	eth1	
eth1.220	172.20.22.5	255.255.255.0	172.20.22.0	172.20.22.255	172.20.22.1	168.126.63.1	eth1	
eth1.230	172.20.23.5	255.255.255.0	172.20.23.0	172.20.23.255	172.20.23.1	168.126.63.1	eth1	
eth1.240	172.20.24.5	255.255.255.0	172.20.24.0	172.20.24.255	172.20.24.1	168.126.63.1	eth1	
eth1.800	10.10.10.5	255.255.255.0	10.10.10.0	10.10.10.255	10.10.10.1	168.126.63.1	eth1	
eth1.998	192.168.8.1	255.255.255.0	192.168.8.0	192.168.8.255	192.168.8.1	192.168.8.1	eth1	
eth1.999	192.168.9.1	255.255.255.0	192.168.9.0	192.168.9.255	192.168.9.1	192.168.9.1	eth1	

인터페이스interfaces 파일의 편집을 위해 다음 명령을 실행한다.

```
sysop@radius:~$ sudo vi /etc/network/interfaces
[sudo] password for sysop: 09n072
```

vi 편집기의 사용에 익숙하지 않은 독자는 이번 기회에 vi 편집기 사용법을 익혀두길 바란다. 유닉스 또는 리눅스 계열의 운영체제를 잘 다루고자 한다면, 윈도우와 같은 GUIGraphical User Interface 환경이 아닌 명령어 기반의 인터페이스CLI에 익숙해져야 한다. vi 편집기는 명령 기반에서 사용 가능한 편집기 중에서 단연 최고라고 생각한다.

앞 코드에서 sudo 명령은 슈퍼 유저(root) 권한으로 명령을 실행하기 위해 권한을 변경해주는 것으로, 명령의 실행을 위해서는 비밀번호 입력이 요구된다. 현재 사용자sysop의 비밀번호인 09n072를 입력하고 나면, 리스트 3-39와 같은 인터페이스 파일 편집 창이 나타난다.

리스트 3-39 /etc/network/interfaces 변경 전

```
1:  # This file describes the network interfaces available on your system
2:  # and how to activate them. For more information, see interfaces(5).
3:
4:  # The loopback network interface
5:  auto lo
6:  iface lo inet loopback
7:
8:  # The primary network interface
9:  auto eth0
10: iface eth0 inet dhcp
11: # This is an autoconfigured IPv6 interface
12: iface eth0 inet6 auto
```

만약 설치 과정에서 IP 주소를 등록했을 경우, 리스트 3-40과 비슷한 내용의 설정이 저장되어 있을 수 있다. 그런 경우 리스트 3-40의 내용으로 수정한다. 리스트 3-39 파일에서 10행에 있는 iface eth0 inet dhcp 부분을 리스트 3-40의 10~17행과 같이 변경한다. 변경할 때에는 eth0 또는 네트워크에 연결된 인터페이스에 해당하는 내용만 변경하고, 다른 인터페이스와 IPv6 관련된 사항은 변경하지 않는다.

리스트 3-40 /etc/network/interface 변경 후

```
1:  # This file describes the network interfaces available on your system
2:  # and how to activate them. For more information, see interfaces(5).
3:
4:  # The loopback network interface
5:  auto lo
6:  iface lo inet loopback
7:
8:  # The primary network interface
```

```
9:  auto eth0
10: iface eth0 inet static
11:         address 172.30.10.11
12:         netmask 255.255.255.0
13:         network 172.30.10.0
14:         gateway 172.30.10.1
15:         broadcast 172.30.10.255
16:         dns-nameservers 168.126.63.1
17:         up route add default gateway 172.30.10.1
18:
19: # This is an autoconfigured IPv6 interface
20: iface eth0 inet6 auto
```

네트워크 서비스 재시작

네트워크 설정이 완료되면 리스트 3-41의 명령을 실행해 네트워크를 재시작한다.

리스트 3-41 네트워크 재시작

```
sysop@radius:~$ sudo /etc/init.d/networking restart
[sudo] password for sysop: 09n072
 * Running /etc/init.d/networking restart is deprecated because it may not enable
   again some interfaces
 * Reconfiguring network interfaces...
ssh stop/waiting
ssh start/running, process 2239
net.IPv6.conf.eth0.accept_ra = 1
net.IPv6.conf.eth0.autoconf = 1
ssh stop/waiting
ssh start/running, process 2289                                          [ OK ]
sysop@radius:~$
```

3.4.2 소프트웨어 설치

여기서는 이번 절의 서두에서 소개한 소프트웨어를 모두 설치하지 않고 일부 소프트웨어만 설치한 후 나머지 소프트웨어는 시나리오 구현에 맞춰 필요할 때 설치하고자 한다. 이번에 설치할 소프트웨어는 다음과 같다.

- MySQL DBMS

- FreeRadius

- DHCP

소프트웨어 설치는 우분투 리눅스의 소프트웨어 설치 명령을 이용한다. 일반적으로 리눅스와 시스템 운영에 관한 지식이 풍부한 관리자의 경우 컴파일 방식을 이용해 자신의 취향에 맞도록 환경을 구성하는 것이 일반적이지만, 지금의 경우는 표준화된 시스템 구축을 위해 컴파일 방식보다는 패키지 설치 방식을 선택했다.

MySQL DBMS 설치

제일 먼저 DBMS를 설치하도록 하자. 간단한 환경 설정이나 데이터는 간단한 텍스트 파일만으로도 관리가 가능하다. 그러나 관리 대상 데이터의 규모가 커지고, 데이터 사용 빈도가 증가하게 되면 체계적인 데이터 관리를 위해 DBMS를 이용하는 것이 합리적이다. 이 책에서 구현하고자 하는 네트워크 접근통제 역시 다양한 데이터를 체계적으로 관리해야 한다. 이 때문에 DBMS 사용이 요구되었고 MySQL을 DBMS로 선택했다. MySQL을 선택한 가장 큰 이유는 인증시스템으로 사용하게 될 FreeRadius에서 기본적으로 MySQL을 지원하기 때문이다. 물론 PostgreSQL과 같은 다른 DBMS도 지원하지만, 아직까지 MySQL에 비해 사용자 수가 적은 편이라 MySQL을 선택했다.

MySQL 설치

MySQL DBMS는 인증시스템과 DHCP 운영에 사용되는 사용자 계정정보, 맥 주소, 사용자별 IP 주소정보 등의 저장을 목적으로 사용할 예정이다. 설치를 위해 우분투 리눅스의 패키지 설치 명령은 apt-get을 사용해 설치하도록 한다. 앞에서도 경험했듯이, 패키지 설치는 슈퍼 유저의 권한을 요구하기 때문에 명령 앞에 sudo 키워드를 붙여서 실행한다.

리스트 3-42 MySQL 패키지 설치

```
sysop@radius:~$ sudo apt-get install mysql-server mysql-client -y
[sudo] password for sysop: 09n072
패키지 목록을 읽는 중입니다... 완료
```

```
의존성 트리를 만드는 중입니다
상태 정보를 읽는 중입니다... 완료
다음 패키지를 더 설치할 것입니다:
  libdbd-mysql-perl libdbi-perl libmysqlclient18 libnet-daemon-perl libplrpc-
    perl mysql-client-5.5
  mysql-client-core-5.5 mysql-common mysql-server-5.5 mysql-server-core-5.5
제안하는 패키지:
  libterm-readkey-perl tinyca mailx
…
…
mysql start/running, process 5149
mysql-client (5.5.31-0ubuntu0.12.04.1) 설정하는 중입니다 ...
mysql-server (5.5.31-0ubuntu0.12.04.1) 설정하는 중입니다 ...
libc-bin에 대한 트리거를 처리하는 중입니다 ...
ldconfig deferred processing now taking place
sysop@radius:~$
```

MySQL 설치를 진행하는 중에 그림 3-14와 같이 MySQL DBMS의 root 계정
에 대한 비밀번호 입력을 요구하는 화면이 나타나면 비밀번호를 입력한다. 편의상
앞서 사용했던 09n072를 사용하자. 비밀번호는 입력 오류 방지를 위해 한 번 더 요
구한다.

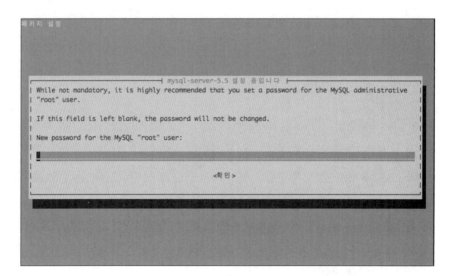

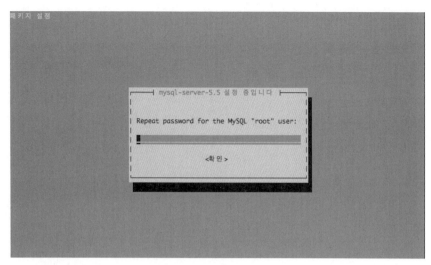

그림 3-14 MySQL 설치시 관리자 비밀번호 설정 화면

　　같은 비밀번호를 두 번 입력하고, DBMS의 설치가 완료되면 정상적으로 설치되
었는지 확인하기 위해 MySQL에 로그인한다.

MySQL 테스트

테스트는 간단히 DBMS에 로그인하고 설치된 DBMS 목록을 확인하는 과정으로
진행된다.

리스트 3-43 MySQL 접속 및 데이터베이스 목록 확인

```
sysop@radius:~$ mysql -u root -p
Enter password:
Welcome to the MySQL monitor.  Commands end with ; or \g.
Your MySQL connection id is 36
Server version: 5.5.31-0ubuntu0.12.04.1 (Ubuntu)

Copyright (c) 2000, 2013, Oracle and/or its affiliates. All rights reserved.

Oracle is a registered trademark of Oracle Corporation and/or its
affiliates. Other names may be trademarks of their respective
owners.

Type 'help;' or '\h' for help. Type '\c' to clear the current input statement.
```

```
mysql> show databases;
+--------------------+
| Database           |
+--------------------+
| information_schema |
| mysql              |
| performance_schema |
| test               |
+--------------------+
4 rows in set (0.00 sec)

mysql>exit;
Bye
sysop@radius:~$
```

MySQL 인코딩 설정

MySQL에 저장되는 데이터의 인코딩 유형을 UTF-8(UCS Transformation Format—8-bit)로 설정한다. 먼저 환경 설정값 변경을 위해 MySQL 서버를 종료한다.

리스트 3-44 MySQL 서버 종료

```
sysop@radius:~$ sudo /etc/init.d/mysql stop
Rather than invoking init scripts through /etc/init.d, use the service(8)
utility, e.g. service mysql stop

Since the script you are attempting to invoke has been converted to an
Upstart job, you may also use the stop(8) utility, e.g. stop mysql
mysql stop/waiting
sysop@radius:~$
```

서비스가 정상적으로 종료되면 MySQL 환경 설정 파일을 편집한다.

```
sysop@radius:~$ sudo vi /etc/mysql/my.cnf
```

환경 설정 파일에서 대괄호([])의 항목을 찾아 해당 항목의 맨 밑에 리스트 3-45와 같이 인코딩과 관련된 설정항목을 추가한다.

```
[client]
…
default-character-set = utf8
…


[mysqld]
…
…
init_connect=SET collation_connection = utf8_general_ci
init_connect=SET NAMES utf8
default-character-set = utf8
character-set-server = utf8
collation-server = utf8_general_ci

[mysqldump]
…
default-character-set=utf8
…


[mysql]
#no-auto-rehash # faster start of mysql but no tab completition
default-character-set=utf8
```

리스트 3-45의 인코딩 관련 설정은 MySQL DBMS의 버전에 따라 설정사항이 다를 수 있어 버전에 따른 설정항목에 대한 확인이 필요하다. 인코딩 관련 환경 설정이 완료되면 MySQL 서버를 재시작한다.

리스트 3-46 MySQL 서버 시작

```
sysop@radius:~$ sudo /etc/init.d/mysql start
Rather than invoking init scripts through /etc/init.d, use the service(8)
utility, e.g. service mysql start

Since the script you are attempting to invoke has been converted to an
Upstart job, you may also use the start(8) utility, e.g. start mysql
start: Job failed to start
sysop@radius:~$
```

리스트 3-46과 같이 MySQL 서버가 정상적으로 실행되지 않고 에러 메시지를
출력하면, 환경 설정 파일 변경 내용에 오류가 없는지 확인하고 재시작한다.

FreeRadius 인증서버 설치

오픈소스인 FreeRadius는 가장 범용적으로 사용되는 인증시스템으로, 누구나 쉽
게 사용할 수 있고 목적에 맞게 최적화할 수 있다. 지금부터는 FreeRadius를 설치
하고 간단한 테스트를 진행해본다. FreeRadius에 대한 구체적인 환경 설정과 최적
화는 추후 진행한다.

FreeRadius 설치

FreeRadius의 설치도 MySQL 설치와 유사하다. 리스트 3-47과 같이 패키지 설치
명령을 이용해 설치한다.

리스트 3-47 FreeRadius 관련 패키지 설치

```
sysop@radius:~$ sudo apt-get install freeradius freeradius-mysql freeradius-
    utils -y
[sudo] password for sysop:
패키지 목록을 읽는 중입니다... 완료
의존성 트리를 만드는 중입니다
상태 정보를 읽는 중입니다... 완료
다음 패키지를 더 설치할 것입니다:
  freeradius-common libfreeradius2 libltdl7 libperl5.14 perl perl-base perl-
    modules ssl-cert
…

…
freeradius-mysql (2.1.10+dfsg-3ubuntu0.12.04.1) 설정하는 중입니다 ...
 * Reloading FreeRADIUS daemon freeradius                          [ OK ]
freeradius-utils (2.1.10+dfsg-3ubuntu0.12.04.1) 설정하는 중입니다 ...
perl-modules (5.14.2-6ubuntu2.3) 설정하는 중입니다 ...
perl (5.14.2-6ubuntu2.3) 설정하는 중입니다 ...
libc-bin에 대한 트리거를 처리하는 중입니다 ...
ldconfig deferred processing now taking place
sysop@radius:~$
```

FreeRadius가 정상적으로 설치되면, FreeRadius 서버가 자동으로 실행된다. 따라서 정상적으로 설치되었는지를 확인하기 위해 현재 실행 중인 프로세스 목록에서 FreeRadius 프로세스를 확인한다.

리스트 3-48 FreeRadius 실행 여부 확인

```
sysop@radius:~$ ps -ef | grep freeradius
freerad   6350     1  0 May31 ?        00:00:00 /usr/sbin/freeradius
sysop     6871  1877  0 00:17 pts/0    00:00:00 grep --color=auto freeradius
sysop@radius:~$
```

리스트 3-48에서 보면 pid 6350번으로 FreeRadius 서비스가 동작하고 있는 것을 확인할 수 있다. 정상적으로 실행되는 것을 확인했으니 다음 절차를 진행한다.

FreeRadius 테스트

테스트는 다음의 절차에 따라 진행한다.

- 현재 실행 중인 FreeRadius 서비스를 종료
- 테스트 계정(ID: test01, PW: test01) 생성
- FreeRadius를 Debugging 모드로 실행하고 사용자 인증 테스트

먼저 현재 실행 중인 FreeRadius 서비스를 종료한다.

리스트 3-49 FreeRadius 서비스 종료

```
sysop@radius:~$ sudo /etc/init.d/freeradius stop
 * Stopping FreeRADIUS daemon freeradius                          [ OK ]
sysop@radius:~$ ps -ef | grep freeradius
sysop     6902  1877  0 00:25 pts/0    00:00:00 grep --color=auto freeradius
sysop@radius:~$
```

다음으로 테스트 계정을 생성한다. 테스트 계정의 생성을 위해서는 vi 명령이 아니라 echo 명령을 활용해서 계정정보가 저장되는 파일에 테스트 계정을 추가한다.

리스트 **3-50** 사용자 계정 추가

```
sysop@radius:~$ sudo echo "test01 Cleartext-Password := \"test\"" >> /etc/
    freeradius/users
-bash: /etc/freeradius/users: 허가 거부
sysop@radius:~$ sudo su -
root@radius:~# echo "test01 Cleartext-Password := \"test\"" >> /etc/freeradius/
    users
root@radius:~# exit
sysop@radius:~$
```

리스트 3-50에서 `sudo su -` 명령은 매번 명령을 실행할 때마다, `sudo` 명령을 사용하지 않기 위해 사용자를 root로 전환하는 명령이다. 일반적으로 레드햇 계열의 리눅스에서는 `su -` 명령을 사용하지만, 데비안 계열의 리눅스에서는 `sudo su` 명령을 사용해 사용자를 root로 변경한다. 다만 이 명령을 사용할 때에는 꼭 주의를 기울여야 한다. 슈퍼 유저 권한으로 명령을 실행할 때마다 권한 확인을 위한 비밀번호를 물어보지 않아서 사용하기 편리하지만, root 계정에서 명령을 잘못 실행할 경우 돌이킬 수 없는 문제가 발생하기 때문이다.

계정 생성을 위해 root 사용자로 전환한 이유는 `sudo echo` 명령을 사용해서 사용자 계정 추가 명령을 실행하면, 파일에 접근권한이 없다고 하면서 추가되지 않기 때문이다. 그래서 root 권한을 획득해 사용자 계정을 추가했다.

이제 마지막으로 추가된 계정을 통해 정상적으로 인증을 수행하는지를 확인하고자 한다. 인증서버의 정상 동작 여부를 확인하기 위해서는 인증서버에 접속한 터미널을 하나 더 열어야 한다. 지금까지는 하나의 터미널로도 가능했지만, FreeRadius를 디버깅 모드로 실행한 상태에서 인증 테스트를 진행해야 하기 때문에 터미널을 추가로 연결해야 한다.

첫 번째 터미널에서는 다음과 같이 FreeRadius를 디버깅 모드로 실행한다.

리스트 **3-51** 디버그 모드로 FreeRadius 실행

```
sysop@radius:~$ sudo freeradius -X
FreeRADIUS Version 2.1.10, for host x86_64-pc-linux-gnu, built on Sep 24 2012 at
    17:58:57
Copyright (C) 1999-2009 The FreeRADIUS server project and contributors.
```

```
There is NO warranty; not even for MERCHANTABILITY or FITNESS FOR A
PARTICULAR PURPOSE.
You may redistribute copies of FreeRADIUS under the terms of the
GNU General Public License v2.
Starting - reading configuration files ...
including configuration file /etc/freeradius/radiusd.conf
including configuration file /etc/freeradius/proxy.conf
including configuration file /etc/freeradius/clients.conf
…

…
Listening on authentication address * port 1812
Listening on accounting address * port 1813
Listening on authentication address 127.0.0.1 port 18120 as server inner-tunnel
Listening on proxy address * port 1814
Ready to process requests.
```

두 번째 터미널에서는 리스트 3-50에서 생성한 테스트 계정을 이용해 인증을
요청한다.

리스트 3-52 사용자 인증 테스트

```
sysop@radius:~$ radtest test01 test localhost 0 testing123
Sending Access-Request of id 74 to 127.0.0.1 port 1812
    User-Name = "test01"
    User-Password = "test"
    NAS-IP-Address = 127.0.1.1
    NAS-Port = 0
rad_recv: Access-Accept packet from host 127.0.0.1 port 1812, id=74, length=20
sysop@radius:~$
```

두 번째 터미널의 인증 요청에 대해 리스트 3-52와 같은 출력 결과를 확인했다
면, FreeRadius 서버가 정상적으로 동작하고 있는 것이다. 정상 동작을 확인했으니
이제 DHCP 서버 설치를 진행한다.

VLAN 패키지 설치

네트워크 환경을 구성할 때 하나의 스위치에서 여러 개의 VLAN을 수용하기 위해
trunk 모드를 사용했다. 인증서버에서도 하나의 인터페이스에서 여러 개의 가상

인터페이스를 지원하기 위해서는 VLAN 구성을 지원해야만 한다. 그래야 각각의 네트워크 스위치에서 요청되는 VLAN별 인증정보를 인증서버에서 처리할 수 있기 때문이다. 이렇게 하나의 물리적 인터페이스에서 VLAN 구성을 할 수 있도록 지원하는 패키지가 'VLAN 패키지'다. 네트워크 인터페이스에 가상 인터페이스를 설정하기 전에 미리 VLAN 패키지를 설치하고자 한다. VLAN 패키지 설치를 위해서는 리스트 3-53과 같이 명령을 실행한다.

리스트 3-53 VLAN 패키지 설치

```
sysop@radius:~$ sudo apt-get install vlan -y
패키지 목록을 읽는 중입니다... 완료
의존성 트리를 만드는 중입니다
상태 정보를 읽는 중입니다... 완료
다음 새 패키지를 설치할 것입니다:
  vlan
0개 업그레이드, 1개 새로 설치, 0개 제거 및 62개 업그레이드 안 함.
35.2 k바이트 아카이브를 받아야 합니다.
이 작업 후 163 k바이트의 디스크 공간을 더 사용하게 됩니다.
받기:1 http://kr.archive.ubuntu.com/ubuntu/ precise/main vlan amd64 1.9-3ubuntu6
    [35.2 kB]
내려받기 35.2 k바이트, 소요시간 1초 (32.8 k바이트/초)
Selecting previously unselected package vlan.
(데이터베이스 읽는중 ...현재 50872개의 파일과 디렉터리가 설치되어 있습니다.)
vlan 패키지를 푸는 중입니다 (.../vlan_1.9-3ubuntu6_amd64.deb에서) ...
man-db에 대한 트리거를 처리하는 중입니다 ...
vlan (1.9-3ubuntu6) 설정하는 중입니다 ...
```

DHCP 서버 설치

이번 절의 마지막 부분에서는 DHCP 서버의 설치에 대해 간단히 정리하고자 한다. DHCP 서버의 설정과 관련해서는 바로 다음 장부터 살펴볼 예정이므로 이번 절에서 DHCP의 설치만을 다룬다. 리스트 3-54와 같이 DHCP 서버를 설치한다.

리스트 3-54 DHCP 서버 설치

```
sysop@radius:~$ sudo apt-get install isc-dhcp-server -y
패키지 목록을 읽는 중입니다... 완료
의존성 트리를 만드는 중입니다
```

상태 정보를 읽는 중입니다... 완료
제안하는 패키지:
  isc-dhcp-server-ldap
다음 새 패키지를 설치할 것입니다:
  isc-dhcp-server
0개 업그레이드, 1개 새로 설치, 0개 제거 및 56개 업그레이드 안 함.
428 k바이트 아카이브를 받아야 합니다.
이 작업 후 1,009 k바이트의 디스크 공간을 더 사용하게 됩니다.
받기:1 http://kr.archive.ubuntu.com/ubuntu/ precise-updates/main isc-dhcp-server
    amd64 4.1.ESV-R4-0ubuntu5.6 [428 kB]
내려받기 428 k바이트, 소요시간 1초 (249 k바이트/초)
패키지를 미리 설정하는 중입니다...
Selecting previously unselected package isc-dhcp-server.
(데이터베이스 읽는중 ...현재 50853개의 파일과 디렉터리가 설치되어 있습니다.)
isc-dhcp-server 패키지를 푸는 중입니다 (.../isc-dhcp-server_4.1.ESV-R4-0ubuntu5.6_amd64.
    deb에서) ...
man-db에 대한 트리거를 처리하는 중입니다 ...
ureadahead에 대한 트리거를 처리하는 중입니다 ...
isc-dhcp-server (4.1.ESV-R4-0ubuntu5.6) 설정하는 중입니다 ...
Generating /etc/default/isc-dhcp-server...
isc-dhcp-server start/running, process 7607
isc-dhcp-server6 stop/pre-start, process 7665
sysop@radius:~$

4장 802.1X 인증 맛보기

지금까지 시나리오를 살펴보고 인증환경을 구성하는 과정을 함께하면서 어려움이 많았을 것이다. 아마도 802.1X에 대해 말과 그림으로만 설명하지 말고 직접 보여줬으면 하는 독자들도 있을 것 같다. 따라서 이번 장에서는 실제로 802.1X 인증이 어떻게 동작하고 인증 다음에 IP 주소는 어떻게 받아오는지를 직접 보여주고자 한다. 맛보기 시나리오는 그림 4-1과 같다.

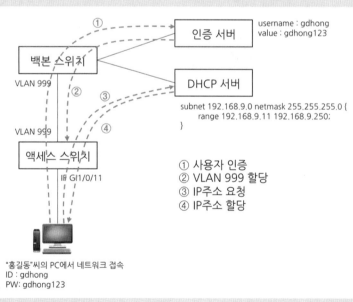

그림 4-1 802.1X 인증 진행 절차 개념도

신입 직원인 '홍길동' 씨는 새로 지급받은 단말기(PC)를 네트워크에 연결하고, 본인의 계정(ID: gdhong, PW: gdhong123)으로 로그인한다. 만약 인증에 성공하면 홍길동 씨의 단말기가 연결된 스위치 포트에는 999번 VLAN을 할당받고, 해당 VLAN의 서브넷의 IP 주소 풀pool에서 IP 주소를 할당받는다. 아주 간단한 내용이지만, 802.1X를 이용한 사용자 인증과 DHCP를 이용한 IP 주소 할당 절차를 명확히 구현한다.

맛보기는 다음 절차로 진행한다. 먼저 인증서버의 환경 설정과 테스트 계정의 생성을 진행하고, DHCP 서버에 사용자에게 할당될 IP 주소 풀을 선언한다. 이어서 액세스 스위치(NAS_BD_11F)의 포트 하나에 802.1X 인증 관련 환경을 설정한다. 그 다음에 사용자 단말기에 802.1X 인증 수행을 위한 환경을 설정하고, 인증과 IP 주소 할당 테스트를 진행한다.

이번 장은 말 그대로 802.1X에 대한 맛보기 단계인 만큼 각각의 설정과 관련된 설명과 구체적인 동작 원리에 대해서는 설명을 최소화해 진행한다. 이에 대한 구체적인 내용은 5장부터 시나리오를 구체적으로 구현하면서 각 단계별로 이뤄지는 동작과 연계해 설명할 것이다.

4.1 | 인증서버 환경 설정

앞 장에서 설명했듯이 802.1X 인증을 위한 구성 요소로는 세 가지 요소가 있다. 다시 한 번 기억해보면, 첫 번째 요소로는 요청자Supplicant인 사용자 단말기가 있다. 대표적인 단말기로는 PC가 있다. 두 번째 요소로 인증자Authenticator라고 하는 사용자 단말기를 연결하는 액세스 스위치가 있다. 이 책에서는 연구소 업무용 액세스 스위치(NAS_BB_11F)와 기숙사 사용자용 액세스 스위치(NAS_BB_21F)가 있다. 마지막 요소로는 RADIUS 서버가 있다. RADIUS 서버는 사용자 인증, 네트워크 접속을 위한 인증자 제어와 과금Accounting 기능을 수행한다. 이 책에서는 RADIUS 서버로 FreeRadius를 사용하며, 앞 장에서 이미 설치를 마쳤다. 802.1X에는 이렇게 세 가지 핵심 구성 요소가 있다. 이 책에서는 802.1X 네트워크 접근통제 구현뿐만 아니라 이와 연계한 IP 주소 관리 기능까지 구현할 예정이어서 DHCP라는 구성 요소를 하나 더 추가했다. 이 네 가지 요소가 모두 중요한 요소이지만, 그중에서도 핵심을 꼽으라고 한다면, 나는 인증서버인 Radius를 말하고 싶다. 이 책의 핵심 주제인 802.1X도 결국에는 인증서버에 의해 제어되고 인증 결과에 따라서 IP 주소의 할당이 이뤄지기 때문에, 인증서버인 Radius가 가장 중요하다고 생각한다.

이번 절에서는 이렇게 802.1X 네트워크 접근통제와 IP 주소 관리에서 가장 중요한 역할을 수행하는 FreeRadius 인증서버에 대한 설정을 살펴본다. 비록 이번 장에서 진행하는 내용이 802.1X 인증과 인증 이후 DHCP 서버를 이용해 IP 주소를 할당받는 간단한 내용이지만, FreeRadius와 관련된 설정은 이 책의 전반에서 사용될 실제적인 환경 설정이므로 내용에 집중해서 잘 따라와주길 바란다.

4.1.1 사설인증서 설치

인증서는 FreeRadius에서 단말기와 암호화된 터널을 구성해 인증정보의 전송을 위해 사용되며, 이 책에서는 공인인증서가 아닌 사설인증서를 사용한다. 사설인증서의 생성을 위해서는 OpenSSL을 사용한다. OpenSSL은 FreeRadius 패키지가 설치될 때 이미 설치되어 있어 추가로 설치할 필요가 없다. 인증서 생성을 효과적으로 진행하기 위해 인증서버에 접속하고 리스트 4-1과 같이 사용자를 root로 전환한다.

리스트 4-1 사용자를 root로 전환

```
sysop@radius:~$ sudo su -
[sudo] password for sysop: 09n072
root@radius:~#
```

이제 미리 만들어둔 사설인증서 생성 파일을 이용하기 위해 리스트 4-2와 같이 OpenSSL 예제 파일이 저장되어 있는 경로로 이동한다.

리스트 4-2 OpenSSL 예제 파일 저장경로로 이동

```
root@radius:~# cd /usr/share/doc/freeradius/examples/certs
```

```
root@radius:/usr/share/doc/freeradius/examples/certs# ls
Makefile bootstrap client.cnf xpextensions
README     ca.cnf      server.cnf
root@radius:/usr/share/doc/freeradius/examples/certs#
```

리스트 4-2의 경로에 있는 ca.cnf, server.cnf, client.cnf 파일에서 리스트 4-3
과 같이 값을 변경한다. 해당 값은 꼭 리스트 4-3의 값이 아니라, 독자 여러분이 근
무하는 회사의 정보에 기초해 변경해도 좋다.

리스트 4-3 인증서 정보 변경

```
[ CA_default ]
...
default_days            = 3650
...
[ req ]
...
input_password          = 09n072
output_password         = 09n072
...
[ certificate_authority ]
countryName             = KR
stateOrProvinceName     = KOREA
localityName            = SEOUL
organizationName        = Korea Research Institute
emailAddress            = admin@korea.re.kr
commonName              = "KOREA NETWORK Certificate"
```

ca.cnf, server.cnf, client.cnf 파일을 변경한 후 리스트 4-4와 같이 인증서를
생성한다.

리스트 4-4 bootstrap 명령을 통한 인증서 생성

```
root@radius:/usr/share/doc/freeradius/examples/certs# ./bootstrap
Generating DH parameters, 1024 bit long safe prime, generator 2
This is going to take a long time
...............................+.................................................
   ..+............................................................................
......................................................++*++*++*
Generating a 2048 bit RSA private key
```

```
...
...
ertificate Details:
        Serial Number: 2 (0x2)
        Validity
            Not Before: May 31 21:06:20 2013 GMT
            Not After : May 29 21:06:20 2023 GMT
        Subject:
            countryName                = KR
            stateOrProvinceName        = KOREA
            organizationName           = Korea Research Institute
            commonName                 = \E2\80\9CKOREA NETWORK Certificate
            emailAddress               = admin@korea.re.kr
        X509v3 extensions:
            X509v3 Extended Key Usage:
                TLS Web Client Authentication
Certificate is to be certified until May 29 21:06:20 2023 GMT (3650 days)
failed to update database
TXT_DB error number 2
root@radius:/usr/share/doc/freeradius/examples/certs#
root@radius:/usr/share/doc/freeradius/examples/certs# ls
01.pem      ca.der      client.crt   index.txt.attr   server.cnf   server.pem
Makefile    ca.key      client.csr   index.txt.old    server.crt   xpextensions
README      ca.pem      client.key   random           server.csr
bootstrap   ca.pem      dh           serial           server.key
ca.cnf      client.cnf  index.txt    serial.old       server.p12
root@radius:/usr/share/doc/freeradius/examples/certs#
```

인증서 생성 과정에서 오류가 없었다면, 리스트 4-4의 내용과 같이 정상적으로 인증서 생성이 완료되어 이전보다 많은 파일들을 볼 수 있다. 이제 리스트 4-5와 같이 생성된 인증서 파일을 FreeRadius의 인증서 경로에 복사한다.

리스트 4-5 생성된 인증서를 인증서버에 복사

```
root@radius:/usr/share/doc/freeradius/examples/certs# cd /etc/freeradius/certs/
.../certs# mv ca.pem ca.pem.old
.../certs# mv server.key server.key.old
.../certs# mv server.pem server.pem.old
.../certs#
.../certs# cp /usr/share/doc/freeradius/examples/certs/ca.pem .
.../certs# cp /usr/share/doc/freeradius/examples/certs/ca.der .
.../certs# cp /usr/share/doc/freeradius/examples/certs/server.key .
```

```
.../certs# cp /usr/share/doc/freeradius/examples/certs/server.pem .
.../certs# chown freerad:freerad *
.../certs# ls
ca.der  ca.pem.old  server.key.old  server.pem
ca.pem  dh          server.key      server.pem.old
root@radius:/etc/freeradius/certs#
```

인증서 생성과 인증서 복사가 완료되었다. 이제 복사된 인증서를 FreeRadius에서 사용할 수 있도록 환경 설정을 변경해주는 일만 남았다. 그러나 이전에 한 가지 간단한 작업을 먼저 수행해야 한다. 지금 수행하고 있는 인증서 설치 관련 작업은 서버 관련 작업이다. 클라이언트에서 인증서를 사용하기 위해서는 클라이언트 쪽에도 인증서를 설치해줘야 한다. 클라이언트용 인증서 파일은 리스트 4-5의 파일 중에서 ca.der 파일이다. 이 파일을 클라이언트에서 사용할 수 있도록 미리 USB 메모리 스틱 등에 복사해둔다. 나는 간단히 작업하려고 ca.der 파일을 sysop 계정에 복사한 후, SFTP^{Secure File Transfer Protocol} 접속을 통해 ca.der 파일을 PC에 저장해놓고 사용한다.

ca.der 인증서 파일은 이번 장의 후반부에서 단말기 환경을 설정할 때 단말기에 설치해야 하므로 미리 준비해둔다.

이제 FreeRadius에서 앞의 인증서를 사용할 수 있도록 리스트 4-6과 같이 환경 설정을 변경한다.

리스트 4-6 /etc/freeradius/eap.conf

```
      ...
17:   eap {
      ...
30:   default_eap_type = peap
      ...
151: tls {
        ...
155:      certdir = ${confdir}/certs
156:      cadir = ${confdir}/certs
157:
158:      private_key_password = 09n072
159:      private_key_file = ${certdir}/server.key
        ...
```

```
302:        cache {
                ...
318:            enable = yes
                ...
            }
        }

397:    ttls {
            ...
405:        default_eap_type = mschapv2
            ...
421:        copy_request_to_tunnel = yes
            ...
434:        use_tunneled_reply = yes
            ...
451:        include_length = yes
        }
        ...
510:    peap {
            ...
522:        use_tunneled_reply = yes
            ...
        }
    }
```

> **참고** 환경 설정 파일의 내용이 많아서 변경할 곳으로 찾아가기가 어려울 것이다. 변경할 위치로
> 빠르게 이동하기 위해서는 리스트 4-6의 환경 설정 내용에서 왼쪽에 있는 숫자인 파일의 행 번호(line
> number)를 이용한다. vi 편집기에서 원하는 행으로 바로 이동하기 위해서는 Esc ❯ ': 행번호' ❯ Enter
> 를 입력한다.

4.1.2 인증자 등록

802.1X 인증을 위해서는 인증서버와 인증자가 서로를 알고 있어야 한다. 인증자가
인증 요청을 위해서 인증서버를 알고 있어야 하는 것은 당연하지만, 인증서버는 왜
인증자에 대해 알고 있어야 할까? 간단히 말하면 사고 방지를 위해서다. 네트워크
내에 정상적으로 등록되지 않은 인증자로부터 인증서버에 인증을 요청하고, 이러

한 요청에 대해 인증서버에서 정상적인 인증으로 처리하면 심각한 보안 관련 문제를 초래한다. 이러한 사고를 예방하기 위해 인증서버에서는 미리 인증자에 관한 정보를 등록하고 상호간에 미리 정해둔 키로 인증정보를 암호화해서 송·수신하도록 하고 있다.

이번에는 인증서버에서 맛보기를 위해 사용할 인증자 정보를 리스트 4-7과 같이 파일의 맨 뒤에 등록한다.

리스트 4-7 /etc/freeradius/clients.conf

```
...
client 172.30.11.11 {
      secret  = test123
      shortname = NAS_BD_11F
      nastype = cisco
}
```

> **참고** vi 에디터에서 파일의 맨 뒤로 이동하기 위해서는 ESC ❯ Shift+g를 입력한다.

인증자 등록이 완료되었다. 내용을 보면 각각의 행이 무엇을 의미하는지 이해할 수 있다. client 키워드 다음에 나오는 IP 주소가 바로 인증자의 IP 주소다. 인증자의 IP 주소는 서브넷 단위로 등록해줄 수 있지만, 각각의 인증자에 관한 정확한 정보 확인을 위해 나는 서브넷 등록 방식이 아닌 개별 호스트 등록 방식을 선호한다. 다음 secret 키워드는 앞서 설명한 인증서버와 인증자가 정보 교환 시에 사용하는 비밀키다. 그리고 shortname은 인증서버에 넘겨주는 인증자의 이름으로, 나중에 인증 관련 문제가 발생할 경우 사용자의 위치를 파악하는 데 유용하게 사용된다. 그리고 nastype은 제조사별로 인증서버와 통신하는 방식이 약간씩 달라지기 때문에 이를 맞추기 위해 사용하는 제조사의 유형으로 이해하면 된다.

4.1.3 테스트 사용자 계정 등록

이제 테스트에 사용할 사용자 계정을 등록하자. 앞 장에서 FreeRadius 서버를 설치하며 테스트 계정을 등록해본 경험이 있으므로 그렇게 부담되지는 않을 것이다. 이번에는 전에 했던 방법과 달리 사용자 계정 파일을 직접 편집하는 방법으로 사용자 계정을 등록하고자 한다.

기존에 등록했던 test01 계정 다음에 리스트 4-8과 같이 gdhong의 계정정보를 등록한다. 그런데 처음 등록한 사용자 계정에 비해 많은 내용이 추가되어 있다. 내용에 대한 의미는 차차 알아가기로 하고, 우선은 그냥 똑같이 입력한다. 지금 입력한 정보도 어느 정도 의미를 짐작할 수 있다. VLAN이 보이고, Group-ID가 보인다. 간단히 설명하면, Tunnel로 시작하는 속성들은 사용자 인증이 완료된 후에 스위치 포트에 VLAN을 할당하기 위한 것이다.

리스트 4-8 /etc/freeradius/users

```
test01 Cleartext-Password := "test"
gdhong Cleartext-Password := "gdhong123"
        Tunnel-Type = VLAN,
        Tunnel-Medium-Type = IEEE-802,
        Tunnel-Private-Group-ID = 999
```

리스트 4-8의 사용자 계정정보를 모두 등록했다면, 등록된 사용자 계정정보를 FreeRadius에서 사용할 수 있도록 리스트 4-9와 같이 FreeRadius를 다시 시작한다.

리스트 4-9 freeRadius 서버 재시작

```
root@radius:/etc/freeradius# /etc/init.d/freeradius restart
 * Stopping FreeRADIUS daemon freeradius                      [ OK ]
 * Starting FreeRADIUS daemon freeradius                      [ OK ]
root@radius:/etc/freeradius#
```

지금 혹시 이런 생각을 하는 독자가 있을 수 있다. '매번 사용자 계정을 등록할 때마다 인증서버를 재시작하면 너무 불편하지 않을까?' 그렇다. 이러한 불편함을 해소하기 위해 FreeRadius는 인증서버에서 사용하는 정보를 DBMS를 이용해 관리하는 방법을 제공한다. 그러나 지금 단계에서 굳이 DBMS 연동 관련 내용을 설명하는 것은 다소 이른 감이 있으므로, 이와 관련된 내용은 이후에 설명하기로 하고, 인증서버와 관련해서는 이 정도만 우선 알아두자. 그럼 사용자 계정 설정을 마무리하고 다음 설정으로 넘어가본다.

4.2 | DHCP 서버 설정

이번에는 DHCP 서버를 설정하도록 한다. DHCP 서버는 이 책에서 구현하고자 하는 IP 주소 관리에 있어서 아주 핵심적인 주제다. 사실 FreeRadius 서버만 활용하더라도 사용자 단말에 대한 IP 주소 할당과 회수가 충분히 가능한 것으로 알고 있다. 그렇지만 아직 FreeRadius의 고유 기능을 이용한 IP 주소 관리에 대해 완벽히 이해하지 못했고 유연성이 DHCP 서버에 비해 부족한 것 같아 이 책에서는 DHCP 서버를 FreeRadius 서버와 같이 운용해 IP 주소 관리를 구현하고 있다.

이번 절에서는 DHCP 서버의 환경 설정 파일에 VLAN 999에 대한 IP 주소대역을 설정하도록 한다. 뿐만 아니라 DHCP 서버에서 정상적으로 DHCP 요청과 관련된 브로드캐스팅 패킷을 수신할 수 있도록 서버에 설치된 이더넷 인터페이스 eth1에 VLAN 999의 가상 인터페이스도 등록한다.

4.2.1 DHCP 서버 환경 설정

DHCP 서버의 환경 설정은 기존 설정 파일을 이용하지 않고 새로운 환경 설정 파일을 만들도록 한다. 기존 환경 설정 파일의 내용을 편집해도 되지만, 초기 설정 파일에는 설정 파일의 내용에 관한 설명과 샘플 설정들이 미리 등록되어 있어 이를 삭제하고 편집하는 절차를 간소화할 필요가 있다. 따라서 리스트 4-10과 같이 기존 설정 파일은 백업 파일로 변경하고 새로운 파일을 생성한다.

리스트 4-10 dhcp.conf 파일 신규 생성

```
root@radius:/etc/freeradius# cd /etc/dhcp/
root@radius:/etc/dhcp# mv dhcpd.conf dhcpd.conf.bak
root@radius:/etc/dhcp# ls
dhclient-enter-hooks.d  dhclient.conf
dhclient-exit-hooks.d   dhcpd.conf.bak
root@radius:/etc/dhcp# touch dhcpd.conf
root@radius:/etc/dhcp# ls
dhclient-enter-hooks.d  dhclient.conf  dhcpd.conf.bak
dhclient-exit-hooks.d   dhcpd.conf
root@radius:/etc/dhcp#
```

이제 리스트 4-11과 같이 DHCP 서버의 환경 설정 내용을 입력한다.

리스트 4-11 /etc/dhcp/dhcpd.conf

```
1:  authoritative;
2:  ddns-update-style none;
3:  deny bootp;
4:  one-lease-per-client true;
5:  ignore client-updates;
6:
7:  default-lease-time          86400;
8:  max-lease-time              604800;
9:  option nis-domain           "korea.re.kr";
10: option domain-name          "korea.re.kr";
11: option domain-name-servers  168.126.63.1, 168.126.63.2;
12: log-facility                local7;
13:
14: subnet 192.168.9.0 netmask 255.255.255.0 {
15:         option routers              192.168.9.1;
16:         option subnet-mask          255.255.255.0;
17:
18:         range                       192.168.9.11 192.168.9.250;
19:         default-lease-time          1800;
20:         max-lease-time              3600;
21: }
```

다음으로 DHCP 요청과 관련된 브로드캐스팅 패킷을 수신할 인터페이스를 등록한다. DHCP 서버의 경우 등록되지 않은 인터페이스에서 요청되는 DHCP

REQUEST 패킷은 무시하기 때문에 요청을 받아들일 인터페이스를 리스트 4-12
와 같이 등록한다.

리스트 4-12 /etc/default/isc-dhcp-server

```
1:  # Defaults for dhcp initscript
2:  # sourced by /etc/init.d/dhcp
3:  # installed at /etc/default/isc-dhcp-server by the maintainer scripts
4:
5:  #
6:  # This is a POSIX shell fragment
7:  #
8:
9:  # On what interfaces should the DHCP server (dhcpd) serve DHCP requests?
10: #        Separate multiple interfaces with spaces, e.g. "eth0 eth1".
11: INTERFACES="eth1.999"
```

4.2.2 DHCP 가상 인터페이스 등록

이제 실제로 DHCP REQUEST 패킷을 수신하기 위한 가상의 인터페이스를 만든다.
가상 인터페이스는 두 번째 인터페이스 eth1에 생성한다. 하나의 물리적 네트워크
에 가상의 네트워크(VLAN)를 여러 개 만들 수 있는 것처럼, 하나의 물리적 인터페
이스에 가상 인터페이스를 여러 개 만들어 각각 독립적인 인터페이스로 동작시킬
수 있다. VLAN과 가상 인터페이스 덕분에 업무 특성에 따라 네트워크를 분리하고,
이에 따른 접근통제정책을 유연하게 구현할 수 있게 되었다. 이번에는 802.1X 인
증과 IP 주소 할당을 위한 맛보기로 사용할 VLAN 999의 가상 인터페이스만 만들
도록 한다. 먼저 리스트 4-13과 같이 새로운 네트워크 인터페이스를 등록한다.

리스트 4-13 /etc/network/interfaces 일부

```
19: # This is an autoconfigured IPv6 interface
20: iface eth0 inet6 auto
21:
22: auto eth1
23: iface eth1 inet static
24:         address 192.168.0.1
25:         netmask 255.255.255.0
```

```
26:          network 192.168.0.0
27:          gateway 192.168.0.1
28:          broadcast 192.168.0.255
29:
30: auto eth1.999
31: iface eth1.999 inet static
32:          address 192.168.9.1
33:          netmask 255.255.255.0
34:          network 192.168.9.0
35:          broadcast 192.168.9.255
36:          gateway 192.168.9.1
37:          dns-nameservers 168.126.63.1
38:          dns-search korea.re.kr
39:          vlan_raw_device eth1
```

앞서 진행한 모든 설정을 마무리하고, 리스트 4-14와 같이 네트워크와 DHCP
서비스를 재시작한다.

리스트 4-14 네트워크와 DHCP 서비스 재시작

```
root@radius:/etc/network# /etc/init.d/networking restart
 * Running /etc/init.d/networking restart is deprecated because it may not enable
   again some interfaces
 * Reconfiguring network interfaces...
   ssh stop/waiting
ssh start/running, process 1688
RTNETLINK answers: File exists
Failed to bring up eth1.
WARNING:  Could not open /proc/net/vlan/config.  Maybe you need to load the 8021q
   module, or maybe you are not using PROCFS??
Set name-type for VLAN subsystem. Should be visible in /proc/net/vlan/config
Added VLAN with VID == 999 to IF -:eth1:-
RTNETLINK answers: File exists
Failed to bring up eth1.999.                              [ OK ]
root@radius:/etc/network# service isc-dhcp-server restart
 * Stopping ISC DHCP server dhcpd                         [ OK ]
 * Starting ISC DHCP server dhcpd                         [ OK ]
root@radius:/etc/network#
```

네트워크 재시작 후 리스트 4-15와 같이 `ifconfig` 명령을 실행해보면 리스트 4-15와 같이 eth0, eth1, eth1.999 3개의 인터페이스가 활성화되어 있음을 확인할 수 있다.

리스트 4-15 활성화된 네트워크 인터페이스 확인

```
root@radius:/etc/network# ifconfig
eth0      Link encap:Ethernet  HWaddr 00:1c:42:68:d9:f1
          inet addr:172.30.10.11  Bcast:172.30.10.255  Mask:255.255.255.0
          inet6 addr: fdb2:2c26:f4e4:0:21c:42ff:fe68:d9f1/64 Scope:Global
          inet6 addr: fe80::21c:42ff:fe68:d9f1/64 Scope:Link
          inet6 addr: fdb2:2c26:f4e4:0:d524:e220:36a2:a8bb/64 Scope:Global
          UP BROADCAST RUNNING MULTICAST  MTU:1500  Metric:1
          RX packets:940 errors:0 dropped:0 overruns:0 frame:0
          TX packets:637 errors:0 dropped:0 overruns:0 carrier:0
          collisions:0 txqueuelen:1000
          RX bytes:90781 (90.7 KB)  TX bytes:85756 (85.7 KB)

eth1      Link encap:Ethernet  HWaddr 00:1c:42:fa:bc:b0
          inet addr:192.168.0.1  Bcast:192.168.0.255  Mask:255.255.255.0
          inet6 addr: fdb2:2c26:f4e4:1:21c:42ff:fefa:bcb0/64 Scope:Global
          inet6 addr: fe80::21c:42ff:fefa:bcb0/64 Scope:Link
          inet6 addr: fdb2:2c26:f4e4:1:1914:aad3:23ec:dc54/64 Scope:Global
          UP BROADCAST RUNNING MULTICAST  MTU:1500  Metric:1
          RX packets:5 errors:0 dropped:0 overruns:0 frame:0
          TX packets:14 errors:0 dropped:0 overruns:0 carrier:0
          collisions:0 txqueuelen:1000
          RX bytes:550 (550.0 B)  TX bytes:1132 (1.1 KB)

eth1.999  Link encap:Ethernet  HWaddr 00:1c:42:fa:bc:b0
          inet addr:192.168.9.1  Bcast:192.168.9.255  Mask:255.255.255.0
          inet6 addr: fe80::21c:42ff:fefa:bcb0/64 Scope:Link
          UP BROADCAST RUNNING MULTICAST  MTU:1500  Metric:1
          RX packets:0 errors:0 dropped:0 overruns:0 frame:0
          TX packets:6 errors:0 dropped:0 overruns:0 carrier:0
          collisions:0 txqueuelen:0
          RX bytes:0 (0.0 B)  TX bytes:468 (468.0 B)

lo        Link encap:Local Loopback
          inet addr:127.0.0.1  Mask:255.0.0.0
          inet6 addr: ::1/128 Scope:Host
          UP LOOPBACK RUNNING  MTU:16436  Metric:1
          RX packets:30 errors:0 dropped:0 overruns:0 frame:0
          TX packets:30 errors:0 dropped:0 overruns:0 carrier:0
```

```
collisions:0 txqueuelen:0
RX bytes:3068 (3.0 KB)  TX bytes:3068 (3.0 KB)

root@radius:/etc/network#
```

지금까지 802.1X 인증과 IP 주소 관리에서 가장 핵심이 되는 인증서버와 DHCP 서버 설정을 마쳤다. 하나하나 따라해보는 방식으로 진행하니 그다지 어렵지 않을 것이다. 지금까지 잘 따라온 독자라면 앞으로의 과정도 그리 어렵지 않게 이해할 수 있다. 이어지는 책의 내용에서도 지금처럼 천천히 진행하면서 핵심적인 내용을 모두 전달할 것이다. 이제 그다음으로 중요한 액세스 스위치에 대한 환경 설정을 진행해본다.

4.3 ┃ 스위치 환경 설정

이번에는 인증자 역할을 수행하는 액세스 스위치에 대한 환경 설정을 진행해본다. 솔직히 802.1X 인증체제를 구축하는 과정에서 가장 쉬운 환경 설정요소가 바로 인증자다. 물론 우리말로 된 도움말이 부족한 탓에 명령 각각의 의미와 명령에 따른 동작을 확인하며 학습하는 과정에서 많은 시간이 필요했지만, 의미를 파악하고 나서는 가장 단순한 요소가 되었다.

스위치의 환경 설정요소는 전역 설정요소와 포트별 설정요소로 분리할 수 있다. 전역 설정요소는 말 그대로 설정된 내용이 스위치 전체에 적용되는 내용을 말하며, 대표적인 항목으로는 인증서버의 주소를 들 수 있다. 포트별 설정요소는 개별 포트에 적용하기 위한 설정요소를 말하며, 개별 포트에 설정된 내용은 다른 포트에는 어떠한 영향도 미치지 않는다. 하나의 스위치에서 어떤 포트는 802.1X 인증을 수행하고 어느 포트는 802.1X 인증 모드가 아닌 액세스 포트^{Access Port}로 사용하고자 할 때, 포트별 설정을 달리하면 각각 목적하는 대로 운영할 수 있다. 이번 예에서는 스위치의 11번 포트에만 802.1X 인증과 관련된 설정을 적용한다.

먼저 스위치에 대한 환경 설정을 위해 앞 장에서 네트워크 환경을 구축할 때와 마찬가지로, 연구소 액세스 스위치(NAS_BD_11F)에 리스트 4-16과 같이 터미널을 연결해 전역환경 설정 모드로 진입한다.

리스트 4-16 전역환경 설정 모드 진입

```
Username: admin
Password: 09n072
NAS_BD_11F$enable
Password: 09n072
NAS_BD_11F#configure terminal
NAS_BD_11F(config)#
```

리스트 4-16의 전역환경 설정 모드에서 리스트 4-17과 같이 802.1X 인증을 위한 전역환경 설정을 수행한다.

리스트 4-17 802.1X 인증을 위한 전역환경 설정

```
NAS_BD_11F(config)#aaa new-model
NAS_BD_11F(config)#radius-server host 172.30.10.11 auth-port 1812 acct-port 1813
    key test123
NAS_BD_11F(config)#aaa authentication dot1x default group radius
NAS_BD_11F(config)#aaa authorization network default group radius
NAS_BD_11F(config)#aaa accounting dot1x default start-stop group radius
NAS_BD_11F(config)#dot1x system-auth-control
NAS_BD_11F(config)#dot1x guest-vlan supplicant
NAS_BD_11F(config)#radius-server vsa send accounting
NAS_BD_11F(config)#radius-server vsa send authentication
NAS_BD_11F(config)#authentication mac-move permit
```

각각의 명령 줄이 무엇을 의미하는지 궁금할 것이다. 지금은 단지 맛보기를 위한 설정을 진행하는 것이므로 궁금하더라도 조금만 참아주길 바란다. 뒤에서 자세히 설명할 것이다. 그런데 조금 낯익은 키워드가 보인다. 궁금하면 검색엔진의 도움을 받아 의미를 파악하는 것도 학습의 즐거움을 더하는 하나의 방법이다.

이제는 스위치 포트에 대한 설정을 진행한다. 리스트 4-18과 같이 설정한다.

리스트 4-18 스위치 포트에 대한 802.1X 환경 설정

```
NAS_BD_11F(config)#interface gi1/0/9
NAS_BD_11F(config-if)#description ## Normal VLAN 999 Port ##
NAS_BD_11F(config-if)#switchport mode access
NAS_BD_11F(config-if)#switchport access vlan 999
NAS_BD_11F(config-if)#exit
NAS_BD_11F(config)#interface gi1/0/11
NAS_BD_11F(config-if)#description ## Dot1X Auth Port ##
NAS_BD_11F(config-if)#switchport mode access
NAS_BD_11F(config-if)#authentication port-control auto
NAS_BD_11F(config-if)#dot1x pae authenticator
NAS_BD_11F(config-if)#dot1x timeout tx-period 2
NAS_BD_11F(config-if)#dot1x max-req 1
NAS_BD_11F(config-if)#dot1x max-reauth-req 3
NAS_BD_11F(config-if)#dot1x timeout auth-period 2
NAS_BD_11F(config-if)#spanning-tree portfast
NAS_BD_11F(config-if)#spanning-tree bpduguard enable
NAS_BD_11F(config-if)#end
NAS_BD_11F#write
NAS_BD_11F#
```

리스트 4-18의 설정에서 보면, 스위치 포트 2개에 환경을 설정하고 있다. 그런데 2개의 설정이 많이 다르다. 나중에 인증을 테스트할 때, 일반적으로 동작하는 포트와 802.1X가 적용된 포트가 어떻게 동작하는지를 비교하기 위해 2개의 포트에 각각 다른 설정을 적용한 것이다. 9번 포트가 일반적인 포트 설정이고, 11번 포트가 802.1X 설정이다. 이건 그냥 딱 봐도 알 수 있을 것이다.

이것으로 스위치 포트의 환경 설정을 마쳤다. 정말 간단하다. 지금까지 적용한 설정에 몇 가지 설정을 추가해야만 완벽한 설정이라고 할 수 있지만, 앞의 설정 과정이 802.1X 설정의 모든 것이라고 해도 과언이 아니다. 앞으로 시나리오 구현을 진행하면서 확인하겠지만, 액세스 스위치의 설정은 앞의 설정을 그대로 반복해서 사용한다. 앞의 설정이 어떤 위력을 발휘하게 될지 한번 생각해보길 바란다. 액세스 스위치 환경 설정이 얼마나 간편해지는지는 이 책의 후반부에서 다시 설명할 것이다.

4.4 | 단말기 환경 설정

이제 802.1X 구성 요소 중 하나인 요청자^{Supplicant}에 대한 환경 설정만 남겨두고 있다.

앞서 802.1X의 세 가지 구성 요소 중에서 인증서버가 가장 중요하다고 말했다. 802.1X 자체가 포트 기반 인증 표준이기 때문에 인증서버가 없으면 인증체계로서의 역할을 수행할 수 없기 때문이다.

그럼 요청자는 어떻게 표현하면 좋을까? 나는 인증체제의 '꽃'이라고 표현하고 싶다. 아무리 좋은 인증체제가 있다고 하더라도 사용자 입장에서 사용에 어려움을 느끼고 불편하다면 관리자의 입장에서도 도입을 꺼려할 것이다. 질문을 바꿔보자. 802.1X가 발표된 지 10여 년의 시간이 훨씬 더 지났음에도 아직까지 활성화되지 않은 이유는 무엇일까? 내가 볼 때는 복잡하기도 하지만, 가장 큰 요인으로는 사용자 단말기에서 802.1X를 효과적으로 지원하지 못했고 지원했다고 하더라도 환경 설정이 매우 불편했기 때문일 것이다.

이번 과정에서는 윈도우7 운영체제가 설치된 PC에서 802.1X 인증을 위한 환경 설정을 진행하자. 지금부터는 네트워크 관리자나 IT 종사자가 아닌 일반 사용자의 입장에서 환경 설정을 수행한다. 이번 과정을 통해 조금은 802.1X가 도입되지 않은 이유를 체험하게 될 것이다. 물론 여섯 번째 시나리오에서 이러한 불편을 해소하기 위한 방법을 제공하지만, 관리자로서 기본적인 설정법을 알고 있어야 하기에 불편을 감수하고 설정을 진행하도록 한다.

한 가지 주의사항이 있다. 윈도우 운영체제 중 홈 에디션^{Home Edition}을 사용하는 단말기는 802.1X 인증을 위한 환경을 구성할 수 없다. 마이크로소프트가 가정용으로 출시한 윈도우 홈 에디션은 802.1X 인증 기능을 활성화할 수 없도록 제한되어 있다. 일반적인 가정은 PC를 사용하면서 802.1X 인증을 사용할 필요가 없기 때문이다. 이 점을 인지하고 802.1X 인증체제 구축 시에 홈 에디션을 사용하는 윈도우 환경이라면 프로페셔널 또는 엔터프라이즈 버전으로 업그레이드해야 한다.

이제부터 단말기에 대한 환경 설정을 진행하자.

4.4.1 사설인증서 설치

802.1X 인증 수행 시에 단말기와 인증서버 간에 정보 전달을 위해 사용하는 프로토콜을 EAP라고 한다. EAP에는 다양한 유형이 존재하며 MD5, LEAP^{Lightweight} _{Extensible Authentication Protocol}, PEAP, TLS 및 TTLS^{Tunneled Transport Layer Security} 등이 있다. 각각의 EAP 옵션은 구현하고자 하는 802.1X의 보안 수준에 따라 달리 선택한다. 여기서는 직접 업무에 적용하기 위해 어느 정보 보안 수준을 확보하고 있으면서도 구현하기 편한 PEAP를 선택하도록 한다. PEAP는 단말기와 인증서버 간에 암호화된 채널을 구성하며, 채널 구성 시에 서버 측 인증서만을 사용함으로써 구현을 단순화시켜주는 장점이 있다. 이번 장에서 인증서버를 설정할 때 생성해준 사설인증서가 서버 인증서다. 이번 절에서 앞서 준비해둔 서버 인증서를 클라이언트에 설치하도록 한다.

앞서 생성해둔 인증서는 USB 메모리 스틱에 보관하고 있을 것이다. 인증서 파일명은 ca.der로 되어 있다. 해당 파일을 테스트용 단말기의 바탕화면에 복사해둔 상태에서 인증서 설치를 진행한다.

1. 바탕화면에 있는 인증서를 더블 클릭해 인증서를 열고, **인증서 설치** 버튼을 클릭한다.

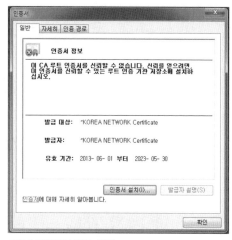

그림 4-2 인증서 정보 화면

2. 그림 4-3의 화면에서 **다음** 버튼을 클릭한다.

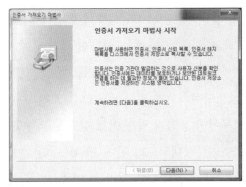

그림 4-3 인증서 가져오기 마법사 시작 화면

3. 그림 4-4의 화면에서 **모든 인증서를 다음 저장소에 저장**을 선택하고 **찾아보기** 버튼을 클릭한다.

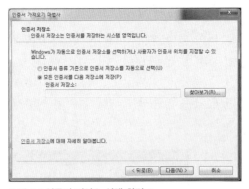

그림 4-4 인증서 저장소 선택 화면 1

4. 인증서 저장소는 **신뢰할 수 있는 루트 인증 기관**을 선택하고, **확인** 버튼을 클릭한다.

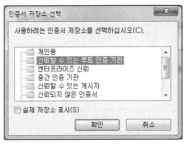

그림 4-5 인증서 저장소 선택 화면 2

5. 그림 4-6의 화면에서 인증서 저장소가 올바르게 선택되었는지 확인하고 **다음** 버튼을 클릭한다.

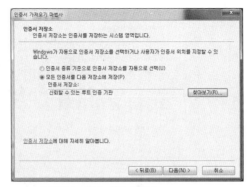

그림 4-6 인증서 저장소 선택 화면 3

6. 인증서 가져오기 마법사의 종료를 위해 **마침** 버튼을 클릭한다.

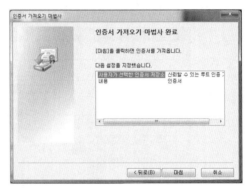

그림 4-7 인증서 가져오기 마법사 완료 화면

7. 그림 4-8의 경고문에서 **예**를 선택해 인증서를 설치한다.

그림 4-8 사설인증서 설치에 따른 경고 메시지

8. 그림 4-9와 같은 완료 창에서 **확인** 버튼을 클릭하고, 인증서 창에서도 **확인** 버튼을 클릭해 인증서 설치를 마무리한다.

그림 4-9 인증서 가져오기 완료 메시지 화면

인증서 설치가 그다지 어렵지는 않다. 그럼에도 현장에서는 오류를 일으킨다. 인증서 설치를 위한 가이드를 단계별로 하나하나 화면 캡처해서 설명까지 달아 제공했음에도, 인증서를 엉뚱하게 설치하는 경우가 비일비재했다. 가장 오류를 많이 일으키는 부분이 '인증서 저장소'를 선택하는 부분이었는데, 대부분 저장소를 묻는 창에서 바로 **확인** 버튼을 클릭해 인증서가 엉뚱한 곳에 설치되는 경우였다. 이렇게 너

무 쉬워서 발생하는 오류를 방지하기 위해, 여섯 번째 시나리오에서 인증서 자동 배포와 다음에 진행할 내용을 자동화하는 방법에 대해 알아본다.

4.4.2 802.1X 인증 기능 활성화

일반적인 네트워크 환경에서는 802.1X 인증을 사용하지 않기 때문에 단말기의 네트워크 환경에서는 기본적으로 802.1X 인증은 비활성화되어 있다. 따라서 802.1X 인증을 사용하기 위해서는 먼저 유선 네트워크에 대한 802.1X 인증 기능을 활성화해줘야 하며, 다음 절차에 따라 활성화시킬 수 있다.

1. 먼저 윈도우의 **시작** 아이콘을 클릭하고 **프로그램 및 파일검색** 입력박스에서 compmgmt.msc를 실행한다.

그림 4-10 컴퓨터 관리 명령 실행

2. 컴퓨터 관리 창의 왼쪽 트리에서 **서비스 및 응용 프로그램**을 선택한 다음, **서비스**를 선택한다.

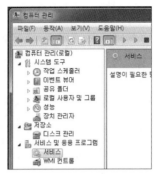

그림 4-11 컴퓨터 관리 화면

3. 서비스 목록의 거의 마지막 부분에 있는 Wired AutoConfig 항목을 더블 클릭
한다.

그림 4-12 서비스 목록 화면

4. Wired AutoConfig 속성 창에서 화면의 중간에 있는 **서비스 유형**을 **자동**으로
변경한다.

그림 4-13 Wired AutoConfig 서비스 속성 화면

5. 같은 화면에서 **시작 유형**이 변경된 것을 확인하고 **시작** 버튼을 클릭해 서비스를 시작한다. **확인** 버튼을 클릭해 802.1X 인증 기능 활성화를 마무리한다.

그림 **4-14** Wired Auto Config 서비스 속성 화면

6. 802.1X 인증 기능이 활성화되었는지를 확인하려면, 네트워크 어댑터 설정에서 **로컬 영역 연결**의 속성 창을 열어서 두 번째 탭에 **인증** 탭이 보이는지를 확인하면 된다.

그림 **4-15** 네트워크 어댑터 속성 화면

4.4.3 네트워크 어댑터 인증환경 설정

인증환경 설정은 앞의 인증 활성화에 이어서 진행한다.

1. 인증 기능이 활성화되었는지 확인하기 위해 열어뒀던 네트워크 어댑터 속성 창에서 **인증** 탭을 클릭하고, **네트워크 인증 방법 선택**의 오른쪽에 있는 **설정** 버튼을 클릭한다.

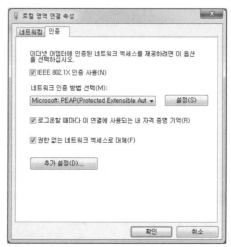

그림 4-16 네트워크 속성에서 인증 관련 옵션 변경

2. 보호된 EAP 속성 창에서 **서버 인증서 유효성 확인**에 체크하고, **신뢰할 수 있는 루트 인증기관**에서 방금 전에 설치했던 인증서("KOREA NETWORK Certificate)를 선택하고 체크한다. 그리고 화면 하단에 있는 **인증 방법 선택**의 오른쪽에 있는 **구성**을 클릭한다.

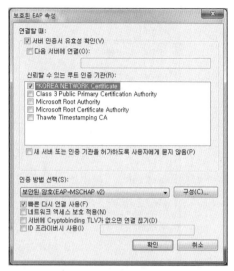

그림 4-17 EAP 속성에서 인증서 선택

3. EAP MSCHAPv2 속성 창에서 체크 표시를 없애고 **확인** 버튼을 클릭한다.

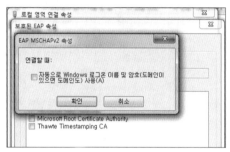

그림 4-18 인증 방법 변경

4. 그림 4-19의 화면에서 **확인** 버튼을 클릭해 보호된 EAP 속성 설정을 마무리한다.

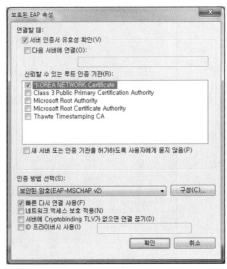

그림 4-19 EAP 속성 변경 완료

5. 로컬 영역 연결 속성 창에서 왼쪽 하단에 있는 **추가 설정** 버튼을 클릭한다.

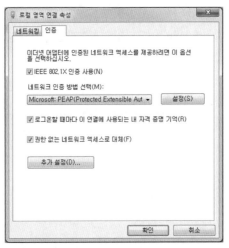

그림 4-20 네트워크 어댑터의 인증 속성 화면

6. 그림 4-21과 같이 고급 설정 화면에서 **인증 모드 지정**에 체크하고, 인증 모드 를 **사용자 지정**으로 변경한다. 그다음에 **확인** 버튼을 클릭해 설정을 종료한다.

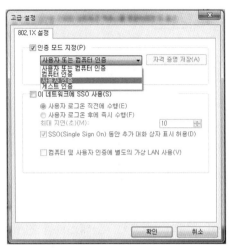

그림 4-21 인증 모드 설정 화면

7. 마지막으로 로컬 영역 연결 속성 창에서 어댑터의 IP 주소 설정 방법을
DHCP로 변경하고, 네트워크 어댑터의 인증환경 설정을 마무리한다.

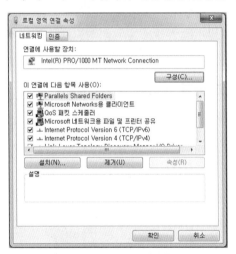

그림 4-22 네트워크 어댑터 속성 변경 완료

지금까지 단말기에 대한 인증환경 설정을 수행했다. 그리 어렵지 않은 내용이라
서 모두 쉽게 이해했을 것이다. 이제 본격적으로 802.1X 인증을 수행해본다.

4.5 | 인증 테스트

드디어 802.1X 인증을 테스트할 시간이 되었다. 그럼 바로 실습에 들어가자. 지금쯤이면 802.1X라는 말만 들어도 대강의 내용이 머릿속에서 떠오를 것이다. 실습에 앞서 다음과 같은 내용을 독자 여러분에게 당부한다. 백본 스위치의 보안 장비 스위치에 인증서버가 정상적으로 연결되었는지, 통신은 제대로 되는지 등을 확인해보길 바란다. 그리고 인증서버에 설정된 가상 인터페이스가 정상적으로 동작하는지도 백본 스위치에서 테스트해보길 바란다.

아무런 이상이 없다면 본격적으로 테스트를 진행한다. 테스트는 두 가지 상황으로 진행한다. 첫 번째 테스트는 802.1X 설정이 아닌 일반적인 환경 설정에서 DHCP가 정상적으로 동작하는지를 확인하는 것이고, 두 번째 테스트는 802.1X 설정 환경에서 정상적으로 인증이 이뤄지고 IP 주소를 할당받는지를 확인하는 것이다. 이렇게 두 가지 상황에 대해 테스트하는 이유는 앞 절에서도 설명했지만, 두 가지 상황에 대한 비교를 통해 차이점을 확인해보기 위해서다.

4.5.1 네트워크 동작 테스트

앞서 진행한 네트워크 스위치 환경 설정에서 서로 다른 두 가지 설정을 진행했다. 하나는 대부분의 네트워크 환경에서 일반적으로 적용하는 Access VLAN 지정 방식이고, 나머지는 802.1X 인증을 적용한 설정이었다. 혹시 어떤 스위치 포트에 일반적인 설정이 적용되었는지 기억하는가? 스위치의 아홉 번째 포트에 일반적인 환경 설정이 적용되어 있다.

실제로 테스트하기 전에 어떻게 동작해야 하는지 먼저 예측해보는 것은 어떨까? 네트워크 케이블을 연결하는 동작부터 머릿속에 그려보고, 다음에 기대하는 결과를 한번 상상해보자. PC에 할당되는 IP 주소는 무엇일까?

이제부터 테스트를 시작하자. 테스트용 단말기는 부팅이 완료된 상태에서 진행한다. 제일 먼저 네트워크 케이블을 PC의 네트워크 인터페이스에 연결하고 액세스 스위치의 9번 포트에 연결한다.

정상적으로 연결되었는지 확인하기 위해 스위치와 PC의 링크 램프 점멸 여부를 확인하고, 트레이 바에 있는 네트워크 아이콘이 연결 해제 모드에서 연결 모드로 변경되었는지를 확인한다. 이제 30초에서 1분 정도를 기다린다. 대기하는 시간은 단말기가 DHCP 서버에서 IP 주소를 할당받는 시간이다. IP 주소 확인을 위해 DOS 명령 창을 열고 ipconfig 명령을 실행한다.

정상적으로 IP 주소가 할당되었다면 리스트 4-19와 같거나 비슷할 것이다.

리스트 4-19 802.1X 인증 미적용 포트에서 할당된 IP 주소 확인

```
C:\Users\leemc>ipconfig

Windows IP Configuration

Ethernet adapter ?? ?? ??:

   Connection-specific DNS Suffix  . : localdomain
   IPv6 Address. . . . . . . . . . . : fdb2:2c26:f4e4:0:da5:c324:d539:9565
   Temporary IPv6 Address. . . . . . : fdb2:2c26:f4e4:0:58ee:c91:2385:ebce
   Link-local IPv6 Address . . . . . : fe80::da5:c324:d539:9565%11
   IPv4 Address. . . . . . . . . . . : 192.168.9.11
   Subnet Mask . . . . . . . . . . . : 255.255.255.0
   Default Gateway . . . . . . . . . : 192.168.9.1
...
```

리스트 4-19와 비슷한 결과를 얻었는가? 혹시 192.168.9로 시작하는 IP를 할당받지 못했다면, 앞에서 진행한 환경 설정을 따라하다가 일부 항목에서 오류를 범했을 가능성이 높다. 이 경우에는 다시 한 번 설정을 확인해본다.

4.5.2 802.1X 인증 테스트

802.1X 인증 테스트는 앞서 진행한 테스트에 비해 조금 복잡할 수 있다. 앞서 진행한 테스트는 단순히 단말기를 네트워크 스위치에 연결하고 IP 주소를 할당받는지만을 테스트했다. 결국 DHCP 서버가 정상적으로 동작하는지를 테스트한 것이다. 이번에 진행할 테스트는 말 그대로 인증 테스트이기 때문에 앞선 절차보다 인증이라는 단계가 하나 더 추가되어 전 단계에 비해 약간 복잡할 수 있다. 그리고 이번

테스트에서는 이전 테스트와 달리 인증 요청 과정과 IP 주소 할당 과정에서 어떠한 일들이 일어나는지를 인증서버의 로그를 모니터링하면서 살펴본다.

테스트 시작에 앞서 테스트 진행에 따른 인증서버의 동작을 확인하기 위해 간단한 준비가 필요하다. 특별한 것은 아니고 인증서버의 시스템 로그를 실시간으로 확인하기 위한 준비로, 관리용 단말기에서 터미널을 실행시키고 인증서버에 연결한다. 그리고 리스트 4-20과 같이 연결된 터미널 창에서 사용자를 root로 변경하고, 파일 맨 뒷부분의 내용을 확인하는 tail 명령을 사용해 시스템 로그를 모니터링한다.

리스트 4-20 시스템 로그 모니터링

```
sysop@radius:~$ sudo su -
[sudo] password for sysop:
root@radius:~#tail -f /var/log/syslog
```

인증서버에 연결된 터미널을 하나 더 만들고 리스트 4-21과 같이 인증서버의 인증 관련 로그 파일을 모니터링한다.

리스트 4-21 FreeRadius 인증 로그 모니터링

```
sysop@radius:~$ sudo su -
[sudo] password for sysop:
root@radius:~#tail -f /var/log/freeradius/radius.log
```

이제 리스트 4-21의 터미널 창에서는 테스트 진행에 따라 인증서버에서 발생하는 상세한 로그 메시지를 출력할 것이다. 출력되는 시스템 로그는 각각의 테스트 단계에 따라 중요한 메시지에 대해서만 설명할 것이다. 그럼 테스트를 시작한다.

먼저, 앞선 테스트에서 9번 포트에 연결했던 랜케이블을 11번 포트에 연결한다. 단말기가 스위치에 정상적으로 연결되면, 단말기를 통해 사용자에게 사용자 계정 정보 입력을 요구하는 메시지를 확인할 수 있다.

그림 4-23 802.1X 인증에 필요한 계정정보 입력 요청 메시지

그림 4-23과 같은 메시지 창이 표시되면 메시지를 클릭하고, 그림 4-24의 화면에서 네트워크 연결에 필요한 사용자 계정정보를 입력한다.

그림 4-24 802.1X 인증을 위한 계정정보 입력 창

사용자 계정정보는 인증서버의 환경을 설정할 때 등록해줬던 계정정보를 사용한다.

- 사용자 이름: gdhong

- 암호: gdhong123

네트워크 인증 창에 사용자정보를 입력하고 **확인** 버튼을 클릭한다. 약 30초에서 1분 정도 인증이 완료되기를 기다렸다가 단말기의 IP 주소를 확인한다.

리스트 4-22와 같이 첫 번째 테스트와 동일한 IP 주소를 확인할 수 있다.

리스트 4-22 802.1X 인증이 적용된 포트에서 할당된 IP 주소 확인

```
C:\Users\leemc>ipconfig

Windows IP Configuration

Ethernet adapter ?? ?? ??:

   Connection-specific DNS Suffix  . : localdomain
   IPv6 Address. . . . . . . . . . . : fdb2:2c26:f4e4:0:da5:c324:d539:9565
```

```
Temporary IPv6 Address. . . . . . : fdb2:2c26:f4e4:0:58ee:c91:2385:ebce
Link-local IPv6 Address . . . . . : fe80::da5:c324:d539:9565%11
IPv4 Address. . . . . . . . . . . : 192.168.9.11
Subnet Mask . . . . . . . . . . . : 255.255.255.0
Default Gateway . . . . . . . . . : 192.168.9.1
...
```

리스트 4-22와 동일하거나 비슷한 결과를 얻었다면, 802.1X 인증에 성공한 것이다. 그런데 인증에 성공해서 기쁘지만 무언가 조금 허전하지 않은가? 802.1X 인증을 하면 뭔가 신기한 결과가 나올 것처럼 말했지만, 실제 보게 되는 최종 결과가 동일해서 802.1X의 특별함이 그다지 느껴지지 않을 것이다. 단말기에서 나타난 내용만을 가지고 살펴보면, 사용자 인증정보를 입력하는 것 외에는 특별한 것이 없다.

이렇게 궁금해하는 독자를 위해 테스트에 앞서 터미널을 실행시키고 인증서버와 시스템 로그를 모니터링한 것이다.

로그를 통해 인증서버와 DHCP 서버에서 어떤 일들을 했는지 확인해보자. 로그의 경우 터미널 창 실행 순서와는 반대로, 인증서버 로그를 먼저 살펴본다. 두 번째 터미널 창에서 리스트 4-23과 비슷한 로그가 출력되었을 것이다.

리스트 4-23 FreeRadius 인증 로그

```
Jun  5 02:11:59 radius freeradius[29599]: Login OK: [gdhong/<via Auth-Type =
    EAP>] (from client NAS_BB_11F port 50111 via TLS tunnel)
Jun  5 02:11:59 radius freeradius[29599]: Login OK: [gdhong/<via Auth-Type =
    EAP>] (from client NAS_BB_11F port 50111 cli 7C-C3-A1-87-36-7D)
```

단말기 1대를 인증했는데, 비슷한 로그 두 줄이 있다. 두 로그의 차이점이라면 첫 번째 로그의 끝에는 TLS Tunnel 키워드가 있고, 두 번째 로그에는 단말기의 맥 주소가 있는 정도다. 그럼 이 두 로그가 의미하는 바는 무엇일까? 첫 번째는 사용자 인증에 앞서 단말기에 설치한 인증서를 이용해 단말기와 인증서버 간에 암호화된 터널을 생성했다는 로그다. 그리고 두 번째 로그는 암호화된 터널을 통해 사용자 인증을 완료했다는 메시지다. 그럼 왜 인증 전에 암호화된 터널을 생성할까? 모두 알고 있겠지만, 네트워크를 통해 전송되는 암호화되지 않은 패킷은 간단한 도구를 이용해 캡처할 수 있고, 패킷 분석을 통해 패킷의 내용까지 확인할 수 있다. 만약 인증정보가 일반 패킷으로 전송된다면, 악의적인 사용자에 의해 계정정보가 탈취당할 수 있다. 이러한 보안 위협을 방지하고자 이와 같이 인증 절차가 두 단계로 진행되는 것이다.

그리고 인증서버 로그를 보면 알 수 있지만, 인증의 성공과 실패 여부뿐 아니라 인증 요청시간(Jun 5 02:11:59), 인증을 요청한 액세스 스위치(NAS_BB_11F), 액세스 스위치의 포트(50111) 등 다양한 정보를 습득할 수 있다. 이렇게 획득된 정보를 네트워크 관리에 이용한다면, 굳이 NMS^Network Monitoring System를 사용하지 않더라도 간단한 네트워크 사용현황과 사용자의 위치 등을 손쉽게 파악할 수 있다. 이제 시스템 로그를 살펴보자.

리스트 4-24 시스템 로그

```
Jun  5 02:11:60 radius dhcpd: DHCPREQUEST for 192.168.9.11 from 7c:c3:a1:87:36:7d
    via eth1.999
Jun  5 02:11:60 radius dhcpd: DHCPACK on 192.168.9.11 to 7c:c3:a1:87:36:7d via
    eth1.999
```

리스트 4-24는 DHCP 서버에서 IP 주소를 할당해주는 절차가 나타난 로그다. 로그를 통해 보면 DHCP 서버가 클라이언트(7c:c3:a1:87:36:7d)로부터 IP 주소 할당을 요청(DHCPREQUEST)받는다. DHCP 서버는 IP 주소를 요청한 클라이언트에 IP 주소(192.168.9.11)를 할당(DHCPACK)한다.

로그의 끝을 주목해보자. eth1.999라는 꼬리표가 붙어 있다. 이 꼬리표를 보고 무엇을 알 수 있을까? 혹시 독자 중에 VLAN을 떠올렸다면 제대로 짚은 것이다. 이 꼬리표를 기억해두길 바란다. 나중에 IP 주소 관리를 구현할 때 아주 중요하게 사용될 것이다.

앞의 로그에 대해서는 이 정도까지만 설명하고 아주 중요한 원리 하나를 알려주고자 한다. 혹시 로그를 보면서 눈치챈 독자가 있을지 모르겠다. 여기서 설명할 중요한 원리는 바로 인증과 IP 주소 할당의 순서다. 두 로그의 타임스탬프를 보면 알겠지만, 로그는 Radius 로그 다음에 DHCP 로그 순서로 생성된다. 이것이 아주 중요한 법칙이다. 다시 설명하면 사용자 단말기에 IP 주소가 할당되기 위해서는 반드시 사용자 인증이 선행되어야 한다는 것이다. 이것을 바꿔 말하면, 사용자 인증에 실패하면 IP 주소를 할당받을 수 없고, 인증에 실패한 단말기는 어떠한 경우에도 네트워크 진입이 불가능하다는 의미다. 결국 비정상적인 네트워크 접근과 사용을 근본적으로 차단할 수 있는 관리체계 구축이 가능해지는 것이다.

아직도 이 내용이 잘 이해되지 않는 독자를 위해 이번에는 스위치의 상태를 살펴보자. 리스트 4-25와 같이 테스트용 단말기가 연결된 액세스 스위치(NAS_BB_11F)에 콘솔 접속을 하고 Privileged EXEC Mode로 진입해 show interfaces status 명령을 실행한다.

리스트 4-25 스위치 포트의 VLAN 할당 상태

```
Username: admin
Password: 09n072
NAS_BD_11F$enable
Password: 09n072
NAS_BD_11F#show interfaces status

Port      Name             Status      Vlan      Duplex  Speed Type
Gi1/0/1                    notconnect  1          auto   auto
    10/100/1000BaseTX
Gi1/0/2                    notconnect  1          auto   auto
    10/100/1000BaseTX
Gi1/0/3                    notconnect  1          auto   auto
    10/100/1000BaseTX
Gi1/0/4                    notconnect  1          auto   auto
    10/100/1000BaseTX
Gi1/0/5                    notconnect  1          auto   auto
    10/100/1000BaseTX
Gi1/0/6                    notconnect  1          auto   auto
    10/100/1000BaseTX
Gi1/0/7                    notconnect  1          auto   auto
    10/100/1000BaseTX
Gi1/0/8                    notconnect  1          auto   auto
    10/100/1000BaseTX
Gi1/0/9  ## Normal Port ## notconnect  999       auto    auto
    10/100/1000BaseTX
Gi1/0/10                   notconnect  1          auto   auto
```

```
        10/100/1000BaseTX
Gi1/0/11  ## Dot1X Auth Port connected    999          a-full a-1000
        10/100/1000BaseTX
Gi1/0/12                    notconnect  1          auto   auto
        10/100/1000BaseTX
Gi1/0/13                    notconnect  1          auto   auto
        10/100/1000BaseTX
Gi1/0/14                    notconnect  1          auto   auto
        10/100/1000BaseTX
Gi1/0/15                    notconnect  1          auto   auto
        10/100/1000BaseTX
Gi1/0/16                    notconnect  1          auto   auto
        10/100/1000BaseTX
Gi1/0/17                    notconnect  1          auto   auto
        10/100/1000BaseTX
Gi1/0/18                    notconnect  1          auto   auto
        10/100/1000BaseTX
Gi1/0/19                    notconnect  1          auto   auto
        10/100/1000BaseTX
Gi1/0/20                    notconnect  1          auto   auto
        10/100/1000BaseTX
Gi1/0/21                    notconnect  1          auto   auto
        10/100/1000BaseTX
Gi1/0/22                    notconnect  1          auto   auto
        10/100/1000BaseTX
--More--
```

명령 실행 결과에서 9번 포트 및 11번 포트의 상태와 Vlan을 주목하길 바란다. 9번 포트가 연결되어 있지 않은 상태에서 VLAN에 999가 지정되어 있는 반면, 11번 포트는 연결이 활성화된 상태에서 VLAN에 999가 지정되어 있다. 이것만 봐서는 어떠한 차이가 있는지 식별하기 어려울 것이다. 11번 포트에 연결되어 있는 네트워크 케이블의 연결을 해제하고, 리스트 4-26과 같이 show interfaces status 명령을 다시 실행해보자.

리스트 4-26 단말기 연결을 해제한 후 스위치 포트의 VLAN 할당 상태

```
NAS_BD_11F#show interfaces status

Port      Name          Status      Vlan     Duplex  Speed Type
Gi1/0/1                 notconnect  1          auto  auto
```

```
                      10/100/1000BaseTX
Gi1/0/2                                notconnect    1            auto    auto
                      10/100/1000BaseTX
Gi1/0/3                                notconnect    1            auto    auto
                      10/100/1000BaseTX
Gi1/0/4                                notconnect    1            auto    auto
                      10/100/1000BaseTX
Gi1/0/5                                notconnect    1            auto    auto
                      10/100/1000BaseTX
Gi1/0/6                                notconnect    1            auto    auto
                      10/100/1000BaseTX
Gi1/0/7                                notconnect    1            auto    auto
                      10/100/1000BaseTX
Gi1/0/8                                notconnect    1            auto    auto
                      10/100/1000BaseTX
Gi1/0/9   ## Normal Port ##  notconnect   999           auto    auto
                      10/100/1000BaseTX
Gi1/0/10                               notconnect    1            auto    auto
                      10/100/1000BaseTX
Gi1/0/11  ## Dot1X Auth Port notconnect    1            auto    auto
                      10/100/1000BaseTX
Gi1/0/12                               notconnect    1            auto    auto
                      10/100/1000BaseTX
Gi1/0/13                               notconnect    1            auto    auto
                      10/100/1000BaseTX
Gi1/0/14                               notconnect    1            auto    auto
                      10/100/1000BaseTX
Gi1/0/15                               notconnect    1            auto    auto
                      10/100/1000BaseTX
Gi1/0/16                               notconnect    1            auto    auto
                      10/100/1000BaseTX
Gi1/0/17                               notconnect    1            auto    auto
                      10/100/1000BaseTX
Gi1/0/18                               notconnect    1            auto    auto
                      10/100/1000BaseTX
Gi1/0/19                               notconnect    1            auto    auto
                      10/100/1000BaseTX
Gi1/0/20                               notconnect    1            auto    auto
                      10/100/1000BaseTX
Gi1/0/21                               notconnect    1            auto    auto
                      10/100/1000BaseTX
Gi1/0/22                               notconnect    1            auto    auto
                      10/100/1000BaseTX
--More--
```

이제 9번 포트와 11번 포트에 어떤 차이가 있는지 구분할 수 있을 것이다. 802.1X 설정이 적용된 스위치 포트는 단말기에 대한 인증이 성공했을 때만 정상적으로 VLAN이 할당되고, 인증에 실패하거나 장비의 접속이 끊어지면 기본 VLAN을 할당해서 비정상적인 단말기의 네트워크 접속을 차단하게 된다. 이렇게 VLAN이 상황에 따라 변경되도록 하는 것을 동적 VLAN이라고 하며, 동적 VLAN을 이용함으로써 하나의 스위치에서 업무 특성에 따라 각각 분리된 네트워크를 운영할 수 있다.

지금까지 보여준 내용이 802.1X 인증체제와 IP 주소 관리의 핵심 내용이다. 앞으로 구현하게 되는 모든 시나리오는 지금 설명한 내용을 기반으로 하고 있다. 따라서 이 내용을 확실히 이해하고 나서 다음 실습을 진행하길 바란다. VLAN의 상태가 변경되는 것을 더 확인하고 싶은 독자는 11번 포트에 테스트용 단말기를 다시 연결하고 스위치의 연결 상태와 VLAN의 변경 상태를 확인한다.

지금까지 테스트를 위한 환경을 구성하고 실제 테스트를 함께 진행해봤다. 이것으로 802.1X 인증 맛보기 과정을 마치도록 한다. 다음 장에서는 앞서 설명했던 시나리오 구현에 대해 본격적으로 살펴본다. 독자 여러분이 앞으로의 과정도 잘 따라와주길 기대한다.

5 _장 DHCP를 이용한 IP 주소 관리 자동화

독자 여러분은 IP 주소 관리를 위해 어떤 방법을 이용하고 있는가? 물론 이 질문은 사용자 단말기에 할당되는 IP 주소에 한정된다. 아마도 IP 주소관리시스템, 정보자산관리시스템 등의 솔루션을 이용하거나, 솔루션이 구비되지 않은 경우라면 엑셀과 같은 스프레드시트를 이용하고 있을 것이다. 나는 처음에 엑셀을 이용해 IP 주소를 관리했다. 하지만 이 방법은 너무 귀찮아서 엑셀을 대체할 수 있는 다른 방법을 검토했으며, 결국 정보자산 관리솔루션을 선택했다.

정보자산 관리 솔루션을 처음 접했을 때, IP 주소 관리 기능을 포함하고 있어서 마치 오아시스를 만난 것 같은 기분이었다. 정보자산 관리를 위해서는 에이전트 프로그램이 사용자 단말기에 설치되고, 에이전트 프로그램에 사용자정보를 등록하면 중앙의 관리시스템에 의해 IP 주소의 사용자가 관리된다. 그리고 승인되지 않은 IP 주소가 사용자에 의해 임의로 사용될 경우 IP 주소의 충돌을 일으켜서 IP 주소를 사용하지 못하도록 하는 기능까지 내장되어 있었다. 솔루션 도입 직후에는 IP 주소 관리와 관련된 모든 문제가 해결된 것처럼 느껴졌지만, 그 기쁨은 잠시뿐이었다. 얼마 지나지 않아서 에이전트가 설치되지 않는 네트워크 장비, 프린터, 리눅스 시스템, 매킨토시 등의 단말기에 대해서는 정확한 정보관리가 불가능하다는 것을 알았기 때문이다. 결국 차선책으로 NAC에서 제공하는 맥 주소/IP 주소 관리 기능까지 연계해봤지만, IP 주소 할당과 회수 등에 있어서 만족할 만한 해결 방법을 찾을 수는 없었다.

독자들의 경우는 어떤가? 현재의 IP 주소 관리도구에 만족하고 있는가? IP 주소 관리시스템을 사용하고 있다 하더라도, 기능 개선이나 추가적인 기능 개발에 대한 필요성을 느끼고 있을 것이다. 수많은 IT 솔루션을 도입하고 사용하며 체험했겠지만, 나는 관리자의 기대를 충족시켜주는 솔루션은 존재하지 않는다고 생각한다. IP 주소 관리에 있어서도 다양한 솔루션이 출시되어 있지만, 관리자의 기대를 충족시켜주는 솔루션은 아마도 존재하지 않을 것이다. 기대를 충족시킬 수 없다면 기존의 솔루션을 적절히 활용해 업무 처리의 효율성을 높이는 것이 최선의 방법이다.

여기서 '적절히' 활용한다는 의미는 무엇일까? 내가 생각하는 것은 다음과 같다. 수작업으로 IP 주소를 관리했다면, 지금까지 친한 직원에게는 IP 주소 신청서를 받지 않아도 IP 주소를 할당했을 것이다. 하지만 이제부터는 반드시 IP 주소 신청서를 받고 IP 주소 관리대장에 사용자를 등록한 후 IP 주소를 발급하며, IPMS를 활용하고 있다면 인사정보 또는 인증시스템과 연계해 모든 단말기에 대한 사용자정보를 좀 더 체계적으로 관리할 수 있는 방법을 찾아야만 한다. 이것이 바로 관리자의 역할이며 적절한 활용 방법일 것이다.

이번 장에서는 이런 '적절한' 활용 방법을 구체적으로 구현하기 위한 첫걸음을 내디뎌보자.

우리는 이미 IP 주소 할당 요청에 응답해서 자동으로 IP 주소를 할당하고, 더 이상 사용하지 않는 IP 주소를 회수하는 훌륭한 솔루션에 대해 알고 있다. 바로 DHCP 솔루션이다. 네트워크를 조금이라도 알고 있는 사람이라면 누구나 DHCP가 어떠한 역할을 하는 솔루션인지 알고 있을 것이다. 그리고 실제로 많이 사용되고 있다. 유·무선 인터넷 공유기를 사용하는 경우에 DHCP를 이용해 공유기에 연결되는 단말기에 IP 주소를 임의로 할당하는데, 이것이 가장 가까운 곳에서 찾아볼 수 있는 DHCP 솔루션의 활용 사례다. 그리고 커피전문점이나 공공기관에서 제공하는 무료 인터넷을 서비스할 때에도 DHCP에서 IP 주소를 할당한다. 이처럼 DHCP는 우리의 일상생활에서 널리 사용되는 아주 훌륭한 IP 주소 관리 솔루션이다. 그럼 상황을 바꿔보자. 이렇게 일상생활에서 널리 사용되고 있는 DHCP를 회사의 업무용 네트워크에서는 얼마나 사용하고 있을까? 혹시 직원들이 사용하는 네트워크에서 DHCP를 이용해 단말기에 IP 주소를 할당하거나 회수하고 있는가? 내가 방문했던 대부분의 회사나 공공기관의 유선 네트워크에서 IP 주소 관리를 위해 DHCP를 적용한 사례는 한 곳밖에 확인하지 못했다. 물론 나의 한정된 경험을 토대로 단정적으로 말할 수는 없지만, 대부분의 회사에서는 유선 네트워크에서, 그것도 업무용 PC, 프린터 등이 연결되는 네트워크에 DHCP를 적용하지 않는다. 왜 이렇게 효율적인 IP 주소 관리 솔루션이 존재함에도 불구하고, 업무용 네트워크에는 적용하지 못했던 것일까?

나는 IP 주소에 대한 추적성의 문제가 가장 큰 원인이라고 생각한다. 당장 보안사고가 발생했는데, 단말기에 할당된 IP 주소가 단말기 부팅 시마다 변경된다면? 물론 DHCP를 이용해 IP 주소를 할당하고 관리한다고 해서 전혀 추적이 불가능한 것은 아니다. 그렇지만 정보보안 담당자가 사고조사를 수행하는 데 어려움을 겪게 될 것이다. 그리고 또 하나의 문제는 보안정책의 적용이다. 정보시스템을 운영하다 보면 특정 시스템에는 특정한 단말기의 접근만을 허용해야 하는 경우가 있다. 가장 쉬운 방법으로는 단말기의 IP 주소를 이용한 접근통제 방법이 있다. 그렇지만 DHCP로 IP 주소를 관리한다면 이러한 정책의 적용이 어려울 것이다. 이렇게 대표적인 어려움 두 가지를 언급했지만, DHCP를 왜 적용하지 않는지를 물어보면 관리자마다 이유가 다를 수 있다.

그렇다면 DHCP 솔루션은 영영 우리의 업무망에 적용할 수 없는 것일까? 앞에서 제기했던 두 가지 문제의 해결 방법을 제시한다면 적용 가능성이 조금 더 커지지 않을까? 이번 장에서는 그 가능성을 찾아보자. 앞의 두 가지 문제를 해결해놓고 실제 적용이 가능한지 아닌지를 판단하자.

이번 장에서 구현할 핵심 내용은 다음과 같다.

- 업무 특성에 따라 구별되어 설계된 VLAN에서 DHCP를 이용해 IP 주소를 할당
- DHCP에서 단말기에 할당된 IP 주소를 단말기 재부팅 후에도 고정 IP 주소 사용환경과 같이 매 번 동일하게 할당

앞의 내용이 구현된다면, DHCP 도입의 제약사항으로 앞서 제시했던 두 가지 문제가 해결될 것 같다. 성급한 감이 있기도 하지만, 이번 장을 학습함으로써 지금까지 갖고 있던 DHCP에 대한 선입견과 고정관념을 떨치게 될 것이다. 그리고 DHCP 솔루션이 IP 주소 관리를 위해 얼마나 적합한 솔루션인지를 확인하고 경험하게 될 것이다. 이제부터 한 단계씩 진행하면서 지금까지 꺼려했던 DHCP를 IP 주소 관리의 핵심 솔루션으로 탈바꿈시키도록 하자.

이번 장에서는 다음의 내용으로 진행한다. 처음에는 DHCP가 어떻게 동작하는지를 살펴본다. DHCP의 동작을 살펴보면서 어떻게 하면 다이내믹하게 할당되는 IP 주소를 고정 IP 주소로 사용할 수 있는지도 고민해보도록 한다.

두 번째 절에서는 앞서 설계했던 업무별 특성을 고려해 설계한 VLAN에 따라 DHCP 서버의 환경을 설정하고 액세스 스위치에 VLAN을 할당한다. 이어서 각각의 VLAN에서 IP 주소를 정상적으로 할당받아 오는지를 확인해본다.

세 번째 절에서는 VLAN 설정을 MySQL DB에 저장해두고 이를 통해 DHCP 환경 설정 파일을 변경할 수 있도록 한다.

네 번째 절에서는 DHCP에서 생성되는 로그를 이용해 IP 주소 풀^{pool}을 관리해본다.

그리고 마지막으로 이번 장의 핵심인 DHCP에서 할당된 IP 주소를 고정 IP처럼 사용하기 위해 DHCP 환경 설정 파일과 IP 주소 임대 파일을 조작하는 방법을 구현하도록 한다.

5.1 | DHCP 알아보기

이번 절에서는 DHCP 시스템이 어떻게 동작하는지를 알아보자. 이미 DHCP 시스템의 동작 원리를 알고 있는 독자들도 있겠지만, 혹시라도 DHCP 시스템에 대한 지식이 없거나 이미 알고 있더라도 기존 지식에 대한 확인이 필요한 경우를 위해 DHCP 시스템의 동작에 대해 간단히 설명하고자 한다.

DHCP 시스템에 대해 간단히 설명하면 DHCP 시스템은 그림 5-1과 같이 DHCP 서버와 DHCP 클라이언트로 구성되어 있다.

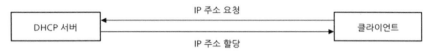

그림 5-1 DHCP 서버의 IP 주소 할당 개념도

DHCP 서버는 DHCP 클라이언트에 할당해줄 IP 주소 풀을 갖고 있고, DHCP 클라이언트의 요청이 있을 때 DHCP 서버는 다른 클라이어트에 할당되지 않은 IP 주소를 클라이언트에 할당한다. 클라이언트에 할당된 IP 주소는 지정된 시간 동안 사용할 수 있으며, 사용시간 연장을 통해 IP 주소 사용시간을 연장할 수 있다. 지금까지 설명한 내용이 간략한 DHCP 시스템의 동작 원리다. 이제부터 좀 더 구체적으로 DHCP 시스템의 동작 원리에 대해 살펴보자.

5.1.1 IP 주소 할당 절차

DHCP 클라이언트가 DHCP 서버에서 IP 주소를 할당받는 것은 그림 5-2에서 보는 바와 같이 다양한 절차를 통해 수행된다. 그림 5-2는 DHCP 클라이언트의 관점으로, IP 주소를 할당받는 과정에서 발생하는 클라이언트의 상태 및 상태에 따른 전송 메시지의 상태 전이를 표현하고 있다. 조금은 복잡해 보이지만 단말기호로 표시된 것은 클라이언트의 상태를 나타내며, 단말기호 사이에 있는 메시지는 클라이언트와 서버 간에 주고받는 메시지를 나타낸다. 예를 들어 DHCPREQUEST/DHCPACK 메시지는 클라이언트에서 서버에 DHCPREQUEST 메시지를 보내면 서버는 클라이언트에 DHCPACK 메시지로 응답하는 것을 표현한 것이다.

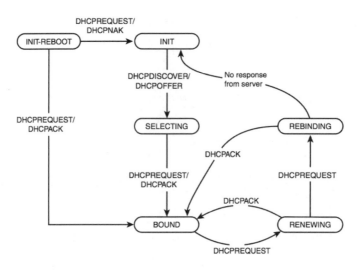

그림 5-2 DHCP 클라이언트 상태 결정도

그림 5-2의 상태도에서 DHCP 클라이언트가 서버에서 IP 주소를 할당받아 오는 과정만을 정리해서 표현하면 그림 5-3과 같이 표현할 수 있다. 그림 5-2와 비교하면 매우 간단하다. 그림 5-2는 클라이언트가 부팅되는 과정에서부터 할당받은 IP 주소의 임대를 갱신하는 과정까지 모두 표기한 상태 다이어그램이었다면, 그림 5-3은 IP 주소를 할당하는 과정만 추출해 표현한 것이다. 이를 통해 그림 5-2의 상태도보다는 IP 주소 할당 과정에 대해 보다 쉽게 이해할 수 있을 것이다.

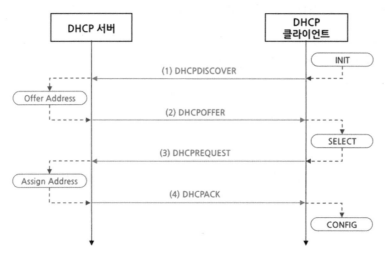

그림 5-3 DHCP 시스템의 IP 주소 할당 절차

그림 5-3에서 볼 수 있듯이, DHCP 클라이언트가 IP 주소를 할당받는 과정은 초기화 등을 생략하면 핵심적인 네 단계로 이뤄져 있다. 첫 번째 단계는 DHCP 클라이언트가 IP 주소를 할당해줄 DHCP 서버를 찾는 단계로, 네트워크에 존재하는 DHCP 서버에 DHCPDISCOVER 메시지를 브로드캐스팅한다. 두 번째 단계는 DHCPDISCOVER 메시지를 수신한 DHCP 서버가 DHCP 클라이언트에게 자신을 선택해 달라고 DHCPOFFER 메시지를 전송한다. 세 번째 단계는 DHCPOFFER 메시지를 전송한 DHCP 서버 중 IP 주소를 할당받을 서버를 선택하고 IP 주소를 요청하는 단계다. 이 과정에서 만약 클라이언트와 동일한 네트워크에 복수의 DHCP 서버가 존재한다면, 클라이언트는 복수의 DHCPOFFER 메시지를 수신하고, 메시지 중 가장 먼저 도착한 메시지를 발송한 DHCP 서버를 선택한다. 그리고 선택한 DHCP 서버에 IP 주소의 할당을 요청하는 DHCPREQUEST 메시지를 브로드캐스팅한다. 마지막 단계인 네 번째 단계에서는 DHCP 서버로부터 IP 주소 할당과 관련된 정보를 모두 수신해 클라이언트에 IP 주소를 할당한다. 이제 각 단계별로 보다 자세한 작동 과정을 확인하고 어떻게 하면 앞서 제기했던 두 가지 문제, 즉 IP 주소에 대한 추적성 문제와 DHCP 서버에서 할당된 IP 주소를 고정 IP 주소처럼 사용하는 문제를 해결할 수 있을지 실마리를 찾아보자.

DHCP 서버 탐색(DHCPDISCOVER)

2.1절에서 DHCP를 통해 IP 주소가 할당되는 과정을 설명하기 위해 비유적인 예로 든 내용을 기억하는가? 남학생들의 세계를 그린 영화의 한 장면을 가지고 설명한 다음의 내용이었다.

'몹시 화가 난 남학생 한 명이 씩씩거리면서 어느 교실의 문을 거칠게 열어젖히고는 누군가를 큰소리로 부른다. "홍길동이 누구야? 빨리 나와!"'

이 장면에서 남학생은 왜 큰 소리로 외쳤을까? 본인이 찾고 있는 홍길동이 누구인지 모르기 때문이다. 많은 학생 중에서 효과적으로 홍길동을 찾으려면 전체 학생들에게 큰소리로 말하기만 하면 된다. 그럼 모든 학생에게 메시지가 전달되고 홍길동이 아닌 학생은 응답하지 않으며 홍길동만 응답할 것이다. 만약 교실에 홍길동이 없다면 아무런 응답이 없을 것이다.

여기서 "홍길동이 누구야? 빨리 나와!"라는 대사가 DHCPDISCOVER 메시지에 해당한다. DHCP 클라이언트 입장에서 메시지를 바꿔보면, "나한테 IP 주소를 할당해줄 DHCP 서버는 응답해라!" 정도일 듯싶다. DHCP 클라이언트가 IP 주소와 IP 주소 설정에 필요한 기타 정보를 얻기 위해서는 이러한 정보를 제공할 DHCP 서버를 찾아야 한다. 클라이언트는 DHCP 서버를 탐색하기 위해 DHCPDICOVER 메시지를 브로드캐스팅하고, 클라이언트와 같은 네트워크에서 작동하고 있는 DHCP 서버는 클라이언트가 전송한 메시지를 수신한다. 여기서 주목해야 할 점은 클라이언트가 아직까지 네트워크 내에 DHCP 서버의 존재 여부를 알지 못하기 때문에 DHCP 서버의 탐색을 위해 DICPDISCOVER 메시지를 전송할 때, 목적지 IP 주소를 255.255.255.255로 설정함으로써 클라이언트와 같은 네트워크에 있는 모든 시스템에서 메시지를 수신하도록 한다. 이때 패킷의 송 · 수신을 위한 프로토콜로 UDP^{User Datagram Protocol}를 이용하며 클라이언트에서는 68번 포트를 사용하고 서버에서는 67번 포트를 사용한다.

만약 클라이언트가 DHCPDISCOVER를 브로드캐스팅하고 약 60초간 DHCP 서버의 응답이 없으면 클라이언트는 IP 주소 할당 실패에 대한 메시지로 클라이언트의 IP 주소를 169.254.xxx.xxx로 설정한다. 여러분이 사용하는 단말기가 IP 주소를 DHCP를 이용해 할당받도록 설정되었고, 169.254.xxx.xxx로 할당받았다면, IP 주소 할당에 실패했다는 메시지로 이해하면 된다.

DHCP 서버 제안(DHCPOFFER)

앞서 살펴본 영화 속 장면에서 '홍길동'을 찾기 위해 어느 학생이 교실문을 열고 "홍길동이 누구야?"라고 큰소리로 외쳤다. 이때 교실에 홍길동이라는 학생이 없다면 그 교실에 난입한 학생은 원하는 목적을 달성할 수 없을 것이다. 그리고 당시 홍길동이라는 학생이 교실에 있었지만 헤드폰을 끼고 락 음악을 신나게 듣고 있었다고 한다면, 누군가 자신의 이름을 부른다고 해도 응답하지 못했을 것이다. DHCP

서버의 경우에도 클라이언트가 요청하는 DHCPDISCOVER 메시지에 응답하기 위해서는 클라이언트와 같은 네트워크에서 정상적으로 서비스를 제공하고 있어야 한다.

그럼 이어서 상황을 다시 전개해보자. 마침 홍길동이라는 학생이 교실에 있고 자신의 이름을 부르는 소리도 들었다. 그렇다면 영화적인 관점에서, 그 학생이 인상을 쓰면서 일어나 "내가 홍길동인데 넌 누구냐?"라고 대답하는 장면을 예상해볼 수 있다. DHCP 서버도 이와 비슷하게 동작한다. DHCP 서버는 항상 클라이언트의 요청에 응답하기 위해 준비되어 있고, IP 주소 할당 요청과 관련 있는 메시지에 신속하게 반응한다. DHCPDISCOVER 메시지를 접수한 DHCP 서버는 클라이언트에게 할당할 IP 주소와 관련된 모든 요소를 준비한다. 클라이언트에게 할당할 IP 주소, 게이트웨이 주소, 서브넷 마스크, DNS IP 주소 등 클라이언트를 위해 제공할 수 있는 모든 정보를 패키지로 만들어놓고 클라이언트에게 "내가 이렇게 주소를 제안할 테니 나를 선택해줘!"라는 메시지를 보낸다. 그런데 좀 이상하다. 왜 클라이언트에게 "선택해줘!"라고 메시지를 보낼까? 클라이언트와 동일한 네트워크에 DHCP 서버가 하나만 존재한다면 굳이 "선택해줘!"라는 메시지를 보낼 필요가 없지만, 안정적인 DHCP 시스템 운영과 로드밸런싱 등을 위해 DHCP 서버를 복수로 운영한다면 네트워크에 존재하는 모든 DHCP 서버가 클라이언트가 보내는 DHCPDISCOVER 메시지를 수신한다. 그리고 모든 서버가 클라이언트에게 자신이 할당해줄 수 있는 IP 주소를 클라이언트에게 제안할 것이다. 그럼 클라이언트는 어떻게 해야 할까? 클라이언트는 모든 제안 중에서 하나의 DHCP 서버의 제안만을 받아 처리해야 한다. 이렇게 DHCP 서버에서 제안하는 IP 주소의 사용 여부를 결정하는 권한은 클라이언트에게 있다. 그래서 DHCP 서버는 클라이언트에게 IP 주소를 제안하고 클라이언트에게 선택을 요청하는 것이다. 이때 DHCP 서버가 클라이언트에 보내는 메시지가 DHCPOFFER 메시지다. 말 그대로 DHCP 서버의 제안이다.

IP 주소 요청(DHCPREQUEST)

클라이언트는 DHCP 서버의 존재 여부를 알기 위해 DHCPDISCOVER 메시지를 보내고 DHCP 서버로부터 DHCPOFFER 메시지를 수신한다. 앞서 설명했듯이 만약 클라이언트에게 IP 주소를 할당해줄 DHCP 서버가 복수로 존재한다면 클라이언트가 수신하는 DHCPOFFER 메시지를 여러 개 수신할 것이다. DHCP 서버는 자신이 클라이언트에 제공할 수 있는 가용한 IP 주소를 갖고 있다면 반사적으로 DHCPOFFER 메시지를 보내기 때문이다. 만약 DHCP 서버에 가용한 IP 주소가 부족하다면, 회수 대상 IP 주소가 있는지를 확인하고 다른 클라이언트에 할당되었던 IP 주소를 회수해 IP 주소를 제공하려고 할 것이다. 이렇게 DHCP 서버가 클라이언트에 제공할 IP 주소를 선정하는 시간에 따라 클라이언트가 수신하는 DHCPOFFER 시간은 달라진다. 그럼 클라이언트는 DHCP 서버가 제안한 IP 주소 중에서 하나만 선택해야 하는데 선택의 기준은 아주 단순하다. 클라이언트에 수신된 DHCPOFFER 메시지 중에서 가장 빨리 수신된 DHCPOFFER 메시지를 선택한다. 클라이언트는 자신이 사용할 DHCPOFFER 메시지를 선택한 후 모든 DHCP 서버에 선택한 IP 주소에 대한 요청 메시지를 발송한다. 예를 들면 2개의 DHCP 서버 A와 B가 있다고 할 때, A는 192.168.9.11의 IP 주소를 제안하고, B는 192.168.9.21의 IP 주소를 클라이언트에게 제안한다. 클라이언트는 B의 DHCPOFFER 메시지를 먼저 수신했다고 가정하고, B에서 제안한 192.168.9.21을 선택한 후 A와 B 모두에게 "나에게 192.168.9.21 IP 주소를 할당해줘!"라고 A와 B에 메시지를 보낸다. 이 상황에서 왜 B에게만 메시지를 보내지 않고 2개의 서버 모두에게 메시지를 보냈을까? 여기에는 두 가지 의미가 있다. 하나는 DHCPOFFER 메시지를 보낸 서버 중 클라이언트로부터 선택되지 않은 서버에는 "제안했던 IP 주소가 선택되지 못했으니 예약을 해제하고 다른 클라이언트에 할당해줘!"라는 형식의 메시지를 보내는 것이고, 두 번째 메시지는 "선택된 서버로부터 제안된 IP 주소를 사용하려고 하니 정식으로 할당해줘!"라는 것이다. 이러한 의미를 내포하고 클라이언트에서 서버로 발송되는 메시지가 DHCPREQUEST 메시지다. 이 단계에서 전송되는 DHCPREQUEST 메시지는 모든 DHCP 서버에서 수신해야 되므로 브로드캐스팅 메시지로 전송한다.

IP 주소 할당(DHCPACK)
DHCPREQUEST 메시지를 수신한 DHCP 서버 중 클라이언트로부터 선택받지 못한 서버는 클라이언트에 할당하려고 예약했던 IP 주소의 예약을 해지하고 다른 클라이언트로부터 IP 주소 할당 요청 메시지를 수신하기 위해 대기 상태에 들어간다. 클라이언트로부터 선택받은 DHCP 서버는 DHCPOFFER 단계에서 클라이언트에게 할당하려고 했던 IP 주소와 관련된 정보를 정식으로 클라이언트에 전송한다. 이러한 메시지가 DHCPACK이다. 서버로부터 DHCPACK 메시지를 수신한 클라이언트는 자신이 사용할 IP 주소정보를 설정하고 IP 주소 할당을 완료한다. IP 주소 할당이 완료되면 클라이언트는 서버에서 지정한 시간만큼 IP 주소를 사용한다. 이것을 IP 주소 임대라고 표현한다. 왜 IP 주소를 임대하는 것일까? DHCP 서비스의 목적 자체가 제한된 IP 주소 자원을 보다 효율적으로 이용하기 위한 목적을 내포하고 있기 때문이다. 물론 IP 주소의 사용기간을 무한대로 설정할 수도 있지만, 그렇게 되면 IP 주소 자원을 효율적으로 사용할 수 없다. 그래서 DHCP 시스템에서는 IP 주소를 사용할 수 있는 시간을 정해두고 클라이언트로부터 할당된 IP 주소의 사용시간을 갱신하는 절차를 마련해두고 있다. 다음에는 클라이언트가 할당된 IP 주소의 사용시간을 연장하는 IP 주소 임대시간의 갱신 절차에 대해 알아보자.

5.1.2 IP 주소 임대시간 갱신 절차

앞서 DHCP 시스템을 통해 IP 주소를 할당받는 절차를 설명하면서 클라이언트가 할당받은 IP 주소는 일정 시간이 지나면 사용시간을 갱신해야 한다고 설명했다. 혹시 다음과 같은 의문을 가진 독자도 있을 것 같다. "그냥 DHCP 시스템에서 IP 주소를 할당받으면 클라이언트에서 영구적으로 사용하도록 설정하면 안될까?" 물론 환경 설정을 통해 클라이언트에 한 번 할당된 IP 주소를 영구적으로 사용하도록 할 수도 있다. 그러나 DHCP 시스템을 운영하면서 이와 같이 운영하는 사례는 거의 없다. 왜 그럴까? DCHP 시스템의 운영 목적 중 하나가 제한된 IP 주소 자원을 효율적으로 사용하는 것이기 때문이다.

여기서 한 가지 상황을 떠올려보자. 독자가 강남역 부근에서 장사가 매우 잘 되는 커피전문점을 운영하고 있다. 위치가 너무 좋다 보니 매일 빈자리가 없을 정도로 손님이 많다. 그런데 어느 날부터 손님들이 조금씩 줄어드는 것 같더니 몇 달 후

엔 눈에 띄게 빈 자리가 늘었다. 그래서 확인해보니 근처에 '별다방'이라고 불리는 커피전문점이 새롭게 문을 열었고, 그쪽으로 많은 사람이 몰려들고 있는 것이었다. 좀 더 자세히 확인해보니 신규로 오픈한 별다방에서는 무료로 무선 인터넷을 서비스하고 있었다. 그래서 여러분도 무선 인터넷 서비스를 커피숍에서 제공하기 시작했다. 그런데 손님에게 좀 더 나은 무선 인터넷 서비스를 제공해야겠다고 생각하고 IP 주소의 임대시간을 무한대로 설정하면 어떤 일이 발생할까? 처음에는 무선 인터넷 서비스가 원활하게 작동할 것이다. 그렇지만 채 하루가 지나지 않아서 손님들로부터 무선 인터넷이 접속되지 않는다는 원성을 듣게 될 것이다. 왜 그럴까? 바로 IP 주소의 임대시간 때문에 그렇다. IP 주소 임대시간을 무한대로 설정해 놓으면 DHCP로 IP 주소를 할당함에도 불구하고 DHCP 서버에서 할당할 수 있는 범위의 IP 주소 개수만큼 클라이언트가 접속하면 더 이상의 IP 주소 할당이 불가능하기 때문이다. 이런 상황에서는 초기에 무선 인터넷에 접속했던 사용자의 단말기는 커피숍에 방문하면 언제든지 무선 인터넷을 사용할 수 있다. 하지만 다른 사용자는 인터넷 접속이 어려울 것이다. 이러한 상황을 해결하기 위한 방법은 두 가지 정도다. 일정 시간마다 DHCP 시스템을 재시작하거나, 아니면 IP 주소 임대시간을 무한대가 아닌 30분에서 한 시간 정도로 조정하는 것이다. 그러나 첫 번째 방법은 바람직하지 않다. 관리자로서 이러한 방법을 선택한다면 무슨 욕을 먹을지 모를 일이다. 이렇듯 DHCP 서비스를 운영할 때는 IP 주소의 임대시간을 무한대가 아니라 서비스의 장소와 목적에 따라 적정하게 설정해야 한다. 지하철이나 시내버스 등과 같이 유동인구가 많고 인터넷 이용시간이 짧은 경우에는 IP 주소 임대시간을 5분 미만으로 짧게 설정하고, 커피전문점 또는 회의실 등과 같이 사람들이 1시간 이상씩 머무르는 공간에서는 1시간 정도로 설정하는 것이 적절하다. 지하철과 같이 유동인구가 많은 지역에서 IP 주소 임대시간을 길게 설정하면 위의 커피숍 사례와 같이 무선 인터넷을 사용하지 못하는 사용자가 생기게 되고, 그렇다고 IP 주소 임대시간을 너무 짧게 설정하면 불필요하게 DHCP 서버에 부하를 증가시킬 수 있기 때문이다.

이번 절에서는 IP 주소를 무한대로 설정하지 않음에도 불구하고 어떻게 사용자가 DHCP 시스템을 통해 할당받은 IP 주소를 계속 사용할 수 있을까에 대해 살펴본다. 방법은 아주 간단하다. 모두 알고 있듯이 임대시간을 연장하면 된다. 월세나 전세로 집을 임대하는 경우를 떠올려보자. 전·월세 계약이 끝나기 전에 세입자는 건물주와 만나서 계약을 연장하거나 아니면 계약을 종료하고 다른 집으로 이사하게 된다. 만약 계약기간을 연장하기로 하면 신규로 계약서를 쓰고 연장된 계약 기간 동안 다시 살게 된다. 그리고 연장계약이라 하더라도 처음 계약 체결 시와 동일한 계약서를 작성한다. 이와 비슷한 절차로 IP 주소의 임대기간을 연장하게 된다. 이제부터 IP 주소의 임대기간 연장 절차를 설명하고자 한다.

그림 5-4는 IP 주소 임대시간 연장을 표현하고 있으며, 위에서부터 아래로 진행된다.

DHCP 서버와 클라이언트에서 발생하는 초기 4개의 메시지는 앞서 설명했던 IP 주소 할당 과정을 나타내고 있다.

IP 주소 임대 과정의 이해를 돕기 위해 IP 주소의 임대시간은 80분(1시간 20분)으로 설정되어 있다고 가정하고 설명한다.

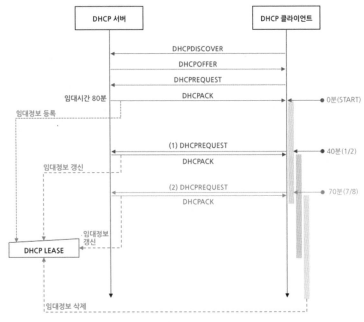

그림 5-4 DHCP 시스템의 IP 주소 할당과 임대 갱신 절차

그림 5-4와 같이 IP 주소 임대시간 연장은 전적으로 클라이언트의 요청에 의해 진행된다. DHCP 서버로부터 IP 주소를 할당받을 때 IP 주소의 임대시간도 통보받게 되며 클라이언트는 IP 주소 할당 시점부터 IP 주소의 사용시간을 확인한다. 클라이언트는 IP 주소 사용시간이 설정된 임대시간의 1/2에 도달하게 되면 첫 번째 IP 주소 임대시간 연장을 요청한다. 그림 5-4의 그림에서 보면 (1)의 과정이다. 그림에서는 임대시간이 80분으로 설정되어 있기 때문에 40분이 흐른 시점에 클라이언트가 임대기간 연장을 요청하고, 서버는 임대 신청을 승인한다. 그런데 임대기간 연장 신청과 승인에 사용되는 메시지가 IP 주소 할당을 요청할 때 사용했던 메시지인 DHCPREQUEST/DHCPACK 메시지를 사용하고 있다. 두 사례의 차이점은 IP 주소를 할당받을 때 클라이언트가 전송한 DHCPREQUEST 메시지는 브로드캐스트^{Broadcast} 메시지였다면, 임대기간 연장에 사용되는 DHCPREQUEST 메시지는 유니캐스트^{Unicast} 메시지라는 것이다. 유니캐스트란 네트워크에서 메시지의 수신자를 하나의 호스트로 특정해서 전송한다는 의미다. IP 주소를 할당받을 때는 여러 개의 DHCP 서버 중 특정 서버에서 IP 주소를 할당받는다는 정보를 모든 DHCP 서버에 알려줄 필요가 있어서 브로드캐스트 메시지를 사용했지만, IP 주소 임대기간 연장에서는 IP 주소를 할당해준 DHCP 서버에만 메시지를 전송하면 되기 때문에 유니캐스트 메시지를 사용한다. 클라이언트로부터 DHCPREQUEST 메시지를 접수받은 DHCP 서버는 DHCPACK 메시지를 통해 IP 주소 임대시간을 연장한다. DHCP 서버는 DHCPACK 메시지를 클라이언트에 전송한 후, IP 주소 임대이력^{dhcp lease}을 갱신한다. 클라이언트는 DHCPACK 메시지를 수신하고 IP 주소 사용시간을 초기화하며 그림 5-4의 오른쪽 두 번째 막대와 같이 임대기간을 80분으로 연장한다. 그리고 IP 주소 사용시간을 측정해 1/2이 도래하는 시점에 다시 임대기간 연장을 요청한다. 그러나 첫 번째 임대기간 연장 신청에서 실패하게 되면 클라이언트는 두 번째 IP 주소 임대기간 연장을 시도한다. 그림의 (2)에서 보는 바와 같이 초기 임대시간의 7/8이 되는 시점에 두 번째 임대기간 연장을 요청하게 되며 앞서 설명한 것과 동일하게 IP 주소의 임대기간을 연장하게 된다. 그런데 두 번째 임대기간 연장 요청도 실패하게 되면 어떻게 될까? 두 번의 시도가 모두 실패하면 클라이언트는 기존 IP 주소의 할당을 해

제하고 처음 IP 주소 할당 과정을 다시 시도하게 된다. 이와 동시에 DHCP 서버에서는 IP 주소 임대이력에서 임대기간이 만료되었음에도 임대기간이 갱신되지 않은 IP 주소 할당내역을 삭제한다.

IP 주소 임대기간 갱신을 위해서는 이 과정을 반복함으로써 유휴 IP 주소 자원을 확보하고, 사용 중인 IP 주소는 지속적으로 사용할 수 있게 하는 것이다.

5.1.3 IP 주소 임대이력 관리

지금부터 DHCP 서버에서는 어떻게 클라이언트에 할당된 IP 주소를 관리하는지 알아보자. 상식적으로 생각해도 클라이언트에 어떤 IP 주소가 언제 할당되었고 IP 주소를 언제 회수해야 하는지를 알기 위해서는 이와 관련된 정보를 어딘가에는 기록하고 관리해야 한다. DHCP 서버에서는 IP 주소 할당과 관련된 내역의 관리를 위해 일반적인 텍스트 파일(통상 Lease 파일이라고 함)을 사용하며, 파일은 /var/lib/dhcp/dhcpd.leases에 위치하고 있다. 또한 동일한 경로에 dhcpd.lease~ 파일이 같이 존재하는데 이 파일은 dhcpd.leases 파일의 백업본이다. DHCP 시스템 운영 중 문제가 발생해 dhcpd.leases 파일이 삭제되었을 때에는 dhcpd.leases~ 파일을 dhcpd.leases 파일로 복사해 사용하면 정상적인 DHCP 시스템 운영이 가능하다.

참고로 DHCP 시스템의 시작을 위해서는 반드시 dhcpd.leases 파일이 생성되어 있어야 한다. 따라서 dhcpd.leases 파일이 삭제된 경우에는 DHCP 시스템을 정상적으로 시작할 수 없다.

그럼 Lease 파일에서는 어떠한 정보들을 관리하고 있을까? 리스트 5-1은 Lease 파일의 기본적인 내용이다.

리스트 5-1 Lease DB의 기본 구조

```
1: lease 192.168.11.11 {
2:    starts 3 1999/03/10 00:34:38;
3:    ends 3 1999/03/10 00:40:38;
4:    hardware ethernet 08:00:2b:81:65:56;
5:    uid "ntp-server";
6: }

* http://www.ipamworldwide.com/lease-file-format.html
```

리스트 5-1에서 보는 바와 같이 Lease 파일은 텍스트 문서로 작성되어 있다. 하나의 lease 레코드는 lease Client-IP-Address { Options }으로 구성되며, IP 주소 할당과 관련된 여러 가지 정보가 저장된다.

1행과 6행은 lease 레코드의 시작과 종료를 나타내며, 1행의 lease 키워드 다음에 있는 IP 주소는 클라이언트에 할당된 IP 주소다. 클라이언트에 할당된 모든 IP 주소는 lease 레코드로 등록되어 관리되고, IP 사용이 종료된 IP 주소의 lease 레코드는 자동으로 삭제된다.

2행과 3행은 IP 주소의 할당 시작과 종료 시간을 정의한다. 만약 IP 주소 임대 기간의 갱신이 이뤄지면 2, 3행의 시간도 자동으로 갱신된다. start와 end 키워드의 뒤에 있는 숫자는 IP 주소의 할당이 이뤄지고 임대기간 갱신이 이뤄진 횟수를 표시한다. IP 주소의 시작과 종료 시간은 타임 존에 의한 지역시간$^{Local Time}$이 아니라 UTC 시간에 의해 기록된다.

4행은 IP 주소가 할당된 단말기의 맥 주소다. 이 맥 주소를 통해 IP 주소 할당 요청과 IP 주소 임대시간 갱신 요청 단말기를 식별할 수 있다.

5행의 uid는 클라이언트에서 DHCP 서버에 단말기 식별을 위해 전달하는 고유 ID로 사용자가 임의로 지정할 수 있다. 그러나 사용자가 지정하는 정보의 경우 중복의 가능성이 있고, 네트워크 이동에 따라 IP 주소의 지정에 혼란을 일으킬 수 있어 hardware ethernet으로 uid를 대신해 사용하는 경우가 대부분이다.

추가적인 정보도 있지만, 위의 정보가 Lease 파일에 저장되는 IP 주소 할당과 관련된 주요 내용이다. 뒤에서 어떻게 Lease 파일을 활용하는지 알아보자.

5.1.4 DHCP에서 고정 IP 주소 할당

지금까지 DHCP 시스템을 설명하면서 IP 주소가 자동으로 할당된다고만 설명했다. 이렇게 설명한 이유는 DHCP 시스템의 기본적인 원리와 동작 원리에 대해 이해하기 위함이다. 이렇게 말하는 것으로 보면, IP 주소를 자동으로 할당하는 방법 이외에 다른 방법이 존재하지 않을까? 그렇다. DHCP 시스템에서도 특정 호스트를 식별해 고정으로 IP를 할당하는 방법을 제공하고 있다. 이번에 그 방법을 알아보고자 한다.

DHCP 시스템에서 단말기에 IP 주소를 고정으로 할당하기 위해서는 두 가지 방법을 이용할 수 있다. 첫 번째는 DHCP의 환경 설정 파일인 dhcpd.conf에 고정으로 IP 주소를 할당할 호스트와 IP 주소를 정의하는 것이다. 두 번째는 바로 앞에서 살펴봤던 Lease DB에 dhcpd.conf에 설정된 IP 주소에 대한 lease 레코드를 추가해주는 것이다. 시스템 관리자라면 특별히 어렵게 느껴지지 않을 것이다. 다만 다른 시스템과 마찬가지로 변경된 환경 설정을 시스템에 적용하기 위해서는 환경 설정 파일과 Lease DB를 변경한 후에 DHCP 시스템을 재시작해줘야 한다. 그리고 앞서 설명했듯이 Lease DB에 등록되는 IP 주소 임대시간은 반드시 UTC 시간으로 설정해야 한다. UTC 시간은 우리나라 시간에서 9시간을 빼서 계산한다. 이 점만 기억하면 DHCP 시스템을 이용해 특정 호스트에 고정 IP 주소를 할당하는 것과 같이 매번 고정 IP 주소를 할당할 수 있다.

그럼 먼저 DHCP 환경 파일에 고정 IP 주소 할당과 관련된 레코드를 등록하자. dhcpd.conf 파일에 추가로 등록할 내용은 IP 주소를 고정으로 할당할 단말기의 호스트 이름, 맥 주소, IP 주소 이렇게 세 가지 호스트 정보이며 등록 형식은 리스트 5-2와 같다.

리스트 5-2 host 레코드 형식

```
host HOST_NAME {
        hardware ethernet Mac-Address;
        fixed-address IP-Address;
}
```

리스트 5-2의 형식에 따라 호스트 정보를 dhcpd.conf 파일에 등록할 때는 다음 항목을 주의해야 한다.

첫째, 등록 대상 호스트의 HOST_NAME은 중복되지 않는 유일한 이름이어야 한다. 하나의 호스트가 DHCP 시스템에서 IP 주소를 할당해주는 복수의 서브넷에 접속해야 하고, 고정 IP 주소를 할당해야 할 필요가 있는 상황이 발생할 경우도 대비해 HOST_NAME의 중복을 예방해줘야 한다. 나는 HOST_NAME을 정의할 때 맥 주소와 VLAN ID를 조합하는 방식을 사용했다. 예를 들어 맥 주소가 ab:cd:ef:12:34:56

이고 VLAN ID가 300이라면 HOST_NAME은 abcdef123456_300으로 할당된다.

둘째, 동일 서브넷에서 하나의 맥 주소는 하나의 IP 주소만 할당해줘야 한다. 당연한 이야기 같지만, 시스템을 운영하다 보면 본의 아니게 실수하는 경우가 발생한다.

셋째, 각 행의 끝은 반드시 종료문자(;)로 끝나야 한다.

마지막으로, host 레코드를 등록할 때는 반드시 시작({)과 끝(})을 쌍으로 일치시켜야 한다.

이제 리스트 5-3의 host 레코드 정보를 dhcpd.conf 파일에 리스트 5-4와 같이 등록한다.

리스트 5-3 host 레코드 등록 정보

```
Host Name    : e89a8fdac0e2_999
Mac Address : e8:9a:8f:da:c0:e2
IP Address  : 192.168.9.11
```

리스트 5-4 /etc/dhcp/dhcpd.conf

```
 1:  authoritative;
 2:  ddns-update-style none;
 3:  deny bootp;
 4:  one-lease-per-client      true;
 5:  ignore client-updates;
 6:
 7:  default-lease-time            86400;
 8:  max-lease-time                604800;
 9:  option nis-domain             "korea.re.kr";
10:  option domain-name            "korea.re.kr";
11:  option domain-name-servers    168.126.63.1, 168.126.63.2;
12:  log-facility                  local7;
13:
14:  subnet 192.168.9.0 netmask 255.255.255.0 {
15:          option routers                192.168.9.1;
16:          option subnet-mask            255.255.255.0;
17:
18:          range                         192.168.9.12 192.168.9.250;
19:          default-lease-time            1800;
20:          max-lease-time                3600;
21:  }
```

```
22:
23: host e89a8fdac0e2_999 {
24:   hardware ethernet e8:9a:8f:da:c0:e2;
25:   fixed-address 192.168.9.11;
26: }
```

host 구문에 의해 사용되는 IP 주소는 range 구문에 지정되는 IP 주소 범위에 포함되지 않도록 주의해야 한다. 만약 range 구문에서 정의하는 IP 주소의 범위에 host 구문에서 사용된 IP 주소가 포함되었을 경우, host 구문에 의한 고정 IP 주소 할당은 무시된다. 따라서 host 구문을 사용한 고정 IP 주소 할당 시에는 주의를 기울여야 한다.

정상적으로 등록되었다면, 리스트 5-5와 같이 DHCP 시스템을 재시작한다.

리스트 5-5 DHCP 서비스 재시작

```
root@radius:/var/lib/dhcp# service isc-dhcp-server start
 * Starting ISC DHCP server dhcpd                              [ OK ]
```

지금까지 DHCP 시스템을 이용해 특정한 호스트에 할당되는 IP 주소를 고정 IP 주소처럼 할당되도록 환경 설정을 변경하는 방법을 알아봤다. 추가적으로 특정 호스트 또는 단말기에 할당되는 IP 주소를 고정 IP 주소처럼 할당하고자 한다면 앞의 과정을 반복하면 된다. 다만 한 가지 문제점이 있다. 고정 IP 주소를 할당하고자 하는 호스트 또는 단말기를 추가하고자 할 때는 매번 DHCP 시스템을 종료하고 재시작하는 명령을 반복적으로 실행해야 하고, 관리자가 host 레코드를 등록하는 시간 동안 DHCP 시스템이 중단되어야 한다. 만약 관련된 사용자 규모가 적고 DHCP 시스템이 비즈니스에 미치는 영향이 크지 않다면 심각한 문제는 아니지만, DHCP 시스템이 중단되어 있는 동안 일부 단말기가 IP 주소를 할당받지 못하는 문제가 발생하는 것은 주지의 사실이다.

그렇다면 이러한 문제를 효과적으로 해결할 수 있는 방법은 무엇일까? 바로 다음 절에서 살펴볼 DHCP 시스템과 DBMS 시스템을 연계하는 방안이 있다. 물론 DBMS와 연계한다 해도 앞에서 제기한 문제에 대한 완벽한 해결 방안이 될 수는 없다. 그러나 관리자가 매번 수작업을 통해 진행하는 것보다는 DHCP 시스템의 중단에 따라 비즈니스에 미치는 영향을 최소화할 수 있다. 다음 내용에서는 DHCP 시스템과 DBMS의 연계 방안에 대해 개략적으로 설명하고자 한다.

5.1.5 DHCP 시스템과 DBMS의 연계

검색서비스에서 DHCP 시스템과 DBMS 연계에 관해 검색해보면 얼마나 많은 관리자가 DHCP 시스템과 DBMS의 연계를 필요로 하는지를 확인할 수 있다. 그만큼 DHCP 시스템을 효과적으로 이용하기 위해서는 IP 주소 할당정보에 대한 체계적인 관리가 요구되며, 이를 위해서는 DBMS와의 연계가 적합한 선택이라는 것을 반증한다고 생각한다. 나 역시 DHCP 시스템과 DBMS 시스템의 연계를 위해 검색서비스에서 몇 날을 헤맨 끝에 DHCP 시스템과 MySQL DBMS를 위한 방법을 찾았다.

DHCP 시스템과 DBMS의 연계를 위해 가장 좋은 방법을 제안하라고 한다면, 주저 없이 DHCP 시스템에서 DBMS에 IP 주소의 할당과 회수정보를 저장할 수 있는 인터페이스를 제공하라고 할 것이다. 대부분의 오픈소스 솔루션들이 환경 설정 또는 정보관리를 위해 DBMS를 활용하고 있기 때문에 ISC에서도 마음만 먹으면 DBMS에 대한 지원이 가능할 것이라고 생각한다. 그러나 어떤 이유에서인지 아직까지도 DBMS를 지원하고 있지 않다. 개인적인 생각으로는 DHCP 시스템의 독립성 문제가 아닐까 생각한다. 요즘에는 오픈소스 시스템을 설치할 때 패키지 간의 연관성을 확인하고 추가적인 패키지를 자동으로 설치해주는 기능을 제공해서 패키지 설치가 많이 쉬워졌지만, 얼마 전까지만 하더라도 패키지 하나를 설치하기 위해서는 패키지와 연관된 추가적인 라이브러리와 애플리케이션의 설치가 요구되었다. 또한 라이브러리와 애플리케이션을 설치할 때에는 패키지에서 요구하는 특정 버전을 설치해야만 했다. DHCP 시스템에서는 이러한 복잡한 패키지 간의 연관관계를 최소화하고 어느 시스템에서든지 패키지를 쉽게 설치하고 시스템을 운영할 수 있도록 하기 위해 DBMS와의 연계를 지원하지 않고 있다고 생각한다. 또한 DBMS를 지원하기 시작하면 이에 따라 특정 DBMS뿐만 아니라, 사용자의 요구에 따라 다양한 오픈소스 및 상용 DBMS(Oracle, MS-SQL, Informix, DB2, PostgreSQL 등)에 대한 지원도 필요하게 될 것이다.

현재까지 DHCP 시스템이 DBMS를 지원하지 않고 있지만, 우리에게 필요로 하는 기능의 구현을 위해 써드파티^{third party} 시스템을 이용하면 DHCP 시스템과 DBMS의 연계가 가능하다. 우리는 DHCP 시스템과 DBMS의 연계 내용과 범위를 먼저 알고 있어야 한다. 먼저 DBMS를 이용해서 무엇을 관리해야 하는지 생각해보자. 이번 장에서 구현하려고 하는 내용은 DHCP 시스템을 통해 임의로 할당된 IP 주소가 다음에 할당될 때에는 처음에 할당되었던 단말기에 다시 할당되어 실질적으로는 고정 IP 주소를 할당하는 것과 동일한 효과를 얻도록 하는 것이다. 이러한 시나리오를 기준으로 DBMS에서 관리할 대상을 선정해보면, 가장 먼저 떠오르는 항목으로 DHCP 서버에 IP 주소 할당을 요청한 단말기를 식별할 수 있는 맥 주소정보와 단말기에 할당된 IP 주소가 있다. 그리고 IP 주소가 할당된 시간정보도 관리되면 좀 더 효과적인 관리체계를 만들 수 있을 것이다. 이 정도 정보만 관리되어도 계획한 범위의 시나리오를 구현하기에 충분해 보이지만, 이왕 DBMS와 연계해서 DHCP 시스템을 운영하고자 한다면 DHCP 시스템에서 사용하는 네트워크별 IP 주소의 서브넷도 관리하면 좋을 듯싶다. DBMS와 연계해서 관리할 DHCP 시스템의 정보를 정리하면 다음과 같다.

- DHCP 서버에 IP 주소 할당을 요청한 단말기의 맥 주소
- DHCP 서버에서 단말기에 임대한 IP 주소
- DHCP 서버에서 단말기에 IP 주소를 임대한 시간
- DHCP 서버와 클라이언트 간의 IP 주소 할당에 사용된 네트워크^{VLAN} ID
- DHCP 서버에서 단말기에 할당할 IP 주소의 범위를 정의하는 네트워크 서브넷 정보

그렇게 많은 정보는 아니다. 데이터베이스를 설계해본 경험이 있거나, 관련 애플리케이션을 개발해본 독자라면 관리 대상 정보가 많거나 데이터가 저장될 테이블의 구조가 복잡하지 않음을 짐작할 수 있다. 위의 정보에 관리적인 목적과 효과적인 정보 활용을 위해 요구되는 몇 가지 추가 항목만 포함하면 간단한 구조의

테이블을 설계할 수 있다. 물론 이 과정에서 데이터베이스에서 사용되는 정규화 Normalization나 원자성Atomic 등의 전문적인 용어는 사용하지 않을 것이다. 이 책이 데이터베이스 관련 내용을 중심으로 구성된 것은 아니기 때문이다. 우리는 앞의 정보를 관리하기 위해 필요한 최소한의 지식만으로 DBMS를 다루겠다.

지금까지 DBMS를 이용해 관리하고자 하는 DHCP 시스템의 정보에 대해 알아봤다. 이제부터는 DHCP 시스템에서 관리하고자 하는 정보를 확보하는 방법을 살펴보고 확보한 정보를 어떻게 DBMS에 저장하고 DHCP 시스템에서 사용하는지를 알아보자.

DHCP 시스템과 DBMS의 연계를 구현하는 절차는 크게 세 단계이며 DHCP 로그를 로그 DB에 저장하는 단계, 로그 DB에 저장된 DHCP 로그정보에서 관리 대상 정보를 추출해 IP 주소 관리 DB에 저장하는 단계, 마지막으로 IP 주소 DB에 저장된 정보를 활용해 DHCP 시스템 정보를 변경하는 단계로 나눠볼 수 있다. 그림 5-5는 DHCP와 DBMS를 이용한 IP 주소 관리를 표현하고 있다.

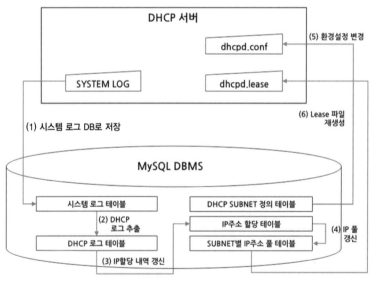

그림 5-5 DHCP 시스템을 이용한 고정 IP 주소 할당 개념도

첫 번째 단계는 DHCP 시스템에서 만들어지는 정보를 DBMS로 저장하는 단계이며 (1), (2)번 절차가 이번 단계에 해당한다. 시스템은 시스템의 운영과 관련해

중요한 이벤트에 대해서는 시스템별로 로그를 생성한다. DHCP 시스템도 클라이언 트와 주고받는 메시지(DHCPDISCOVER, DHCPOFFER, DHCPREQUEST, DHCPACK 등)를 로그 파일에 기록한다. 비록 로그 파일에 기록되는 내용이 시스템의 동작 과정에서 발생하는 모든 메시지를 저장하지는 않지만, 우리가 필요로 하는 정보, IP 주소를 요청한 클라이언트의 맥 주소, DHCP 서버가 클라이언트에 임대한 IP 주소 및 임대시간 등의 정보와 같은 핵심적인 정보는 모두 로그를 통해 획득할 수 있다. 그래서 첫 번째 단계에서 DHCP 시스템에서 생성하는 로그를 DBMS에 저장할 계획이다. 그림 5-5를 보면 알겠지만, DHCP 로그를 DB에 저장하기 위해서는 두 번의 절차를 거쳐야 한다. (1)번 절차에서 보여주는 바와 같이 시스템에서 발생하는 모든 로그를 DB에 저장한다. 이것은 DHCP 시스템에서 생성하는 로그도 다른 시스템 로그와 마찬가지로 SYSLOG 데몬을 통해 로그를 생성하고, 별도의 로그 레벨과 로그 파일 이름을 선언하지 않은 상태에서는 기본적으로 설정된 시스템 로그 파일에 로그가 기록되기 때문이다. 그래서 우리는 (1)번 절차와 같이 시스템 로그에 기록되는 모든 로그를 DB에 저장한다. 이렇게 하는 이유는 다음에 살펴보겠지만, 인증서버로 사용하는 FreeRadius에서 발생하는 로그도 DB에 저장해 사용자정보와 IP 주소정보를 연계할 계획이므로 이렇게 하는 편이 효과적이기 때문이다. 다음 절차는 (2)에서 언급하고 있듯이 DB에 저장되어 있는 시스템 로그에서 IP 주소 요청과 IP 주소 임대와 관련된 DHCPREQUEST/DHCPACK 로그만을 추출해 별도의 DHCP 로그 DB를 생성한다. 이와 같이 별도의 로그 DB를 생성하는 이유는 DHCP 시스템의 IP 주소 할당이력을 구체적으로 추적하는 로그 DB를 만들기 위함이다. 앞서도 설명했듯이, DHCP 시스템은 시스템 내부에서 사용하는 정보를 DBMS와 연계해 관리할 수 있도록 하는 인터페이스를 제공하지 않는다. 그래서 이번 단계에서는 시스템 로그를 DB에 저장하는 기능을 수행하는 별도의 패키지를 설치한다. 구체적인 설치 방법은 뒤에서 진행한다.

두 번째 단계는 DBMS에 저장된 DHCP 로그에서 필요한 정보만 추출해서 별도의 구조화된 테이블에 저장하는 단계다. 그림 5-5에서 보면 (3)과 (4)의 절차다. (3)번 절차에서는 (2)번 절차에서 생성된 DHCP 로그 DB에서 IP 주소 요청과 할당을 위해 사용된 VLAN ID, 서버에 IP 주소를 요청한 클라이언트의 맥 주소와 클라이언트에 할당된 IP 주소를 추출해 VLAN/맥 주소/IP 주소 간의 맵핑 레코드를 획득하고 이를 테이블에 저장한다. 물론 이 절차에서는 이전에 등록된 주소 맵핑 레코드는 다시 등록되지 않고, 신규로 발생하는 주소 맵핑 레코드만 등록한다.

　IP 주소를 관리하려면 기본적으로 관리 대상 IP 주소 범위를 알아야 하고, 관리 대상 IP 주소 범위에 속하는 각각의 IP 주소에 대한 사용 여부를 확인하기 위한 IP 주소 풀이 정의되어 있어야 한다. (4)번 절차는 이와 같이 네트워크별로 IP 주소 풀을 정의하고 IP 주소의 임대와 회수가 발생할 때마다 IP 주소 풀을 갱신하는 절차를 표현하고 있다.

　아무리 좋은 정보가 체계적으로 수집되어 있다고 해도 사용되지 않는다면 아무런 의미가 없다. 마지막 세 번째 단계는 DB에 저장되어 있는 IP 주소정보를 DHCP 시스템에서 활용하는 단계다. 이전 단계까지는 DHCP 시스템에서 발생하는 로그정보를 이용해서 DB에 저장하고 우리가 필요로 하는 정보를 뽑아서 저장했다면, 이번에는 반대로 DB에 저장되어 있는 IP 주소정보를 이용해 DHCP 시스템 환경 설정 파일과 IP 주소의 임대정보를 저장하고 있는 Lease DB를 변경하려고 한다. 그림의 (5)번 절차에서는 DHCP 환경 설정 파일(dhcpd.conf)을 변경할 계획이다. DHCP 환경 설정 파일에는 DHCP 서버에서 클라이언트에 할당해줄 IP 주소 범위를 정의하는 서브넷 정보와 특정 단말기에 IP 주소를 고정적으로 임대하기 위한 host 레코드 정보가 저장된다. 우리는 'DHCP 서브넷 정의 테이블'과 '서브넷별 IP 주소 풀' 테이블을 이용해 DHCP 환경 설정 파일을 갱신하도록 한다. (6)번 절차에서는 Lease DB를 갱신할 계획이다. Lease DB를 갱신할 때는 '서브넷별 IP 주소 풀' 테이블에 등록되어 있는 맥 주소/IP 주소정보를 사용한다. 이미 설명했듯이 Lease DB에서는 IP 주소가 어느 맥 주소를 갖는 단말기에 할당되었는지와 임대 시작시간 및 임대 종료시간 등만 기록되기 때문에 현재 사용 중인 IP 주소정보를 갖고 있는 '서브넷별 IP 주소 풀'의 정보만을 이용할 계획이다.

　이렇게 하면 DHCP 시스템에서 다이내믹하게 할당되던 IP 주소를 고정 IP 주소처럼 할당할 수 있다. 앞서 설명했듯이 DHCP 시스템에서 IP 주소를 임대할 때에는 먼저 Lease DB에 IP 주소를 요청한 맥 주소에 임대된 IP 주소가 있는지를 확인한다. 임대내역이 존재하면 존재하는 IP 주소를 클라이언트에 임대해주고 임대내역이 존재하지 않으면 신규 IP 주소를 임대한다. 이러한 DHCP 시스템의 IP 주소 임대 절차를 응용해 이미 임대된 맥/IP 주소정보를 DB에 저장해두고 IP 주소의 임대가 종료되기 전에 주기적으로 Lease DB를 재구성함으로써 한 번 주소를 할당받은 단말기에는 매번 같은 IP 주소를 임대하도록 하는 것이다.

이제 어떻게 DHCP 시스템과 DBMS를 연계해 DHCP에서 할당된 IP 주소를 고정 IP 주소처럼 사용하게 되는지를 충분히 이해했으리라 생각한다. 이론적인 무장이 완료되었으니 이제 실제적인 구현에 들어가도록 하자. 실전에 들어가기에 앞서 혹시 DBMS가 무엇이고 MySQL은 어떻게 사용하는지 잘 모르는 독자가 있다면, 인터넷 검색이나 관련 서적을 이용해 미리 학습하고 다음 절을 진행하면 훨씬 쉽게 접근할 수 있다. 물론 지금까지와 같이 모든 절차를 따라하기 방식으로 진행하겠지만, 기본적인 지식이 있으면 좀 더 효과적으로 학습할 수 있고 각자의 환경에 맞춰 성능을 개선하면서 학습을 진행할 수 있기 때문이다.

5.2 DHCP 환경 설정

이번 절에서는 2장에서 업무 특성별로 설계했던 가상 네트워크^{VLAN}에 연결하는 단말기가 DHCP 시스템을 이용해 IP 주소를 할당받도록 DHCP 시스템에 각각의 VLAN별 서브넷^{subnet} 정보를 등록하고, 각각의 VLAN에 대해 IP 주소를 제대로 할당해주는지 확인해보자.

먼저 3장에서 다뤘던 네트워크 설계정보를 다시 살펴보자. 표 5-1은 이 책의 전 과정에서 사용될 VLAN 설계내역을 보여준다.

표 5-1 VLAN 설계 명세

순번	구분	VLAN ID	이름	사용 IP 주소대역	설명
1	장비 관리 및 서비스용	300	MGMT_DEV_SECURITY	172.30.10.0/24	인증서버 및 보안 장비 관리용
2		310	MGMT_DEV_NAS	172.30.11.0/24	네트워크 장비 관리용
3		320	SVR_FARM_RESEARCH	172.30.13.0/24	연구 장비용 서버팜
4		330	SVR_FARM_BUSINESS	172.30.14.0/24	행정 · 지원 장비용 서버팜
5	사용자용	200	USER_DEPT_SECURITY	172.20.20.0/24	사용자 – 정보보안담당 부서용
6		210	USER_DEPT_RESEARCH	172.20.21.0/24	사용자 – 연구 부서용
7		220	USER_DEPT_BUSINESS	172.20.22.0/24	사용자 – 행정 · 지원 부서용
8		230	USER_OUTSOURCING	172.20.23.0/24	사용자 – 유지보수 협력업체용
9		240	USER_GUEST	172.20.24.0/24	사용자 – 일시방문자용
10	기숙사용	800	USER_DOMITORY	10.10.10.0/24	사용자 – 기숙사 입주자용
11	802.1X 인증용	998	8021X_AUTH_FAIL	192.168.8.0/24	802.1X 인증 실패용
12		999	8021X_AUTH_START	192.168.9.0/24	802.1X 인증환경 구성용

이번 절에서는 표 5-1의 네트워크 중에서 사용자용으로 할당된 VLAN 200~240에 대해 실습을 진행하도록 한다. 802.1X 인증 도입의 주된 목적이 사용자 단말기에 대한 네트워크 접근통제에 있기 때문에 관리자에 의해 잘 통제되는 다른 영역에 대해서는 DHCP 시스템을 적용할 필요가 없다. 그래서 다른 네트워크 영역의 네트워크는 DHCP를 적용하지 않고 사용자 영역에만 적용한다. 물론 기숙사 네트워크도 사용자가 사용하는 네트워크 영역이지만, 이 영역은 이 책에서 구현할 마지막 시나리오와 연관되어 있어 이번 장에서는 예외로 한다. 그렇지만 기숙사용 네트워크도 802.1X 인증을 적용받고 DHCP 시스템을 이용해 IP 주소를 할당받는 체계로 구축할 계획이다.

이제부터 VLAN별로 DHCP 시스템을 이용한 IP 주소 할당을 구현하자. 이미 앞 장에서 DHCP 시스템의 환경 설정과 액세스 스위치에 대한 설정 등을 경험해봤기 때문에 이번 절에서 실습하는 내용도 그리 어렵거나 복잡하지 않을 것이다. 앞 장과의 차이점이라고 하면 다음과 같다. 앞 장에서는 인증 맛보기를 위해 하나의 VLAN과 IP 주소 할당을 위한 서브넷을 설정했지만, 이번에는 업무 특성별로 설계된 모든 VLAN에 대한 서브넷 정보를 등록하고 테스트하는 것이다.

5.2.1 DHCP 시스템에 VLAN별 서브넷 등록

사용자용 네트워크(VLAN 200~240)에 DHCP 시스템을 이용해 IP 주소를 할당하기 위해서는 DHCP 시스템에서 어떠한 내용들을 변경해야 할까? 내가 네트워크 및 시스템을 관리하면서 가장 많이 범했던 실수 중 하나는 환경 설정을 변경할 때 어떠한 요소들을 변경해야 하는지와 변경 후에 다른 시스템에 미칠 영향을 사전에 검토하지 않아서 환경 설정 변경 후 발생하는 문제 해결에 많은 시간을 소모했던 것이다. 가장 대표적인 예로 802.1X 적용을 테스트하며 테스트 환경이 아닌 운영 망에 적용했다가 건물 1개 층의 네트워크를 모두 중단시켰던 경우가 있다. 이번 과정에서도 실수를 최소화하기 위해 DHCP 환경 설정 변경을 위한 요소를 미리 살펴보고 각각의 환경요소를 변경하고자 한다.

원래의 질문으로 돌아가서 DHCP 시스템에 서브넷 정보 등록을 위해 어떠한 내용들을 변경해야 할까? 이미 앞 장에서 설명했지만, 잘 기억하지 못할 수 있다. 다시 한 번 하나하나 살펴보자.

DHCP 시스템에서 IP 주소를 요청하는 단말기의 메시지(DHCPDISCOVER, DHCPREQUEST)에 응답하기 위해서는 DHCP 시스템이 단말기와 같은 네트워크에 위치하고 있어야 한다. DHCP 시스템과 IP 주소를 요청하는 단말기를 어떻게 동일한 네트워크에 위치시킬 수 있을까? 동일한 네트워크 여부를 식별하기 위해 VLAN을 활용할 수 있다. 사용자 단말기가 소속된 네트워크와 동일한 VLAN에 속하는 가상의 인터페이스를 DHCP 시스템에 등록해주면 IP 주소를 요청하는 단말기에서 IP 주소를 요청하는 브로드캐스트 메시지(DHCPDISCOVER, DHCPREQUEST)를 DHCP 서버에서 수신하게 된다. 그래서 맨 처음에 변경할 사항은 DHCP 서비스가 운영되는 서버에 각각의 VLAN에 소속되는 가상의 네트워크 인터페이스를 등록하는 것이다.

두 번째로, DHCP 시스템은 서비스가 운영되는 서버에 등록된 모든 인터페이스를 통해 요청되는 단말기의 IP 주소 할당 요청 메시지에 응답하지 않고, DHCP 서비스와 관련된 메시지를 수신하고 응답할 수 있는 인터페이스를 지정하도록 하고 있다. 이렇게 DHCP 관련 메시지를 수신하는 과정을 리스닝^{listening}이라고 하며, 앞에서 정의된 가상의 네트워크 인터페이스가 DHCP 서비스의 리스닝을 수행하기 위해서는 DHCP 환경 설정 파일에 리스닝 인터페이스로 등록되어야 한다. 따라서 앞에서 등록한 인터페이스가 DHCP 메시지를 수신할 수 있도록 리스닝 인터페이스로 등록한다.

가상 인터페이스를 정의하고, 정의된 인터페이스를 DHCP의 리스닝 인터페이스로 등록한 후 마지막으로 해야 할 일은 무엇일까? 마지막으로 수행할 환경 설정은 가장 중요한 내용으로, 각각의 VLAN에서 사용할 IP 대역에 대한 서브넷과 단말기에 할당할 IP 주소의 범위를 등록하는 것이다. 서브넷과 할당 대상 IP 주소가 정의되어 있지 않다면, 아무리 단말기에서 IP 주소 할당을 요청한다 해도 DHCP 서버는 IP 주소를 할당해줄 수 없기 때문이다.

DHCP 서버에서는 이렇게 세 가지 환경 설정을 수행한다. 각각의 내용은 앞의 진행 방식과 같이 제시하는 내용을 따라하기만 하면 된다. 지금부터 첫 번째 과정부터 마지막 과정까지 함께 진행해보자.

VLAN별 가상 인터페이스 정의

리스트 5-6과 같이 네트워크 인터페이스 정의 파일의 끝에 가상 인터페이스 설정 내용을 입력한다. eth1과 eth1.999 인터페이스는 4.4.2절에서 이미 등록된 내용으로, 새로 등록할 필요가 없으며 39행 이후의 내용을 입력한다.

리스트 5-6 /etc/network/interfaces

```
22: auto eth1
23: iface eth1 inet static
24:         address 192.168.0.1
25:         netmask 255.255.255.0
26:         network 192.168.0.0
27:         gateway 192.168.0.1
28:         broadcast 192.168.0.255
29:
30: auto eth1.999
31: iface eth1.999 inet static
32:         address 192.168.9.1
```

```
33:          netmask 255.255.255.0
34:          network 192.168.9.0
35:          broadcast 192.168.9.255
36:          gateway 192.168.9.1
37:          dns-nameservers 168.126.63.1
38:          dns-search korea.re.kr
39:          vlan_raw_device eth1
40:
41: auto eth1.200
42: iface eth1.200 inet static
43:          address 172.20.20.5
44:          netmask 255.255.255.0
45:          network 172.20.20.0
46:          broadcast 172.20.20.255
47:          gateway 172.20.20.1
48:          dns-nameservers 168.126.63.1
49:          dns-search korea.re.kr
50:          vlan_raw_device eth1
51:
52: auto eth1.210
53: iface eth1.210 inet static
54:          address 172.20.21.5
55:          netmask 255.255.255.0
56:          network 172.20.21.0
57:          broadcast 172.21.20.255
58:          gateway 172.20.21.1
59:          dns-nameservers 168.126.63.1
60:          dns-search korea.re.kr
61:          vlan_raw_device eth1
62:
63: auto eth1.220
64: iface eth1.220 inet static
65:          address 172.20.22.5
66:          netmask 255.255.255.0
67:          network 172.20.22.0
68:          broadcast 172.22.20.255
69:          gateway 172.20.22.1
70:          dns-nameservers 168.126.63.1
71:          dns-search korea.re.kr
72:          vlan_raw_device eth1
73:
74: auto eth1.230
75: iface eth1.230 inet static
76:          address 172.20.23.5
77:          netmask 255.255.255.0
```

```
78:          network 172.20.23.0
79:          broadcast 172.23.20.255
80:          gateway 172.20.23.1
81:          dns-nameservers 168.126.63.1
82:          dns-search korea.re.kr
83:          vlan_raw_device eth1
84:
85: auto eth1.240
86: iface eth1.240 inet static
87:          address 172.20.24.5
88:          netmask 255.255.255.0
89:          network 172.20.24.0
90:          broadcast 172.24.20.255
91:          gateway 172.20.24.1
92:          dns-nameservers 168.126.63.1
93:          dns-search korea.re.kr
94:          vlan_raw_device eth1
```

리스트 5-6을 보면 가상 인터페이스를 설정할 때 사용하는 인터페이스 이름이 일반적인 인터페이스와는 다름을 알 수 있다. 가상의 인터페이스를 정의할 때 사용하는 이름은 실제 물리적 인터페이스 이름(eth1)과 VLAN의 ID 값을 점(.)으로 연결해 정의한다. 여기서 사용하는 VLAN의 ID는 앞서 살펴봤던 네트워크 설계내역에 정의되어 있던 VLAN ID 값을 사용한다. 가상 인터페이스의 설정이 마무리되었으면, 리스트 5-7과 같이 네트워크 서비스를 다시 시작한다.

리스트 5-7 네트워크 서비스 재시작

```
root@radius:/etc/network# /etc/init.d/networking restart
 * Running /etc/init.d/networking restart is deprecated because it may not enable
   again some interfaces
 * Reconfiguring network interfaces...
RTNETLINK answers: No such process
ssh stop/waiting
ssh start/running, process 3171
RTNETLINK answers: File exists
Failed to bring up eth1.
Set name-type for VLAN subsystem. Should be visible in /proc/net/vlan/config
RTNETLINK answers: File exists
Failed to bring up eth1.999.
Set name-type for VLAN subsystem. Should be visible in /proc/net/vlan/config
```

```
Added VLAN with VID == 200 to IF -:eth1:-
RTNETLINK answers: File exists
Failed to bring up eth1.200.
Set name-type for VLAN subsystem. Should be visible in /proc/net/vlan/config
Added VLAN with VID == 210 to IF -:eth1:-
RTNETLINK answers: File exists
Failed to bring up eth1.210.
Set name-type for VLAN subsystem. Should be visible in /proc/net/vlan/config
Added VLAN with VID == 220 to IF -:eth1:-
RTNETLINK answers: File exists
Failed to bring up eth1.220.
Set name-type for VLAN subsystem. Should be visible in /proc/net/vlan/config
Added VLAN with VID == 230 to IF -:eth1:-
RTNETLINK answers: File exists
Failed to bring up eth1.230.
Set name-type for VLAN subsystem. Should be visible in /proc/net/vlan/config
Added VLAN with VID == 240 to IF -:eth1:-
RTNETLINK answers: File exists
Failed to bring up eth1.240.                                    [ OK ]
root@radius:/etc/network#
```

네트워크가 재시작되면, 리스트 5-8과 같이 ifconfig 명령을 실행해 인터페이스가 정상적으로 등록되었는지 확인한다.

리스트 5-8 활성화된 네트워크 인터페이스 확인

```
root@radius:/etc/network# ifconfig
eth0      Link encap:Ethernet  HWaddr 00:1c:42:68:d9:f1
          inet addr:172.30.10.11  Bcast:172.30.10.11.255  Mask:255.255.255.0
          inet6 addr: fdb2:2c26:f4e4:0:21c:42ff:fe68:d9f1/64 Scope:Global
          inet6 addr: fe80::21c:42ff:fe68:d9f1/64 Scope:Link
          inet6 addr: fdb2:2c26:f4e4:0:6042:110c:59c2:918e/64 Scope:Global
          UP BROADCAST RUNNING MULTICAST  MTU:1500  Metric:1
          RX packets:7777 errors:0 dropped:0 overruns:0 frame:0
          TX packets:3381 errors:0 dropped:0 overruns:0 carrier:0
          collisions:0 txqueuelen:1000
          RX bytes:838062 (838.0 KB)  TX bytes:292523 (292.5 KB)

eth1      Link encap:Ethernet  HWaddr 00:1c:42:fa:bc:b0
          inet addr:192.168.0.1  Bcast:192.168.0.255  Mask:255.255.255.0
          inet6 addr: fe80::21c:42ff:fefa:bcb0/64 Scope:Link
          UP BROADCAST RUNNING MULTICAST  MTU:1500  Metric:1
          RX packets:5245 errors:0 dropped:0 overruns:0 frame:0
```

```
              TX packets:3119 errors:0 dropped:0 overruns:0 carrier:0
              collisions:0 txqueuelen:1000
              RX bytes:513835 (513.8 KB)  TX bytes:1051714 (1.0 MB)


eth1.200   Link encap:Ethernet  HWaddr 00:1c:42:fa:bc:b0
           inet addr:172.20.20.5  Bcast:172.20.20.255  Mask:255.255.255.0
           inet6 addr: fe80::21c:42ff:fefa:bcb0/64 Scope:Link
           UP BROADCAST RUNNING MULTICAST  MTU:1500  Metric:1
           RX packets:0 errors:0 dropped:0 overruns:0 frame:0
           TX packets:6 errors:0 dropped:0 overruns:0 carrier:0
           collisions:0 txqueuelen:0
           RX bytes:0 (0.0 B)  TX bytes:468 (468.0 B)


eth1.210   Link encap:Ethernet  HWaddr 00:1c:42:fa:bc:b0
           inet addr:172.20.21.5  Bcast:172.21.20.255  Mask:255.255.255.0
           inet6 addr: fe80::21c:42ff:fefa:bcb0/64 Scope:Link
           UP BROADCAST RUNNING MULTICAST  MTU:1500  Metric:1
           RX packets:0 errors:0 dropped:0 overruns:0 frame:0
           TX packets:6 errors:0 dropped:0 overruns:0 carrier:0
           collisions:0 txqueuelen:0
           RX bytes:0 (0.0 B)  TX bytes:468 (468.0 B)


eth1.220   Link encap:Ethernet  HWaddr 00:1c:42:fa:bc:b0
           inet addr:172.20.22.5  Bcast:172.22.20.255  Mask:255.255.255.0
           inet6 addr: fe80::21c:42ff:fefa:bcb0/64 Scope:Link
           UP BROADCAST RUNNING MULTICAST  MTU:1500  Metric:1
           RX packets:0 errors:0 dropped:0 overruns:0 frame:0
           TX packets:6 errors:0 dropped:0 overruns:0 carrier:0
           collisions:0 txqueuelen:0
           RX bytes:0 (0.0 B)  TX bytes:468 (468.0 B)


eth1.230   Link encap:Ethernet  HWaddr 00:1c:42:fa:bc:b0
           inet addr:172.20.23.5  Bcast:172.23.20.255  Mask:255.255.255.0
           inet6 addr: fe80::21c:42ff:fefa:bcb0/64 Scope:Link
           UP BROADCAST RUNNING MULTICAST  MTU:1500  Metric:1
           RX packets:0 errors:0 dropped:0 overruns:0 frame:0
           TX packets:6 errors:0 dropped:0 overruns:0 carrier:0
           collisions:0 txqueuelen:0
           RX bytes:0 (0.0 B)  TX bytes:468 (468.0 B)


eth1.240   Link encap:Ethernet  HWaddr 00:1c:42:fa:bc:b0
           inet addr:172.20.24.5  Bcast:172.24.20.255  Mask:255.255.255.0
           inet6 addr: fe80::21c:42ff:fefa:bcb0/64 Scope:Link
           UP BROADCAST RUNNING MULTICAST  MTU:1500  Metric:1
           RX packets:0 errors:0 dropped:0 overruns:0 frame:0
```

```
                    TX packets:6 errors:0 dropped:0 overruns:0 carrier:0
                    collisions:0 txqueuelen:0
                    RX bytes:0 (0.0 B)  TX bytes:468 (468.0 B)

eth1.999  Link encap:Ethernet  HWaddr 00:1c:42:fa:bc:b0
                    inet addr:192.168.9.4  Bcast:192.168.9.255  Mask:255.255.255.0
                    inet6 addr: fe80::21c:42ff:fefa:bcb0/64 Scope:Link
                    UP BROADCAST RUNNING MULTICAST  MTU:1500  Metric:1
                    RX packets:0 errors:0 dropped:0 overruns:0 frame:0
                    TX packets:12 errors:0 dropped:0 overruns:0 carrier:0
                    collisions:0 txqueuelen:0
                    RX bytes:0 (0.0 B)  TX bytes:936 (936.0 B)

lo        Link encap:Local Loopback
                    inet addr:127.0.0.1  Mask:255.0.0.0
                    inet6 addr: ::1/128 Scope:Host
                    UP LOOPBACK RUNNING  MTU:16436  Metric:1
                    RX packets:61 errors:0 dropped:0 overruns:0 frame:0
                    TX packets:61 errors:0 dropped:0 overruns:0 carrier:0
                    collisions:0 txqueuelen:0
                    RX bytes:6343 (6.3 KB)  TX bytes:6343 (6.3 KB)

root@radius:/etc/network#
```

리스트 5-8의 결과에서 eth1이라는 실제 인터페이스에 가상 인터페이스들 (eth1.200~eth1.240)이 정상적으로 등록되었음을 확인할 수 있다. 등록된 가상 인터페이스가 정상적으로 동작하는지 확인하는 다른 방법으로는 백본 스위치에서 방금 등록한 가상 인터페이스에 할당된 IP 주소로 ping 테스트를 해보는 것이 있다. 이것은 직접 해보길 바란다.

가상 인터페이스의 등록이 완료되었으므로 다음에는 방금 등록한 가상 인터페이스를 DHCP 시스템의 리스닝 인터페이스로 등록한다.

DHCP 시스템 리스닝 인터페이스 등록

리스트 5-9와 같이 리스닝 인터페이스에 새로 추가한 가상 인터페이스를 추가한다.

```
1:  # Defaults for dhcp initscript
2:  # sourced by /etc/init.d/dhcp
3:  # installed at /etc/default/isc-dhcp-server by the maintainer scripts
4:
5:  #
6:  # This is a POSIX shell fragment
7:  #
8:
9:  # On what interfaces should the DHCP server (dhcpd) serve DHCP requests?
10: #       Separate multiple interfaces with spaces, e.g. "eth0 eth1".
11: INTERFACES="eth1.999 eth1.200 eth1.210 eth1.220 eth1.230 eth1.240"
```

리스닝 인터페이스의 목록에는 이전에 테스트를 위해 등록했던 eth1.999 인터페이스와 앞서 등록한 가상의 인터페이스를 등록했다. 이제 마지막으로 가장 중요하면서도 조금 복잡할 수도 있는 서브넷 정보를 등록하자.

VLAN별 서브넷 정보 등록

앞 장의 DHCP 서버 환경 설정에서 확인했듯이 DHCP 서버에서 서비스할 서브넷별 IP 주소 할당대역을 리스트 5-10과 같이 dhcpd.conf 파일에 정의한다.

리스트 5-10 /etc/dhcp/dhcpd.conf

```
1:  authoritative;
2:  ddns-update-style none;
3:  deny bootp;
4:  one-lease-per-client       true;
5:  ignore client-updates;
6:
7:  default-lease-time         86400;
8:  max-lease-time             604800;
9:  option nis-domain          "korea.re.kr";
10: option domain-name         "korea.re.kr";
11: option domain-name-servers 168.126.63.1, 168.126.63.2;
12: log-facility               local7;
13:
14: subnet 192.168.9.0 netmask 255.255.255.0 {
15:        option routers                192.168.9.1;
16:        option subnet-mask            255.255.255.0;
17:
```

```
18:            range                         192.168.9.11 192.168.9.250;
19:            default-lease-time            1800;
20:            max-lease-time                3600;
21:  }
22:
23:  subnet 172.20.20.0 netmask 255.255.255.0 {
24:            option routers                172.20.20.1;
25:            option subnet-mask            255.255.255.0;
26:
27:            range                         172.20.20.11 172.20.20.250;
28:            default-lease-time            1800;
29:            max-lease-time                3600;
30:  }
31:
32:  subnet 172.20.21.0 netmask 255.255.255.0 {
33:            option routers                172.20.21.1;
34:            option subnet-mask            255.255.255.0;
35:
36:            range                         172.20.21.11 172.20.21.250;
37:            default-lease-time            1800;
38:            max-lease-time                3600;
39:  }
40:
41:  subnet 172.20.22.0 netmask 255.255.255.0 {
42:            option routers                172.20.22.1;
43:            option subnet-mask            255.255.255.0;
44:
45:            range                         172.20.22.11 172.20.22.250;
46:            default-lease-time            1800;
47:            max-lease-time                3600;
48:  }
49:
50:  subnet 172.20.23.0 netmask 255.255.255.0 {
51:            option routers                172.20.23.1;
52:            option subnet-mask            255.255.255.0;
53:
54:            range                         172.20.23.11 172.20.23.250;
55:            default-lease-time            1800;
56:            max-lease-time                3600;
57:  }
58:
59:  subnet 172.20.24.0 netmask 255.255.255.0 {
60:            option routers                172.20.24.1;
61:            option subnet-mask            255.255.255.0;
62:
```

```
63:        range                    172.20.24.11 172.20.24.250;
64:        default-lease-time       1800;
65:        max-lease-time           3600;
66:  }
```

리스트 5-10의 내용과 같이 dhcpd.conf 파일에 대한 변경을 오류 없이 완료했다면, 리스트 5-11과 같이 DHCP 서비스를 재시작한다.

리스트 5-11 DHCP 서비스 재시작

```
root@radius:/etc/dhcp# service isc-dhcp-server restart
isc-dhcp-server stop/waiting
isc-dhcp-server start/running, process 3998
root@radius:/etc/dhcp#
```

앞서 등록한 eth1.200, eth1.210, eth1.220, eth1.230, eth1.240 인터페이스가 DHCP 시스템의 리스닝 인터페이스로 동작하는지 확인하기 위해 리스트 5-12와 같이 ps 명령을 실행한다.

리스트 5-12 DHCP 프로세스 확인

```
root@radius:/etc/dhcp# ps -ef | grep dhcpd
dhcpd    3998    1  0 16:02 ?        00:00:00 /usr/sbin/dhcpd -f -q -4 -pf /
   run/dhcp-server/dhcpd.pid -cf /etc/dhcp/dhcpd.conf eth1.999 eth1.200 eth1.210
   eth1.220 eth1.230 eth1.240
root     4004 2973  0 16:03 pts/0    00:00:00 grep --color=auto dhcpd
root@radius:/etc/dhcp#
```

5.2.2 연구소 업무용 스위치 환경 설정

단말기가 접속하는 네트워크에 따라 각각 다른 IP 주소를 할당하기 위해 DHCP 시스템에 VLAN별로 할당될 IP 주소 서브넷을 정의했다. 이번에는 앞서 설정된 DHCP 시스템이 정상적으로 동작하는지를 확인하기 위해 사용자 단말기가 연결되는 액세스 스위치(NAS_BD_11F)에 업무 특성별 네트워크를 정의한다.

앞 장의 액세스 스위치 환경 설정에서 스위치의 9번 포트에 VLAN 999를 할당해 802.1X 인증을 적용하지 않고 DHCP를 통해 IP 주소를 할당받도록 했다. 이번에는 9번 포트에 VLAN 999를 설정했을 때와 동일한 방법으로 업무 특성별 VLAN을 스위치 포트에 할당한다. 그림 5-6은 각각의 스위치 포트에 할당될 VLAN 정보와 포트별로 할당되어야 하는 IP 주소대역을 나타내고 있다. 이제부터 그림 5-6과 같이 작동하도록 스위치(NAS_BD_11F)의 환경 설정을 진행한다.

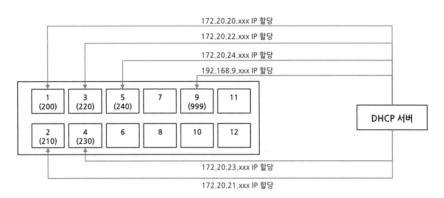

그림 5-6 스위치 포트별 VLAN과 IP 주소 할당

스위치의 환경 설정을 위해 리스트 5-13과 같이 액세스 스위치(NAS_BD_11F)에 터미널을 연결해 전역환경 설정 모드로 진입한다.

리스트 5-13 전역환경 설정 모드로 접속

```
Username: admin
Password: 09n072
NAS_BD_11F$enable
Password: 09n072
NAS_BD_11F#configure terminal
NAS_BD_11F(config)#
```

리스트 5-13의 전역환경 설정 모드에서 리스트 5-14의 명령을 실행해 그림 5-6에 표시된 것처럼 각각의 포트에 VLAN을 할당한다.

리스트 5-14 인터페이스별 VLAN 지정

```
NAS_BD_11F(config)#interface gi1/0/1
NAS_BD_11F(config-if)#description ## Normal VLAN 200 Port ##
```

```
NAS_BD_11F(config-if)#switchport mode access
NAS_BD_11F(config-if)#switchport access vlan 200
NAS_BD_11F(config-if)#exit
NAS_BD_11F(config)#interface gi 1/0/2
NAS_BD_11F(config-if)#description ## Normal VLAN 210 Port ##
NAS_BD_11F(config-if)#switchport mode access
NAS_BD_11F(config-if)#switchport access vlan 210
NAS_BD_11F(config-if)#exit
NAS_BD_11F(config)#interface gi1/0/3
NAS_BD_11F(config-if)#description ## Normal VLAN 220 Port ##
NAS_BD_11F(config-if)#switchport mode access
NAS_BD_11F(config-if)#switchport access vlan 220
NAS_BD_11F(config-if)#exit
NAS_BD_11F(config)#interface gi1/0/4
NAS_BD_11F(config-if)#description ## Normal VLAN 230 Port ##
NAS_BD_11F(config-if)#switchport mode access
NAS_BD_11F(config-if)#switchport access vlan 230
NAS_BD_11F(config-if)#exit
NAS_BD_11F(config)#interface gi1/0/5
NAS_BD_11F(config-if)#description ## Normal VLAN 240 Port ##
NAS_BD_11F(config-if)#switchport mode access
NAS_BD_11F(config-if)#switchport access vlan 240
NAS_BD_11F(config-if)#end
NAS_BD_11F#write
NAS_BD_11F#
```

리스트 5-15와 같이 액세스 스위치의 포트가 원하는 대로 설정되었는지 확인
한다.

리스트 5-15 인터페이스별 VLAN 지정 상태 확인

```
NAS_BD_11F#show running-config
...
!
interface GigabitEthernet1/0/1
 switchport access vlan 200
 switchport mode access
!
interface GigabitEthernet1/0/2
 switchport access vlan 210
 switchport mode access
!
interface GigabitEthernet1/0/3
```

```
 switchport access vlan 220
 switchport mode access
!
interface GigabitEthernet1/0/4
 switchport access vlan 230
 switchport mode access
!
interface GigabitEthernet1/0/5
 switchport access vlan 240
 switchport mode access
!
…
NAS_BD_11F#
```

리스트 5-14와 같은 결과가 출력되었다면 정상적으로 스위치 포트별로 VLAN
이 할당된 것이다. 이제 각각의 VLAN에 단말기를 연결했을 때 정상적으로 IP 주소
를 할당받는지 확인한다.

5.2.3 VLAN별 IP 주소 할당 테스트

업무 특성별로 구분된 네트워크(VLAN)에 따라 다른 IP 주소를 할당하기 위한
DHCP 시스템과 스위치 환경의 구성이 완료되었다. 이제부터는 테스트 단말기를
순서대로 스위치 포트에 연결하면서 각각의 VLAN별로 올바른 IP 주소를 받아오는
지를 확인하도록 한다.

테스트를 진행하면서 DHCP 시스템의 동작 과정을 모니터링하기 위해 관리용
단말기에서 DHCP 시스템에 터미널을 연결해두고 리스트 5-16과 같이 서버의 시
스템 로그를 모니터링한다.

리스트 5-16 시스템 로그 모니터링

```
sysop@radius:~$ sudo su -
[sudo] password for sysop:
root@radius:~# cd /var/log
root@radius:/var/log# tail -f syslog
```

이제 테스트용 단말기를 스위치의 1번 포트에 연결하고 IP 주소를 정상적으로 할당받는지 확인한다. 단말기에 주소가 할당되었는지를 확인하기 전에 서버의 시스템 로그에 어떠한 로그가 기록되었는지를 먼저 확인한다. 정상적으로 IP 주소가 요청되고 할당되었다면, 리스트 5-17과 같은 로그를 확인할 수 있다.

리스트 5-17 DHCP 시스템 로그

```
...
Jun 22 21:46:17 radius dhcpd: DHCPDISCOVER from 6c:62:6d:90:b3:a8 via eth1.200
Jun 22 21:46:18 radius dhcpd: DHCPOFFER on 172.20.20.11 to 6c:62:6d:90:b3:a8
    (Test-PC) via eth1.200
Jun 22 21:46:18 radius dhcpd: DHCPREQUEST for 172.20.20.11 (172.20.20.5) from
    6c:62:6d:90:b3:a8 (Test-PC) via eth1.200
Jun 22 21:46:18 radius dhcpd: DHCPACK on 172.20.20.11 to 6c:62:6d:90:b3:a8 (Test-
    PC) via eth1.200
Jun 22 21:46:21 radius dhcpd: DHCPINFORM from 172.20.20.11 via eth1.200
Jun 22 21:46:21 radius dhcpd: DHCPACK to 172.20.20.11 (6c:62:6d:90:b3:a8) via
    eth1.200
```

리스트 5-17에서 주의 깊게 확인해야 할 메시지는 DHCPREQUEST와 DHCPACK 메시지다. DHCPREQUEST 메시지는 테스트용 단말기에서 DHCP 서버에 IP 주소를 요청하는 메시지이고, DHCPACK 메시지는 단말기의 IP 주소 할당 요청에 대한 응답으로 단말기에 IP 주소를 할당해주는 메시지다. 리스트 5-17의 메시지를 보면 앞 절에서 살펴봤던 DHCP 시스템에서 IP 주소를 할당하기 위한 메시지 교환 절차가 재현되고 있음을 확인할 수 있다. 또한 각 메시지의 맨 뒤를 보면 이번 절의 맨 처음에 정의했던 VLAN별 가상 인터페이스를 통해 메시지가 교환되고 있음도 확인할 수 있다. 지금의 경우는 테스트를 위해 스위치의 포트 1번에 연결했기 때문에 1번 포트에 할당되어 있는 VLAN 200번 인터페이스를 통해 IP 주소 할당 요청이 들어왔고, DHCP 서버에서도 VLAN 200번 인터페이스를 통해 IP 주소를 할당해주고 있다. 독자의 테스트에서도 이와 같은 메시지를 확인했다면, 이제 리스트 5-18과 같이 단말기에 정상적으로 IP 주소가 할당되었는지를 확인하자. 윈도우 운영체제에서는 동적으로 할당받은 IP 주소는 네트워크 어댑터의 속성 창에서 확인할 수 없고 도스^{DOS} 명령 창에서 확인해야 한다.

```
C:\Users\Test>ipconfig

Windows IP Configuration


Ethernet adapter ?? ?? ??:

   Connection-specific DNS Suffix  . : localdomain
   IPv6 Address. . . . . . . . . . . : fdb2:2c26:f4e4:0:da5:c324:d539:9565
   Temporary IPv6 Address. . . . . . : fdb2:2c26:f4e4:0:69bc:2537:48c4:1d94
   Link-local IPv6 Address . . . . . : fe80::da5:c324:d539:9565%11
   IPv4 Address. . . . . . . . . . . : 172.20.20.11
   Subnet Mask . . . . . . . . . . . : 255.255.255.0
   Default Gateway . . . . . . . . . : 172.20.20.1

Tunnel adapter isatap.localdomain:

   Media State . . . . . . . . . . . : Media disconnected
   Connection-specific DNS Suffix  . :

Tunnel adapter Teredo Tunneling Pseudo-Interface:

   Media State . . . . . . . . . . . : Media disconnected
   Connection-specific DNS Suffix  . :

C:\Users\Test>
```

테스트용 단말기가 DHCP 서버로부터 IP 주소를 정상적으로 임대받았다면, 리스트 5-18과 같이 VLAN 200에 할당하기 위해 설정해준 서브넷의 IP 주소 범위에 해당하는 IP 주소 중 하나가 할당되어 있을 것이다. 만약 할당되어 있는 IP 주소가 '168'로 시작하는 IP 주소일 경우에는 DHCP 서버로부터 IP를 정상적으로 할당받지 못한 것으로, 설정 과정 중 일부가 잘못되었을 가능성이 높다. 이럴 때는 앞서 수행했던 환경 설정항목을 다시 확인한다.

액세스 스위치의 1번 포트와 마찬가지로 나머지 스위치 포트(2~5번)에서도 설정된 VLAN에 따라 지정된 범위의 IP 주소를 할당받는지 테스트한다.

이번 절에서는 업무 특성이나 사용자 특성에 따라 구분된 네트워크에 접속하는 단말기에 대해, DHCP 시스템을 이용해 네트워크별로 다른 대역의 IP 주소를 할당하는 것을 구현해봤다. 지금까지 구현한 내용으로도 일부 실무에 어느 정도 응용할 수 있지만 사용자 IP 주소 관리를 위해서는 부족한 부분이 있다. 이번 장의 서두에서도 말했듯이 지금까지 구현한 내용만으로는 한 번 할당된 IP 주소가 고정적으로 할당되지 않고 단말기의 상태에 따라 변경되기 때문이다. 다음 절에서부터 DBMS와 연계해 어떻게 한 번 할당받은 IP 주소를 고정적으로 할당하는지를 구현하도록 한다.

5.3 단말기에 할당된 IP 주소 DB에 저장

여기서 5.1절의 후반부에 설명했던 내용을 되새겨보자. 5.1절의 후반부에서는 DHCP 시스템과 DBMS를 연계하기 위한 첫 단계로 제일 먼저 해야 할 일은 시스템 로그를 DBMS에 저장하는 것이라고 설명했다. 혹시 기억하지 못하는 독자는 5.1절의 후반부를 다시 읽어보길 바란다. 그럼 시스템의 로그를 DBMS에 어떻게 저장하면 좋을까? 방법은 매우 간단하다. 시스템 로그를 DBMS에 저장해주는 패키지를 이용하면 된다. 로그 관리의 중요성이 증대되면서 누군가 시스템 로그를 DBMS로 저장하는 패키지를 이미 개발해뒀다. 우리는 그러한 패키지를 찾아 활용하면 된다. 이것이 오픈소스의 또 하나의 장점이다.

이번 절은 시스템의 로그를 DBMS에 저장하는 패키지를 설치하고, DBMS에 저장된 시스템 로그 중에서 DHCP와 관련된 로그만을 추출해 별도의 테이블에 저장하는 방법을 알아보고자 한다.

5.3.1 rsyslog-mysql 설치

제일 먼저 시스템 로그를 데이터베이스에 저장하기 위한 패키지를 설치하도록 하자. 이 책에서 구현하는 인증시스템에서 백엔드로 MySQL DBMS를 사용하므로 rsyslog-mysql 패키지를 설치한다.

패키지 설치하기

사용자를 root로 변경한 후 리스트 5-19와 같이 rsyslog-mysql 패키지를 설치한다.

리스트 5-19 rsyslog-mysql 패키지 설치

```
root@radius:~# apt-get install rsyslog-mysql
패키지 목록을 읽는 중입니다... 완료
의존성 트리를 만드는 중입니다
상태 정보를 읽는 중입니다... 완료
다음 새 패키지를 설치할 것입니다:
  rsyslog-mysql
0개 업그레이드, 1개 새로 설치, 0개 제거 및 80개 업그레이드 안 함.
8,284 바이트 아카이브를 받아야 합니다.
이 작업 후 82.9 k바이트의 디스크 공간을 더 사용하게 됩니다.
경고: 다음 패키지를 인증할 수 없습니다!
  rsyslog-mysql
확인하지 않고 패키지를 설치하시겠습니까 [y/N]? Y
받기:1 http://kr.archive.ubuntu.com/ubuntu/ precise-updates/universe rsyslog-mysql
    amd64 5.8.6-1ubuntu8.4 [8,284 B]
내려받기 8,284 바이트, 소요시간 0초 (22.0 k바이트/초)
Selecting previously unselected package rsyslog-mysql.
(데이터베이스 읽는중 ...현재 51123개의 파일과 디렉터리가 설치되어 있습니다.)
rsyslog-mysql 패키지를 푸는 중입니다 (.../rsyslog-mysql_5.8.6-1ubuntu8.4_amd64.deb에서)
    ...
rsyslog-mysql (5.8.6-1ubuntu8.4) 설정하는 중입니다 ...
```

패키지 설치가 진행되고 리스트 5-19와 같은 메시지가 출력된 이후에 화면이 바뀌면서 rsyslog-mysql에서 시스템 로그를 데이터베이스에 저장하기 위한 설정을 진행하게 된다. 그림 5-7의 설명에 따라 환경 설정을 완료한다.

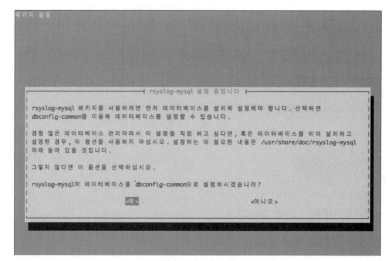

그림 5-7 rsyslog-mysql 데이터베이스 연결 설정 화면

첫 번째, 그림 5-7에서는 일반적인 데이터베이스 설정을 위해 **예**를 선택한다.

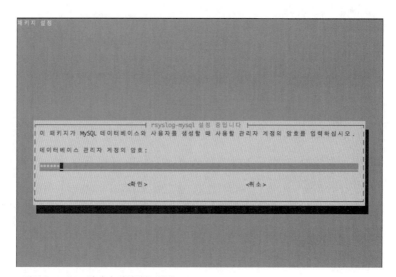

그림 5-8 MySQL 관리자 비밀번호 입력

두 번째, 그림 5-8에서는 시스템 로그를 DB에 저장하기 위해 필요한 사용자 계정과 데이터베이스의 생성을 위해 MySQL DB의 관리자 암호인 09n072를 입력하고 Enter 키를 입력한다. 3장에서 인증서버를 구성하면서 MySQL DBMS의 관리자 암호를 09n072로 설정했다.

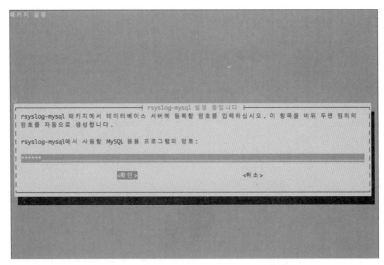

그림 5-9 rsyslog-mysql에서 사용할 데이터베이스 계정 암호 입력

그림 5-9는 rsyslog-mysql 패키지에서 로그를 저장할 데이터베이스의 계정 암호를 등록하는 화면이다. 이번에 등록할 비밀번호도 앞선 비밀번호와 동일하게 09n072를 입력한다.

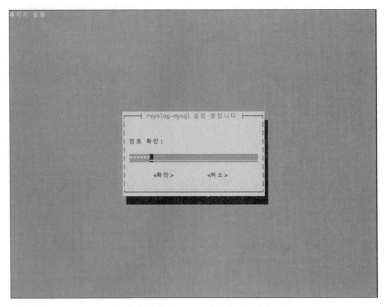

그림 5-10 rsyslog-mysql에서 사용할 데이터베이스 계정 암호 확인

그림 5-10은 앞서 입력한 비밀번호를 확인하는 과정으로, 동일하게 09n072를 입력하고 rsyslog-mysql 패키지에서 사용할 MySQL 환경 설정을 마무리한다.

리스트 5-20 rsyslog-mysql 설치 결과

```
...
dbconfig-common: writing config to /etc/dbconfig-common/rsyslog-mysql.conf

Creating config file /etc/dbconfig-common/rsyslog-mysql.conf with new version

Creating config file /etc/rsyslog.d/mysql.conf with new version
granting access to database Syslog for rsyslog@localhost: already exists.
creating database Syslog: success.
verifying database Syslog exists: success.
populating database via sql... done.
dbconfig-common: flushing administrative password
rsyslog stop/waiting
rsyslog start/running, process 2930
root@radius:~#
```

환경 설정이 마무리되면 리스트 5-20과 같이 Syslog 데이터베이스가 성공적으로 생성되었음을 알려주는 메시지가 출력되고, rsyslog 프로세스를 재시작한다.

계정정보 확인 및 DB에 저장된 로그 확인하기

패키지의 설치가 완료되었으니 이제 정말로 시스템 로그가 MySQL DB에 저장되는지를 확인해보자. 패키지를 설치할 때 rsyslog-mysql에서 사용할 비밀번호를 입력하면서 우리는 계정 이름을 확인하지 못했다. 그래서 실제 로그를 확인하기 전에 로그 저장을 위해 사용되는 계정을 먼저 확인하도록 한다. 계정을 확인하기 위해 리스트 5-21과 같이 MySQL의 관리자 계정으로 로그인하고, 사용자 계정 테이블을 통해 rsyslog-mysql에서 사용하는 계정을 확인한다.

리스트 5-21 MySQL에 등록된 rsyslog 계정 확인

```
root@radius:~# mysql -uroot -p
Enter password: 09n072
Welcome to the MySQL monitor.  Commands end with ; or \g.
Your MySQL connection id is 70
```

```
Server version: 5.5.31-0ubuntu0.12.04.1 (Ubuntu)

Copyright (c) 2000, 2013, Oracle and/or its affiliates. All rights reserved.

Oracle is a registered trademark of Oracle Corporation and/or its
affiliates. Other names may be trademarks of their respective
owners.

Type 'help;' or '\h' for help. Type '\c' to clear the current input statement.

mysql> use mysql
Reading table information for completion of table and column names
You can turn off this feature to get a quicker startup with -A

Database changed
mysql> select user from user;
+------------------+
| user             |
+------------------+
| root             |
| root             |
|                  |
| debian-sys-maint |
| root             |
| rsyslog          |
|                  |
| root             |
+------------------+
8 rows in set (0.00 sec)

mysql>
```

리스트 5-21의 결과에서 보는 바와 같이 여러 개의 계정정보가 등록되어 있다. 그렇지만 계정의 의미를 생각해보면 rsyslog 계정이 시스템 로그의 저장을 위해 사용되는 계정이 맞을 듯싶다. 그리고 이왕 DBMS에 접속했으니 시스템 로그를 저장하는 데이터베이스가 무엇인지 확인하자.

리스트 5-22 시스템 로그 저장 데이터베이스 확인

```
mysql> show databases;
+--------------------+
| Database           |
```

```
+--------------------+
| information_schema |
| Syslog             |
| mysql              |
| performance_schema |
| test               |
+--------------------+
5 rows in set (0.00 sec)

mysql>
```

리스트 5-22의 목록에서 데이터베이스 이름의 의미를 따라 시스템 로그가 저장될 데이터베이스를 추측해보면, Syslog 데이터베이스가 시스템 로그가 저장되는 데이터베이스로 예상된다. 이번에는 실제로 rsyslog 계정으로 로그인해서 시스템 로그가 DBMS에 저장되어 있는지를 확인하자.

먼저 기존의 접속을 종료하고 리스트 5-23과 같이 rsyslog 계정으로 다시 로그인한다. 그리고 데이터베이스를 조회해 Syslog 데이터베이스가 존재하는지 확인한다.

리스트 5-23 시스템 로그 계정으로 데이터베이스 접속 테스트

```
mysql> exit
Bye
root@radius:~# mysql -ursyslog -p
Enter password: 09n072
Welcome to the MySQL monitor.  Commands end with ; or \g.
Your MySQL connection id is 71
Server version: 5.5.31-0ubuntu0.12.04.1 (Ubuntu)

Copyright (c) 2000, 2013, Oracle and/or its affiliates. All rights reserved.

Oracle is a registered trademark of Oracle Corporation and/or its
affiliates. Other names may be trademarks of their respective
owners.

Type 'help;' or '\h' for help. Type '\c' to clear the current input statement.

mysql> show databases;
+--------------------+
| Database           |
```

```
+-------------------+
| information_schema |
| Syslog            |
| test              |
+-------------------+
3 rows in set (0.00 sec)

mysql>
```

우리가 원하는 Syslog 데이터베이스가 등록되어 있음을 확인할 수 있다. 이제 로그의 확인을 위해 리스트 5-24와 같이 Syslog 데이터베이스를 사용할 데이터베이스로 선택하고, 데이터베이스에 등록되어 있는 테이블 목록을 확인한다. 어떠한 테이블이 있는지를 알아야 질의문을 통해 테이블에 저장된 내용을 확인할 수 있기 때문이다.

리스트 5-24 시스템 로그 저장 테이블 확인

```
mysql> use Syslog;
Reading table information for completion of table and column names
You can turn off this feature to get a quicker startup with -A

Database changed
mysql> show tables;
+---------------------+
| Tables_in_Syslog    |
+---------------------+
| SystemEvents        |
| SystemEventsProperties |
+---------------------+
2 rows in set (0.00 sec)

mysql>
```

리스트 5-24의 결과에서 확인할 수 있듯이 2개의 테이블이 출력되었다. 테이블 이름의 의미로 봤을 때, 실제 시스템 로그가 저장되는 테이블은 SystemEvents 테이블일 것이다. 리스트 5-25와 같이 정말로 시스템 로그가 저장되어 있는지 확인하자.

```
mysql> select * from SystemEvents;
+----+------------+---------------------+---------------------+----------+------
----+------------+-----------------------------------------------------------
------------------------------------------------------------+------------+------
------+------------+----------+---------------+----------+----------+----------
+-------------+----------+----------+----------+------------+-------------
---+-------------+------------------+----------+

| ID | CustomerID | ReceivedAt          | DeviceReportedTime
    | Facility | Priority | FromHost | Message
    | NTSeverity | Importance | EventSource | EventUser | EventCategory |
    EventID | EventBinaryData | MaxAvailable | CurrUsage | MinUsage | MaxUsage |
    InfoUnitID | SysLogTag      | EventLogType | GenericFileName | SystemID |
+----+------------+---------------------+---------------------+----------+------
----+----------+-------------------------------------------------------------
------------------------------------------------------------+------------+------
------+------------+----------+---------------+----------+----------+----------
+-------------+----------+----------+----------+------------+-------------
---+-------------+------------------+----------+

| 1 |        NULL | 2013-06-23 12:45:10 | 2013-06-23 12:45:10
    |        0 |        6 | radius   | Kernel logging (proc) stopped.
    |      NULL |       NULL | NULL    |      NULL |          NULL |
   NULL | NULL       |              NULL |      NULL | NULL    |     NULL |
    1 | kernel:    |      NULL |      NULL |        |      NULL |
...
...
| 17 |        NULL | 2013-06-23 13:17:01 | 2013-06-23 13:17:01 |        10
    |        6 | radius   | pam_unix(cron:session): session closed for user roo
   t                                                         |      NULL |
   NULL | NULL       |      NULL |             NULL |      NULL | NULL    |
   NULL |      NULL |      NULL |      NULL |           1 | CRON[4069]: | NULL
   | NULL            |      NULL |
+----+------------+---------------------+---------------------+----------+------
----+----------+-------------------------------------------------------------
------------------------------------------------------------+------------+------
------+------------+----------+---------------+----------+----------+----------
+-------------+----------+----------+----------+------------+-------------
---+-------------+------------------+----------+
17 rows in set (0.00 sec)

mysql>
```

뭔가 복잡하기는 하지만 결과값이 나왔다. 결과에서 알 수 있듯이, 시스

템 로그와 비슷한 메시지가 간간히 눈에 띈다. 맨 마지막 줄의 메시지(pam_
unix(cron:session): session closed for user root)를 살펴봐도 세션 종료와 관련된
메시지로 시스템 로그가 맞는 것 같다.

좀 더 확실하게 확인하기 위해 원래 시스템 로그가 저장되는 로그 파일(/var/
log/syslog)과 DBMS에 저장되는 로그의 내용을 비교해보자. 비교에 앞서 먼저
터미널을 2개 더 열고 모두 인증서버에 접근해 사용자를 root로 변경한다. 2개의
터미널 중 하나의 터미널에서는 리스트 5-26과 같이 시스템 로그 파일을 모니터
링하자.

리스트 5-26 시스템 로그 모니터링

```
sysop@radius:~$ sudo su -
[sudo] password for sysop: 09n072
root@radius:~# tail -f /var/log/syslog
...
...
```

다른 터미널에서는 리스트 5-27과 같이 DHCP 서비스를 재시작한다.

리스트 5-27 DHCP 서비스 재시작

```
sysop@radius:~$ sudo su -
[sudo] password for sysop: 09n072
root@radius:~# service isc-dhcp-server restart
isc-dhcp-server stop/waiting
isc-dhcp-server start/running, process 4395
root@radius:~#
```

이제 시스템 로그를 모니터링하고 있는 두 번째 터미널 창에 출력된 메시지를
먼저 확인하고, 시스템 로그 파일에 기록된 메시지가 동일하게 DBMS에 저장되어
있는지를 확인한다. 리스트 5-28은 /var/log/syslog에 저장된 메시지가 두 번째
터미널에 출력된 것이다.

```
Jun 23 13:30:30 radius dhcpd: Internet Systems Consortium DHCP Server 4.1-ESV-R4
Jun 23 13:30:30 radius dhcpd: Copyright 2004-2011 Internet Systems Consortium.
Jun 23 13:30:30 radius dhcpd: All rights reserved.
Jun 23 13:30:30 radius dhcpd: For info, please visit https://www.isc.org/
    software/dhcp/
Jun 23 13:30:30 radius dhcpd: Internet Systems Consortium DHCP Server 4.1-ESV-R4
Jun 23 13:30:30 radius dhcpd: Copyright 2004-2011 Internet Systems Consortium.
Jun 23 13:30:30 radius dhcpd: All rights reserved.
Jun 23 13:30:30 radius dhcpd: For info, please visit https://www.isc.org/
    software/dhcp/
Jun 23 13:30:30 radius dhcpd: Wrote 0 leases to leases file.
```

데이터베이스에 저장된 메시지의 확인을 위해 이미 MySQL DBMS에 연결되어 있는 첫 번째 터미널 창에서 리스트 5-29와 같이 질의문을 실행한다.

리스트 5-29 Syslog 데이터베이스에 저장된 시스템 로그 메시지

```
mysql> select DeviceReportedTime, FromHost, SysLogTag, Message from SystemEvents
    where SysLogTag='dhcpd:';
+---------------------+----------+-----------+--------------------------------
-------------------------+
| DeviceReportedTime  | FromHost | SysLogTag | Message
    |
+---------------------+----------+-----------+--------------------------------
-------------------------+
| 2013-06-23 13:30:30 | radius   | dhcpd:    | Internet Systems Consortium DHCP
    Server 4.1-ESV-R4        |
| 2013-06-23 13:30:30 | radius   | dhcpd:    | Copyright 2004-2011 Internet
    Systems Consortium.      |
| 2013-06-23 13:30:30 | radius   | dhcpd:    | All rights reserved.
    |
| 2013-06-23 13:30:30 | radius   | dhcpd:    | For info, please visit https://
    www.isc.org/software/dhcp/ |
| 2013-06-23 13:30:30 | radius   | dhcpd:    | Internet Systems Consortium DHCP
    Server 4.1-ESV-R4        |
| 2013-06-23 13:30:30 | radius   | dhcpd:    | Copyright 2004-2011 Internet
    Systems Consortium.      |
| 2013-06-23 13:30:30 | radius   | dhcpd:    | All rights reserved.
    |
| 2013-06-23 13:30:30 | radius   | dhcpd:    | For info, please visit https://
    www.isc.org/software/dhcp/ |
| 2013-06-23 13:30:30 | radius   | dhcpd:    | Wrote 0 leases to leases file.
```

```
        |
+--------------------+----------+----------+-----------------------------------
  -------------------------+
9 rows in set (0.00 sec)

mysql>
```

리스트 5-28과 리스트 5-29의 두 터미널에 출력된 결과값을 비교해보면, 로그
의 내용이 다르지 않음을 확인할 수 있다. 다만 차이점이 있다면 로그 파일에 저장
된 로그는 칼럼의 구분이 없이 한 줄로 출력하고 있지만, 데이터베이스에 저장된
로그는 의미에 따라 칼럼 단위로 분리해 저장한 것뿐이다. 이렇게 칼럼 단위로 구
분되어 저장된 시스템 로그는 전문적인 로그 관리 또는 분석시스템에서 로그를 효
과적으로 활용하기 위한 기반으로 사용되고 있으며, 이 책에서 구현하고자 하는 인
증시스템에서도 사용된다.

이것으로 시스템 로그를 데이터베이스에 저장하는 방법에 대한 설명을 마치고,
데이터베이스에 저장된 로그를 기반으로 DHCP 로그를 추출해 우리가 원하는 정
보만 뽑아 별도의 테이블에 저장하는 방법을 알아보자.

5.3.2 DHCP 로그 분석 및 처리

데이터베이스에 저장되어 있는 다양한 유형의 시스템 로그에서 원하는 시스템 로그
를 추출해 별도의 테이블에 저장하기 위해서는 식별, 파싱, 저장의 세 단계 작업을
수행해야 한다. '식별' 단계는 우리가 사용하고자 하는 메시지 유형을 정의하고 수많
은 메시지에서 정의된 유형에 포함된 메시지를 선택하는 과정이다. 사용하고자 하는
메시지 유형의 정의와 선택에는 정규식이 사용된다. '파싱' 단계는 선택된 메시지에
서 필요한 항목 또는 키워드를 추출하는 단계로, MySQL DBMS에서 제공하는 문자
열 처리와 관련된 함수를 사용한다. 마지막으로 '저장' 단계는 파싱 단계에서 추출
된 항목을 별도의 테이블에 저장하는 것이다. 이렇게 세 단계를 거쳐서 DHCP 서버
에서 단말기에 할당된 IP 주소를 고정 IP 주소와 같이 할당하기 위한 기초 데이터를
확보하게 된다. 그림 5-11은 지금 설명한 내용을 간략히 표현하고 있다.

그림 5-11 로그 추출의 세 단계 작업

그림 5-11에서 표현하고 있는 DHCP 로그 추출 세 단계 작업은 MySQL DBMS 를 중심으로 수행된다. 따라서 각 단계별로 효과적인 작업 진행을 위해서는 DBMS 관리도구가 필요하다. 나는 DBMS 관리도구로서 Sequel Pro라는 도구를 선택했다. Sequel Pro는 애플의 OS X에서 동작하는 무료 도구로, 데이터 처리와 관련된 CRUD[Create, Read, Update, Delete]는 물론이거니와 시스템 로그 처리의 핵심 요소인 트리거[Trigger]의 정의와 수정 및 삭제에 상당한 강점을 갖고 있다. 2장에서도 설명했듯이 윈도우 운영체제용으로는 MySQL에서 제공하는 MySQL WorkBench라는 GUI 도구가 있지만, 책을 쓰고 있는 시점에서는 트리거를 정의하거나 수정할 때에 변경된 내용이 반영되지 않는 버그가 있었다. 그래서 Sequel Pro라는 툴을 사용하게 되었고, 트리거를 다루는 데 있어서는 MySQL WorkBench보다 Sequel Pro가 훨씬 편리했다.

이번 절에서는 앞에서 소개한 도구와 절차에 따라 시스템 로그를 처리하는 방법을 구체적으로 살펴보자.

실제적인 시스템 로그 처리에 앞서, 시스템 로그 데이터베이스에서 추출된 DHCP 관련 로그가 저장될 별도의 데이터베이스를 생성하자. 또한 각각의 데이터베이스에 접속하기 위한 사용자 계정을 생성하고 데이터베이스 접근과 관련된 권한을 조정하자. 다음으로 Sequel Pro에 대한 간단한 사용법과 DBMS의 트리거에 대해 간략하게 설명하고자 한다. 마지막으로 실제 시스템 로그에서 우리가 필요로 하는 DHCP 관련 로그를 추출해 별도의 테이블에 저장하도록 하겠다.

시스템 로그에서 우리가 원하는 DHCP 로그를 추출해 별도의 테이블에 저장하고 이를 활용하기 위해서는 식별 ❯ 파싱 ❯ 저장의 세 단계를 거쳐야 한다. 이 세 단계의 과정은 DHCP 메시지를 추출할 때뿐만 아니라 다음 장에서 구현하게 될 사용자 계정정보와 맥 주소/IP 주소의 연동에서도 사용된다. 이제 각 단계별로 어떻게 진행되는지 구체적으로 살펴보자.

메시지 식별

어느 시스템이든 로그를 확인해보면, 시스템에서 운영되고 있는 서비스에 따라 다양한 유형의 로그가 발생하고 기록된다. 우리가 구축하고 있는 인증서버 역시 예외 없이 서비스별로 발생하는 다양한 유형의 로그를 로그 파일과 시스템에 리스트 5-30과 같이 기록한다.

리스트 5-30 /var/log/syslog 일부

```
1:  Login incorrect: [a088b4ddf9c4] (from client NAS_BD_42F port 50129 cli A0-
    88-B4-DD-F9-C4)
2:  Login incorrect: [001c42caefb4] (from client NAS_BD_42F port 50248 cli
    00-1C-42-CA-EF-B4)
3:  DHCPINFORM from 172.20.100.104 via eth1.100
4:  DHCPACK to 172.20.100.104 (f4:6d:04:09:86:6c) via eth1.100
5:  DHCPINFORM from 172.20.245.26 via eth1.600
6:  DHCPACK to 172.20.245.26 (bc:5f:f4:5a:02:63) via eth1.600
7:  Login OK: [00170888f9fb/00170888f9fb] (from client NAS_BD_24F port 50108 cli
    00-17-08-88-F9-FB) ko_auth
8:  DHCPINFORM from 172.20.112.122 via eth1.110
9:  DHCPACK to 172.20.112.122 (b4:b5:2f:bf:d7:f8) via eth1.110
10: Login incorrect: [f81edff0faf8] (from client NAS_BD_22F port 50109 cli F8-
    1E-DF-F0-FA-F8)
11: Login OK: [00241d8ac5af/00241d8ac5af] (from client NAS_BD_62F port 50215 cli
    00-24-1D-8A-C5-AF) ko_auth
12: Ignoring request to accounting address * port 1813 from unknown client
    172.20.10.105 port 1646
13: DHCPDISCOVER from 00:24:1d:8a:c5:af via eth1.600
14: DHCPOFFER on 172.20.245.12 to 00:24:1d:8a:c5:af via eth1.600
15: DHCPREQUEST for 172.20.245.12 (172.20.245.5) from 00:24:1d:8a:c5:af via
    eth1.600
16: DHCPACK on 172.20.245.12 to 00:24:1d:8a:c5:af via eth1.600
17: Ignoring request to accounting address * port 1813 from unknown client
    172.20.10.105 port 1646
18: Login incorrect: [5006048ef489] (from client NAS_BD_16F port 50209 cli 50-
    06-04-8E-F4-89)
19: DHCPINFORM from 172.20.245.26 via eth1.600
20: DHCPACK to 172.20.245.26 (bc:5f:f4:5a:02:63) via eth1.600
21: DHCPINFORM from 172.20.245.46 via eth1.600
```

```
22:    DHCPACK to 172.20.245.46 (00:24:21:01:09:09) via eth1.600
```

다양한 로그 메시지 중에서 DHCP와 관련된 로그만 추출하기 위해서는 어떠한 로그가 DHCP와 관련된 로그인지를 알아야 한다. 또한 DHCP와 관련된 로그 중에서도 어느 로그가 별도의 테이블에 저장할 대상인지도 식별해야 한다. 리스트 5-30의 로그에서도 드러나고 있지만, 시스템에서 발생하는 로그를 유심히 살펴보면 시스템 또는 서비스별로 로그를 기록하는 독특한 패턴을 확인할 수 있다. 리스트 5-30의 로그에서 DHCP와 관련된 로그를 보면 모든 로그가 DHCP 문자열로 시작함을 알 수 있다. 이렇게 메시지의 식별 단계에서는 로그별로 로그가 기록되는 패턴을 확인하고, 패턴의 범위를 좁혀가면서 필요한 로그를 선택할 수 있다.

이번 장에서 구현하고자 하는 핵심적인 목표는 고정 IP 주소를 사용할 때와 같이 DCHP 서버에서 사용자의 단말기에 할당된 IP 주소를 지속적으로 다시 할당하도록 DHCP 시스템을 운영하는 것이다. 리스트 5-30의 다양한 시스템 메시지 중에서 이 목표를 달성하기 위해 필요한 메시지를 식별해보자. 바로 앞에서 시스템 로그에 대해 설명할 때 모든 로그는 로그별로 기록되는 패턴이 있다고 했다. 그리고 DHCP와 관련된 로그는 DHCP 문자열로 시작한다고 했다.

여기서 이런 의문을 가져보자. DHCP 서버에서 사용자에게 IP 주소를 할당할 때의 로그는 어떤 문자열로 시작할까? DHCP 문자열이 로그 앞에 붙어서 기록된다. 그럼 앞의 로그 중에서 우리가 필요로 하는 일차적인 선택 범위는 어느 정도 정해진 듯싶다. 앞서 제시한 로그 중에서 DHCP 문자열로 시작하는 로그만을 선택하면 된다. 앞의 로그에서 불필요한 로그를 제거하면 리스트 5-31과 같이 정리된다.

리스트 5-31 시스템 로그 중 DHCP 로그

```
3:     DHCPINFORM from 172.20.100.104 via eth1.100
4:     DHCPACK to 172.20.100.104 (f4:6d:04:09:86:6c) via eth1.100
5:     DHCPINFORM from 172.20.245.26 via eth1.600
6:     DHCPACK to 172.20.245.26 (bc:5f:f4:5a:02:63) via eth1.600
8:     DHCPINFORM from 172.20.112.122 via eth1.110
9:     DHCPACK to 172.20.112.122 (b4:b5:2f:bf:d7:f8) via eth1.110
13:    DHCPDISCOVER from 00:24:1d:8a:c5:af via eth1.600
14:    DHCPOFFER on 172.20.245.12 to 00:24:1d:8a:c5:af via eth1.600
```

```
15:     DHCPREQUEST for 172.20.245.12 (172.20.245.5) from 00:24:1d:8a:c5:af
         via eth1.600
16:     DHCPACK on 172.20.245.12 to 00:24:1d:8a:c5:af via eth1.600
19:     DHCPINFORM from 172.20.245.26 via eth1.600
20:     DHCPACK to 172.20.245.26 (bc:5f:f4:5a:02:63) via eth1.600
21:     DHCPINFORM from 172.20.245.46 via eth1.600
22:     DHCPACK to 172.20.245.46 (00:24:21:01:09:09) via eth1.600
```

데이터베이스에 저장된 시스템 로그에서 리스트 5-31과 같이 결과를 조회하려
면 리스트 5-32의 질의문을 실행한다. 두 질의문의 차이점은 하나는 like 구문을
이용해 문자열을 비교하는 구문이고, 다른 하나는 정규표현식에 의해 문자열을 비
교하는 구문이라는 것이다.

리스트 5-32 시스템 로그 테이블에서 DHCP 로그 추출 질의문

```
mysql> select Message from SystemEvents where Message like ' DHCP%';
OR
mysql> select Message from SystemEvents where Message REGEXP ' DHCP.*';
```

시스템에서 발생한 다양한 유형의 로그 중에서 DHCP와 관련된 로그만 정리되
었다. 이렇게 정리된 로그 중에서 우리가 필요로 하는 정보를 포함하는 로그는 무
엇일까? 이번 장의 핵심 목표를 달성하기 위해 우리에게 필요한 정보는 IP 주소 할
당을 요청한 단말기의 맥 주소와 DHCP 시스템에서 할당한 IP 주소정보다. 일차적
으로 식별된 로그 목록 중에서 우리가 찾고 있는 정보는 어느 로그에 포함되어 있
을까? 5.1절에서는 DHCP 시스템의 IP 주소 할당 절차에 대해 설명했다. 또한 IP 주
소 할당과 관련된 4개의 메시지(DHCPDISCOVER, DHCPOFFER, DHCPREQUEST, DHCPACK)에 대
해서도 설명했다. 이 4개의 메시지 중에서 단말기에 IP 주소를 최종 할당해주는 메
시지는 DHCPACK이다. 혹시 DHCPACK 메시지가 방금 언급한 2개의 정보인 단말기의
맥 주소와 할당받은 IP 주소를 포함하고 있지 않을까? 그렇다. 이 DHCPACK 메시지
를 살펴보면 IP 주소와 맥 주소, 우리가 필요로 하는 두 가지 정보가 모두 포함되어
있다.

그럼 DHCPACK으로 시작하는 모든 로그를 우리가 사용하고자 하는 최종 메시지

로 식별해도 될까? 리스트 5-33은 리스트 5-31에서 DHCPACK으로 시작하는 로그만 정리한 것이다.

리스트 5-33 DHCP 로그 중 IP 주소 할당 로그 추출

```
4:     DHCPACK to 172.20.100.104 (f4:6d:04:09:86:6c) via eth1.100
6:     DHCPACK to 172.20.245.26 (bc:5f:f4:5a:02:63) via eth1.600
9:     DHCPACK to 172.20.112.122 (b4:b5:2f:bf:d7:f8) via eth1.110
16:    DHCPACK on 172.20.245.12 to 00:24:1d:8a:c5:af via eth1.600
20:    DHCPACK to 172.20.245.26 (bc:5f:f4:5a:02:63) via eth1.600
22:    DHCPACK to 172.20.245.46 (00:24:21:01:09:09) via eth1.600
```

로그를 보면 두 가지 유형의 메시지로 분류할 수 있다. DHCPACK 문자열 다음에 to가 붙는 메시지와 on이 붙는 메시지가 있다. 두 종류의 로그는 어떤 차이가 있을까? 두 종류의 차이점을 설명하기 위해서는 DHCPACK 로그가 기록될 때의 DHCP 시스템 동작을 먼저 이해해야 한다. DHCPACK 메시지는 DHCP 서버에서 클라이언트의 요청에 IP 주소와 관련된 정보를 전달하는 메시지다. 이미 설명한 내용을 근거로 살펴보면 DHCP 서버에서 클라이언트에 DHCPACK 메시지를 전달하기 위해서는 DHCPREQUEST 메시지를 클라이언트가 서버에 전달해야 한다. 이전 로그를 한번 보자. 클라이언트가 서버에 DHCPREQUEST 메시지를 전달한 다음에는 어떤 메시지로 응답했을까? 리스트 5-34의 로그를 보자.

리스트 5-34 IP 주소 요청(DHCPREQUEST)과 할당(DHCPACK on) 로그

```
15: DHCPREQUEST for 172.20.245.12 (172.20.245.5) from 00:24:1d:8a:c5:af via
    eth1.600
16: DHCPACK on 172.20.245.12 to 00:24:1d:8a:c5:af via eth1.600
```

DHCPREQUEST 메시지에 대한 응답으로 DHCP 서버는 클라이언트에 DHCPACK on 메시지를 전송한다. DHCPREQUEST 키워드 뒤에 있는 내용을 좀 더 자세히 보면, 할당을 요청하는 IP 주소(172.20.245.12)와 주소를 요청하는 단말기의 맥 주소(00:24:1d:ba:c5:af)가 기록되어 있어서 IP 주소를 요청하는 메시지임을 알 수 있다. 3장에서 이 책이 구현하고자 하는 802.1X 인증체제를 설명하면서 DHCP 시스템에

서 IP 주소의 요청과 할당경로에 대해 설명했다. DHCP 서버에서 클라이언트에 IP 주소를 할당할 때 IP 주소를 요청한 클라이언트를 식별하기 위해 맥 주소를 사용한다고 했다. 이것을 기억하고 DHCPREQUEST 로그 다음에 오는 DHCPACK 로그를 보면, DHCP 서버에서 클라이언트에 할당할 IP 주소(172.20.245.12)와 IP 주소를 할당받을 맥 주소(00:24:1d:ba:c5:af)가 기록되어 있다. 이렇게 보면 DHCPACK 다음에 on이 따라오는 로그가 우리가 식별하고자 하는 메시지인 것으로 보인다. DHCPACK on으로 시작하는 로그에 대한 가능성을 열어두고 다음으로 DHCPACK to 로그의 의미를 알아보자. DHCPACK on 로그와 같이 DHCPACK to 로그도 어떻게 동작하는지 로그를 통해 알아보자. 리스트 5-36에서 보여주는 바와 같이 DHCPACK to로 응답하는 로그 이전에는 항상 DHCPINFORM 로그가 기록되어 있다. 그럼 DHCPINFORM 로그는 어떤 동작을 의미하는 것일까?

리스트 5-35 IP 주소 할당 관련 추가 정보 전달

```
3: DHCPINFORM from 172.20.100.104 via eth1.100
4: DHCPACK to 172.20.100.104 (f4:6d:04:09:86:6c) via eth1.100
```

DHCPREQUEST와 마찬가지로 DHCPINFORM 메시지도 클라이언트에서 DHCP 서버에 무언가를 요청하는 메시지다. 그러나 두 메시지의 요청 내용에는 차이가 있다. 앞서 살펴본 DHCPREQUEST와 달리 DHCPINFORM 로그에는 단지 DHCP 서버에 메시지를 전달한 클라이언트의 IP 주소(172.20.100.104)만 출력되어 있다. 정말 간단하다. IP 주소만 나와 있다는 것은 결국 클라이언트에는 이미 IP 주소가 할당되어 있다는 것을 나타낸다. 그리고 DHCPACK 메시지에서도 응답하는 내용에 차이가 있다. DHCPACK on으로 시작하는 메시지는 IP 주소를 클라이언트 맥 주소에게(to) 할당하는 의미의 메시지였다면, DHCPACK to로 시작하는 메시지는 맥 주소(f4:6d:04:09:86:6c)에 할당된 IP 주소(172.20.100.104)에게(to) 무언가를 전달하는 내용의 메시지다. 그럼 여기서 말하는 '무언가'란 무엇일까?

DHCPINFORM 메시지를 통해 클라이언트가 DHCP 서버에 요청하는 내용은 클라이언트에 할당된 IP 주소 이외에 클라이언트 네트워크 환경 설정과 관련된 추가적

인 정보다. 추가 정보에는 DNS 주소, 프린터서버 IP 주소 및 타임서버 IP 주소 등이 있다.

이제 어느 메시지가 우리가 식별하고자 하는 로그인지를 명확히 파악했다. 우리가 식별할 필요가 있는 로그는 DHCPACK on으로 시작하는 로그다. Syslog 데이터베이스의 테이블에 저장된 로그에서 식별된 로그를 추출하기 위해서는 리스트 5-36의 질의문을 실행한다.

리스트 5-36 DHCPACK on 메시지 추출 질의문

```
mysql> select Message from SystemEvents where Message like ' DHCPACK on%';
OR
mysql> select Message from SystemEvents where Message regexp ' DHCPACK on.*';
```

메시지 파싱

데이터베이스에 기록되는 로그 중에서 DHCPACK on으로 시작하는 메시지를 식별하고, 식별된 메시지에서 우리가 필요로 하는 정보를 뽑아내기 위해 로그를 조각조각 분해하는 과정을 파싱이라고 한다. 이 단계는 조각난 로그에서 우리가 필요로 하는 정보를 변수에 저장하는 단계까지를 포함한다.

먼저 식별된 로그에서 우리가 어떠한 정보들을 얻을 수 있는지를 살펴보자. 우리에게 필요한 로그는 DHCPACK on으로 시작하는 로그라고 했다. 이 로그는 리스트 5-37과 같이 두 가지 유형이 있다. 단말기에 호스트 이름이 지정되었을 때 호스트 이름이 기록된 로그와 그렇지 않은 로그다.

리스트 5-37 DHCPACK on으로 시작하는 로그

```
DHCPACK on 172.20.245.12 to 00:24:1d:8a:c5:af (hostname) via eth1.600
DHCPACK on 172.20.245.12 to 00:24:1d:8a:c5:af via eth1.600
```

이 두 가지 유형의 로그에서 어떤 정보를 얻을 수 있을까? 우선 우리가 얻어야 하는 가장 핵심적인 정보가 확연히 눈에 띈다. 단말기에 할당된 IP 주소와 단말기의 맥 주소가 보일 것이다. 그리고 단말기의 호스트 이름도 보인다. 또 다른 정보는 없

을까? 단말기의 VLAN ID 정보도 보인다. eth1.600이라는 인터페이스 식별자가 있는데, 여기서 600이 VLAN ID 값이다. 이 정도면 필요로 하는 모든 정보를 다 얻었을까? 한 번 더 생각해보면, 리스트 5-37의 로그에는 나타나지 않았지만 반드시 필요한 정보가 하나 더 있다. 바로 시간정보다. IP 주소를 할당한 시간정보가 필요하다. 시간정보가 필요한 이유는 IP 주소에 대한 추적성을 높이기 위해서다. 시간정보는 로그가 기록된 테이블(SystemEvents)의 DeviceReportedTime 칼럼에 저장되어 있어서 별도로 파싱할 필요가 없다. 우리가 로그에서 얻어서 별도의 테이블에 저장하고자 하는 정보는 다음과 같다.

- IP 주소 할당시간
- 단말기에 할당된 IP 주소
- IP 주소가 할당된 단말기의 맥 주소
- 호스트 이름
- VLAN ID

로그를 파싱해 추출해야 하는 정보가 정의되었다. 이제 정의된 정보를 로그에서 추출하기만 하면 된다. 이제부터 정보를 추출하는 방법을 설명한다. 프로그래밍을 해봤거나 엑셀 또는 데이터베이스를 경험해봤다면 지금부터 설명하는 내용을 쉽게 이해할 수 있을 것이다. 데이터베이스에 저장된 로그에서 원하는 정보를 추출하기 위해 데이터베이스에서 제공하는 문자열 처리 함수를 사용하기 때문이다. PHP^{Hypertext Preprocessor}, Perl 등과 같은 언어를 이용할 경우 정규식을 이용해서 특정 문자열을 추출하거나 치환할 수 있다. MySQL DBMS에서는 정규식을 이용한 문자열 추출 방법을 제공하지 않아서 조금 복잡하지만, 여기서는 문자열 처리 함수를 이용해 우리가 원하는 정보를 추출하기로 한다.

먼저 로그에서 정보 추출에 사용할 함수와 사용법을 알아본다.

- **SUBSTR() 함수**
    - 정의: 주어진 문자열(str)의 특정 시작 위치(pos)에서부터 지정된 개수(len)의 문자를 반환
    - 문법: SUBSTR(str, pos, [len])

- 인수
  - str: SUBSTR 함수에 의해 반환될 대상이 저장된 문자열
  - pos: str 문자열에서 반환할 문자의 시작 위치
  - pen: 반환할 문자의 개수, 생략하면 pos 위치부터 마지막 문자열까지 반환
- 예제:
  mysql〉 SELECT SUBSTRING('Quadratically',5);
  　　　 -〉 'ratically'
  mysql〉 SELECT SUBSTRING('foobarbar' FROM 4);
  　　　 -〉 'barbar'
  mysql〉 SELECT SUBSTRING('Quadratically',5,6);
  　　　 -〉 'ratica'
  mysql〉 SELECT SUBSTRING('Sakila', -3);
  　　　 -〉 'ila'
  mysql〉 SELECT SUBSTRING('Sakila', -5, 3);
  　　　 -〉 'aki'
  mysql〉 SELECT SUBSTRING('Sakila' FROM -4 FOR 2);
  　　　 -〉 'ki'

- **LOCATE() 함수**
  - 정의: 주어진 문자열(str)에서 검색 대상 문자(열)(substr)이 시작되는 위치를 반환
  - 문법: LOCATE(substr, str), LOCATE(substr, str, [position])
  - 인수
    - substr: str 문자열에서 검색하고자 하는 문자(열)
    - str: substr을 검색할 문자열
    - position: str에서 검색 시작 위치를 지정
  - 예제:
    mysql〉 SELECT LOCATE('bar', 'foobarbar');
    　　　 -〉 4
    mysql〉 SELECT LOCATE('xbar', 'foobar');
    　　　 -〉 0
    mysql〉 SELECT LOCATE('bar', 'foobarbar', 5);
    　　　 -〉 7

- **SUBSTRING_INDEX() 함수**
  - 정의: 주어진 문자열(str)에서 지정된 개수(count)만큼의 구분자(delimiter) 발생 이전까지의 문자열 반환

- 문법: SUBSTRING_INDEX(str, delimiter, count)
- 인수
  - str: 문자열
  - delimiter: 구분자
  - count: 구분자의 개수
- 예제:
  ```
  mysql> SELECT SUBSTRING_INDEX('www.mysql.com', '.', 2);
          -> 'www.mysql'
  mysql> SELECT SUBSTRING_INDEX('www.mysql.com', '.', -2);
          -> 'mysql.com'
  ```

이제 위의 문자열 처리 함수를 이용해 로그에서 정보를 추출하자. 정보 추출을 위해 MySQL의 CLI 모드에서 SQL^{Structured Query Language} 구문을 실행한다. 궁극적으로는 MySQL의 트리거^{Trigger}를 이용해 정보를 추출하고, 별도의 테이블에 저장할 예정이다. 그러나 지금은 데이터베이스에 저장된 로그에서 정보를 추출하는 방법을 알아가는 과정이므로 SQL 구문을 이용해 실습하고자 한다.

실습을 위해 리스트 5-38과 같이 관리용 단말기에서 인증서버에 접속한 후 MySQL에 CLI 모드로 접속하고 Syslog 데이터베이스를 선택한다.

리스트 5-38 rsyslog 계정으로 데이터베이스 접속

```
sysop@radius:~$ mysql -u rsyslog -p
Enter password: 09n072
Welcome to the MySQL monitor.  Commands end with ; or \g.
Your MySQL connection id is 71
Server version: 5.5.31-0ubuntu0.12.04.1 (Ubuntu)

Copyright (c) 2000, 2013, Oracle and/or its affiliates. All rights reserved.

Oracle is a registered trademark of Oracle Corporation and/or its
affiliates. Other names may be trademarks of their respective
owners.

Type 'help;' or '\h' for help. Type '\c' to clear the current input statement.

mysql> use Syslog;
mysql>
```

독자의 이해를 돕기 위해 시스템 로그 테이블(SystemEvents)에는 리스트 5-39와 같이 두 종류의 로그가 저장되어 있다고 가정한다. 각각의 로그 앞에는 공백문자(' ')가 하나씩 붙어 있다.

리스트 5-39 DHCPACK on으로 시작하는 로그

```
DHCPACK on 172.20.245.12 to 00:24:1d:8a:c5:af (hostname) via eth1.600
DHCPACK on 172.20.245.12 to 00:24:1d:8a:c5:af via eth1.600
```

단말기에 할당된 IP 주소 추출하기

잠시 고민하는 시간을 갖도록 하자. 리스트 5-39에 주어진 로그에서 어떻게 하면 IP 주소를 추출할 수 있을까? 물론 IP 주소의 추출을 위해 앞서 설명한 문자열 처리 함수를 이용해야 한다. 여기서 바로 다음 내용으로 넘어가지 말고 이 질문에 대해 반드시 고민하는 시간을 갖길 바란다.

독자가 고민한 결과와 내가 제시하는 방법을 비교해보자. 물론 어느 것이 정답 이라고 말하려는 의도는 아니다. 어느 한쪽을 정답이라고 단정할 수도 없고, 다만 좀 더 효율적인 방법만을 생각해볼 뿐이다. IP 주소를 추출하기 전에 로그에서 IP 주소와 관련된 규칙을 알아보자. IP 주소는 항상 DHCPACK on[공백] 문자열의 뒤에 위치하고 있다. 규칙이 정말 간단하다. 이 규칙을 이용해 IP 주소를 추출하자.

먼저 로그에서 [공백]DHCPACK on[공백] 문자열을 제거한다. 이를 SQL 구문으 로 표현하면 리스트 5-40과 같다.

리스트 5-40 DHCPACK on 문자열을 제거하는 질의문

```
mysql> select \
    -> SUBSTR(Message, LOCATE('DHCPACK on', Message) + 11) as IP_ADDR \
    -> from SystemEvents \
    -> where Message like ' DHCPACK on%';
+-----------------------------------------------------------+
| IP_ADDR                                                   |
+-----------------------------------------------------------+
| 172.20.245.12 to 00:24:1d:8a:c5:af (hostname) via eth1.600 |
| 172.20.245.12 to 00:24:1d:8a:c5:af via eth1.600           |
+-----------------------------------------------------------+
```

[공백]DHCPACK on[공백] 문자열을 제거하기 위해 SUBSTR()와 LOCATE() 함수를 사용하고 있다.

먼저 LOCATE() 함수를 살펴보자. LOCATE() 함수는 로그가 저장된 Message 칼럼에서 DHCPACK on 문자열을 검색하고 Message 칼럼에서 처음 나타나는 위치를 반환한다. 반환된 값은 2다. Message 칼럼에 저장된 로그는 공백문자(' ')로 시작한다고 했다. 로그 메시지에서 공백문자 다음에 DHCPACK on 메시지가 나오기 때문에 LOCATE() 함수의 반환값은 2가 된다. 이후 반환된 값에 11을 더해줬다. 왜 11을 더해줬는지는 SUBSTR() 함수를 통해 확인하자.

SUBSTR() 함수에 소스 문자열과 추출 시작 위치만 지정하면 추출 시작 위치에서부터 맨 뒤의 문자열이 추출된다고 설명했다. 위의 질의문에 사용된 SUBSTR() 구문을 보면 소스 문자열과 추출 시작 위치만 지정되어 있다. 위의 SUBSTR() 구문을 정리하면 SUBSTR(Message, 13)이다. 이 구문을 실행하면 Message 칼럼 13번째 문자부터 끝까지의 문자열을 반환한다. 이제 왜 11을 더해줬는지 알아보자. Message 칼럼에 저장된 로그에서 IP 주소의 시작이 13번째 문자다. 그리고 DHCPACK on 문자열의 시작 위치에서 11번째 문자 뒤부터 IP 주소가 나타난다. 따라서 LOCATE() 함수의 결과값에 11을 더해줬던 것이다. 질의문을 좀 더 간단히 표현하면 리스트 5-41과 같다.

리스트 5-41 간소화된 DHCPACK on 문자열 제거 질의문

```
mysql> select SUBSTR(Message, 13) as IP_ADDR \
    -> from SystemEvents \
    -> where Message like ' DHCPACK on%';
+------------------------------------------------------------+
| IP_ADDR                                                    |
+------------------------------------------------------------+
| 172.20.245.12 to 00:24:1d:8a:c5:af (hostname) via eth1.600 |
| 172.20.245.12 to 00:24:1d:8a:c5:af via eth1.600            |
+------------------------------------------------------------+
```

두 질의문 중 어느 것을 사용해도 동일한 결과를 얻을 수 있다. 그렇지만 질의문을 통해 값을 추출하는 명확한 의미를 파악하고자 한다면 먼저 제시한 질의문이 합

리적이고, 단순하게 결과만을 확인하고 싶다면 두 번째 질의문이 합리적이다. 만약
두 번째 질의문을 사용한다면 사용되는 함수가 줄어서 아주 조금이나마 실행시간
을 단축시킬 수 있다. 그렇지만 사전에 메시지를 분석해서 정확한 위치를 파악해둬
야 한다.

로그에서 [공백]DHCPACK on[공백] 문자열이 제거되었고, IP 주소로 시작하
는 문자열만 남았다. 이제 IP 주소의 뒤에 있는 문자열을 제거하고 IP 주소만 추출
하자. 앞서 실행한 질의문의 결과를 보면 IP 주소 뒤에 공백문자(' ')가 이어서 나
오고 있다. DHCP 로그뿐 아니라 대부분의 로그에서 공백문자는 로그에 사용되
는 키워드를 분리하는 구분자로서 역할을 수행한다. 그럼 이번에도 공백문자를 이
용해서 IP 주소와 다른 문자열을 구분하고 IP 주소만 추출하면 되지 않을까? 그렇
다. 이와 같이 문자열을 공백문자로 분리하고 IP 주소만 추출하기 위해 SUBSTRING_
INDEX() 함수를 사용한다. SUBSTRING_INDEX() 함수는 구분자로 지정된 문자
로 소스 문자열을 나누고, 지정된 인덱스까지의 문자열을 반환하는 함수다. 리스
트 5-42는 Korea-Team-Fighting 문자열에서 Korea-Team과 Korea를 추출하
는 예제다. Korea-Team-Fighting에서 Korea-Team을 추출하려면, SUBSTRING_
INDEX('Korea-Team-Fighting', '-', 2)를 사용한다.

리스트 5-42 SUBSTRING_INDEX 함수 사용 예제

```
mysql> select SUBSTRING_INDEX('Korea-Team-Fighting', '-', 2);
+-----------------------------------------------+
| SUBSTRING_INDEX('Korea-Team-Fighting', '-', 2) |
+-----------------------------------------------+
| Korea-Team                                    |
+-----------------------------------------------+
1 row in set (0.00 sec)

mysql> select SUBSTRING_INDEX('Korea-Team-Fighting', '-', 1);
+-----------------------------------------------+
| SUBSTRING_INDEX('Korea-Team-Fighting', '-', 1) |
+-----------------------------------------------+
| Korea                                         |
+-----------------------------------------------+
1 row in set (0.00 sec)
```

```
mysql>
```

두 번째 질의문의 실행 결과로 전체 문자열 중에서 Korea만 반환했다. SUBSTRING_INDEX() 함수의 마지막 인자값으로 1을 지정해 대시문자(-)로 분리된 문자열의 첫 번째 인덱스가 지정하는 값을 반환하도록 해서 결과값으로 Korea를 출력했다. 여기서 잠깐 두 번째 질의문을 주의 깊게 살펴보자. [공백]DHCPACK on[공백] 문자열이 제거된 로그에서 IP 주소를 추출하는 데 이용할 수 있을 것으로 보인다. SUBSTRING_INDEX() 함수의 첫 번째 인수와 두 번째 인수를 변경하기만 하면 IP 주소를 출력할 수 있다.

리스트 5-43 SUBSTRING_INDEX 함수를 이용한 IP 주소 추출

```
mysql> select SUBSTRING_INDEX('172.20.245.12 to 00:24:1d:8a:c5:af via eth1.600',
    ' ', 1) as IPADDR;
+--------------+
| IPADDR       |
+--------------+
| 172.20.245.12 |
+--------------+
1 row in set (0.00 sec)

mysql> select SUBSTRING_INDEX(SUBSTR(Message, \
    -> LOCATE('DHCPACK on', Message) + 11), ' ', 1) as IPADDR \
    -> from SystemEvents \
    -> where Message like ' DHCPACK on%';
+--------------+
| IPADDR       |
+--------------+
| 172.20.245.12 |
| 172.20.245.12 |
+--------------+
2 row in set (0.00 sec)

mysql> select SUBSTRING_INDEX(SUBSTR(Message, 13), ' ', 1) as IPADDR \
    -> from SystemEvents \
    -> where Message like ' DHCPACK on%';
+--------------+
| IPADDR       |
+--------------+
| 172.20.245.12 |
```

```
| 172.20.245.12 |
+---------------+
2 row in set (0.00 sec)

mysql>
```

리스트 5-43에서 실행한 3개의 질의문은 모두 동일한 결과를 출력하는 질의문이다. 다만 맨 처음에 실행한 질의문은 나머지 2개의 질의문과는 달리, SUBSTRING_INDEX()의 첫 번째 인자값으로 특정한 문자열을 대입함으로써 지정된 문자열에 포함된 IP 주소값을 추출하도록 하고 있다. 만약 지정한 문자열에서 특정 값을 추출하고자 할 경우에는 첫 번째 질의문을 이용할 수 있고, 테이블에 저장되어 있는 문자열을 대상으로 특정 값을 추출하고자 할 때는 두 번째 또는 세 번째의 질의문을 이용할 수 있다.

데이터베이스의 테이블에 저장된 로그에서 정보 획득을 위해 필요한 로그를 식별하고, 식별된 로그를 파싱하고, 파싱된 로그에서 IP 주소를 추출하는 방법에 대해 알아봤다. 방법을 이해하기 전에는 조금은 막막했을 수도 있다. 그렇지만 그다지 어렵지 않은 방법으로 로그에서 우리가 필요로 하는 정보를 추출할 수 있었다. 맥 주소, 호스트 이름 또는 VLAN ID 등의 나머지 정보도 이 방법을 이용해 쉽게 추출할 수 있다. 나머지 정보의 추출 과정은 간단히 정리하고자 한다.

IP 주소가 할당된 단말기의 맥 주소 추출

식별된 로그에서 맥 주소를 추출하는 방법도 앞서 살펴본 IP 주소 추출 방법과 절차가 동일하다. 정보의 추출에 앞서 로그에서 맥 주소와 관련된 규칙을 찾도록 한다. 리스트 5-44의 로그에는 맥 주소와 관련된 어떠한 규칙이 있을까? 여러 가지 규칙이 있겠지만, 여기서는 맥 주소 추출을 위해 반드시 필요한 규칙 두 가지만을 찾아 소개한다.

리스트 5-44 DHCOACK on으로 시작하는 로그

```
DHCPACK on 172.20.245.12 to 00:24:1d:8a:c5:af (hostname) via eth1.600
DHCPACK on 172.20.245.12 to 00:24:1d:8a:c5:af via eth1.600
```

첫 번째 규칙: [공백]DHCPACK on으로 시작하는 로그에서 맥 주소는 항상 to 키워드 다음에 위치한다.

두 번째 규칙: 맥 주소 다음에는 항상 공백문자(' ')가 따라온다.

간단한 규칙이다. 이 규칙을 잘 살펴보면 IP 주소 추출과 비슷한 규칙임을 확인할 수 있다. IP 주소 추출과 다른 점이라면 to 대신에 DHCPACK on이 사용되었다는 것뿐이다. 규칙이 비슷하면 정보를 추출하기 위한 방법도 비슷하지 않을까? 그렇다. 맥 주소를 추출하는 데 앞서 사용했던 질의문을 이용하려면 몇 가지 항목을 변경만 하면 된다.

- LOCATE 함수에서 사용된 DHCPACK on을 to로 변경
- LOCATE 함수의 결과값에 더해준 11을 4로 변경

한 가지 알아둬야 할 사항이 있다. IP 주소 추출을 위해 맨 마지막에 실행했던 다음의 질의문은 여기서는 사용할 수 없다. 질의문을 보면 SUBSTR(Message, 13)을 통해 IP 주소의 시작점을 찾아가고 있다. IP 주소를 추출할 때는 다행히 로그의 맨 앞에서부터 DHCPACK on이라고 하는 변하지 않는 문자열이 있었으므로, IP 주소의 시작 위치를 찾기 위해 고정된 숫자 상수를 사용할 수 있었다. 하지만 맥 주소를 추출할 때에는 IP 주소의 길이가 변경되기 때문에 고정된 상수를 통해 맥 주소의 시작 위치를 결정할 수 없다. 따라서 리스트 5-45의 질의문은 맥 주소 추출을 위해서는 적용할 수 없다.

리스트 5-45 단말기 맥 주소 추출 질의문

```
mysql> select SUBSTRING_INDEX(SUBSTR(Message, 13), ' ', 1) as IPADDR \
    -> from SystemEvents \
    -> where Message like ' DHCPACK on%';
```

그럼 하나하나 질의문을 실행하며 결과값을 확인해보자. 먼저 리스트 5-46과 같이 테이블에 저장된 로그값이 아닌 텍스트값을 대상으로 질의문을 실행해보자.

리스트 5-46 IP 주소 할당 로그 문자열에서 맥 주소 추출

[1] 맥 주소의 시작 위치 찾기
```
mysql> select LOCATE('to', 'DHCPACK on 172.20.245.12 to 00:24:1d:8a:c5:af via
    eth1.600') as POSITION;
+----------+
| POSITION |
+----------+
|       26 |
+----------+
1 row in set (0.00 sec)
```

[2] 맥 주소 뒤에 있는 문자열 추출하기
```
mysql> select SUBSTR(' DHCPACK on 172.20.245.12 to 00:24:1d:8a:c5:af via
    eth1.600', \
    -> LOCATE('to', 'DHCPACK on 172.20.245.12 to 00:24:1d:8a:c5:af via eth1.600')
    + 4) as MACADDR;
+-------------------------------------------+
| MACADDR                                   |
+-------------------------------------------+
| 00:24:1d:8a:c5:af (hostname) via eth1.600 |
+-------------------------------------------+
1 row in set (0.00 sec)

mysql> select SUBSTR(' DHCPACK on 172.20.245.12 to 00:24:1d:8a:c5:af via
    eth1.600', 26 + 4) as MACADDR;
+-------------------------------------------+
| MACADDR                                   |
+-------------------------------------------+
| 00:24:1d:8a:c5:af (hostname) via eth1.600 |
+-------------------------------------------+
1 row in set (0.00 sec)
```

[3] 맥 주소 추출하기
```
mysql> select SUBSTRING_INDEX( \
    -> SUBSTR(' DHCPACK on 172.20.245.12 to 00:24:1d:8a:c5:af via eth1.600', \
    -> LOCATE('to', 'DHCPACK on 172.20.245.12 to 00:24:1d:8a:c5:af via eth1.600')
    + 4), ' ', 1) as MACADDR;
+-------------------+
| MACADDR           |
+-------------------+
| 00:24:1d:8a:c5:af |
+-------------------+
1 row in set (0.00 sec)

mysql> select SUBSTRING_INDEX('00:24:1d:8a:c5:af via eth1.600', ' ', 1) as
```

```
    MACADDR;
+-------------------+
| MACADDR           |
+-------------------+
| 00:24:1d:8a:c5:af |
+-------------------+
1 row in set (0.00 sec)

mysql>
```

이제 리스트 5-46에서 실행한 질의문을 리스트 5-47과 같이 데이터베이스에
적용해보자.

리스트 5-47 IP 주소 할당 로그에서 맥 주소 추출

```
[1] 맥 주소의 시작 위치 찾기
mysql> select LOCATE('to', Message) as POSITION \
    -> from SystemEvents \
    -> where Message like ' DHCPACK on%';
+----------+
| POSITION |
+----------+
|       26 |
|       26 |
+----------+
2 row in set (0.00 sec)

[2] 맥 주소 뒤에 있는 문자열 추출하기
mysql> select SUBSTR(Message, LOCATE('to', Message) + 4) as MACADDR \
    -> from SystemEvents \
    -> where Message like ' DHCPACK on%';
+------------------------------------------+
| MACADDR                                  |
+------------------------------------------+
| 00:24:1d:8a:c5:af (hostname) via eth1.600 |
| 00:24:1d:8a:c5:af via eth1.600           |
+------------------------------------------+
2 row in set (0.00 sec)

[3] 맥 주소 추출하기
mysql> select SUBSTRING_INDEX( SUBSTR( Message, LOCATE('to', Message) + 4), ' ', 1)
    as MACADDR \
    -> from SystemEvents \
    -> where Message like ' DHCPACK on%';
```

```
+-------------------+
| MACADDR           |
+-------------------+
| 00:24:1d:8a:c5:af |
| 00:24:1d:8a:c5:af |
+-------------------+
2 row in set (0.00 sec)

mysql>
```

원하는 대로 맥 주소가 추출되었다. 물론 독자 여러분이 실행한 결과는 다를 수 있다. 그렇지만 정상적으로 질의문이 수행되었다면, 리스트 5-47과 같은 결과를 확인할 수 있어야 한다. 이제 다음 항목을 추출해보자. 이번에는 호스트 이름에 앞서 VLAN ID를 먼저 추출하는 순서로 정보 추출을 진행한다.

IP 주소가 할당된 네트워크의 VLAN ID 추출하기

IP 주소와 맥 주소를 추출하면서 어느 정도 정보 추출에 익숙해졌을 것이다. 이번에는 하나하나 단계를 밟지 않고, 간단히 규칙과 VLAN ID를 추출하는 방법만 설명한다.

먼저 리스트 5-48의 로그 메시지에서 VLAN ID를 찾아내기 위한 규칙을 찾아보자. 로그의 맨 뒤에 있는 eth1.600 문자열에서 600이 바로 VLAN ID다. 이번에도 두 가지 정도의 규칙만 있으면 VLAN ID를 추출할 수 있다.

리스트 5-48 DHCPACK on으로 시작하는 로그

```
DHCPACK on 172.20.245.12 to 00:24:1d:8a:c5:af (hostname) via eth1.600
DHCPACK on 172.20.245.12 to 00:24:1d:8a:c5:af via eth1.600
```

첫 번째 규칙: VLAN ID는 인터페이스 네임과 점(.)으로 연결되어 로그의 맨 뒤에 있다.

두 번째 규칙: VLAN ID는 로그를 점(.)으로 분리했을 때 오른쪽을 기준으로 첫 번째 항목이다.

VLAN ID를 보면 IP 주소, 맥 주소 등과 달리 로그의 맨 뒤에 있기 때문에

LOCATE() 함수와 SUBSTR() 함수는 사용할 필요가 없다. 점(.)으로 구분했을 때 오른쪽에서 처음 나오는 문자열이 VLAN ID이기 때문이다. 그렇다면 SUBSTRING_INDEX() 함수만으로도 VLAN ID를 추출할 수 있을 것 같다. 여기서 잠깐! SUBSTRING_INDEX() 함수에서 인덱스를 지정할 때 지금까지는 양수를 지정해 인덱스가 왼쪽에서 오른쪽으로 증가하도록 했다. 그러나 이번에는 인덱스가 오른쪽에서부터 왼쪽으로 증가하도록 해야 한다. 어떻게 하면 될까? 인덱스값에 양수가 아니라 음수를 지정하면 인덱스가 오른쪽에서부터 왼쪽으로 변화하며 지정된다. 이것을 기억하고 VLAN ID를 추출해보자.

리스트 5-49 IP 주소 할당 로그에서 VLAN ID 추출

```
[1] 텍스트 로그를 이용한 VLAN ID 추출
mysql> select SUBSTRING_INDEX(' DHCPACK on 172.20.245.12 to 00:24:1d:8a:c5:af
    (hostname) via eth1.600', '.', -1) as VLANID;
+--------+
| VLANID |
+--------+
| 600    |
+--------+
1 row in set (0.00 sec)

[2] 테이블에 저장된 로그를 이용한 VLAN ID 추출
Mysql> select SUBSTRING_INDEX(Message, '.', -1) as VLANID \
    -> from SystemEvents \
    -> where Message like ' DHCPACK on%';
+--------+
| VLANID |
+--------+
| 600    |
| 600    |
+--------+
2 row in set (0.00 sec)
```

리스트 5-49의 결과와 같이 VLAN ID를 추출했다. 이전에 수행한 IP 주소와 맥 주소의 추출 때보다 훨씬 간단한 질의를 통해 VLAN ID를 추출할 수 있다. 이렇듯 로그를 이용해 원하는 정보를 추출하고자 할 때, 메시지에 내포되어 있는 규칙만 정확하게 파악하면 원하는 정보를 아주 손쉽게 추출할 수 있다. 데이터베이스에 저

장되어 있지 않다고 하더라도 규칙만 알고 있다면, 정보를 추출하는 방법은 어렵지 않게 찾아낼 수 있다. 이제 마지막으로 추출해야 할 정보, 즉 호스트 이름이 남아있다. 호스트 이름을 맨 마지막으로 추출하는 이유는 다른 정보와는 조금 다른 규칙을 갖고 있기 때문이다.

IP 주소를 할당받은 단말기의 호스트 이름 추출하기

호스트 이름^host name^은 타 정보와는 약간 다른 규칙을 갖고 있다. 리스트 5-50의 로그에서 확인할 수 있듯이, 첫 번째 로그에는 호스트 이름이 기록되어 있는 반면에 두 번째 로그에는 호스트 이름이 기록되어 있지 않다. 그렇다. 호스트 이름은 로그에 존재할 수도 있고 그렇지 않을 수도 있다. 호스트 이름을 추출할 때 고려해야 할 가장 중요한 규칙이다. 이 규칙을 포함해서 어떠한 규칙이 존재하는지 정리해보자.

리스트 5-50 DHCPACK on으로 시작하는 로그

```
DHCPACK on 172.20.245.12 to 00:24:1d:8a:c5:af (hostname) via eth1.600
DHCPACK on 172.20.245.12 to 00:24:1d:8a:c5:af via eth1.600
```

첫 번째 규칙: 호스트 이름은 로그에 기록될 수도 있고 기록되지 않을 수도 있다.
두 번째 규칙: 호스트 이름은 괄호[()]로 둘러싸여 있다.

많은 규칙들이 있겠지만, 이 두 가지 규칙만 있으면 호스트 이름을 추출할 수 있다. 지금까지 학습한 로그 추출 방법을 이용하기 위해 첫 번째 규칙은 배제하고 두 번째 규칙만 이용해서 호스트 이름을 추출해보자. 첫 번째 규칙이 없다고 생각하고 직접 호스트 이름을 추출해보길 바란다. 다음을 읽기 전에 반드시 호스트 이름의 추출을 시도해보고 내가 수행한 방법과 어떠한 차이가 있는지 비교하길 바란다.

나라면 호스트 이름의 추출을 위해 앞서 했던 방법을 이용할 것이다. 우선 리스트 5-51과 같이 주어진 로그에서 여는 괄호문자[(]를 기준으로 괄호를 포함해 앞에 있는 불필요한 문자열을 제거한다. 이 과정에서는 SUBSTR() 함수와 LOCATE() 함수를 이용한다.

```
mysql> select substr(Message, LOCATE('(', Message) +1) as HOSTNAME \
    -> from SystemEvents \
    -> where Message like ' DHCPACK on%';
+-----------------------------------------------------------+
| HOSTNAME                                                  |
+-----------------------------------------------------------+
| hostname) via eth1.600                                    |
|  DHCPACK on 172.20.245.12 to 00:24:1d:8a:c5:af via eth1.600 |
+-----------------------------------------------------------+
2 row in set (0.00 sec)

mysql>
```

리스트 5-51의 결과를 보면 조금 특이한 결과가 나왔다. 여는 괄호문자가 포함되어 있는 로그는 여는 괄호를 포함해 괄호 앞에 있는 문자열이 제거된 반면, 괄호가 포함되지 않은 로그는 원문이 그대로 출력되었다. 이 문제는 앞서 살펴봤던 첫 번째 규칙을 적용할 때 다시 살펴보고자 한다.

다음으로 리스트 5-51의 결과에서 닫는 괄호문자[)]를 구분자로 해서 문자열을 분리하고, 첫 번째 인덱스에 있는 호스트 이름을 추출한다. 이번에는 SUBSTRING_INDEX() 함수를 사용한다.

리스트 5-52 호스트 이름을 추출하는 질의문

```
mysql> select substring_index( substr(Message, LOCATE('(', Message) +1), ')', 1)
    as HOSTNAME \
    -> from SystemEvents \
    -> where Message like ' DHCPACK on%';
+-----------------------------------------------------------+
| HOSTNAME                                                  |
+-----------------------------------------------------------+
| Hostname                                                  |
|  DHCPACK on 172.20.245.12 to 00:24:1d:8a:c5:af via eth1.600 |
+-----------------------------------------------------------+
2 row in set (0.00 sec)

mysql>
```

리스트 5-52의 질의문 실행 결과를 보면, 호스트 이름이 포함된 로그에서 호스트 이름을 추출한 것을 확인할 수 있다. 이제 한 가지 문제만 남았다. 호스트 이름이 포함되지 않은 로그에서는 로그 전체가 출력되는 문제만 해결하면 호스트 이름 추출도 문제없이 끝낼 수 있다.

어떻게 하면 로그에 호스트 이름이 포함되어 있는지 포함되지 않았는지를 판단할 수 있을까? 앞서 소개한 호스트 이름을 추출하기 위한 규칙에서 두 번째 규칙을 살펴보면, 호스트 이름은 반드시 괄호[()]에 둘러싸여 있었다. 이 규칙을 이용하면 호스트 이름이 포함되지 않은 로그를 식별할 수 있지 않을까? 뭔가 실마리가 잡히기 시작한다. 호스트 이름이 포함되지 않은 로그에서는 여는 괄호 또는 닫는 괄호가 한 번도 등장하지 않는다. 두 괄호 중 하나가 존재하는지 여부를 확인해서, 괄호가 존재하면 호스트 이름이 기록된 로그이고 괄호가 존재하지 않으면 호스트 이름이 기록되지 않은 로그다. 그럼 어떻게 괄호의 존재 여부를 확인할 수 있을까? 리스트 5-53의 결과를 보자.

리스트 5-53 호스트 이름의 존재 여부를 확인하기 위한 질의문

```
mysql> select Message, LOCATE('(', Message) +1), ')', 1) as POS \
    -> from SystemEvents \
    -> where Message like ' DHCPACK on%';
+---------------------------------------------------------------------+-----+
| Message                                                             | POS |
+---------------------------------------------------------------------+-----+
|  DHCPACK on 172.20.245.12 to 00:24:1d:8a:c5:af (hostname) via eth1.600 |  48 |
|  DHCPACK on 172.20.245.12 to 00:24:1d:8a:c5:af via eth1.600         |   0 |
+---------------------------------------------------------------------+-----+
2 row in set (0.00 sec)

mysql>
```

리스트 5-53의 질의문은 LOCATE() 함수를 이용해 로그에 포함된 여는 괄호의 위치를 확인하기 위한 질의문이다. 그 결과를 보면, 괄호문자가 포함된 로그에서는 괄호문자의 위치인 48을 반환했다. 그러나 여는 괄호를 포함하고 있지 않은 로그에서는 0을 반환했다. 이것을 응용해서 우리가 해결해야 할 마지막 문제의 경우, 즉

호스트 이름이 포함되지 않은 로그에서는 호스트 이름 대신에 공백(' ')을 출력하
도록 하겠다.

리스트 5-54 호스트 이름만 추출하는 질의문

```
mysql> select IF(LOCATE('(', Message)=0, '', substring_index( substr(Message,
    LOCATE('(', Message) +1), ')', 1) ) as HOSTNAME \
    -> from SystemEvents \
    -> where Message like ' DHCPACK on%';
+----------+
| HOSTNAME |
+----------+
| Hostname |
|          |
+----------+
2 row in set (0.00 sec)

mysql>
```

리스트 5-54의 질의문에서 IF문이 등장하고 있다. IF문은 조건 비교 구문으로
조건의 결과에 따라 두 가지 결과를 반환한다. 하나는 제시한 조건이 참일 때의 반
환값이고, 다른 하나는 조건이 거짓일 때의 반환값이다. 리스트 5-54의 IF문에 사
용된 조건은 LOCATE() 함수를 이용해 로그에 여는 괄호의 위치를 구하고, 괄호의
위치가 0과 같은지를 비교한다. 결과가 참^True일 때는 로그에 괄호가 포함되지 않았
으므로 공백문자(' ')를 반환한다. 그러나 결과가 거짓^False일 때, 즉 호스트 이름이
포함된 로그일 경우에는 앞서 실행했던 호스트 이름을 추출하는 구문을 이용해 호
스트 이름을 추출해 반환한다.

지금까지 DHCP 시스템에서 만들어낸 로그를 이용해 추출하고자 하는 각각의
정보들을 추출해봤다. 이제 각각의 정보를 모아서 하나의 질의문을 이용해 모든 정
보를 한꺼번에 추출해보자. 특별한 방법을 사용하는 것이 아니라, 리스트 5-55와
같이 앞서 사용했던 각각의 질의문을 하나의 질의문으로 만들어 정보를 추출하는
것이다.

```
mysql> select SUBSTRING_INDEX( SUBSTR( Message, LOCATE('to', Message) + 4), ' ', 1)
    as MACADDR, \
    -> SUBSTRING_INDEX(SUBSTR(Message, 13), ' ', 1) as IPADDR, \
    -> SUBSTRING_INDEX(Message, '.', -1) as VLANID, \
    -> IF(LOCATE('(', Message)=0, '', substring_index( substr(Message,
    LOCATE('(', Message) +1), ')', 1) ) as HOSTNAME, \
    -> DeviceReportedTime as ts \
    -> from SystemEvents \
    -> where Message like ' DHCPACK on%';
+-------------------+----------------+--------+----------+---------------------+
| MACADDR           | IPADDR         | VLANID | HOSTNAME | TS                  |
+-------------------+----------------+--------+----------+---------------------+
| 00:24:1d:8a:c5:af | 172.20.245.12  | 600    | Hostname | 2013-06-23 13:30:30 |
| 00:24:1d:8a:c5:af | 172.20.245.12  | 600    |          | 2013-06-23 13:30:33 |
+-------------------+----------------+--------+----------+---------------------+
2 row in set (0.00 sec)

mysql>
```

이렇게 우리가 필요로 하는 모든 정보를 추출해봤다. 데이터베이스를 처음 접해 봤거나 익숙하지 않은 독자라면 조금은 어려웠을 것이다. 그렇지만 지금까지의 과정을 통해 시스템에서 발생한 로그를 어떻게 데이터베이스에 저장하고, 저장된 로그에서 필요한 정보를 추출하는지를 알 수 있었다. 이 과정을 통해 비록 DHCPACK와 관련된 정보만을 추출했지만, 지금까지 학습한 내용을 다른 로그의 처리에도 충분히 응용할 수 있을 것이다.

지금까지 열심히 정보를 추출했다. 추출된 정보는 어떻게 하면 지속적으로 활용할 수 있을까? 별도의 테이블에 저장해두면 된다. 다음 절에서는 어떻게 추출된 정보를 저장하는지에 대해 살펴보자.

정보 저장

DHCP 시스템에서 단말기에 임의로 할당된 IP 주소정보를 고정 IP 주소처럼 할당하기 위해 로그를 DBMS에 저장하고, 필요한 정보를 추출하는 방법을 알아봤다. 우리는 일상적인 업무를 수행하면서도 다양한 방법으로 정보를 체계화해 필요할 때 효과적으로 사용할 수 있도록 정리하곤 한다. 이 과정에서 대표적으로 활용되는 방법 중 하나로 엑셀 문서를 들 수 있다. 물론 아래아한글이나 MS 워드 등으로 작성된 문서로 관리되기도 하지만, 동일한 유형으로 반복 생성되는 정보를 관리하기 위해 나는 엑셀을 주로 사용한다. 개인적인 정보관리 차원에서는 엑셀, 아래아한글, MS 워드 등의 다양한 도구 가운데 개인의 취향에 따라 하나를 선택해 사용해도 아무런 문제가 되지 않을 것이다. 그렇지만 지금 앞의 과정을 통해 추출한 IP 주소와 관련된 정보는 어떻게 관리하는 것이 좋을까? 앞에서 시스템 로그의 저장과 관리를 위해 MySQL DBMS를 사용했듯이, IP 주소와 관련된 정보도 DBMS를 통해 관리하면 좀 더 효과적일 것이다. 이번에는 추출된 정보들을 어떻게 DBMS를 이용해 구조화해서 체계적으로 관리할 수 있는지에 대해 살펴보자.

먼저 이번 단계를 진행하기 위해서는 DBMS와 관련된 사전 지식이 요구된다. 물론 DBMS를 다뤄본 독자라면 그리 어렵지 않겠지만, 순수하게 네트워크 또는 정보보안 엔지니어로서 업무를 수행하고 있다면 조금 어려울 수 있기 때문에 더 집중하길 바란다.

데이터베이스 만들기(Create Database)

DBMS를 사용해 데이터를 저장하고 이용하기 위해서는 먼저 DBMS에 데이터베이스를 만들어야 한다. 업무를 수행하다 보면 DBMS와 데이터베이스^{DB}의 의미가 명확한 구분 없이 사용되곤 하는데, DBMS와 데이터베이스는 다른 개념이다. 그렇지만 일반적으로는 데이터베이스의 의미로 DBMS와 데이터베이스를 함께 사용한다. DBMS와 데이터베이스의 차이를 비유적으로 설명하면 다음과 같다. DBMS를 물류창고에 비유한다면, 데이터베이스는 물류창고에 물품이 실제로 저장되는 공간이라고 말할 수 있다. 물류창고에서는 물건의 저장, 분류, 배송 등에 필요한 각종 인프라와 서비스를 제공한다. 그리고 각각의 사업자는 자신들이 취급하는 품목을 물류창고의 지정된 구역에 보관해두고 물류창고의 인프라를 이용해 고객에게 서비스를 제공한다. 이와 같이 DBMS는 데이터 관리에 필요한 도구들로 구성된 시스템이고, 데이터베이스는 실질적으로 관리되고 사용되는 데이터가 저장되는 공간이다.

이미 인증서버에 MySQL DBMS를 설치해 시스템에서 발생하는 로그의 저장에 DBMS를 사용하고 있다. 그리고 시스템 로그의 저장을 위해 Syslog 데이터베이스가 사용된다. 여기서 다음과 같은 의문을 갖는 독자가 있을 수 있다. "추출한 IP 주소 할당과 관련된 정보도 Syslog 데이터베이스에 저장하면 되지 않을까?"

물론 가능하며, 그렇게 해도 문제가 발생하지는 않는다. 컴퓨터에서 파일을 관리할 때에 하나의 폴더에 모든 파일을 저장해도 아무런 문제가 없다. 다만 효과적인 파일 관리를 위해 업무 특성 또는 처리 일자별로 폴더를 구성해서 관리한다. 이와 마찬가지로 데이터베이스를 생성할 때도 업무 특성이나 데이터의 특성에 따라 구분해서 생성해둬야 효과적으로 데이터를 활용할 수 있다. 시스템 로그가 저장되는 Syslog 데이터베이스와 새로 생성할 데이터베이스에는 IP 주소 할당과 관련된 데이터가 저장되어 있다는 공통점이 있지만, 두 데이터베이스의 구체적인 역할 면에서는 차이가 있다. Syslog 데이터베이스는 시스템에서 발생하는 로그를 정확하게 저장archive하는 역할에 초점을 맞추고 있다. 시스템에 문제가 발생하거나 보안 사고가 발생했을 때 가장 먼저 열람하는 항목이 시스템 로그다. 따라서 Syslog 데이터베이스에는 시스템 로그 이외의 부가적인 정보의 저장은 최소화하는 것이 바람직하다. 반면에 IP 주소 할당과 관련한 정보의 저장을 위해 만들고자 하는 데이터베이스는 다른 목적을 갖고 있다. 앞서 추출한 IP 주소 할당 관련 정보들은 수많은 로그에서 일부의 정보를 뽑아 정리한 요약자료다. 또한 Syslog와 달리 단순 저장이 아니라, 다른 시스템에서 빈번하게 사용될 정보다. 따라서 Syslog 데이터베이스와는 별도로 데이터베이스를 만들고 추출된 정보를 저장하는 것이 바람직하다.

이제 IP 주소 관련 정보가 저장될 데이터베이스를 만들도록 하자. 여기서 만들 데이터베이스는 DHCP 시스템뿐만 아니라 인증시스템FreeRadius에서도 사용된다. 두 시스템은 데이터의 공유뿐만 아니라 인증과 IP 주소 할당 및 회수 등의 프로세스 측면에서도 밀접하게 연관되어 있다. 따라서 데이터베이스는 두 시스템의 특성을 모두 반영할 수 있도록 만들어야 한다. 생성하고자 하는 데이터베이스의 이름은 radius로 한다. 데이터베이스 생성을 위해 리스트 5-56과 같이 MySQL에 접속하고, root 사용자로 로그인한다. 로그인 후에 현재 DBMS에 등록된 데이터베이스 목록을 확인해 생성하고자 하는 radius 데이터베이스가 존재하고 있는지 확인한다.

리스트 5-56 데이터베이스 접속 및 데이터베이스 목록 확인

```
sysop@radius:~$ mysql -uroot -p
Enter password: 09n072
Welcome to the MySQL monitor.  Commands end with ; or \g.
Your MySQL connection id is 70
Server version: 5.5.31-0ubuntu0.12.04.1 (Ubuntu)

Copyright (c) 2000, 2013, Oracle and/or its affiliates. All rights reserved.

Oracle is a registered trademark of Oracle Corporation and/or its
affiliates. Other names may be trademarks of their respective
owners.

Type 'help;' or '\h' for help. Type '\c' to clear the current input statement.

mysql> show databases;
+--------------------+
| Database           |
+--------------------+
| information_schema |
| Syslog             |
| mysql              |
| performance_schema |
| test               |
+--------------------+
5 rows in set (0.00 sec)

mysql>
```

　　radius가 존재하지 않는 것이 확인되면, 리스트 5-57과 같이 radius 데이터베
이스를 생성하고 데이터베이스 목록을 다시 확인한다.

리스트 5-57 radius 데이터베이스 생성

```
mysql> create database radius;
Query OK, 1 row affected (0.00 sec)

mysql> show databases;
+--------------------+
| Database           |
```

```
+--------------------+
| information_schema |
| Syslog             |
| mysql              |
| performance_schema |
| radius             |
| test               |
+--------------------+
6 rows in set (0.01 sec)

mysql>
```

리스트 5-57의 결과와 같이 radius 데이터베이스가 생성된 것을 확인할 수 있다. 데이터베이스의 이름을 radius로 지은 것은 왜일까? 나중에 설치할 FreeRadius에서 사용하는 데이터베이스 이름이 radius이므로, 동일한 이름으로 데이터베이스를 만들었다. 물론 다른 이름으로 생성해도 되지만, 일관된 진행을 위해 radius로 생성하길 바란다. 이것으로 데이터베이스 생성을 마무리하고, 데이터베이스 사용자 등록과 사용권한 조정에 대해 알아보자.

사용자 계정 등록과 권한 조정

앞서 물류창고의 예로 돌아가서, 물류창고 전체를 관리하는 관리자는 물류창고 내의 어떠한 장소라도 자유롭게 출입할 수 있다. 그렇지만 물류창고에 입주한 각각의 업체는 업체에 허락된 공간에 대해서만 출입이 허락되고, 다른 업체의 공간에는 출입할 수 없을 것이다. DBMS에서도 마찬가지다. 우리가 데이터베이스의 생성을 위해 접속한 root 계정은 기본적으로 모든 데이터베이스에 대한 접근이 허용되어 있다. 따라서 root 계정정보는 누구에게나 공개할 수는 없다. 요즘처럼 정보보호에 대한 관심이 증폭된 시점에, 관리자 계정을 누구에게나 제공하는 것은 관리자로서 자살 행위와 다름없다. 그럼 어떻게 하면 될까? 각각의 데이터베이스에 접근할 수 있는 차별화된 권한을 갖는 사용자 계정을 만들고, 사용자 계정을 통해 데이터베이스에 접근하도록 하면 된다. 이번에는 앞서 생성한 데이터베이스를 관리하기 위한 관리자 계정을 만들고, 시스템 로그 데이터베이스(Syslog)의 사용자가 추출된 정보를 radius 데이터베이스에 저장할 수 있도록 접근권한을 조정하고자 한다.

데이터베이스 관리자 생성과 권한 조정은 데이터베이스 생성과 마찬가지로 DBMS의 관리자 계정에서 수행해야 한다. 따라서 앞의 과정과 같이 root 계정으로 DBMS에 접속한 상태에서 계정 생성과 권한 조정을 진행한다.

먼저 리스트 5-58과 같이 radius 데이터베이스의 관리자 계정을 등록한다. 여기서는 관리자 계정의 이름을 데이터베이스와 동일한 이름으로 지정했다.

리스트 5-58 radius 관리자 계정 등록과 권한 할당

```
mysql> grant all on radius.* to radius@localhost identified by "09n072";
Query OK, 0 rows affected (0.00 sec)

mysql> exit
Bye
```

사용자 계정 생성이 완료되면, root 계정의 연결을 종료하고 리스트 5-59와 같이 새로 생성된 radius 계정을 이용해 로그인한다. 그리고 로그인한 계정에서 사용할 수 있는 데이터베이스와 테이블 목록을 조회한다.

리스트 5-59 radius 계정을 이용한 데이터베이스 접속

```
sysop@radius:~$ mysql -u radius -p
Enter password: 09n072
...

mysql> show databases;
+--------------------+
| Database           |
+--------------------+
| information_schema |
| radius             |
| test               |
+--------------------+
3 rows in set (0.00 sec)

mysql> use radius;
Database changed

mysql> show tables;
```

```
Empty set (0.00 sec)

mysql>
```

radius 계정에서 접근할 수 있는 데이터베이스는 3개가 있다. 이 중에서 우리가 사용할 데이터베이스는 radius 데이터베이스다. 나머지 2개의 데이터베이스는 사용자 계정이 생성되면 DBMS에서 기본적으로 접근을 허용해주는 데이터베이스다.

우리가 사용할 radius 데이터베이스에 등록된 테이블을 확인해보니 아무런 테이블도 등록되어 있지 않다. 이는 당연한 결과다. 데이터베이스를 생성하기만 했을 뿐, 지금까지 어떠한 테이블도 생성하지 않았기 때문이다.

이제 Syslog 데이터베이스 관리자 계정(rsyslog)에서 radius 데이터베이스에 접근할 수 있도록 접근권한을 변경(부여)하자. 접근권한 변경도 계정 생성과 동일한 명령을 사용하며, 이번에도 DBMS 관리자 계정인 root 계정으로 로그인해 리스트 5-60의 명령을 실행한다.

리스트 5-60 rsyslog 계정에 radius 데이터베이스 접근권한 부여

```
mysql> exit
Bye
sysop@radius:~$ mysql -u root -p
Enter password: 09n072
...

mysql> grant all on radius.* to rsyslog@localhost identified by "09n072";
Query OK, 0 rows affected (0.00 sec)

mysql> exit
Bye
sysop@radius:~$
```

권한 변경이 완료되었으니, 리스트 5-61과 같이 rsyslog 계정에서 접근할 수 있는 데이터베이스 목록에 radius 데이터베이스가 추가되었는지 확인한다.

리스트 5-61 rsyslog 계정의 radius 데이터베이스 접근권한 확인

```
sysop@radius:~$ mysql -u rsyslog -p
Enter password: 09n072
...

mysql> show databases;
+--------------------+
| Database           |
+--------------------+
| information_schema |
| Syslog             |
| radius             |
| test               |
+--------------------+
4 rows in set (0.00 sec)

mysql>
```

리스트 5-61과 같이 rsyslog 계정에서 접근할 수 있는 데이터베이스 목록에 radius 데이터베이스가 추가된 것을 확인할 수 있다. 이제 radius 데이터베이스에 앞서 추출한 IP 주소 할당과 관련된 정보를 저장하기 위한 테이블을 만들자.

정보 저장용 테이블 만들기

데이터베이스에 테이블을 만들기 전에 앞서 획득한 정보를 저장하기 위해 어떠한 항목들이 필요한지를 정리하고 테이블을 생성하자. 데이터베이스를 설계할 때는 기본적으로 테이블별로 어떠한 정보를 어떠한 칼럼에 저장하고, 각각의 칼럼 자료 형태와 길이 등을 정의하는 테이블 명세서를 반드시 작성한다. 테이블 명세서가 존재하지 않으면 데이터베이스를 이용한 애플리케이션 등을 개발할 때 큰 어려움을 겪을 수 있다. 우리가 생성하는 테이블들은 구조가 복잡하지 않아 쉽게 구조와 의미를 파악할 수 있지만, 지금 당장이 아닌 미래의 유지보수를 생각해서 테이블 명세서를 만들도록 한다. 테이블 명세서 작성을 위해 특별히 정해진 양식은 없다. 다만 회사 또는 그룹 내에서 공통으로 이해할 수 있는 형태의 양식이면 충분하다.

표 5-2 IP 주소 할당 로그 테이블(kp_log_dhcp) 설계서

순번	정보내용	칼럼명	자료형	길이	PK	NOT NULL	DEFAULT	비고
1	식별자	ID	INTEGER	11	Y	Y		Auto Increment
2	Mac Address	MACADDR	VARCHAR	45	N	Y	' '	
3	IP Address	IPADDR	VARCHAR	45	N	Y	' '	
4	VLAN ID	VLAN_ID	INTEGER	11	N	Y	0	
5	호스트 이름	HOSTNAME	VARCHAR	45	N	N	' '	
6	DHCP 메시지 원문	MESSAGE	TEXT	–	N	Y	' '	
7	발생일시	CREATE_DATE	TIMESTAMP		N	N	' '	

표 5-2의 테이블 명세에 따라 리스트 5-62와 같이 테이블을 생성하고, 테이블 목록에서 생성된 테이블을 확인한다.

리스트 5-62 IP 주소 할당정보 저장용 테이블 생성

```
sysop@radius:~$ mysql -u radius -p
Enter password: 09n072
...

mysql> use radius;
Database changed

mysql> CREATE TABLE `kp_log_dhcp` (
    -> `id` int(11) NOT NULL AUTO_INCREMENT,
    -> `macaddr` varchar(45) NOT NULL DEFAULT '',
    -> `ipaddr` varchar(45) NOT NULL DEFAULT '',
    -> `vlan_id` int(11) NOT NULL DEFAULT '0',
    -> `hostname` varchar(45) NULL DEFAULT '',
    -> `message` text NOT NULL,
    -> `create_date` timestamp NULL DEFAULT NULL,
    -> PRIMARY KEY ('id')
    -> );
Query OK, 0 rows affected (0.02 sec)

mysql> show tables;
+------------------+
| Tables_in_radius |
+------------------+
```

```
| kp_log_dhcp      |
+------------------+
1 row in set (0.00 sec)

mysql>
```

IP 주소 할당정보 추출과 저장 테스트

이제 Syslog 데이터베이스에 저장되는 DHCP 관련 로그에서 IP 주소 할당과 관련된 정보를 추출해 앞서 생성한 kp_log_dhcp 테이블에 저장하자. IP 주소 할당과 관련된 정보의 추출을 위해서는 리스트 5-63의 질의문을 실행한다.

리스트 5-63 DHCP 로그에서 IP 주소 할당정보 추출

```
sysop@radius:~$ mysql -u rsyslog -p
Enter password: 09n072
...

mysql> use Syslog;
Database changed

mysql> SELECT SUBSTRING_INDEX( SUBSTR( Message, LOCATE('to', Message) + 4), ' ', 1)
    as MACADDR,
    -> SUBSTRING_INDEX(SUBSTR(Message, 13), ' ', 1) as IPADDR,
    -> SUBSTRING_INDEX(Message, '.', -1) as VLANID,
    -> IF(LOCATE('(', Message)=0, '', SUBSTRING_INDEX( SUBSTR(Message,
    LOCATE('(', Message) +1), ')', 1) ) as HOSTNAME,
    -> DeviceReportedTime as ts
    -> FROM SystemEvents
    -> WHERE Message like ' DHCPACK on%';
+------------------+--------------+--------+----------+---------------------+
| MACADDR          | IPADDR       | VLANID | HOSTNAME | TS                  |
+------------------+--------------+--------+----------+---------------------+
| 00:24:1d:8a:c5:af | 172.20.245.12 | 600    | Hostname | 2013-06-23 13:30:30 |
| 00:24:1d:8a:c5:af | 172.20.245.12 | 600    |          | 2013-06-23 13:30:33 |
+------------------+--------------+--------+----------+---------------------+
2 row in set (0.00 sec)

mysql>
```

SystemEvents 테이블에 저장되어 있는 로그에서 IP 주소 할당과 관련된 정보

가 추출되었다. 다음에는 이 정보를 radius 데이터베이스에 있는 kp_log_dhcp 테이블에 등록해야 한다. 정보 등록은 리스트 5-64와 같이 리스트 5-63의 결과값을 각각 INSERT 구문을 사용해 등록하고 결과값을 확인한다.

리스트 5-64 IP 주소 할당정보 수동 저장과 확인

```
mysql> INSERT INTO radius.kp_log_dhcp(macaddr, ipaddr, vlan_id, hostname,
    message, create_date) \
    -> VALUES('00:24:1d:8a:c5:af', '172.20.245.12', 600, 'Hostname', '', '2013-
    06-23 13:30:30');
Query OK, 1 row affected (0.02 sec)

mysql> INSERT INTO radius.kp_log_dhcp(macaddr, ipaddr, vlan_id, hostname,
    message, create_date) \
    -> VALUES('00:24:1d:8a:c5:af', '172.20.245.12', 600, '', '', '2013-06-23
    13:30:33');
Query OK, 1 row affected (0.02 sec)

mysql> select * from radius.kp_log_dhcp;
+----+-------------------+---------------+---------+----------+---------+-------
    -------------+
| id | macaddr           | ipaddr        | vlan_id | hostname | message | create_
    date        |
+----+-------------------+---------------+---------+----------+---------+-------
    -------------+
|  1 | 00:24:1d:8a:c5:af | 172.20.245.12 |     600 | Hostname |         | 2013-
    06-23 13:30:30 |
|  2 | 00:24:1d:8a:c5:af | 172.20.245.12 |     600 |          |         | 2013-
    06-23 13:30:33 |
+----+-------------------+---------------+---------+----------+---------+-------
    -------------+
2 rows in set (0.00 sec)

mysql>
```

지금까지 추출했던 정보가 정상적으로 저장되었다. 그러나 정보 추출에서 등록까지의 과정이 상당히 비효율적이다. 이러한 과정을 매번 반복해야 한다면, 차라리 엑셀을 이용하는 것이 더 효율적일 것이다. 데이터베이스에서는 리스트 5-63과 리스트 5-64와 같이 데이터를 선택한 후 바로 다른 테이블에 등록하는 연속적인 데이터 처리가 빈번하게 발생한다. 이러한 데이터 처리를 위해 데이터베이스에서는

INSERT 구문과 SELECT 구문을 결합한 질의문을 제공한다.

리스트 5-65 IP 주소 할당정보를 추출하고 동시에 저장

```
mysql> delete from radius.kp_log_dhcp;
Query OK, 2 rows affected (0.02 sec)

mysql> INSERT INTO radius.kp_log_dhcp(macaddr, ipaddr, vlan_id, hostname,
    message, create_date) \
    -> SELECT SUBSTRING_INDEX( SUBSTR( Message, LOCATE('to', Message) + 4), ' ', 1)
    as MACADDR, \
    -> SUBSTRING_INDEX(SUBSTR(Message, 13), ' ', 1) as IPADDR, \
    -> SUBSTRING_INDEX(Message, '.', -1) as VLANID, \
    -> IF(LOCATE('(', Message)=0, '', SUBSTRING_INDEX( SUBSTR(Message,
    LOCATE('(', Message) +1), ')', 1) ) as HOSTNAME, \
    -> '', \
    -> ReceivedAt as ts \
    -> FROM SystemEvents \
    -> WHERE Message like ' DHCPACK on%';
Query OK, 2 rows affected (0.00 sec)
Records: 2  Duplicates: 0  Warnings: 0

mysql> select * from radius.kp_log_dhcp;
+----+-------------------+---------------+---------+----------+---------+-------
------------+
| id | macaddr           | ipaddr        | vlan_id | hostname | message | create_
     date       |
+----+-------------------+---------------+---------+----------+---------+-------
------------+
|  1 | 00:24:1d:8a:c5:af | 172.20.245.12 |     600 | Hostname |         | 2013-
     06-23 13:30:30 |
|  2 | 00:24:1d:8a:c5:af | 172.20.245.12 |     600 |          |         | 2013-
     06-23 13:30:33 |
+----+-------------------+---------------+---------+----------+---------+-------
------------+
2 rows in set (0.00 sec)

mysql>
```

리스트 5-65에서는 INSERT, SELECT 구문을 이용해 정보 추출과 저장을 한꺼
번에 수행하고 있다. 그렇지만 이번에도 문제점이 있다. 매번 수작업으로 질의문을
실행할 수는 없다. 좀 더 진보된 방법으로 크론^{cron} 데몬에 등록해 주기적으로 질의

문을 실행할 수 있지만, 데이터의 정합성에서 문제가 발생할 수 있다. 이러한 문제를 해결할 수 있는 가장 좋은 방법은 실시간 처리다. Syslog 데이터베이스에 로그가 저장되는 순간 DHCPACK on 로그인지 식별하고, 원하는 정보를 추출한 후 지정된 테이블에 저장할 수 있다면 IP 주소 할당현황을 실시간으로 파악할 수 있을 뿐아니라 데이터의 정합성에도 도움이 될 것이다. 이와 같은 기능을 구현하도록 데이터베이스에서는 트리거 기능을 제공한다. 다음 절에서는 트리거를 이용한 데이터의 실시간 처리에 대해 알아보고자 한다.

5.4 │ 정보 등록 자동화

시스템 로그를 데이터베이스에 저장하고, 저장된 로그에서 IP 주소 할당과 관련된 정보를 추출하고 저장하는 방법을 살펴봤다. 그러나 실제 IP 주소 관리에 적용하기에는 적합하지 않은 방법이다. 로그를 식별하고 정보를 추출하고 저장하기 위해 매번 DBMS에 접속해서 관리자가 직접 질의문을 실행하거나, 쉘 스크립트를 작성하고 이를 스케줄링에 의해 실행해야 한다. 물론 이렇게 해도 문제가 생기거나 정보의 추출과 처리가 불가능한 것은 아니다. 다만 데이터의 정합성 확보를 위한 불필요한 노력이 요구되고, IP 주소 할당 관련 정보의 실시간 처리가 어려워진다. 만약 데이터베이스에서 정보를 실시간으로 처리하는 기능을 제공하지 않는다면 어쩔 수 없이 앞서 말한 방법을 적용하면 된다. 그러나 대부분의 DBMS에서는 데이터베이스에 저장된 데이터에 변경(INSERT, UPDATE, DELETE)이 발생할 때 연관된 작업을 연속해 실행할 수 있는 기능을 제공한다. 이러한 기능을 트리거라고 한다. 데이터베이스를 이용해 애플리케이션을 개발해본 독자라면 낯설지 않을 것이다. 그러나 데이터베이스에 익숙하지 않은 독자는 생소할 수 있다. 이번 절에서는 트리거에 대해 생소한 독자를 위해 DBMS에서 트리거가 어떻게 동작하는지를 간단히 살펴본다. 그 후 트리거를 이용해 시스템 로그에서 로그를 식별하고, 필요한 정보를 추출한 후 저장하는 전체 과정에 대한 자동화를 구현해보자.

5.4.1 트리거 개념 잡기

'트리거trigger'의 사전적인 의미는 '방아쇠'나 '기계나 프로그램이 자동적으로 동작을 개시하도록 하는 일'이다. 아울러 위키피디아에서는 다음과 같은 정의를 찾아볼 수 있다. '데이터베이스 트리거Database Trigger는 테이블에 대한 이벤트에 반응해 자동으로 실행되는 작업을 의미한다. 트리거는 데이터 조작 언어의 데이터 상태 관리를 자동화하는 데 사용된다. 트리거를 사용해 데이터 작업 제한, 작업 기록, 변경 작업 감사 등을 할 수 있다.'

데이터베이스의 종류에 따라서 데이터 조작 언어DML, Data Manipulation Language뿐만 아니라, 데이터 정의 언어DDL, Data Definition Language에서도 트리거를 정의하고 실행할 수 있다. MySQL DBMS에서는 데이터베이스의 테이블에 저장된 값이 삽입Insert, 갱신Update 또는 삭제Delete될 때, 사용자 또는 관리자가 정의한 구문을 자동으로 실행해주는 역할을 수행한다. 좀 더 쉽게 이해하기 위해 인사관리시스템을 예로 들어 살펴보자.

많은 회사에서 직원의 생일을 축하하기 위해 인사정보에 직원의 주민등록번호가 등록되어 있더라도 실제 생년월일을 별도로 관리하고 있다. 대부분의 직원은 주민등록번호의 생년월일과 실제 생년월일이 일치하지만, 그렇지 않은 직원을 배려하고자 실제 생년월일을 따로 등록하는 것이다. 인사담당자는 직원이 새로 입사할 때마다 주민등록번호와 생년월일을 모두 입력한다. 그러나 대부분의 직원은 주민등록번호의 생년월일과 실제 생년월일이 일치하므로, 주민등록번호만 입력되어 있으면 그림 5-12와 같이 주민등록번호의 생년월일이 실제 생년월일 입력항목에도 자동으로 입력되면 좋을 것이다. 부가적으로 주민등록번호가 이미 사용되고 있는지 여부도 확인했으면 한다.

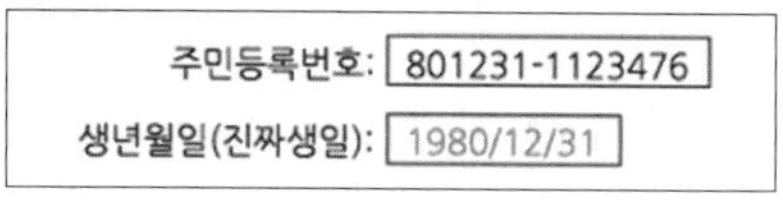

주민등록번호: 801231-1123476
생년월일(진짜생일): 1980/12/31

그림 5-12 주민등록번호와 생년월일 입력 화면

앞의 요구사항을 구현하는 데는 두 가지 방법이 있다. 하나는 애플리케이션에서 구현하는 방법이고, 다른 하나는 DBMS의 트리거를 이용하는 방법이다. 두 가지 방법 중 어떠한 방법이 더 좋다라고 말할 수는 없다. 다만 여기서는 DBMS의 트리거를 이용한 방법에 대해 알아보고자 한다. 먼저 트리거가 적용되었을 때 사원정보가 처리되는 과정에 대해 간략히 살펴보자.

1. 인사담당자가 신입 직원의 사원정보를 입력하고, 등록 버튼을 클릭한다.

2. 인사관리프로그램에서 인사 기본정보 테이블(tb_employee_default)에 인사 담당이 입력한 사원정보를 등록하기 위해 레코드 삽입^{Insert} 질의문의 실행을 DBMS에 요청한다.

3. DBMS에서는 인사 기본정보 테이블(tb_employee_default)에 트리거가 등록되어 있는지를 확인하고, 등록된 트리거를 실행한다.

4. 트리거 확인 결과, 삽입^{Insert} 질의문 실행 전에 실행해야 하는 트리거(tb_insert_before)가 등록되어 있어, DBMS는 사원정보 레코드 삽입 구문 실행 이전에 등록된 트리거를 실행하기 위해 트리거로 진입한다.

5. 트리거에서는 등록 요청된 인사정보의 주민등록번호가 이미 등록된 주민등록번호인지를 인사정보 테이블에서 확인한다. 확인 결과, 이미 등록된 주민등록번호이면 트리거 실행을 중단하고 에러 메시지를 반환한다. 등록되지 않은 주민등록번호라면 다음 과정을 진행한다.

6. 생년월일 자동등록을 위해 생년월일이 입력되어 있는지를 확인한다. 생년월일이 입력되어 있지 않으면, 주민등록번호의 생년월일을 'YYYY/MM/DD' 형태의 날짜로 변경해 생년월일에 등록한다.

7. 트리거 실행이 완료되고 DBMS에 요청되었던 레코드 삽입^{Insert} 구문을 실행한다. 구문을 실행할 때 생년월일 칼럼값은 6의 과정에서 등록된 값으로 변경되어 등록된다.

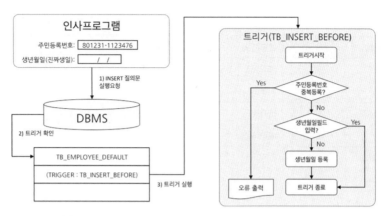

그림 5-13 인사 프로그램에서 트리거 실행

간단하게 트리거를 이용한 직원 생년월일 등록 절차에 대해 설명했으며, 그림 5-13은 앞의 처리 절차를 표현하고 있다. 이제 데이터베이스 관점에서 트리거에 대해 좀 더 깊이 알아보자.

DBMS에서 데이터 관리를 위해 사용하는 구문에는 네 가지가 있다. 일반적으로 데이터베이스에서는 CRUD[C: Create, R: Read(Select), U: Update, D: Delete]라고 표현한다. 트리거는 네 가지 구문 중에서 'R'을 제외한 데이터의 조작과 관련된 CUD 구문에 적용된다. Select 구문도 엄밀하게 따지면 데이터 조작과 관련 있지만, 데이터베이스에 저장된 값을 열람만 할 뿐 데이터의 실질적인 변경과는 무관하기 때문이다. 트리거는 데이터 조작 언어^{DML} 중에서 Insert, Update, Delete, Load Data, Replace 등 행 단위로 데이터를 처리하는 구문에만 적용된다. MySQL에서는 트리거를 실행하는 Insert, Update, Delete와 같은 구문을 이벤트^{event}라고 한다. 이벤트는 실행시점에 따라 Before와 After로 구분된다. 트리거의 실행시점으로 Before가 지정되면 이벤트가 실행되기 전에 트리거가 먼저 실행되고, After가 지정되면 이벤트 실행 후에 트리거가 실행된다. 이를 정리하면 표 5-3과 같다.

표 5-3 트리거 이벤트와 실행시점

이벤트	실행시점	설 명
INSERT	BEFORE	레코드가 테이블에 삽입되기 전에 실행
	AFTER	레코드가 테이블에 삽입된 후 실행
UPDATE	BEFORE	레코드가 갱신되기 전에 실행
	AFTER	레코드가 갱신된 후 실행
DELETE	BEFORE	레코드가 삭제되기 전에 실행
	AFTER	레코드가 삭제된 후 실행

트리거에서는 이벤트와 실행시점에 따라, 데이터의 참조를 위해 두 가지의 변수 NEW와 OLD를 제공한다. 두 변수는 트리거 실행 시에 트리거를 실행하는 테이블의 조작과 관련해 전달되는 값을 참조하는 가상의 변수로, 트리거 내에서 값을 조작하기 위해 사용된다. NEW 변수는 이벤트의 실행 시에 전달되는 새로운 값을 참조하기 위해 이용되며, INSERT 또는 UPDATE 구문을 통해 전달되는 값을 참조한다. OLD 변수는 이벤트 실행 시에 테이블에 이미 존재하는 값을 참조하기 위한 변수로, UPDATE 또는 DELETE 구문의 실행 시에 갱신 대상 또는 삭제 대상이 되는 레코드의 값을 참조할 때 사용한다.

tb_employee_default 테이블에 사원정보를 추가하는 Insert 구문이 실행될 때의 예를 들어 살펴보자. tb_employee_default 테이블에는 INSERT 이벤트와 BEFORE 시점에 트리거(tb_insert_before)가 정의되어 있다고 가정한다.

리스트 5-66 직원정보 등록 질의문

```
insert into tb_employee_default(emp_id, emp_name_kor, reg_no, birth_day)
values (123456, '홍길동', '801231-1123476','1980/12/31')
```

리스트 5-66이 실행될 때 tb_employee_default 테이블의 트리거에서는 다음과 같이 변수의 값을 참조할 수 있다.

- 사원번호(emp_id): new.emp_id
- 사원이름(emp_name_kor): new.emp_name_kor

- 주민번호(reg_no): new.reg_no

- 생년월일(birth_day): new.birth_day

위의 변수를 이용해 질의문을 통해 전달된 값을 참조할 수 있을 뿐만 아니라 변수에 저장된 값의 변경도 가능하다. 트리거의 동작을 설명할 때 사용했던 예와 같이 주민등록번호 칼럼(reg_no)에서 생년월일을 추출해 생년월일 칼럼(birth_day)에 저장하고자 할 때 'NEW.칼럼이름'으로 각각의 칼럼을 참조하면 된다. 칼럼의 참조를 위해 제공되는 두 종류의 변수(NEW, OLD)는 이벤트의 종류에 따라 참조가 허용되거나 허용되지 않는다. 이를 정리하면 표 5-4와 같다.

표 5-4 트리거 참조 변수

구분	INSERT		UPDATE		DELETE	
	BEFORE	AFTER	BEFORE	AFTER	BEFORE	AFTER
NEW	O	O	O	O	X	X
OLD	X	X	O	O	O	O

표 5-4의 INSERT 이벤트에서는 OLD 변수를 사용할 수 없다. INSERT 구문은 새로운 레코드를 추가하는 질의문으로, 이전에 등록되거나 참조하는 레코드가 존재하지 않기 때문에 OLD 변수를 사용할 수 없는 것이다. 이와 반대로 DELETE 이벤트에서는 NEW 변수를 참조할 수 없다. DELETE 구문은 이미 존재하는 레코드를 삭제하는 질의문으로, 새로운 레코드의 값이 존재할 수 없기 때문이다. 반면에 UDPATE 이벤트에서는 NEW와 OLD 변수를 모두 사용할 수 있다. UPDATE 구문은 기존 값을 새로운 값으로 갱신하는 질의문으로서 새로운 값과 이전 값을 모두 참조할 수 있기 때문이다.

이제 지금까지 설명한 트리거에 대한 지식을 기반으로 트리거를 정의하는 방법에 대해 알아보자.

5.4.2 트리거 조작

이번에는 MySQL DBMS에서 트리거를 조작하는 구체적인 방법에 대해 살펴보자. 트리거를 조작하는 방법은 두 가지가 있다. 시스템 로그에서 DHCP와 관련된 로그를 식별하고 추출하는 과정에서 DBMS를 다룰 때 사용했던 명령행 기반의 CLI 방식과 그래픽 기반의 사용자 인터페이스를 제공하는 GUI 방식이다. CLI 방식은 단순한 트리거를 다룰 때는 무리 없이 사용할 수 있지만, 조금 복잡한 트리거의 조작에는 적합하지 않을 수 있다. 물론 복잡한 트리거라 하더라도 외부 파일에 저장해 두고 관리함으로써 트리거 관리의 효율성을 향상시킬 수 있다. 그러나 GUI 도구를 통해 얻을 수 있는 구문 오류 검사, 디버깅 등의 편의성을 뛰어넘지는 못한다. 따라서 이 책에서는 트리거 조작을 위해 GUI 도구를 이용하고자 한다. MySQL DBMS를 관리하기 위한 GUI 도구는 여러 가지 종류가 있다. 그러나 이 책에서는 애플 사의 매킨토시용으로 개발된 Sequel Pro라는 도구를 사용하려고 한다. 여러 종류의 GUI 도구를 사용해본 결과, 트리거를 다루는 데는 Sequel Pro가 단연 으뜸이었다. 사용자 인터페이스가 매우 단순하고 직관적이며, 팝업 창이나 화면 전환이 거의 없이 하나의 화면에서 데이터를 관리하고 트리거를 조작할 수 있기 때문이다. Sequel Pro를 사용하지 못하는 환경에서는 MySQL에서 제공하는 MySQL WorkBench 등의 도구가 준비되어 있어 크게 걱정하지 않아도 된다. 다만 도구의 인터페이스와 사용 방법이 달라 별도의 학습이 요구된다.

GUI 도구를 사용한 트리거 작성에 앞서, 트리거 구문과 CLI를 이용한 트리거 조작 방법을 알아보자. 데이터베이스에 저장된 데이터를 다루기 위해 삽입INSERT, 갱신UPDATE, 삭제DELETE 등의 DML 구문이 제공되었지만, MySQL에서는 트리거 조작을 위해 생성CREATE과 삭제DROP, 이 두 가지 구문만 제공한다. 그렇다면 트리거의 수정이 필요할 때는 어떻게 하면 될까? 아주 간단하다. 기존에 등록된 트리거를 삭제하고 동일한 이름의 트리거를 다시 생성하면 된다. 물론 오라클 등의 DBMS에서 제공하는 CREATE OR REPLACE TRIGGER 구문과 같은 효율적인 방법을 기대한 독자라면 실망스러울 수 있다. 그러나 앞서 말했듯이 트리거 조작을 위해 GUI 도구를 사용하면 트리거의 생성, 갱신, 삭제와 관련된 복잡한 명령 실행을 GUI 도구가 자동으로 실행해 관리자는 큰 불편을 느끼지 않고 트리거를 조작할 수 있다. 이제 두 가지 트리거 조작 구문에 대해 알아보자.

트리거 생성 구문

리스트 5-67의 트리거 생성 구문에서 사용되는 항목을 구체적으로 설명하면 다음과 같다.

리스트 5-67 트리거 생성 구문

```
CREATE
    [DEFINER = { user | CURRENT_USER }]
    TRIGGER trigger_name
    trigger_time trigger_event
    ON tbl_name FOR EACH ROW
    BEGIN
            trigger_body
    END

trigger_time: { BEFORE | AFTER }

trigger_event: { INSERT | UPDATE | DELETE }
```

DEFINER

- DEFINER 절은 트리거가 실행될 때 트리거에 대한 접근권한 확인에 사용되는 보안 컨텍스트를 결정한다.

trigger_name

- 트리거를 생성하거나 삭제할 때 식별을 위해 사용될 이름을 지정한다. 트리거 이름을 정의할 때는 영문자, 숫자, 특수문자를 사용할 수 있다. 그러나 이름을 정의할 때에는 영문자로 시작하는 이름을 지정하고, 특수문자를 사용할 때에는 대시(-) 또는 밑줄(_)만 사용하고 나머지 특수문자의 사용을 최소화하도록 한다.

trigger_time

- `trigger_time` 항목에서는 트리거의 실행 시간을 지정한다. 트리거 실행시간의 지정을 위해서는 BEFORE 또는 AFTER 지시자가 사용된다. BEFORE 지시자는 트리거가 지정된 테이블의 각 행이 변경되기 전에 트리거를 실행하고, AFTER 지시자는 각 행의 변경이 완료된 후에 트리거를 실행한다.

trigger_event

- `trigger_event` 항목에서는 트리거 실행을 유발시키는 동작의 종류를 지정한다. 이 동작의 종류에는 INSERT, UPDATE, DELETE가 있으며, 하나의 트리거에는 하나의 동작만 지정할 수 있다.

- INSERT: 테이블에 새로운 행^{row}이 추가될 때마다 트리거를 실행한다. ISNERT 지시자가 지정되면, INSERT 질의문뿐만 아니라 LOAD DATA 또는 REPLACE 구문의 실행 시에도 트리거가 실행된다.

- UPDATE: 테이블에 이미 저장되어 있는 행의 값이 갱신될 때마다 트리거를 실행하며, UPDATE 질의문의 실행이 이에 해당한다.

- DELETE: 테이블에 저장되어 있는 행이 삭제될 때 트리거를 실행한다. DELETE 지시자가 지정되면, DELETE와 REPLACE 구문의 실행 시에 트리거를 실행한다. 다만 DROP TABLE과 TRUNCATE TABLE도 테이블에 저장된 행을 삭제하지만, 삭제의 범위가 개별 행이 아닌 테이블 전체를 대상으로 하기 때문에 트리거를 실행하지 않는다.

trigger_body

- 테이블에 저장되어 있는 행의 값이 변경될 때 수행될 명령이 기록되는 영역으로, MySQL DBMS에서 제공하는 명령, 함수 또는 사용자가 정의한 프로시저 등을 이용해 데이터 변경 이전 또는 이후에 처리할 내용을 정의한다.

트리거 삭제 구문

트리거 삭제 구문은 리스트 5-68에서 보는 바와 같이 매우 간단하다.

```
DROP TRIGGER [IF EXISTS] [schema_name.]trigger_name
```

만약 'test_trigger'라는 이름을 갖는 트리거를 삭제하고자 하면 다음과 같이 트리거 삭제 명령을 실행하면 된다.

```
DROP TRIGGER test_trigger;
```

이 명령을 실행했는데 test_trigger를 이름으로 하는 트리거가 데이터베이스 내에 정의되어 있지 않다면 지정된 트리거가 존재하지 않는다는 에러 메시지를 반환한다. 이럴 때 트리거가 존재하면 삭제하도록 하는 것이 IF EXISTS 지시자다.

schema_name.은 현재 데이터베이스가 아닌 다른 데이터베이스에 지정되어 있는 트리거를 삭제하고자 할 때, 데이터베이스의 이름을 지정하기 위해 사용한다. 만약 다른 데이터베이스의 트리거를 삭제하고자 한다면 해당 데이터베이스에 대한 트리거 삭제권한을 갖고 있어야 한다.

트리거 다뤄보기

'백문이 불여일견'이라는 말처럼 프로그래밍 학습에서도 100번 코드를 보는 것보다는 한 번이라도 코딩을 직접 해보는 것이 좋다. 앞에서 트리거를 생성하고 삭제하는 구문에 대해 간단히 살펴봤다. 이제 데이터베이스에서 실제로 트리거를 만들고 어떻게 동작하는지 살펴보자.

테이블 만들기

먼저 radius 데이터베이스에 트리거 테스트를 위한 임시 테이블을 생성한다. 임시 테이블에는 간단한 인사정보, 즉 직원식별번호(id), 이름(first_name), 성(last_name), 주민등록번호(reg_no), 생년월일(birth_date)이 저장된다. 테이블 생성을 위해 리스트 5-69와 같이 데이터베이스에 접속하고 질의문을 실행한다.

리스트 5-69 테스트용 직원정보 테이블 생성

```
sysop@radius:~$ mysql -u radius -p
Enter password: 09n072
```

```
...

mysql> use radius;
Database changed

mysql> CREATE TABLE `employee_default` (
    -> `id` int(11) unsigned NOT NULL AUTO_INCREMENT,
    -> `first_name` varchar(45) DEFAULT NULL,
    -> `last_name` varchar(45) DEFAULT NULL,
    -> `reg_no` varchar(14) DEFAULT NULL,
    -> `birth_date` varchar(10) DEFAULT NULL,
    -> PRIMARY KEY ('id')
    -> );
Query OK, 0 rows affected (0.05 sec)

mysql> show tables;
+------------------+
| Tables_in_radius |
+------------------+
| employee_default |
| kp_log_dhcp      |
+------------------+
2 rows in set (0.00 sec)

mysql>
```

트리거 생성하고 삭제하기

트리거를 작성하기 전에 리스트 5-70과 같이 테이블에 간단한 직원정보를 등록한다.

리스트 5-70 직원정보 등록과 확인

```
mysql> insert into employee_default(first_name, last_name, reg_no, birth_date) \
    -> values('Gildong','Hong','801231-1123476','19801231');
Query OK, 1 row affected (0.02 sec)

mysql> insert into employee_default(first_name, last_name, reg_no) \
    -> values('Gilsun','Hong','810207-2111461');
Query OK, 1 row affected (0.04 sec)

mysql> select * from employee_default;
+-----------------+-----------+----------------+------------+
```

```
| id | first_name | last_name | reg_no        | birth_date |
+----+------------+-----------+---------------+------------+
|  1 | Gildong    | Hong      | 801231-1123476 | 1980-12-31 |
|  2 | Gilsun     | Hong      | 810207-2111461 | NULL       |
+----+------------+-----------+---------------+------------+
2 rows in set (0.00 sec)

mysql>
```

두 명의 직원을 등록했다. 첫 번째 등록한 직원은 생일을 입력했지만, 두 번째 등록한 직원의 경우에는 생일을 입력하지 않았다. 인사담당자는 주민등록번호가 입력되고 생일이 별도로 입력되지 않으면, 주민등록번호에서 생일을 추출해서 자동으로 생일이 등록되도록 해달라고 요청했다. 인사담당자의 요구사항을 구현하기 위해 리스트 5-71과 같이 트리거를 작성하자.

리스트 5-71 생일 자동등록 트리거

```
1:  mysql> DELIMITER //
2:  mysql> CREATE TRIGGER bi_employee_default BEFORE INSERT ON employee_default
3:      -> FOR EACH ROW
4:      -> BEGIN
5:      ->    DECLARE v_birth_date varchar(10) default null;
6:      ->    SET v_birth_date = STR_TO_DATE(LEFT(new.reg_no, 8),'%y%m%d');
7:      ->    SET new.birth_date = IFNULL(new.birth_date, v_birth_date);
8:      -> END
9:      -> //
10: Query OK, 0 rows affected (0.01 sec)
11:
12: mysql> DELIMITER ;
13: mysql>
```

리스트 5-71의 입력을 통해 employee_default 테이블에 bi_employee_default라는 이름의 트리거를 등록했다. 각 행의 의미는 다음과 같다.

- 1행: MySQL에서 실행하는 명령의 구분자를 세미콜론(;)에서 더블슬래시(//)로 변경한다. 트리거의 내부에서도 각 명령의 끝을 구분하기 위해 세미콜론을 사용한다. 그래서 MySQL 명령과 트리거 본문 사이의 혼란을 없애

기 위해 MySQL 명령의 끝을 표시하는 구분자를 세미콜론에서 더블슬래시로 일시적으로 변경하는 것이다.

- 2행: 영문은 해석할 때 뒤에서부터 하라고 배웠던 기억이 있을 것이다. 이에 따라서 2행을 해석하면, employee_default 테이블에 INSERT 문이 실행되기 전(BEFORE)에 실행되는 bi_employee_default라는 이름을 갖는 트리거를 만들라는 의미다.

- 3행: MySQL에서는 트리거가 행 단위로 적용되기 때문에 이를 명시적으로 표시하고 있다. 다른 DBMS의 경우 트리거의 적용범위로 테이블 단위, 행단위 등을 선택할 수 있지만, MySQL DBMS는 아직까지 행 단위만 지원한다.

- 4행: 트리거의 시작을 선언한다.

- 5행: 주민등록번호 칼럼에서 생년월일을 추출해서 임시로 저장할 변수를 선언한다.

- 6행: 주민등록번호 칼럼에서 생년월일을 추출해서 변수(v_birth_date)에 저장한다.

- 7행: 생일 칼럼이 비어 있으면, 변수에 저장된 생년월일을 생일 칼럼에 할당한다.

- 8행: 트리거의 끝을 선언한다.

- 9행: MySQL 명령어 종료 구분자인 더블슬래시를 입력해 트리거 생성을 종료한다.

- 12행: MySQL 명령의 구분자를 더블슬래시(//)에서 세미콜론(;)으로 변경한다.

다음으로 트리거가 목적에 맞게 동작하는지 확인하기 위해 리스트 5-72와 같이 새로운 직원을 등록한다.

```
mysql> insert into employee_default(first_name, last_name, reg_no, birth_date) \
    -> values('Doohan','Kim','820427-1430715','1982-01-13');
Query OK, 1 row affected (0.01 sec)

mysql> insert into employee_default(first_name, last_name, reg_no)
    -> values('Sukyung','Han','790823-2148715');
Query OK, 1 row affected (0.01 sec)

mysql> select * from employee_default;
+----+------------+-----------+----------------+------------+
| id | first_name | last_name | reg_no         | birth_date |
+----+------------+-----------+----------------+------------+
|  1 | Gildong    | Hong      | 801231-1123476 | 1980-12-31 |
|  2 | Gilsun     | Hong      | 810207-2111461 | NULL       |
|  3 | Doohan     | Kim       | 820427-1430715 | 1982-01-13 |
|  4 | Sukyung    | Han       | 790823-2148715 | 1979-08-23 |
+----+------------+-----------+----------------+------------+
4 rows in set (0.00 sec)

mysql>
```

신규 직원 Doohan은 직원정보를 등록할 때 주민등록번호와 실제 생일을 각각 입력했기 때문에, 주민등록상의 생일과 실제 생일이 다르게 등록되었다. 이에 반해 Sukyung은 직원정보를 입력할 때 생일을 입력하지 않았기 때문에 트리거에 의해 생일이 자동으로 등록되었다. 이것으로 트리거 bi_employee_default가 정상적으로 동작하고 있는 것을 확인할 수 있다.

이제 등록된 트리거를 삭제해보자. 트리거를 삭제하기 위해서는 drop trigger 명령을 사용하며, 방금 등록한 bi_employee_default 트리거를 리스트 5-73처럼 삭제한다.

```
mysql> drop trigger bi_employee_default;
Query OK, 0 rows affected (0.01 sec)

mysql>
```

지금까지 CLI를 통한 트리거 생성과 삭제, 그리고 테스트 방법에 대해 살펴봤다. 혹시 트리거를 생성할 때 오타로 인해 처음부터 다시 입력한 독자가 있을지 모른다. 앞에서 작성한 트리거는 길지 않기 때문에 다시 입력한다고 해도 그다지 오랜 시간이 걸리지 않는다. 만약 트리거의 본문 코드가 50줄을 넘어간다면? 아마도 짜증이 날 것이다. 그리고 일부 내용을 수정해야 하는 경우에는 어떨까? 트리거를 텍스트 편집기로 편집해서 다시 입력하는 등의 일을 수차례 반복해야 할 것이다. 이와 같은 수고를 줄이기 위해 GUI 도구를 사용할 것이라고 앞에서 이미 언급했다. 지금부터 GUI 도구를 이용한 트리거 조작 방법에 대해 알아본다. 이 책에서 사용할 도구는 Sequel Pro라는 도구이며, 애플의 OS X에서 작동한다.

GUI 도구를 이용한 트리거 관리하기

Sequel Pro를 처음 실행하면 그림 5-14의 화면을 볼 수 있다.

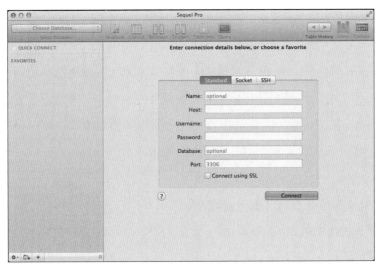

그림 5-14 Sequel Pro 화면 구성

Sequel Pro는 데이터베이스와 관련된 대부분의 작업을 화면 전환 없이 한 화면에서 대부분 처리하는 직관적인 인터페이스를 제공한다. 이 덕분에 복잡하게 화면을 전환하지 않고 필요한 작업을 수행할 수 있어서 개인적으로 선호하고 있다. 화면 구성을 보면 타이틀 바 바로 밑의 영역은 DBMS에 연결되면 활성화되는 영역으로, 데이터베이스를 선택하거나 테이블의 생성 또는 수정, 테이블에 저장된 콘텐츠 관리, 테이블 간 연관관계, 트리거 관리 등의 작업을 선택하는 작업선택 영역이다. 화면의 좌측 영역은 DBMS에 연결하기 전에는 연결 대상 DBMS의 목록을 표시해주고, DBMS에 연결된 후에는 테이블 또는 VIEW 등의 목록을 표시하는 내비게이션 창이다. 마지막으로 우측의 넓은 영역은 실제 콘텐츠를 관리하는 영역으로, DBMS 연결 전에는 선택된 DBMS의 연결정보를 표시해주고 연결정보를 등록하지 않은 상태에서도 접속하고자 하는 DBMS의 접속정보를 입력해서 바로 연결할 수 있다. DBMS에 연결된 이후에는 작업선택 영역에서 선택된 작업에 따라 적합한 작업 화면을 표시한다. 테이블 생성 또는 수정 시 칼럼정보의 등록과 수정, 테이블에 저장된 콘텐츠의 등록 및 수정, 삭제 등과 관련된 실제적인 작업이 이 영역에서 수행된다.

데이터베이스 연결하기

Sequel Pro를 이용해 트리거를 관리하기 위해서는 먼저 데이터베이스에 연결해야한다. 데이터베이스 연결을 위해 오른쪽 화면의 연결정보 창에 연결정보를 입력할 수도 있지만, 연결정보를 지속적으로 사용하기 위해 '즐겨찾기'에 등록하자. 연결정보의 등록을 위해 그림 5-15의 왼쪽 그림과 같이 화면 좌측 하단에 있는 + 버튼을 클릭하고, 좌측 상단에서 연결정보의 이름을 입력한다.

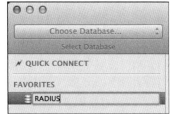

그림 5-15 데이터베이스 연결 추가

우측의 연결정보 입력 화면에서 그림 5-16과 같이 연결정보를 입력하고, 하단의 Save changes 버튼을 클릭해 인증서버 DB의 연결정보를 저장한다.

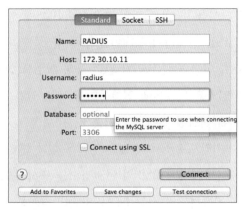

그림 5-16 데이터베이스 연결정보 입력

다음으로 그림 5-17과 같이 Connect 버튼을 클릭해 데이터베이스에 연결한다.

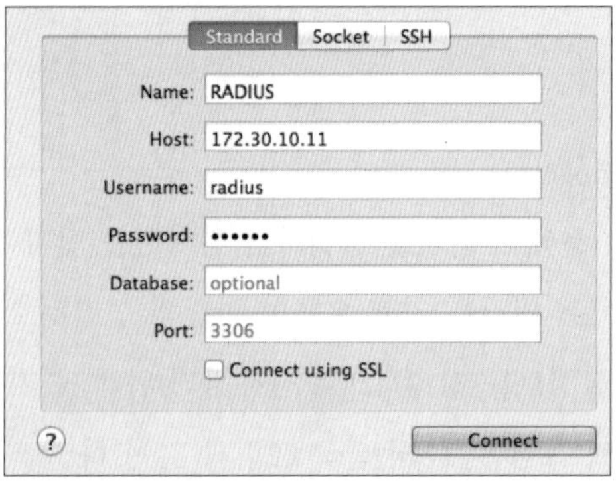

그림 5-17 데이터베이스 연결

지금까지 잘 따라했다면 그림 5-18과 같은 오류를 출력할 것이다. 오류가 발생한 이유는 인증서버에 설치된 MySQL DBMS에서 localhost 이외의 외부로부터 들어오는 DBMS 접속 요청을 거절하도록 설정되어 있기 때문이다.

그림 5-18 데이터베이스 연결 에러 메시지

오류 해결을 위해 리스트 5-74와 같이 인증서버에서 DBMS의 환경 설정을 변경하고, 외부 호스트에서 접속할 수 있는 사용자 계정을 추가한다.

리스트 5-74 MySQL 서버환경 설정 변경

```
sysop@radius:~$ sudo su -
[sudo] password for sysop:09n072
root@radius:~# vi /etc/mysql/my.cnf

[변경 전]
bind-address            = 127.0.0.1
[변경 후]
# bind-address          = 172.0.0.1

root@radius:~# /etc/init.d/mysql restart
Rather than invoking init scripts through /etc/init.d, use the service(8)
utility, e.g. service mysql restart

Since the script you are attempting to invoke has been converted to an
Upstart job, you may also use the stop(8) and then start(8) utilities,
e.g. stop mysql ; start mysql. The restart(8) utility is also available.
mysql stop/waiting
mysql start/running, process 3076
root@radius:~#
root@radius:~# mysql -u root -p
Enter password: 09n072
...

Type 'help;' or '\h' for help. Type '\c' to clear the current input statement.
```

```
mysql> use mysql
Reading table information for completion of table and column names
You can turn off this feature to get a quicker startup with -A

Database changed
mysql> grant all on radius.* to "radius"@"%" identified by "09n072";
Query OK, 0 rows affected (0.00 sec)

mysql>
```

리스트 5-74과 같이 설정을 변경하고 Sequel Pro에서 인증서버에 다시 접속을 시도하면 그림 5-19와 같이 정상적인 접속이 이뤄진다.

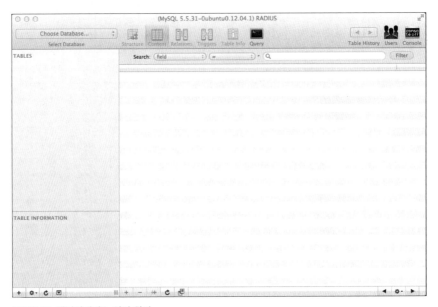

그림 5-19 데이터베이스 연결 화면

정상적인 접속이 이뤄진 후 그림 5-20과 같이 화면의 왼쪽 상단에 있는 데이터 베이스 선택 화면에서 radius를 선택한다.

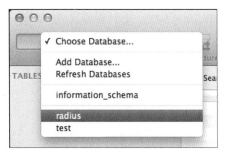

그림 5-20 데이터베이스 선택 화면

데이터베이스를 선택한 후 왼쪽의 테이블 목록에서 employee_default 테이블을 선택한다. 테이블까지 선택되면, 그동안 활성화되지 않았던 상단의 작업항목이 활성화된다. 각각의 작업항목을 클릭하면 해당 작업에 따라 우측 화면이 변경되는 것을 볼 수 있다. 그림 5-21은 테이블에 저장된 콘텐츠를 관리하는 화면이다.

그림 5-21 테이블 뷰어

트리거 관리하기

Sequel Pro의 사용 목적이 트리거 관리에 있으므로, 트리거 버튼을 클릭하자. 지금까지 트리거를 등록하지 않았기 때문에, 그림 5-22와 같이 빈 목록이 출력될 것이다. 화면과 다른 결과가 나왔다면, CLI에서 작성했던 트리거를 삭제하지 않았기 때문이다.

그림 5-22 트리거 뷰어

이제부터 Sequel Pro를 이용해 트리거를 등록해보자. 먼저 그림 5-22의 화면 상단 작업 버튼에서 Triggers를 선택한다. 다음에는 그림 5-23과 같이 화면 하단에 있는 + 버튼을 클릭한다.

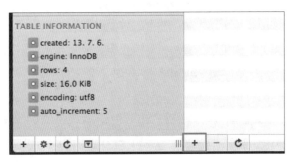

그림 5-23 트리거 추가 버튼

그림 5-24와 같이 트리거 등록 창에 트리거 이름을 입력하고, 실행시간과 이벤트에서는 Before와 Insert를 선택한다.

그림 5-24 트리거 등록 창

이후 창의 오른쪽 하단 코너에 마우스 커서를 두고 트리거 편집 창을 원하는 크기만큼 확대한다. 리스트 5-75의 내용을 트리거 본문 입력 창에 그림 5-25와 같이 입력한다.

리스트 5-75 생일 자동등록 트리거

```
1: BEGIN
2:    DECLARE v_birth_date varchar(10) default null;
3:    SET v_birth_date = STR_TO_DATE(LEFT(new.reg_no, 8),'%y%m%d');
4:    SET new.birth_date = IFNULL(new.birth_date, v_birth_date);
5: END
```

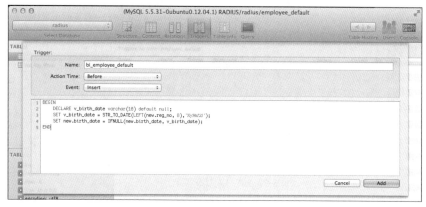

그림 5-25 트리거 본문 입력 화면

트리거 본문을 다 입력한 후 **Add** 버튼을 클릭해 트리거 등록을 완료한다. 입력한 트리거가 정상적으로 등록 완료되면 그림 5-26과 같이 등록된 트리거의 목록에서 방금 등록한 bi_employee_default 트리거를 확인할 수 있다.

그림 5-26 트리거 목록 확인

이미 등록된 트리거를 수정하고자 할 때는 트리거 목록에서 수정하고자 하는 트리거를 더블 클릭한다. 트리거를 수정할 때는 등록할 때와 동일한 화면에서 트리거를 수정하게 되며, 수정 완료 후에는 **Add** 버튼이 아닌 **Save** 버튼을 클릭해 수정된 내용을 저장한다.

트리거를 삭제하고자 할 때는 앞서 확인한 트리거 목록에서 삭제 대상 트리거를 선택하고 그림 5-27의 상단 그림과 같이 마우스 오른쪽 버튼을 클릭해 Delete Trigger 메뉴를 선택하거나, 하단 그림과 같이 – 버튼을 클릭한다.

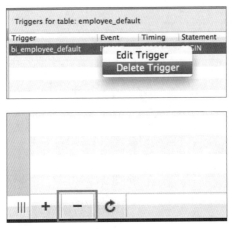

그림 5-27 트리거 삭제 버튼

트리거 작성이 완료되었다면, 정상적으로 동작하는지 확인해보자. 트리거의 확인을 위해서도 작성 과정에서와 동일하게 GUI 도구를 이용한다.

트리거 테스트하기

테스트는 아주 간단하다. employee_default 테이블에 신규 직원을 추가하면서 생일을 등록하지 않고, 주민등록번호에서 생년월일을 추출해서 생일 칼럼에 등록하는지 여부를 확인하기만 하면 된다. Sequel Pro에서 직원정보를 추가하기 위해 상단에 있는 작업 버튼에서 Content를 클릭하면 그림 5-28과 같이 작업 창이 그리드 형태로 바뀌면서 기존의 데이터를 조회하고 수정할 수 있게 된다.

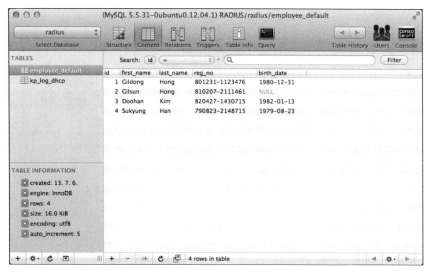

그림 5-28 employee_default 테이블 콘텐츠 조회

그림 5-28의 화면에서 신규 직원을 등록하기 위해 작업창의 하단에 있는 + 버튼을 클릭해 빈 행을 추가한 후 표 5-5의 직원정보를 입력하고 결과를 확인한다.

표 5-5 신규 등록 직원정보

ID	First Name	Last Name	Reg_No
5	Suyoung	Lee	830217-2223475

그림 5-29와 같이 신규 직원정보를 등록한 결과, 생일 칼럼에 "1983-02-17"이 자동으로 입력되었다면 트리거가 정상적으로 수행된 것이다.

그림 5-29 employee_default 테이블 콘텐츠 조회

만약 생일 칼럼에 값이 등록되지 않았거나, 다른 값이 등록되었다면 트리거에 오류가 포함된 것이다. 따라서 등록된 트리거 본문이 리스트 5-75와 같은지 확인한다.

지금까지 트리거에 대한 기본적인 개념과 트리거를 작성하고 삭제하는 방법에 대해 알아봤다. 트리거라는 생소한 용어를 처음 접했을 때는 '외계어'처럼 느껴졌을 수 있지만, 한 단계씩 진행하면서 트리거에 대해 충분히 이해했을 것이다. 이제 지금까지의 경험을 바탕으로 이번 절의 핵심 내용을 정복해보자. 시스템 로그에서 추출한 IP 주소 할당 관련 정보를 식별하고 추출하고 저장하는 전 과정을 트리거를 이용해 자동화하는 것이다. 지금까지 실습했던 내용과 비교하면 좀 더 복잡하다. 하지만 천천히 따라하다 보면 어느새 지금까지 학습한 지식의 힘을 체험할 수 있을 것이다.

5.4.3 정보 등록 자동화

데이터베이스(Syslog)에 저장된 시스템 로그에서 IP 주소 할당과 관련된 로그를 식별하고, 원하는 정보를 추출해 지정된 데이터베이스(radius)의 테이블(kp_log_dhcp)에 저장하는 절차를 개념적으로 표현하면 그림 5-30과 같다.

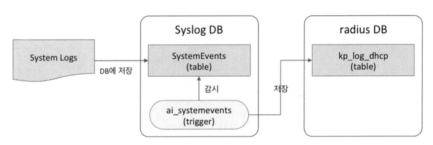

그림 5-30 IP 주소 할당정보 추출 및 저장 개념도

제일 먼저 DHCP 시스템에서 발생한 로그가 시스템 로그에 기록됨과 동시에 Syslog 데이터베이스의 SystemEvents 테이블에 기록된다. 시스템 로그가 테이블에 기록된 후 SystemEvents 테이블에 등록된 트리거 ai_systemevents는 등록된 로그가 추출하고자 하는 정보를 포함하고 있는 로그인지를 식별한다. 만약 IP 주소 할당정보를 포함하고 있는 로그일 때는 필요한 정보를 추출해 radius 데이터베이스의 kp_log_dhcp 테이블에 추출한 정보를 저장하고 트리거를 종료한다. 이 과정을 각각의 로그가 발생할 때마다 반복적으로 수행해 필요한 정보를 지

속적으로 별도의 테이블에 저장한다. 이러한 일련의 작업 중에, 시스템에서 발생한 로그가 데이터베이스에 저장하는 부분은 시스템에서 자동으로 수행한다. 그리고 radius 데이터베이스의 kp_log_dhcp 테이블은 앞에서 만들어놓았다. 그럼 이번 절에서 수행해야 할 내용은 Syslog 데이터베이스의 SystemEvents 테이블에 ai_systemevents 트리거를 생성하는 것뿐이다.

그러나 트리거를 생성하기 전에 두 가지 정도 미리 해야 할 일이 있다. 5.4.2 절에서 radius 데이터베이스에 원격지에서 접속하려고 할 때 에러가 발생해서 radius 사용자 계정을 원격지에서도 접속할 수 있도록 권한을 부여했었다. Syslog 데이터베이스도 radius 데이터베이스와 마찬가지로 원격지에서 접속할 수 있도록 권한을 등록해줘야 한다. 또한 앞에서 설명할 때 SystemEvents 테이블의 ai_systemevents 트리거에서 radius 데이터베이스의 kp_log_dhcp 테이블에 정보를 기록한다고 설명했다. 간단하게 Syslog 데이터베이스에 접속하는 계정에 radius 데이터베이스에도 접근할 수 있도록 radius 데이터베이스에 대한 접근권한을 부여해야 한다. 이 두 작업을 먼저 수행한 후 트리거를 생성하고 본문을 작성하도록 한다. 리스트 5-76의 스크립트를 따라함으로써 두 가지 작업을 완료할 수 있다.

리스트 5-76 사용자별 데이터베이스 접근권한 변경

```
root@radius:~# mysql -u root -p
Enter password: 09n072
...

Type 'help;' or '\h' for help. Type '\c' to clear the current input statement.

mysql> use mysql
Reading table information for completion of table and column names
You can turn off this feature to get a quicker startup with -A

Database changed
mysql> grant all on Syslog.* to rsyslog@172.20.20.4 identified by "09n072";
Query OK, 0 rows affected (0.00 sec)

mysql> grant all on radius.* to rsyslog@localhost identified by "09n072";
Query OK, 0 rows affected (0.00 sec)

mysql> grant all on radius.* to rsyslog@172.20.20. identified by "09n072";
```

```
Query OK, 0 rows affected (0.00 sec)

mysql>
```

리스트 5-76과 같이 rsyslog 계정에 대한 권한설정이 완료되면, 그림 5-31과 같이 Sequel Pro에 Syslog 데이터베이스에 접속하기 위한 계정정보를 등록한다.

그림 5-31 Syslog 데이터베이스 접속정보 등록

이제 Syslog 데이터베이스에 접속해서 IP 주소 할당과 관련된 정보를 추출하고 저장하기 위한 트리거를 등록한다. 상기 화면에서 Connect 버튼을 클릭해 데이터베이스에 접속하고, 그림 5-32와 같이 화면의 좌측 상단에 있는 데이터베이스 목록에서 Syslog를 선택한다. 다음에는 테이블 목록에서 SystemEvents 테이블을 선택하고, 화면 상단에 있는 작업 버튼에서 Triggers를 선택한다.

그림 5-32 SystemEvents 테이블 트리거 목록 조회

이제 그림 5-33과 같이 화면 하단의 + 버튼을 클릭해 트리거 등록을 진행한다.

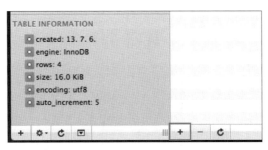

그림 5-33 SystemEvents 테이블에 트리거 추가

그림 5-34와 같이 트리거 정보를 입력한다.

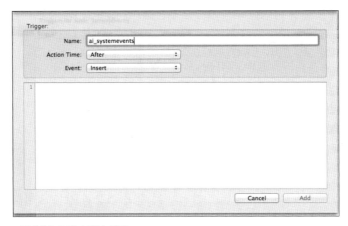

그림 5-34 트리거 정보 입력

이제 그림 5-34의 입력 창에 리스트 5-77의 트리거 본문을 입력하고 **Add** 버튼을 클릭해 트리거를 등록한다.

리스트 5-77 IP 주소 할당정보 추출 및 저장 트리거
───
데이터베이스: Syslog
테이블: SystemEvents
트리거 이름: ai_systemevents
트리거 실행시간: After
이벤트: Insert

```
1:  BEGIN
2:  ##  변수선언
3:      DECLARE v_ip varchar(20) default null;
4:      DECLARE v_mac varchar(20) default null;
5:      DECLARE v_hostname varchar(45) default null;
6:      DECLARE v_vlan_id int default 0;
7:
8:  ##  메시지 식별
9:      IF new.message REGEXP '^ DHCPACK on [0-9.]+ to [a-fA-F0-9:]+.* via
    eth[0|1|2].[0-9]+' THEN
10: ##      정보 추출
11:         SET v_ip = substring_index(substr(new.message,locate('DHCPACK on',
    new.message)+11),' ',1);
12:         SET v_mac = substring_index(substr(new.message,locate(' to ', new.
    message)+4),' ',1);
13:         SET v_hostname = IF(locate('(',new.message)=0,'',
14:         substring_index(substr(new.message,LOCATE('(',new.message) +1),')',1)
    );
15:         SET v_vlan_id = cast(substring_index(new.message,'.',-1) as
    unsigned);
16: ##      정보 저장
17:         INSERT INTO `radius`.`kp_log_dhcp`(macaddr, vlan_id, ipaddr,
    hostname, message, create_date)
18:         VALUES(v_mac, v_vlan_id, v_ip, v_hostname, new.message, new.
    ReceivedAt);
19:     END IF;
20: END
```

리스트 5-77에서 작성된 트리거의 각 행은 다음과 같은 의미를 가진다.

- 1행, 20행: 트리거의 시작과 끝을 의미한다.

- 2행: MySQL에서 '##'로 시작하는 줄은 주석을 의미한다. 8행, 10행, 16행
  모두 주석을 의미한다.

  복수의 행을 주석으로 지정하고자 할 때는 '/* 주석 내용 */'을 사용한다.

- 3~6행: DHCP 메시지에서 추출된 IP 주소 할당 관련 정보가 테이블에 저장
  되기 전에 임시로 저장될 변수를 선언한다.

  - v_ip: 단말기에 할당된 IP 주소

  - v_mac: IP 주소 할당을 요청한 단말기의 맥 주소

- `v_hostname`: IP 주소 할당을 요청한 단말기의 호스트 이름
- `v_vlan_id`: IP 주소 할당을 요청한 단말기가 속해 있는 VLAN ID

■ 9행, 19행: 데이터베이스에 저장되는 로그 중에서 필요한 로그인지를 식별하는 조건문이다. `IF` 다음에 오는 조건에 합하는 로그에 한해 정보를 추출하고, 저장한다.

■ 11행: 시스템 로그에서 단말기에 할당한 IP 주소를 추출해 변수 `v_ip`에 저장한다.

■ 12행: 시스템 로그에서 IP 주소 할당을 요청한 단말기의 맥 주소를 추출해 변수 `v_mac`에 저장한다.

■ 13행: 시스템 로그에서 IP 주소 할당을 요청한 단말기의 호스트 이름을 추출해 변수 `v_hostname`에 저장한다.

■ 14행: 시스템 로그에서 IP 주소 할당을 요청한 단말기가 속해 있는 VLAN ID를 추출해 변수 `v_vlan_id`에 저장한다.

■ 17행, 18행: 앞에서 추출한 정보를 `radius` 데이터베이스의 `kp_log_dhcp` 테이블에 저장한다.

지금까지 DHCP 시스템에서 단말기에 할당된 IP 주소와 관련된 정보를 추출해 별도의 테이블에 저장하는 과정을 알아봤다. DHCP 시스템을 업무 현장에 도입하길 주저하는 이유를 기억하는가? DHCP에서 할당된 IP 주소의 경우 추후에 재할당을 보장할 수 없는 것이 DHCP를 실제 네트워크 환경에 도입하지 않는 가장 큰 이유였다. 이 문제를 해결하기 위한 첫걸음이 지금까지 살펴본 바와 같이 IP 주소가 어느 단말기에 할당되었는지를 파악하고, 이를 체계적으로 관리하는 것이다. 그다음 과정은 무엇일까? 지금까지 확보된 정보를 이용해 단말기에 할당된 IP 주소는 처음 할당된 단말기에 지속적으로 할당되도록 만들어야 한다. 다음 절에서는 이 과정을 실습과 함께 진행하도록 한다. 이제 트리거에 대해 어느 정도 이해했을 것이다. 자신 있게 대답하기가 어려울 수는 있지만, 크게 부담스럽지 않으리라 생각한다. 잘 이해되지 않는 부분은 관련 서적을 참고하자.

5.5 | DB를 이용한 주소정보관리

앞 절까지는 DHCP를 이용해 IP 주소 할당을 자동화하고, 단말기에 할당된 IP 주소가 단말기의 사용이 중지될 때까지 지정된 단말기에 할당되도록 하기 위한 준비 과정이었다. 이제 준비 과정에서 만들어진 IP 주소 할당정보를 이용해 본격적으로 고정 IP 주소 할당과 동일한 효과를 얻을 수 있는 IP 주소관리체계를 만들어보자.

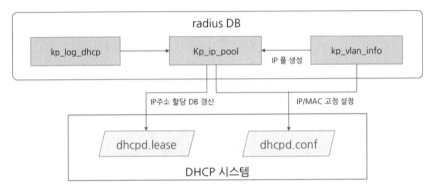

그림 5-35 DB를 이용한 DHCP 환경 설정 변경 개념도

그림 5-35는 이번 절에서 다룰 내용을 개념적으로 표현한 그림이다. radius 데이터베이스에 이전에 만들어뒀던 kp_log_dhcp 테이블 이외에 추가적으로 2개의 테이블을 더 생성한다. 두 테이블은 IP 주소 할당현황 관리에 사용되는 테이블로, 이 테이블들은 DHCP 시스템의 환경 설정 파일(dhcpd.conf)과 IP 주소 할당 DB 파일(dhcpd.lease)의 변경을 위해 사용된다.

이번 절에서는 radius 데이터베이스에 2개의 테이블(kp_ip_pool, kp_vlan_info)을 만들고, kp_log_dhcp에 등록되는 IP 주소 할당 관련 정보를 이용해 IP 주소 사용 할당내역 관리 방법을 먼저 살펴본다. 그다음에 IP 주소 할당내역을 기초로 D6HCP 시스템 운영의 핵심 요소인 환경 설정 파일과 IP 주소 할당 DB를 갱신하는 방법에 대해 알아보도록 한다. 이것을 통해 궁극적으로 단말기에 IP 주소가 한 번 할당되면, IP 주소와 맥 주소를 고정해 DHCP 시스템에서 IP 주소가 할당되더라도 단말기에는 지속적으로 동일한 IP 주소가 할당되도록 해서 고정 IP 주소를 할당해주는 것과 동일한 IP 주소 할당을 구현한다.

5.5.1 IP 주소 할당현황 관리

나는 처음 네트워크 관리를 시작하면서 IP 주소 관리를 위해 엑셀 프로그램을 사용했었다. 우선 2개의 시트를 만들고, 하나의 시트에는 건물의 층별로 할당된 IP 주소의 서브넷subnet 정보를 등록해 관리하고, 나머지 시트에는 각각의 서브넷별로 가용한 IP 주소를 모두 나열하고 해당 IP 주소의 할당, 회수 등의 내역을 관리했다. 이렇게 관리한 이유는 IP 주소 할당 요청이 접수되었을 때, 서브넷 시트에서 단말기가 설치될 층을 기준으로 IP 주소의 서브넷을 확인하고, 서브넷에 해당하는 IP 주소 목록에서 아직 할당되지 않은 IP 주소를 검색해 효율적으로 IP 주소를 할당하기 위함이었다.

지금 설명한 상황을 그림 5-33과 비교해보자. 먼저 radius 데이터베이스에 있는 테이블과 먼저 비교해본다. 엑셀의 서브넷 시트 역할을 하는 테이블이 kp_vlan_info 테이블이고, 서브넷별 IP 주소 목록을 관리하던 시트가 kp_ip_pool 테이블이다. IP 주소를 관리하는 데 있어서 엑셀로 관리하든지 DB를 사용해 관리하든지 기본적인 구성 요소는 다르지 않다. 이제 DHCP 시스템과 비교해보자. DHCP 시스템에서도 크게 다르지 않다. DHCP 시스템에서도 각각의 네트워크에서 IP 주소 할당 요청이 들어올 때 IP 주소를 할당하려면 각각의 네트워크에 할당할 IP 주소의 서브넷 정보를 관리해야 한다. 이때 사용되는 파일이 DHCP 환경 설정 파일인 dhcpd.conf 파일이다. DHCP 시스템에서는 단말기에 할당된 IP 주소의 관리를 위해 dhcpd.lease라고 하는 텍스트 DB를 사용한다. 이것이 바로 IP 주소 목록이 저장된 시트의 역할을 한다고 볼 수 있다. 이 이야기를 통해 왜 2개의 테이블을 만들고, DHCP 시스템의 환경 설정을 변경해주는지 이해할 수 있으리라 생각한다.

이제부터 본격적으로 DB를 이용해 IP 주소 할당내역을 관리하는 방법을 알아보자.

테이블 만들기

IP 주소 할당내역 관리를 위해 `kp_log_dhcp` 테이블 이외에 2개의 테이블을 더 생성한다. 첫 번째 테이블은 업무 특성별로 설계되어 있는 네트워크(VLAN)에 할당될 IP 주소의 서브넷을 관리할 `kp_vlan_info` 테이블이고, 두 번째 테이블은 각각의 서브넷 범위에 속하는 IP 주소 목록을 관리할 `kp_ip_pool` 테이블이다. 표 5-6과 표 5-7은 각각의 테이블 명세다.

표 **5-6** kp_vlan_info 테이블 명세

순번	정보 내용	칼럼명	자료형	길이	PK	NOT NULL	DEFAULT	비고
1	식별자	ID	INTEGER	11	Y	Y		Auto Increment
2	VLAN 이름	VLAN_NAME	VARCHAR	45	N	Y	''	
3	네트워크 주소	SUBNET	VARCHAR	20	N	Y	''	
4	서브넷 마스크	NETMASK	VARCHAR	20	N	Y	''	
5	브로드캐스트 주소	BROADCAST	VARCHAR	20	N	Y	''	
6	게이트웨이 주소	GATEWAY	VARCHAR	20	N	Y	''	
7	NIS 도메인	NIS_DOMAIN	VARCHAR	45	N	Y	''	
8	도메인 이름	DOMAIN_NAME	VARCHAR	45	N	Y	''	
9	타임오프셋	TIME_OFFSET	FLOAT	–	N	Y	−18000	
10	시간서버	NTP_SERVERS	VARCHAR	20	N	Y	''	
11	넷바이오스 서버	NETBIOS_NAME_SERVERS	VARCHAR	20	N	Y	''	
12	DNS 서버	DNS	VARCHAR	45	N	Y	''	
13	시작 IP 주소	IP_START	VARCHAR	20	N	Y	''	
14	끝 IP 주소	IP_END	VARCHAR	20	N	Y	''	
15	시작 IP 주소(숫자)	IP_SINT	BIGINT	20	N	Y	0	
16	끝 IP 주소(숫자)	IP_EINT	BIGINT	20	N	Y	0	
17	기본임대시간	DEFAULT_LEAES_TIME	INT	11	N	Y	86400	
18	최대임대시간	MAX_LEASE_TIME	INT	11	N	Y	86400	
19	VLAN 그룹 ID	GROUPNAME	VARCHAR	45	N	Y	''	

(이어짐)

순번	정보 내용	칼럼명	자료형	길이	PK	NOT NULL	DEFAULT	비고
20	IP/MAC 맵핑 여부	USEMAP	TINYINT	4	N	Y	1	

표 5-7 kp_ip_pool 테이블 명세

순번	정보 내용	칼럼명	자료형	길이	PK	NOT NULL	DEFAULT	비고
1	ID	ID	BIGINT	20	Y	Y		
2	IP 주소	IPADDR	VARCHAR	45	N	Y	''	
3	VLAN ID	VLAN_ID	VARCHAR	20	N	Y	0	
4	IP 할당 상태	STATUS	VARCHAR	20	N	Y	''	
5	맥 주소	MACADDR	VARCHAR	20	N	Y	''	
6	사용자 이름	USERNAME	VARCHAR	20	N	Y	''	

테이블 명세 중에서 `kp_vlan_info` 테이블은 DHCP 시스템의 환경 설정 파일과 관련이 있다. 대부분의 칼럼들을 보면 dhcpd.conf 파일에 단말기에 할당할 IP 주소의 서브넷 선언에 사용하는 주요 항목들로 구성되어 있음을 확인할 수 있다. 이제 `radius` 데이터베이스에 테이블을 생성하자. 여기서는 리스트 5-78과 같이 CLI 방식을 통해 테이블을 생성한다. 물론 앞 절에서 사용했던 GUI 도구인 Sequel Pro를 이용해도 무방하다.

리스트 5-78 VLAN별 서브넷 정보 및 IP 주소 풀 관리 테이블 생성

```
sysop@radius:~$ mysql -u radius -p
Enter password: 09n072
...

mysql> use radius;
Database changed

mysql> CREATE TABLE `kp_vlan_info` (
    ->   `id` int(11) NOT NULL AUTO_INCREMENT,
    ->   `vlan_name` varchar(45) NOT NULL DEFAULT '',
    ->   `subnet` varchar(20) NOT NULL DEFAULT '',
    ->   `netmask` varchar(20) NOT NULL DEFAULT '',
    ->   `broadcast` varchar(20) NOT NULL DEFAULT '',
    ->   `gateway` varchar(20) NOT NULL DEFAULT '',
    ->   `nis_domain` varchar(45) NOT NULL DEFAULT '',
```

```
    ->    `domain_name` varchar(45) NOT NULL DEFAULT '',
    ->    `time_offset` float NOT NULL DEFAULT '-18000',
    ->    `ntp_servers` varchar(20) NOT NULL DEFAULT 'time.bora.net',
    ->    `netbios_name_servers` varchar(20) NOT NULL DEFAULT '',
    ->    `dns` varchar(45) NOT NULL DEFAULT '168.12'6.63.1,
    ->    `ip_start` varchar(20) NOT NULL DEFAULT '',
    ->    `ip_end` varchar(20) NOT NULL DEFAULT '',
    ->    `ip_sint` bigint(20) NOT NULL DEFAULT '0',
    ->    `ip_eint` bigint(20) NOT NULL DEFAULT '0',
    ->    `default_lease_time` int(11) NOT NULL DEFAULT '86400',
    ->    `max_lease_time` int(11) NOT NULL DEFAULT '86400',
    ->    `groupname` varchar(45) NOT NULL DEFAULT '',
    ->    `usemap` tinyint(4) NOT NULL DEFAULT '1',
    ->    PRIMARY KEY ('id')
    -> );
Query OK, 0 rows affected (0.02 sec)

mysql> CREATE TABLE `kp_ip_pool` (
    ->    `ipid` bigint(20) NOT NULL,
    ->    `ipaddr` varchar(20) NOT NULL DEFAULT '',
    ->    `vlan_id` int(11) NOT NULL DEFAULT '0',
    ->    `status` varchar(1) NOT NULL DEFAULT 'U',
    ->    `macaddr` varchar(20) NOT NULL DEFAULT '',
    ->    `username` varchar(45) NOT NULL DEFAULT '',
    ->    PRIMARY KEY ('ipid')
    -> );
Query OK, 0 rows affected (0.02 sec)

mysql>
```

VLAN별 서브넷 등록하기

기억을 더듬어서 사용자 단말기에 할당되어야 할 VLAN이 몇 개인지 생각해보자. 앞서 살펴봤던 3.2절에 있는 표 3-3 VLAN 명세를 보면 사용자용으로 5개의 VLAN 이 설계되어 있다. 이 절에서 등록할 서브넷의 범위가 표 5-8에 제시된 사용자에게 서비스할 5개의 VLAN에 할당할 IP 주소의 대역이다.

표 5-8 사용자 할당 VLAN 명세

순번	구분	VLAN ID	이름	사용 IP 대역	설명
5	사용자용	200	USER_DEPT_SECURITY	172.20.20.0/24	사용자 – 정보보안담당 부서용
6		210	USER_DEPT_RESEARCH	172.20.21.0/24	사용자 – 연구 부서용
7		220	USER_DEPT_BUSINESS	172.20.22.0/24	사용자 – 행정 · 지원 부서용
8		230	USER_OUTSOURCING	172.20.23.0/24	사용자 – 유지보수 협력업체용
9		240	USER_GUEST	172.20.24.0/24	사용자 – 일시방문자용

표 5-8의 VLAN 설계내역을 기초로 해서 kp_vlan_info 테이블에 VLAN 정보를 등록한다. 각각의 칼럼에 입력될 정보를 쉽게 이해할 수 있도록 표 5-9와 같이 정리해봤다.

표 5-9 사용자 할당 VLAN 상세정보

순번	칼럼 설명	칼럼명	VLAN 200	VLAN 210	VLAN 220	VLAN 230	VLAN 240
1	VLAN ID	ID	200	210	220	230	240
2	VLAN 이름	VLAN_NAME	정보보안담당 부서용	연구 부서용	행정 · 지원 부서용	협력업체용	일시방문자용
3	서브넷 주소	SUBNET	172.20.20.0	172.20.21.0	172.20.22.0	172.20.23.0	172.20.24.0
4	서브넷 마스크	NETMASK	255.255.255.0	255.255.255.0	255.255.255.0	255.255.255.0	255.255.255.0
5	브로드캐스트 주소	BROADCAST	172.20.20.255	172.20.21.255	172.20.22.255	172.20.23.255	172.20.24.255
6	게이트웨이 주소	GATEWAY	172.20.20.1	172.20.21.1	172.20.22.1	172.20.23.1	172.20.24.1
7	NIS 도메인	NIS_DOMAIN	sec.korea.re.kr	res.korea.re.kr	adm.korea.re.kr	ma.korea.re.kr	guest.korea.re.kr
8	도메인 이름	DOMAIN_NAME	sec.korea.re.kr	res.korea.re.kr	adm.korea.re.kr	ma.korea.re.kr	guest.korea.re.kr
9	타임 오프셋	TIME_OFFSET	−18000	−18000	−18000	−18000	−18000
10	시간서버	NTP_SERVERS	time.bora.net	time.bora.net	time.bora.net	time.bora.net	time.bora.net

(이어짐)

순번	칼럼 설명	칼럼명	VLAN 200	VLAN 210	VLAN 220	VLAN 230	VLAN 240
11	넷바이오스 서버	NETBIOS_ NAME_ SERVERS					
12	DNS 서버	DNS	168.126.63.1	168.126.63.1	168.126.63.1	168.126.63.1	168.126.63.1
13	할당 대상 IP 주소 시작	IP_START	172.20.20.11	172.20.21.11	172.20.22.11	172.20.23.11	172.20.24.11
14	할당 대상 IP 주소 끝	IP_END	172.20.20.250	172.20.21.250	172.20.22.250	172.20.23.250	172.20.24.250
15	할당 대상 IP 주소 시작(숫자)	IP_SINT					
16	할당 대상 IP 주소 끝(숫자)	IP_EINT					
17	기본임대시간	DEFAULT_ LEAES_TIME	86400	86400	86400	86400	86400
18	최대임대시간	MAX_LEASE_ TIME	86400	86400	86400	86400	86400
19	VLAN 그룹 ID	GROUPNAME	VLAN_200	VLAN_210	VLAN_220	VLAN_230	VLAN240
20	IP/MAC 맵핑 여부	USEMAP	1	1	1	1	0

이제 이 값들을 VLAN 정보 테이블(kp_vlan_info)에 모두 등록한다. 등록 방법은 CLI 또는 GUI 방식 중에서 각자의 선호도에 따라 선택한다. 내 경우는 표 5-9와 같이 값을 입력해야 하는 칼럼이 많을 경우에는 리스트 5-79와 같은 INSERT 구문 프레임을 만들고, 그것을 복사해 변경되는 값을 변경한다. 다음 완성된 전체의 INSERT 구문을 복사해 CLI 인터페이스에서 명령을 실행하는 방법을 사용한다. 물론 INSERT 구문 프레임을 만들 때 값이 등록되지 않는 칼럼은 모두 제거한다. 표 5-9에서 NETBIOS_NAME_SERVER, IP_SINT, IP_EINT 등의 컬럼은 프레임에서 제외된다.

리스트 5-79 VLAN 서브넷 정보 등록을 위한 프레임 질의문

```
INSERT INTO kp_vlan_info (id, vlan_name, subnet, netmask, broadcast, gateway,
nis_domain, domain_name, time_offset, ntp_servers, dns, ip_start, ip_end,
default_lease_time, max_lease_time, groupname, usemap) VALUES(200, '정보보안담
```

당 부서', '172.16.20.0', '255.255.255.0', '172.16.20.255', '172.16.20.1', 'sec.korea.re.kr', 'sec.korea.re.kr', -18000, 'time.bora.net', '168.126.63.1', '172.16.20.11', '172.16.20.250', 86400, 86400, 'VLAN_200', 1);

리스트 5-80은 구문 프레임을 이용해서 5개의 VLAN에 대해 INSERT 구문을 만들고 MySQL CLI를 이용해서 VLAN 정보를 등록하는 과정이다.

리스트 5-80 VLAN 정보 등록 SQL

```
mysql> INSERT INTO kp_vlan_info (id, vlan_name, subnet, netmask, broadcast,
    gateway, nis_domain, domain_name, time_offset, ntp_servers, dns, ip_
    start, ip_end, default_lease_time, max_lease_time, groupname, usemap)
    VALUES(200, '정보보안담당 부서', '172.16.20.0', '255.255.255.0', '172.16.20.255',
    '172.16.20.1', 'sec.korea.re.kr', 'sec.korea.re.kr', -18000, 'time.bora.net',
    '168.126.63.1', '172.16.20.11', '172.16.20.250', 86400, 86400, 'VLAN_200', 1);
Query OK, 1 row affected (0.00 sec)

mysql> INSERT INTO kp_vlan_info (id, vlan_name, subnet, netmask, broadcast,
    gateway, nis_domain, domain_name, time_offset, ntp_servers, dns, ip_
    start, ip_end, default_lease_time, max_lease_time, groupname, usemap)
    VALUES(210, '연구 부서용', '172.16.21.0', '255.255.255.0', '172.16.21.255',
    '172.16.21.1', 'res.korea.re.kr', 'res.korea.re.kr', -18000, 'time.bora.net',
    '168.126.63.1', '172.16.21.11', '172.16.21.250', 86400, 86400, 'VLAN_210', 1);
Query OK, 1 row affected (0.01 sec)

mysql> INSERT INTO kp_vlan_info (id, vlan_name, subnet, netmask, broadcast,
    gateway, nis_domain, domain_name, time_offset, ntp_servers, dns, ip_
    start, ip_end, default_lease_time, max_lease_time, groupname, usemap)
    VALUES(220, '행정/지원 부서용', '172.16.22.0', '255.255.255.0', '172.16.22.255',
    '172.16.22.1', 'adm.korea.re.kr', 'adm.korea.re.kr', -18000, 'time.bora.net',
    '168.126.63.1', '172.16.22.11', '172.16.22.250', 86400, 86400, 'VLAN_220', 1);
Query OK, 1 row affected (0.00 sec)

mysql> INSERT INTO kp_vlan_info (id, vlan_name, subnet, netmask, broadcast,
    gateway, nis_domain, domain_name, time_offset, ntp_servers, dns, ip_start,
    ip_end, default_lease_time, max_lease_time, groupname, usemap) VALUES(230,
    '협력업체용', '172.16.23.0', '255.255.255.0', '172.16.23.255', '172.16.23.1',
    'ma.korea.re.kr', 'ma.korea.re.kr', -18000, 'time.bora.net', '168.126.63.1',
    '172.16.23.11', '172.16.23.250', 86400, 86400, 'VLAN_230', 1);
Query OK, 1 row affected (0.00 sec)

mysql> INSERT INTO kp_vlan_info (id, vlan_name, subnet, netmask, broadcast,
    gateway, nis_domain, domain_name, time_offset, ntp_servers, dns, ip_start,
```

```
    ip_end, default_lease_time, max_lease_time, groupname, usemap) VALUES(240,
    '일시방문자', '172.16.24.0', '255.255.255.0', '172.16.24.255', '172.16.24.1',
    'guest.korea.re.kr', 'guest.korea.re.kr', -18000, 'time.bora.net',
    '168.126.63.1', '172.16.24.11', '172.16.24.250', 86400, 86400, 'VLAN_240', 1);
Query OK, 1 row affected (0.00 sec)

mysql>
```

이와 같이 먼저 하나의 올바른 구문을 프레임으로 만들고, 이를 이용해서 나머지 레코드에 적용하는 데는 많은 값들을 좀 더 효율적으로 입력하고자 하는 이유도 있지만, 값의 입력에서 발생하는 오류를 최소화하기 위한 이유도 있다. 많은 값들을 모두 손으로 입력하다 보면 오류가 발생할 여지는 항상 있기 마련이다. 그리고 앞에서 입력하지 않았던 칼럼들 중 IP_SINT와 IP_EINT 값은 나중에 IP 주소 풀을 만들 때 사용되는 값으로, 사용자에게 할당되는 IP 주소 범위의 시작 주소와 끝 주소를 숫자로 변환해 저장해야 하는 칼럼으로 값을 등록해줘야 한다. 그렇지만 IP 주소를 숫자로 변환하는 과정을 손으로 직접 수행하기에는 비효율적일 것 같아 다른 방법으로 입력하기 위해 일부러 등록하지 않았다. 이러한 상황, 즉 오류를 최소화하고 값을 자동으로 계산해 등록하는 방법이 있을까? 앞에서 살펴봤던 트리거라는 아주 좋은 도구가 있다.

이번에는 이 트리거를 이용해서 보다 쉽게 VLAN 정보를 등록하는 방법을 알아보고자 한다.

트리거를 VLAN 정보 입력에 적용하기 전에 어떤 칼럼이 수작업에 의한 등록이 아닌 자동으로 값을 계산하고 등록할 수 있는지를 먼저 찾아본다. 표 5-9로 돌아가서 값을 유심히 살펴보고, 어떠한 값들을 자동으로 등록할 수 있는지 고민해보자. 네트워크에 대한 지식을 최대한으로 활용하면 쉽게 찾아낼 수 있을 것이다. 여기서 간단히 한두 가지를 살펴본다. 먼저 서브넷 주소와 브로드캐스트 값을 알면, 해당 서브넷의 브로드캐스트, 게이트웨이, 단말기 할당 범위 IP 주소의 시작과 끝 등을 알아낼 수 있다. 또한 DNS 서버와 같은 경우에도 칼럼의 디폴트^{DEFAULT} 값에 지정할 수도 있지만, 변경 가능성을 고려해서 DNS 서버가 지정되지 않으면 KT의 DNS 서버를 지정하게 하는 등의 동작을 자동화할 수 있다. 이러한 자동화 가능 여부를 정리하면 표 5-10과 같다.

표 5-10 kp_vlan_info 테이블 칼럼 중 자동등록 가능 칼럼정보

순번	칼럼 설명	칼럼명	자동화	방법
1	VLAN ID	ID	N	
2	VLAN 이름	VLAN_NAME	N	
3	서브넷 주소	SUBNET	N	
4	서브넷 마스크	NETMASK	N	
5	브로드캐스트 주소	BROADCAST	Y	트리거 이용, 서브넷 주소 + NETMASK만큼의 호스트 수
6	게이트웨이 주소	GATEWAY	Y	트리거 이용, 서브넷의 1번 호스트를 게이트웨이로 지정
7	NIS 도메인	NIS_DOMAIN	N	
8	도메인 이름	DOMAIN_NAME	N	
9	타임 오프셋	TIME_OFFSET	Y	DEFAULT 값 지정
10	시간서버	NTP_SERVERS	Y	DEFAULT 값 지정
11	넷바이오스 서버	NETBIOS_NAME_SERVERS	N	
12	DNS 서버	DNS	Y	DEFAULT 값 지정
13	할당 대상 IP 주소 시작	IP_START	Y	트리거 이용, 서브넷 주소 + 오프셋
14	할당 대상 IP 주소 끝	IP_END	Y	트리거 이용, 브로드캐스트 – 오프셋
15	할당 대상 IP 주소 시작(숫자)	IP_SINT	Y	트리거 이용, IP_END 칼럼의 IP 주소를 INET_ATON 함수를 사용해 숫자로 변환
16	할당 대상 IP 주소 끝(숫자)	IP_EINT	Y	트리거 이용, IP_END 칼럼의 IP 주소를 INET_ATON 함수를 사용해 숫자로 변환
17	기본임대시간	DEFAULT_LEAES_TIME	Y	DEFAULT 값 지정
18	최대임대시간	MAX_LEASE_TIME	Y	DEFAULT 값 지정
19	VLAN 그룹 ID	GROUPNAME	Y	트리거 이용, ID 칼럼의 값의 앞에 "VLAN_" 문자열을 덧붙여서 저장
20	IP/MAC 맵핑 여부	USEMAP	Y	DEFAULT 값 지정

이제 자동화할 수 있는 항목의 선정이 완료되었으니, 이를 구현하기만 하면 된다. 자동화를 고려하기 전에는 20개 칼럼의 값을 모두 등록해줘야 했지만, 칼럼의 값이 자동으로 등록되도록 처리하면 10개 이내의 칼럼만 값을 등록하면 된다. 그럼

정보의 등록 과정에서 발생할 수 있는 오류도 줄어들거니와 정보를 입력하는 시간 조차 감소하게 된다.

앞으로 우리가 등록해야 할 VLAN 정보 항목은 ID, VLAN_NAME, SUBNET, NETMASK, NIS_DOMAIN, DOMAIN_NAME 등으로 약 6개의 항목으로 줄었다.

표 5-10에 표기된 자동화 방법 중에서 트리거로 설정된 칼럼에 대해 트리거를 이용해 값이 자동으로 등록되도록 구현한다. 앞에서 Sequel Pro를 이용해 트리거를 등록할 때와 동일한 방법으로 다음에 제시되는 트리거를 등록한다.

새로운 VLAN 정보를 등록할 때 수행될 트리거 만들기

리스트 5-81의 트리거에서는 세 가지 함수가 사용되었다. INET_ATON(), INET_NTOA(), CONCAT() 함수다. INET_ATON() 함수는 문자열로 된 IP 주소를 인수로 받아서 숫자값으로 반환해주는 함수이고, INET_NTOA()는 INET_ATON()과 반대의 동작을 하는 함수다.

리스트 5-81 서브넷 자동등록 트리거

```
데이터베이스: radius
테이블: kp_vlan_info
Trigger Name: bi_kp_vlan_info
Action Time: BEFORE
Event: INSERT

 1:  BEGIN
 2:  ##    트리거에서 사용할 임시변수 선언
 3:      DECLARE v_subnet2n  bigint default 0;
 4:      DECLARE v_netmask2n bigint default 0;
 5:      DECLARE v_subnetcnt int default 0;
 6:      DECLARE v_broadc2n  bigint default 0;
 7:      DECLARE v_ipsoffset int default 10;
 8:      DECLARE v_ipeoffset int default 5;
 9:
10:  ##    연산 및 값 할당
11:      SET v_subnet2n   = INET_ATON(new.subnet);
12:      SET v_netmask2n  = INET_ATON(new.netmask);
13:      SET v_subnetcnt  = INET_ATON('255.255.255.255') - v_netmask2n;
14:      SET v_broadc2n   = v_subnet2n + v_subnetcnt;
15:
```

```
16:     SET new.broadcast = INET_NTOA(v_broadc2n);
17:     SET new.gateway   = INET_NTOA(v_subnet2n + 1);
18:     SET new.ip_sint   = INET_ATON(new.gateway) + v_ipsoffset;
19:     SET new.ip_eint   = v_broadc2n - v_ipeoffset;
20:     SET new.ip_start  = INET_NTOA(new.ip_sint);
21:     SET new.ip_end    = INET_NTOA(new.ip_eint);
22:     SET new.groupname = CONCAT('VLAN_',NEW.id);
23: END
```

CONCAT() 함수는 함수 안에 콤마(,)로 구분해서 나열된 문자열을 연결해 하나의 문자열로 만들어주는 함수다.

리스트 5-81에서 등록한 트리거의 의미는 다음과 같다.

- 1행, 23행: 트리거 본문의 시작과 끝을 정의한다.

- 3~8행: 트리거 내에서 사용할 변수를 정의한다
  - v_subnet2n: 신규로 등록되는 SUBNET 칼럼의 IP 주소를 숫자로 변환해 저장할 변수
  - v_netmask2n: 신규로 등록되는 NETMASK 칼럼의 IP 주소를 숫자로 변환해 저장할 변수
  - v_subnetcnt: 신규 등록되는 SUBNET의 가용한 호스트 수를 저장할 변수
  - v_broadc2n: SUBNET의 브로드캐스트 IP 주소를 숫자로 변환해 저장할 변수
  - v_ipsoffset: 사용자 단말기에 할당될 IP 주소 범위의 시작 IP 주소 Offset
  - v_ipeoffset: 사용자 단말기에 할당될 IP 주소 범위의 마지막 IP 주소 Offset

- 11행: 신규로 등록되는 SUBNET 주소를 숫자로 변환해 저장한다.

- 12행: 신규로 등록되는 NETMASK 주소를 숫자로 변환해 저장한다.

- 13행: 서브넷에서 사용 가능한 호스트 개수를 구하기 위해, 32비트만큼의 호스트 수에서 NETMASK 비트 수만큼의 호스트 개수를 차감해 사용 가능한

호스트 개수를 구한다.

- 14행: 브로드캐스트 주소를 구하는 것으로, 서브넷 주소를 숫자로 변환한 값에 서브넷에서 사용 가능한 호스트 수를 더해 브로드캐스트 주소를 구해 저장한다.

- 16행: 숫자값의 브로드캐스트 주소를 문자열 형태의 IP 주소로 전환해 broadcast 칼럼에 저장한다.

- 17행: 서브넷의 숫자값에 1을 더해 게이트웨이 주소를 구하고 이를 문자열 형태의 IP 주소로 변환해 gateway 칼럼에 저장한다.

- 18행: 사용자 단말기에 할당할 IP 주소 범위의 시작 IP 주소의 숫자값을 ip_sint 칼럼에 저장한다.

- 19행: 사용자 단말기에 할당할 IP 주소 범위의 마지막 IP 주소의 숫자값을 ip_eint 칼럼에 저장한다.

- 20행: ip_sint 칼럼에 저장된 주소값을 ip_start 칼럼에 문자열 형태의 IP 주소로 변환해 저장한다.

- 21행: ip_eint 칼럼에 저장된 주소값을 ip_end 칼럼에 문자열 형태의 IP 주소로 변환해 저장한다.

- 22행: CONCAT() 함수를 이용해 ID 칼럼의 앞에 VLAN_ 문자열을 연결하고 groupname 칼럼에 저장한다. 이 칼럼은 인증서버와의 연동에서 사용될 칼럼으로 나중에 다시 살펴보게 된다.

트리거 등록이 완료되었다면, 등록된 트리거가 정상적으로 동작하는지를 테스트한다. 테스트의 진행을 위해 Sequel Pro에서 kp_vlan_info 테이블에 표 5-11의 VLAN 정보를 등록한다.

표 5-11 kp_vlan_info에 VLAN 정보 등록 결과

<입력한 값>

순번	컬럼명	입력한 값
1	ID	999
2	VLAN_NAME	TEST
3	SUBNET	192.168.1.0
4	NETMASK	255.255.255.0

<결과 값>

순번	정보내용	컬럼명	등록된 값
1	식별자	ID	999
2	VLAN 이름	VLAN_NAME	TEST
3	네트워크 주소	SUBNET	192.168.1.0
4	서브넷 마스크	NETMASK	255.255.255.0
5	브로드캐스트 주소	BROADCAST	192.168.1.255
6	게이트웨이 주소	GATEWAY	192.168.1.1
7	NIS 도메인	NIS_DOMAIN	
8	도메인 네임	DOMAIN_NAME	
9	타임오프셋	TIME_OFFSET	-18000
10	시간서버	NTP_SERVERS	Time.bora.net
11	넷바이오스서버	NETBIOS_NAME_SERVERS	
12	DNS서버	DNS	168.126.63.1
13	할당 시작 IP주소	IP_START	192.168.1.11
14	할당 끝 IP주소	IP_END	192.168.1.250
15	할당 시작 IP주소(숫자)	IP_SINT	3232235787
16	할당 끝 IP주소(숫자)	IP_EINT	3232236026
17	기본임대시간	DEFAULT_LEAES_TIME	86400
18	최대임대시간	MAX_LEASE_TIME	86400
19	VLAN그룹 ID	GROUPNAME	VLAN_999
20	IP/MAC 맵핑 여부	USEMAP	1

왼쪽 테이블에 있는 4개의 칼럼에 값을 입력하고 나면, 오른쪽의 테이블에 있는 결과와 같이 VLAN 정보가 등록되는 것을 확인할 수 있다.

VLAN별 서브넷을 등록하고, (서브넷을 등록할 때) 일부 칼럼의 값을 자동으로 등록하는 방법에 대해 알아봤다. 다만 자동으로 등록하는 과정에서 등록되는 서브넷 주소와 넷마스크 주소를 이용해 서브네팅이 정확하게 이뤄졌는지 확인하는 부분은 포함하지 않았다. 흔히 서브넷을 정확하게 검토한 후 네트워크를 구성하기 때문에 이에 대한 부분을 반영하지 않은 이유도 있지만, 내가 게으른 탓에 관련된 부분을 포함하지 않은 점도 있으니 이해해주길 바란다.

VLAN별 서브넷의 구성이 완료되었다. VLAN별 서브넷은 각각의 VLAN에 속하는 단말기에 할당하기 위한 IP 주소대역을 정의한 것이다. 초반부에서 우리는 2개의 테이블을 만들었다. 하나는 방금 전까지 다루었던 VLAN별 서브넷 정보를 저장하기 위한 kp_vlan_info 테이블이고, 나머지 하나는 해당 VLAN별 IP 주소 할당현황을 관리하기 위한 kp_ip_pool 테이블이다. 이제 등록된 VLAN별 서브넷 정보를

이용해서 각각의 서브넷에 해당하는 IP 주소 목록을 만들고 kp_ip_pool 테이블에 등록하도록 한다.

여기서 'kp_ip_pool 테이블에 VLAN별 서브넷에 해당하는 IP 주소 목록을 생성하고 등록하는 일을 효율적으로 수행할 수 있는 방법'에 대해 고민해보는 시간을 잠시 동안 갖도록 하자. 다시 말해, 바로 다음 내용을 진행하지 말고 어떻게 하면 될지를 진지하게 고민한 후 진행하길 바란다. 만약 서브넷별 IP 주소 목록을 수작업으로 만들어서 등록한다면 어떨까? 수작업으로 하더라도 효율적인 방법은 있기 마련이다. 내 경우 그림 5-36과 같이 엑셀 시트를 이용하곤 한다. 먼저 IP 주소 목록을 만들고 바로 옆 칼럼에 문자열 조합으로 INSERT 구문을 생성한다. 그다음 생성된 IP 주소 INSERT 구문을 한꺼번에 복사하고 실행해서 등록한다.

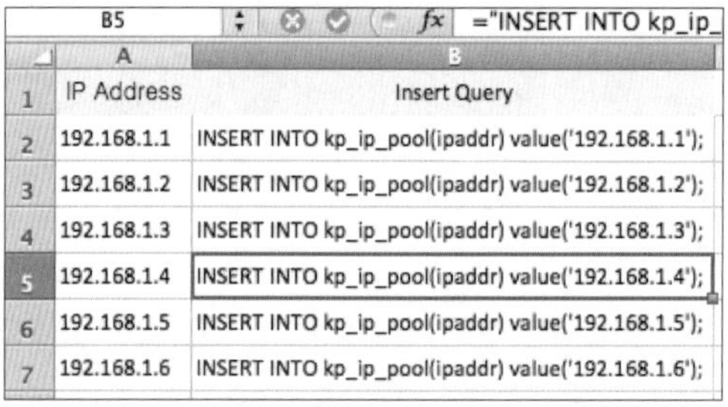

그림 5-36 엑셀을 이용한 IP 주소 등록 질의문 작성

이러한 방법을 사용해도 나쁘진 않다. 그렇지만 좀 더 효율적인 방법을 찾을 수도 있다.

조금 전까지 우리는 VLAN별 서브넷 정보를 등록할 때 자동등록이 가능한 정보를 등록하는 트리거를 이용했다. 그럼 IP 주소 목록을 생성하고 테이블에 등록하는 기능도 트리거를 이용해서 구현할 수 있지 않을까? 그렇다. 가능하다. 이번에는 VLAN별 서브넷 정보를 등록할 때 서브넷의 IP 주소 범위에 해당하는 IP 주소 목록을 자동으로 생성하고 등록하는 트리거를 만들도록 하자.

리스트 5-82의 트리거를 kp_vlan_info 테이블에 등록한다. 리스트 5-82는 앞서 등록한 트리거와 달리 ISNERT 구문의 실행이 완료된 후에 실행되는 트리거다. 앞에서 등록한 트리거에서는 레코드가 등록되기 이전에 서브넷과 관련된 정보를 생성하고 생성된 정보를 등록해야 했기에 INSERT 구문 실행 이전에 트리거가 먼저 실행되도록 했다. 그러나 IP 주소 풀은 서브넷이 존재하지 않으면 IP 주소 풀이 존재할 수 없기 때문에, 서브넷 정보가 등록된 이후에 IP 주소 풀이 등록하도록 실행 시간^{Action Time}을 AFTER로 지정했다.

리스트 5-82 VLAN별 IP 주소 풀 자동 생성 트리거

```
데이터베이스: radius
테이블: kp_vlan_info
Trigger Name: ai_kp_vlan_info
Action Time: AFTER
Event: INSERT

 1:  BEGIN
 2:  ##   트리거에서 사용할 임시변수 선언
 3:      DECLARE v_ips2num BIGINT DEFAULT 0;
 4:      DECLARE v_ipe2num BIGINT DEFAULT 0;
 5:      DECLARE v_status CHAR(1) DEFAULT 'U';
 6:
 7:  ##   IP 주소 목록 생성 및 등록
 8:      SET v_ips2num = INET_ATON(new.subnet);
 9:      SET v_ipe2num = INET_ATON(new.broadcast);
10:
11:      WHILE v_ips2num <= v_ipe2num DO
12:          IF ( v_ip2num < new.ipsint) or v_ip2num > new.ipeint) THEN
13:              SET v_status = 'A';
14:          ELSE
15:              SET v_status = 'U';
16:          END IF;
17:          INSERT INTO kp_ip_pool(ipid, ipaddr, vlan_id, status)
18:                  VALUES (v_ips2num, INET_NTOA(v_ips2num), new.id, v_status);
19:          SET v_ips2num = v_ips2num + 1;
20:      END WHILE;
21: END
```

리스트 5-82는 그리 복잡하지 않은 트리거 본문이다. 이번 트리거에서는 WHILE ~ END WHILE 구문이 새롭게 등장한다. 이 구문은 지정된 조건이 만족할 때까지 WHILE과 END WHILE 사이의 구문을 반복해 실행하는 조건반복 구문이다. 리스트 5-82의 트리거에 대한 설명은 다음과 같다.

- 1행, 21행: 트리거 본문의 시작과 끝을 정의한다.

- 3~5행: 본문에서 사용할 변수를 정의한다.
  - v_ips2num: IP 주소 풀의 시작 주소의 숫자값이 저장될 변수
  - v_ipe2num: IP 주소 풀의 끝 주소의 숫자값이 저장될 변수
  - v_status: IP 주소를 관리용과 사용자 할당용으로 구분하는 상태값이 저장될 변수

- 8행: 서브넷의 IP 주소를 숫자로 변환해 변수에 저장한다.

- 9행: 해당 서브넷의 브로드캐스트 주소를 숫자로 변환해 변수에 저장한다.

- 11행, 20행: WHILE문의 시작을 정의하고 있으며, v_ips2num 변수에 저장된 값이 v_ipe2num 변수에 저장된 값보다 적을 때까지 12행에서 19행의 구문을 반복적으로 실행한다.

- 12~16행: 관리용 IP 주소 범위일 때는 IP 주소의 상태값에 'A'를 등록하고 사용자용에는 'U'를 등록한다.

- 17행, 18행: 숫자값으로 v_ips2num에 저장되어 있는 값을 IP 주소로 변환해 'kp_ip_pool' 테이블에 추가한다.

- 19행: v_ips2num에 저장되어 있는 값에 1을 더한다. IP 주소를 숫자로 저장해 사용하는 이유가 여기에 있다. IP 주소가 문자열로 저장되어 있다면, 현재 IP 주소의 다음 IP 주소를 구하는 연산 절차가 매우 복잡할 것이다. 그렇지만 IP 주소가 숫자로 저장되어 있다면, 아주 쉽게 IP 주소를 연산할 수 있기 때문이다.

트리거 등록이 마무리되었다면, 등록된 트리거가 정상적으로 동작하는지 확인한다.

먼저 앞에서 등록한 bi_kp_vlan_info 트리거를 테스트할 때 등록했던 서브넷 레코드를 삭제한다. 물론 새로운 레코드를 등록해도 문제 없지만, 불필요한 레코드의 등록을 최소화하기 위해 이전에 등록했던 레코드로 테스트를 진행하기 위해 레코드를 삭제하는 것이다. 독자의 편의대로 테스트를 진행해도 아무런 문제가 없다.

그림 5-37과 같이 VLAN ID가 999인 서브넷의 정보를 등록한다.

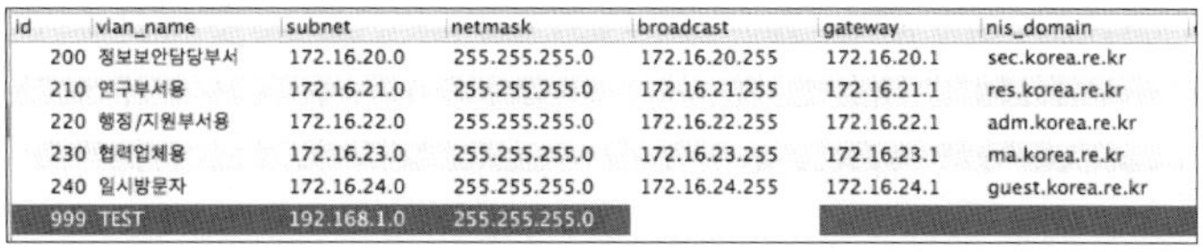

id	vlan_name	subnet	netmask	broadcast	gateway	nis_domain
200	정보보안담당부서	172.16.20.0	255.255.255.0	172.16.20.255	172.16.20.1	sec.korea.re.kr
210	연구부서용	172.16.21.0	255.255.255.0	172.16.21.255	172.16.21.1	res.korea.re.kr
220	행정/지원부서용	172.16.22.0	255.255.255.0	172.16.22.255	172.16.22.1	adm.korea.re.kr
230	협력업체용	172.16.23.0	255.255.255.0	172.16.23.255	172.16.23.1	ma.korea.re.kr
240	일시방문자	172.16.24.0	255.255.255.0	172.16.24.255	172.16.24.1	guest.korea.re.kr
999	TEST	192.168.1.0	255.255.255.0			

그림 5-37 VLAN 999 서브넷 정보 등록

등록이 완료된 후 `kp_ip_pool` 테이블에 그림 5-38과 같이 IP 주소 목록이 등록되었는지 확인한다.

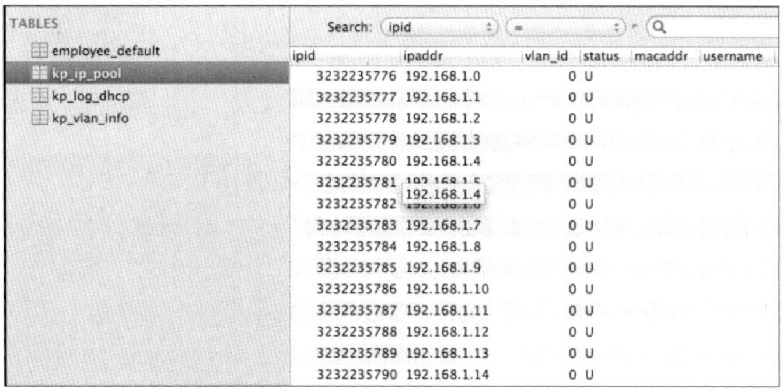

그림 5-38 kp_ip_pool에 등록된 VLAN 999의 IP 주소 목록

IP 주소가 192.168.1.0 ~ 192.168.1.255까지 정확하게 등록되었는지 확인한다. 제대로 등록되지 않았다면, 앞서 등록한 서브넷 레코드의 값이 올바르게 입력되었는지 확인하고, 이상이 없으면 트리거가 제대로 작성되었는지 확인한다.

지금까지 DHCP 서버에서 사용할 서브넷 정보를 등록하고 IP 주소 할당현황을 관리하기 위한 IP 주소 풀을 생성하는 방법에 대해 알아봤다. 물론 단 2개의 트리거를 통해 모든 기능의 구현이 완료되었다고 할 수는 없다. 그렇지만 여러분이 생각하고 있는 문제 해결을 위해 지금까지 학습한 트리거에 대한 지식을 활용한다면, 부족하다고 느껴지는 부분을 충분히 구현할 수 있을 것이다. 앞으로 구현해야 할 추가적인 트리거로는 서브넷이 수정되거나 삭제되었을 때 자동으로 등록되는 서브넷 관련 정보를 변경하는 것과 IP 주소 풀을 변경된 서브넷에 따라 수정하는 것 등이 있다. 물론 프로그래밍을 처음 접해보거나, DBMS에 익숙하지 않은 독자는 어려울 수 있다. 그러나 이러한 경험들이야말로 조금씩 내공을 쌓아가며 즐기는 좋은 기회라고 생각한다. 그럼 나머지 구현은 독자에게 맡기고 다음으로 넘어간다.

지금부터 진행할 내용은 kp_log_dhcp 테이블에 저장되어 있는 IP 주소 할당 로 그를 사용해 IP 주소 사용현황을 관리하는 방법에 대한 것이다.

IP 주소 할당현황 관리하기

DHCP 시스템을 이용해 한 번 할당한 IP 주소를 지정된 단말기에 지속적으로 할당하기 위해서는 IP 주소가 할당된 단말기의 맥 주소와 IP 주소를 체계적으로 관리해 줘야 한다. 이렇게 단말기의 맥 주소와 IP 주소를 효과적으로 관리하기 위해 이미 2개의 테이블 kp_log_dhcp와 kp_ip_pool을 만들었다. 이번 절의 맨 앞에 있는 그림을 보면 알겠지만, kp_log_dhcp 테이블에서 kp_ip_pool로 화살표가 그려져 있다. 이것은 kp_log_dhcp에 저장되는 IP 주소와 맥 주소를 이용해 kp_ip_pool에 저장되어 있는 IP 주소 사용현황을 갱신하는 동작을 나타내고 있다. 이를 구체적으로 표현하면 그림 5-39와 같다.

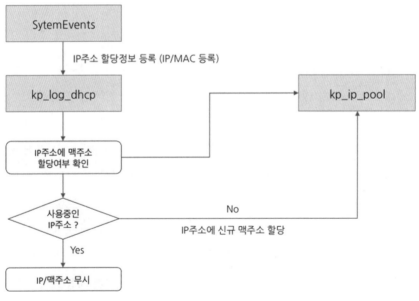

그림 5-39 IP 주소 사용현황 갱신 절차

먼저 kp_log_dhcp 테이블의 시스템 로그 테이블(SystemEvents)에서 IP 주소 할당 로그가 등록되면, kp_log_dhcp 테이블은 kp_ip_pool 테이블의 IP 주소 목록에서 해당 IP 주소에 맥 주소가 할당되어 있는지를 확인한다. 예를 들어 kp_log_dhcp 테이블에 신규로 등록된 IP 주소, 맥 주소가 172.16.20.12와 aa:bb:cc:12:34:56이라면, kp_log_dhcp 테이블은 kp_ip_pool 테이블의 IP 주소 목록 중 172.16.20.12에 할당된 맥 주소를 조회한다. 만약 172.16.20.12에 맥 주소가 등록되어 있지 않다면, kp_log_dhcp 테이블은 신규 단말기에 IP 주소가 할당된 것으로 인식하고 aa:bb:cc:12:34:56 맥 주소를 kp_ip_pool 테이블에 저장되어 있는 172.16.20.12 IP 주소에 할당한다. 그러나 만약 해당 IP 주소에 이미 맥 주소가 할당되어 있다면, 해당 IP 주소는 이미 다른 장치에서 사용하고 있는 것으로 인식하고 IP 주소 할당내역 등록을 중단한다.

지금까지 읽고 이런 생각을 하는 독자가 있을 듯싶다. DHCP에서는 임의로 IP 주소를 할당하기 때문에 kp_ip_pool에 할당내역을 등록했다 하더라도 같은 IP 주소가 다른 단말기에 할당될 수도 있지 않을까? 물론이다. 일반적인 DHCP에서는 한 번 할당된 IP 주소라 하더라도 다른 단말기에 할당될 수 있다. 이번 과정에서 진행하고 있는 내용이 독자가 고민하고 있는 내용을 해결하기 위한 것임을 잊지 않았을 것이다. 방금 고민한 부분은 다음 절에서 진행할 내용이다. 이번 절에서는 방금 설명한 kp_log_dhcp에 등록되는 IP 주소 할당 로그를 이용해서 IP 주소 할당현황 등록을 구현하고자 한다.

그림 5-39와 관련 설명을 이해했다면, 어떻게 구현할 수 있을지도 생각했을 것이다. 이것을 구현하기 위한 방법으로 트리거를 생각했다면? 정답이다. 트리거를 이용해서 위의 내용을 구현할 것이다. 그럼 한 가지 더 생각해보자. 어느 테이블에 트리거를 등록하면 될까? 그렇다. kp_log_dhcp 테이블에 등록하면 된다. 혹시 이해하지 못하는 독자가 있다면, 바로 앞 절에서 설명한 트리거에 대한 내용을 다시 읽어볼 것을 권한다. 이제 리스트 5-83의 트리거를 kp_log_dhcp 테이블에 등록한다.

```
데이터베이스: radius
테이블: kp_log_dhcp
Trigger Name: ai_kp_log_dhcp
Action Time: AFTER
Event: INSERT

1:   BEGIN
2:   ##   트리거에서 사용할 임시변수 선언
3:       DECLARE v_rcount INT DEFAULT 0;
4:
5:   ##   IP 주소 할당여부 조회 후, 신규할당이면 맥 주소를 IP 주소에 할당
6:       SET v_rcount = (SELECT COUNT(*) FROM kp_ip_pool
7:                       WHERE ipid = INET_ATON(new.ipaddr) AND macaddr = '');
8:
9:       IF v_rcount = 1 THEN
10:          UPDATE kp_ip_pool SET macaddr = new.macaddr
11:           WHERE ipid = INET_ATON(new.ipaddr);
12:      END IF;
13: END
```

간단하게 구현해봤다. 어려운 구문을 사용하지 않아서 이해하기가 어렵지 않을 것이다. 핵심 구문을 설명하면 다음과 같다.

- 6행: DHCP 시스템에서 단말기에 할당된 IP 주소가 이미 할당된 주소인지를 IP 주소 풀 테이블에서 확인한다.
  - kp_ip_pool 테이블에서 단말기의 맥 주소가 할당되지 않은 IP 주소의 개수를 구한다. 만약 결과가 1이면 해당 IP 주소는 아직 단말기에 할당되지 않은 IP 주소이고, 1이 아니면 이미 다른 단말기에 할당된 IP 주소다.
- 7행, 10행: IP 주소가 단말기에 할당되지 않았을 때 실행할 구문을 정의한다.
- 9행: IP 주소를 단말기에 할당하기 위해 IP 주소에 맥 주소를 할당한다.

이제 정상적으로 동작하는지 테스트를 진행하자. 테스트는 kp_log_dhcp 테이블에 IP 주소를 임의로 등록하고, kp_ip_pool에 등록되어 있는 IP 주소에 맥 주소가 정상적으로 할당되는지 확인한다. 먼저 그림 5-40과 같이 kp_log_dhcp 테이블

에 맥 주소와 IP 주소를 등록한다.

그림 5-40 ip_log_dhcp 테이블에 테스트용 IP 주소 등록

다음에는 kp_ip_pool 테이블의 결과를 확인한다.

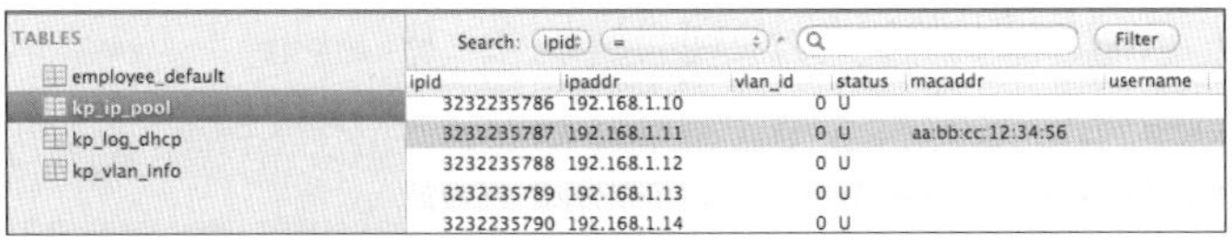

그림 5-41 kp_ip_pool의 IP 주소 사용현황 변경 확인

트리거가 정상적으로 동작했다면, 그림 5-41의 결과를 확인할 수 있다.

지금까지 살펴본 내용은 모두 DHCP 시스템의 환경 설정 파일과 Lease DB를 다루기 위한 준비 과정이었다. 앞에서도 설명했지만, DHCP 시스템의 도입을 주저하게 만드는 가장 큰 이유 중 하나가 DHCP 시스템에서 할당된 IP 주소는 고정 IP 주소를 할당할 때와 같이 특정 단말기에 IP 주소를 고정해 할당하기 어렵다는 것이었다. 이번 장의 전체적인 주제가 이 문제의 해결과 관련된 내용이고, 지금까지는 준비 과정이었다. 다음 절에서 지금까지 준비한 내용을 이용해, DHCP 시스템에 의해 단말기에 IP 주소가 할당되면 처음 IP 주소가 할당된 단말기에 지속적으로 동일한 IP 주소를 할당하도록 DHCP 설정 파일을 변경하는 방법에 대해 알아본다.

5.5.2 DHCP 환경 설정 변경을 통한 고정 IP 주소 할당

DHCP는 동적인 IP 주소 할당뿐 아니라 특정 호스트에 고정 IP 주소를 할당하는 방법을 제공한다. 다만, 아직까지 이를 자동화하기 위한 방법을 DHCP 자체적으로 제공하지 않고 있다. 이 때문에 DHCP는 IP 주소 관리를 위한 훌륭한 솔루션임에도 불구하고 내부망에 대한 IP 주소 관리를 위해 적극적으로 도입되지 못하고 있다. 이번에는 DHCP를 이용해 호스트별로 고정 IP 주소를 할당할 수 있도록 DHCP 환경 설정을 자동으로 변경하는 방법에 대해 알아보자.

DHCP 시스템을 이용한 고정 IP 주소 할당 방법

DHCP 시스템을 사용하고 있거나 관심이 있는 독자라면 DHCP 시스템에도 특정 호스트에 고정 IP 주소를 할당하는 방법을 이미 제공하고 있다는 사실을 알고 있을 것이다. DHCP 시스템의 환경 설정 파일에 특정 호스트의 맥 주소와 IP 주소를 지정하면 그 호스트에 대해서는 항상 동일한 IP 주소가 할당된다. 예를 들어 192.168.1.0/24 네트워크에서 맥 주소가 00:08:ca:ae:a5:07인 단말기에 192.168.1.100 IP 주소를 할당하고자 한다면, 리스트 5-84와 같이 환경을 설정하면 된다.

리스트 5-84 고정 IP 주소 할당을 위한 DHCP 환경 설정 변경

```
subnet 192.168.1.0 netmask 255.255.255.0 {
        option routers                  192.168.1.1;
        option subnet-mask              255.255.255.0;

        option domain-name-servers      168.126.63.1;

        default-lease-time              86400;
        max-lease-time                  86400;

        range 192.168.1.11 192.168.1.99;
        range 192.168.1.101 192.168.1.250;
}

host host001 {
        hardware ethernet 00:08:ca:ae:a5:07;
        fixed-address 192.168.1.100;
}
```

리스트 5-84의 환경 설정 내용을 보면, 서브넷을 정의할 때 단말기에 할당될 IP 주소의 범위range가 2개로 분리되어 있다. 그리고 맥 주소 00:08:ca:ae:a5:07을 갖는 단말기에 할당할 192.168.1.100 IP 주소가 할당 대상 IP 주소 범위에서 제외되어 있는 것을 확인할 수 있다. DHCP 시스템에서 host 구문을 이용해서 특정 단말

기에 고정으로 IP 주소를 할당하고자 할 때는, 할당 대상 IP 주소를 서브넷 영역의 IP 주소 범위에서 제외해야 한다. 따라서 위의 설정에서는 192.168.1.100을 자동 할당 IP 주소 범위에서 제외하려고 IP 주소 범위를 2개로 나눴다.

만약 리스트 5-85와 같이 IP 주소 192.168.1.100이 range 구문에 포함된 채로 서브넷이 정의된다면 어떻게 될까?

리스트 5-85 오류가 포함된 DHCP 환경 설정

```
subnet 192.168.1.0 netmask 255.255.255.0 {
        option routers                  192.168.1.1;
        option subnet-mask              255.255.255.0;

        option domain-name-servers      168.126.63.1;

        default-lease-time              86400;
        max-lease-time                  86400;

        range 192.168.1.11 192.168.1.250;
}


host host001 {
        hardware ethernet 00:08:ca:ae:a5:07;
        fixed-address 192.168.1.100;
}
```

리스트 5-85와 같이 서브넷의 range와 host 구문의 IP 주소가 중복되도록 환경을 설정하고 DHCP 시스템을 재구동하면, 리스트 5-86과 같은 메시지를 출력하고 host 구문을 통해 선언된 IP 주소 할당 계획은 무시된다.

리스트 5-86 range와 host 구문의 IP 주소 중복에 따른 로그 메시지

```
Aug 16 12:55:21 radius dhcpd: Dynamic and static leases present for 192.168.1.11.
Aug 16 12:55:21 radius dhcpd: Remove host declaration host001 or remove
    192.168.1.11
Aug 16 12:55:21 radius dhcpd: from the dynamic address pool for 192.168.1.0/24
```

물론 가끔씩 host 구문의 정의에 따라 지정된 단말기에 고정 IP 주소가 할당되

는 경우도 있다. 그러나 이러한 경우는 host 구문의 정의를 따른 IP 주소 할당이 아니라, 단말기의 IP 주소 요청에 따라 IP 주소를 할당하다 보니 운 좋게 host 구문에 정의된 IP 주소와 동일한 IP 주소가 할당된 것뿐이다. 따라서 DHCP 환경 설정 파일에 고정 IP 주소 지정을 위한 host 구문을 정의할 때에는 서브넷에 정의된 range 구문에 지정된 IP 주소의 범위와 IP 주소가 중복되는지 여부를 반드시 확인해야 한다.

다른 예를 살펴보자. DHCP 시스템이 IP 주소를 할당할 때 순차적으로 IP 주소를 할당한다면 range에 지정될 IP 주소의 범위 파악과 관리가 쉬울 것이다. 그러나 모든 상황이 생각과 같이 움직이지는 않는다. DHCP 시스템도 단말기의 요청에 따라 IP 주소를 할당할 때, 순차적으로 할당할 때도 있고 가끔은 임의로 선택된 IP 주소를 할당할 때도 있다. 이런 상황에서는 range 구문이 복잡해진다. 앞서 정의했던 서브넷(192.168.1.0/24)에서 단말기에 100, 102, 104번 IP 주소가 고정으로 할당되어야 한다면, DHCP 시스템의 환경 설정 파일을 어떻게 변경해야 할까? 이와 같은 징검다리 형식의 IP 주소 할당이 아닌 연번(100, 101, 102)으로 할당된다면 range 지정이 쉬울 텐데, 좀 복잡해 보인다. 환경 설정 파일의 내용은 리스트 5-87과 같다.

리스트 5-87 IP 주소가 중복되지 않은 range와 host 구문

```
subnet 192.168.1.0 netmask 255.255.255.0 {
        option routers                  192.168.1.1;
        option subnet-mask              255.255.255.0;

        option domain-name-servers      168.126.63.1;

        default-lease-time              86400;
        max-lease-time                  86400;

        range 192.168.1.11 192.168.1.99;
        range 192.168.1.101 192.168.1.101;
        range 192.168.1.103 192.168.1.103;
        range 192.168.1.105 192.168.1.250;
}

host host001 {
        hardware ethernet 00:08:ca:ae:a5:07;
        fixed-address 192.168.1.100;
```

```
}

host host002 {
        hardware ethernet 00:08:ca:ae:a5:08;
        fixed-address 192.168.1.102;
}

host host003 {
        hardware ethernet 00:08:ca:ae:a5:09;
        fixed-address 192.168.1.104;
}
```

이 정도까지는 쉽게 할 수 있을 것 같다. 앞의 상황은 서브넷이 하나만 정의되어 있고, 고정 IP 주소를 할당하는 단말기도 많지 않기 때문이다. 그러나 독자 여러분이 근무하는 곳의 실제 상황은 이와 달리 매우 복잡할 것이다. 사용자에게 할당된 서브넷이 최소 2개 이상은 될 것이다. 그리고 전사에서 사용하는 단말기도 최소 수백 대 이상은 될 것이다. 이러한 상황에서 DHCP 시스템의 환경 설정 파일이 커지고 복잡해지는 것은 당연한 일이다. 이런 복잡성만 잘 관리하고 통제할 수 있다면, 이 책에서 구현하고자 하는 DHCP 시스템을 이용한 IP 주소 관리가 가능할 것이다.

문제는 DHCP 시스템은 환경 설정 파일에 정의된 대로 '고정 IP 주소를 특정 단말기에 할당'하기만 할 뿐, 환경 설정 파일을 자동으로 갱신하는 기능은 제공하지 않는다는 것이다. 내가 근무하는 회사는 직원이 약 350명 정도이고, 직원이 사용하는 전체 단말기는 종류 구분 없이 합산하면 약 1,000대 정도가 된다. 이 단말기들에 할당하기 위해 DHCP 시스템의 환경 설정 파일을 직접 편집한다고 생각해보자. 물론 불가능한 일은 아니다. 그렇지만 그럴 바엔 DHCP 시스템을 사용하지 않는 쪽을 택할 것이다. 이번 절에서 구현할 핵심 내용이 바로 이것이다. DHCP 시스템에서 제공하지 않는 기능, 즉 DHCP 시스템의 환경 설정 파일 자동갱신 기능을 구현하는 것이다. 이 기능의 구현에 이용하기 위해 앞에서 사용자 단말기의 맥 주소와 단말기에 할당된 IP 주소를 DB로 만들었던 것이다.

DHCP 시스템에서 단말기에 고정 IP 주소를 할당하기 위한 방법이 하나만 있을까? 일반적으로는 DHCP 시스템 환경 설정 파일을 이용해서 단말기에 고정 IP

주소를 할당하지만, 다른 방법이 하나 더 있다. DHCP 시스템에서는 IP 주소의 할당과 회수를 위해 텍스트 기반의 데이터베이스를 사용한다. 이 데이터베이스가 dhcpd.leases 파일이다. 단말기에 IP 주소를 고정적으로 할당하는 데 사용할 수 있는 다른 방법이 dhcpd.lease 파일을 이용하는 것이다. 먼저 간략하게 IP 주소 임대 파일을 살펴보면 리스트 5-88과 같다.

리스트 5-88 /var/lib/dhcp/dhcpd.lease

```
...
lease 192.168.9.37 {
  starts 6 2013/08/17 05:33:27;
  ends 6 2013/08/17 06:03:27;
  cltt 6 2013/08/17 05:33:27;
  binding state active;
  next binding state free;
  hardware ethernet 28:cc:01:5d:b2:bf;
  uid "\001(\314\001]\262\277";
  option agent.circuit-id 0:0:0:0;
  option agent.remote-id ec:e1:a9:97:e4:50;
  client-hostname "android-bad60624bf08014f";
}
...
```

하나의 레코드는 'lease 할당된 IP 주소 {'에서 '}'까지다. 단말기에 IP 주소가 새로 임대되거나, 이미 임대된 IP 주소정보가 갱신될 때마다 레코드가 새로 생성된다. 간략히 레코드를 구성하는 주요 항목은 표 5-12와 같다.

표 5-12 lease 레코드 주요 구성항목

항목	내용
lease IP 주소	단말기에 임대(lease)된 IP 주소
starts	IP 주소가 임대된 횟수와 임대가 시작된 시간 (지역시간을 사용하지 않고, GMT 시간 사용)
ends	IP 주소 임대가 종료된 횟수와 임대가 종료될 시간 (지역시간을 사용하지 않고, GMT 시간 사용)
binding state	임대된 IP 주소의 현재 상태
next binding state	임대 종료 후 지정될 IP 주소의 상태

(이어짐)

항목	내용
hardware ethernet	IP 주소가 임대된 단말기의 맥 주소

표 5-12의 항목 중 `binding state`와 `next binding state` 항목의 구체적인 상태는 표 5-13과 같다.

표 5-13 DHCP 바인딩 상태

바인딩 상태	내용
ABANDONED	IP 주소가 이미 사용되고 있어 할당을 포기한 상태
ACTIVE	IP 주소가 클라이언트에 의해 사용 중인 상태
BACKUP	IP 주소가 보조 DHCP 서버에 의해 할당 가능한 상태
EXPIRED	IP 주소가 사용되고 있지 않은 것으로 확인되고 있으나, 여전히 클라이언트에 할당되어 있는 상태
FREE	IP 주소를 클라이언트에 할당할 수 있는 상태
RELEASED	IP 주소가 클라이언트로부터 반납되었으나, 다른 클라이언트에 할당할 수 없는 상태
RESET	IP 주소가 관리자에 의해 임의로 반납되었으나, 다른 클라이언트에 할당할 수 없는 상태

IP 주소 임대 파일의 구조는 복잡하지도 않고, 이해하기 어려운 항목도 눈에 띄지 않는다. 게다가 일반적인 텍스트 기반의 데이터베이스다. 여기에 고정 IP 주소 할당의 길이 있다. IP 주소 임대 파일에는 DHCP 시스템에서 임대한 IP 주소와 IP 주소를 임대받은 단말기의 맥 주소, 그리고 임대 시작과 종료 시간 등의 정보가 기록되고 유지된다. DHCP 시스템이 중단되었다가 재시작될 때에도 시스템이 중단되기 이전에 만들어진 Lease 파일이 불러들여져서 DHCP 시스템 중단 이전의 IP 주소 임대 상태를 복원한다. 만약 DHCP 시스템이 중단되었을 때, Lease 파일을 관리자가 임의로 변경해 모든 IP 주소의 임대 종료시간을 한 달 이후로 변경하고 DHCP 시스템이 재시작되면 어떠한 일이 일어날까? DHCP 시스템은 변경된 IP 주소 임대 종료시간에 따라 IP 주소 임대정보를 시스템에 불러들이고, 이 정보에 따라서 IP 주소의 임대 또는 회수를 수행한다.

그럼 이번에는 한걸음 더 나아가보자. Lease 파일에서 임대 종료시간을 변경하는 것이 아니라, Lease 파일에 기록된 IP 주소 임대와 관련된 임의의 레코드를 추가한 후 DHCP 시스템을 재시작하면 어떻게 될까? 관리자가 Lease 파일에 임의의 레코드를 등록했다 하더라도, 정상적인 IP 주소 임대로 간주해 지정된 단말기에 IP 주소를 할당하게 된다. 다만 관리자가 임의로 등록한 레코드가 레코드 등록 형식에 맞고, IP 주소 임대 종료시간이 남았다는 조건을 만족해야 한다.

그런데 Lease 파일을 이용한 고정 IP 주소 할당에는 앞서 소개한 방법에 비해 고려해야 할 사항이 하나 더 있다. 단말기가 DHCP 시스템에서 IP 주소를 임대받을 때, IP 주소 임대 종료시간을 통보받게 된다. 단말기는 임대 종료시간 이전에 재임 대를 요청해야만 지속적으로 동일한 IP 주소를 할당받을 수 있다. 그리고 DHCP 서 버에서도 단말기로부터 IP 주소 임대 갱신 요청이 있을 때만 임대를 연장한다. 여기 서 문제가 발생한다. 단말기에 임대된 IP 주소에 대한 임대 갱신 요청이 없고 IP 주 소 임대 종료시간도 도래하면, DHCP 시스템은 단말기에 할당된 IP 주소의 임대를 종료하고 다른 단말기에 임대 가능한 상태로 전환한다. 이러한 IP 주소 임대 종료를 막기 위해 고정으로 할당되는 IP 주소는 임대 종료시간을 충분히 길게 지정하고, 임 대 종료시간 이전에 주기적으로 Lease 파일을 재생성해야 한다. 이러한 방법을 통 해 IP 주소에 대한 임대기간을 늘려가는 것이다.

이제 두 방법을 실제로 구현해보자.

DHCP 환경 설정 파일 갱신과 호스트 등록을 통한 고정 IP 주소 할당

DHCP 시스템을 이용해 단말기에 고정 IP 주소를 할당하기 위해서는 DHCP 시스 템에서 제공하는 고유의 방법을 사용하는 것이 가장 효과적이다. DHCP 시스템에 서는 IP 주소를 요청하는 단말기에 고정 IP 주소를 할당하는 환경 설정 구문으로 host 구문을 제공하고 있다. 앞에서 살펴봤듯이 DHCP 시스템의 환경 설정 파일에 host 구문을 이용해 고정 IP 주소 할당 대상 단말기의 맥 주소와 할당할 고정 IP 주 소를 등록하면, 해당 단말기에는 항상 지정된 IP 주소가 고정으로 할당된다.

이번 절에서는 앞서 구축했던 IP 주소/맥 주소 데이터베이스를 이용해 DHCP 시스템에서 단말기에 고정 IP 주소를 할당할 수 있도록 환경 설정을 변경하는 프로 그램을 작성하도록 한다. 프로그램이라고 해서 두려워할 필요는 없다. 앞에서도 경험했듯이, 이 책의 전 과정에서 사용되는 언어와 프로그래밍 수준은 조금만 노력하면 쉽게 이해할 수 있는 정도다. 다만 이번에는 리눅스의 쉘에서 제공하는 쉘 스크립트를 이용해 프로그래밍하고자 한다.

구체적으로 구현에 들어가기에 앞서 전체적인 흐름을 살펴보자. 먼저 이 책에서는 DHCP 환경 설정 파일(dhcpd.conf)을 효과적으로 관리하기 위해 역할에 따라 그림 5-42와 같이 크게 세 영역으로 구분한다. 이 구분은 내가 DHCP 환경 설정 파일에 대한 이해를 돕기 위해 임의로 구분한 것으로 독자의 관점에 따라 달리 구분할 수 있다.

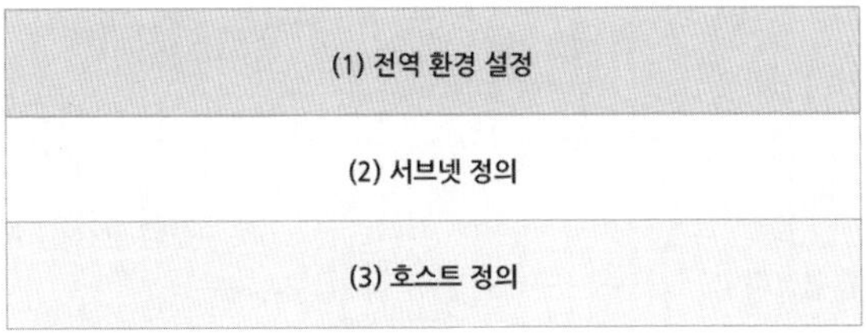

그림 5-42 DHCP 환경 설정 영역 구분

첫 번째 영역은 DHCP 시스템에서 서비스하는 서브넷에 공통적으로 적용되는 파라미터를 선언하는 '전역환경 설정' 영역이다. 예를 들어 모든 서브넷에서 기본적으로 사용할 DNS를 KT에서 서비스하는 DNS(168.126.63.1)로 설정하거나, IP 주소의 기본임대시간(default-lease-time)을 하루(86400)로 지정해 서브넷에서 기본임대시간을 지정하지 않았을 때는 전역 설정에서 지정된 기본임대시간을 사용하도록 DHCP 시스템 운영과 관련된 파라미터를 정의한다.

두 번째 영역은 '서브넷 정의' 영역이다. 이 영역에서는 단말기에 할당할 IP 주소의 서브넷을 정의한다. 이 책에서는 업무 영역별로 VLAN을 구분해 설계했고, 각각의 VLAN별로 IP 주소대역을 할당한다. 설계된 VLAN에 따라 서브넷을 선언하면 각각의 VLAN에 할당된 IP 대역이 하나의 서브넷이 된다. 물론 서브넷을 실제 VLAN과 동일하게 구성하지 않을 수도 있다. 그러나 이 책에서는 하나의 VLAN을 하나의 서브넷으로 정의한다. 하나의 서브넷은 클라이언트 네트워크 설정에 필요한 게이트웨이 주소, 네트워크 마스크, DNS 주소 등의 주소와 클라이언트에 할당할 IP 주소의 범위, 다양한 파라미터를 포함한다.

마지막 영역은 '호스트 정의' 영역이다. 이 영역에서는 host { } 구문을 이용해 고정 IP 주소가 할당될 단말기의 맥 주소와 IP 주소들을 정의한다. 관리자의 선호도에 따라 호스트 정의는 서브넷에 포함되기도 하지만, 이 책에서 사용하고 있는 ISC DHCP 서버에서는 호스트 정의를 서브넷과 분리하도록 권하고 있어 이에 따르기로 했다.

그럼 실제 환경 설정 파일을 관리할 때, 어떠한 방법으로 관리되는지를 좀 더 구체적으로 알아보자. 그림 5-43은 환경 설정 파일을 갱신할 때 각 영역별로 필요한 파라미터와 구성 요소들을 어디에서 가져오는지를 보여주고 있다.

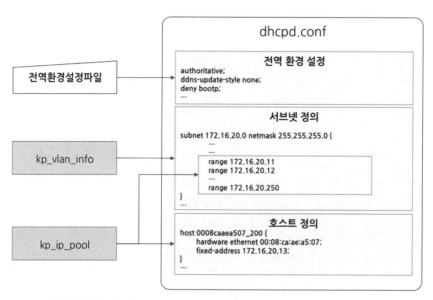

그림 5-43 환경 설정 파일과 데이터베이스의 연관관계

전역환경 설정 영역에 정의되는 파라미터는 DHCP 운영정책 수립 초기 단계에서 결정되면 거의 변경되지 않기 때문에, 일반적인 텍스트 파일에 저장해두고 환경 설정 파일을 갱신할 때마다 전역환경 설정 파일을 불러오도록 한다.

서브넷 정의 영역은 그림 5-43에서 보는 바와 같이 인증서버 데이터베이스에 저장되어 있는 2개의 테이블(kp_vlan_info, kp_ip_pool)을 참조해서 생성된다. 서브넷을 정의할 때는 kp_van_info 테이블에 저장되어 있는 레코드를 읽어와서 서브넷을 정의하기 위한 전체적인 프레임을 구성한다. 그리고 서브넷에서 단말기에 할당해줄 IP 주소의 범위는 kp_ip_pool 테이블에 저장되어 있는 IP 주소 중에서 아직 단말기에 할당되지 않은 IP 주소를 읽어오고, range 구문을 이용해 읽어온 각각의 IP 주소를 할당 대상 IP 주소 영역으로 선언한다. 여기서 각각의 IP 주소에 대해 range 구문을 사용하는 것은 DHCP 시스템이 IP 주소를 임의로 할당하기 때문에 서브넷에 해당하는 IP 주소 범위에서 범위가 지정된 IP 주소의 range를 구하기가 쉽지 않기 때문이다.

마지막으로 호스트 정의 영역을 정의할 때는 kp_ip_pool에 저장되어 있는 IP 주소 중에서 단말기에 할당된 IP 주소를 불러와서, VLAN과 IP 주소의 순서대로 host 구문에 따라 등록한다. 호스트를 등록할 때는 host 키워드 다음에 호스트 이름이 반드시 지정되어야 하며, 호스트 이름은 전체 호스트 선언 내에서 중복되지 않아야 한다. 이를 위해 호스트 이름의 부여 규칙에서 단말기의 맥 주소에서 콜론(:)을 제거한 문자열에 언더스코어(_)와 VLAN ID를 조합하도록 했다. 호스트 이름 지정 방식도 관리자의 선호에 따라 다를 수 있다.

이제 DHCP 환경 설정 갱신과 호스트 등록을 위한 쉘 프로그램 작성을 시작한다. 원활한 쉘 프로그래밍과 권한 관리를 위해 리스트 5-89와 같이 사용자를 root로 전환한다.

리스트 5-89 사용자 전환

```
sysop@radius:~$ sudo su -
[sudo] password for sysop: 09n072
root@radius:~#
```

쉘 프로그램 저장 디렉터리 생성 및 권한 조정

쉘 프로그램의 저장 경로는 리스트 5-90과 같이 root 계정의 홈 디렉터리 아래에 radius라는 이름으로 생성한다. 그리고 해당 디렉터리는 root 계정에서만 접근할 수 있도록 접근권한을 변경한다. 이렇게 함으로써 프로그램에 문제가 발생했을 때 프로그램에 대한 접근을 용이하게 하고, 또한 권한 없는 사용자의 프로그램 접근을 차단한다.

리스트 5-90 쉘 프로그램 저장 디렉터리 생성

```
root@radius:~# mkdir /root/radius
root@radius:~# chmod 700 /root/radius
root@radius:~# cd /root/radius
root@radius:~/radius#
```

전역환경 설정 파일 만들기

리스트 5-91과 같이 앞서 생성한 프로그램 저장 디렉터리(/root/radius)에 dhcpd 디렉터리를 만들고, dhcpd 디렉터리의 dhcpd_head.cnf 파일에 전역환경 설정 파일을 저장한다.

리스트 5-91 DHCP 전역환경 설정 파일 생성

```
root@radius:~/radius# mkdir dhcpd
root@radius:~/radius# chmod 700 dhcpd
root@radius:~/radius# cd dhcpd
root@radius:~/radius/dhcpd# vi dhcpd_head.cnf
```

파일 편집 창이 열리면 리스트 5-92의 전역 설정을 입력한다.

리스트 5-92 /root/radius/dhcpd/dhcpd_head.cnf

```
1:  # Global Configuration
2:  authoritative;
3:  ddns-update-style none;
4:  deny bootp;
5:  one-lease-per-client        true;
6:  ignore client-updates;
7:
8:  default-lease-time          86400;
9:  max-lease-time              604800;
10: option nis-domain           "korea.re.kr";
11: option domain-name          "korea.re.kr";
12: option domain-name-servers  168.126.63.1,168.126.63.2;
13: log-facility                local7;
```

DHCP 환경 설정 파일(dhcpd.conf) 갱신 및 host 등록용 쉘 프로그램 작성

이제 이번 장의 하이라이트라고 할 수 있는 쉘 프로그램을 작성하기 위해 리스트 5-93과 같이 파일을 생성한다. 작성된 쉘 프로그램은 /root/radius/에 sync_dhcphost.sh로 저장한다.

리스트 5-93 sync_dhcphost.sh 파일 생성

```
root@radius:~/radius/dhcpd# cd ..
root@radius:~/radius# vi sync_dhcphost.sh
```

파일 편집 창이 열리면 리스트 5-94의 쉘 프로그램을 입력한다.

리스트 5-94 /root/radius/sync_dhcphost.sh

```
1:  #/bin/sh
2:
3:  # ==============================================================
4:  # Define Environment Variables
5:  # ==============================================================
6:
7:  # System Configuration File Path
8:  DHCP_CONF=$(echo "/etc/dhcp/dhcpd.conf")
9:
10: # MySQL Account
11: MYSQL_ID=$(echo "radius")
12: MYSQL_PW=$(echo "09n072")
13: MYSQL_DB=$(echo "radius")
14:
15: # Define Default Path
16: DEFAULT_PATH=$(echo "/root/radius")
17:
18: # Define DHCP temporary configuration file path
19: DHCP_HEAD=$(echo $DEFAULT_PATH"/dhcpd/dhcpd_head.cnf")
20: DHCP_SUBNET=$(echo $DEFAULT_PATH"/dhcpd/dhcpd_subnet.cnf")
21:
22: # DHCPD restart command
23: SVC_DHCPD=$(echo "service isc-dhcp-server restart")
24:
25: # ===========================================
26: # Generate Subnet definition
27: # ===========================================
28:
```

```
29: SUBNET=`mysql --user=$MYSQL_ID --password=$MYSQL_PW $MYSQL_DB << EOF
30: SELECT ';' as dm, id, subnet, netmask, broadcast, gateway, nis_domain,
      domain_name, dns, ip_start, ip_end, default_lease_time, max_lease_time
31:   FROM kp_vlan_info;
32: EOF`
33:
34: echo $SUBNET | tr ";" "\n" |
35: while read line
36:   do
37:     ID=$(echo $line | awk '{print $1}')
38:     if [ "$ID" != 'dm' ]
39:     then
40:         SUBNET=$(echo $line | awk '{print $2}')
41:         NETMASK=$(echo $line | awk '{print $3}')
42:         BROADCAST=$(echo $line | awk '{print $4}')
43:         GATEWAY=$(echo $line | awk '{print $5}')
44:         NISDOMAIN=$(echo $line | awk '{print $6}')
45:         DOMAINNAME=$(echo $line | awk '{print $7}')
46:         DNS1=$(echo $line | awk '{print $8}')
47:         IPS=$(echo $line | awk '{print $9}')
48:         IPE=$(echo $line | awk '{print $10}')
49:         DLT=$(echo $line | awk '{print $11}')
50:         MLT=$(echo $line | awk '{print $12}')
51:
52:         echo "subnet "$SUBNET" netmask "$NETMASK" {"
53:         echo "        option routers                  "$GATEWAY";"
54:         echo "        option subnet-mask              "$NETMASK";"
55:         echo ""
56:         echo "        option domain-name-servers      "$DNS1";"
57:         echo ""
58:         echo "        default-lease-time              "$DLT";"
59:         echo "        max-lease-time                  "$MLT";"
60:
61:         if [ $ID = "998" ] || [ $ID = "999" ] || [ $ID = "240" ]
62:         then
63:                echo "        range                                   "$IPS" "$IPE";"
64:         else
65: HOSTS=`mysql --user=$MYSQL_ID --password=$MYSQL_PW $MYSQL_DB << EOF
66: SELECT concat('1Trange ',ipaddr,';') as rng
67:   FROM kp_ip_pool
68:  WHERE vlan_id = $ID
69:    AND status = 'U'
70:    AND macaddr = '';
71: EOF`
72:
```

```
73:                    if [ "$HOSTS" ]
74:                    then
75:                            echo $HOSTS | sed 's/rng//g' |sed 's/1T/\n\t/g'
76:                    fi
77:            fi
78:            echo "}"
79:            echo ""
80:        fi
81: done > $DHCP_SUBNET
82:
83: # ================================================
84: # Generate Host Definition
85: # ================================================
86:
87: HOSTS=`mysql user=$MYSQL_ID password=$MYSQL_PW $MYSQL_DB << EOF
88: SELECT concat("host ", concat(replace(macaddr,':',''),'_',vlan_id), " {
    2Thardware ethernet ",macaddr,"; 2Tfixed-address ",ipaddr,";1T}") as hosts
89:    FROM kp_ip_pool
90:  WHERE status = 'U'
91:    AND macaddr <> ''
92:  ORDER BY vlan_id, macaddr;
93: EOF`
94:
95: if [ "$HOSTS" ]
96: then
97:    echo $HOSTS | sed 's/hosts//g' | sed 's/\ host\ /\nhost\ /g' | sed
   's/2T/\n\t/g' | sed 's/1T/\n/g' >> $DHCP_SUBNET
98: fi
99:
100:        cat $DHCP_HEAD > $DHCP_CONF
101:        cat $DHCP_SUBNET >> $DHCP_CONF
102:
103:        # ================================================
104:        # DHCP Service Restart
105:        # ================================================
106:
107:        $SVC_DHCPD
```

- 8행: DHCP 시스템의 환경 설정 파일의 저장경로를 `DHCP_CONF` 변수에 저장한다.

- 11~13행: MySQL DB 접속에 필요한 계정정보를 각 변수에 저장한다.

- 16행: 프로그램이 저장되어 있는 경로를 DEFAULT_PATH 변수에 저장한다.

- 19행: 전역환경 설정이 저장되어 있는 파일의 경로를 DHCP_HEAD 변수에 저장한다.

- 20행: 서브넷 정의와 호스트 정의가 임시로 저장될 파일의 경로를 DHCP_SUBNET 변수에 저장한다.

- 23행: DHCP 서비스 재시작 명령을 SVC_DHCPD 변수에 저장한다.

- 29~32행: kp_vlan_info 테이블에 저장되어 있는 서브넷 정의에 필요한 항목을 읽어와서 SUBNET 변수에 저장한다. SUBNET 변수에 저장된 서브넷 정보는 행의 구분 없이 한 줄의 텍스트로 결과가 저장되기 때문에 행의 구분자로 세미콜론(;)을 행의 맨 앞에 출력되도록 질의문을 작성했다.

- 34~81행: SUBNET 변수에 저장된 서브넷 정보를 파싱해 각 서브넷 정의를 생성하고, 이를 20행에서 정의한 DHCP_SUBNET 변수에 저장되어 있는 파일에 저장한다.

- 34행: SUBNET 변수에 한 줄로 저장되어 있는 서브넷 정보를 세미콜론(;)을 기준으로 행으로 분리해 35행의 입력값으로 전달한다.

- 35행, 36행: 34행에서 넘겨진 행으로 구분된 서브넷 레코드를 한 줄씩 읽어 들인다.

- 37행: 읽어들인 행의 첫 번째 칼럼값을 읽어 ID 변수에 저장한다.

- 38행, 39행: ID 변수에 저장된 값이 칼럼의 헤더값이 아니라면, 40~80행까지의 스크립트를 실행해 서브넷 정보를 생성한다.

- 40~50행: 35행에서 읽어들인 서브넷 레코드에서 서브넷 정의에 필요한 칼럼별 정보를 추출한다.

- 52~59행: 서브넷 정의와 관련된 일반적인 정보를 콘솔에 출력한다.

- 61~63행: 해당 서브넷이 고정 IP 주소 할당 대상 VLAN인지를 판단하고 고정 IP 주소 할당 대상 VLAN이 아니면, 할당 범위에 속하는 전체 IP 주소를

하나의 range 구문으로 정의하고 콘솔에 출력한다.

- 65~76행: 해당 서브넷이 고정 IP 주소 할당 대상 VLAN이라면, 해당 서브넷의 모든 IP 주소 중에서 단말기에 할당되지 않은 IP 주소를 선택해 각 각의 IP 주소를 range 구문으로 정의하고 콘솔에 출력한다.

- 78행: 서브넷 정의 종료문자를 콘솔에 출력한다.

- 81행: 콘솔에 출력된 서브넷 정의를 DHCP_SUBNET 변수가 지정하는 임시 파일(dhcpd_subnet.cnf)에 저장한다.

- 87~93행: kp_ip_pool에 등록되어 있는 IP 주소 중에서 단말기에 할당된 IP 주소와 맥 주소 목록을 읽어들인다.

- 95~98행: 읽어들인 각각의 IP 주소와 맥 주소를 host 구문으로 만들어 DHCP_SUBNET 변수가 지정하는 임시 파일(dhcpd_subnet.cnf)에 저장한다.

- 100행: 전역환경 설정 파일에 저장되어 있는 전역환경 설정을 DHCP 환경 설정 파일에 저장한다.

- 101행: 앞서 생성되어 DHCP_SUBNET 변수에 저장되어 있는 서브넷 정의와 호스트 정의를 DHCP 환경 설정 파일의 뒤에 추가한다.

- 107행: DHCP 서비스를 재시작한다.

셸 프로그램에 대해 간략하게 설명했다. 이 때문에 각 행에 대한 구체적인 의미를 이해하는 데 어려움이 있을 수 있지만, 어떤 방식으로 DHCP 시스템의 환경 설정 파일이 갱신되는지에 대해서는 충분히 이해할 수 있다고 생각한다. 각 행에 있는 스크립트에 대해 좀 더 명확하게 이해하고 싶은 독자는 셸 프로그래밍과 관련된 서적을 참고하거나, 인터넷 검색을 통해 해당 명령들의 사용법을 참조하길 바란다. 셸 프로그램에 익숙하지 않았던 관리자라면 이번 기회에 셸 프로그램에 도전해보는 것도 효과적인 업무 수행에 도움이 될 것이다.

셸 프로그램 작성이 완료되었으면 리스트 5-95와 같이 셸 프로그램에 실행권한을 부여한다.

리스트 5-95 쉘 프로그램에 실행권한 부여

```
root@radius:~/radius# chmod 700 sync_dhcphost.sh
root@radius:~/radius#
```

앞의 쉘 프로그램이 오류 없이 입력되었다고 하자. 그리고 프로그램을 실행하면 리스트 5-96과 같이 DHCP 서비스의 재시작 메시지만 표시될 것이다. 이어서 /root/radius/dhcpd 디렉터리에 dhcpd_subnet.cnf 파일이 생성되고, /etc/dhcp/dhcpd.conf 파일이 갱신되는 것을 확인할 수 있다.

리스트 5-96 sync_dhcphost.sh 실행 결과

```
root@radius:~/radius# ./sync_dhcphost.sh
 * Stopping ISC DHCP server dhcpd                              [ OK ]
 * Starting ISC DHCP server dhcpd                              [ OK ]
root@radius:~/radius#
```

이것으로 쉘 프로그램 작성이 완료되었다. 이제 작성된 프로그램이 자동으로 실행되도록 해야 한다. 리눅스에서는 특정 작업을 반복적으로 수행할 수 있도록 cron이라는 데몬 서비스를 제공한다. 다음에는 cron 데몬에 sync_dhcphost.sh 실행을 등록한다.

주기적으로 환경 설정 파일 갱신하기

앞에서 작성한 쉘 프로그램 sync_dhcphost.sh를 반복적으로 실행하기 위해서는 cron 데몬에 해당 프로그램의 실행을 지시하도록 등록해야 한다. cron 데몬에 쉘 프로그램을 등록하기 위해 리스트 5-97과 같이 sync_dhcphost.sh 실행 구문을 등록한다.

리스트 5-97 /etc/crontab

```
1:  # /etc/crontab: system-wide crontab
2:  # Unlike any other crontab you don't have to run the `crontab'
3:  # command to install the new version when you edit this file
4:  # and files in /etc/cron.d. These files also have username fields,
5:  # that none of the other crontabs do.
```

```
 6:
 7:  SHELL=/bin/sh
 8:  PATH=/usr/local/sbin:/usr/local/bin:/sbin:/bin:/usr/sbin:/usr/bin
 9:
10:  # m h dom mon dow user   command
11:  17 *    * * *   root    cd / && run-parts --report /etc/cron.hourly
12:  25 6   * * *   root    test -x /usr/sbin/anacron || ( cd / && run-parts
     --report /etc/cron.daily )
13:  47 6   * * 7   root    test -x /usr/sbin/anacron || ( cd / && run-parts
     --report /etc/cron.weekly )
14:  52 6   1 * *   root    test -x /usr/sbin/anacron || ( cd / && run-parts
     --report /etc/cron.monthly )
15:  #
16:
17:  ## DHCPD configuration generation
18:  1 * * * * root /bin/sh /root/radius/sync_dhcphost.sh
```

리스트 5-97에서 등록한 실행 명령은 매 시의 1분이 되면 root 권한으로 sync_
dhcphost.sh 프로그램을 실행한다. 반복 실행의 주기가 1시간으로 지정되어 있지
만, 각 시스템 운영환경과 사용자 단말기 환경에 따라 조정이 가능하다. crontab 파
일 편집이 완료되면 리스트 5-98과 같이 cron 데몬을 재시작해 다음 실행시간부
터 쉘 프로그램이 실행되도록 한다.

리스트 5-98 cron 데몬 재시작

```
root@radius:~/radius# service cron restart
cron start/running, process 27496
root@radius:~/radius#
```

IP 주소 임대 DB(dhcpd.lease) 갱신을 통한 고정 IP 주소 할당

이번에는 단말기에 고정 IP 주소를 할당하기 위해 DHCP 시스템에서 IP 주소 임대
와 회수를 위해 사용하는 데이터베이스인 dhcpd.lease 파일의 갱신 방법을 설명한
다. 앞서 진행했던 DHCP 환경 설정 파일 갱신 및 호스트 정의를 통한 고정 IP 주소
할당과 모든 과정이 동일하다. 다만 쉘 프로그램 작성 시 일부 항목에 차이가 있을
뿐이다. 그래서 나머지 진행 과정은 생략하고, 앞의 방법과 차이가 있는 부분에 대

해서만 진행하고자 한다.

앞서 진행했던 방법과 이번에 진행할 방법의 가장 큰 차이점은 DHCP 환경 설정 파일 이외에 추가적으로 IP 주소 임대내역이 저장된 DB 파일, 즉 dhcpd.lease 파일을 추가적으로 다룬다는 것이다. 앞선 방법에서는 DHCP 환경 설정 파일 하나에 서브넷 정의와 고정 IP 주소를 할당할 단말기에 대한 모든 정보가 저장되었다. 그러나 이번에는 DHCP 환경 설정 파일뿐 아니라, 추가적으로 dhcpd.lease 파일에 대한 갱신이 필요하다. 2개의 파일을 다루는 것 때문에 좀 더 복잡하게 느껴질 수도 있지만, 걱정할 만큼 복잡하거나 어렵지는 않다. 먼저 그림을 통해 두 방법의 차이점을 확인해보자.

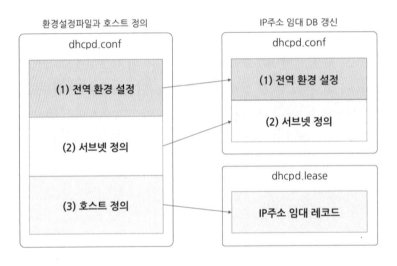

그림 5-44 두 방법의 차이 비교

그림 5-44에서 가장 큰 차이점은 이미 설명했듯이 다루는 파일의 수에 있다. 다음으로 눈에 띄는 차이점은 각 파일에 저장되는 내용에 있다. 첫 번째 방법에서는 DHCP 환경 설정 파일에 전역환경 설정, 서브넷 정의, 호스트 정의가 모두 포함되지만, 두 번째 방법에서는 DHCP 환경 설정 파일에는 전역환경 설정과 서브넷 정의만 들어가고, 호스트 정의 부분은 IP 주소 임대 DB 파일에 IP 주소 임대 레코드로 저장된다. 물론 설정정보가 저장되는 파일이 변경되면서 저장되는 형식의 변화도 발생한다. 이를 좀 더 구체적으로 표현하면 그림 5-45와 같다.

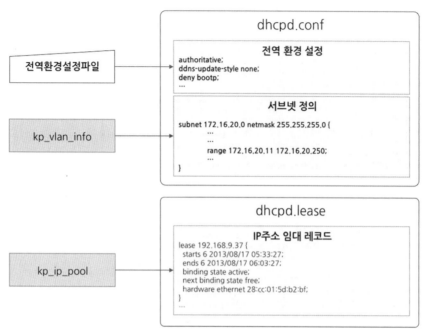

그림 5-45 환경 설정 파일 및 임대 DB와 인증서버 DB의 연관관계

앞의 방법에서 봤던 그림 5-41과 비교하면 오히려 구조가 단순해진 것 같은 느낌을 받을 수 있다. 서브넷 정의 영역을 보면 앞의 방법에서는 단말기에 할당되지 않은 IP 주소를 모두 range 구문을 이용해 등록했지만, 이번에는 서브넷에서 할당할 IP 주소 전체 범위에 대해 하나의 range 구문을 사용해 정의했다. 그리고 IP 사용정보가 저장된 테이블에 대한 참조 횟수도 줄어든 것을 볼 수 있다. 앞에서는 kp_ip_pool 테이블이 서브넷 정의 영역과 호스트 정의 영역에서 모두 참조되었지만, 이번에는 IP 주소 임대 레코드 영역에서만 참조되고 있다.

이제 그림 5-45의 구조에 맞춰 쉘 프로그램을 구현하도록 한다. 그림 5-45에서 확인했듯이 이전 방법과 그리 큰 차이가 없다. 따라서 쉘 프로그램도 이전에 작성한 프로그램을 재사용할 수 있다. 앞서 작성했던 sync_dhcphost.sh를 리스트 5-99의 코드를 따라 수정하길 바란다. 수정 또는 추가해야 할 코드는 기존 코드와 구분할 수 있도록 굵게 표시했다.

```
 1:   #/bin/sh
 2:
 3:   # ===============================================================
 4:   # Define Environment Variables
 5:   # ===============================================================
 6:
 7:   # System Configuration File Path
 8:   DHCP_CONF=$(echo "/etc/dhcp/dhcpd.conf")
 9:   DHCP_LEASE_PATH=$(echo "/var/lib/dhcp/dhcpd.leases")
10:
11:   # MySQL Account
12:   MYSQL_ID=$(echo "radius")
13:   MYSQL_PW=$(echo "09n072")
14:   MYSQL_DB=$(echo "radius")
15:
16:   # Define Default Path
17:   DEFAULT_PATH=$(echo "/root/radius")
18:
19:   # Define DHCP temporary configuration file path
20:   DHCP_HEAD=$(echo $DEFAULT_PATH"/dhcpd/dhcpd_head.cnf")
21:   DHCP_SUBNET=$(echo $DEFAULT_PATH"/dhcpd/dhcpd_subnet.cnf")
22:   DHCP_LEASE=$(echo $DEFAULT_PATH"/dhcpd/dhcpd_lease.cnf")
23:
24:   # DHCPD restart command
25:   SVC_DHCPD=$(echo "service isc-dhcp-server restart")
26:
27:   # ===========================================
28:   # Generate Subnet definition
29:   # ===========================================
30:
31:   SUBNET=`mysql ##user=$MYSQL_ID --password=$MYSQL_PW $MYSQL_DB << EOF
32:   SELECT ';' as dm, id, subnet, netmask, broadcast, gateway, nis_domain,
       domain_name, dns, ip_start, ip_end, default_lease_time, max_lease_time
33:     FROM kp_vlan_info;
34:   EOF`
35:
36:   echo $SUBNET | tr ";" "\n" |
37:   while read line
38:     do
39:       ID=$(echo $line | awk '{print $1}')
40:       if [ "$ID" != 'dm' ]
41:       then
42:           SUBNET=$(echo $line | awk '{print $2}')
43:           NETMASK=$(echo $line | awk '{print $3}')
```

```
44:            BROADCAST=$(echo $line | awk '{print $4}')
45:            GATEWAY=$(echo $line | awk '{print $5}')
46:            NISDOMAIN=$(echo $line | awk '{print $6}')
47:            DOMAINNAME=$(echo $line | awk '{print $7}')
48:            DNS1=$(echo $line | awk '{print $8}')
49:            IPS=$(echo $line | awk '{print $9}')
50:            IPE=$(echo $line | awk '{print $10}')
51:            DLT=$(echo $line | awk '{print $11}')
52:            MLT=$(echo $line | awk '{print $12}')
53:
54:            echo "subnet "$SUBNET" netmask "$NETMASK" {"
55:            echo "        option routers                  "$GATEWAY";"
56:            echo "        option subnet-mask              "$NETMASK";"
57:            echo ""
58:            echo "        option domain-name-servers      "$DNS1";"
59:            echo ""
60:            echo "        default-lease-time              "$DLT";"
61:            echo "        max-lease-time                  "$MLT";"
62:            echo ""
63:            echo "        range                           "$IPS" "$IPE";"
64:            echo "}"
65:            echo ""
66:    fi
67: done > $DHCP_SUBNET
68:
69: # ================================================
70: # Generate Host Definition
71: # ================================================
72:
73: HOSTS=`mysql ##user=$MYSQL_ID --password=$MYSQL_PW $MYSQL_DB << EOF
74: SELECT concat("host ", concat(replace(macaddr,':',''),'_',vlan_id), " {
     2Thardware ethernet ",macaddr,"; 2Tfixed-address ",ipaddr,";1T}") as hosts
75:   FROM kp_ip_pool
76:  WHERE status = 'U'
77:    AND macaddr <> ''
78:  ORDER BY vlan_id, macaddr;
79: EOF`
80:
81: if [ "$HOSTS" ]
82: then
83:     echo $HOSTS | sed 's/hosts//g' | sed 's/\ host\ /\nhost\ /g' | sed
     's/2T/\n\t/g' | sed 's/1T/\n/g' >> $DHCP_SUBNET
84: fi
85:
86: # ================================================
```

```
 87:   # Generate dhcpd.lease file
 88:   # ================================================
 89:
 90:   LEASE=`mysql --user=$MYSQL_ID --password=$MYSQL_PW $MYSQL_DB << EOF
 91:   SELECT ';' as dm, ipaddr, macaddr, convert_tz(current_timestamp,@@session.
       time_zone, '+00:00') as ct,
 92:           convert_tz(date_add(current_timestamp, INTERVAL 1 DAY),@@session.
       time_zone, '+00:00') as at
 93:     FROM kp_ip_pool
 94:    WHERE macaddr <> '' AND ipaddr not like '0%'
 95:    ORDER BY ipaddr;
 96:   EOF`
 97:
 98:   echo $LEASE | tr "-" "/" | tr ";" "\n" |
 99:   while read line
100:     do
101:       ID=$(echo $line | awk '{print $1}')
102:       if [ "$ID" != 'dm' ]
103:       then
104:           LIP=$(echo $line | awk '{print $1}')
105:           LMAC=$(echo $line | awk '{print $2}')
106:           LCT1=$(echo $line | awk '{print $3}')
107:           LCT2=$(echo $line | awk '{print $4}')
108:           LAT1=$(echo $line | awk '{print $5}')
109:           LAT2=$(echo $line | awk '{print $6}')
110:
111:           echo "lease "$LIP" {"
112:           echo "        starts 0 "$LCT1" "$LCT2";"
113:           echo "        ends 1 "$LAT1" "$LAT2";"
114:           echo "        tstp 1 "$LAT1" "$LAT2";"
115:           echo "        binding state active;"
116:           echo "        next binding state free;"
117:           echo "        hardware ethernet "$LMAC";"
118:           echo "}"
119:           echo ""
120:       fi
121: done > $DHCP_LEASE
122:
123: cat $DHCP_HEAD > $DHCP_CONF
124: cat $DHCP_SUBNET >> $DHCP_CONF
125:
126: service isc-dhcp-server stop
127: cat $DHCP_LEASE > $DHCP_LEASE_PATH
128: service isc-dhcp-server start
```

- 9행: IP 주소 임대 DB 파일의 저장경로를 `DHCP_LEASE_PATH` 변수에 저장한다.

- 22행: IP 주소 임대 레코드들이 임시로 저장될 파일의 경로를 `DHCP_LEASE` 변수에 저장한다.

- 62행, 63행: 서브넷에서 단말기에 할당해줄 IP 주소 범위의 시작과 끝을 `range` 구문으로 정의한다.

- 90~96행: `kp_ip_pool` 테이블에서 IP 주소 임대 레코드 생성에 필요한 항목을 읽어온다.

  특이사항으로 dhcpd.lease 파일에 기록되는 임대 시작 및 종료 등의 시간정보는 GMT 시간으로 기록되기 때문에 한국시간을 GMT 시간으로 변경한다.

- 98~121행: 단말기에 할당된 IP 주소에 대해 각각 IP 주소 임대 레코드(lease IP 주소{ })를 만들어 임시 파일에 저장한다.

- 126행: IP 주소 임대 DB의 갱신을 위해 DHCP 서비스를 종료한다. IP 주소 임대 DB는 DHCP 서비스가 중지된 상태에서만 가능하다.

- 127행: 임시 파일(/root/radius/dhcpd/dhcpd_lease.cnf)에 저장되어 있는 IP 주소 임대 DB로 DHCP Lease DB를 갱신한다.

- 128행: DHCP 서비스를 시작한다.

지금까지 DHCP 시스템을 이용해 단말기에 고정 IP 주소를 할당하는 방법에 대해 알아보고 함께 구현해봤다. 독자 여러분은 지금까지 진행하면서 무엇을 느꼈는지 궁금하다. 개인적으로는 DHCP 시스템에 대한 관심이 높아졌길 기대한다. 지금까지 진행한 내용을 기존에 도입되어 있는 NAC 등의 보안 솔루션과 연계해 현장업무에 적용할 경우 네트워크 관리자를 괴롭히던 IP 주소 관리 업무의 효율성을 높일 수 있기 때문이다. 물론 이번 장에서 구현한 내용은 이 책에서 구현하고자 하는 전체 시나리오 중에서 첫 번째 시나리오이며, 전체적인 그림에서 보면 이제 막 발을 내딛는 단계다. 때문에 전체적인 보안 관점에서 보면 IP 주소 관리에 많은 허점이 보이기도 한다. 앞으로 한 단계씩 진행하면서 좀 더 완성도 높은 관리체계를 구현해보자. 다음 장에서는 IP 주소 관리에서 가장 중요하다고 생각하는 IP 주소의 실사용자 파악을 위한 사용자 인증을 구현해본다.

6장 사용자 인증과 IP 주소 할당

DHCP 시스템을 이용해서 IP 주소를 단말기에 할당하고, 단말기에 할당된 IP 주소는 처음 할당된 단말기에 지속적으로 할당될 수 있도록 IP 주소관리체계를 구현했다. 구현 과정에서 DHCP 시스템뿐만 아니라, MySQL DBMS에 대한 활용 방법과 쉘 스크립트를 활용한 프로그래밍까지 알아봤다. 5장에서 습득한 지식은 앞으로의 시나리오 구현 과정에서도 계속적으로 사용되기 때문에 좀 더 깊이 학습해두면, 시나리오 구현뿐 아니라 네트워크 또는 정보보안 관리자로서 보다 효과적인 업무를 수행하는 데 도움이 될 것이다.

이번 장에서는 앞 장에서 구현한 IP 주소관리체계의 부족한 부분을 보강할 예정이다. 이 책의 서두에서도 언급했듯이, DHCP 시스템을 근무하고 있는 직장의 네트워크에 IP 주소관리시스템으로 도입할 수 없는 가장 큰 이유가 IP 주소에 대한 추적성이라고 설명했다. 물론 단말기가 사용자에게 지급될 때 단말기의 맥 주소를 별도의 관리대장에 기록해두고 사고 발생 시 방화벽 또는 다른 보안 장비의 로그와 DHCP 시스템의 IP 주소 할당 로그를 비교해 IP 주소를 추적할 수 있다. 그러나 이렇게까지 하면서 DHCP 시스템을 도입하려는 관리자는 그리 많지 않다. 이 때문에 앞 장에서는 DHCP 시스템이 할당하는 IP 주소가 매번 변경되지 않고 각 단말기에 고정된 IP 주소를 할당하도록 시스템을 구현했다. 그렇다 하더라도 앞에서 제기한 IP 주소의 추적성 문제가 완전히 해결된 것은 아니다. 앞 장에서 구현한 것은 단지 IP 주소 임대시간을 초과했더라도 단말기가 네트워크에 연결되면 이전에 할당받았던 IP 주소를 할당하도록 했을 뿐이다.

여기서 말하는 IP 주소의 추적성은 단말기의 맥 주소와 단말기에 할당된 IP 주소, 단말기 사용자가 누구인지 등이 명확하게 관리되는 상태를 말한다. 여기에 한 가지를 덧붙이면 단말기 유형에 관계없이 어떠한 단말기라도 관리 대상에 포함되어야 한다. 네트워크 또는 정보보안 관리자로 근무하고 있는 직장에서 프린터 또는 디지털 복합기 등에 대한 IP 주소 관리와 사용자 관리가 명확하게 이뤄지고 있을까? 내 경우에는 802.1X 인증체계를 도입하기 전까지 적당히 관리했을 뿐 체계적으로 관리하지 않았다. 내가 관리하지 않았던 첫 번째 이유는 프린터였기 때문이다. 사용자 인터페이스가 없었을 뿐만 아니라 특별히 문제가 없을 것으로 믿은 것이다. 그리고 에이전트가 설치되지 않는다는 이유도 있었다. NAC 또는 정보자산 관리 솔루션 중에 프린터에 에이전트를 설치할 수 있는 제품은 내가 찾아본 바로는 아직까지 출시되지 않았다. 다만 NAC 등에서 장치 유형을 인지해 통제할 수 있을 뿐이다. 이렇게 통제의 예외에 속했던 다양한 유형의 단말기를 IP 주소 관리 및 통제의 영역으로 포함시킬 수 있다면 정보보안정책의 운영과 단말기 관리가 더 효과적으로 이뤄질 수 있을 것이다.

다시 DHCP 시스템의 IP 주소 할당과 관련된 이슈로 돌아가보자. DHCP 시스템을 통해 IP 주소가 단말기에 할당되고, 한 번 할당된 이후에는 단말기에 고정 IP와 같이 동일한 IP 주소가 할당된다. 관리자라면 이렇게 할당되는 IP 주소에 대한 사용자가 누구인지를 관리하고 싶을 것이다. 어떻게 하면 될까? 이쯤 되면 대부분 알고 있을 것이다. 사용자가 누구인지를 등록하면 된다. 하지만 지금까지 사용자를 등록했던 방법과는 다른 방법이어야 한다. 지금까지 일반적으로 사용된 방법은 단말기가 네트워크에 접속한 이후에 사용자정보의 등록을 요구하는 방식이다. 이러한 방법으로 전사의 IP 주소에 대한 사용자 관리가 수행될 수 있을까? 아마도 잘 되지 않았기 때문에 한 가닥 희망을 찾아보고자 이 책을 선택했을 것이다.

이제 여러분이 상상했던 그 방법을 구현해보자. 지금까지의 IP 주소 할당과 사용자 인증 또는 확인의 순서를 이번 장을 통해 완전히 뒤바꾸도록 하자. 사용자가 단말기를 네트워크에 접속시키면 사용자 신분을 IP 주소 할당에 앞서 확인하고, 사용자의 신원이 확인된 이후에 IP 주소를 할당하도록 시스템을 구현하고자 한다. 앞에서 802.1X를 살펴보면서 모두 설명했기 때문에 모두들 당연하게 받아들이고 있는가? 당연하다고 느끼는 독자도 다시 한 번 이 개념을 꼭 기억하길 바란다. 지금 설명한 개념은 단순하게 IP 주소의 할당과 관련된 것뿐만 아니라, 지금 관리하고 있는 네트워크 또는 정보보안과도 관련되는 문제이기 때문이다. 지금까지의 관리체계, 즉 네트워크 접근통제^{NAC}를 운영하고 정보자산 관리 솔루션을 운영하고 다양한 바이러스 백신 설치 유도시스템을 운영하는 이 체계에서는 IP 주소만 알면 어찌 됐든지 간에 단말기가 내부 네트워크에 접근하도록 허용하는 체계였다. 사용자가 자신이 이전에 할당받았던 IP 주소를 다른 단말기에 할당해서 사용하면 어떻게 통제하겠는가? 물론 NAC를 통해 단말기의 맥 주소와 IP 주소를 고정해서 어느 정도 통제가 가능하다. 그렇지만 사용자가 점점 똑똑해지고 있다. 단말기의 맥 주소를 변경하는 사용자가 있다. 이 정도 되면 방법은 다음과 같다. 네트워크에 접속할 때 IP 주소 할당 여부와 관계없이 사용자 인증 절차를 거친다면 위험을 조금은 감소시킬 수 있다. 이번 장에서 구현할 사용자 및 단말기 인증은 이러한 장점도 내포하고 있다. 이것이 바로 802.1X의 유익한 점이다.

이제 구체적으로 한 단계씩 구현해보자.

6.1 | IP 주소 실명제 구현

정보보안 또는 정보보호의 중요성이 강조되고, 소프트웨어 저작권 보호에 관한 이슈가 확산되면서 SW 자산 관리나 정보자산 관리 솔루션의 도입이 증가하고 있다. 정보자산의 의미를 좀 더 넓게 해석하면, HW와 SW를 비롯한 IP 주소 자원도 정보자산에 포함할 수 있다. 이미 대부분의 정보자산 관리를 표방하는 솔루션에서는 IP 주소 관리를 포함하고 있다. 또한 사용자가 임의로 단말기에 할당된 IP 주소를 변경하는 것을 차단하기 위해 IP 주소와 맥 주소 고정 기능을 제공하기도 한다. 이와 유사하거나 동일한 기능은 정보자산 관리 솔루션뿐만 아니라 전용 IP 주소 관리 솔루션 또는 네트워크 접근통제^{NAC} 시스템 등에서도 제공하고 있다. 대부분 이러한 유형의 솔루션 중 하나 이상의 솔루션이 도입되어 있을 것이다. 내가 근무하는 연구소에도 정보자산 관리 솔루션과 NAC 시스템이 도입되어 있다. 결국 대부분의 회사에서 IP 주소 자원을 관리하기 위한 기본적인 환경이 이미 조성되어 있는 것이다. 관리자가 IP 주소 관리를 위해 관심을 집중하고 좀 더 체계적으로 접근한다면 빈틈없는 IP 주소 관리가 가능할 것이다.

그러나 현실은 어떤가? 모든 환경적인 요건을 갖췄다고 해서 완벽하게 업무를 수행할 수 있을까? 사실 어느 기관이든 간에 네트워크 또는 정보보안 관리자를 충분히 확보하고 있진 않다. 대부분의 기관에서는 자사 인력으로 1~2명의 네트워크 또는 정보보안 인력을 보유하고 모든 업무를 수행하도록 하는 것이 현실이다. 이러한 상황에서 IP 주소 관리를 체계적으로 수행하기란 쉽지 않다. IP 주소의 체계적인 관리가 얼마나 중요한지는 모두 알고 있지만, 항상 다른 업무보다 우선순위에서 밀려 차일피일 미뤄지기 쉽다. 항상 마음속에서만 중요하게 자리잡고 있는 것이다. 많은 관리자에게 IP 주소 관리가 잘 되고 있는지 물어보면, 대부분의 관리자는 그렇게 자신 있게 대답하지 못한다.

그럼 IP 주소의 체계적인 관리가 왜 중요한지 잠시 생각해보자. 대부분의 관리자가 IP 주소를 관리해야 한다고 생각하고 있다면 분명한 이유가 있을 것이다. 많은 이유가 있겠지만 나는 크게 세 가지로 정리하고자 한다.

첫째, 사용자 단말기에 대한 추적성 확보다. 앞의 시나리오에서도 설명했지만, IP 주소를 관리하는 가장 큰 목적 중 하나는 단말기 및 단말기 사용자에 대한 추적성을 확보하는 데 있다. 악성코드 유포, 내부정보 유출, DDoS 공격 시도 등 다양한 사이버 침해 또는 정보보안 사고가 발생했을 때 독자가 가장 먼저 취하는 행동은 무엇인가? 대부분의 경우에 피해 또는 가해 단말기의 IP 주소를 가장 먼저 확인한다. 우선적으로 확인된 단말기의 IP 주소를 근거로 해당 IP 주소의 네트워크 접속을 차단한 다음, 해당 단말기에 대한 사고조사를 시작한다. 독자 여러분도 비슷한 과정을 거쳐서 사고를 처리할 것이다. 방법이 다양화되고 짧은 시간의 공격만으로도 큰 피해를 입히는 사이버 공격에 효과적으로 대응하기 위해서는 네트워크에 접속하는 단말기의 IP 주소에 대한 체계적인 관리가 매우 중요하다.

둘째, 접근통제 또는 권한관리다. 내부에서 운영하는 정보시스템, 네트워크 또는 단말기의 보호를 위해 다양한 유형의 보안 장비를 도입하고 있다. 대부분의 기관에서 기본적으로 DDoS 공격 탐지 및 차단 장비, 방화벽, IPS, IDS, NAC, 웹 방화벽 또는 개인정보 유출 방지 솔루션 등이 운영되고 있다. 이러한 보안 장비 중 일부에서는 행위 기반 탐지 및 차단, 콘텐츠 필터링 등의 기술을 이용해 정보보안 사고 또는 중요 정보의 유출을 예방하거나 차단하고 있다. 그러나 아직까지도 많은 보안 장비에서는 IP 주소를 기반으로 침입을 차단하고 접근권한을 관리하고 있다.

마지막으로 정보자산에 대한 보호를 들 수 있다. 어찌 보면 앞서 언급한 접근통제 또는 권한관리와 유사할 수 있지만 조금은 다른 면이 있다. 정보자산에 대한 보호는 두 가지 관점에서 접근할 수 있다. 하나는 물리적인 정보자산 보호를 의미하고, 나머지 하나는 정보보안 측면에서의 보호를 말한다. 먼저 물리적인 정보자산 보호라고 하면, 네트워크에 접속하는 정보자산의 사용 또는 미사용 여부를 확인해 자산관리와 연계할 때 자산의 이동 또는 망실 여부를 파악하는 것이다. 또한 물리적 네트워크에 외부에서 유입된 단말기의 접근을 차단하는 것이다. 요즘처럼 지식재산에 대한 가치가 중요한 시기에는 기업이나 공공기관의 중요 정보가 저장되어 있는 단말기를 안전하게 보호하는 일은 매우 중요하다. 결국 정보보안 측면에서의 정보자산 보호는 증가하는 사이버 위협으로부터 보유하고 있는 정보자산을 보호하는 것이다. 예를 들어 정보자산의 중요도를 평가하고 이에 따라 보안등급을 부여해 접근통제 또는 권한관리를 시행할 수 있다. 이러한 정책을 시행하는 하나의 기준으로 IP 주소가 이용될 수 있다. 또한 악성코드 유포 등이 내부 정보시스템이나 단말기에 미치는 영향을 최소화하기 위해 업무 수행 그룹별 또는 부서별 서브넷을 구분해 서브넷 간의 접근통제를 실시함으로써 내부 정보자산을 보호할 수 있다.

그럼 현재 IP 주소가 할당되고 관리되는 방법을 알아보고 이에 대한 문제점과 개선 방안을 살펴보자. 일부 대기업이나 국가기밀을 취급하는 소수의 정부기관을 제외하면 IP 주소의 할당과 관리를 엄격하게 통제하는 회사나 기관을 주변에서 찾아보기가 어렵다. 이 책을 읽고 있는 독자라면 추측하건대 대부분 IP 주소 관리에 있어서만큼은 어느 정도 관용과 여유를 가질 것으로 생각한다. 그리고 IP 주소 관리를 엄격히 하고 있다고 하더라도 사실은 솔루션의 기능에 의지해 IP 주소를 관리하는 경우가 대부분이다. 아니면, 아예 IP 주소 관리를 포기한 경우도 있을 것이다. 내 생각으로는 IP 주소 관리가 이뤄지지 않아서 네트워크에 대한 통제가 보다 강화된 것도 같다. 그럼 기존의 IP 주소의 할당과 통제에 대한 개념을 살펴보고 IP 주소 할당의 근본적인 문제점에 대해 함께 고민해보자.

그림 6-1은 일반적인 관리자의 IP 주소 할당과 단말기에 대한 네트워크 접근통제를 표현하고 있다. 독자가 근무하는 회사의 보안정책과 도입 솔루션의 유형에 따라 사용자 단말기에 대한 네트워크 접근통제 방법은 다를 수 있지만, 기본적인 개념은 비슷할 것이다. 신규 단말기가 도입되면 단말기 사용자는 네트워크 관리자로부터 IP 주소를 할당받는다. 단말기 사용자는 할당받은 IP 주소를 단말기에 설정하고 단말기로 네트워크에 접속한다. 단말기가 네트워크에 연결되면 사용자는 인터넷이 잘 되는지를 확인하기 위해 웹 브라우저를 실행하고, 접속하고자 하는 웹사이트의 주소를 입력한 후 웹 서핑을 시작한다. 이때부터 각 회사의 네트워크 관리 또는 통제 시스템이 기능을 발휘하기 시작한다. 대부분은 네트워크 접근통제^{NAC} 시스템에서 에이전트 설치를 요청하고, 에이전트 설치가 완료될 때까지는 인터넷 연결이 차단된다. NAC 에이전트 설치가 끝나면, 사일런트 모드 또는 백그라운드 모드로 다른 소프트웨어 및 에이전트가 추가로 설치된 후 인터넷을 연결할 수 있게 된다. 이것이 IP 주소 할당 이후부터 네트워크 접근통제의 일반적인 절차일 것이다.

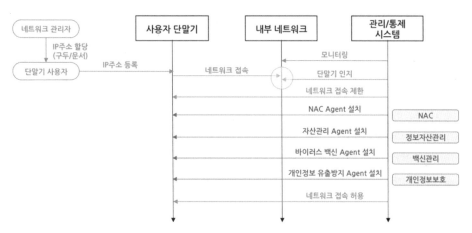

그림 6-1 일반적인 IP 주소 할당과 단말기 통제 절차

　그림 6-1과 같은 IP 주소 할당과 네트워크 접근통제 절차에 내포되어 있는 위험 요인은 어떤 것이 있을까? 일반적인 사용자의 단말기 접속 과정에서는 아무런 문제도 발생하지 않을 것이다. 그러나 네트워크에 접속하고자 하는 단말기가 외부에서 유입된 단말기라면 상황은 달라진다. 유지보수를 위한 협력업체 직원의 단말기가 내부 네트워크에 연결된다면 어떨까? 물론 대부분의 경우에는 아무런 문제가 없을 것이다. 그렇지만 여기에 악성코드가 감염되어 있다는 전제를 추가하면 어떨까? 기존의 IP 주소관리체계에서는 아무리 단말기를 통제하려 해도, 어떠한 단말기든지 내부 네트워크에 진입한 상태에서 통제가 이뤄진다. 그림 6-1에서 내부 네트워크에 원으로 표시된 영역을 볼 수 있다. 바로 이곳이 문제 영역이다. 아무리 통제가 잘 이뤄진다 하더라도 잘 설계된 악성코드가 유입되면 충분히 내부 네트워크에 대한 공격경로로 활용될 수 있다. 이와 같은 상황은 마치 성문을 지키는 책임자가 성문에 이미 사람을 들여놓은 상태에서 적군인지 아군인지 식별하기 위해 신원증명을 계속 요구하는 상황과 비슷하다. 이미 성 안에 들어온 첩자나 간첩은 웬만해서는 잡기가 어렵기 때문이다.

　그렇다면 효과적인 IP 주소 사용자 파악과 관리를 위해서는 어떻게 하면 될까? 독자가 알고 있는 솔루션에 대한 기억을 내려놓고 이와 관련해 기존에 생각했던 희망사항들을 표현해보길 바란다. 현실 가능성이 없는 방법이더라도 상상하는 데 돈

이 드는 것도 아니니 마음대로 상상해보자.

나는 802.1X를 접하기 전에 다음과 같이 희망했다. IP 주소의 할당 여부와는 관계없이 단말기를 네트워크에 연결하고 웹 브라우저를 실행하면 사용자 인증 페이지로 연결되어 사용자 인증을 받은 다음에 네트워크에 연결되도록 했으면 좋겠다고 생각했다. 그래서 연구소에서 도입해 사용하고 있는 몇몇 솔루션 업체에 내가 생각하는 것을 구현해줄 수 있는지 확인했지만, 대부분 불가능하다는 대답뿐이었다. 여러분도 내 생각에 대부분 공감하리라고 생각한다. 사실 관리자라면 이런 생각을 한 번쯤은 해봤을 것이다. 그림 6-2와 같이 네트워크에 연결되기 전에 단말기 사용자를 확인하고, 확인이 완료된 단말기에 한해 네트워크에 접속할 수 있도록 허용하는 것이다. 이와 관련된 방법은 2001년에 이미 국제표준으로 정립되었다. 그것이 바로 이 책에서 구현하고 있는 'IEEE 802.1X Port based Authentication' 또는 'IEEE 802.1X Port based Network Access Control'이다.

그림 6-2 사용자 인증이 추가된 네트워크 접속 절차

효과적인 IP 주소 관리를 위해서는 단말기가 IP 주소를 할당받기 이전에 사용자를 인증해야 한다. 그리고 인증이 완료된 후 IP 주소를 단말기에 할당하면, 좀 더 효과적인 IP 주소 관리가 수행될 수 있다. 이번 장에서는 이와 관련된 방법을 구체적

으로 구현하고자 한다. 앞 장에서 DHCP 시스템을 이용해 단말기에 고정 IP 주소를 할당하는 방법을 구현했다. 그러나 IP 주소에 대한 사용자 관리가 이뤄지지 않아 실제 네트워크 운영환경에 도입하기에는 어려움이 있었다. 이번 장에서는 DHCP 시스템에서 IP 주소가 할당되기 이전에 사용자 인증을 수행하고, 인증에 성공한 사용자정보와 DHCP 시스템에서 할당된 IP 정보를 관리함으로써 관리자의 개입 없이 IP 주소에 대한 실 사용자를 관리하는 방법을 설명한다.

IP 주소 실명제의 구현을 위해 필요한 요소들은 앞에서 모두 언급했다. 그림 6-2와 같이 사용자 단말기가 네트워크에 접속하자마자 사용자를 인증하기 위해 사용되는 802.1X가 있고, IP 주소 관리를 자동화하기 위한 요소로서 DHCP 시스템이 있다. 우리는 이 두 가지 핵심적인 기술 요소를 3~5장에서 고루 살펴봤다. 이번 장에서는 개별적으로 구현하고 테스트했던 각각의 기술 요소를 융합해 하나의 솔루션으로 가다듬는 과정을 진행하고자 한다. IP 주소 실명제를 구현하기 위해 가장 필요한 정보는 단말기의 맥 주소와 단말기에 할당된 IP 주소, 그리고 사용자 단말기의 맥 주소와 사용자 식별자다. 앞서 언급한 단말기의 맥 주소와 단말기에 할당된 IP 주소는 이미 4장에서 데이터베이스로 관리할 수 있도록 DHCP 시스템을 이용해 구현해뒀다. 그럼 나머지 정보 단말기의 맥 주소와 사용자의 식별자정보를 획득해야 한다. 그 후 두 가지 종류의 데이터를 병합해 그림 6-3과 같이 하나의 테이블로 만들면 맥 주소, IP 주소, 사용자가 연계된 IP 주소 실명 테이블이 완성된다.

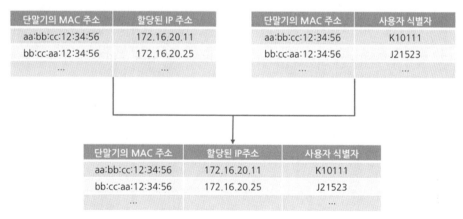

그림 6-3 IP 주소 실명 테이블

IP 주소 실명 테이블을 만들기 위해서는 사용자정보가 어딘가에서 관리되고 있어야 한다. 대부분의 회사에는 어딘가에 사용자정보가 있다. 어떤 회사는 LDAP^{Lightweight Directory Access Protocol} 또는 액티브 디렉터리를 이용해서 사용자정보를 관리할 수도 있고, 어떤 회사는 내부 업무시스템의 인사정보를 이용해 사용자정보를 관리하고 있다. 회사의 특성에 따라 다양한 시스템에서 사용자정보를 얻을 수 있겠지만, 그중에서도 가장 정확한 사용자정보를 얻으려면 인사정보시스템을 이용하는 것이 효과적이다. 대부분의 인사정보에는 사원의 고유 식별번호와 비밀번호가 저장되어 있기 때문이다. 이 책에서도 IP 주소 실명제를 위한 사용자정보(이름, 부서코드, 직원 ID, 비밀번호 등)를 획득하기 위해 인사정보시스템에 저장되어 있는 정보를 활용할 계획이다. 이제 사용자정보는 인사정보시스템에서 가져오기로 했으니, 한 가지 중요한 일이 남아 있다. 그림 6-3에 보이는 오른쪽 상단의 테이블과 같은 단말기의 맥 주소와 사용자 식별자의 연계정보는 어떻게 생성할 수 있을까? 분명히 어딘가에서는 단말기의 맥 주소와 사용자 식별자정보를 제공해야만 이와 같은 테이블을 만들 수 있다. 이것에 대한 해답이 인증서버에 있다. DHCP 서버에서 사용자 단말기에 IP 주소를 할당할 때, 로그정보에는 IP 주소를 할당받은 단말기의 맥 주소와 단말기에 할당되는 IP 주소정보가 기록되어 있었다. 이 로그정보를 이용해서 단말기의 맥 주소와 IP 주소를 연계하는 테이블을 생성했다. 그럼 혹시 802.1X 인증을 수행할 때 인증서버에는 인증을 위한 사용자 식별자와 인증을 요청하는 단말기의 맥 주소가 넘어오지 않을까? 그렇다. DHCP 시스템과 마찬가지로 우리가 인증서버로 사용하는 FreeRadius의 인증 관련 로그에도 인증을 요청한 단말기의 맥 주소와 사용자 식별자 정보가 기록된다. 이쯤 되면 어떠한 방법으로 구현할 수 있을지 정리될 것이다. DHCP 시스템의 로그를 파싱해서 필요한 정보를 뽑아냈던 것과 같은 방법을 이용한다. 인증을 위한 사용자 계정정보는 어떤 정보를 활용하면 될까? 앞서 인사정보시스템에서 가져오는 정보를 인증서버의 사용자 계정정보로 등록해 사용하면 그리 큰 문제는 아닐 듯싶다.

지금까지 이번 장에서 구현할 내용을 모두 설명했다. 다음 절에서는 인사정보시스템에 저장되어 있는 사용자정보를 인증서버와 연계하는 방법을 알아본다. 세 번째 절에서는 인증서버의 인증 로그를 파싱하고 우리가 필요로 하는 단말기의 맥 주소와 사용자 식별자를 연계해 테이블에 저장하는 방법을 살펴본 후, 네 번째 절에서 4장에서 구현한 IP 주소관리시스템과 연동해 IP 주소 실명제를 구현한다. 그리고 마지막으로 사용자 인증에 필요한 사용자 인터페이스를 제공하지 않는 단말기나 이미 인증받은 사용자 단말기에 대해 인증 절차를 간소화하는 단말기 인증 기능을 구현한다.

6.2 | 사용자 계정 연동

IP 주소를 할당하기 이전에 사용자 인증을 수행하기 위해서는 사용자를 인증할 수 있는 정보가 어딘가에 존재해야만 한다. 사용자 인증을 위한 정보 없이 사용자 인증을 할 수 있는 시스템이 있을까? 지금 여러분이 사용하고 있는 PC의 경우만 하더라도 안전한 사용을 위해 ID와 비밀번호의 입력을 요구한다. 또한 여러분이 자주 사용하는 인터넷 서비스는 어떨까? 모든 서비스에서 사용자 인증을 요구하고, 우리는 ID와 비밀번호를 입력해 사용자 인증 요구에 응답한다. 사용자 인증에 필요한 이런 정보는 그럼 어디에 저장되어 있을까? 인증을 요구하는 방식이 달라짐에 따라 인증정보가 저장되는 방식도 달라진다. 그렇지만 확실한 사실 하나는 어딘가에는 사용자 인증에 사용되는 정보가 저장되어 있다는 사실이다.

이번 장에서는 사용자의 단말기가 IP 주소를 할당받기 이전에 사용자 인증을 수행하려고 한다. 우리가 사용하는 인증 방식은 802.1X다. 물론 802.1X는 IP 주소 할당을 위한 인증뿐 아니라 다양한 목적으로 사용될 수 있는 독립적인 인증 방식이다. 다만 이 책에서는 802.1X 인증을 IP 주소 할당과 연계해 IP 주소 실명제를 구현하고자 하는 것이다. 802.1X의 인증 방식도 기본적으로 사용자 인증에 필요한 식별자(ID)와 비밀번호를 요구한다. 그리고 사용자로부터 전달받은 계정정보를 어딘가에 저장되어 있는 올바른 정보와 비교해 인증에 성공하면 사용자에게 정상적인 서비스를 제공하고, 그렇지 않으면 서비스 제공을 거부한다. 우리가 3장에서

802.1X 인증을 테스트하기 위해 사용한 계정정보는 리스트 6-1과 같이 텍스트 파일에 저장되어 있다.

리스트 6-1 /etc/freeradius/users

```
test01 Cleartext-Password := "test"
gdhong Cleartext-Password := "gdhong123"
        Tunnel-Type = VLAN,
        Tunnel-Medium-Type = IEEE-802,
        Tunnel-Private-Group-ID = 999
```

아직도 많은 시스템에서 계정정보를 텍스트 형태로 저장해 사용하고 있다. 대표적인 예로 여러분이 지금 인증서버로 사용하고 있는 우분투^{Ubuntu} 리눅스 시스템을 들 수 있다. 리눅스나 유닉스 계열의 운영체제에서는 사용자 계정정보관리에 텍스트 기반의 파일을 사용하고 있다. 물론 비밀번호 정보를 암호화해 저장함으로써 악의적인 계정 탈취를 방어할 수 있기에 안전하게 사용할 수 있다. 리스트 6-1의 계정정보를 한번 살펴보자. ID와 비밀번호가 모두 식별 가능한 텍스트로 표기되어 있어 위험하다고 생각될 것이다. FreeRadius에서도 사용자 계정정보의 보호를 위해 다양한 암호화 기법을 제공하고 있어 안전하게 계정정보를 저장할 수 있다. 계정정보의 암호화에 대해서는 나중에 살펴볼 것이다. 그럼 텍스트 파일로 저장된 계정정보 파일을 계속 사용해도 문제가 없을 듯싶다. 그렇다. 텍스트 형태의 파일을 사용해도 아무런 문제가 되지 않는다. 다만 이렇게 사용하기 위해서는 몇 가지 조건이 있다. 첫째, 인증서버의 사용자가 자주 변경되지 않아야 한다. 현실적으로 불가능한 조건이다. 물론 10명 내외의 직원이 근무하는 회사라면 직원의 입사와 퇴사가 그리 반복적으로 발생하지 않아서 관리할 수 있을 것이다. 그러나 한 달에도 수십 명씩 입사와 퇴사가 반복되는 회사의 네트워크 관리자라면 쉽지 않을 것이다. 둘째, 사용자가 단 하나의 네트워크에만 접속해야 한다. 물론 사용자는 업무 특성에 따라서 하나의 네트워크에 접속해야만 한다. 그러나 앞의 시나리오에서 봤지만, 이 책에서 구현하고 있는 네트워크는 한 사용자의 단말기가 업무용 네트워크와 기숙사용 네트워크 양쪽에 접속 가능하도록 구현해야 한다. 따라서 VLAN의 할당이 위치에 따라 달라져야 한다. 마지막 조건은 관리의 편의성이다. FreeRadius에서 텍스트 파일로 사용자 계정정보를 관리할 때에는 사용자 계정정보의 추가, 수정, 삭제 시에 항상 인증서버를 재시작해줘야 한다. 만약 사용자 계정정보 파일을 변경만 하고 인증서비스를 재시작해주지 않으면, 변경된 사용자 계정정보가 서비스에 반영되지 않아 정상적인 인증 서비스를 제공할 수 없게 된다. 또한 리스트 6-1의 계정정보 중 gdhong에는 스위치에 전달하기 위한 속성정보가 3개만 있다. 3개 정도면 관리하는 데 크게 문제되지 않는다. 그러나 100개의 사용자 계정에 리스트 6-1의 세 가지 속성을 모두 적용해야 하거나, 속성정보를 변경해야 하거나, 아니며 신규 속성을 추가해야 할 경우가 있다면? 가능은 하겠지만 짜증이 날 것이다. 이 세 가지 조건 외에도 회사의 업무 특성에 따라 다양한 조건이 추가될 수 있다. 그렇다면 다양한 조건이 있더라도 만족시킬 수 있는 계정정보관리 기법은 무엇일까? 너무 간단하다. 데이터베이스를 이용하는 것이다.

어느 정도 규모가 있는 회사에서는 회사의 업무 처리를 위한 별도의 업무지원 시스템, 일부에서는 MIS^Management Information System라고 부르는 시스템이 있다. 회사에 출근하자마자 업무를 위해 업무시스템에 로그인을 한다. 업무시스템에 로그인하면 직원이 부여받은 업무권한 및 시스템의 접근권한에 따라 접근 가능한 메뉴가 차별화되어 나타난다. 이러한 정보는 어떻게 관리되고 있을까? 바로 데이터베이스에 저장되어 관리되고 있다. 그럼 데이터베이스에 정보가 저장될 때는 어떻게 저장될까? 데이터베이스를 공부한 독자는 알고 있겠지만, 데이터베이스를 설계할 때는 정규화 과정을 거치게 된다. 정규화는 관리하고자 하는 데이터 또는 정보를 유사한 종류끼리 나누고 서로 중복되지 않으면서도 연계성을 갖도록 분리해서 테이블에 저장하는 절차를 말한다. 데이터베이스가 사용되는 시스템을 개발할 때는 데이터베이스 분석/설계 과정에서 정규화 과정을 거치게 된다. 그렇게 하다 보면 하나의 문서 또는 텍스트 파일로 저장될 수 있는 내용들이 테이블에서는 기본적으로 2개 이상의 테이블로 각각의 항목이 분리되어 저장된다.

우리가 앞에서 텍스트 파일로 관리했던 FreeRadius의 사용자 계정정보 파일이 데이터베이스로 저장되어 관리되려면, 여러 개의 테이블에 분리된 후 저장되어야 한다는 것이다. 그럼 데이터베이스에 인증정보를 저장하기에 앞서서, 텍스트 파일에 저장되어 있는 계정정보는 어떠한 의미가 있는지 살펴보자. 그림 6-4는 gdhong 계정정보의 역할을 설명하고 있다.

사용자 인증에 사용될 계정정보 ⎰ gdhong Cleartext-Password := "gdhong123"
　　　　　　　　　　　　　⎱　Tunnel-Type = VLAN,
인증 후에 스위치에 전달될　　　 Tunnel-Medium-Type = IEEE-802,
속성정보　　　　　　　　　　　 Tunnel-Private-Group-ID = 999

그림 6-4 텍스트 파일에 저장된 계정정보의 의미 분리

　　계정정보를 분리하면 그림 6-4와 같이 크게 두 가지 역할로 분리할 수 있다. 첫 번째 역할은 사용자 인증에 사용될 계정정보다. 계정정보에 있어서 이것이 가장 중요하다. 인증서버의 가장 기본적인 목적은 사용자를 인증하는 것이다. 인증서버가 인증 기능을 수행하지 못한다면 인증서버라고 할 수 없다. FreeRadius의 인증서버에도 인증에 사용될 계정정보만 있어서 인증서버로서 역할을 수행하는 데는 아무런 문제가 없다. 다음에 설명할 속성정보가 없어도 사용자 인증에는 아무런 문제가 없다. 독자 여러분의 현재 네트워크 환경을 그대로 유지한 채로 단지 사용자 인증만을 수행하고자 한다면, 계정정보 다음에 있는 속성정보는 무시해도 상관없다. 다만 시나리오에서 제시했던 업무 특성별로 네트워크를 분리하고, DHCP 시스템을 이용해서 IP 주소를 관리하고자 한다면 계정정보 다음의 속성정보가 꼭 필요하다. 두 번째 역할은 인증 완료 후 스위치에 사용자의 역할 또는 권한에 맞는 속성값들을 전달하는 것이다. 리스트 6-1의 예에서는 gdhong이라는 사용자에 대한 인증이 완료되면, 스위치 포트를 999번 VLAN으로 설정하는 설정값을 전달하도록 하고 있다. 이렇게 두 가지 역할을 수행하는 계정정보가 하나의 텍스트 파일에 등록되어 관리될 때는 계정정보 밑에 속성정보가 연이어 나타남으로써 서로의 연관관계를 확인할 수 있도록 하고 있다. 만약 이러한 정보들이 데이터베이스에 각각의 역할별로 분리되어 저장, 관리된다면 어떻게 될까? 사용자 계정정보는 A 테이블에, 인증 후에 전달될 속성정보는 B 테이블에, 이렇게 각각의 테이블에 정보의 특성에 따라 정보가 분리된 채로 저장되어 있다면 이들 간의 연관관계는 어떻게 맺어줄 수 있을

까? FreeRadius에서는 이들 간의 관계를 맺어주기 위해 별도의 관계 테이블을 사용한다.

여기서 잠깐 한 가지 생각해볼 것이 있다. 사용자 계정은 각각의 사용자에 따라 고유하게 할당되는 항목이다. 그렇다면 두 번째 역할, 즉 인증이 완료된 후 스위치에 전달되는 속성정보들도 각각의 사용자에 따라서 모두 유일한 속성정보가 존재해야 할까? 다시 설명하면 우리는 네트워크를 사용자의 업무 특성별로 분리하고 업무 특성에 따라 VLAN을 할당하기로 시나리오를 작성했다. 그렇다면 스위치에 전달할 속성정보는 업무의 특성에 따른 네트워크에 따라 존재해도 아무런 문제가 없을 것이다. 즉, 행정 업무를 수행하는 부서의 사용자는 행정 부서의 네트워크를 할당받으면 된다.

이제 다시 관계 테이블 이야기로 돌아가서, 스위치에 전달할 속성정보를 그룹 단위로 만들면 사용자와 속성 간의 연관관계를 맺어주기 위해 사용자 식별자와 그룹 식별자를 연결해주기만 하면 된다. 그림 6-5에서 지금까지 설명한 내용을 표현하고 있다.

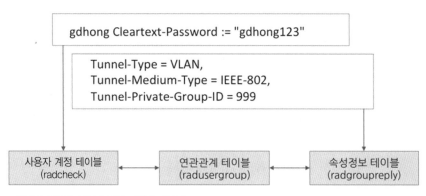

그림 6-5 인증에 사용될 정보 저장용 테이블

앞서 보여준 인증과 관련된 정보들이 각각의 역할에 따라 데이터베이스의 테이블에 저장되었고, 역할에 따라 저장된 테이블의 연관관계를 맺어주기 위해 별도의 테이블 또한 생성해줬다. 인증과 관련된 정보를 텍스트 파일로 관리할 때는 단순해 보였지만, 데이터베이스가 등장하고 테이블이 등장하고 더욱이 관계 테이블이라는 새로운 종류의 테이블까지 등장하니 복잡해 보인다. 그렇지만 앞으로 한 단계씩 진행하다 보면 왜 데이터베이스를 이용해서 인증과 관련된 정보를 관리하는지를 쉽게 이해하게 될 것이다.

6.2.1 FreeRadius에서 데이터베이스 사용

FreeRadius는 인증과 관련된 정보 저장을 위한 백엔드로, 텍스트 파일과 데이터베이스를 모두 사용할 수 있다. 그러나 3장과 4장에서 살펴봤듯이 FreeRadius를 설치한 이후 기본적으로는 텍스트 기반의 백엔드를 사용한다. 이번에는 좀 더 효과적으로 인증정보를 관리할 수 있도록 데이터베이스를 백앤드로 사용하는 방법에 대해 알아보자.

테이블 생성하기

인증과 관련된 정보를 저장하기 위해 테이블이 필요하다는 것을 알았다. 이제 테이블을 만들어야 한다. 테이블을 어디에 만들까? 앞 장에서 DHCP 시스템을 고정 IP 주소 할당을 해주는 시스템으로 변경하면서 이미 데이터베이스에 테이블을 만들고 우리가 필요한 정보들을 저장했다. 그와 비슷한 방법으로 테이블을 만들면 된다. 다만 차이점이라면 FreeRadius에서는 데이터베이스와 연동해 인증에 필요한 정보를 관리할 수 있도록 데이터베이스에 만들어야 할 테이블에 대한 정보를 제공하고 있다는 것이다. 그래서 우리가 별도로 인증에 사용할 테이블을 설계할 필요가 없다. 이제 테이블을 생성하자.

인증서버에서 사용할 테이블 생성을 위해 리스트 6-2와 같이 테이블 구조가 정의되어 있는 디렉터리로 이동한다.

리스트 6-2 /etc/freeradius/sql/mysql

```
sysop@radius:~$ sudo su -
[sudo] password for sysop: 09n072
root@radius:~# cd /etc/freeradius/sql/mysql/
root@radius:/etc/freeradius/sql/mysql# ls
admin.sql     cui.conf    dialup.conf  ippool.sql  schema.sql  wimax.sql
counter.conf  cui.sql     ippool.conf  nas.sql     wimax.conf
```

```
root@radius:/etc/freeradius/sql/mysql#
```

디렉터리의 경로를 변경한 후 파일 목록을 조회하면 여러 가지의 sql 파일
들이 있다. 이 중에서 우리가 사용할 파일은 schema.sql 파일과 nas.sql 파일이
다. schema.sql 파일에는 인증서버에서 사용하는 인증과 관련된 정보를 저장하
기 위한 테이블 구조가 정의되어 있고, nas.sql 파일에는 인증을 요청하는 인증자
Authenticator, 즉 액세스 스위치정보 등록에 필요한 테이블 구조가 정의되어 있다.

리스트 6-3과 같이 명령을 실행해 인증서버에서 사용할 테이블을 데이터베이
스에 생성한다. 데이터베이스는 이미 생성했던 radius를 사용하도록 한다.

리스트 6-3 인증서버용 테이블 생성

```
root@radius:/etc/freeradius/sql/mysql# mysql -u radius -p radius < schema.sql
Enter password: 09n072
root@radius:/etc/freeradius/sql/mysql# mysql -u radius -p radius < nas.sql
Enter password: 09n072
root@radius:/etc/freeradius/sql/mysql#
```

리스트 6-3과 같이 아무런 메시지도 출력하지 않았다면, 테이블 생성이 정상적
으로 완료된 것이다. 이제 테이블이 제대로 만들어졌는지 확인해보자.

리스트 6-4 테이블 생성 결과 확인

```
root@radius:/etc/freeradius/sql/mysql# mysql -u radius -p
Enter password: 09n072
Type 'help;' or '\h' for help. Type '\c' to clear the current input statement.

mysql> show databases;
+--------------------+
| Database           |
+--------------------+
| information_schema |
| radius             |
| test               |
+--------------------+
3 rows in set (0.00 sec)

mysql> use radius;
```

```
Reading table information for completion of table and column names
You can turn off this feature to get a quicker startup with -A

Database changed
mysql> show tables;
+------------------+
| Tables_in_radius |
+------------------+
| employee_default |
| kp_ip_pool       |
| kp_log_dhcp      |
| kp_vlan_info     |
| nas              |
| radacct          |
| radcheck         |
| radgroupcheck    |
| radgroupreply    |
| radpostauth      |
| radreply         |
| radusergroup     |
+------------------+
12 rows in set (0.00 sec)

Mysql> exit;
Bye
root@radius:/etc/freeradius/sql/mysql#
```

리스트 6-4의 테이블 목록을 보면 앞 장까지는 보이지 않았던 8개의 테이블이 눈에 띈다. nas 테이블과 rad로 시작하는 테이블들이 새로 생성된 테이블이다. 이 것으로 사용자 인증을 위해 필요한 테이블은 모두 만들었다. 테이블을 만든 것으로 끝이 아니다. FreeRadius에서 데이터베이스를 사용할 수 있도록 환경을 변경해줘 야 한다.

환경 설정 파일 변경하기

FreeRadius에서는 인증과 관련해서 데이터베이스를 사용하려면 환경 설정 파일에 명시적인 선언이 필요하다. 그럼 환경 설정 파일에 데이터베이스를 사용하겠다고 명시적으로 선언해보자. 역시 다음 과정을 그대로 따라한다.

sql.conf 설정 파일 변경하기

리스트 6-5와 같이 sql.conf 파일에서 데이터베이스 접속을 위한 환경변수의 값을 변경한다.

리스트 6-5 /etc/freeradius/sql.conf

```
28:     database = "mysql"
29:
30:     #
31:     #  Which FreeRADIUS driver to use.
32:     #
33:     driver = "rlm_sql_${database}"
34:
35:     # Connection info:
36:     server = "localhost"
37:     #port = 3306
38:     login = "radius"
39:     password = "09n072"
40:
41:     # Database table configuration for everything except Oracle
42:     radius_db = "radius"
```

radius.conf 파일 변경하기

리스트 6-6과 같이 radius.conf 파일에서 $INCLUDE sql.conf와 $INCLUDE sql/mysql/counter.conf를 찾아 주석(#)을 제거한다.

리스트 6-6 /etc/freeradius/radius.conf

```
...
683:     $INCLUDE sql.conf
684:
685:     #
686:     #  This module is an SQL enabled version of the counter module.
687:     #
688:     #  Rather than maintaining seperate (GDBM) databases of
689:     #  accounting info for each counter, this module uses the data
690:     #  stored in the raddacct table by the sql modules. This
691:     #  module NEVER does any database INSERTs or UPDATEs.  It is
692:     #  totally dependent on the SQL module to process Accounting
693:     #  packets.
694:     #
```

```
695:        $INCLUDE sql/mysql/counter.conf
...
```

sites-enabled/default 파일 변경하기

마지막으로 /etc/freeradius/sites-enabled/default 파일을 변경한다. 리스트 6-7
과 같이 sql 키워드 앞에 붙어 있는 주석(#)을 제거한다.

리스트 6-7 /etc/freeradius/sites-enabled/default

```
...
62:   authorize {
...
158:        #  See "Authorization Queries" in sql.conf
159:        sql
...
205: }
...
234: authenticate {
...
387:        #  See "Accounting queries" in sql.conf
388:        sql
...
425: }
...
431: session {
432:        radutmp
433:
434:        #
435:        #  See "Simultaneous Use Checking Queries" in sql.conf
436:        sql
437: }
...
443: post-auth {
...
457:        sql
...
548: }
...
```

NAS 정보 DB에 등록하기

인증서버는 사용자 인증을 수행하기 전에 인증을 요청하는 인증자, 즉 액세스 스위치가 인증을 요청할 수 있는 스위치인지 여부를 확인한다. 인증자는 네트워크 스위치뿐만 아니라 무선 랜 컨트롤러^{WLC, Wireless LAN Controller}, VPN 장비도 될 수 있다. 다만 현재 시점에서는 네트워크 스위치를 중심으로 전체 과정이 진행되기 때문에·편의를 위해 인증자라는 표현보다는 액세스 스위치 또는 스위치라는 표현을 사용한다. 이를 위해 4.1절에서 인증 테스트를 준비하면서 /etc/freeradius/clients.conf 파일에 NAS_BD_11F 스위치정보를 등록했다. FreeRadius에서 사용자 인증을 위해 데이터베이스를 이용하게 되면, 스위치정보도 데이터베이스의 테이블에 저장해 관리할 수 있게 된다. 파일을 기반으로 스위치정보를 관리할 때는 스위치가 등록되거나 제거될 때 매번 인증서버를 다시 시작해야 하는 번거로움이 있었지만, 데이터베이스를 통해 스위치를 관리하게 되면 이러한 불편사항을 없앨 수 있다.

사용자 인증을 요청할 스위치정보를 데이터베이스에 등록하기 위해 clients. conf 파일에 등록했던 스위치정보를 제거한다. 만약 동일한 스위치정보가 환경 설정 파일과 DB에 동시에 존재하면, 인증서버가 재시작할 때 에러 메시지를 출력한다. 에러 메시지 출력을 방지하기 위해 리스트 6-8과 같이 clients.conf 파일에 등록되어 있는 스위치정보를 사용할 수 없도록 주석 처리한다.

리스트 6-8 /etc/freeradius/clients.conf

```
#client 172.30.11.11 {
#       secret   = test123
#       shortname = NAS_BD_11F
#       nastype = cisco
#}
```

이제 리스트 6-9와 같이 액세스 스위치정보를 radius 데이터베이스의 nas 테이블에 등록한다.

리스트 6-9 nas 테이블에 스위치정보 등록

```
root@radius:/etc/freeradius# mysql -u radius -p
```

```
Enter password: 09n072
Type 'help;' or '\h' for help. Type '\c' to clear the current input statement.

mysql> use radius;
Reading table information for completion of table and column names
You can turn off this feature to get a quicker startup with -A

Database changed
mysql>
mysql> insert into nas (nasname, shortname, type, ports, secret, description)
    ->          values('172.30.11.11', 'NAS_BD_11F', 'cisco', 1812, 'test123', '업무
   건물 1동 1층');
Query OK, 1 row affected (0.00 sec)

mysql> insert into nas (nasname, shortname, type, ports, secret, description)
    ->          values('172.30.11.21', 'NAS_BD_21F', 'cisco', 1812, 'test123', '기숙
   사동 1층');
Query OK, 1 row affected (0.00 sec)

mysql> select * from nas;
+----+--------------+------------+-------+-------+---------+--------+-----------
    +-----------------------+
| id | nasname      | shortname  | type  | ports | secret  | server | community
    | description           |
+----+--------------+------------+-------+-------+---------+--------+-----------
    +-----------------------+
|  1 | 172.30.11.11 | NAS_BD_11F | cisco |  1812 | test123 | NULL   | NULL
   업무건물 1동 1층        |
|  2 | 172.30.11.21 | NAS_BD_21F | cisco |  1812 | test123 | NULL   | NULL
   기숙사동 1층            |
+----+--------------+------------+-------+-------+---------+--------+-----------
    +-----------------------+
2 rows in set (0.00 sec)

mysql>
```

리스트 6-9에서는 표 3-1의 네트워크 스위치 목록 중에서 사용자 단말기가 연결되는 스위치 2대의 정보를 등록했다. 먼저 등록된 스위치는 업무용 건물의 1층에서 사용되는 스위치이고, 나중에 등록된 스위치는 기숙사에 사용될 스위치다.

이상으로 인증서버(FreeRadius)에서 데이터베이스를 사용하기 위한 준비를 마쳤다. 이제 데이터베이스에 저장되어 있는 계정으로 인증이 잘 되는지 확인해보자.

데이터베이스에 저장된 계정을 사용한 인증 테스트

환경 설정이 변경되었으므로 변경된 환경의 적용을 위해 리스트 6-10과 같이 인증 서버를 재시작한다.

리스트 6-10 FreeRadius 재시작

```
root@radius:/etc/freeradius# /etc/init.d/freeradius restart
 * Stopping FreeRADIUS daemon freeradius                        [ OK ]
 * Starting FreeRADIUS daemon freeradius                        [ OK ]
root@radius:/etc/freeradius#
```

이제 리스트 6-11과 같이 데이터베이스에 신규 계정을 등록한다.

리스트 6-11 신규 사용자 등록

```
mysql>
mysql> insert into radcheck(username, attribute, op, value) values
    ('gshong','Cleartext-Password',':=','123456');
Query OK, 1 row affected (0.03 sec)

mysql> select * from radcheck;
+----+----------+-------------------+----+--------+
| id | username | attribute         | op | value  |
+----+----------+-------------------+----+--------+
|  1 | gshong   | Cleartext-Password | := | 123456 |
+----+----------+-------------------+----+--------+
1 row in set (0.00 sec)

mysql>
```

신규 계정의 등록을 마쳤다. 이번에는 현재의 콘솔 창이 아닌, 별도의 콘솔 창을 열어 리스트 6-12와 같이 리스트 6-11에서 등록한 계정을 통해 인증받을 수 있는지 확인한다.

리스트 6-12 데이터베이스에 등록된 사용자 계정 테스트

```
sysop@radius:~$ radtest gshong 123456 localhost 0 testing123
Sending Access-Request of id 10 to 127.0.0.1 port 1812
    User-Name = "gshong"
    User-Password = "123456"
```

```
    NAS-IP-Address = 127.0.1.1
    NAS-Port = 0
rad_recv: Access-Accept packet from host 127.0.0.1 port 1812, id=10, length=20
sysop@radius:~$
```

명령 실행 결과의 맨 마지막 줄에 Access-Accept가 포함된 메시지가 출력되었다면, 데이터베이스에 저장된 계정을 통해 정상적으로 인증이 수행된 것이다.

속성정보 등록과 사용자 계정과의 연계

파일에 등록되어 있는 사용자 인증과 관련된 정보를 데이터베이스에 저장하기 위해 3개의 테이블을 이용하기로 하고, 그림 6-6과 같이 사용자 계정이 저장될 테이블 radcheck에 사용자 계정을 등록했다. 우리가 기대하는 정상적인 동작을 위해서는 나머지 2개의 테이블에도 정보를 등록해야만 한다.

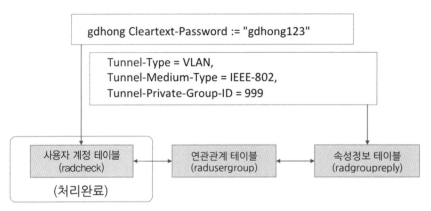

그림 6-6 세 테이블에서 사용자 계정 등록 테이블 사용

그림 6-6에서 각각의 인증과 관련된 정보가 저장될 테이블을 지정한 것과 같이 이번에는 사용자 인증 후에 인증서버에서 스위치에 전달할 속성정보(AVP)를 테이블에 등록한다. 다만 사용자 계정정보를 등록할 때와는 달리 한 가지 기억해야 할 사항이 있다. 앞에서 설명했듯이, 사용자 인증과 관련된 모든 정보가 파일을 이용해 관리될 때는 사용자 계정과 스위치에 전달되는 속성정보 간의 관계 정의를 위한 표시가 별도로 요구되지 않았다. 그러나 데이터베이스에서 정보가 관리될 때에는

두 정보(사용자 계정, 속성정보) 간의 관계를 맺어주기 위한 별도의 방법이 필요하다. 그래서 속성정보에 관계 정의를 위한 표시를 해두고 연관관계 테이블을 통해 사용자 계정정보와 속성정보 간의 관계를 정의해야 한다고 설명했다. 따라서 속성정보를 테이블에 등록할 때는 사용자 계정과 관계를 맺어주기 위한 별도의 칼럼값을 등록한다. 이것을 FreeRadius에서는 groupname이라고 한다. 리스트 6-13과 같이 속성정보를 등록한다.

리스트 6-13 VLAN 할당을 위한 속성정보 등록

```
root@radius:/etc/freeradius# mysql -u radius -p
Enter password: 09n072
Type 'help;' or '\h' for help. Type '\c' to clear the current input statement.

mysql> use radius;
Reading table information for completion of table and column names
You can turn off this feature to get a quicker startup with -A

Database changed
mysql>
mysql> insert into radgroupreply (groupname, attribute, op, value) values
    ('VLAN_999','Tunnel-Type','=','VLAN');
Query OK, 1 row affected (0.01 sec)

mysql> insert into radgroupreply (groupname, attribute, op, value) values
    ('VLAN_999','Tunnel-Medium-Type','=','IEEE-802');
Query OK, 1 row affected (0.00 sec)

mysql> insert into radgroupreply (groupname, attribute, op, value) values
    ('VLAN_999','Tunnel-Private-Group-ID','=','999');
Query OK, 1 row affected (0.00 sec)

mysql> select * from radgroupreply;
+----+-----------+-------------------------+----+----------+
| id | groupname | attribute               | op | value    |
+----+-----------+-------------------------+----+----------+
|  1 | VLAN_999  | Tunnel-Type             | =  | VLAN     |
|  2 | VLAN_999  | Tunnel-Medium-Type      | =  | IEEE-802 |
|  3 | VLAN_999  | Tunnel-Private-Group-ID | =  | 999      |
+----+-----------+-------------------------+----+----------+
3 rows in set (0.00 sec)

mysql>
```

사용자 계정정보와 속성정보가 모두 등록되었다. 이제 두 테이블에 등록된 정보 간의 관계를 맺어주는 일만 남았다. 관계정보 등록 과정을 진행하기 전에 두 테이블 간 관계에 대해 생각해보자. 2개의 테이블 radcheck와 radgroupreply에 등록된 정보를 연결시키기 위해서는 어떠한 항목, 즉 어떤 칼럼을 선택해서 관계를 맺어주면 될까? 우선, 바로 앞에서 관계를 맺어주기 위해 groupname을 사용한다고 했으니 radgroupreply 테이블에서는 groupname 칼럼이 사용될 것이다. 그럼 radcheck 테이블에서는 어떤 칼럼을 사용하면 될까? 여러 개의 칼럼이 있지만, username을 사용하는 것이 가장 바람직할 것이다. username은 우리가 알고 있는 사용자의 실제 이름이 아니다. 우리가 식별자로 사용하는 ID를 username이라고 표기하기 때문에, FreeRadius에서는 username은 일반적인 사용자 ID다. 그럼 실제로 radusergroup 테이블은 어떻게 정의되었는지 살펴보고 관계를 등록해보자.

리스트 6-14 연관관계 정보 등록

```
mysql> desc radusergroup;
+-----------+-------------+------+-----+---------+-------+
| Field     | Type        | Null | Key | Default | Extra |
+-----------+-------------+------+-----+---------+-------+
| username  | varchar(64) | NO   | MUL |         |       |
| groupname | varchar(64) | NO   |     |         |       |
| priority  | int(11)     | NO   |     | 1       |       |
+-----------+-------------+------+-----+---------+-------+
3 rows in set (0.00 sec)
mysql>
mysql> insert into radusergroup (username, groupname) values
    ('gshong','VLAN_999');
Query OK, 1 row affected (0.02 sec)

mysql>
```

리스트 6-14에서 테이블 구조를 살펴보면 생각했던 구조와 별다른 차이가 없다. 다만 priority 칼럼이 더 추가되어 있는데, 이것은 사용자에게 여러 개의 그룹이 할당되었을 때 적용될 우선순위를 지정하기 위한 칼럼이다. 우리가 구현하는 인증체계에서는 사용자에게 하나의 그룹만 할당되기 때문에 이 칼럼은 실제로 사용되지 않는다.

테이블 구조를 확인하고 바로 연관관계 테이블에 관계를 등록했다. 등록된 관계를 정상적으로 이용하는지 확인해보자. 리스트 6-15와 같이 첫 번째 콘솔에서 MySQL을 종료하고, 명령 프롬프트에서 FreeRadius도 종료한다. 다음에 FreeRadius를 디버깅^{debugging} 모드로 실행한다.

리스트 6-15 디버깅 모드로 FreeRadius 실행

```
mysql> exit
Bye
root@radius:/etc/freeradius# /etc/init.d/freeradius stop
 * Stopping FreeRADIUS daemon freeradius
   [ OK ]
root@radius:/etc/freeradius#
root@radius:/etc/freeradius# freeradius -X
FreeRADIUS Version 2.1.10, for host x86_64-pc-linux-gnu, built on Sep 24 2012 at
    17:58:57
Copyright (C) 1999-2009 The FreeRADIUS server project and contributors.
There is NO warranty; not even for MERCHANTABILITY or FITNESS FOR A
PARTICULAR PURPOSE.
...
Listening on authentication address * port 1812
Listening on accounting address * port 1813
Listening on authentication address 127.0.0.1 port 18120 as server inner-tunnel
Listening on proxy address * port 1814
Ready to process requests.
```

리스트 6-15와 같이 FreeRadius가 디버깅 모드로 실행된 후, 두 번째 콘솔에서 리스트 6-16과 같이 사용자 인증을 테스트하고 리스트 6-13에서 등록한 속성정보가 정상적으로 할당되는지 확인한다.

리스트 6-16 AVP 정보 할당 테스트

```
sysop@radius:~$ radtest gshong 123456 localhost 0 testing123
Sending Access-Request of id 224 to 127.0.0.1 port 1812
    User-Name = "gshong"
    User-Password = "123456"
    NAS-IP-Address = 127.0.1.1
    NAS-Port = 0
rad_recv: Access-Accept packet from host 127.0.0.1 port 1812, id=224, length=37
```

```
    Tunnel-Type:0 = VLAN
    Tunnel-Medium-Type:0 = IEEE-802
    Tunnel-Private-Group-Id:0 = "999"
sysop@radius:~$
```

실행 결과를 보면 리스트 6-12의 결과와 달리 아래의 3줄이 추가로 출력되었다. 리스트 6-13에서 등록한 속성정보값으로 액세스 스위치의 포트에 할당할 VLAN 정보값이 추가로 전달되었음을 확인할 수 있다. 그럼 디버깅 결과를 확인해보자.

리스트 6-17 FreeRadius 디버깅 결과

```
Sending Access-Accept of id 224 to 127.0.0.1 port 51619
    Tunnel-Type:0 = VLAN
    Tunnel-Medium-Type:0 = IEEE-802
    Tunnel-Private-Group-Id:0 = "999"
Finished request 0.
Going to the next request
Waking up in 4.9 seconds.
Cleaning up request 0 ID 224 with timestamp +143
Ready to process requests.
```

리스트 6-17의 결과와 같이 gshong 계정정보와 연관되어 있는 VLAN 정보가 전달된 것을 확인할 수 있다.

여기서 간단한 퀴즈를 풀어보자. 우리가 구현하는 시나리오에서는 업무 특성에 따라 네트워크를 구분(VLAN)해 구성하고, 구분된 네트워크는 사용자의 부서에 따라 VLAN을 할당하기로 했다. 그럼 사용자가 속한 부서에 따라 VLAN을 할당하도록 하려면 어떻게 해야 할까?

6.2.2 인사정보 데이터베이스와 계정정보 연동

정보보안 또는 업무 관련 시스템을 도입할 때 고려되는 항목 중 하나로 사용자 계정 연동 항목이 포함되는 경우를 흔히 경험하게 된다. 특히나 정보보안 제품을 도입할 경우 사용자 계정 연동이 문제가 되는 경우가 있다. 예를 들어 네트워크접근

통제^{NAC}를 도입하고 사용자 인증을 실시하기로 했을 때, NAC에서 참조할 사용자 계정정보는 어디에 있을까? 물론 일부 기관에서는 전략적으로 인증정보를 위한 별도의 시스템을 미리 구축하고, 기관에서 운영하는 모든 시스템에 대한 사용자 인증을 통합적으로 제공하기도 한다. 대표적인 인증시스템으로 액티브 디렉터리^{AD}, LDAP, RADIUS 등이 있다. 이 중에서 요즘 많이 구축하는 인증시스템으로 AD를 꼽을 수 있다. 내가 자주 연락하는 어느 기관에서도 AD를 기관의 인증시스템으로 세워두고 모든 시스템의 사용자 인증을 AD에서 수행하도록 하고 있다. 그러나 이러한 경우는 보안에 대한 체계가 잘 잡혀 있는 기관의 이야기다. 대부분의 기관 또는 회사에서는 중앙화된 인증시스템을 구축하지 못하고 있기 때문에, 사용자 계정정보 연동이라는 표현을 들어 인사정보시스템 또는 별도의 데이터베이스에 저장되어 있는 계정정보를 인증이 필요한 시스템에 복제해 동일한 사용자 식별자^{ID}와 비밀번호를 사용해 인증을 수행하곤 한다. 이번에 구현할 내용도 방금 설명한 사용자 계정 연동에 관한 내용이다. 우선 사용자 계정 연동을 구현하기에 앞서 사용자 계정 연동의 전체적인 그림을 살펴보자. 그림 6-7은 이미 보유하고 있는 인사정보를 이용한 계정 연동 절차를 표현하고 있다.

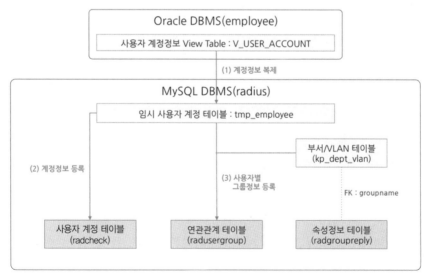

그림 6-7 사용자 계정 연동 개념도

우선 사용자 계정 연동을 위해서는 계정정보를 제공할 수 있는 소스가 있어야 한다. 내가 사용하는 계정정보는 오라클 DBMS에 저장되어 있기 때문에 소스 DBMS는 오라클을 기준으로 진행한다. 모두 알겠지만, 여기서 중요한 사항이 있다. 사용자 계정정보 연동을 위해 계정정보를 제공할 때는 인사정보 또는 계정정보가 저장된 테이블에 직접 접근하지 못하도록 해야 한다. 계정정보 연동용으로 제공할 계정의 소스는 반드시 뷰 테이블^{View Table}을 생성해 연동에 필요한 정보만을 제공하도록 하고, 불필요한 인사정보 또는 추가적인 정보에 대한 접근과 변경을 방지해야 한다. 계정정보 연동에 필요한 소스가 준비되면, 바로 계정 연동을 시행할 수 있다. 물론 이때에도 계정 연동의 주체가 어디가 될지를 정해야 한다. 계정정보를 갖고 있는 서버 측면에서 연동을 수행할지, 아니면 소스에 접근해 계정정보를 가져다가 환경에 적합하게 변경해서 사용할 클라이언트 측면에서 수행할지를 정해야 한다. 여러모로 봤을 때 계정 연동은 클라이언트 측면에서 수행하는 것이 편리하다. 만약 서버 측면에서 수행하게 된다면, 클라이언트의 계정정보가 저장되는 구조를 모두 알고 있어야 한다. 이렇게 되면 계정 연동에 적지 않은 부담이 될 수 있다. 매번 계정 연동을 할 때마다, 서버에서 작업해줘야 하는 것은 그리 바람직하지 않아 보인다. 이런저런 문제를 따지다 보면 클라이언트 측면에서 계정 연동을 진행하는 것이 좋은 대안이 된다. 따라서 그림 6-7에서는 클라이언트 측면에서, 즉 인증서버에서 수행되는 계정 연동을 도식화하고 있다.

소스 계정정보가 준비되었으므로, 인증서버에서는 소스 계정정보가 등록되어 있는 오라클 DBMS의 V_USER_ACCOUNT 테이블에 접속해 계정정보를 읽어, 인증서버에서 사용하는 radius 데이터베이스의 tmp_employee 테이블에 임시로 저장한다. 이 단계에서 인증서버는 소스 계정 테이블에서 사용자 이름, ID, 비밀번호, 부서코드라는 네 가지 항목의 정보를 가져온다. 이 과정에서부터 좀 까다로운 문제가 발견된다. 두 종류의 데이터베이스를 다뤄야 하는 것이다. 오라클 DBMS에서 정보를 읽어서 MySQL DBMS에 저장하는 이기종 DBMS 간 데이터 마이그레이션 이슈가 제기된 것이다. 이름은 거창하지만 그다지 복잡한 문제는 아니다. 그렇지만 나중에 다른 시스템에서의 계정 연동에도 발생할 수 있는 문제이기 때문에 활용성을 위해 뒤에서 좀 더 자세히 설명하고자 한다. 구현 시에 특별한 방법을 사용하지는 않는다. 임시 파일을 하나 만드는 방법으로 이기종 DBMS 간의 데이터 전환을 용이하도록 구현했다. 우선 오라클 DBMS에서 MySQL DBMS로 사용자 계정정보가 옮겨진 후, 나머지 작업은 '식은 죽 먹기'처럼 간단하고 쉽다. 6.2.1절에서 사용자 계정을 등록하는 과정을 통해 확인했듯이, 사용자 계정 등록 과정은 매우 쉽다. DBMS를 이용할 경우에는 더욱 쉽다. 왜일까? 계정을 등록할 때마다 별도의 SQL문을 실행하지 않고 테이블 단위로 단 몇 줄의 SQL문으로 계정을 쉽게 등록할 수 있기 때문이다. 사용자 계정이 저장되는 radcheck 테이블에는 tmp_employee 테이블에 저장되어 있는 계정정보를 한방의 SQL문으로 등록하도록 한다. 물론 이미 등록되어 있는 계정정보는 다시 등록되지 않도록 막아야 한다. 그다음에 수행할 작업은 미리 만들어놓은 부서/VLAN 맵핑 테이블과 임시사용자 계정 테이블(tmp_employee)을 조인join해 연관관계 테이블(radusergroup)에 신규로 등록된 사용자와 속성정보 테이블(radgroupreply)에 등록되어 있는 VLAN 정보 간의 연관관계를 만들도록 한다. 이 과정에서 부서/VLAN 맵핑 테이블을 만들고, 속성정보 테이블에는 앞서 설계했던 VLAN 정보를 등록하고자 한다.

사용자 계정정보 연동에 관한 기본적인 흐름을 이해했을 것으로 알고, 이제 구체적으로 하나하나 구현하자.

오라클 DBMS 접근용 클라이언트 설치하기

클라이언트에서 오라클 DBMS에 접근하기 위해서는 반드시 오라클 클라이언트Oracle Client 프로그램이 클라이언트에 설치되어 있어야 한다. 그러나 불행히도 썬SUN에서는 우분투Ubuntu 리눅스를 위한 오라클 클라이언트 프로그램을 제공하지 않고 있다. 그렇다고 오라클 클라이언트 프로그램 설치 때문에 운영체제를 레드햇 RHEL이나 CentOS로 바꿔서 처음부터 지금까지의 과정을 다시 진행할까? 군이 그렇게 하고 싶지 않다. 리눅스를 쓰는 장점 중 하나가 내가 필요하면 다른 누군가도 필요성을 느낀다는 것이다. 필요성을 느끼는 사용자가 많아지면 누군가는 해결 방법을 찾아낸다. 이 얼마나 고마운 일인가? 우분투 리눅스에서는 RPM 패키지를 우분투 리눅스에 설치할 수 있도록 Alien이라는 도구를 제공하고 있다. 우리는 이 도구를 이용해 썬에서 제공하는 Oracle Instant Client 프로그램을 설치해 오라클 DBMS에 접속할 수 있는 환경을 만들고자 한다.

Oracle Instant Client 프로그램을 설치하기 이전에 먼저 Alien을 설치하도록 한다. Alien의 설치를 위해 콘솔 창에서 루트 권한을 획득한 후 리스트 6-18의 명령을 실행한다.

리스트 6-18 libaio1과 Alien 패키지 설치

```
root@radius:~# apt-get install libaio1 -y
...
libaio1 패키지를 푸는 중입니다 (.../libaio1_0.3.109-2ubuntu1_amd64.deb에서) ...
libaio1 (0.3.109-2ubuntu1) 설정하는 중입니다 ...
libc-bin에 대한 트리거를 처리하는 중입니다 ...
ldconfig deferred processing now taking place
root@radius:~# apt-get install alien -y
...
build-essential (11.5ubuntu2.1) 설정하는 중입니다 ...
libc-bin에 대한 트리거를 처리하는 중입니다 ...
ldconfig deferred processing now taking place
root@radius:~#
```

Alien이 정상적으로 설치되었다면, 웹 브라우저로 오라클 홈페이지에 접속해 Oracle Instant Client 프로그램 RPM 패키지를 다운로드하고 인증서버의 sysop 계정의 디렉터리에 복사해둔다. 패키지를 다운로드할 때는 현재 설치되어 있는 OS의 비트를 고려해 다운로드한다. 이 책은 64비트 운영체제를 기준으로 진행하고 있어서, 64비트 버전의 RPM 패키지를 다운로드했다.

다운로드 URL

http://www.oracle.com/technetwork/database/features/instant-client/index-097480.html

다운로드 패키지

- oracle-instantclient11.2-basic-11.2.0.3.0-1.x86_64.rpm

- oracle-instantclient11.2-devel-11.2.0.3.0-1.x86_64.rpm

- oracle-instantclient11.2-sqlplus-11.2.0.3.0-1.x86_64.rpm

패키지를 다운로드해 sysop 디렉터리에 업로드한 후 리스트 6-19와 같이 Oracle Instant Client를 설치한다.

리스트 6-19 Oracle Instant Client 설치

```
root@radius:~# cd ~sysop
root@radius:/home/sysop# alien -i oracle-instantclient11.2-basic-11.2.0.3.0-1.
    x86_64.rpm
root@radius:/home/sysop# alien -i oracle-instantclient11.2-devel-11.2.0.3.0-1.
    x86_64.rpm
root@radius:/home/sysop# alien -i oracle-instantclient11.2-sqlplus-11.2.0.3.0-1.
x86_64.rpm
```

리스트 6-19의 명령을 실행해 패키지 설치가 마무리되면 리스트 6-20과 같이 정상적으로 오라클 DBMS에 접속되는지를 확인한다. 확인 전에 DBMS 관리자에게 요청해 오라클 DBMS 접속에 필요한 환경정보와 계정정보를 미리 알아둬야 한다.

리스트 6-20 오라클 DBMS 연결 테스트

```
root@radius:/home/sysop# export ORACLE_BASE=/usr/lib/oracle
root@radius:/home/sysop# export ORACLE_HOME=$ORACLE_BASE/11.2/client64
root@radius:/home/sysop# export ORACLE_SID=[관리자 확인 후 입력]
root@radius:/home/sysop# export ORACLE_OWNER=oracle
root@radius:/home/sysop# export PATH=$PATH:$ORACLE_HOME/bin
root@radius:/home/sysop# export NLS_LANG="[관리자 확인 후 입력]"
root@radius:/home/sysop# export LD_LIBRARY_PATH=$ORACLE_HOME/lib
root@radius:/home/sysop#
root@radius:/home/sysop# sqlplus scott/tiger@[HOST_IP]:1521/[SID]

SQL*Plus: Release 11.2.0.3.0 Production on Tue Aug 27 23:14:37 2013

Copyright (c) 1982, 2011, Oracle.  All rights reserved.


Connected to:
Oracle Database 10g Enterprise Edition Release 10.2.0.1.0 - Production
With the Partitioning, OLAP and Data Mining options
```

```
SQL> select * from tab;

TNAME                                    TABTYPE   CLUSTERID
------------------------------ ------- ----------
DEPT                                     TABLE
EMP                            TABLE
BONUS                                    TABLE
SALGRADE                       TABLE

SQL> exit;
Disconnected from Oracle Database 10g Enterprise Edition Release 10.2.0.1.0 -
    Production
With the Partitioning, OLAP and Data Mining options
root@radius:/home/sysop#
```

리스트 6-20과 같이 환경변수를 선언하고 SQL*Plus를 실행할 수 있으면 정상
적으로 오라클 DB에 접속할 수 있는 환경이 설정된 것이다. 다음 절에서는 실제로
계정을 연동하는 과정을 진행해보자.

계정정보 연동에 필요한 추가 테이블 생성과 기본값 설정

앞에서 사용자 계정 연동의 흐름에 대해 설명할 때, 오라클 DBMS에서 복사해온
계정정보가 임시로 저장될 tmp_employee 테이블과 사용자의 소속부서 코드와 부
서별 VLAN 정보가 저장될 kp_dept_vlan 테이블을 보여줬다. 리스트 6-21과 같이
이 두 테이블을 생성한다.

리스트 6-21 계정 연동에 필요한 테이블 생성

```
root@radius:/etc/freeradius# mysql -u radius -p
Enter password: 09n072
Type 'help;' or '\h' for help. Type '\c' to clear the current input statement.

mysql> use radius;
Reading table information for completion of table and column names
You can turn off this feature to get a quicker startup with -A

Database changed
mysql>
mysql> CREATE TABLE `tmp_employee` (
    ->  `emp_id` varchar(64) NOT NULL,
```

```
    ->   `emp_name` varchar(40) DEFAULT NULL,
    ->   `passwd` varchar(253) DEFAULT NULL,
    ->   `hashed_passwd` varchar(50) DEFAULT NULL,
    ->   `type` varchar(1) NOT NULL DEFAULT 'U',
    ->   `deptcode` varchar(10) NOT NULL DEFAULT '',
    ->   `groupname` varchar(45) NOT NULL DEFAULT '',
    ->   PRIMARY KEY (`emp_id`)
    -> );
Query OK, 0 rows affected (0.04 sec)

mysql> CREATE TABLE `kp_dept_vlan` (
    ->   `deptcode` varchar(10) NOT NULL,
    ->   `groupname` varchar(45) NOT NULL DEFAULT '',
    ->   `deptname` varchar(45) NOT NULL DEFAULT '',
    ->   PRIMARY KEY (`deptcode`)
    -> );
Query OK, 0 rows affected (0.02 sec)

mysql>
```

각각의 테이블을 구성하고 있는 칼럼에 대해서는 굳이 설명하지 않아도 칼럼 명을 보고 의미를 파악할 수 있어 별도로 설명하지 않는다.

이제 생성된 테이블과 기존에 생성되어 있던 테이블에 사용자 계정 연동 시에 사용될 기본적인 값들을 등록하자. 기본값 등록 대상 테이블은 kp_dept_vlan과 radgroupreply 테이블 2개다. 표 6-1과 표 6-2에서 제공하는 값을 각각의 테이블 에 등록한다. 이번에는 어떻게 하는지 보여주는 코드를 제공하지 않는다. MySQL 의 명령 행을 이용해 등록해도 되고, GUI를 제공하는 Sequel Pro를 이용해도 된다. 단, 정확하게 등록해야 한다.

표 6-1 kp_dept_vlan 테이블에 등록할 부서별 AVP 그룹 할당내역

DEPTCODE	GROUPNAME	DEPTNAME
200	VLAN_200	정보보안담당 부서
210	VLAN_210	연구 부서
220	VLAN_220	행정·지원 부서
230	VLAN_230	유지보수 협력업체용
240	VLAN_240	일시방문자용

표 6-2 radgroupreply 테이블에 등록할 AVP 값

ID	GROUPNAME	ATTRIBUTE	OP	VALUE
1	VLAN_200	Tunnel-Type	=	VLAN
2	VLAN_200	Tunnel-Medium-Type	=	IEEE-802
3	VLAN_200	Tunnel-Private-Group-ID	=	200
4	VLAN_210	Tunnel-Type	=	VLAN
5	VLAN_210	Tunnel-Medium-Type	=	IEEE-802
6	VLAN_210	Tunnel-Private-Group-ID	=	210
7	VLAN_220	Tunnel-Type	=	VLAN
8	VLAN_220	Tunnel-Medium-Type	=	IEEE-802
9	VLAN_220	Tunnel-Private-Group-ID	=	220
10	VLAN_230	Tunnel-Type	=	VLAN
11	VLAN_230	Tunnel-Medium-Type	=	IEEE-802
12	VLAN_230	Tunnel-Private-Group-ID	=	230
13	VLAN_240	Tunnel-Type	=	VLAN
14	VLAN_240	Tunnel-Medium-Type	=	IEEE-802
15	VLAN_240	Tunnel-Private-Group-ID	=	240

등록한 값에 오류가 없는지 확인한다. 특히 두 테이블의 GROUPNAME 칼럼의 값들이 일치하는지를 확인하고 다음 과정을 진행한다.

지금까지 계정 연동에 필요한 기본적인 준비를 마쳤다. 이제 본격적으로 말로만 떠들던 계정 연동에 들어가도록 하자.

사용자 계정 연동

사용자 계정 연동의 진행 절차는 크게 세 단계로 나눌 수 있다.

첫 번째는 오라클 DBMS에서 사용자 계정정보를 읽어와서 임시 파일에 저장하는 단계다.

두 번째는 임시 파일에 저장되어 있는 계정정보를 MySQL DBMS의 tmp_employee 테이블에 저장하는 단계다.

세 번째는 `tmp_employee` 테이블의 계정정보를 `radius` 테이블에 등록하는 단계다.

이 세 단계 중에서 가장 복잡한 단계는 마지막 단계다. 첫 번째와 두 번째 단계는 계정 연동을 위해 오라클 DBMS에서 사용자 계정정보를 읽어서 인증서버가 사용하는 MySQL DBMS의 `tmp_employee` 테이블에 값을 복제하는 준비 과정이다. 물론 이 과정에서도 계정 연동을 위해 필요한 다양한 작업들이 수행된다. 오라클 DBMS와 MySQL DBMS의 문자 코드가 다를 때는 문자 코드를 맞춰주는 과정이 포함되어야 하고, 사용자의 암호가 평문[plain text]일 때는 비밀번호를 암호화하는 과정 등이 포함되어야 하기 때문이다. 이 과정을 거쳐서 `tmp_employee` 테이블에 계정정보가 등록되고 난 후 마지막 단계에서 실제로 계정 연동 작업이 수행된다. 마지막 단계에서는 가장 먼저 퇴직자 계정정보를 삭제하고, 신규 사용자 계정을 등록한다. 그다음에 부서 변경자에 대한 VLAN 할당내역을 변경하고, 최종적으로 계정의 비밀번호를 갱신한다. 이렇게 함으로써 사용자 계정 동기화 작업을 마무리하게 된다. 계정 동기화와 관련된 전체적인 프로그램은 4장에서 사용했던 쉘 스크립트를 사용해 작성된다. 그리고 계정 연동 작업의 반복적인 수행 역시 4장에서와 같이 crontab에 명령을 등록해 정해진 시간마다 반복적으로 계정 연동 스크립트를 실행하도록 한다. 지금까지 설명한 계정 연동에 관한 내용은 그림 6-8과 같다.

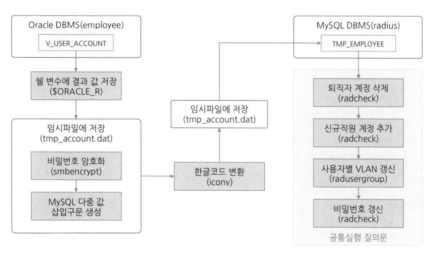

그림 6-8 사용자 계정 연동 절차

이번에는 4장에서와 같이 쉘 스크립트 전체를 보여주고 입력하는 방식이 아닌 그림에서 표현된 각 단계를 쉘 스크립트로 구현하면서 알아가는 방식으로 진행하고자 한다. 이번에 작성될 쉘 프로그램도 4장의 쉘 프로그램이 저장된 경로와 같은 경로(/root/radius)에 저장한다. 따라서 콘솔에서 사용자를 root로 변경하고 경로를 변경한다. 쉘 스크립트의 저장경로와 이름은 /root/radius/sync_account.sh로 한다. 첫 번째로 작성할 스크립트는 오라클 DBMS 접속에 필요한 기본적인 환경변수와 쉘 스크립트 내에서 사용할 각종 변수를 선언하고 초기화하는 스크립트로 리스트 6-22와 같다.

리스트 6-22 /root/radius/sync_account.sh

```
 1:  #/bin/sh
 2:
 3:  # ================================================================
 4:  # Define Environment Variables
 5:  # ================================================================
 6:  # 오라클 환경변수 선언
 7:  export ORACLE_BASE=/usr/lib/oracle
 8:  export ORACLE_HOME=$ORACLE_BASE/11.2/client64
 9:  export ORACLE_SID=[오라클 SID]
10:  export ORACLE_OWNER=oracle
11:  export PATH=$PATH:$ORACLE_HOME/bin
12:  export NLS_LANG="AMERICAN_AMERICA.KO16KSC5601"
13:  export LD_LIBRARY_PATH=$ORACLE_HOME/lib
14:
15:  # MySQL 접속정보
16:  MYSQL_ID=radius
17:  MYSQL_PW=09n072
18:  MYSQL_DB=radius
19:
20:  # 오라클 접속정보
21:  ORACLE_ID=[오라클 접속 ID]
22:  ORACLE_PW=[오라클 접속 비밀번호]
23:  ORACLE_HOST=[오라클 DBMS 호스트 IP 주소]
24:  ORACLE_PORT=1521
25:  ORACLE_CONN=$ORACLE_ID/$ORACLE_PW@$ORACLE_HOST/$ORACLE_SID
26:
27:  # 기본 경로 정의
28:  DEFAULT_PATH=/root/radius
29:  SQL_PATH=$DEFAULT_PATH/sql
```

```
30:
31: # SQL 질의문 임시 파일 정의
32: SQL_ACCOUNT_SYNC=$DEFAULT_PATH/.mysql_account_sync.sh
33:
34: # 계정정보 임시 파일 정의
35: TMP_ACCOUNT_FILE=$DEFAULT_PATH/.tmp_account.dat
36:
```

환경변수 선언부와 관련해서는 특별한 내용이 없다. 다만 스크립트를 작성할 때 몇 행만 주의해서 작성하면 된다. 첫 번째로 주의해야 할 부분은 9행, 21~23행의 오라클 DBMS 접속과 관련된 환경변수 설정 부분이다. 스크립트 작성 전에 반드시 DBMS 관리자에게 확인하고 스크립트를 작성하길 바란다.

환경변수 선언 스크립트 작성이 완료되었으니, 그림 6-8의 절차에 따라서 한 단계씩 스크립트를 작성하자. 앞으로 작성하는 스크립트는 이전에 작성했던 스크립트에 이어서 계속 작성해야 한다. 리스트 6-23은 오라클 DBMS에서 사용자 계정정보를 읽어와 임시 파일에 저장하는 스크립트다.

리스트 6-23 /root/radius/sync_account.sh

```
37: # ==============================================
38: # 사용자 계정 연동
39: # 소스DB : ORACLE(employee)
40: # 목적DB : MySQL(radius)
41: # ==============================================
42:
43: # Oracle DBMS에서 사용자 계정정보 가져오기
44: ORACLE_R=`sqlplus -s $ORACLE_CONN << EOF
45: SET PAGESIZE 0 FEEDBACK OFF VERIFY OFF HEADING OFF ECHO OFF
46: SELECT id, emp_name, passwd, dept_code, ';' as DM FROM V_USER_ACCOUNT;
47: EXIT;
48: EOF`
49:
50: ORACLE_R=$(echo $ORACLE_R | tr "'" "\'")
51: echo $ORACLE_R | tr ";" "\n" |
52: while read line
53:   do
54:     ID=$(echo $line | awk '{print $1}')
55:     NAME=$(echo $line | awk '{print $2}')
56:     PASSWD=$(echo $line | awk '{print $3}')
```

```
57:      HASHED=$(smbencrypt $PASSWD | awk {'print $2'})
58:      DEPT=$(echo $line | awk '{print $4}')
59:
60:      if [ "$ID" ]
61:      then
62:        echo "('"$ID"', '"$NAME"', '"$PASSWD"', '"$HASHED"', 'U', '"$DEPT"'), "
63:      fi
64: done > $TMP_ACCOUNT_FILE
65:
66: # Oracle의 EUC-KR 코드를 UTF-8 코드로 변환
67: echo $(iconv -c -f euc-kr -t utf-8 $TMP_ACCOUNT_FILE) > $TMP_ACCOUNT_FILE
68:
```

리스트 6-23의 스크립트에는 설명이 필요한 몇 가지 코드가 있다. 우선 44~48행의 코드다. 주석에도 설명되어 있듯이 오라클 DBMS에 접속해서 사용자 계정정보를 가져오는 SQL 명령을 실행하고, 결과값을 ORACLE_R이라는 쉘 변수에 저장하는 명령이다. 4장에 등장했던 쉘 스크립트를 작성하면서도 유사한 SQL 실행 구문을 봤을 것이다. 이제 44~48행의 의미를 좀 더 설명하고자 한다. SQL 질의문의 의미는 너무 간단하므로 별도로 설명하지 않고, 왜 저런 스크립트를 사용했는지에 대해서만 말하고자 한다.

쉘 스크립트에서 변수를 선언하고 값을 대입하는 방법은 여러 가지가 있다. 그 중에서 두 가지 특징적인 방법을 말하면 다음과 같다. 첫 번째로는 앞에서 작성했던 스크립트의 16행에서 사용한 방법(MYSQL_ID=radius)과 같이 변수에 값을 대입하는 방법이 있다. 두 번째로는 변수에 값을 대입하되, 특정 명령의 실행 결과값을 대입하는 방법이 있다. 지금 방금 작성했던 스크립트 중 44~48행의 코드가 명령을 실행한 후 결과값을 변수에 대입하는 방법이다. 변수에 값을 대입하기 위해 실행해야 할 명령은 백 쿼터back quota로 감싸주면 된다. 44~48행까지의 코드에서는 44행의 sqlplus -s부터 48행의 EOF까지가 실행해야 할 명령이다.

그럼 간단하게 쉘 변수에 값을 대입하는 방법의 차이점을 확인하고 다음 과정을 진행하자. 콘솔 창을 하나 더 열어서 리스트 6-24의 명령을 실행하고, 결과값을 비교해본다.

리스트 6-24 쉘 변수에 값을 저장하는 방법의 차이

```
sysop@radius:~$ CMD=ls
sysop@radius:~$ echo $CMD
ls
sysop@radius:~$ CMD=`ls`
sysop@radius:~$ echo $CMD
ca.der
sysop@radius:~$
```

다음에 설명할 내용은 `ORACLE_R` 변수에 값을 대입시키기 위해 실행한 명령에 대한 것이다. 네트워크 또는 시스템 관리를 위한 명령을 실행하다 보면 사용자의 응답을 기다리는 명령들이 있다. 이럴 때 가끔은 명령 행의 뒤에 나중에 입력할 값들을 모두 입력해놓고 자동으로 그때그때 값이 입력되었으면 좋겠다고 생각하곤 한다. 독자 여러분도 이와 비슷한 생각을 해봤을 것이다. 앞에서 계속 MySQL DBMS를 이용해 테이블에 값을 입력하거나 조회하면서 경험했지만, 질의문의 실행을 위해 반드시 `mysql>` 명령 프롬프트에서 SQL 구문을 입력하고 **Enter** 키를 입력해야만 실행할 수 있었다. 그런데 계속 이렇게 수행하게 되면 쉘 스크립트를 이용해 연속된 작업을 실행하는 프로그램 등을 작성할 때 문제가 발생하게 된다. 물론 다른 스크립트 Perl이나 PHP 등의 스크립트 등을 사용하면 별도의 DBMS 관련 함수를 이용해 손쉽게 처리할 수 있다. 그럼 혹자는 "차리리 Perl이나 PHP를 사용해 프로그래밍하면 쉽지 않을까?"라고 궁금해할 수 있다. 정확한 지적이다. 그렇지만 쉘 스크립트를 이용하는 데는 분명히 장점이 있기 때문에 사용하는 것이다. 쉘 스크립트를 사용하면 유닉스 또는 리눅스 계열에서는 플랫폼의 특성에 관계없이 스크립트를 실행할 수 있다. 그리고 Perl이나 PHP와 같이 별도의 DBMS 접속을 위한 드라이버 설치가 필요 없다. 이러한 장점이 있기 때문에 이 책에서도 군이 쉘 스크립트를 사용해 프로그램을 작성하려는 것이다. 다시 앞에서 설명했던 SQL 구문 실행 방법으로 돌아가자. 지금까지 정상적인 실행 방법에서는 MySQL에 접속해서 사용할 데이터베이스를 선택하고, 그다음에 SQL 질의문을 입력해 실행했다. 그리고 결과값을 확인했다. 이러한 과정을 자동으로 수행할 수 있는 방법이 있을까? 그렇다! 방법이 있다. 바로 앞의 44~48행의 코드가 지금 설명한 절차에 따라 SQL 구

문을 실행한 것이다. 그럼 한 줄씩 살펴보자.

- 44행: `sqlplus -s $ORACLE_CONN << EOF`

이 행에서 `sqlplus -s $ORACLE_CONN`을 풀어 쓰면 다음과 같다. `$ORACLE_CONN` 변수는 25행에 선언되어 있는 오라클 접속과 관련된 문자열을 포함하고 있는 변수다. 물론 다음의 계정과 호스트 등의 정보는 임의의 정보다.

- `sqlplus -s scott/tiger@172.16.120.13/ORCL`

오라클 DBMS를 사용해본 독자라면 알겠지만, 이 명령은 일반적으로 명령 행에서 DBMS에 접속하기 위한 것이다. 다만 차이점이라면 `-s` 옵션이 붙어 있다는 것이다. 이것은 Silent Mode로 실행하라는 의미다. Silent Mode란 `sqlplus` 실행 후 출력되는 문자열과 프롬프트 등을 출력하지 말라는 의미다. 앞의 명령을 실행하면 아무런 내용도 출력하지 않고 커서만 깜박이며 명령의 입력을 기다린다. 물론 `-s` 옵션을 빼고 실행하면 정상적인 SQL*PLUS 프로그램의 배너와 명령 프롬프트가 출력된다. 일반적인 경우라면 위와 같이 명령을 실행하고 SQL 명령을 실행해 결과값을 확인할 것이다.

이제 나머지 문자열을 살펴보자. 명령의 맨 뒤에 보니 '`<< EOF`'라는 문자열이 있다. 이 문자열이 아주 중요한 역할을 수행한다. `sqlplus` 명령이 실행되면서 쉘이 실행된 터미널은 이미 `sqlplus`의 프롬프트 대기 모드로 진입한 것이다. 이후 '`<< EOF`' 문자열이 입력되면 다음 `EOF` 문자열이 입력될 때까지는 명령을 자동으로 입력하고 실행하라는 의미를 프롬프트에 전달하게 된다. 결국 45~47행의 SQL 명령이 프롬프트에 자동으로 입력되고 실행된다. 이어서 결과를 화면에 출력하고 `sqlplus` 프로그램을 종료하게 된다.

그럼 직접 실습을 통해 확인해보자. 실습을 원활히 진행하기 위해 오라클 대신에 MySQL을 사용해 실습을 진행한다. 리스트 6-25와 리스트 6-26의 명령을 따라 하면서 차이점을 확인한다.

리스트 6-25 일반적인 SQL 질의문 실행

```
sysop@radius:~$ mysql --user="radius" --password="09n072" "radius"
...
mysql> select * from kp_dept_vlan;
+----------+-----------+-----------------------------+
| deptcode | groupname | deptname                    |
+----------+-----------+-----------------------------+
| 200      | VLAN_200  | 정보보안담당 부서             |
| 210      | VLAN_210  | 연구 부서                    |
| 220      | VLAN_220  | 행정/지원 부서               |
| 230      | VLAN_230  | 유지보수 협력업체용           |
| 240      | VLAN_240  | 일시방문자용                 |
+----------+-----------+-----------------------------+
5 rows in set (0.00 sec)

mysql> exit;
Bye
sysop@radius:~$
```

리스트 6-26 쉘 프롬프트에서 SQL 질의문 자동 실행

```
sysop@radius:~$ mysql --user="radius" --password="09n072" "radius" << EOF
> select * from kp_dept_vlan;
> exit
> EOF

deptcode      groupname        deptname
200 VLAN_200정보보안담당 부서
210 VLAN_210연구 부서
220 VLAN_220행정/지원 부서
230 VLAN_230유지보수 협력업체용
240 VLAN_240일시방문자용
sysop@radius:~$
```

질의문을 콘솔에서 수행했을 때는 각각의 칼럼이 구분자에 의해 구분되어 출력
되었지만, 쉘에서 실행했을 때는 결과값이 구분자 없이 출력되는 차이가 있다.

44~49행에서는 리스트 6-26의 예제와 같이 오라클 DBMS에서 계정정보를 가
져온 후 ORACLE_R 변수에 모든 값을 저장한다. 다만 결과값이 변수에 저장될 때는
화면에 출력될 때와 같이 행이 나뉘어 저장되는 것이 아니라, 모든 문자열이 한 행

으로 저장된다. 따라서 나중에 행을 분리할 수 있도록 각 행의 마지막에는 구분자로 세미콜론(;)을 붙이고 있다.

- 50행: `ORACLE_R=$(echo $ORACLE_R | tr "'" "\'")`

50열은 오라클 DBMS에서 반환해준 사용자 계정정보에 작은따옴표(')가 사용되고 있으면, 작은따옴표를 \'로 바꿔주는 명령이다. 작은따옴표는 MySQL의 질의문에서 문자열을 감싸는 용도로 사용되기 때문에, Escape 문자열로 변경해 나중에 MySQL DBMS의 테이블에 값을 저장할 때 오류를 방지하기 위함이다.

- 51행: `echo $ORACLE_R | tr ";" "\n" |`

앞에서 설명할 때 오라클 DBMS에서 값을 가져와서 변수에 저장된 값은 열 ^column^ 구분이 없이 모두 한 줄의 텍스트로 저장된다고 설명했다. 51행의 명령은 `$ORACLE_R` 변수에 저장되어 있는 문자열을 행으로 나눠주는 명령이다. 먼저 echo 명령에 의해 `$ORACLE_R`에 저장된 문자열을 콘솔에 출력한다. 그런데 echo 명령 뒤에 파이프(|) 기호가 사용되었다. 무슨 의미일까? 파이프 기호는 리눅스 또는 유닉스 계열의 명령 실행에서 매우 유용한 도구다. 파이프 기호 앞에서 실행된 명령의 결과값을 파이프 다음에 위치하는 명령의 입력값으로 전달하라는 의미를 갖고 있다. Echo 명령에 의해 출력된 `ORACLE_R`에 저장된 문자열은 결국 tr 명령의 입력값으로 전달된다. tr 명령에 의해 `$ORACLE_R`에 저장되어 있던 문자열의 세미콜론(;)이 모두 개행문자(\n)로 바뀌면서, 한 줄의 문자열이 여러 행의 문자열로 변환된다. 그다음에 다시 파이프 문자가 나왔다. 어떻게 될까? 파이프 뒤에 직접 명령이 없지만, 다음 행을 보면 명령이 있다.

- 52~64행: `while read line ~ done > $TMP_ACCOUNT_FILE`

이번에는 52행과 64행을 같이 설명해야 한다. 52행과 64행은 항상 쌍으로 사용되기 때문이다. 프로그래밍 언어의 제어구문을 보면 항상 시작과 끝이 있다. 제어구문인 while로 시작하는 제어구문은 항상 done으로 종료되어야 한다. 먼저 52행부터 살펴보자. while 구문은 while 다음에 오는 조건이 만족할 때까지 do와 done

사이에 위치한 명령을 반복적으로 실행하는 구문이다. 여기서는 read line이라는 조건이 사용된다. read line은 입력값으로 전달된 파일 또는 복수의 문자열에서 한 줄을 읽어서 line 변수에 저장하라는 명령이다. 결국 while [조건] do ~ done 명령은 51행에서 전달된 복수 행의 문자열, 즉 각각의 사용자 계정정보가 모두 읽어질 때까지 반복적으로 실행된다.

64행에 사용된 '> $TMP_ACCOUNT_FILE'은 무엇일까? 앞의 사용자 계정 연동 절차도에서 보면 오라클 DBMS에서 읽어온 사용자 계정정보를 임시 파일에 저장하는 블록이 있다. 64행의 마지막 문자열이 while ~ done 구문 내에서 문자열과 관련된 두 가지 작업인 비밀번호 암호화와 MySQL 다중 값 삽입 구문 작성 후 임시 파일 저장을 수행하는 명령이다.

- 54행: ID=$(echo $line | awk '{print $1}')

이 명령은 $line 변수에 저장되어 있는 사용자 계정정보에서 첫 번째 칼럼값을 추출해 ID 변수에 저장하는 명령이다. echo 명령과 파이프 기호에 대해서는 앞에서 설명했기에 awk 명령에 대해서만 간략히 설명한다. 위의 명령에서 사용된 awk 명령은 입력값으로 전달된 문자열을 공백(' ')으로 나눠서 칼럼으로 구분하고, 첫 번째 칼럼($1)의 값을 출력하라는 의미다. 오라클 DBMS에서 계정정보를 읽어올 때 구분자를 제외한 칼럼은 모두 4개(ID, 이름, 비밀번호, 부서코드)였으며 리스트 6-27과 같다.

리스트 6-27 구분자를 제외한 계정정보

```
A10010 GD-HONG PASSWORD 200
A10012 KC-KANG KOREA1@3 210
B10013 EH-YOON P@ssw0rd 220
```

첫 번째 행을 읽어들여 54행을 실행하면 변수 ID에는 첫 번째 칼럼값인 A10010이 저장된다. 55행, 56행, 58행을 살펴보면 무슨 의미인지 알 수 있다. 55행은 두 번째 칼럼값을, 56행은 세 번째 칼럼값을, 58행은 네 번째 칼럼값을 각각의 변수에 저장한다.

- 57행: HASHED=$(smbencrypt $PASSWD | awk {'print $2'})

좀 특이하게 생겼다. 다른 행은 echo 명령을 통해 $line 변수에 있는 문자열을 파이프로 전달했는데, 이 행에서는 echo $line 명령 대신에 smbencrypt $PASSWD 명령을 사용했다. 이 명령은 일반적인 텍스트 문자열을 NT-PASSWORD로 해시해 해시값을 $HASHED 변수에 저장하는 명령이다. 리스트 6-28의 명령을 실행해보자.

리스트 6-28 NT(LM) 해시코드 생성

```
sysop@radius:~$ smbencrypt passme
LM Hash                                    NT Hash
-------------------------------            -------------------------------
2BD766CED7625141AAD3B435B51404EE           CED46D3B902D60F779ED78BFD90ED00A
sysop@radius:~$
```

LM Hash와 NT Hash, 2개의 해시값이 반환되었다. 2개의 해시값 중 하나만 사용해야 하는데, 보안성이 우수한 NT Hash 값을 사용하자. 두 번째 값을 선택하는 명령이 파이프 다음에 오는 명령이다. 이번에는 NT Hash 값만 선택하도록 리스트 6-29의 명령을 실행해보자.

리스트 6-29 NTLM 해시코드 선택

```
sysop@radius:~$ smbencrypt passme | awk {'print $2'}
LM Hash                                    NT Hash
-------------------------------            -------------------------------
CED46D3B902D60F779ED78BFD90ED00A
sysop@radius:~$
```

- 60~63행: if ["$ID"] ~ fi

변수 ID에 저장된 값이 공백이 아니면 62행을 실행한다.

- 62행: echo "('"$ID"', '"$NAME"', '"$PASSWD"', '"$HASHED"', 'U', '"$DEPT"'), "

62행은 MySQL의 INSERT 구문에서 사용될 다중 값 삽입 구문을 만들어주는 명

령이다. MySQL에서는 오라클 DBMS와 달리 하나의 `INSERT` 구문을 이용해서 여러
행의 값을 입력할 수 있다.

리스트 6-30 하나의 INSERT 구문으로 복수의 레코드 등록

```
INSERT INTO employee (id, name, password, dept_code)
VALUES (100, 'Name 1', 'pass 1', 'dept_1'),
       (101, 'Name 2', 'pass 2', 'dept_2'),
       (102, 'Name 3', 'pass 3', 'dept_3'),
       (103, 'Name 4', 'pass 4', 'dept_4');
```

리스트 6-30의 `INSERT` 질의문을 실행하면, `employee` 테이블에 4개의 행이 연
속적으로 삽입된다. 62행은 사용자 계정정보를 임시 테이블인 `tmp_employee` 테이
블에 다중 값으로 추가하기 위해 "(값1, 값2, 값3, 값4, 값5),"의 형태로 콘솔에 출
력한다. 그런데 왜 파일에 저장하지 않고 콘솔에 출력하는 것일까? 앞에서 설명했
듯이 `while ~ done`문이 종료되면 마지막에 한꺼번에 임시 파일에 저장하기 때문
이다.

- 67행: echo $(iconv -c -f euc-kr -t utf-8 $TMP_ACCOUNT_FILE) >
  $TMP_ACCOUNT_FILE

위의 행은 .tmp_account.dat에 저장되어 있는 임시 파일의 문자 코드를 EUC-
KR에서 UTF-8로 변경해주는 명령이다.

.tmp_account.dat 파일에 오라클 DBMS에서 가져온 사용자 계정정보가 저장
되어 있다. 이제는 이 파일의 내용을 MySQL DBMS에 등록하기만 하면 된다. 리스
트 6-31은 MySQL의 지정된 테이블(tmp_employee)에 사용자 계정을 등록하고 인증
에 사용되는 테이블과 사용자 계정을 연동하는 스크립트다.

리스트 6-31 /root/radius/sync_account.sh

```
69:
70: DB_VALUES=$(cat $TMP_ACCOUNT_FILE | sed -e 's/,$//g')
71:
72: if [ "$DB_VALUES" ]
73: then
```

```
74:    echo "#/bin/sh
75:    mysql --user=$MYSQL_ID --password=$MYSQL_PW $MYSQL_DB << EOF
76:    DELETE FROM tmp_employee;
77:    INSERT INTO tmp_employee(emp_id, emp_name, passwd, hashed_passwd, type,
       deptcode) VALUES " > $SQL_ACCOUNT_SYNC
78:    echo $DB_VALUES | sed 's/),/),\n/g' >> $SQL_ACCOUNT_SYNC
79:
80: # 공통실행 SQL 질의문 삽입
81:    cat $SQL_PATH"/share_as.sql" >> $SQL_ACCOUNT_SYNC
82:
83:    echo "EOF" >> $SQL_ACCOUNT_SYNC
84:
85:    chmod 700 $SQL_ACCOUNT_SYNC
86:    $SQL_ACCOUNT_SYNC
87:    rm -rf $SQL_ACCOUNT_SYNC
88:    rm -rf $TMP_ACCOUNT_FILE
89: fi
```

스크립트의 내용도 길지 않고 그리 어려운 내용도 포함되어 있지 않다. 다만 새롭게 등장하는 명령, 임시 파일에 저장되어 있는 사용자 계정정보를 임시계정 테이블(tmp_employee)에 등록하는 방법, 추가적인 작업의 실행에 사용되는 공통실행 질의문 등에 대해서는 꼭 이해하고 넘어가야 한다.

- 70행: DB_VALUES=$(cat $TMP_ACCOUNT_FILE | sed -e 's/,$/;/g')

위의 행은 임시 파일(.tmp_account.dat)에 저장되어 있는 계정정보를 읽어와서 파일의 맨 끝에 있는 콤마(,)를 세미콜론(;)으로 변경해 변수 DB_VALUES에 저장하는 명령이다. 앞의 스크립트에서 .tmp_account.dat 파일에 사용자 계정을 저장할 때, MySQL의 테이블에 계정정보 등록 진행을 쉽게 진행할 수 있도록 이미 다중 값 삽입 구문으로 만들어서 저장했다. 앞의 예에서 봤듯이 다중 값 삽입 구문의 종료를 알려주는 문자는 세미콜론(;)이다. 그렇지만 구문을 만들 때 무조건 끝 문자는 콤마(,)를 넣도록 지정했기 때문에, 마지막 구문에서 문장의 종료를 알리기 위해 콤마를 세미콜론으로 변경한 것이다.

- 72행: if ["$DB_VALUES"]

이제 이 정도는 다 알 것이다. 변수 DB_VALUES가 널^{Null} 또는 공백이 아니면 then과 fi 사이의 구문을 실행하도록 하는 비교구문이다.

- 74행: echo "#/bin/sh

echo 명령을 사용해 #bin/sh 문자열을 출력했다. 그런데 조금 이상하다. 일반적으로 문자열을 출력할 때는 큰따옴표(")로 감싸서 문자열의 시작과 끝을 표현하는데, 74행에서는 큰따옴표를 열어주기만 했다. 그리고 닫는 큰따옴표는 77행의 뒷부분에서 나온다. 이렇게 여러 줄의 문자열을 한 번에 출력하고자 할 때는 시작 따옴표를 열어주고 닫는 따옴표를 출력 대상 문자열의 맨 마지막에 붙여주면 하나의 문자열로 출력할 수 있다. 사실 이번 행부터 계정 연동을 위한 SQL문을 실행할 다른 스크립트 파일의 생성을 시작하고 있다. 생성된 스크립트는 $SQL_ACCOUNT_SYNC 변수가 지정하는 파일, 즉 .mysql_account_sync.sh 파일에 저장되기 시작해서 스크립트 생성이 완료된 후 실행된다.

- 75행: mysql --user=$MYSQL_ID --password=$MYSQL_PW $MYSQL_DB << EOF

어디선가 본듯한 기분이 들 텐데, 두 번째 스크립트에서 오라클 DBMS가 사용자 계정정보를 불러올 때 사용했던 스크립트와 같은 형태를 띠고 있다. 아울러 MySQL DBMS를 통해 실습했던 내용과 같은 스크립트다. 이 스크립트는 임시 파일에 저장되어 있는 사용자 계정정보를 MySQL DBMS의 임시계정 테이블(tmp_employee)에 등록하기 위해 DBMS에 접속하기 위한 것이다. 지금은 문자열 형태로 echo 명령에 의해 출력되고 있지만, 나중에 별도의 스크립트로 저장되어 실행될 때는 앞에서 실행했던 스크립트와 같이 독립적인 명령 형태로 실행될 것이다.

- 76행: DELETE FROM tmp_employee;

MySQL DBMS의 임시계정 테이블에 저장되어 있던 이전 값들을 지우기 위한 질의문을 출력한다.

- 77행: INSERT INTO tmp_employee(emp_id, emp_name, passwd, hashed_passwd, type, deptcode) VALUES " > $SQL_ACCOUNT_SYNC

임시계정 테이블 tmp_employee에 다중 값 삽입 구문을 이용해 사용자 계정을 등록하기 위해 INSERT 구문의 시작 부분까지만 출력하고 있다. > $SQL_ACCOUNT_SYNC는 74행에서 echo 명령에 의해 출력이 시작된 내용을 .mysql_account_sync.sh에 저장할 때 이전에 있던 내용을 제거하고 새로운 내용으로 등록하라는 명령이다.

- 78행: echo $DB_VALUES | sed 's/),/),\n/g' >> $SQL_ACCOUNT_SYNC

위의 행은 DB_VALUES 변수에 한 줄로 저장되어 있는 다중 값 삽입 구문에 개행 문자(\n)로 각 레코드를 행으로 분리해 출력한다.

- 81행: cat $SQL_PATH"/share_as.sql" >> $SQL_ACCOUNT_SYNC

81행 앞에서 다뤄졌던 사용자 계정정보와 관련된 값들은 변동성이 높은 값들이었다. 사용자가 추가되거나 삭제되고, 아니면 소속부서가 변경되거나 비밀번호가 변경되는 등 다양한 변동 요인을 포함하고 있다. 그렇지만 사용자 계정이 MySQL의 임시 테이블(tmp_employee)에 저장되고 난 후에 실행되는 계정 연동과 관련된 일련의 작업들은 공통된 SQL문으로 수행되어 굳이 스크립트에 포함하지 않고 공통 실행 질의문으로 별도로 분리해 저장해두고 필요할 때 불러서 사용하도록 하고 있다. 81행의 문장이 공통 스크립트로 저장되어 있는 share_sa.sql을 74행에서부터 시작된 임시 쉘 스크립트의 맨 마지막에 추가해서 계정 연동과 관련된 공통된 작업이 실행될 수 있도록 하고 있다. 이것은 프로그램에서 사용되는 include 구문의 활용법과 유사하다고 볼 수 있다.

- 83행: echo "EOF" >> $SQL_ACCOUNT_SYNC

의미를 추측할 수 있을 것이다. 75행에서는 EOF로 SQL문의 시작을 정의했고, 83행에서는 SQL문의 끝을 지정하고 있다.

- 85행: chmod 700 $SQL_ACCOUNT_SYNC

74~83행에서 생성한 계정 연동 스크립트 파일(.mysql_account_sync.sh)에 실행 권한을 부여한다.

- 86행: $SQL_ACCOUNT_SYNC

계정 연동 스크립트 파일(.mysql_account_sync.sh)을 실행한다.

- 87행: rm -rf $SQL_ACCOUNT_SYNC

스크립트 실행이 끝나고 계정 연동 스크립트 파일을 완전히 삭제한다.

- 88행: rm -rf $TMP_ACCOUNT_FILE

오라클 DBMS에서 읽어온 사용자 계정을 임시로 저장했던 파일을 완전히 삭제한다.

이제 마지막 스크립트인 공통실행 질의문 스크립트만 남겨두고 있다. 공통실행 질의문은 /root/radius/sql/ 디렉터리의 share_as.sql 파일에 저장하며 리스트 6-32와 같다.

리스트 6-32 /root/radius/sql/share_as.sql

```
1:  -- 임시계정 테이블의 VLAN groupname 갱신
2:  UPDATE tmp_employee a
3:   INNER JOIN kp_dept_vlan b
4:        ON a.deptcode = b.deptcode
5:     SET a.groupname = b.groupname;
6:
7:  -- 퇴직자 계정정보 삭제
8:  DELETE FROM radcheck
9:   WHERE username
10:    NOT IN ( SELECT emp_id FROM tmp_employee)
11:
12: DELETE FROM radusergroup
13:   WHERE username
14:    NOT IN ( SELECT emp_id FROM tmp_employee)
15:
16: -- 신규사용자 계정 등록
17: INSERT INTO radcheck (username, attribute, op, value)
18: SELECT emp_id, 'Cleartext-Password', ':=', passwd
19:   FROM tmp_employee
```

```
20:   WHERE emp_id not in ( SELECT username FROM radcheck );
21:
22: INSERT INTO radusergroup (username, groupname)
23: SELECT emp_id, groupname
24:   FROM tmp_employee
25:   WHERE emp_id not in ( SELECT username FROM radusergroup );
26:
27: -- 사용자 계정 비밀번호 갱신
28: UPDATE radcheck a, tmp_employee b
29:   SET a.attribute = a.attribute,
30:       a.value = b.passwd
31:   WHERE a.username = b.emp_id;
32:
33: -- 사용자별 VLAN groupname 갱신
34: UPDATE radusergroup a
35:   INNER JOIN tmp_employee b
36:         ON a.username = b.emp_id
37:     SET a.groupname = b.groupname;
```

주기적으로 사용자 계정 연동 실행하기

앞에서 작성한 쉘 프로그램 sync_account.sh를 반복적으로 실행하기 위해서는
cron 데몬에 해당 프로그램의 실행을 지시하도록 등록해야 한다. cron 데몬에 쉘
프로그램을 등록하려면 리스트 6-33과 같이 데몬이 실행할 대상이 지정되어 있는
crontab 파일에 맨 마지막의 두 줄을 등록한다.

리스트 6-33 /etc/crontab

```
1:  # /etc/crontab: system-wide crontab
2:  # Unlike any other crontab you don't have to run the 'crontab'
3:  # command to install the new version when you edit this file
4:  # and files in /etc/cron.d. These files also have username fields,
5:  # that none of the other crontabs do.
6:
7:  SHELL=/bin/sh
8:  PATH=/usr/local/sbin:/usr/local/bin:/sbin:/bin:/usr/sbin:/usr/bin
9:
10: # m h dom mon dow user  command
11: 17 *    * * *   root    cd / && run-parts --report /etc/cron.hourly
12: 25 6    * * *   root    test -x /usr/sbin/anacron || ( cd / && run-parts
    --report /etc/cron.daily )
13: 47 6    * * 7   root    test -x /usr/sbin/anacron || ( cd / && run-parts
```

```
    --report /etc/cron.weekly )
14: 52 6    1 * *    root    test -x /usr/sbin/anacron || ( cd / && run-parts
    --report /etc/cron.monthly )
15: #
16:
17: ## DHCPD configuration generation
18: 1 * * * * root /bin/sh /root/radius/sync_dhcphost.sh
19:
20: ## USER ACCOUT Sync
21: 1 * * * * root /bin/sh /root/radius/sync_account.sh
```

리스트 6-33에서 등록한 실행 명령의 내용은 매 시 1분이 되면 root 권한으로 sync_account.sh 프로그램을 실행하라는 의미다. 반복 실행의 주기가 1시간으로 지정되어 있지만, 각 시스템 운영환경과 사용자 단말기 환경을 고려해 조정할 수 있다.

crontab 파일 편집이 완료되면 리스트 6-34와 같이 cron 데몬을 재시작해 다음 실행시간부터 쉘 프로그램이 실행되도록 한다.

리스트 6-34 cron 데몬 재시작

```
root@radius:~/radius# service cron restart
cron start/running, process 27496
root@radius:~/radius#
```

지금까지 사용자 계정 연동을 진행했다. 다소 내용이 지루한 면이 있었지만, 이 과정을 통해 그동안 다양한 시스템들에서 이뤄졌던 계정 연동에 대해 조금이나마 이해했을 것이라고 생각한다. 그리고 앞으로 계정 연동이 필요한 시스템이 있을 때 앞서 살펴본 계정 연동 방법을 응용할 수도 있다.

다음 절에서는 IP 주소 실명제 구현을 위해 필요한 두 번째 테이블, 즉 사용자 ID와 단말기의 맥 주소 테이블을 만드는 방법에 대해 구체적으로 살펴보자.

6.3 | 맥 주소/사용자 연계

IP 주소 실명제를 구현하기에 앞서서 인증서버의 사용자 계정정보 동기화를 진행했다. IP 주소를 누가 사용하고 있는지 효과적으로 파악하고 관리하기 위해서는 IP 주소가 사용자 단말기에 할당되기 이전에 단말기의 사용자가 누구인지를 확인하는 절차가 요구된다. 이러한 절차는 802.1X 인증을 이용해 구현하고 있고, 사용자 인증에 필요한 계정정보를 확보하기 위해 인사정보에 저장되어 있는 사용자 계정정보를 활용했다.

현재 IP 주소 실명제 구현을 위한 사용자 인증 준비까지 모두 구현되었다. 이번 장에서는 6.1절에서 봤던 IP 주소 실명제와 관련된 테이블 중에서 두 번째 테이블, 즉 맥 주소와 사용자 식별자 획득을 위한 테이블을 생성하자. 그다음에 사용자 인증과 관련된 로그정보를 이용해 사용자 인증에 성공한 단말기의 맥 주소와 사용자 식별자를 추출하고 그림 6-9의 우측 상단에서 보여주는 것과 같이 테이블에 저장하는 방법을 알아보자. 마지막으로 4장에서 만들었던 맥 주소/IP 주소 테이블과 연계해 IP 주소 실명제를 완성해보자.

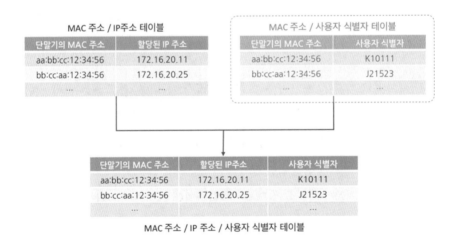

그림 6-9 IP 주소 실명제 테이블

6.3.1 데이터베이스에 테이블 생성

맥 주소와 사용자 식별자가 저장될 테이블을 만들기 전에 먼저 한 가지 사항을 살펴보자. IP 주소 실명제를 위해 궁극적으로 만들어야 할 테이블은 단말기의 맥 주소, IP 주소, 사용자 식별자가 포함된 IP 주소 실명제 테이블이다. 그런데 IP 주소 실명제 테이블을 살펴보면, 지금 만들고자 하는 맥 주소/사용자 식별자 테이블에 IP 주소 항목만 추가하면 같은 테이블임을 알 수 있다. 그럼 이번에는 IP 주소 실명제 테이블이 어떻게 채워지는지 그림 6-10을 보면서 이해해보자.

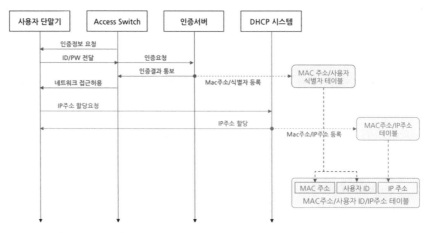

그림 6-10 인증 및 IP 주소 할당 절차에 따른 정보 기록

우선 단말기 사용자에 대한 인증과 IP 주소 할당 사이에는 절대 불변의 규칙이 존재하고 있다. 그림 6-10에서도 알 수 있듯이 802.1X가 적용된 네트워크 환경에서는 단말기가 네트워크에 접속하면 사용자 인증이 완료되기 이전에는 네트워크와 관련된 어떠한 작업도 진행할 수 없다. 결국 그림 6-10에서 발견할 수 있는 절대 불변의 법칙은 단말기에 대한 사용자 인증이 완료된 후에 IP 주소가 할당된다는 것이다. 이러한 법칙을 기억하고 그림 6-10을 다시 살펴보자. 여기서도 3개의 테이블을 확인할 수 있다. 그리고 사용자 인증 단계와 IP 주소 할당 단계의 순서에 따라 테이블에 값이 등록되는 순서가 동일하게 진행됨을 알 수 있다. 사용자 인증이 완료된 후에 단말기의 맥 주소와 사용자 식별자가 '맥 주소/사용자 식별자 테이블'에 등

록되고, '맥 주소/사용자 식별자 테이블'에 값이 등록되자마자 IP 주소 실명제 테이블(맥 주소/사용자 식별자/IP 주소 테이블)에 단말기의 맥 주소와 사용자 식별자가 등록된다. 다음 DHCP 시스템에서 단말기에 IP 주소를 할당하면 4장에서 알아본 바와 같이 단말기의 맥 주소와 단말기에 할당된 IP 주소가 '맥 주소/IP 주소 테이블'에 등록된다. 그다음에 '맥 주소/IP 주소 테이블'에 등록된 맥 주소와 IP 주소 실명제 테이블에 등록된 맥 주소가 동일한 레코드에 IP 주소를 등록해 IP 주소 실명제 테이블의 값 생성을 완료한다.

앞에서 표현한 3개의 테이블이 IP 주소 실명제 구현을 위해 각각 어떻게 사용되는지 이해할 수 있을 것이다. 여기서 잠시 테이블들을 살펴보면 각각의 테이블에 중복되는 칼럼들이 있다. IP 주소 실명제 테이블을 기준으로 살펴보면 나머지 2개의 테이블에 있는 핵심 칼럼 2개가 모두 IP 주소 실명제 테이블에 포함되어 있음을 알 수 있다. 그럼 IP 주소 실명제 테이블에 값을 등록하는 흐름을 살펴보면 3개의 테이블 중 2개의 테이블은 통합이 가능해 보인다. 값이 등록되는 순서를 봤을 때 IP 주소 할당보다는 사용자 인증정보가 먼저 등록되고 다음에 인증정보를 기준으로 IP 주소가 나중에 등록되는 구조를 갖고 있다. 그렇다면 IP 주소 실명제 테이블과 '맥 주소/IP 주소 테이블'을 통합하는 것보다는 IP 주소 실명제 테이블과 '맥 주소/사용자 식별자 테이블'을 통합하는 것이 좋아 보인다. 그럼 전체적인 테이블 구조가 그림 6-11과 같이 개선된다.

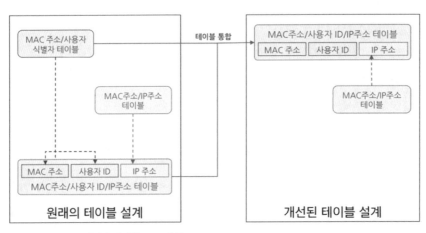

그림 6-11 IP 주소 실명제 테이블 구조 개선

테이블에 값이 등록되는 순서에서 '맥 주소/사용자 식별자' 테이블에 사용자와 단말기 맥 주소가 등록되고 다시 IP 주소 실명제 테이블에 값이 등록되는 단계가 줄어들어 값의 정합성 유지에도 효과적이다. 그리고 테이블 구조도 훨씬 간단해졌다. 이제 개선된 테이블 구조를 따라서 IP 주소 실명제 테이블을 생성하자.

인증서버에 연결하고, MySQL DBMS에 접속한 후 리스트 6-35와 같이 IP 주소 실명제 테이블을 생성한다.

리스트 6-35 IP 주소 실명제 테이블 생성

```
root@radius:~# mysql -u root -p
Enter password: 09n072
...

mysql> use radius;
Reading table information for completion of table and column names
You can turn off this feature to get a quicker startup with -A

Database changed
mysql> CREATE TABLE `kp_address_user` (
    -> `id` int(11) NOT NULL AUTO_INCREMENT,
    -> `username` varchar(45) NOT NULL DEFAULT '',
    -> `macaddr` varchar(45) NOT NULL DEFAULT '',
    -> `vlan_id` int(11) NOT NULL DEFAULT '0',
    -> `ipaddr` varchar(45) NOT NULL DEFAULT '',
    -> `ip2int` bigint(20) NOT NULL DEFAULT '0',
    -> `hostname` varchar(45) NOT NULL DEFAULT '',
    -> `reg_type` char(1) NOT NULL DEFAULT 'A',
    -> PRIMARY KEY (`id`),
    -> UNIQUE KEY `IDX_UNQ` (`username`,`macaddr`,`vlan_id`,`ipaddr`)
    -> );
Query OK, 0 rows affected (0.01 sec)

mysql> show tables;
+------------------+
| Tables_in_radius |
+------------------+
| employee_default |
| kp_address_user  |
| kp_dept_vlan     |
| kp_ip_pool       |
| kp_log_dhcp      |
| kp_vlan_info     |
```

```
| nas              |
| radacct          |
| radcheck         |
| radgroupcheck    |
| radgroupreply    |
| radpostauth      |
| radreply         |
| radusergroup     |
| tmp_employee     |
+------------------+
15 rows in set (0.00 sec)

mysql> exit
Bye
root@radius:~#
```

리스트 6-35와 같이 IP 주소 실명제 테이블이 생성된 것이 확인되면 다음 과정을 진행하자.

6.3.2 IP 주소 실명제 테이블에 맥 주소와 사용자 식별자정보 등록

앞의 그림에서 봤듯이 사용자 인증이 완료되면 사용자 인증 시에 생성된 정보에서 사용자 단말기의 맥 주소와 사용자 식별자를 추출해 앞서 생성한 IP 주소 실명제 테이블(kp_address_user)에 저장하려 한다. 이때 사용자 단말기의 맥 주소와 사용자 식별자는 어디에서 가져오게 될까? 4장에서 IP 주소 할당과 관련된 정보를 획득하기 위해 DHCP 시스템에서 생성하는 로그정보를 이용했다. 이번에도 필요한 정보의 추출을 위해 인증서버에서 사용자 인증 시에 생성되는 로그정보를 이용하고자 한다. 4장에서 시스템 로그를 다루는 방법을 학습했기 때문에, 어떠한 절차를 거쳐야 하는지 알고 있을 것이다. 기본적으로 로그정보에서 우리가 필요한 정보를 획득하기 위해서는 식별 ❯ 추출 ❯ 저장의 순서를 거쳤다. 이번에도 동일한 절차에 의해 인증서버에서 생성된 로그 중에서 우리가 필요한 로그를 식별하고, 단말기의 맥 주소와 사용자 식별자를 추출해 kp_address_user 테이블에 등록하도록 한다.

이 책에서 인증시스템으로 사용하는 FreeRadius는 사용자 인증과 관련해 리스트 6-36과 같이 로그를 기록한다.

```
1: Sep  4 11:25:08 radius freeradius[26668]: Login incorrect: [acde48749b38] (from
   client KOPRI_DATA_13F port 50228 cli AC-DE-48-74-9B-38)
2: Sep  4 11:25:17 radius freeradius[26668]: Login OK: [55782/<via Auth-Type =
   EAP>] (from client KOPRI_WLC port 1 cli f0:6b:ca:4e:06:65)
3: Sep  4 11:25:24 radius freeradius[26668]: Login incorrect: [38eaa76d5370] (from
   client KOPRI_DATA_25F port 50101 cli 38-EA-A7-6D-53-70)
4: Sep  4 11:25:24 radius freeradius[26668]: Login incorrect: [001279441f8c] (from
   client KOPRI_DATA_25F port 50210 cli 00-12-79-44-1F-8C)
5: Sep  4 11:25:30 radius freeradius[26668]: Login OK: [50120/<via Auth-Type =
   EAP>] (from client KOPRI_WLC port 1 cli 14:10:9f:ce:7e:b3)
6: Sep  4 11:25:33 radius freeradius[26668]: Login OK: [6c626d90b419/6c626d90b419]
   (from client KOPRI_DATA_26F port 50119 cli 6C-62-6D-90-B4-19)
7: Sep  4 11:25:34 radius freeradius[26668]: Login incorrect: [d857efc9a69c] (from
   client KOPRI_DATA_26F port 50207 cli D8-57-EF-C9-A6-9C)
8: Sep  4 11:28:24 radius freeradius[26668]: Login OK: [55503/<via Auth-Type =
   EAP>] (from client KOPRI_WLC port 0 via TLS tunnel)
9: Sep  4 11:28:24 radius freeradius[26668]: Login OK: [55503/<via Auth-Type =
   EAP>] (from client KOPRI_WLC port 1 cli 00:88:65:81:28:1d)
```

로그의 형식은 일반적인 시스템 로그와 같다. 제일 먼저 로그가 발생한 날짜와 시간정보가 기록되고, 다음에 로그가 발생한 호스트 이름, 로그를 발생시킨 프로세스 이름, 마지막으로 로그 메시지가 기록된다. 리스트 6-36의 로그 메시지에서는 세 가지 유형의 사용자 인증 결과를 확인할 수 있다. 로그 메시지를 보면 Login incorrect:로 시작하는 메시지와 Login OK:로 시작하는 메시지가 있다. 각각의 의미는 설명하지 않아도 알 수 있을 것이다. 세 가지 유형을 볼 수 있다고 했는데, 나머지 한 가지 유형의 메시지는 무엇일까? Login OK:로 시작하는 메시지를 보면, 다음에 오는 메시지가 다른 것을 알 수 있다. 다섯 번째 줄과 여섯 번째 줄을 비교해보면 알 수 있다. Login OK: 다음에 오는 메시지가 [55782/<via Auth-Type = EAP>]와 [6c626d90b419/6c626d90b419]로 서로 다른 것을 확인할 수 있다. 두 메시지의 차이는 무엇일까? 다섯 번째 줄의 메시지는 사용자 계정을 사용해 인증했을 때 기록되는 메시다. 반면에 여섯 번째 줄의 메시지는 단말기 인증, 즉 단말기의 맥 주소를 사용해 인증했을 때 기록되는 메시다. 앞서 설명했던 세 가지 유형의 사용자 인증 결과를 요약하면 인증 실패, 사용자 계정 인증, 단말기 인증으로 정리할 수 있다. 그럼 세 가지 유형의 사용자 인증 결과 로그 메시지에서 IP 주소 실명제 테이블에 기록할 메시지를 포함하고 있는 로그는 어느 유형의 인증 결과에 따라 기록된 로그 메시지일까? 사용자 인증 메시지라고 생각했다면 정답이다. IP 주소 실명제 테이블에 기록되는 항목 중에서 사용자 식별자가 있다. 세 가지 유형의 로그 메시지 중에서 사용자 인증 메시지만 사용자 식별자 정보를 포함하고 있기 때문이다.

이번에는 로그 메시지에 포함된 정보에 대해 알아보자. 표 6-3은 인증 성공과 관련된 메시지를 분해해 각 항목별 의미를 설명하고 있다.

표 6-3 인증 성공 메시지의 항목별 의미

구분	내용
Login OK:	사용자 인증 성공
[50120/〈via Auth-Type = EAP〉]	사용자 계정 '50120' 계정을 EAP 인증 방식으로 인증
from client KOPRI_WLC	인증을 요청한 인증자(Authenticator), 즉 스위치 또는 무선 컨트롤러의 이름
port 1	단말기가 연결된 인증자의 포트 번호
cli 14:10:9f:ce:7e:b3	인증 대상 단말기의 맥 주소

표 6-3을 보면 IP 주소 실명제 테이블에 등록해야 할 사용자 식별자와 인증 대상 단말기의 맥 주소를 명확하게 확인할 수 있다. 식별 대상 메시지와 추출 대상 정보를 알게 되었으므로, 이제 메시지를 식별하고 필요한 정보를 추출해야 한다. 이미 4장에서 사용했던 메시지 식별 방법과 정보 추출 방법을 응용하면 된다. 메시지 식별을 위해서는 리스트 6-37과 같이 정규표현식을 이용한다.

리스트 6-37 정규표현식을 이용한 인증 성공 로그 식별

```
IF new.message REGEXP '^ Login OK: .*/<via.*(from client.*port [0-9]+ cli .*)$'
    THEN
    메시지 식별 후 실행 구문
END IF;
```

위의 IF 구문은 여러 종류의 인증 성공 메시지 중에서 사용자 계정정보를 이용

한 인증 시에 기록되는 로그 메시지를 식별하기 위한 구문이다. 간략히 의미를 설명하면 [공백]Login OK:로 시작하는 메시지 중에서 /<via, (from client, port, 그리고 cli와) 문자열이 포함된 메시지를 정보 추출 대상 메시지로 식별한다.

식별된 메시지에서 사용자 식별정보(ID)와 단말기의 맥 주소를 추출하는 방법은 리스트 6-38과 같다.

리스트 6-38 사용자 식별자와 맥 주소 추출

```
SET v_username = trim(substring_index(REPLACE(NEW.message, 'Login OK:
    ['),'/',1));
SET v_mac = lcase(replace(substring_index(SUBSTR(NEW.message, LOCATE(' cli ',
NEW.message) + 5), ')',1),'-',':'));
```

먼저 사용자 식별자의 식별을 위해서는 메시지에서 Login OK: [문자열을 REPLACE() 함수를 이용해 삭제하고, SUBSTRING_INDEX() 함수를 이용해 슬래시 (/)를 기준으로 문자열을 분리한다. 분리된 문자열에서 첫 번째 칼럼에 저장된 사용자 식별자를 추출해 v_username 변수에 저장한다. 이제 맥 주소를 추출해보자. 먼저 전체 메시지에서 맥 주소의 시작 부분부터 문자열의 마지막까지를 잘라낸다. 이를 위해 LOCATE() 함수를 이용해 맥 주소 앞에 있는 [공백]cli[공백] 문자의 위치를 구하고 문자열의 길이인 5를 더해줘서 맥 주소의 시작 위치를 구한다. 이어서 SUBSTR() 함수를 이용해 방금 전에 구한 문자열의 시작 위치를 지정하고 맥 주소에서 문자열의 끝까지 잘라낸다. 다음에 잘라낸 문자열을 SUBSTRING_INDEX() 함수를 이용해서 닫는 괄호(')')를 기준으로 분리하고, 첫 번째 칼럼에 저장된 맥 주소를 추출한다. 그다음에 맥 주소에 포함되어 있는 대시(-)를 콜론(:)으로 변환하고 소문자로 변환해 맥 주소를 v_mac 변수에 저장한다. 그다지 어려운 방법은 아니며, 문자열 함수 몇 개를 요리조리 조합하면 간단하게 해결할 수 있는 문제다. 이제 사용자 식별자와 맥 주소 추출이 완료되었으니, 데이터베이스에 저장하자. 데이터베이스에 저장하는 절차는 리스트 6-39의 트리거를 작성하면서 살펴보자. 앞서 이미 모두 설명한 코드들이므로 별도의 설명 없이도 이해할 수 있을 것이다.

리스트 6-39 ai_systemevents 트리거

데이터베이스: Syslog

테이블: systemevents

트리거 이름: ai_systemevents

트리거 실행시간: After

이벤트: Insert

```
1:   BEGIN
2:   ##   변수선언
3:       DECLARE v_ip varchar(20) default null;
4:       DECLARE v_mac varchar(20) default null;
5:       DECLARE v_hostname varchar(45) default null;
6:       DECLARE v_vlan_id int default 0;
7:
8:       DECLARE v_username varchar(45) default null;
9:       DECLARE v_mac_plain varchar(20) default null;
10:      DECLARE v_ucount int(11) default 0;
11:
12: ##       메시지 식별
13:          IF new.message REGEXP '^ Login OK: .*/<via.*(from client.*port [0-9]+
    cli .*)$' THEN
14: ##             메시지 추출
15:          SET v_username = trim(substring_index(REPLACE(NEW.message, 'Login
    OK: [',''),'/',1));
16:          SET v_mac = lcase(replace(substring_index(SUBSTR(NEW.message,
    LOCATE(' cli ', NEW.message) + 5), ')',1),'-',':'));
17:          SET v_mac_plain = replace(v_mac, ':', '');
18:              ##   사용자의 VLAN ID 가져오기
19:              SET v_vlan_id = ( SELECT a.id
20:                              FROM `radius`.`kp_vlan_info` a,
21:                                      `radius`.`radusergroup` b
22:                              WHERE b.username = v_username
23:                              AND a.groupname = b.groupname
24:                              AND a.usemap = 1 );
25:              ## Username과 맥 주소를 사용하는 사용자 존재 여부 확인(0:미사용, 1:사용)
26:          SET v_ucount = ( SELECT count(*)
27:                              FROM `radius`.`kp_address_user`
28:                  WHERE username = v_username
29:                      AND macaddr = v_mac
30:                      AND vlan_id = v_vlan_id );
31:
32: ##          메시지 저장
33:              IF v_ucount = 0 AND v_vlan_id > 0 THEN
34:                  INSERT INTO `radius`.`kp_address_user` (username, macaddr,
    vlan_id)
```

```
35:                    VALUES(v_username, v_mac, v_vlan_id);
36:              END IF;
37:
38: ##    메시지 식별
39:      ELSEIF new.message REGEXP '^ DHCPACK on [0-9.]+ to [a-fA-F0-9:]+.* via
     eth[0|1|2].[0-9]+' THEN
40: ##        메시지 추출
41:          SET v_ip = substring_index(substr(new.message,locate('DHCPACK on',
     new.message)+11),' ',1);
42:          SET v_mac = substring_index(substr(new.message,locate(' to ', new.
     message)+4),' ',1);
43:          SET v_hostname = IF(locate('(',new.message)=0,'',substring_
     index(substr(new.message,LOCATE('(',new.message)+1),')',1) );
44:          SET v_vlan_id = cast(substring_index(new.message,'.',-1) as
     unsigned);
45:
46: ##        메시지 저장
47:          INSERT INTO `radius`.`kp_log_dhcp`(macaddr, vlan_id, ipaddr,
     hostname, message, create_date)
48:          VALUES(v_mac, v_vlan_id, v_ip, v_hostname, new.message, new.
     ReceivedAt);
49:     END IF;
50: END
```

리스트 6-39의 트리거는 IP 주소 실명제 테이블에 저장되는 중요 정보 세 가지
(사용자 식별자, 단말기 맥 주소, 단말기에 할당된 IP 주소) 중에서 두 가지 정보(사용자 식별
자, 단말기 맥 주소)를 사용자 인증 로그에서 추출해 저장하는 작업을 수행한 것이다.
이제 나머지 한 가지 정보, 즉 단말기에 할당된 IP 주소만 저장하면 된다. 이 내용은
다음 절에서 진행하자.

6.3.3 단말기에 할당된 IP 주소를 IP 주소 실명제 테이블에 등록

IP 주소 실명제 테이블에 사용자 식별자와 단말기의 맥 주소가 등록되었다. 이제
마지막 정보인 단말기에 할당된 IP 주소만 추출해서 등록하면 된다. 단말기에 할당
된 IP 주소는 어떻게 추출해서 등록할까? 이번에는 5.5절에서 미리 작성해뒀던 트
리거를 이용한다. 먼저 앞서 작성한 트리거인 리스트 6-40을 살펴보자.

리스트 6-40 ai_kp_log_dhcp 트리거

데이테베이스: radius
테이블: kp_log_dhcp
트리거 이름: ai_kp_log_dhcp
트리거 실행시간: AFTER
이벤트: INSERT

```
 1:   BEGIN
 2:   ##   트리거에서 사용할 임시변수 선언
 3:       DECLARE v_rcount INT DEFAULT 0;
 4:
 5:   ##   IP 주소 할당 여부 조회 후, 신규할당이면 맥 주소를 IP 주소에 할당
 6:       SET v_rcount = (SELECT COUNT(*) FROM kp_ip_pool
                     WHERE ipid = INET_ATON(new.ipaddr) AND macaddr = '');
 7:
 8:       IF v_rcount = 1 THEN
 9:          UPDATE kp_ip_pool SET macaddr = new.macaddr
              WHERE ipid = INET_ATON(new.ipaddr);
10:       END IF;
11:   END
```

리스트 6-40의 트리거는 kp_log_dhcp 테이블에 단말기에 할당된 IP 주소가 등록된 후 IP 주소 풀 테이블(kp_ip_pool)을 검사해 할당되지 않은 신규 IP 주소가 할당되었을 때 IP 주소 풀에 할당내역을 기록한다. 5.5절에서 봤던 그림 6-12는 이 트리거를 수행하는 흐름을 표현하고 있다.

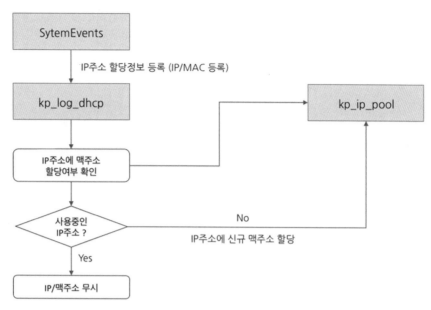

그림 6-12 IP 주소 할당 이후 IP 주소 풀 갱신 절차

앞서 작성했던 트리거의 경우 DHCP 시스템에서 단말기에 IP 주소가 할당되면 무조건 IP 주소 할당을 요청한 단말기의 맥 주소와 할당된 IP 주소를 맵핑하기 위해 IP 주소 풀 테이블에 등록하도록 했다. 만약 DHCP 시스템을 이용해 단말기에 고정 IP 주소를 할당하고자 한다면 앞의 트리거만 이용해도 충분히 원하는 목적을 달성할 수 있다. 그러나 이번 장에서 구현하고자 하는 바와 같이 인증된 사용자의 단말기에 IP 주소를 할당하고 이후부터는 그 IP 주소를 고정으로 할당하고자 한다면, 단말기의 맥 주소와 단말기에 할당된 IP 주소뿐만 아니라 사용자를 식별할 수 있는 추가적인 정보가 요구된다. 이번 장의 앞 부분에서 이와 관련된 설명을 했고, 바로 앞 절에서 사용자 인증이 완료된 후 사용자 식별자와 단말기의 맥 주소를 비롯해서 추가적으로 VLAN 정보까지 테이블에 등록하도록 구현했다. VLAN 정보는 나중에 8장에서 사용될 정보로 미리 등록하도록 했다. 이제 마지막 정보인 IP 주소정보를 등록해주는 일만 남았다. 앞서 작성된 리스트 6-40의 트리거를 다음 두 가지 내용에 맞춰 변경하도록 한다.

첫 번째, DHCP 시스템에서 단말기에 IP 주소가 할당되면 IP 주소가 할당된 단말기의 맥 주소가 정상적으로 인증된 맥 주소인지를 확인하고 IP 주소 실명제 테이블(kp_address_user)의 맥 주소에 IP 주소를 등록한다.

두 번째, 첫 번째 조건에 만족하는 IP 주소에 대해서만 IP 주소 풀 테이블에 IP 주소 할당내역을 기록한다.

이 두 가지 사항을 반영해 리스트 6-40의 트리거를 변경하면 리스트 6-41과 같다.

리스트 6-41 ai_kp_log_dhcp 트리거

데이테베이스: radius
테이블: kp_log_dhcp
트리거 이름: ai_kp_log_dhcp
트리거 실행시간: AFTER
이벤트: INSERT

```
 1: BEGIN
 2: ##    트리거에서 사용할 임시변수 선언
 3:     DECLARE v_addrcnt INT DEFAULT 0;
 4:     DECLARE v_username VARCHAR(45) DEFAULT '';
 5:
 6: ##   인증에 성공한 단말기의 맥 주소이고,  IP 주소가 할당되지 않았는지 확인
 7:     SET v_addrcnt = (SELECT count(*)
 8:                         FROM kp_address_user
 9:                        WHERE macaddr = new.macaddr
10:                          AND vlan_id = new.vlan_id
11:                          AND ip2int = 0);
12:
13: ##   위의 조건에 만족하는 단말기의 맥 주소에 할당된 IP 주소 등록
14:     IF v_addrcnt = 1 THEN
15:         UPDATE kp_address_user
16:            SET ipaddr = new.ipaddr,
17:                ip2int = INET_ATON(new.ipaddr)
18:          WHERE macaddr = new.macaddr
19:            AND vlan_id = new.vlan_id;
20: ##       IP 주소 POOL에 등록할 단말기 사용자 식별자를 가져온다.
21:         SET v_username = (SELECT username
22:                             FROM kp_address_user
23:                            WHERE ip2int = INET_ATON(new.ipaddr));
24:
25:         UPDATE kp_ip_pool
26:            SET macaddr = new.macaddr,
27:                username = v_username
```

```
28:             WHERE ipid = INET_ATON(new.ipaddr);
29:     END IF;
30: END
```

리스트 6-41의 코드도 그리 어렵지는 않다. 앞에서 설명했던 IP 주소 실명제 테이블을 만드는 이유와 구성 항목을 이해하고 있다면 충분히 이해할 수 있을 것이다.

이제 그림 6-9에서 제시했던 IP 주소 실명제 테이블이 완성되었다. 이제 DHCP 시스템을 통해 단말기에 할당된 IP 주소의 사용자를 효과적으로 파악할 수 있게 되었다. 그럼 이것으로 끝난 것일까? 물론 어느 정도 내공이 있는 독자라면 지금까지 구현한 내용을 응용해서 본인이 원하는 관리체계를 개발할 수 있을 것이다. 그렇지만 대부분의 독자는 다음에 구현할 내용을 간절히 기대하고 있을 것이다. 그래야만 빨리 현장에 적용할지 말지를 결정할 수 있기 때문이다.

다음 과정을 진행하기에 앞서 한 가지 살펴볼 내용이 있다. 지금까지는 IP 주소 실명제 테이블을 만들고, 테이블에 필요한 정보를 등록하는 과정을 구현했다. 그렇다면 IP 주소 실명제 테이블에 등록된 정보 중에서 더 이상 사용되지 않는 단말기가 생겼을 때는 어떻게 해야 할까? 해당 정보를 삭제해야 한다. 너무 당연한 얘기다. 한 단계 더 나아가서, 정보를 삭제할 때 어떠한 테이블에서 어떤 정보를 삭제해야 할까? 이제 이 두 가지 질문에 답하도록 하겠다.

첫 번째 질문이다. 어떠한 테이블이 IP 주소 실명제 정보 삭제와 관련되어 있을까? 혹시 잘 기억나지 않는다면 이번 장에서 정보를 등록할 때 사용했던 테이블을 생각하면 된다. 좀 더 힌트를 주면 2개의 테이블이다. 정답은 IP 주소 실명제 테이블(kp_address_user)과 IP 주소 풀 테이블(kp_ip_pool)이다. kp_address_user 테이블에는 인증된 사용자의 식별자, 사용자가 사용하는 단말기의 맥 주소, 단말기의 맥 주소에 할당된 IP 주소가 저장되어 있다. 이 정보를 이용해서 단말기의 인증과 IP 주소 할당현황, 단말기의 사용자 현황을 확인할 수 있다. 두 번째 테이블인 kp_ip_pool 테이블에는 DHCP 시스템을 통해 단말기에 고정 IP로 할당될 IP 주소의 목록이 관리되고 있다. 만약 사용되지 않는 단말기에 할당된 IP 주소정보가 IP 주소 풀 테이블에서 삭제되지 않고 계속 저장되어 있다면, IP 주소의 낭비를 유발할 것이다. 따라서 두 테이블, `kp_address_user`와 `kp_ip_pool` 테이블에서 불필요한 정보를 삭제해야 한다.

이제 두 번째 질문으로 넘어가자. 두 테이블에서 어떠한 정보를 삭제해야 될까? 이미 앞에서 테이블을 설명할 때 대부분 설명했지만, 좀 더 구체적으로 설명하면 다음과 같다. 먼저 IP 주소 실명제 테이블에서 삭제할 정보는 사용되지 않는 단말기의 맥 주소, 단말기의 사용자 식별자, IP 주소 및 VLAN 정보다. 이러한 정보들은 테이블에 행[row] 또는 레코드 형태로 저장되어 있어서 해당 행[row]을 테이블에서 삭제하면 된다. 다음으로 IP 주소 풀 테이블에서는 각각의 IP 주소에 저장되어 있는 단말기의 맥 주소와 사용자 식별자 정보만 삭제하면 된다. IP 주소 풀 테이블에서는 IP 주소가 저장되어 있는 행 전체를 삭제하면 안 되고, 해당 IP 주소의 맥 주소와 사용자 식별자를 저장하는 칼럼에 저장되어 있는 맥 주소와 사용자정보만 삭제하면 된다. 이를 그림으로 표현하면 그림 6-13과 같다.

(KP_ADDRESS_USER)

ID	username	macaddr	vlan_id	ipaddr	ip2ing	hostname
1	gdnong	aa:bb:cc:11:22:33	999	192.168.9.127	3232237951	
2	gshong	bb:aa:cc:11:22:33	100	172.16.100.13	2886755341	삭제대상
3	mspark	cc:aa:bb:33:22:11	120	172.16.120.130	2886760578	

mysql> delete from kp_address_user where id = 2;

(KP_IP_POOL)

ipid	ipaddr	Vlan_id	status	macaddr	username
2886755340	172.16.100.12	120	U		
2886755341	172.16.100.13	120	U	bb:aa:cc:11:22:33	gshong 삭제대상
2886755342	172.16.100.14	120	U		

mysql> update kp_ip_pool set macaddr = '', username = '' where ipid = 2886755341

그림 6-13 삭제 대상 정보 및 삭제 방법

그림 6-13에서 테이블별 삭제 대상 정보와 삭제 방법에 대해 표현하고 있다. 삭제 방법을 보면, MySQL 콘솔에서 명령을 통해 불필요한 정보의 삭제를 진행하고 있다. 그렇지만 이러한 방법은 현장에서 사용하기가 너무 어렵다. 그림 6-13의 경우 2개의 테이블에서 제거되어야 할 정보가 서로 연계되어 있음을 알 수 있다. kp_ address_user 테이블의 삭제 대상 정보에 할당되어 있는 IP 주소가 kp_ip_pool 테이블의 갱신 대상 IP 주소와 동일하다. 결국 2개의 테이블에 대한 정보 삭제와 갱신은 하나의 트랜잭션을 통해 처리해야 한다. 이제 마지막 질문이다. 어떻게 하면 정보를 효과적으로 삭제할 수 있을까? 지금까지 활용했던 방법과 동일하다. 이번에도 트리거를 이용한다. 그렇다면 어느 테이블에 트리거를 작성하면 효과적일까? kp_address_user 테이블이라고 생각했다면 정답을 맞췄다. 앞서 설명했듯이 kp_address_user 테이블에는 IP 주소 실명제와 관련된 모든 정보가 저장되어 있다. 따라서, kp_address_user 테이블에서 정보가 삭제되면, 실명제와 관련된 정보가 모두 제거되는 것이다. 그러나 kp_ip_pool 테이블은 실명제 테이블에 등록되는 정보에 따라 변경이 발생되는 실명제 테이블에 종속적인 테이블이라고 할 수 있다. 따라서 트리거를 작성할 때에도 정보관리의 핵심을 쥐고 있는 kp_address_user 테이블에 작성하고, 이를 통해 kp_ip_pool 테이블을 통제하는 구조가 효과적이라고 할 수 있다.

이제 정보 삭제와 관련된 트리거를 작성해보자. 트리거의 내용을 먼저 설명하면, kp_address_user 테이블에서 정보가 삭제된 이후 kp_ip_pool에 있는 삭제된 IP 주소에 등록된 맥 주소와 사용자 식별자 정보를 삭제하는 코드다.

리스트 6-42 ad_kp_address_user 트리거

```
데이테베이스: radius
테이블: kp_address_user
트리거 이름: ad_kp_address_user
트리거 실행시간: After
이벤트: Delete

1: BEGIN
2:     UPDATE kp_ip_pool
3:        SET username = '',
4:            macaddr = ''
5:      WHERE ipid = old.ip2int;
6: END
```

리스트 6-42에서 보는 것처럼 코드가 매우 간단하다. 이 코드가 kp_address_

user 테이블에서 사용되지 않는 IP 주소 실명제 정보가 삭제되면 kp_ip_pool 테이블에서 IP 주소 할당정보를 삭제해 IP 주소의 낭비를 방지하는 역할을 담당한다. 물론 앞으로 추가적인 기능이 구현되면서 이 코드도 조금씩 수정되겠지만, 지금으로서는 이 정도 코드면 정보의 등록과 삭제에 따른 IP 주소 관리는 충분히 수행 가능하다. 이제 다음 과정으로 넘어가도록 하자.

다음 과정은 세 번째 시나리오를 구현하는 것이다. 간단하게 세 번째 시나리오를 설명하면, 한 번 사용자 인증에 성공한 단말기는 다음 인증을 받을 때부터는 사용자 인증이 아닌 IP 주소 실명제 테이블에 등록된 단말기의 맥 주소로 단말기를 인증해 인증 절차를 간소화하는 것이다. 물론 단말기 인증(맥 주소 인증)에 대해 보안취약점 등을 이유로 부정적으로 생각하는 독자도 있겠지만, 사용자 편의성을 높이고 802.1X 인증을 지원하지 않는 단말기에 대한 인증을 지원하기 위해 맥 주소 인증을 적용하기로 결정했다. 물론 이 또한 관리자나 회사의 정보보안정책에 따라 도입 여부를 결정할 수 있는 사항으로 우선 구현해보고 적용 여부를 결정하길 바란다.

6.4 ｜ 단말기 인증 구현

앞서 간략히 설명했듯이 이번 절에서는 802.1X에서 지원하는 인증 방법 중에서 MAB라는 방법을 구현하고자 한다. MAB는 시스코 사에서 사용하는 용어로 802.1X 인증 시에 사용자 식별자 및 비밀번호를 사용한 인증이 아니라, 단말기의 맥 주소를 인증을 위한 식별자와 비밀번호로 대체해 인증하는 방식을 말한다. 이 방식은 802.1X 인증을 지원하는 네트워크 장비의 제조사별로 다른 용어를 사용하고 있다.

이번 장에서 구현하고자 하는 내용을 다시 정리하면, 사용자 식별자 및 비밀번호를 통해 인증된 사용자 단말기는 다음 인증부터는 사용자 식별자와 비밀번호가 아닌 단말기의 맥 주소를 통해 인증받도록 하는 것이다. 이처럼 사용자 인증을 맥 주소를 이용하도록 간소화하면 어떠한 장점이 있을까? 여기서 말하는 장점은 경우에 따라 문제점으로 지적될 수도 있지만 사용자 관점에서는 장점이라고 할 수 있다. 가장 큰 장점을 설명하면, 한 번 인증을 통과한 단말기는 단말기의 운영체제에 재설치되어 802.1X 인증에 필요한 환경이 구성되어 있지 않더라도 단말기의 맥 주소를 통해 인증이 수행됨에 따라 사용자가 인증환경 구성을 위한 별도의 과정을 거칠 필요가 없다는 것이다. 언뜻 보기에 큰 장점이 아닐 수 있지만, 사용자 입장에서는 운영체제를 설치하고 아무런 추가적인 과정 없이도 바로 인터넷에 접속해서 업무를 수행할 수 있다는 것은 커다란 장점이 될 수 있다. 어느 업무환경이든 단말기 설치 후에 사용자가 맨 처음 확인하는 부분은 인터넷의 연결 여부다. 독자도 마찬가지일 것이다. 지위고하와 수행업무를 막론하고, 책상 위에 PC가 설치되고 나서 맨 처음 하는 일은 웹 브라우저를 실행시키고 인터넷이 되는지를 점검하는 것이다. 우선 인터넷이 정상적으로 동작하는지를 확인해야 마음의 평정을 찾고 그다음 업무에 필요한 환경을 점검하기 시작한다. 이토록 인터넷 접속 여부에 민감한 사용자들 때문에 802.1X 인증을 적용한 이후에도 한 번 사용자 인증을 통과한 단말기에 대한 맥 주소 인증 적용은 사용자의 편의성 향상에 아주 중요한 역할을 담당하게 된다.

802.1X 적용 이후 사용자로부터 크게 호응을 받았던 몇 가지 이점 중 첫 번째는 바로 단말기 인증에 대한 부분이었다. 내 경우 하나의 단말기는 한 명의 사용자가 사용한다는 단말기 사용정책을 적용하고 있다. 그래서 한 번 사용자 인증을 받은 단말기의 경우 처음 인증받은 사용자가 단말기에서 발생하는 모든 문제에 대해 책임을 지도록 하고 있다. 따라서 단말기 인증을 통해 문제가 발생하면 최초 인증 사용자에게 문제의 조치를 요구하게 된다. 이렇게 함으로써 사용자에게 단말기 관리에 좀 더 주의를 기울이게 할 수도 있다. 두 번째 이점은 사용자가 단말기의 IP 주소를 기억하고 있지 않아도 된다는 것이다. 사용자들은 가끔씩 자신이 사용하는 단말기의 운영체제를 재설치하곤 한다. 802.1X와 DHCP 시스템을 사용한 네트워크 접근통제 구축 이전에는 운영체제를 재설치한 사용자로부터 IP 주소를 알려줄 수 있는지에 대한 문의가 빈번했다. 그러나 802.1X 구축 이후에는 그러한 문의가 사라졌다. 또 다른 이점 중 하나는 사용자가 연구소의 어느 장소에 있더라도 IP

주소의 변경이 필요하지 않다는 것이다. 기존에는 건물 또는 층별로 구분된 VLAN 으로 네트워크가 구축되어 사용자의 단말기 위치가 변경되면 IP 주소도 변경되어 야 하는 불편함이 있었으나, 802.1X 인증체제를 구축하고 나서는 그럴 필요가 전 혀 없어졌다. 앞에서 설명했듯이 사용자에 따라서 액세스 스위치의 포트에 할당되 는 VLAN 정보가 변경되기 때문이다. 잠시 이야기가 곁길로 빠졌지만, 여기서 이런 이점을 다시 한 번 설명함으로써 802.1X에 좀 더 관심을 갖도록 하기 위한 것이니 이 내용도 잘 기억해두도록 하자. 이제 다시 이번 절의 본론인 단말기 인증으로 돌 아가본다.

6.4.1 단말기 인증 절차

혹시 단말기 인증이 어떻게 진행되는지 기억하고 있는가? 세 번째 시나리오에서 단말기 인증이 어떻게 수행되는지에 대해 간략히 설명했다. 혹시 잘 기억나지 않는 다면 2.3절에 있는 시나리오를 다시 읽어보면 도움이 될 것이다. 이번에는 개략적 인 절차가 아니라, 이번 장에서 구현될 인증 절차에 대해 좀 더 구체적으로 알아보 고 이를 구현하고자 한다. 그림 6-14는 이번 장에서 구현할 단말기 인증과 관련된 구체적인 절차를 표현하고 있다.

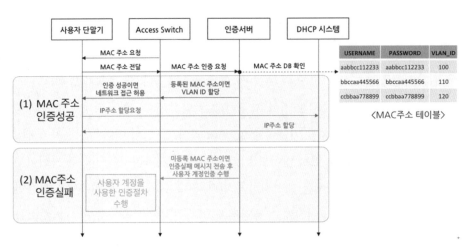

그림 6-14 단말기 맥 주소 인증 절차

그림 6-14를 보면 인증 절차가 두 단계로 진행됨을 알 수 있다. 처음 단말기가 네트워크에 연결되면 단말기의 맥 주소를 서버에 전달한다. 인증서버는 스위치로 부터 전달받은 맥 주소가 인증서버의 맥 주소 DB에 등록되어 있는지를 확인하고, 등록된 맥 주소이면 인증 성공 메시지와 함께 해당 단말기와 관련된 추가적인 정보 (AVP)를 스위치에 전달해 네트워크에 접속할 수 있도록 한다. 이때 전달되는 대표적인 정보가 단말기에 할당될 VLAN ID다. 만약 단말기의 맥 주소가 DB에 등록되어 있지 않다면 인증서버는 인증 실패 메시지를 스위치에 전달한다. 그러면 스위치는 단말기에 인증에 필요한 사용자 인증정보를 요청한다. 이때부터는 정상적인 사용자 인증 절차에 따라 인증을 수행하게 된다. 이러한 두 단계의 인증 절차를 통해 단말기 인증에 실패하더라도 사용자 인증을 통해 네트워크에 접속할 수 있도록 한다. 물론 네트워크 접근통제정책에 따라 그림 6-14에서 구현하고 있는 두 단계 인증 방법은 바뀔 수 있다.

그럼 맥 주소 인증은 어떻게 수행되는지 좀 더 깊게 알아보자. 이 과정을 통해 왜 보안에 취약하다고 하는지를 알 수 있을 것이다. 여러분이 앞서 802.1X 인증을 수행할 때는 여러분의 사용자 계정과 비밀번호는 인증을 위해 단말기에 입력되기 전에는 누구도 알 수 없다. 그리고 단말기에서 인증서버까지의 전송구간에서도 EAP와 RADIUS 프로토콜을 통해 전송되고 전송 과정에서는 다양한 암호화 알고리 즘에 의해 암호화되어 안정성을 충분히 보장받을 수 있다. 또한 비밀번호를 안전하게 관리하는 사용자의 경우 식별자와 비밀번호를 다르게 설정함으로써 식별자가 드러나더라도 비밀번호가 노출되는 것을 방지할 수 있다. 그럼 지금 구현하고자 하는 단말기 인증은 사용자 인증과 어떠한 차이가 있을까? 단말기 인증에서는 인증을 위해 오로지 단말기의 맥 주소만 요구한다. 이쯤에서 다음과 같은 의문을 가진 독자가 있을 수 있다. '맥 주소는 하나의 정보인데, 인증에서 요구하는 정보는 ID와 비밀번호를 요구한다. 그럼 어떻게 맥 주소 하나만으로 인증을 수행할 수 있을까?' 그림 6-14를 유심히 본 독자는 그림 오른쪽에 있는 맥 주소 테이블을 봤을 것이다. 이 테이블을 보면 username 칼럼과 password 칼럼이 같은 맥 주소로 채워져 있음을 알 수 있다. 무슨 말을 하고자 하는지 짐작할 수 있을 것이다. 액세스 스위치에서는 맥 주소를 이용해 단말기 인증을 수행할 때, 맥 주소를 ID와 비밀번호로 설정해 인증서버에 전달한다. 그럼 인증서버는 전달받은 맥 주소를 이용해 단말기의 인증을 수행하고 결과를 액세스 스위치에 통보한다. 정말 간단하다. 이렇게 맥 주소를 ID와 비밀번호로 사용하기 때문에 보안에 취약하다고 하는 것이다. 맥 주소는 쉽게 확인할 수 있고 또한 위·변조가 쉽기 때문이다. 이러한 점을 이용해서 보안에도 활용할 수 있다. 여기서 번외의 이야기를 잠시 하자면, 맥 주소의 취약점을 이용해 보안을 강화할 수 있는 방법이 있다. 특정 맥 주소의 네트워크 접근을 차단하려면 어떻게 하면 될까? 인증서버의 맥 주소 DB에 네트워크를 차단하고자 하는 맥 주소를 등록하고 사용되지 않는 네트워크 차단용 VLAN ID를 할당한다. 만약 정상적인 사용자의 단말기라 하더라도 네트워크 차단용 VLAN ID가 할당되어 있다면, 인증은 통과할 수 있어도 네트워크 접근은 차단당하게 된다. 관점에 따라서 취약점을 악용할 수도 있고, 선용할 수도 있는 것이다.

지금까지 간단하게 맥 주소를 이용한 단말기 인증 절차에 대해 살펴봤다. 이제 실제적으로 단말기 인증을 구현해보자. 단말기 인증을 위해서는 두 가지 영역을 변경해줘야 한다. 첫째, 네트워크 스위치에서 단말기 인증이 가능하도록 환경을 변경해야 한다. 둘째, 인증서버에서 맥 주소 DB를 만들어줘야 한다. 이 두 과정을 진행하자.

6.4.2 네트워크 스위치 환경 설정 변경

스위치 환경 설정을 위해 5.2.2절에서 액세스 스위치 환경을 설정할 때와 같이, 연구소 액세스 스위치(NAS_BD_11F)에 터미널을 연결하고 전역환경 설정 모드로 진입해 리스트 6-43과 같이 MAB를 활성화한다.

리스트 6-43 NAS_BD_11F 스위치의 MAB 활성화

```
Username: admin
Password: 09n072
NAS_BD_11F$enable
Password: 09n072
NAS_BD_11F#configure terminal
NAS_BD_11F(config)#interface gi1/0/11
```

```
NAS_BD_11F(config-if)#mab
NAS_BD_11F(config-if)#authentication order mab dot1x
NAS_BD_11F(config-if)#authentication priority mab dot1x
NAS_BD_11F(config-if)#end
NAS_BD_11F#write
NAS_BD_11F#show run interface gi1/0/11
Building configuration...

Current configuration : 382 bytes
!
interface GigabitEthernet1/0/11
 description ## Dot1X Auth Port ##
 switchport mode access
 authentication order mab dot1x
 authentication priority mab dot1x
 authentication port-control auto
 mab
 dot1x pae authenticator
 dot1x timeout tx-period 2
 dot1x max-req 1
 dot1x max-reauth-req 3
 dot1x timeout auth-period 2
 spanning-tree portfast
 spanning-tree bpduguard enable
end

NAS_BD_11F#
```

리스트 6-43에서 실행한 명령이 무엇을 의미하는지 어느 정도 짐작할 수 있을 것이다. 명령에 대해 간략히 설명하면 표 6-4와 같다.

표 6-4 MAB 활성화 명령 설명

구분	내용
mab	스위치의 맥 주소 인증 기능을 활성화한다.
Authentication order mab dot1x	스위치의 802.1X 인증 순서를 지정한다. 선택사항으로 mab, dot1x, webauth가 있으며, 지정된 순서에 따라 앞서 지정된 인증 방법이 실패하면 다음 인증 방법으로 사용자 인증을 수행한다. 여기서는 맥 인증을 먼저 수행하고 맥 인증에 실패했을 때 사용자 인증을 수행한다.

(이어짐)

구분	내용
Authentication priority mab dot1x	스위치의 802.1X 인증 우선순위를 지정한다. 선택사항은 order와 동일하며, order 옵션의 순서와 우선순위 순서에 따라 다양하게 인증 방법을 적용할 수 있다. 여기서는 order와 순서를 같이 지정했다.

인증 순서와 우선순위 지정에 관한 구체적인 내용은 시스코 스위치 레퍼런스 문서를 참조하길 바란다.

이와 같이 스위치 설정을 변경함으로써 스위치에서는 맥 인증을 위한 준비가 완료되었다. 이제 인증서버에서 맥 주소에 대한 인증을 수행할 수 있도록 맥 주소 테이블을 만들고 맥 주소를 등록하기만 하면 된다. 이와 관련해서는 다음 절에서 설명하고자 한다.

6.4.3 인증서버에 맥 주소 DB 구성하기

맥 주소 데이터베이스를 구축하기 전에 사용자 인증 절차와 맥 주소 인증 절차에 대해 잠시 고민해보는 시간을 갖도록 하자. 고민의 주제는 '맥 주소 인증과 사용자 인증에 어떤 차이가 있을까?'다. 스위치에서의 인증 동작은 제외하고 인증서버의 입장에서만 어떤 차이점이 있는지 고민해보길 바란다. 차이점은 다음과 같다. 사용자 인증에 사용되는 사용자 ID와 비밀번호는 같거나 다를 수 있지만, 맥 주소 인증에서는 사용자 ID와 비밀번호로 맥 주소 하나만 사용되는 것이 두 가지 인증 방식의 차이점이다. 그럼 다시 한 번 생각해보자. 사용자 인증과 맥 주소 인증을 위해 두 계정정보를 저장하는 테이블을 2개 만들어야 할까? 아니면 사용자 계정정보가 저장되는 테이블을 맥 주소가 저장되는 테이블로 사용할 수 있을까? 특별한 이유가 없다면, 이미 존재하는 하나의 테이블에 두 가지 인증 관련 정보를 저장하는 것이 효율적일 것이다. 6.4.1절의 설명에서 스위치는 인증서버에 맥 주소 인증을 요청할 때 단말기의 맥 주소를 사용자 식별자와 비밀번호로 전달한다고 설명했다. 그래서 굳이 사용자 계정정보와 맥 주소정보를 2개의 테이블에 나눠 저장할 필요가 없다. 맥 주소가 저장될 테이블 문제는 해결되었다. 나머지 문제는 인증에 성공한 단말기의 맥 주소를 어떻게 사용자 계정정보가 등록된 테이블에 저장하는가 하는 문제다. 이 문제의 해결 방법도 그리 어렵지 않다. 앞 절에서 사용자 인증에 성공한 단말기에 대해서는 고정 IP 주소를 할당할 수 있도록 하기 위해 인증에 성공한 단말기의 맥 주소를 `kp_address_user` 테이블에 저장하도록 구현했다. `kp_address_user` 테이블에 맥 주소를 저장하는 트리거를 약간만 변경하면 두 번째 문제를 해결할 수 있다. 먼저 5.4절에서 작성된 리스트 6-44의 트리거 코드를 보고 어디에 맥 주소 데이터베이스 구축을 위한 코드를 삽입하면 되는지 찾아보길 바란다.

리스트 6-44 ai_systemevents 트리거

데이터베이스: Syslog
테이블: systemevents
트리거 이름: ai_systemevents
트리거 실행시간: After
이벤트: Insert

```
1:   BEGIN
2:   ##  변수선언
3:       DECLARE v_ip varchar(20) default null;
4:       DECLARE v_mac varchar(20) default null;
5:       DECLARE v_hostname varchar(45) default null;
6:       DECLARE v_vlan_id int default 0;
7:
8:       DECLARE v_username varchar(45) default null;
9:       DECLARE v_mac_plain varchar(20) default null;
10:      DECLARE v_ucount int(11) default 0;
11:
12: ##     메시지 식별
13:        IF new.message REGEXP '^ Login OK: .*/<via.*(from client.*port [0-9]+
    cli .*)$' THEN
14: ##  메시지 추출
15:        SET v_username = trim(substring_index(REPLACE(NEW.message, 'Login
    OK: [',''),'/',1));
16:        SET v_mac = lcase(replace(substring_index(SUBSTR(NEW.message,
    LOCATE(' cli ', NEW.message) + 5), ')',1),'-',':'));
17:        SET v_mac_plain = replace(v_mac, ':', '');
18:        ##  사용자의 VLAN ID 가져오기
19:        SET v_vlan_id = ( SELECT a.id
20:                            FROM `radius`.`kp_vlan_info` a,
21:                                 `radius`.`radusergroup` b
22:                           WHERE b.username = v_username
23:                             AND a.groupname = b.groupname
24:                             AND a.usemap = 1 );
```

```
25:            ## Username과 맥 주소를 사용하는 사용자 존재 여부 확인(0:미사용, 1:사용)
26:            SET v_ucount = ( SELECT count(*)
27:                                   FROM `radius`.`kp_address_user`
28:                                  WHERE username = v_username
29:                                    AND macaddr = v_mac
30:                                    AND vlan_id = v_vlan_id );
31:
32: ## 메시지 저장
33:            IF v_ucount = 0 AND v_vlan_id > 0 THEN
34:                INSERT INTO `radius`.`kp_address_user` (username, macaddr, vlan_
    id)
35:                VALUES(v_username, v_mac, v_vlan_id);
36:            END IF;
37:
38: ##   메시지 식별
39:       ELSEIF new.message REGEXP '^ DHCPACK on [0-9.]+ to [a-fA-F0-9:]+.* via
    eth[0|1|2].[0-9]+' THEN
40: ##       메시지 추출
41:            SET v_ip = substring_index(substr(new.message,locate('DHCPACK on',
    new.message)+11),' ',1);
42:            SET v_mac = substring_index(substr(new.message,locate(' to ', new.
    message)+4),' ',1);
43:            SET v_hostname = IF(locate('(',new.message)=0,'',substring_
    index(substr(new.message,LOCATE('(',new.message)+1),')',1) );
44:            SET v_vlan_id = cast(substring_index(new.message,'.',-1) as
    unsigned);
45:
46: ##       메시지 저장
47:            INSERT INTO `radius`.`kp_log_dhcp`(macaddr, vlan_id, ipaddr,
    hostname, message, create_date)
48:            VALUES(v_mac, v_vlan_id, v_ip, v_hostname, new.message, new.
    ReceivedAt);
49:    END IF;
50: END
```

코드 삽입 위치로는 35행과 36행 사이가 가장 적합해 보인다. 독자 여러분도 이와 같이 생각했길 바란다. 이제 코드만 작성하면 된다. 코드를 작성하기 전에 맥 주소 인증을 위해 어떠한 테이블에 어떠한 정보가 저장되어야 하는지를 먼저 살펴본 후 코드를 작성하자. 그림 6-15는 맥 주소 인증을 위해 추가적으로 정보가 등록되어야 하는 테이블과 기록되어야 할 정보를 표현하고 있다.

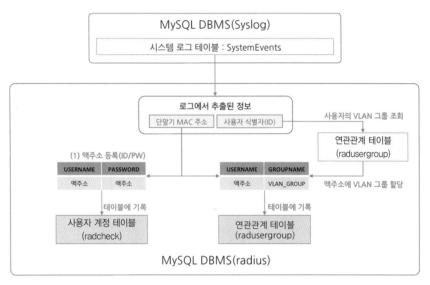

그림 6-15 맥 주소 등록 절차

    인증된 단말기의 맥 주소 등록에는 그림 6-15에 표현된 것과 같이 2개의 테이블이 사용된다. 첫 번째 테이블은 사용자 계정정보가 등록되어 있는 `radcheck` 테이블이다. 앞서 설명했듯이 단말기의 맥 주소 인증에도 사용자 계정을 이용한 인증 절차와 동일하게 사용자 식별자와 비밀번호가 사용된다. 다만 맥 주소 인증에는 맥 주소 이외의 다른 정보가 사용될 수 없기 때문에, 맥 주소를 식별자와 비밀번호로 사용하게 된다. 이렇게 되면 별도의 맥 주소 관리용 테이블을 생성하지 않고도 사용자 계정 테이블을 이용해서 인증된 단말기의 맥 주소를 관리할 수 있게 된다. 두 번째 테이블은 인증에 성공한 사용자 또는 단말기에 할당될 VLAN 정보를 저장하고 있는 `radiusgroup` 테이블이다. 앞에서 구현한 802.1X에서 사용자 인증이 완료된 후에 각각의 사용자에게 할당된 VLAN 정보에 따라 스위치의 VLAN ID가 변경되는 것을 확인했다. 사용자 인증과 동일하게 단말기 인증에서도 각각의 맥 주소에 할당되어야 할 VLAN 정보를 등록해주지 않으면, 인증에 성공하더라도 정상적인 네트워크 연결을 보장할 수 없다. 따라서 맥 주소 인증에 성공한 단말기가 정상적으로 VLAN ID를 할당받을 수 있도록 단말기 사용에 할당된 VLAN 정보를 맥 주소에도 등록해야 한다. 이를 위해서는 그림 6-15에서 보여주는 바와 같이 로그에서 추출된 사용자 식별자를 이용해 radiusgroup 테이블에서 VLAN 그룹정보를 확인하고, 맥 주소에 사용자에게 할당된 것과 동일한 VLAN 정보를 등록한다. 그림 6-15를 코드로 구현하면 리스트 6-45와 같다.

리스트 6-45 ai_systemevents 트리거

```
32: ## 메시지 저장
33:       IF v_ucount = 0 AND v_vlan_id > 0 THEN
34:            INSERT INTO `radius`.`kp_address_user` (username, macaddr, vlan_
     id)
35:            VALUES(v_username, v_mac, v_vlan_id);
36:
37:            IF 0 = ( SELECT count(*) FROM `radius`.`radcheck` WHERE username
     = v_mac_plain ) THEN
38:                 INSERT INTO `radius`.`radcheck` ( username, attribute, op,
     value )
39:                 VALUES(v_mac_plain, 'Cleartext-Password', ':=', v_mac_plain);
40:            END IF;
41:
42:            IF 0 = ( SELECT count(*) FROM `radius`.`radusergroup` WHERE
     username = v_mac_plain ) THEN
43:                 INSERT INTO `radius`.`radusergroup` ( username, groupname )
44:                 VALUES(v_mac_plain, ( SELECT groupname FROM
     `radius`.`radusergroup` WHERE username = v_username ));
45:            END IF
46:       END IF;
47:
```

이제부터 단말기가 네트워크에 연결되면 네트워크 스위치는 사용자 계정 인증에 앞서 맥 주소를 사용한 단말기 인증을 먼저 수행한다. 지금까지 구현한 인증을 통해 단말기 인증을 받고자 하는 단말기는 무조건 사용자 인증 절차를 한 번은 거쳐야 한다. 그렇지 않은 단말기는 구조적으로 단말기 인증을 수행할 수 없다. 그렇다면 지금까지 구현한 인증을 모든 단말기에 적용할 수 있을까? 윈도우, 리눅스, OS X 등과 같이 사용자에게 다양한 인터페이스를 제공하는 운영체제가 설치된 단말기는 아무런 문제없이 802.1X 인증을 위한 설정 과정을 통해 사용자 인증을 거친 후 단말기 인증을 수행할 수 있다. 그렇다면 앞서 언급한 운영체제가 아닌 임베디드embeded 운영체제를 사용하는 단말기라면 어떨까? 예를 들어 프린터, 네트워크

디스크 등과 같이 802.1X 설정을 위한 인터페이스를 제공하지 않는 단말기라면 어떻게 인증받을 수 있을까? 여기서 802.1X의 문제점이 드러난다. 일반적으로 사용자 단말기에 설치되어 운영되는 운영체제의 경우 대부분 802.1X를 지원한다. PC나 노트북만이 아니라 스마트폰의 경우에도 802.1X를 지원한다. 그러나 아직까지 프린터, 디지털복합기, NAS 등의 장비에서는 802.1X를 지원하지 않고 있다. 그럼 어떻게 해야 할까? 802.1X를 지원하지 않는 단말기는 네트워크 스위치에서 802.1X와 관련된 설정을 제거하고 단말기를 연결할까? 그렇게 되면 네트워크 접근통제 강화를 위해 802.1X를 도입한 본래의 취지와 달리, 오히려 접근통제가 이뤄지지 않는 보안취약점을 관리자 스스로가 만들게 된다. 이 문제를 어떻게 해결할 수 있을까? 802.1X를 지원하지 않는 단말기를 802.1X 인증체제로 편입시키기 위해서는 802.1X 이외에 인증을 대체할 수 있는 방법을 제공할 수밖에 없다. 그때 사용할 수 있는 방법이 단말기 인증이다. 네트워크에 연결되는 단말기 중에 맥 주소가 없는 단말기는 없다. 네트워크에 연결되는 모든 단말기는 단말기의 종류와 유형에 관계없이 모두 맥 주소를 갖고 있다. 802.1X 인증을 지원하지 않는 단말기의 경우 방금 구현한 단말기 인증을 통해 802.1X 인증체계 안에서 최소한의 인증 절차를 거쳐 단말기를 사용할 수 있게 된다. 다음 절에서는 프린터 등과 같이 802.1X 인증을 지원하지 않는 단말기에 대해 단말기 인증을 수행할 수 있도록 단말기 인증 대상에 단말기를 등록하는 방법을 알아보자.

6.5 | 단말기 임의등록을 통한 단말기 인증 실시

802.1X 인증체제 구축을 통해 네트워크에 대한 접근통제를 강화하고자 할 때 발생할 수 있는 문제점과 해결 방안에 대해 앞 절을 마무리하면서 설명했다. 이번 절에서는 앞서 제기했던 문제점의 해결 방안으로, 802.1X 인증을 지원하지 않는 단말기의 맥 주소를 특정 테이블에 등록한 후 앞 절에서 살펴본 맥 주소 인증을 통해 장치를 인증하는 방법을 구현하자. 이번에 구현할 내용도 복잡하지 않다. 지금까지

과정을 잘 따라온 독자라면 혼자만의 노력으로도 충분히 구현할 수 있다. 혹시 어떻게 구현할지 예상하고 있는 독자라면 내가 구현하는 방법과 비교해보는 것도 좋을 듯싶다.

동일한 기능을 가진 프로그램의 구현을 여러 명의 프로그래머에게 요청해도 모든 프로그래머가 같은 방식으로 프로그램을 작성하지 않는다. 이와 마찬가지로 앞으로 제시할 방법도 정답이라고 말할 수는 없다. 다만 독자가 보다 편한 길로 갈 수 있는 지도 역할은 수행할 수 있다고 생각한다. 이러한 생각은 이 책의 전반에 걸쳐서 동일하다. 그럼 본격적으로 802.1X 인증을 수행할 수 없는 단말기를 등록하는 방법을 구현해보자. 이번에도 먼저 이번 절에서 구현할 내용의 전체적인 그림을 살펴본 후 단말기 등록을 위한 테이블을 생성하고, 테이블에 등록된 단말기정보를 맥 주소 인증에 사용하는 방법을 구현하자.

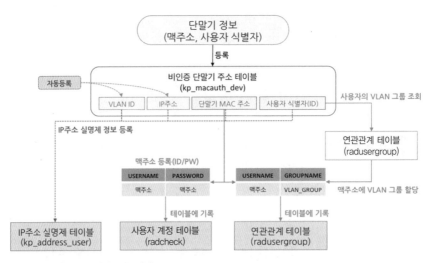

그림 6-16 비인증 단말기 등록 절차

그림 6-16은 비인증 단말기가 등록된 후 해당 정보가 단말기 인증을 위해 어떠한 테이블들에 등록되는지를 표현하고 있다. 먼저 관리자가 비인증 단말기 주소 테이블(kp_macauth_dev)에 단말기정보를 등록한다. 이때 등록되는 정보는 단말기의 맥 주소와 사용자 인증 시에 사용되는 식별자다. 물론 단말기 종류와 사용기간 등의 정보를 추가적으로 등록해 단말기 관리를 위해 사용할 수 있다. 하지만 이 절에

서는 기본 기능의 구현에 초점을 맞추도록 하자. kp_macauth_dev 테이블에 단말기정보(맥 주소, 사용자 식별자)가 등록되면 테이블에 등록된 트리거에 의해 자동으로 VLAN ID 정보와 IP 주소가 할당된다. 이후 kp_macauth_dev에 등록된 정보를 기초로 IP 주소 실명제 테이블(kp_address_user)에 IP 주소 실명제를 위한 정보가 등록되고, 사용자 계정 테이블radcheck과 연관관계 테이블radusergroup에 맥 주소 인증에 필요한 정보가 등록된다. 모든 테이블에 인증과 관리를 위한 정보가 등록된 이후에는 802.1X 인증을 지원하지 않는 단말기도 맥 주소와 사용자 등록을 통해 지금까지 구축한 인증체계 안에서 단말기 인증을 수행한다. 802.1X의 단점으로 지적되는 802.1X 인증을 지원하지 않는 단말기를 802.1X 인증체제 안으로 포함시키는 문제에 대해서는 지금 설명하고 있는 단말기 인증이 유일한 해결 방법이다. 이제부터 구체적으로 구현하자.

6.5.1 비인증 단말기 주소 테이블 생성

가장 먼저 할 일은 802.1X를 지원하지 않는 단말기가 저장될 저장공간을 만드는 일이다. 여기서 말하는 저장공간은 데이터베이스에 존재하는 테이블을 말한다. 지금까지 IP 주소 관리와 인증체제를 구현하면서 기본적으로 제공되는 테이블 이외에 부가적으로 정보관리에 필요한 테이블들을 만들었다. 이번에 만드는 테이블도 단말기정보를 효과적으로 관리하기 위해 부가적으로 생성하는 테이블이다. 관리적인 불편함을 감수할 수 있다면, 별도의 테이블을 만들지 않고 인증서버에 존재하는 기본 테이블(radcheck, radusergroup)을 활용해 단말기 주소를 등록하고 VLAN 그룹을 지정해 단말기 인증을 적용할 수 있다. 그렇지만 이러한 방법으로는 체계적으로 비인증 단말기, 즉 802.1X를 지원하지 않는 단말기를 관리할 수 없다. 이러한 관리적 불편을 최소화하고 효과적으로 비인증 단말기를 관리하기 위해 별도의 테이블을 만드는 것이다. 이번 절에서 만들 테이블 명세는 표 6-5와 같다.

순번	정보 내용	칼럼명	자료형	길이	PK	NOT NULL	DEFAULT	비고
1	단말기 맥 주소	MACADDR	VARCHAR	20	Y	Y		
2	사용자 식별자	USERNAME	VARCHAR	45	N	Y	''	
3	VLAN ID	VLAN_ID	INT	11	N	Y	0	자동등록
4	할당 IP 주소	IPADDR	VARCHAR	20	N	Y	''	자동할당
5	IP 주소(숫자)	IP2INT	BIGINT	20	N	Y	0	자동등록
6	등록일자	WRITE_DATE	TIMESTAMP		N	Y	CURRNET_TIMESTAMP	자동등록

표 6-5의 테이블 명세는 가장 기본적으로 등록되어야 하는 속성에 대해서만 정의하고 있다. 만약 추가적으로 관리되어야 할 항목이 있다면, 얼마든지 다른 항목을 추가할 수 있다. 예를 들어 단말기의 사용기간을 정의하고 싶다면 단말기 사용 종료일을 등록하기 위한 칼럼을 추가할 수 있으며, 구체적인 단말기의 유형을 관리하고자 하면 단말기 유형 속성을 추가할 수 있다. 이와 같이 관리적인 항목을 추가함으로써 좀 더 강화된 단말기 통제정책을 구현하고 관리적 효율성을 향상시킬 수 있다. 이제 표 6-5의 테이블 명세에 따라 테이블을 등록하자. 지금까지 잘 따라온 독자라면 굳이 테이블 등록 방법을 설명하지 않아도 무난히 테이블을 생성할 수 있을 것이다. 데이터베이스에 익숙하지 않은 독자라면 리스트 6-46의 스크립트를 따라하도록 한다.

리스트 6-46 비인증 단말기 주소 테이블 생성

```
root@radius:~# mysql -u root -p
Enter password: 09n072
...

mysql> use radius;
Reading table information for completion of table and column names
You can turn off this feature to get a quicker startup with -A

Database changed
mysql> CREATE TABLE `kp_macauth_dev` (
    ->   `macaddr` varchar(20) NOT NULL,
    ->   `username` varchar(45) NOT NULL DEFAULT '',
```

```
    ->   `vlan_id` int(11) NOT NULL DEFAULT '0',
    ->   `ipaddr` varchar(45) NOT NULL DEFAULT '',
    ->   `ip2int` bigint(20) NOT NULL DEFAULT '0',
    ->   `write_date` timestamp NOT NULL DEFAULT CURRENT_TIMESTAMP,
    ->   PRIMARY KEY (`macaddr`)
    -> );
Query OK, 0 rows affected (0.01 sec)

mysql> show tables;
+------------------+
| Tables_in_radius |
+------------------+
| employee_default |
| kp_address_user  |
| kp_dept_vlan     |
| kp_ip_pool       |
| kp_log_dhcp      |
| kp_macauth_dev   |
| kp_vlan_info     |
| nas              |
| radacct          |
| radcheck         |
| radgroupcheck    |
| radgroupreply    |
| radpostauth      |
| radreply         |
| radusergroup     |
| tmp_employee     |
+------------------+
16 rows in set (0.00 sec)

mysql> exit
Bye
root@radius:~#
```

테이블을 생성함으로써 802.1X를 지원하지 않는 단말기정보를 저장하고, 저장된 정보를 단말기 인증에 활용하기 위한 기본적인 환경을 구성했다. 이제 그림 6-16에서 표현하고 있는 바와 같이 kp_macauth_dev 테이블에 저장되는 정보를 나머지 3개의 테이블(kp_address_user, radcheck, radusergroup)에 저장해 단말기 인증에 사용되도록 구현해야 한다. 이것은 다음 절에서 구현하자.

6.5.2 비인증 단말기정보 등록

kp_macauth_dev 테이블에 802.X 인증을 지원하지 않는 단말기와 관련된 정보가
등록된 이후 수행해야 할 작업은 크게 두 가지로 구분할 수 있다. 첫 번째 작업은
그림 6-16의 상단에서 표시된 것처럼 VLAN_ID 칼럼과 IP 주소 칼럼에 사용자의 유
형에 따라 적절한 값을 등록해주는 것이다. 그리고 두 번째 작업은 그림 6-16의 하
단부에 표시되어 있는 3개의 테이블에 단말기의 관리와 인증에 필요한 값들을 등
록하거나 삭제하는 것이다. 두 작업은 별개의 작업으로 분리되지 않고, 상호간의
선후 관계에 의해 수행된다. 각각의 작업은 트리거를 통해 구현되며 각각의 상황에
따른 코드는 다음과 같다.

신규 단말기를 등록할 때 VLAN ID와 IP 주소 할당하기

신규로 비인증 단말기가 등록될 때 해당 단말기의 사용자에 따라 자동으로 VLAN
ID와 IP 주소가 할당될 수 있도록 리스트 6-47의 트리거를 작성한다.

리스트 6-47 bi_kp_macauth_dev 트리거

데이터베이스: radius
테이블: kp_macauth_dev
트리거 이름: bi_kp_macauth_dev
트리거 실행시간: Before
이벤트: Insert

```
1:   BEGIN
2:       SET NEW.macaddr = LCASE(REPLACE(NEW.macaddr,'-',':'));
3:
4:       ## 정상적인 맥 주소가 아니면 Null 값으로 변경
5:       IF NEW.macaddr not REGEXP '[0-9a-f:]{17}' THEN
6:          SET NEW.macaddr = NULL;
7:        END IF;
8:
9:       ## 입력한 Username이 소속된 VLAN 정보 등록
10:      SET NEW.vlan_id = ( SELECT a.id
11:                            FROM kp_vlan_info a,
12:                                 radusergroup b
13:                           WHERE b.username = NEW.username
14:                             AND a.groupname = b.groupname ) ;
15:
```

```
16:     ## 사용자의 VLAN의 IP 주소대역에서 사용하지 않는 IP 주소 할당
17:     SET NEW.ip2int = ( SELECT min(ipid)
18:                          FROM kp_ip_pool
19:                         WHERE vlan_id = NEW.vlan_id
20:                           AND status = 'U'
21:                           AND macaddr = ''
22:                           AND username = '' );
23:     SET NEW.ipaddr = INET_NTOA(NEW.ip2int);
24: END
```

단말기 관리 및 단말기 인증과 관련된 테이블에 단말기정보 등록하기

신규 비인증 단말기 등록이 완료된 후 해당 단말기 정보를 IP 주소 실명제 테이블 (kp_address_user), 계정 테이블(radcheck), 연관관계 테이블(radusergroup), IP 주소 풀 테이블(kp_ip_pool)에 등록하도록 리스트 6-48의 트리거를 작성한다.

리스트 6-48 ai_kp_macauth_dev 트리거

데이터베이스: radius
테이블: kp_macauth_dev
트리거 이름: ai_kp_macauth_dev
트리거 실행시간: After
이벤트: Insert

```
 1:  BEGIN
 2:      DECLARE v_mac_plain varchar(45) default '';
 3:
 4:      ## 맥 주소에서 ':' 문자 제거
 5:      SET v_mac_plain = REPLACE(new.macaddr,':','');
 6:
 7:      ## KP_ADDRESS_USER 테이블에 단말기 및 사용자정보 등록
 8:      IF NOT EXISTS ( SELECT macaddr FROM `radius`.`kp_address_user` WHERE
   macaddr = new.macaddr ) THEN
 9:          INSERT INTO `radius`.`kp_address_user` ( username, macaddr, vlan_
   id, ipaddr, ip2int, reg_type )
10:          VALUES ( new.username, new.macaddr, new.vlan_id, new.ipaddr, new.
   ip2int, 'M' );
11:      END IF;
12:
13:      ## RADCHECK 테이블에 단말기 인증을 위한 맥 주소 등록
14:      IF NOT EXISTS ( SELECT username FROM `radius`.`radcheck` WHERE username
   = v_mac_plain ) THEN
```

```
15:        INSERT INTO `radius`.`radcheck` ( username, attribute, op, value )
16:        VALUES( v_mac_plain, 'Cleartext-Password', ':=', v_mac_plain );
17:    END IF;
18:
19:    ## RADUSERGROUP 테이블에 맥 주소에 해당하는 VLAN 그룹정보 등록
20:    IF NOT EXISTS ( SELECT username FROM `radius`.`radusergroup` WHERE
    username = v_mac_plain ) THEN
21:        INSERT INTO `radius`.`radusergroup` ( username, groupname )
22:        VALUES( v_mac_plain, ( SELECT groupname FROM `radius`.`radusergroup`
    WHERE username = new.username ) );
23:    END IF;
24:
25:    ## KP_IP_POOL 테이블에 IP사용정보 등록하기
26:    UPDATE `radius`.`kp_ip_pool`
27:      SET macaddr = new.macaddr,
28:          username = new.username
29:      WHERE ipid = new.ip2int;
30: END
```

단말기정보 변경에 따라 연관 테이블 정보 변경하기

등록된 비인증 단말기 정보가 변경될 때 연관된 테이블에 저장된 정보의 유기적인 변경을 위해 리스트 6-49와 리스트 6-50의 트리거를 작성한다.

리스트 6-49 bu_kp_macauth_dev 트리거

```
데이터베이스: radius
테이블: kp_macauth_dev
트리거 이름: bu_kp_macauth_dev
트리거 실행시간: Before
이벤트: Update
```

```
1:  BEGIN
2:    DECLARE v_vlan_id int default 0;
3:
4:    ## 자동으로 등록되는 칼럼의 값 변경 금지
5:    IF new.vlan_id <> old.vlan_id THEN
6:        SET new.vlan_id = old.vlan_id;
7:    END IF;
8:
9:    IF (new.ipaddr <> old.ipaddr) or (new.ip2int <> old.ip2int) THEN
10:        SET new.ipaddr = old.ipaddr;
11:        SET new.ip2int = old.ip2int;
```

```
12:    END IF;
13:
14:    ## 단말기 사용자 변경에 따른 정보 변경
15:    IF new.username <> old.username THEN
16:        ## 변경된 사용자에 따라 VLAN ID 변경
17:        SET NEW.vlan_id = ( SELECT a.id
18:                              FROM kp_vlan_info a,
19:                                   radusergroup b
20:                             WHERE b.username = NEW.username
21:                               AND a.groupname = b.groupname ) ;
22:
23:        ## VLAN ID가 변경었다면, 해당 VLAN에 해당하는 IP 주소 할당
24:        IF new.vlan_id <> old.vlan_id THEN
25:            SET NEW.ip2int = ( SELECT min(ipid)
26:                                 FROM kp_ip_pool
27:                                WHERE vlan_id = NEW.vlan_id
28:                                  AND status = 'U'
29:                                  AND macaddr = ''
30:                                  AND username = '' );
31:            SET NEW.ipaddr = INET_NTOA(NEW.ip2int);
32:        END IF;
33:    END IF;
34: END
```

리스트 6-50 au_kp_macauth_dev 트리거

데이터베이스: radius
테이블: kp_macauth_dev
트리거 이름: au_kp_macauth_dev
트리거 실행시간: After
이벤트: Update

```
1:  BEGIN
2:      DECLARE v_mac_plain_old varchar(20) default '';
3:      DECLARE v_mac_plain_new varchar(20) default '';
4:
5:          SET v_mac_plain_old = REPLACE(old.macaddr,':','');
6:          SET v_mac_plain_new = REPLACE(new.macaddr,':','');
7:
8:      ## 사용자 변경에 따른 해당 작업 수행
9:      IF new.username <> old.username THEN
10:         ## KP_IP_POOL 테이블의 사용자정보 변경
11:         UPDATE kp_ip_pool
12:            SET username = new.username
```

```
13:               WHERE ipid = old.ip2int;
14:
15:           ## KP_ADDRESS_USER 테이블 정보 변경
16:           UPDATE `radius`.`kp_address_user`
17:               SET username = new.username
18:           WHERE macaddr = old.macaddr;
19:       END IF;
20:
21:     ## VLAN ID 변경여부 확인 후 해당 작업 수행
22:     IF new.vlan_id <> old.vlan_id THEN
23:           ## 이전에 할당됐던 IP 주소 할당 해제
24:           UPDATE kp_ip_pool
25:               SET macaddr = '',
26:                   username = ''
27:           WHERE ipid = old.ip2int;
28:
29:           ## 신규로 할당된 IP 주소에 사용정보 기록
30:           UPDATE `radius`.`kp_ip_pool`
31:               SET macaddr = new.macaddr,
32:                   username = new.username
33:           WHERE ipid = new.ip2int;
34:
35:           ## KP_ADDRESS_USER 테이블 정보 변경
36:           UPDATE `radius`.`kp_address_user`
37:               SET username = new.username,
38:                   vlan_id = new.vlan_id,
39:                   ipaddr = new.ipaddr,
40:                   ip2int = new.ip2int
41:           WHERE macaddr = old.macaddr;
42:
43:           ## RADUSERGROUP 테이블 변경
44:           UPDATE `radius`.`radusergroup`
45:               SET groupname = ( SELECT groupname
46:                                   FROM `radius`.`radusergroup`
47:                                   WHERE username = new.username )
48:           WHERE username = v_mac_plain_old;
49:
50:       END IF;
51:
52:     ## 단말기 맥 주소 변경 여부 확인 후 해당 작업 수행
53:     IF new.macaddr <> old.macaddr THEN
54:
55:           ## KP_IP_POOL의 단말기정보 변경
56:           UPDATE `radius`.`kp_ip_pool`
57:               SET macaddr = new.macaddr
```

```
58:        WHERE macaddr = old.macaddr;
59:
60:       ## KP_ADDRESS_USER 테이블 정보 변경
61:       UPDATE `radius`.`kp_address_user`
62:         SET macaddr = new.macaddr
63:        WHERE macaddr = old.macaddr;
64:
65:       ## RADCHECK 테이블 정보 변경
66:       UPDATE `radius`.`radcheck`
67:         SET username = v_mac_plain_new,
68:             value = v_mac_plain_new
69:        WHERE username = v_mac_plain_old;
70:
71:       ## RADUSERGRUP 테이블 정보 변경
72:       UPDATE `radius`.`radusergroup`
73:         SET username = v_mac_plain_new
74:        WHERE username = v_mac_plain_old;
75:    END IF;
76: END
```

단말기정보가 삭제되었을 때 관련 테이블에 저장된 정보 삭제하기

비인증 단말기 정보가 삭제되었을 때 연관된 테이블에 저장된 정보의 삭제를 위해
리스트 6-51의 트리거를 작성한다.

리스트 6-51 ad_kp_macauth_dev 트리거

데이터베이스: radius
테이블: kp_macauth_dev
트리거 이름: ad_kp_macauth_dev
트리거 실행시간: After
이벤트: Delete

```
1:  BEGIN
2:     DECLARE v_mac_plain varchar(45) default '';
3:
4:     SET v_mac_plain = REPLACE(old.macaddr,':','');
5:
6:     UPDATE kp_ip_pool
7:        SET username = '',
8:            macaddr = ''
9:      WHERE ipid = old.ip2int;
10:
```

```
11:     DELETE FROM radcheck WHERE username = v_mac_plain;
12:     DELETE FROM radusergroup WHERE username = v_mac_plain;
13:     DELETE FROM kp_address_user WHERE macaddr = old.macaddr;
14: END
```

이것으로, 사용자 및 단말기를 통한 802.1X 인증체제의 구축을 모두 마쳤다. 이 과정을 통해 FreeRadius 시스템을 이용한 사용자 인증에 익숙해졌기를 바란다. 지금까지의 과정을 충분히 이해했다면, 802.1X 기반의 사용자 및 단말기 인증과 DHCP 시스템을 기반으로 하는 IP 주소 관리의 기반 지식을 대부분 습득한 것이다. 앞으로의 과정에서는 지금까지 획득한 기본지식을 이용해 보다 구체적으로 네트워크 접근통제와 보안을 강화하는 방법을 다룬다. 나머지 과정도 잘 따라하면서 독자 여러분이 현재 근무하는 곳의 정보보안체계 향상에 도움을 주길 기대한다.

7장 접근통제 구현

대부분의 업무가 IT 시스템을 기반으로 수행되면서 네트워크 및 정보시스템에 대한 효과적인 접근 통제가 점점 중요해지고 있다. 언론을 통해 보도된 많은 보안 사고를 돌아보면 시스템에 대한 접근권한을 갖지 않은 사용자나 유지보수 인력이 시스템에 접근함으로써 시스템에 저장된 중요 정보가 무단으로 유출되거나, 유지보수 과정에서 외부로부터 반입된 단말기에 의해 악성코드가 감염되는 사고가 대부분이었다. 그렇다면 이렇게 보안 사고가 발생했던 기관들은 다른 기관에 비해 정보보안과 관련된 투자를 소홀히 했던 것일까? 반드시 그렇다고는 볼 수 없다. 물론 전체적인 인프라 투자에 비해 정보보안에 투자되는 예산의 비율은 적었을 수 있다. 그렇지만 절대적인 예산 규모와 보유하고 있는 보안 장비, 보안정책의 적용 등의 측면에서 보면 사고가 발생하지 않은 기관과 큰 차이가 없었을 것으로 생각한다.

정보보안 사고는 어느 특정한 원인에 의해 발생했다고 단정할 수는 없다. 물론 언론보도를 통해 알려지는 주요 정보보안 사고들은 대부분 어느 하나가 사고의 원인인 것처럼 분석되지만, 하나의 정보보안 사고는 다양한 원인들에 의해 보안 사고가 발생할 수 있는 환경이 조성된 후 문제를 일으킨다. 내가 근무하는 기관에서도 사용자 단말기에 대한 악성코드 감염이 빈번히 발생하곤 한다. 사용자 단말기에는 분명히 바이러스 백신이 설치되어 있고 매일 주기적으로 점검도 한다. 그렇지만 방어기술이 공격기술을 따라가지 못하는 필연적인 취약점 때문에 사용자 단말기를 통해 외부 기관 또는 내부 시스템으로 DDoS 공격 등을 수행하게 된다. 단편적인 예로서 사용자 PC에 대해 언급했지만, 안전한 네트워크 환경과 정보시스템 운영을 위해서는 다양한 보안 요소를 고려해야만 한다.

이번에는 네트워크 및 정보시스템 운영과 관련해서 어떠한 정보보안시스템이 운영되고 있는지 살펴보자. 그림 7-1은 일반적으로 정보보안을 위해 구축하는 정보보안시스템을 개념적으로 표현하고 있다. 공격기법이 다양화되고 정교해짐에 따라서 다양한 보안 장비가 등장하고 있다. 따라서 그림 7-1에서 제시하는 보안 장비보다도 더 다양한 보안 장비를 운영하는 곳도 있을 것이다.

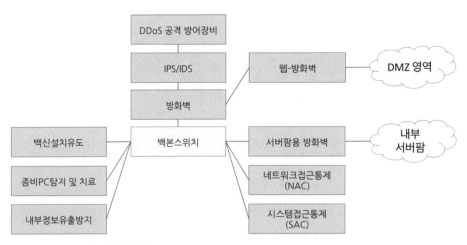

그림 7-1 정보보안 장비 운영 개념도

여기서 한 가지 질문에 대해 생각해보자. 2개의 기관에서 동일한 네트워크를 구성하고 동일한 유형의 정보보안시스템을 도입했다고 할 때, 이 두 기관이 동일한 수준의 정보보안을 수행한다고 보장할 수 있을까? 누구나 이러한 질문을 받는다면 '그렇지 않다.'라고 대답할 것이다. 이유는 간단하다. 정보보안과 관련된 모든 환경 조건이 동일하다 할지라도 다양한 요인에 의해 정보보안 수준은 달라지기 때문이다. 가장 큰 요인은 무엇일까? 나는 주저 않고 '정보보안 담당자의 관심과 역량'이라고 말하고 싶다. 그다음 요인으로 '기관의 정보보안정책'이라고 생각한다.

어느 정보보안 담당자는 일반적으로 사용되는 금융거래와 관련된 서비스라 하더라도 방화벽에서 해당 서비스에 대한 접근을 차단한다. 반드시 사용자의 요청에 의해 일시적으로 서비스에 대한 접근을 허용하고, 금융거래를 위한 시간이 지나면 해당 서비스를 차단한다. 서비스를 허용할 때조차도 전체 사용자에 대한 허용이 아니라 해당 서비스를 요청한 사용자에 대해서만 허용한다. 물론 그 기관은 국가적으로 중요한 연구과제를 수행하고 있어 매우 강력한 보안정책의 적용이 요구된다. 그렇다 하더라도 같은 보안관리자 입장에서도 '너무 강력하게 통제하고 있지 않나.'라는 생각을 한다. 그러나 이러한 관리자의 수고로 인해 정보보안 수준에 있어서는 타 기관을 항상 앞서고 있다. 이렇듯 정보보안 담당자의 역량에 따라서 동일한 정보보안체계를 갖고 있다 하더라도 실제 정보보안 수준에서는 현격한 차이를 보일 수 있다.

다시 그림 7-1로 돌아가서 생각해보자. 기본적으로 그림의 보안 장비에서 최종적으로 제공하는 기능은 보안 장비의 종류에 관계없이 시스템에 대한 접근통제가 아닐까 생각한다. DDoS 공격/방어 장비, 방화벽, 웹 방화벽, NAC, SAC 등의 모든 보안 장비는 도입 목적은 서로 다르다. 그렇지만 기능을 하나하나 살펴보면 특정 목적지로 가고자 하는 패킷, IP 주소, URL 및 트래픽 양 등을 평가해 허용된 규칙에 위배될 경우에는 접근경로를 차단하는 것에 목적을 두고 있다. 이러한 보안 장비의 정책을 어떻게 수립하고 적용하느냐에 따라 기관의 정보보안 수준이 결정될 것이다. 그렇다면 네트워크 및 시스템에 대한 접근통제정책은 앞에서 언급한 보안 장비에 의해서만 수행되는 것일까? 결코 그렇지 않다. 각각의 시스템 차원에서도 개별 사용자의 권한에 따라 다양한 접근통제정책을 수립하고 운영하고 있다.

이번에는 시스템 차원에서 구현 가능한 접근통제에 대해 간략히 살펴보자. 일반적으로 쉽게 접할 수 있는 접근통제정책의 대표적인 예로는 인트라넷이라고 불리는 사내 경영정보시스템이 있다. 사용자가 시스템에 로그인하면 사용자의 부서 및 직위, 직책 등에 따라서 접근할 수 있는 메뉴와 결재권한 등이 달리 적용된다. 이를 통해 직원은 본인에게 허용된 범위에서만 업무를 수행할 수 있다. 이러한 접근통제는 애플리케이션 측면의 접근통제로 볼 수 있다. 시스템에 대한 접근통제에는 애플리케이션 측면의 접근통제뿐만 아니라 다양한 측면의 접근통제를 고려할 수 있다.

가장 기본적인 접근통제는 사용자 계정과 사용자 그룹에 의한 시스템 접근통제다. 리눅스와 유닉스, 그리고 윈도우 서버에서는 사용자 그룹이 등록되고 사용자 그룹에 따라 적절한 시스템 접근권한과 명령 접근권한을 설정할 수 있다. 그리고 사용자 그룹은 사용자 계정에 할당되고 할당된 권한에 따라 사용자는 시스템의 명령, 파일, 디렉터리 등 시스템에서 제공하는 다양한 객체에 대한 접근 및 실행권한을 부여받는다. 그러나 특정 시스템의 경우 접근 대상 호스트 또는 서비스를 제한해야 할 필요가 있다. 이럴 때 별도의 비용을 들이지 않고 간단하게 적용 가능한 접근통제 방법으로는 호스트 기반 접근통제와 네트워크 기반 접근통제가 있다.

호스트 기반 접근통제는 이름에서도 알 수 있듯이 접근통제 대상 호스트가 특정된다. 예를 들어 시스템에 특정 호스트만 SSH 서비스에 접근할 수 있도록 허용하고자 할 때 호스트 기반 접근통제를 실시한다. 호스트 기반 접근통제를 위해서는 TCP^{Transmission Control Protocol} Wrapper가 사용된다. 리눅스나 유닉스를 사용해본 독자라면 host.allow 또는 host.deny 파일에 호스트를 등록해서 특정 서비스에 대한 접근 허용 또는 거부를 설정해본 경험이 있을 것이다. 가장 쉬우면서도 강력한 접근통제를 실시할 수 있지만, IP 주소를 위·변조한 공격자의 공격에 취약할 수 있다.

이럴 때 호스트 기반 접근통제 기능을 포함하면서도 강력한 접근통제 기능을 제공하는 것이 네트워크 기반 접근통제다. 네트워크 기반 접근통제에서는 IP 주소에 의한 접근통제뿐만 아니라 네트워크 패킷의 분석을 통해 접근을 요청하는 호스트에 대한 다양한 접근통제 기능을 제공한다. 일반적으로 네트워크 보호를 위해 기본적으로 설치되는 방화벽이 대표적인 네트워크 기반 접근통제시스템이라고 할 수 있다. 이러한 기능을 시스템 내에서 구현해주는 대표적인 도구로서 iptables, ipchains 등이 있으며, 단순한 접근통제 기능뿐만 아니라 NAT^{Network Address Translation}, IP & Port 포워딩 등 다양한 기능을 제공하고 있다. 이러한 도구를 잘 활용할 경우 방화벽 수준의 강력한 접근통제를 구현할 수 있다.

다음으로 시스템에서 운영되는 소프트웨어에 대한 접근통제에 대해 말하고자 한다. 시스템에 많이 설치되는 소프트웨어 중 하나로 데이터베이스가 있다. 인터넷을 통해 제공되는 대부분의 서비스 뒤에는 항상 데이터베이스가 위치하고 있다. 이러한 데이터베이스 시스템도 사용자 계정에 의해 접근이 통제된다. 사용자 계정은 크게 DBA와 USER 계정으로 구분할 수 있을 것이다. DBA 권한을 가진 사용자는 DB의 생성, 백업/복구 등 DB의 관리와 관련된 모든 권한을 갖게 된다. USER 계정의 경우 지정된 DB에 저장된 객체(TABLE, VIEW 등)에 대한 접근을 통해 데이터를 처리할 수 있게 된다.

이와 같이 시스템 차원에서도 다양한 접근통제 기능을 제공해 안전하게 시스템을 운영할 수 있도록 하고 있다. 이렇듯 네트워크와 시스템 측면에서 다양한 접근통제정책을 제공하고 있음에도 불구하고 네트워크 및 시스템 운영과 관련해 다양한 문제가 발생하고 있다. 여러 가지 문제점 중에서 이번 장에서는 기관 내부에서 이뤄지는 시스템 접근 과정에서 발생할 수 있는 문제점을 언급하고 이에 대한 개선 방안을 소개하고자 한다. 물론 여기서 제시하는 방법이 접근통제를 위한 최선의 방법은 아니지만, 특별한 시간과 노력을 투자하지 않아도 기존에 구현된 접근통제를 강화할 수 있는 대안이 될 것이라고 생각한다.

이번 장에서 구현하고자 하는 내용은 2장의 시나리오 중에서 네 번째, 다섯 번째, 그리고 일곱 번째 시나리오다. 네 번째 시나리오는 업무 특성을 고려한 네트워크 및 시스템에 대한 접근통제의 구현이다. 그리고 다섯 번째 시나리오는 인사발령으로 인해 부서 또는 수행업무가 변경되었을 때 네트워크 및 시스템에 대한 접근권한을 자동으로 변경하는 것이다. 마지막으로 일곱 번째 시나리오는 직원의 출장이나 타 기관 파견 등으로 인해 장기간 단말기가 사용되지 않을 때, 그리고 단말기 교체가 발생했을 때 내용 연한이 남아 있는 단말기를 자산관리 부서에서 장기간 보존할 때 발생할 수 있는 장기 미사용 단말기에 대한 접근통제다. 물론 이번 장에서 구현하는 접근통제는 앞서 설명했던 보안 장비 또는 시스템에서 구현하는 접근통제의 수준과 비교하면 그리 정교한 접근통제는 아니다. 하지만 네트워크에 접속하는 단말기에 대해 수행업무와 사용자 유형에 따라 네트워크 및 시스템에 대한 접근범위를 포괄적으로 정의함으로써 기본적인 접근통제 오류에 의해 발생할 수 있는 보안 사고를 예방하는 데 목적을 두고 있다. 이제부터 구체적인 구현에 들어가자.

7.1 | 업무 특성을 고려한 접근통제

이번 절에서 구현할 접근통제는 2장의 네 번째 시나리오에서 설명했던 사용자별 업무 특성을 고려한 네트워크 및 시스템 접근통제다. 앞서 시나리오에서도 설명했지만, 일반적으로 구성된 네트워크 환경에서는 외부 서비스를 위한 시스템은 방화벽과 연계된 DMZ에, 내부 서비스를 위한 시스템은 내부에 별도의 서버팜을 구성해 정보시스템을 운영하곤 한다. 물론 일부 기관에서는 외부 접속이 불필요한 시스템 또는 중요 연구과제 수행을 위해 폐쇄망을 운영하고 있는 경우에는 내·외부 서버팜이 아닌 외부와 단절된 별도의 네트워크에서 시스템을 운영하기도 한다. 그러나 이러한 경우는 극히 예외적인 경우라고 할 수 있다. 이번에 구현하는 접근통제는 예외적인 사항이 아닌 일반적인 경우를 대상으로 한다.

접근통제를 구현하기에 앞서 일반적으로 구성되어 있는 DMZ와 내부 서버팜에 대해 살펴보고자 한다. 대부분의 기관에서는 그림 7-2와 같은 구조로 DMZ와 내부 서버팜을 구성해 운영할 것이다. 내가 근무하고 있는 연구소에서도 네트워크 구축 초기에는 동일한 구조로 DMZ와 내부 서버팜을 운영했다.

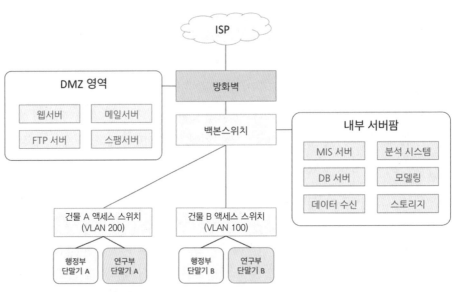

그림 7-2 DMZ와 내부 서버팜 구성 개념도

이와 같은 구성만으로도 분명한 장점이 있다. 가장 큰 장점으로는 구성이 간단하다는 것이다. 구성도에서 보는 바와 같이 서비스 운영을 위해 필요한 시스템 운영 영역이 두 곳밖에 되지 않는다. 일반적으로 DMZ는 방화벽에서 제공하는 인터페이스를 통해 구성되고, 내부 서버팜은 백본 스위치의 인터페이스를 통해 구성한다. 두 번째 장점으로는 외부 서비스용 시스템과 내부 서비스용 시스템 영역이 분리되어 있어, 내부에서 운영되고 있는 시스템에 대해 외부로부터 시도되는 허가되지 않은 접근이 차단된다는 것이다. 그리고 또 다른 장점은 DMZ 또는 내부 서버팜 영역에서 운영 중인 시스템에는 공인 IP 주소가 아닌 사설 IP 주소를 할당함으로써 외부로부터 내부 시스템에 대한 직접적인 접근 경로를 제공하지 않을 수 있다는 것이다. 이 정도 구성으로도 외부로부터 가해지는 악의적인 접근을 차단할 수 있다.

이번에는 내부 사용자 측면의 시스템 접근을 살펴보자. 일반적으로 네트워크를 구성할 때는 관리의 효율성을 위해 건물 또는 층별로 네트워크를 구분해 구성하는 경우가 일반적이다. 각각의 구분된 네트워크는 VLAN으로 구분된다. 그림 7-2에서도 일반적인 네트워크 구성을 포함하고 있다. 건물 A와 B는 각각 다른 VLAN으로 네트워크가 분리되어 있다. 각각의 건물에는 행정부와 연구부가 공존하고 있고, 동일한 건물에서는 직원이 수행하는 업무에 관계없이 동일한 대역의 IP 주소를 할당받도록 하고 있다. 이러한 구성이 너무도 일반적이기 때문에 대부분 초기 네트워크 설계 시에는 이러한 구성을 아무런 의구심 없이 적용하곤 한다. 물론 예외적으로 전체 건물을 하나의 VLAN으로 구성하고 B-Class IP 주소대역을 사용해 하나의 네트워크로 구성하기도 한다. 그러나 이는 현명한 방법이 아니라고 생각한다.

이러한 네트워크 환경에서 어떻게 시스템에 대한 접근통제를 구현하고 있을까?

DMZ 영역의 경우에는 방화벽정책을 통해 출발지 주소와 목적지 주소, 그리고 서비스 포트를 이용해 접근통제를 구현한다. 내부 서버팜의 경우에는 두 가지 경우로 살펴볼 수 있다. 첫 번째는 내부 서버팜 영역에도 DMZ 영역과 마찬가지로 방화벽을 설치해 접근통제를 구현하는 경우다. 두 번째는 백본 스위치 또는 내부 서버팜 스위치에서 ACL에 출발지 및 목적지 IP 주소와 서비스 포트를 기반으로 접근통제를 구현하는 경우다. 방화벽 또는 ACL 이외에도 각각의 시스템에서 별도의 접근통제를 구현할 수도 있다. 대부분의 경우에는 지금 설명한 방식의 접근통제를 통해 시스템에 대한 접근통제를 구현할 것이다. 물론 예외적인 경우로 시스템 접근통제SAC를 도입해 시스템에 대한 보다 강화된 접근통제를 구현하지만, 아직 도입이 활발하지는 않다. 이렇게 구현된 접근통제에 모두 만족할 수 있을까? 나는 ACL을 통한 접근통제를 상당히 유용하다고 생각하며 즐겨 사용하곤 했다. 그렇지만 규칙이 증가할수록 규칙 관리에 많은 정성을 쏟아야 했다. 그리고 가장 큰 문제는 행정부와 연구부가 같은 IP 주소 서브넷을 사용하고 있었기에 각각의 사용자에게 할당된 IP 주소에 대한 관리가 잘 이뤄져야만 시스템 접근통제를 수행할 수 있었다.

내가 근무하는 회사의 업무를 구분하자면 크게 행정 · 지원 업무와 연구 업무로 구분할 수 있다. 이에 따라 내부 서버팜에서 관리되는 시스템도 행정 · 지원 부문과 연구 부문이 공통으로 사용하는 업무시스템과 연구 업무에만 사용하는 연구시스템으로 구분된다. 시스템에 대한 접근통제를 구현하다 보면 모든 부서에서 공통으로 사용하는 시스템에는 모든 사용자가 접근할 수 있도록 접근을 허용해야 하고, 연구 업무에만 사용하는 시스템에는 굳이 행정 · 지원 부서에 근무하는 직원은 접근할 필요가 없으므로 차단해야 한다. 그리고 행정 · 지원 부서에 근무하는 직원이라 하더라도 IT 지원 부서 근무자는 연구용 시스템이라 하더라도 시스템 운영지원을 위해 접근을 허용해줘야 한다. 그림 7-2와 같이 구성된 네트워크라면 어떻게 접근통제를 해야 할까? 이와 유사한 사례가 독자들이 근무하는 곳에도 있을 것이다.

이제 다른 측면의 문제를 살펴보자. 대부분의 기관에서는 시스템의 안정적인 운영을 위해 외부 업체와 유지보수 계약을 체결하고 상주 또는 유지보수 담당자의 방문을 통해 시스템에 대한 유지보수 업무를 진행한다. 유지보수 업무의 외주가 증가하면서 이와 관련한 보안 사고도 점차 증가하고 있다. 이에 따라 유지보수 업체 직원의 접근통제는 매우 중요한 정보보안 이슈의 하나다. 앞서 설명했듯이 시스템 접근통제SAC 솔루션을 도입한 경우라면, 유지보수 또는 협력업체 직원과 관련해 내부 시스템에 대한 세밀한 접근통제가 가능할 것이다. SAC에서는 기본적으로 운영체제의 종류와 관계없이 사용자별 시스템 접근통제, 실행 명령 통제와 행위기록Action recording 기능을 제공하기 때문에 효과적인 접근통제가 가능하다. 그렇지만 SAC 솔루션이 도입되지 않았다면, 다른 유형의 접근통제 방안을 강구해야 한다. 독자가 근무하는 곳에서는 유지보수 업무 수행과 관련해 외부업체 직원이 사용하는 단말기에 대해 어떠한 방법으로 접근통제를 수행하고 있는가? 2장의 네 번째 시나리오에서 언급했던 다섯 가지 질문을 다시 살펴보자.

첫 번째 질문. 우리 회사는 협력업체 직원의 유지보수 업무 수행 시 유지보수를 위한 별도의 단말기를 지급하고, 외부에서 반입한 단말기는 사용하지 못하도록 하고 있는가?

두 번째 질문. 우리 회사는 협력업체의 유지보수 대상 장비의 종류 및 특성에 따라 유지보수 대상 장비에만 접근을 허용하고 다른 장비 또는 다른 서브넷의 네트워크로 접근하는 것을 차단하고 있는가?

세 번째 질문. 우리 회사는 협력업체의 유지보수 수행 시 관리 부서와 같은 서브넷에 속하는 IP를 부여하지 않고 유지보수를 위한 협력업체용 IP를 부여하고 있는가?

네 번째 질문. 우리 회사는 협력업체의 유지보수용 단말기에서 유지보수용 목적에 맞는 서비스 포트만을 개방하고 그 이외의 모든 서비스 포트로의 접근을 차단하고 있는가?

다섯 번째 질문. 우리 회사는 협력업체 직원의 단말기가 어느 건물, 어느 스위치, 어느 액세스 포트(Access Port)에 접근해 유지보수를 수행했는지 파악할 수 있는가?

이 모든 질문에 "그렇다."라고 대답하지 못했다면, 유지보수 담당자를 대상으로 하는 내부 시스템에 대한 접근통제가 시행되고 있지 않음을 반증한다고 볼 수 있다.

마지막으로 살펴보고자 하는 문제점은 사용자 단말기에 대한 위협통제다. 대부분의 사용자 단말기에는 바이러스 백신 프로그램이 설치되어 있고, 실시간 검사 등을 통해 바이러스, 웜, 스파이웨어, 해킹 시도 등을 차단하고 있다. 그렇지만 바이러스 백신이 설치되어 있음에도 불구하고 이를 우회한 다양한 공격이 시도되고 있고, 제로데이 공격을 뛰어넘어 지능형지속가능위협APT, Advanced Persistent Threat 공격이 점차 확대되고 있다. 이러한 악성코드의 위협이 증가하는 이유 중 하나로 악성코드의 능동적인 확산을 꼽을 수 있다. 불과 몇 년 전까지만 하더라도 바이러스와 같은 악성코드는 감염을 위한 사용자의 행위를 요구했다. 그러나 요즘 만들어지는 악성코드는 사용자의 행위와 관계없이 네트워크의 연결만으로도 사용자 단말기에 감염되는 양상을 보이고 있다. 이와 같이 진화하는 바이러스나 웜에 대한 확산을 최소화하기 위해서는 바이러스 백신의 설치뿐만 아니라 부가적인 방법들에 대한 고민이 요구된다. 앞서 봤던 그림 7-2와 같은 네트워크 구성에서는 어느 단말기에 악성코드가 감염되면 네트워크에 연결된 전체 단말기로 악성코드가 확산되는 것은 시간 문제일 것이다. 이러한 상황에서 어떻게 하면 효과적으로 악성코드의 확산을 차단할 수 있을까?

7.1.1 VLAN 다시 보기

앞서 살펴봤던 문제들은 네트워크를 구축하고 운영하는 입장에서는 해결이 쉽지 않으며, 개인적으로는 모든 기관의 정보보안 또는 네트워크 관리자가 언제까지나 가지고 가야 할 숙제라고 생각한다. 우리는 수학을 배우면서 원주율에 대해 학습했다. 원의 둘레를 구하기 위해 사용했던 값으로, 3.141592…로 끝없이 계속되는 파이(π)라고 하는 숫자 말이다. 아직까지도 수학계에서는 이 원주율의 마지막 자리에 올 수를 구하기 위해 연구를 계속하고 있는 것으로 알고 있다. 수학계에 이렇게 끝을 보지 못하는 오랜 문제가 있듯이 네트워크와 정보보안에서도 개선 방안을 찾는 노력을 계속해야 하는 문제들이 있다. 앞서 제기했던 문제도 여기에 해당된다고 생각한다. 이번 절에서는 앞서 살펴본 문제점의 개선 방안으로 VLAN을 이용하고자 한다. 지금까지 네트워크를 설계하면서 바라봤던 VLAN에 대한 시각을 바꿈으로써 네트워크와 시스템에 대한 접근통제를 위한 훌륭한 도구로 사용할 수 있다.

그림 7-2에서 보여준 바와 같이 VLAN은 하나의 물리적 네트워크를 여러 개의 논리적 네트워크로 분할하기 위해 사용한다. 그래서 네트워크를 설계할 때 건물 또는 층별로 네트워크를 구분하거나, 하나의 스위치에서 여러 개의 네트워크를 수용하기 위해 VLAN을 사용하고 있다. 이렇게 VLAN을 사용함으로써 네트워크에 대한 관리적 편의성을 증가시키고, 필요할 때 가상의 네트워크를 자유롭게 생성함으로써 물리적 네트워크의 활용성을 향상시켰다. 이러한 이유로 네트워크 관리자는

새로운 네트워크를 설계할 때, 물리적 토폴로지 구성뿐 아니라 논리적 네트워크인 VLAN의 구성에도 신경을 써야만 했다. 그러나 지금까지 설계된 VLAN에는 몇 가지 불편함이 있다. 지금까지 설계된 대부분의 VLAN은 정적으로 설계되어 있기 때문이다. 현재 운용되고 있는 스위치의 인터페이스 환경 설정을 확인해보면 스위치 포트마다 접근 가능한 VLAN이 지정되어 있다. 개인적으로 이렇게 구성된 VLAN을 정적^{static} VLAN이라고 표현한다. 그렇다면 구체적으로 정적 VLAN에는 어떠한 불편함이 있는 것일까?

첫 번째 불편함은 단말기에 이동성^{mobility}을 부여할 수 없다는 것이다. 즉, 단말기의 이동에 제약을 준다. 여기서 말하는 이동성은 VLAN을 벗어나는 이동을 말한다. 내가 근무하는 직장에서는 잦은 인사발령과 업무공간 재배치로 직원들이 수시로 건물과 층을 오가며 업무공간을 바꾸곤 한다. 그럴 때마다 단말기의 위치도 변경되면서 IP 주소를 변경해야 하는 문제가 발생했다. 물론 IP 주소 변경이 그렇게 큰 문제는 아닐 수 있다. 그러나 앞에서 살펴봤던 연구용 시스템에 대한 접근통제 문제와 연계되면서 추가적인 관리 작업을 수행해야 했다.

두 번째 불편함은 그림 7-2에서 볼 수 있듯이 업무적인 연관성이 없는 사용자가 같은 네트워크를 사용해야 한다는 것이다. 이 두 번째 내용은 독자에 따라서 다른 의견을 제시할 수 있을 것으로 생각된다. 그러나 내가 바라보는 관점에서는 네트워크를 구성할 때 동일한 업무 단위로 구성한다면 협업을 위한 환경 구성이나 정보 공유 등에 있어서 효율성을 향상시킬 수 있다. 예를 들어 공유폴더 또는 NAS^{Network Attached Storage} 등을 활용해 정보를 공유하고자 할 때 불필요한 사용자의 접근을 손쉽게 차단할 수 있다. 아울러 앞서 언급한 시스템에 대한 접근차단 정책을 구현할 때도 동일한 네트워크 사용자에 대해서는 더 효과적인 접근차단 정책을 적용할 수 있다. 물론 하나의 스위치에서 각각의 액세스 포트에 다른 VLAN을 할당하면 이와 관련된 문제를 해결할 수 있다. 그러나 사용자의 추가와 자리 이동 등에 따라 매번 액세스 포트의 설정을 변경하는 것도 쉽지만은 않은 일이다. 이에 대해서는 나중에 더 자세히 알아보고자 한다.

마지막으로 제시할 불편함은 스위치의 환경 설정과 관련된 불편함이다. 지금 구성되어 있는 각각의 액세스 스위치의 환경 설정 내용을 살펴보길 바란다. 만약 여러분의 네트워크가 VLAN에 의해 건물 또는 층별로 구분되어 있다면, 각 건물 또는 층에 설치되어 있는 액세스 스위치의 환경 설정 내용이 모두 다르게 구성되어 있을 것이다. 기본적으로 각각의 스위치는 서로 다른 VLAN들이 선언되어 있고, 스위치를 구성하는 각각의 스위치 포트에도 각각 VLAN이 지정되어 있을 것이다. 물론 일부 기본적인 환경을 구성하기 위한 환경 설정 내용은 동일하게 구성되어 있을 수 있다. 그렇지만 정적 VLAN으로 구성된 네트워크에서는 각각의 스위치 포트에 할당되는 VLAN ID가 통신에 중요한 영향을 미치기 때문에 정확한 할당과 관리가 요구된다. 그럼 장애복구와 관련해서도 생각해보자. 액세스 스위치에 발생한 장애를 효과적으로 복구하기 위해서는 주기적으로 네트워크를 구성하고 있는 스위치의 환경 설정을 백업해야 한다. 만약 관리 대상 스위치가 적다면 크게 문제될 리 없겠지만, 커다란 네트워크를 운영하고 있다면 자동화된 환경 설정 백업체계를 갖추지 않는 이상 이 또한 상당한 작업이 될 것이다.

이러한 불편함을 최소화하면서도 앞서 설명한 접근통제를 효율적으로 수행할 수 있는 방법이 있을까? 앞서 802.1X를 구축하면서 사용자 인증 후에 어떠한 방법으로 사용자에게 VLAN ID가 할당되고 IP 주소를 할당받는지를 확인했다. 이렇게 사전에 VLAN ID가 스위치에 지정되지 않고 사용자 인증 또는 맥 주소 인증 결과에 따라 VLAN ID가 할당되는 것을 동적dynamic VLAN 할당이라고 한다. 동적 VLAN을 구성하려면 단말기의 맥 주소와 VLAN 정보를 저장하고 있는 VMPSVLAN Membership Policy Server를 구성해야 한다. 그러나 VMPS의 역할은 주로 백본급 스위치에서 수행하도록 하고 있으며, 구체적인 사용자정보와 인증과 관련된 기능을 제공하고 있지 않아 효과적인 관리를 위해서는 적합하지 않다. 이 책에서는 RADIUS 인증서버를 통해 VMPS와 동일한 기능을 제공하면서도 보다 효과적인 관리 방법을 제공하도록 했다. 사실 동적 VLAN이라는 개념은 모두 알고 있을 것이다. 네트워크 관련 공부를 할 때 VLAN 부분에서 VLAN의 종류를 확인하면서 동적 VLAN에 대해서도 슬쩍 훑어본 경험이 있을 것이다. 그러나 기능 면에서는 유용하다고 생각하면서도, 업무 현장에 적용할 기회가 없어서 그다지 많이 사용되지는 않았다고 생각한다.

그럼 동적 VLAN을 적용하기 위해서는 어떻게 해야 할까? 가장 먼저 VLAN에 대해 가졌던 기존의 생각을 바꿔야 한다. 지금까지 VLAN은 네트워크를 구분하는 용도로만 생각했고, 적용 또한 그렇게 해왔다. 앞서 설명했듯이 건물 또는 층별로 네트워크를 분리하거나, 부서별로 VLAN을 구성하는 유연하지 못한 VLAN을 구성하고 적용했었다. 그러나 이제부터는 VLAN을 유연하게 구성해야 한다. 지금까지와 달리 업무 특성 또는 조직의 특성에 따라 VLAN을 구성해야 한다. 표 7-1은 3장에서 802.1X의 구성 요소를 준비할 때 설계했던 VLAN 설계내역이다.

표 7-1 업무와 조직의 특성을 고려한 VLAN 설계

순번	구분	VLAN ID	이름	사용 IP 주소대역	설명	비고
1	장비 관리 및 서비스용	300	MGMT_DEV_SECURITY	172.30.10.0/24	인증서버 및 보안 장비 관리용	
2		310	MGMT_DEV_NAS	172.30.11.0/24	네트워크 장비 관리용	
3		320	SVR_FARM_RESEARCH	172.30.13.0/24	연구 장비용 서버팜	
4		330	SVR_FARM_BUSINESS	172.30.14.0/24	행정 · 지원장비용 서버팜	
5	사용자용	200	USER_DEPT_SECURITY	172.20.20.0/24	사용자 – 정보보안담당 부서용	
6		210	USER_DEPT_RESEARCH	172.20.21.0/24	사용자 – 연구 부서용	
7		220	USER_DEPT_BUSINESS	172.20.22.0/24	사용자 – 행정 · 지원 부서용	
8		230	USER_OUTSOURCING	172.20.23.0/24	사용자 – 유지보수 협력업체용	
9		240	USER_GUEST	172.20.24.0/24	사용자 – 일시방문자용	
10	기숙사용	800	USER_DOMITORY	10.10.10.0/24	사용자 – 기숙사 입주자용	
11	802.1X 인증용	998	8021X_AUTH_FAIL	192.168.8.0/24	802.1X 인증 실패용	
12		999	8021X_AUTH_START	192.168.9.0/24	802.1X 인증환경 구성용	

VLAN의 구성을 보면, 기본적으로 용도에 따라 장비 관리 및 서비스용, 사용자용, 기숙사용, 그리고 802.1X 인증용으로 크게 구분되어 있다. 먼저 장비 관리 및 서비스용은 네트워크 장비 및 서버 등의 운영과 관리를 위해 사용되는 VLAN이다. 일반적인 구성과 다른 점이라고 하면 서버팜을 구성할 때 업무 특성에 따라 구분해 구성했다는 것이다. 연구 기관의 특성을 살려 행정ㆍ지원 업무용 서버 장비가 운영되는 행정ㆍ지원 장비용 서버팜과 연구 장비가 운영되는 연구 장비용 서버팜으로 구성했다. 일반적인 환경에서 VLAN을 설계할 때는 대부분 건물의 규모와 사용 노드 수에 따라서 건물 또는 층으로 나눠 VLAN을 구성하곤 한다. 그러나 표 7-1에서 제시한 VLAN 설계의 사용자용 VLAN을 살펴보면, 사용자 특성과 사용 목적을 기준으로 VLAN이 구성되어 있음을 확인할 수 있다. 지금까지 적용된 대부분의 VLAN 설계 방법은 위치 또는 장소 기반의 VLAN 설계였다면, 표 7-1에서 보여주고 있는 VLAN 설계는 사용자 중심 또는 목적 중심의 VLAN 설계라고 할 수 있다. 예를 들어 200번 VLAN의 경우 정보보안담당 부서의 직원에게만 할당되고 다른 사용자에게는 할당되지 않는다. 210번 VLAN은 연구 부서에 근무하는 직원에게만 할당되어 연구 부서에서 사용하는 시스템에 자유롭게 접근할 수 있다. 이렇듯 업무의 특성과 사용 목적에 따라 VLAN이 설계될 수 있으므로 VLAN을 기준으로 일관된 네트워크 운용 및 보안을 위한 정책을 수립하고 적용할 수 있게 된다. 표 7-1의 예제에서는 사용자용 VLAN을 5개로 구성했지만, 부서 또는 업무적인 특성을 보다 세분화해 VLAN을 설계할 경우 좀 더 섬세한 관리와 통제가 가능하다. 그러나 관리 대상 VLAN이 증가할수록 관리를 위한 노력 역시 증가하니 이를 고려해 VLAN의 수를 적절히 조정해야 한다. 물론 이와 같이 업무 또는 조직의 특성을 고려해 VLAN을 설계하고자 할 때는 당연히 동적 VLAN 적용이 전제되어야 한다. 그렇지 않으면 위와 같이 설계된 VLAN을 사용자에게 적용할 수는 있지만, 그동안 네트워크 관리에 쏟았던 노력과 비교해서 수 배 또는 수십 배의 노력을 더 기울여야 네트워크를 관리할 수 있을 것이다. 연구소 또는 대학교와 같이 사용자가 많고 입사(입학), 퇴사(졸업) 등이 빈번할 경우에는 관리가 불가능할 수도 있다. 만약 이 책을 읽으면서 앞과 같은 VLAN 설계를 검토하게 되었다면, 반드시 802.1X 인증을 통한 동적 VLAN

할당체계를 구축하길 바란다.

이번에는 표 7-1과 같이 설계된 VLAN의 장점을 간단히 살펴보고자 한다. 예상했겠지만, 앞서 제기했던 세 가지 불편사항들을 모두 해결할 수 있을 뿐만 아니라 다양한 효용을 제공한다.

가장 큰 장점은 단말기에 이동성^{mobility}이 부여된다는 것이다. 여기서 말하는 이동성은 기존에 발생했던 VLAN의 제약을 전혀 받지 않는다는 것이다. 동적 VLAN 할당으로 사용자의 단말기가 접속되는 스위치 포트에 알아서 사용자에게 할당된 VLAN ID가 할당되기 때문이다. 단지 유선 네트워크만의 이야기가 아니다. 802.1X는 유선뿐만 아니라 무선에도 적용되는 표준기술이기 때문이다. 공공기관에 구축된 유·무선 네트워크에는 상호간의 네트워킹을 가로막는 장애물이 있었다. 무선 네트워크의 보안취약점을 강조한 나머지 유·무선 네트워크 상호간의 통신을 차단하도록 하는 규정이 있다. 이로 인해 무선 네트워크에는 유선 네트워크와는 다른 VLAN을 할당했고, 이를 이용하는 경우에는 정상적인 시스템 접속에 제약이 있었다. 그러나 802.1X 인증과 동적 VLAN 할당을 통해 구축된 네트워크에서는 유·무선의 구분과 VLAN의 제약이 사라져서 유·무선 단말기의 구분 없이 동일한 네트워킹 환경을 제공받을 수 있게 된다.

두 번째 장점으로는 IP 주소의 변경이 필요 없다는 것이다. 이것은 DHCP 시스템을 이용한 IP 주소 할당 여부와 관계없이 모든 네트워크에 적용되는 사항이다. 단말기의 이동성이 확보되면, 즉 동적 VLAN 할당이 가능해지면 당연히 IP 주소를 변경할 필요가 없다. 지금까지 IP 주소를 변경해야 하는 가장 큰 이유는 VLAN이 다른 위치로 단말기의 위치가 변경되었던 점에 있었다. 그러나 VLAN이 사람과 업무를 따라가며 단말기가 연결되는 스위치 포트에 VLAN ID가 할당됨에 따라서 IP 주소 변경 문제가 자연스럽게 해결되는 것이다.

세 번째 장점으로는 네트워크와 시스템에 대한 효과적인 접근통제정책의 구현이다. 앞서 설명했듯이 지금까지의 접근통제정책은 기본적으로 개별적인 호스트 또는 IP 주소에 기반을 둔 정책이었다. 그러나 앞과 같이 업무 특성 또는 조직의 특성을 고려해 VLAN이 설계되었을 때는 VLAN별로 포괄적인 접근통제정책을 구현할 수 있다. 예를 들어 '320번 VLAN을 사용하는 연구 장비용 서버팜에는 연구 부서 사용자에게 할당된 210번 VLAN에서만 접근을 허용하고 다른 VLAN 사용자의 접근을 차단하겠다.'라고 정책을 구현하면, 그 이후부터는 각각의 VLAN에 새로운 단말기가 추가되어도 연구 부서 근무 직원이 아니라면 320번 VLAN에는 절대 접근할 수 없다.

마지막 장점으로는 네트워크 장비에 대한 환경 설정과 관리의 효율성이 높아지는 점을 들 수 있다. 정적 VLAN으로 할당된 네트워크의 경우 각각의 스위치에 저장되어 있는 환경 설정 내용이 달라서 모든 스위치의 환경 설정 파일을 백업해두거나 다른 방법으로 관리해야 했다. 그러나 표 7-1과 같은 VLAN 구성과 동적 VLAN 할당 환경에서는 모든 네트워크 스위치가 동일한 환경 설정을 사용한다. 다만 각각의 스위치에 할당되는 호스트 이름과 관리용 IP 주소는 서로 달라야 하지만, 이 두 가지 이외의 설정은 모두 동일하다. 따라서 개별 스위치에 대한 모든 환경 설정 파일을 별도로 관리할 필요 없이, 하나의 환경 설정 파일만 관리하면 어떠한 스위치에 문제가 발생하더라도 쉽게 복구할 수 있다.

이와 같이 VLAN에 대한 접근 방법을 종전과 달리 생각함으로써 네트워크 관리에 있어서 귀찮게만 느껴졌던 다양한 문제들을 해결할 수 있다. 지금까지 나열한 내용은 내가 직접 피부로 경험한 몇 가지 장점만을 나열한 것뿐이다. 각각의 네트워크 관리자가 자신의 환경에 맞도록 VLAN을 설계하고 업무적인 특성을 고려한다면 더 많은 장점들이 드러날 것이다. 이러한 점들이 바로 802.1X의 매력이 아닐까 생각한다. 다음 절에서는 앞에서 설계된 VLAN을 이용해 접근통제정책을 구현하도록 한다.

7.1.2 VLAN과 ACL을 이용한 접근통제 구현

이미 대부분의 독자가 제목만 보고도 어떠한 방식으로 접근통제를 구현할지 짐작하고 있을 것이다. 그리고 짐작하고 있는 내용이 맞을 것이다. 이미 네트워크를 관리하면서 다양한 용도로 접근통제리스트^{ACL, Access Control List}을 사용하고 있기 때문이다. 일부 독자는 악성코드 유포지에 대한 접근차단 용도로 사용하기도 하고, 어떤 관리자는 시스템에 대한 접근통제 또는 불필요한 서비스 포트 차단에 사용하기도 한다. 혹시나 실망한 독자도 있을지 모르겠다. "그렇게 간단한 거야? 특별한 것이 있을 줄 알았는데, 일반적인 내용이잖아!"라고 생각하면서 말이다. 맞는 말이다. 그다지 특별한 내용도 아니고 이전에 이미 알고 있는 내용들이다. 그렇지만 나는 특별하지 않았던 VLAN과 ACL이 동적 VLAN과 만나서 특별해질 수 있다고 생각한다.

혹시 Downloadable ACL[DACL]에 대해 알고 있는가? 알고 있는 독자도 있고 그렇지 않은 독자도 있을 것이다. 혹시 알고 있다면, 그것을 현장에 적용하고 있는가? 아마도 DACL을 적용한 사례를 찾아보기는 쉽지 않을 것이다. DACL에 대해 간단히 설명하면, ACL을 인증서버에 저장해두고 사용자의 단말기가 네트워크에 접속하면 인증 완료 후 스위치 포트에 사용자에게 적용할 ACL을 내려보내 사용자에 따라 동적으로 ACL을 적용하는 기술을 말한다. DACL은 단말기 접근통제를 위해 상당히 유용해 보이며, 충분히 이해하기 위해서는 기본적으로 지금 구현하고자 하는 VLAN과 ACL을 이용한 접근통제에 대해 이해해야만 한다. 그리고 802.1X가 구축되어 있어야만 구현할 수 있는 기능 중 하나다. 물론 802.1X에 DACL을 함께 적용하기 위해서는 액세스 스위치가 그만큼 성능(C3560 이상)을 뒷받침해줘야 하는 단점이 있지만, 보안적인 측면에서만 보면 나쁘지 않은 궁합임을 짐작할 수 있다. 어떤 독자는 구축비용 때문에 엄두도 못 내겠다고 탄식할 수도 있다. 이러한 상황에서 지금 구현하고자 하는 접근통제가 대안으로 도입될 수 있다. DACL과 지금 구현하고자 하는 접근통제를 비교하면, DACL에서는 각각의 사용자에 대한 접근통제정책을 지정해 IP 주소와 단말기의 종류에 관계없이 동일한 ACL로 섬세한 접근통제를 시행할 수 있지만, VLAN 기반의 접근통제는 사용자 단위가 아닌 VLAN 단위의 접근통제에 유용하다. 물론 VLAN 기반이라 하더라도 호스트 기반의 접근통제정책을 작성해 섬세한 통제가 가능하다.

접근통제의 구현은 크게 두 단계로 나눠 진행하자. 첫 번째 단계에서는 표 7-1에서 설계된 각각의 VLAN별로 접근통제 매트릭스 테이블을 구성할 것이다. 다음 단계에서는 첫 단계에서 작성한 접근통제 매트릭스 테이블을 참조해 실제적인 접근통제를 구현하자.

VLAN별 접근통제 매트릭스 테이블 구성

802.1X 인증을 구현하기에 앞서 이미 3장에서 VLAN을 설계하고 표 7-2와 같이 매트릭스 테이블을 작성했다. 그러나 모두 알고 있는 바와 같이, 스위치에서 ACL을 적용하고자 할 때는 적용 대상 인터페이스를 기준으로 입력 방향으로 적용할지 아니면 출력 방향으로 적용할지를 결정하고 ACL을 적용해야 한다. 그러나 표 7-2에는 간략하게 출발지와 목적지 간의 접근 허용 또는 차단 여부만 표기되어 있어 구체적인 ACL 구현을 위한 참조용으로는 정보가 부족하다.

표 7-2 VLAN별 접근통제 매트릭스

구분	도착지 / 출발지	300	310	320	330	200	210	220	230	240	800	998	999	비고
장비 관리 및 서비스용	300	O	O	X	X	X	X	X	X	X	X	X	X	
	310	O	O	X	X	X	X	X	X	X	X	X	X	
	320	X	X	O	X	O	O	O	X	X	X	X	X	
	330	X	X	X	O	X	O	X	X	X	X	X	X	
사용자용	200	O	O	O	O	O	O	O	O	O	X	O	O	
	210	X	X	O	O	X	O	X	X	X	X	X	X	
	220	X	X	X	O	X	X	O	X	X	X	X	X	
	230	O	O	O	O	X	X	X	O	X	X	X	X	
	240	X	X	X	X	X	X	X	X	O	X	X	X	
기숙사용	800	X	X	X	X	X	X	X	X	X	O	X	X	
802.1X 인증용	998	X	X	X	X	X	X	X	X	X	X	O	X	
	999	X	X	X	X	X	X	X	X	X	X	X	O	

독자가 네트워크 관리자라면 ACL에 대해 익숙하겠지만, 그렇지 않은 독자도 분명히 있을 것이다. 그래서 ACL을 적용하는 인터페이스의 방향에 대해 간단히 살펴본 후에 개선된 매트릭스 테이블을 만들도록 하자. ACL이 적용되는 방향에는 입력[IN] 방향과 출력[OUT] 방향이 있다고 앞서 설명했다. 여기서 말하는 입력과 출력의 기준은 어떤 것일까?

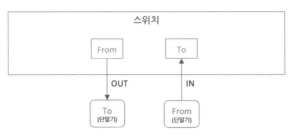

그림 7-3 물리적 개념의 ACL 적용 방향

그림 7-4 논리적 개념의 ACL 적용 방향

ACL의 적용 방향은 그림 7-3과 그림 7-4에서 표현하고 있는 것과 같이 물리적 개념과 논리적 개념, 두 가지로 구분된다. 우선 물리적 개념의 ACL 적용 방향에 대해 설명하면, 물리적 개념에서는 말 그대로 물리적 장치를 기준으로 ACL의 적용 방향이 결정된다. 그림 7-3에 표시된 것과 같이 패킷이 스위치 포트를 통해 스위치 외부로 전송되는 경우에 ACL을 적용하고자 할 때는 출력 방향에 적용해야 한다. 그러나 이와 반대로 스위치 포트에 연결된 단말기에서 스위치로 패킷을 통제하고자 하는 경우에는 입력 방향에 ACL을 적용해야 한다.

논리적 개념의 ACL 적용 방향은 물리적인 것과 비교해 어떠한 차이점이 있을까? 큰 차이점은 없다. 물리적 개념에서는 말 그대로 물리적 장치(스위치 포트)를 기준으로 패킷의 방향에 따라 입력과 출력 방향을 결정했듯이, 논리적 개념에서도 스위치를 기준으로 패킷이 어느 방향으로 향하느냐에 따라 입력과 출력 방향을 결정한다. 다만 물리적 개념에서는 패킷이 실제로 물리적인 스위치를 벗어나서 단말기 또는 상위 스위치로 전송되지만, 논리적 개념에서는 물리적 경계가 아닌 VLAN이라는 논리적인 경계에 의해 ACL 적용 방향이 결정된다. 다시 그림 7-4로 돌아가서 살펴보자. 100번 VLAN에서 200번 VLAN으로 패킷을 전송하고자 할 때 ACL의 적용 방향은 스위치를 기준으로 결정된다. 따라서 100번 VLAN에서 나오는 패킷을 통제하고자 할 때는 100번 VLAN의 입력 방향에 ACL을 적용해야 한다. 반면에 200번 VLAN에 패킷이 들어가는 것을 통제하고자 할 때는 200번 VLAN의 출력 방향에 ACL을 적용하면 된다.

물리적 개념과 논리적 개념의 ACL 적용 방향에 대해 살펴봤다. 약간은 개념이 다르지만 기본적인 개념을 살펴보면, 스위치를 기준으로 패킷이 외부로 전송되는 것을 통제하고자 할 때는 출력 방향에, 패킷이 내부로 들어오는 것을 통제하고자 할 때는 입력 방향에 ACL을 적용하는 공통점이 있다.

그렇다면 ACL을 적용하는 방향에 따라 어떠한 차이가 있을까? 아무런 차이점이 없다면 굳이 ACL 적용 방향을 구분하지 않아도 된다. 입력 방향과 출력 방향의 차이점을 살펴보고 표 7-2의 VLAN별 접근통제 매트릭스를 ACL 적용 방향을 고려해 다시 작성하자.

ACL의 옵션 중에 established라는 옵션이 있다. 이 옵션은 TCP 패킷의 헤더를 검사해 ACK 비트가 설정set되어 있는 경우에 한해 ACL에 대한 match를 발생시킨다. 말이 참 어렵다. 간단한 예를 들어 설명하면 다음과 같다. 그림 7-5는 VLAN 100에 소속된 PC A와 VLAN 200에 소속된 PC B가 구현해야 할 접근통제정책을 표현하고 있다. PC A에서 PC B에 연결을 요청한 경우에는 두 PC 사이에 정상적인 통신이 가능해야 한다. 그러나 PC B에서 PC A에 연결을 요청한 경우에는 VLAN 100에서 PC B의 요청을 차단하도록 하고자 한다. 간단히 정리하면 VLAN 100번 네트워크에서는 VLAN 200번 네트워크에 자유롭게 접근할 수 있지만, 반대의 경우는 성립하지 않는 접근통제정책을 구현해야 한다.

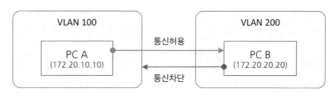

그림 7-5 VLAN이 다른 두 PC 간의 접근통제정책

그림 7-5의 두 가지 접근통제정책 중에서 첫 번째 접근통제정책의 구현을 위해 사용되는 옵션이 established 옵션이다. 첫 번째 접근통제정책을 구현하기 위해서는 다음과 같은 ACL을 정의할 수 있다. 이 ACL은 확장된[Extended] ACL이라고 하며, 이에 대해 잠시 후에 설명한다.

```
access list 100 permit tcp any host 172.20.10.10 established
```

위의 ACL은 IP 주소 172.20.10.10을 갖는 PC A로부터 연결을 요청받은 외부 단말기는 어느 단말기든 PC A와 통신할 수 있음을 의미한다. 즉, PC A는 외부에 있는 어느 단말기와도 통신이 가능하지만, 반대의 경우인 외부에 있는 단말기에서는 PC A로 접근할 수 없다.

이와 같이 established 옵션이 적용된 ACL은 어느 때 적용하면 유용할까? 표 7-1은 업무 특성에 따라 설계된 다양한 VLAN을 보여주고 있다. 이와 같은 VLAN 설계는 기존에 적용하던 공간 중심의 VLAN 설계보다 유사한 업무 간 네트워크를 통한 협업의 효율성을 높일 수 있으며, 각각의 VLAN에 대한 상호간 접근통제를 통해 서로 다른 VLAN에 존재하는 단말기 또는 시스템 간에 불필요한 접근을 차단할 수 있다. 이는 중요 시스템에 대한 사용자의 악의적인 접근 시도를 차단할 뿐 아니라, 다양한 유형의 악성코드(바이러스, 웜 등)의 감염과 유포를 지연시키고, 확산 범위를 최소화하는 효과를 유발한다. 이를 구현하기 위해서는 각각의 VLAN에 대해 다른 VLAN에서 들어오는 패킷은 모두 차단하도록 ACL 정책을 적용하면 된다. 예를 들어 행정·지원 부서에서 사용하는 220번 VLAN에 대해서는 연구 부서(210), 유지보수/협력업체(230) 또는 일시방문자용(240) VLAN에서 시도되는 연결 요청을 거부[deny]하도록 하면 된다. 다른 VLAN에서도 동일한 정책을 적용하면 된다.

여기서 한 가지 고려해야 할 사항이 있다. 정보보안담당 부서에서 사용하는 VLAN에도 다른 VLAN과 동일한 접근통제정책을 적용해야 하는지에 대한 문제다. 정보보안 업무의 특성을 고려할 때, 다른 VLAN에 적용한 정책을 동일하게 적용할 수는 없다. 정보보안담당 부서는 일반적인 업무 부서와 달리 기관의 주요 시스템과 정보를 외부의 위협으로부터 보호하기 위한 다양한 활동들을 수행한다. 사전에 사고 예방을 위해 네트워크 및 정보시스템에 대한 보안취약점 점검을 수행하거나, 원격지에 있는 단말기에 대한 사고조사와 재발 방지대책 이행을 위해 원격 접속을 통한 업무를 수행하기도 한다. 이와 같이 정보보안담당 부서의 업무 특성을 반영하기 위해서는 어떠한 접근통제정책이 요구될까? 이때 그림 7-5에서 설명한 established 옵션이 적용된 ACL을 적용해야 한다. 즉, 정보보안담당 부서의 VLAN(200번)에서는 다른 부서 또는 사용자의 VLAN에 접근을 허용하되, 반대되는 접근은 허용하지 말아야 한다. 이렇게 함으로써, 정보보안담당 부서에서는 각각의 VLAN에서 운영되는 시스템에 대한 보안취약점 점검과 사용자 단말기에서 발생한 문제 해결에 필요한 원격지원 등이 가능해진다. 그림 7-6에서는 이와 같은 요구사항을 표현하고 있다.

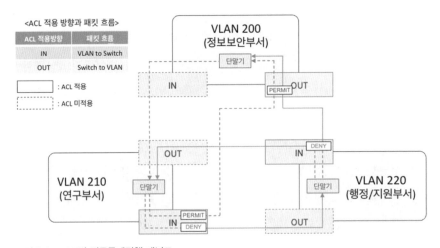

그림 7-6 VLAN별 접근통제정책 개념도

이쯤 되니 established 옵션이 중요하게 느껴진다. ACL 적용을 위한 두 방향, 즉 입력IN과 출력OUT의 차이점을 설명하겠다고 하고서는 왜 이렇게 장황하게 established 옵션에 대해 설명했을까? ACL은 적용 방향에 따라 정책 적용의 차이점이 있다. 예를 들어 ACL이 입력 방향에 적용되었을 경우 패킷이 스위치로 진입하기 전에 ACL에 의해 평가가 진행되고, ACL에 match 되는 패킷에 대해서만 진입을 허용한다. 반면에 ACL이 출력 방향에 적용되었을 때에는 출발지 단말기에서 전송된 패킷이 아무런 제약을 받지 않고 스위치 내부로 진입하게 된다. 그리고 목적지로 패킷이 전송되기 위해 스위치를 빠져나가려 할 때 ACL에 의해 평가가 이뤄지고 허용 여부를 결정한다. 이러한 차이점 이외에도 많은 부분이 다르다. 그러나 이번 장에서 구현하고자 하는 접근통제와 관련해 ACL이 적용되는 두 방향의 가장 큰 차이점은 established 옵션이 적용되는지 여부에 있다. 결론부터 말하자면, established 옵션은 출력 방향에 적용되는 ACL에만 사용될 수 있다. 앞서 설명했지만, established 옵션은 전송되는 패킷의 TCP 헤더 중에서 ACK 비트가 set 되었는지를 평가해 패킷의 허용[permit] 또는 거부[deny]를 결정한다. TCP 3-Way Handshaking을 보면 TCP 헤더의 ACK 비트가 set 되기 위해서는 이전에 SYN 패킷에 의한 연결 요청이 선행되어야 함을 확인할 수 있다. 따라서 established 옵션은 출력 방향에 적용할 수 있는 옵션이다. 만약 입력 방향에 established 옵션을 사용하는 ACL이 있다면, 정상적으로 동작하지 않을 것이다. 입력 방향으로 전송되는 패킷의 TCP 헤더에 ACK 비트가 아닌 SYN 비트가 set 되어 있기 때문이다.

지금까지 VLAN에 적용할 ACL의 설계를 위해 ACL이 적용되는 방향의 개념과 차이점에 대해 설명했다. 네트워크 관리자라면 이미 알고 있는 내용이겠지만, 네트워크 장비를 직접 다루지 않는 보안관리자 등에게는 생소한 내용일 수 있어서 조금은 구체적으로 설명했다. 이제부터는 그림 7-1과 그림 7-2에서 업무 특성에 따라 설계된 VLAN에 적용할 접근통제 매트릭스 테이블을 구체적으로 설계하고자 한다. 가장 먼저 각각의 VLAN에 적용될 ACL이 어느 방향에 적용될지를 결정한다. 다음에는 ACL의 적용 방향에 따라 각각의 VLAN 간 접근통제정책을 정의한다. 이때는 입력 방향과 출력 방향을 나눠 별도의 매트릭스로 구성한다.

표 7-3에서 VLAN별로 적용될 ACL의 방향을 정의하고 있다. ACL 적용 방향과 함께 액세스 그룹[Access Group]도 함께 정의하고 있다. ACL을 정의하고 적용할 때, 한두 줄의 액세스 리스트[Access List]로 구성된 ACL도 있고 때로는 수십 줄 이상의 액세스 리스트로 ACL이 구성될 때도 있다. 이때 각각의 액세스 리스트를 적용 대상 VLAN 또는 인터페이스에 직접 적용하지 않고, 액세스 리스트를 목적에 따라 개별적인 이름을 갖는 그룹으로 정의함으로써 정의된 그룹 이름을 사용해 ACL을 적용할 수 있다. 이렇게 각각의 VLAN에 적용할 액세스 리스트 그룹을 액세스 그룹이라고 한다.

표 7-3 VLAN ACL 적용 방향

구분	VLAN ID	VLAN 용도	ACL 적용 방향	액세스 그룹
장비 관리 및 서비스용	300	인증서버/보안 관리	IN	AG_VLAN_300_IN
	310	네트워크 장비 관리	IN	AG_VLAN_310_IN
	320	연구용 서버팜	OUT	AG_VLAN_320_OUT
	330	행정 · 지원업무 서버팜	OUT	AG_VLAN_330_OUT
사용자용	200	정보보안 부서	OUT	AG_VLAN_200_OUT
	210	연구 부서	IN	AG_VLAN_210_IN
	220	행정 · 지원 부서	IN	AG_VLAN_220_IN
	230	유지보수 · 협력업체	IN	AG_VLAN_230_IN
	240	방문자용	IN	AG_VLAN_240_IN
기숙사용	800	기숙사	IN	AG_VLAN_800_IN
802.1X 인증용	998	인증 실패용	IN	AG_VLAN_998_IN
	999	인증환경 구성용	IN	AG_VLAN_999_IN

표 7-3의 ACL 적용 방향을 보면 어떤 VLAN에는 IN이 지정되어 있고 어떤 VLAN에는 OUT이 지정되어 있다. OUT 방향이 적용된 VLAN의 경우는 앞서 그림 7-5와 그림 7-6에서 설명한 내용을 반영한 것이다. 사용자용 VLAN 중에서 200번을 제외한 나머지 VLAN에서는 접근이 허용되지 않은 VLAN에 접근하고자 할 때, 단말기에서 전송한 패킷이 스위치 내부로 진입하기 전에 차단정책에 의해 차단하는 것이 바람직하다. 반면에 200번 VLAN의 경우 다른 VLAN에 위치한 단말기에 대해 서비스를 제공하기 위해 접근을 허용해야 할 필요성이 있다. 이를 위해서는 ACL에 established 옵션이 적용되어야 한다. 따라서 200번 VLAN에는 OUT 방향에 ACL을 적용한 것이다.

그렇다면 ACL을 적용할 때, 표 7-3에서와 같이 반드시 한쪽 방향에만 적용할 수 있을까? 그렇지 않다. 양 방향 모두에 적용이 가능하다. 다만 양 방향 모두에 ACL을 적용하고자 할 때는 양쪽에 적용되는 규칙 간에 발생할 수 있는 충돌에 대해 사전에 면밀히 검토해야 한다. 예를 들어, 입력 방향에서는 모든 패킷을 차단하는 정책을 설정한 상태에서 출력 방향에 established 옵션이 적용된 ACL을 적용하면, 연결을 요청하는 패킷이 인터페이스를 통과할 수 없기 때문에 기본적인 통신이 수행될 수 없다. 물론 극단적인 예를 제시했지만, ACL을 적용하다 보면 가끔씩 발생하는 오류다. 이것은 비단 같은 VLAN의 양쪽 방향에 ACL이 적용되었을 때만 발생하는 문제가 아니라 표 7-3에서와 같이 VLAN 상호간에 ACL을 적용할 때도 종종 발생하는 문제이므로, ACL을 정의하고 적용할 때는 항상 주의해야 한다.

표 7-4와 표 7-5는 표 7-3에 정의된 VLAN별 ACL 적용 방향에 따라 VLAN 간에 적용해야 할 기본적인 접근통제정책을 정의하고 있다. ACL을 정의할 때 다시 살펴보겠지만, ACL을 적용하는 방향에 따라 출발지 주소와 목적지 주소가 반대로 지정되기 때문에, ACL 적용 방향에 따라 접근통제 매트릭스를 각각 작성했다. 두 테이블을 비교해보면 VLAN의 출발지와 목적지가 반대로 지정되어 있음을 알 수 있다.

표 7-4 입력(IN) 방향에 적용할 접근통제 매트릭스 [P: Permit, D: Deny]

구분	목적지 / 출발지	300	310	320	330	200	210	220	230	240	800	998	999	ANY
장비 관리 및 서비스용	300	–	P	P	P	P	P	P	D	D	D	D	D	P
	310	P	–	D	D	P	D	D	D	D	D	D	D	D
사용자용	210	D	D	P	P	P	–	D	D	D	D	D	D	D
	220	D	D	P	D	P	D	–	D	D	D	D	D	P
	230	P	P	P	P	P	D	D	–	D	D	D	D	D
	240	D	D	D	D	D	D	D	D	–	D	D	D	P
기숙사용	800	D	D	D	D	D	D	D	D	D	–	D	D	D
802.1X 인증용	998	D	D	D	D	D	D	D	D	D	D	–	D	D
	999	D	D	D	D	D	D	D	D	D	D	D	–	D

표 7-5 출력(OUT) 방향에 적용할 접근통제 매트릭스 [P: Permit, D: Deny, Est: Established]

구분	목적지 출발지	300	310	320	330	200	210	220	230	240	800	998	999	ANY
장비 관리 및 사용자용	320	D	D	–	D	P	P	D	P	D	D	D	D	P/Est
	330	D	D	D	–	P	P	P	P	D	D	D	D	P/Est
사용자용	200	D	D	D	D	–	D	D	D	D	D	D	D	P/Est

표 7-4와 표 7-5의 두 가지 접근통제 매트릭스에서 유심히 살펴봐야 할 것은 200번 VLAN과 다른 VLAN 간의 접근통제정책이다. 200번 VLAN은 정보보안담당 부서용으로 200번 VLAN에서는 다른 VLAN에 자유롭게 접근할 수 있어야 하고(이하 '조건 1'), 반대로 다른 VLAN에서 200번 VLAN으로 접근하고자 할 때는 차단해야 한다(이하 '조건 2'). 먼저 표 7-4에서 200번 VLAN을 목적지로 하는 각각의 VLAN에 대한 접근통제정책을 살펴보면 방문자용(240), 기숙사용(800), 802.1X 인증용(998, 999)을 제외한 나머지 VLAN은 모두 200번 VLAN으로 접근을 허용Permit하도록 되어 있다. 이것만 보고 ACL에 익숙하지 않은 독자는 '200번 VLAN 이외의 나머지 VLAN에서 200번 VLAN으로 시도되는 접근은 차단해야 한다고 하지 않았나?'라고 의문을 가질 수도 있다. 이런 의문은 먼저 표 7-5의 200번 VLAN을 살펴보면 바로 해결된다. 200번 VLAN을 제외한 나머지 VLAN에서 200번 VLAN으로 시도되는 모든 접근을 차단하도록 하고 있다. 이럴 때 '점입가경'이란 표현이 적절할 것이다. 처음 말한 것과는 완전히 반대로 정책이 설정된 것처럼 보인다. 우선 표 7-4에서 200번 VLAN이 아닌 다른 VLAN에서 접근을 시도할 때, 즉 각각의 VLAN에서 패킷이 스위치로 이동할 때는 모든 패킷을 허용한다. 여기까지는 200번 VLAN으로 패킷이 전달되는 것처럼 보이지만, 표 7-5에서는 200번 VLAN이 아닌 다른 VLAN에서 접근하는 모든 패킷을 차단하고 있다. 지금 이 상황만 보면 앞서 설명했던 '조건 2'에 대해서는 해결된 것이다. 그렇다면 '조건 1'은 어떻게 해결하는 것일까? 표 7-5의 맨 오른쪽 칼럼에 보면 목적지가 ANY일 때 established 옵션이 사용되고 있다. 200번 VLAN의 OUT 방향에 established 옵션이 적용된 ACL로 인해서 '조건 1'을 만족시킬 수 있게 되는 것이다. 이제 표 7-3에서 표 7-5를 참조해 접근통제정책

을 구현하자.

ACL 작성 및 적용 명령 알아보기

접근통제를 구현하기 위해서는 기본적으로 접근통제리스트^{ACL}를 이해하고 있어야 한다. 앞 절에서 ACL의 적용 방향에 대해 살펴보면서 ACL이 어떻게 동작하는지는 어느 정도 파악했을 것이다. ACL의 주된 기능은 지정된 조건에 따라 패킷을 통과시 켜주거나 차단하는 역할을 수행하는 것이다. 이렇게 패킷을 차단하거나 통과시키기 위해서는 규칙을 지정해야 한다. 규칙을 지정해야 한다는 것은 규칙을 지정하는 방법이 있음을 의미한다. ACL을 작성하고 적용하기 위해서는 ACL과 관련한 몇 가지 사항을 알고 있어야 한다.

ACL 종류

가장 먼저 ACL의 종류에 대해 설명한다. ACL의 종류에는 스탠더드 액세스 리스트 Standard Access List와 익스텐디드 액세스 리스트Extended Access List가 있다. 두 유형의 차이점은 다음과 같다. 스탠더드 액세스 리스트는 접근통제의 조건으로 출발지의 주소만을 참고한다. 그래서 ACL을 작성할 때 매우 간단하게 작성할 수 있는 반면에 프로토콜, 서비스 포트, 출발지 및 목적지 주소 등을 이용한 상세한 접근통제의 구현에는 적합하지 않은 것이 단점이다.

리스트 7-1 간단한 ACL

```
access-list 3 permit 172.16.20.10
```

예를 들어 리스트 7-1의 ACL을 적용하면, 출발지 IP 주소가 172.16.20.10 인 단말기에서 전송된 패킷만 허용되고 나머지 주소에서 전송된 패킷은 모두 거부된다. 여기서 이상한 점이 있다고 생각할 수 있다. 리스트 7-1의 ACL에는 허용permit하는 정책만 있고, 거부deny와 관련된 정책은 선언되지 않았는데, IP 주소가 172.16.20.10이 아닌 경우에는 모든 패킷이 거부될까? 그것은 ACL이 인터페이스에 지정되면 묵시적으로 ACL의 맨 마지막에 모든 패킷을 거부하는 정책이 자동으로 등록되기 때문이다. 이것은 스탠더드 액세스 리스트와 익스텐디드 액세스 리스트의 공통적인 사항이다. 다음으로 익스텐디드 액세스 리스트는 스탠더드 액세스 리스트보다는 ACL 작성 규칙이 복잡하지만, 출발지와 목적지 주소, 프로토콜과 서비스 포트 등을 조합해 다양한 접근통제를 구현할 수 있다. 이것은 이번 장에서 구현하고자 하는 접근통제정책의 구현을 위해 적합한 방법이다. 이 절에서는 익스텐디드 액세스 리스트를 중심으로 접근통제를 구현하고자 한다. ACL에 대해 좀 더 구체적인 내용을 학습하고자 하는 독자는 관련 네트워크 서적을 참고하길 바란다.

ACL 실행 순서

다음으로 설명할 내용은 ACL의 실행과 관련된 사항이다. ACL을 작성하다 보면 단지 몇 줄만으로 끝나는 경우도 있지만, 때로는 수십 줄의 복잡한 ACL을 작성해야 하는 경우도 있다. ACL의 구조가 복잡해질수록 ACL의 순서에 유의해야 한다. ACL은 작성된 순서에 따라 위에서 아래로 실행되면서, 조건에 만족^{match}하는 ACL을 만나면 이후의 ACL은 실행하지 않게 된다. 예를 들어 리스트 7-2와 같은 ACL이 있다면 어떤 결과가 나올지 생각해보자.

리스트 7-2 ACL 예제 1

```
1: access-list 105 permit ip any any
2: access-list 105 deny ip host 172.16.200.20 any
3: access-list 105 deny ip host 172.16.210.21 any
4: access-list 105 permit ip host 172.16.220.22 any
5: access-list 105 deny ip any any
```

물론 현실에서 사용되지 않는 ACL이지만 결과는 다음과 같다. 모든 패킷이 첫 번째 조건에 충족하기 때문에 출발지와 목적지의 IP 주소와 관계없이 통신이 허용된다. 만약 리스트 7-2의 ACL에서 첫 번째 줄에 있는 ACL을 삭제하면 어떻게 될까?

리스트 7-3 ACL 예제 2

```
1: access-list 105 deny ip host 172.16.200.20 any
2: access-list 105 deny ip host 172.16.210.21 any
```

```
3: access-list 105 permit ip host 172.16.220.22 any
4: access-list 105 deny ip any any
```

리스트 7-3의 예제에서는 출발지 IP 주소가 172.16.220.22인 패킷을 제외한 다른 IP 주소가 출발지인 패킷은 모두 차단된다. 출발지 주소가 172.16.200.20, 172.16.210.21일 경우에는 당연히 첫 번째, 두 번째 줄의 ACL에 의해 차단된다. 그렇다면 나머지 IP 주소는 왜 차단되는 것일까? 앞서 설명했듯이 ACL은 위에서부터 아래로 실행된다. 따라서 이 세 가지 조건에 만족하지 않는 패킷의 경우 마지막 ACL에 부합하기 때문에 조건에 만족하지 않는 모든 패킷은 차단되는 것이다. 앞의 ACL에서 맨 마지막 ACL은 굳이 작성하지 않아도 ACL의 마지막에는 모든 패킷을 거부하는 조건이 자동으로 적용된다. 리스트 7-3의 ACL을 좀 더 정리하면 리스트 7-4와 같다.

리스트 7-4 ACL 예제 3

```
1: access-list 105 permit ip host 172.16.220.22 any
```

ACL 작성 명령

ACL의 종류를 설명하면서 이번 절에서는 익스텐디드 액세스 리스트를 사용한다고 했다. 이번에 설명할 내용은 익스텐디드 액세스 리스트를 작성하는 명령 형식에 대한 것이다. 익스텐디드 액세스 리스트의 명령 구문은 리스트 7-5와 같다.

리스트 7-5 익스텐디드 ACL 구문

```
switch(config)# access-list access-list-number {permit | deny} Protocol Source-
address Source-wildcard-bits [source operator port] Destination-address
Destination-wildcard-bits [destination operator port] [established] [log]
```

- access-list-number: access-list를 대표하는 번호로서 익스텐디드 액세스 리스트는 100번에서부터 지정한다.
- {permit | deny}: 패킷을 통과^{permit}시킬지 거부^{deny}할지를 결정한다.

- `Protocol`: 비교 대상 프로토콜(0~255, icmp, igmp, ip, tcp, udp 등)을 지정한다.

- `Source-address`: 출발지 IP 주소를 지정한다. 서브넷 단위, 모든 주소 범위 또는 단일 호스트 등의 방식 가운데 선택해서 지정할 수 있다.
  - 서브넷 단위 주소 지정: 서브넷 단위로 주소를 지정하고, 와일드카드 비트 wildcard-bits를 지정한다. 와일드카드는 서브넷 마스크를 역으로 해서 지정하면 된다. 만약 172.16.120.0을 C 클래스로 사용할 경우 와일드카드 비트는 255.255.255.0을 역으로 계산한 0.0.0.255를 지정한다.
  - 모든 주소 범위 지정: any 키워드를 사용한다.
  - 단일 호스트 지정: 단일 호스트를 지정할 때는 host 키워드 다음에 호스트의 IP 주소를 명기한다. (예: host 172.16.200.2)

- `[source operator port]`: Protocol과 연계해 출발지의 포트를 지정할 때 사용하며, 다양한 연산자(lt, gt, eq, neq, range 등)와 함께 사용한다. (예: TCP 23번일 때 만족인 경우 eq 23, TCP 23번이 아닐 때 만족인 경우 neq 23)

- `Destination-address`: 목적지 IP 주소를 지정한다. 주소 지정 방법은 Source-address와 동일하다.

- `[destination operator port]`: Protocol과 연계해 목적지 포트를 지정할 때 사용하며, 사용법은 [source operator port]와 동일하다.

- `[established]`: TCP 헤더의 ACK 비트가 set 되었을 때 조건이 만족한다.

- `[Log]`: ACL과 match 되는 항목을 로그에 기록한다.

위의 명령 형식에 맞춰 간단한 ACL을 작성해보자. 지금 작성하고자 하는 ACL은 표 7-5의 VLAN 중에서 200번 VLAN에 적용할 ACL이다. 200번 VLAN에 적용되는 ACL의 경우 모든 VLAN에서 접근하는 패킷을 거부하는 ACL만 작성하면 된다. VLAN별 IP 주소는 표 3-3을 참조하길 바란다. 완성된 ACL은 리스트 7-6과 같다.

```
switch(config)# access-list 105 permit tcp any any established
switch(config)# access-list 105 deny 172.30.10.0 0.0.0.255 any
switch(config)# access-list 105 deny 172.30.11.0 0.0.0.255 any
switch(config)# access-list 105 deny 172.30.13.0 0.0.0.255 any
switch(config)# access-list 105 deny 172.30.14.0 0.0.0.255 any
switch(config)# access-list 105 deny 172.20.20.0 0.0.0.255 any
switch(config)# access-list 105 deny 172.20.21.0 0.0.0.255 any
switch(config)# access-list 105 deny 172.20.22.0 0.0.0.255 any
switch(config)# access-list 105 deny 172.20.23.0 0.0.0.255 any
switch(config)# access-list 105 deny 172.20.24.0 0.0.0.255 any
switch(config)# access-list 105 deny 10.10.10.0 0.0.0.255 any
switch(config)# access-list 105 deny 192.168.8.0 0.0.0.255 any
switch(config)# access-list 105 deny 192.168.9.0 0.0.0.255 any
switch(config)# access-list 105 permit ip any any
```

리스트 7-6의 ACL은 표 7-5의 요구사항을 충실히 반영한 ACL이다. 주의해서 봐야 할 부분은 첫 번째와 마지막 줄이다. 첫 번째 줄은 established 옵션을 사용해 200번 VLAN에 소속된 단말기에서 접속을 시도한 패킷이 들어올 수 있도록 허용하는 정책이다. established 옵션이 사용되는 ACL의 경우 가급적 정책의 맨 위에 위치하도록 해서 다른 정책의 영향을 최소화하는 것이 좋다. 그리고 마지막 줄은 차단 대상을 모두 차단한 후에 차단 대상에 포함되지 않는 주소로 나가는 패킷은 모두 허용하기 위한 정책이다. 만약 마지막 줄의 정책이 없다면, 기본 정책에 의해 모든 패킷이 차단된다. 따라서 통제 대상이 되는 내부 시스템이 아닌 외부 인터넷 사용을 위해 마지막 줄의 정책을 신경 써야 한다.

여기서 한 가지 고려해야 할 사항이 있다. 리스트 7-6의 ACL을 작성할 때 VLAN 200의 OUT 방향으로 적용될 ACL이라는 것을 사전에 알고 작성했기 때문에 독자는 이 ACL이 어떤 VLAN의 어느 방향에 적용할지를 알고 있다. 만약 다른 관리자가 이 ACL을 보게 되면 이런 상황을 쉽게 파악할 수 있을까? 물론 대부분의 관리자는 각각의 액세스 리스트를 별도로 관리하고 있을 것이다. 그렇다 하더라도 각각의 ACL을 효과적으로 관리할 수 있는 방법이 있다면 굳이 이용하지 않을 이유가 없을 것이다. 시스코 사에서는 익스텐디드 액세스 리스트를 보다 효과적으로 관리할 수 있도록 네임드 익스텐디드 액세스 리스트^{Named Extended Access List}(이하 네임드 ACL)를 제공한다.

네임드 ACL은 액세스 리스트의 식별을 위해 숫자가 아닌 고유의 이름을 부여하는 액세스 리스트를 말한다. 200번 VLAN의 OUT 방향에 적용하기 위해 작성했던 105번 액세스 리스트에 `AG_VLAN_200_OUT`과 같은 이름을 부여할 수 있다. 도메인 이름을 이용해 웹사이트에 접속하는 원리를 생각하면 쉽게 이해할 수 있다.

이번에는 네임드 ACL을 작성하는 형식에 대해 알아보자. 앞서 익스텐디드 액세스 리스트를 작성할 때는 `access-list access-list-number`라는 키워드를 접근 통제정책 표현식 앞에 붙여 ACL을 식별했다. 그러나 네임드 ACL에서는 앞서 사용했던 ACL 식별자 지정 키워드를 사용하지 않고, 액세스 리스트 정의에 앞서 액세스 리스트를 표현하는 이름을 정의한다. 액세스 리스트의 이름을 정의하는 명령의 구문은 리스트 7-7과 같다.

리스트 7-7 네임드 ACL 이름 정의 구문

```
switch(config)# ip access-list extended Access-list-name
```

또한 액세스 리스트를 정의하는 구문도 확장형 ACL과는 다르다. 네임드 ACL에서는 확장형 ACL에서 요구되었던 `access-list` 키워드와 `access-list-number`를 지정하지 않는다.

리스트 7-8 네임드 ACL 작성 구문

```
switch(config-ext-nacl)# {permit | deny} Protocol Source-address Source-wildcard-
bits [source operator port] Destination-address Destination-wildcard-bits
[destination operator port] [established] [log]
```

리스트 7-8과 같이 네임드 ACL은 확장형 ACL에 비해 문법이 간단하다. 이제 앞서 작성했던 200번 VLAN의 OUT 방향에 적용되는 ACL을 네임드 ACL 작성 규칙에 따라 작성해보자.

리스트 7-9 VLAN 200에 적용될 네임드 ACL

리스트 7-9 VLAN 200에 적용될 네임드 ACL

```
switch(config)# ip access-list extended AG_VLAN_200_OUT
switch(config-ext-nacl)# permit tcp any any established
switch(config-ext-nacl)# deny 172.30.10.0 0.0.0.255 any
switch(config-ext-nacl)# deny 172.30.11.0 0.0.0.255 any
switch(config-ext-nacl)# deny 172.30.13.0 0.0.0.255 any
switch(config-ext-nacl)# deny 172.30.14.0 0.0.0.255 any
switch(config-ext-nacl)# deny 172.20.20.0 0.0.0.255 any
switch(config-ext-nacl)# deny 172.20.21.0 0.0.0.255 any
switch(config-ext-nacl)# deny 172.20.22.0 0.0.0.255 any
switch(config-ext-nacl)# deny 172.20.23.0 0.0.0.255 any
switch(config-ext-nacl)# deny 172.20.24.0 0.0.0.255 any
switch(config-ext-nacl)# deny 10.10.10.0 0.0.0.255 any
switch(config-ext-nacl)# deny 192.168.8.0 0.0.0.255 any
switch(config-ext-nacl)# deny 192.168.9.0 0.0.0.255 any
switch(config-ext-nacl)# permit ip any any
switch(config-ext-nacl)# end
switch#
```

리스트 7-9의 ACL이 앞서 작성했던 리스트 7-6보다 훨씬 간단하고 직관적이다. 지금까지 ACL을 작성하는 명령에 대해 살펴봤고, 이제는 ACL을 VLAN에 적용하는 방법을 알아보자.

ACL 적용 방법

작성된 ACL을 VLAN에 적용할 때는 리스트 7-10의 명령을 사용한다.

리스트 7-10 인터페이스에 ACL을 적용하기 위한 명령

```
switch(config)# interface VLAN_ID
switch(config-if)# ip access-group {access-list-number | access-list-name} {in |
out}
```

우선 첫 번째 행의 명령을 이용해 ACL을 적용할 VLAN 인터페이스에 진입한다. 그 후 두 번째 행의 명령을 이용해 적용하고자 하는 ACL의 번호(access-list-number) 또는 이름(access-list-name)을 지정하고, ACL이 적용될 방향(in 또는 out)을 선택한다. 앞서 작성했던 105번 ACL과 AG_VLAN_200_OUT을 200번 VLAN의 OUT

방향에 지정하는 명령은 리스트 7-11, 리스트 7-12와 같다.

리스트 7-11 105번 ACL 적용 명령

```
switch(config)# interface VLAN 200
switch(config-if)# ip access-group 105 out
```

리스트 7-12 AG_VLAN_200_OUT ACL 적용 명령

```
switch(config)# interface VLAN 200
switch(config-if)# ip access-group AG_VLAN_200_OUT out
```

VLAN별 접근통제 구현하기

이번 절에서는 각각의 VLAN에 대한 접근통제정책을 구현하자. 이번 장에서 구현하고자 하는 접근통제정책을 위해서는 앞서 살펴본 ACL에 관한 지식만으로도 충분하다. 물론 ACL을 이용해 방화벽 등의 솔루션과 유사한 수준의 보안정책을 설계할 수도 있다. 그렇지만 충분한 기능을 제공하는 보안 장비가 없다면 몰라도, 이미 성능이 검증된 보안 솔루션이 있는 상황에서 굳이 ACL을 복잡한 보안정책의 구현에 이용할 필요는 없을 것이다.

이번 절에서는 각각의 VLAN별 접근통제정책을 하나하나 구현하면서 설명이 필요하다고 판단되는 명령에 대해서만 명령의 구체적인 의미를 설명하고자 한다. 인증체제를 구현하기에 앞서 3장에서는 인증시스템 구축을 위해 요구되는 전반적인 환경을 구성했다. 특히 3.2절과 3.3절에서는 네트워크에 대한 설계와 스위치에 대한 환경 설정을 진행했으며, 모든 VLAN의 게이트웨이가 백본 스위치에 집중되도록 설계했다. 이렇게 설계한 이유는 게이트웨이가 한곳으로 집중되었을 때 전체 네트워크에 대한 통제를 효율적으로 수행할 수 있게 되고, 이번 장에서 구현하고 있는 업무 특성에 따른 접근통제를 효과적으로 구축할 수 있기 때문이다. 물론 모든 게이트웨이가 백본에 집중됨으로써 백본 스위치에 장애가 발생했을 때 가용성이 저하되는 문제점을 유발할 수 있지만, 전체 네트워크에 대한 관리와 통제의 관점에서 효율성과 효과가 증대되므로 손익이 충분히 상쇄될 만한 요소라고 생각한다.

접근통제정책의 구현에 앞서 리스트 7-13과 같이 콘솔 또는 터미널 모드로 백본 스위치에 접속하고, 각각의 VLAN별로 제시되는 ACL을 등록한다.

리스트 7-13 백본 스위치에 콘솔로 접속

```
Username: admin
Password: 09n072
NAS_BB$ enable
Password: 09n072
NAS_BB#configure terminal
NAS_BB(config)
```

ACL을 등록할 때는 반드시 각 ACL의 의미를 되새기며 등록하길 바란다. ACL이 잘못 등록되면 해당 VLAN에 소속된 단말기의 네트워크 차단은 물론 백본 스위치 자체에 대한 관리자의 접근을 차단해 네트워크 운영에 심각한 지장을 초래할 수도 있기 때문이다. 등록할 ACL의 의미를 반드시 상기하고, Enter 키를 입력하기 전에 등록하고자 하는 ACL이 관리자의 의도를 반영하고 있는지 확인하길 바란다.

VLAN 300: 인증서버 및 보안 장비 관리용

VLAN의 설명에서도 알 수 있듯이, 300번 VLAN에서 운용되는 장비는 주로 정보보안과 관련된 장비들이다. 정보보안 장비의 유형을 간단히 살펴보면 사용자 및 단말기 인증을 위한 인증시스템, 외부로부터 시도되는 악의적인 공격 또는 침입을 차단하기 위한 방화벽, 네트워크 접근통제를 위한 NAC, 바이러스 백신 설치 유도 및 업데이트 시스템, HW 및 SW 자산 관리를 위한 정보자산관리시스템, 내부정보 유출 방지를 위한 DLP, 외부에서 내부 네트워크 접속을 위한 가상 사설망^{VPN}, 보안취약점 점검 및 평가를 위한 감사시스템 등이 있다. 이러한 보안 장비들에는 공통적인 몇 가지 특징이 있다. 우선 시스템 자체가 상당히 폐쇄적이다. 대부분의 보안 장비는 외부에서의 접근을 엄격히 통제하고, 보안 장비 고유의 기능과 무관한 서비스는 모두 비활성화되어 있다.

다음으로 기능적인 특징을 살펴보자. 보안 장비는 보안 장비 자체의 보호가 목적이 아니라, 보안 장비의 역할에 부합하는 다른 대상을 지속적으로 모니터링, 평가, 분석, 통제하는 역할을 수행한다. 예를 들어 인증서버의 경우 요청되는 인증에 대해 해당 정보를 평가하고 결과를 통보한다. 방화벽의 경우 내·외부를 지나다니는 패킷을 검사해 정책에 위배되는 패킷은 차단한다. 그리고 취약점 점검도구는 점검 대상 시스템에 대한 취약점을 진단/평가하고 개선 방안을 제시하는 역할을 한다.

마지막으로는 운영적인 특징을 말하고자 한다. 대부분의 보안 장비는 관리자 이외의 일반사용자가 접근하는 것을 허용하지 않는 환경에서 운영된다. 어느 누구나 쉽게 보안 장비의 관리자 모드에 접근할 수 있고 마음대로 환경 설정을 변경할 수 있다면, 보안 장비로서의 정상적인 역할을 수행할 수 있을까? 이에 대한 답은 이미 알고 있을 것이다.

VLAN 300번에 적용되는 접근통제정책은 기능적인 특징과 운영적인 특징을 반영한 접근통제라고 할 수 있다. 기본적으로 300번 VLAN에서 운영되는 보안 장비에서는 네트워크 장비 관리용(310), 연구용 서버팜(320), 행정·지원 업무 서버팜(330), 정보보안담당 부서(200), 연구 및 행정·지원 부서에 접근할 수 있도록 정책을 적용했다. 물론 보안 장비의 특성에 따라 정교한 보안정책을 구현할 수 있지만, 네트워크를 설계하는 시점에서 기본적인 접근통제정책을 적용하는 것이기에 광범위한 접근통제정책을 적용한 것이다.

● ACL 작성

리스트 7-14의 ACL을 살펴보면, 허용(permit) ❯ 차단(deny) ❯ 허용(permit)의 흐름을 보여주고 있다.

리스트 7-14 VLAN 300에 적용할 ACL

```
NAS_BB(config)#ip access-list extended AG_VLAN_300_IN
NAS_BB(config-ext-nacl)#permit any 172.30.11.0 0.0.0.255
NAS_BB(config-ext-nacl)#permit any 172.30.13.0 0.0.0.255
NAS_BB(config-ext-nacl)#permit any 172.30.14.0 0.0.0.255
NAS_BB(config-ext-nacl)#permit any 172.20.20.0 0.0.0.255
NAS_BB(config-ext-nacl)#permit any 172.20.21.0 0.0.0.255
```

```
NAS_BB(config-ext-nacl)#permit any 172.20.22.0 0.0.0.255
NAS_BB(config-ext-nacl)#deny any 172.20.23.0 0.0.0.255
NAS_BB(config-ext-nacl)#deny any 172.20.24.0 0.0.0.255
NAS_BB(config-ext-nacl)#deny any 10.10.10.0 0.0.0.255
NAS_BB(config-ext-nacl)#deny any 192.168.8.0 0.0.0.255
NAS_BB(config-ext-nacl)#deny any 192.168.9.0 0.0.0.255
NAS_BB(config-ext-nacl)#permit ip any any
NAS_BB(config-ext-nacl)#exit
NAS_BB(config)
```

앞의 허용을 '허용 A'라고 하고 뒤에 나타난 허용을 '허용 B'라고 하면, ACL의 흐름을 차단(deny) ▶ 허용 A(permit) ▶ 허용 B(permit)로 변경한다고 하더라도 앞의 정책과 동일한 효과를 얻을 수 있다. 그렇다면 한걸음 더 나아가서 '허용 A'에 나타난 정책을 아예 없애버리고 차단(deny) ▶ 허용 B(permit)의 형태로 정책을 변경하면 어떨까? 이렇게 한다고 하더라도 전체적인 의미에는 변화가 없다. 위의 정책은 결국 '차단(deny)'에 나타난 IP 주소대역에 대한 접근만 차단하고 모든 IP 주소에 대한 접근을 허용하라는 의미이기 때문이다. 리스트 7-14를 간단히 정리하면 리스트 7-15와 같다. 그렇지만 실제 ACL을 작성할 때는 리스트 7-14와 같이 작성하길 권고한다. 지금 작성하는 ACL은 VLAN 간의 상호 접근통제를 정의하는 것이기 때문에, 각각의 VLAN 간 접근통제정책을 명확히 표현할 필요가 있다. 이렇게 할 경우에 관리자가 변경된다 하더라도 적용된 접근통제정책의 의미를 효과적으로 파악할 수 있다. 따라서 앞으로 구현하는 정책에도 리스트 7-14와 같이 생략 가능한 정책이더라도 모두 등록하도록 한다.

리스트 7-15 VLAN 300에 적용할 정리된 ACL

```
NAS_BB(config)#ip access-list extended AG_VLAN_300_IN
NAS_BB(config-ext-nacl)#deny any 172.20.23.0 0.0.0.255
NAS_BB(config-ext-nacl)#deny any 172.20.24.0 0.0.0.255
NAS_BB(config-ext-nacl)#deny any 10.10.10.0 0.0.0.255
NAS_BB(config-ext-nacl)#deny any 192.168.8.0 0.0.0.255
NAS_BB(config-ext-nacl)#deny any 192.168.9.0 0.0.0.255
NAS_BB(config-ext-nacl)#permit ip any any
NAS_BB(config-ext-nacl)#exit
NAS_BB(config)
```

앞에서 작성한 리스트 7-14의 ACL은 앞으로 작성할 모든 ACL과 유사한 구조를 갖고 있다. 이 중에서 주목해야 할 부분은 ACL의 마지막 줄에 기록된 정책 `permit ip any any`다. 기본적으로 ACL이 적용되지 않은 인터페이스의 경우 기본적으로 모든 입력[inbound]/출력[outbound] 트래픽에 대해 허용하도록 되어 있다. 그러나 인터페이스에 ACL이 적용되는 순간부터 ACL에 적용된 방향의 마지막 줄에는 묵시적으로 deny all 정책이 자동적으로 적용된다. 따라서 위의 ACL 정책에서 `permit ip any any`를 제거하면, ACL의 윗 부분에서 허용[permit]으로 선언한 IP 주소대역으로 시도되는 통신만 허용하고, 그 외의 모든 통신은 차단당한다. 외부로 시도되는 인터넷 접근도 당연히 차단된다. 그렇다면 `permit ip any any`를 정책의 맨 위에 선언하면 어떤 일이 발생할까? `permit ip any any` 정책 이후에 등록된 정책은 무의미한 정책이 되고 만다. 모든 트래픽이 `permit ip any any` 정책에 match 되어 통신이 허용되기 때문이다.

● ACL 적용

VLAN 300번에 리스트 7-14에서 정의한 ACL `AG_VLAN_300_IN`을 적용하기 위해 리스트 7-16과 같이 명령을 실행한다.

리스트 7-16 VLAN 300에 ACL 적용

```
NAS_BB(config)#interface VLAN 300
NAS_BB(config-if)#ip access-group AG_VLAN_300_IN IN
NAS_BB(config-if)#exit
NAS_BB(config)
```

VLAN 310: 네트워크 장비 관리용

내게는 네트워크와 정보보안에 대해 전혀 모르는 상태에서 네트워크를 구축하고 운영해야 했던 시절이 있었다. 그 당시에는 VLAN의 개념과 존재에 대해 모르고 있었다. VLAN에 대해 모르고 있었기 때문에, 스위치의 관리용 IP 주소와 사용자 단말기에 할당되는 IP 주소의 대역을 분리하지 않고 혼용해서 사용했다. 예를 들어 192.168.10.xxx 대역의 C 클래스 IP 주소대역을 사용한다면 192.168.10.1번 IP 주소를 게이트웨이로 할당하고, 192.168.10.2번은 액세스 스위치의 관리용 IP 주소로 할당했던 것이다. 물론 네트워크를 운영하면서 특별한 문제가 발생하지는 않았기 때문에 나름 네트워크 관리를 잘하고 있는 것으로 생각하곤 했다. 그러나 시간이 지나면서 이 방법이 정보보안 측면에서 적절하지 않은 방법임을 알게 되었다. 네트워크 장비에 관리자가 아닌 일반 사용자의 접근이 가능하다는 점이 가장 큰 문제였다. 물론 관리자 계정과 비밀번호 설정, 관리자 IP 주소 이외의 접근 차단 등의 방법을 통해 기본적인 접근통제는 실시했다. 그렇다고 하더라도 사용자가 의도하지 않은 우발적인 접근, 즉 악성코드 감염이나 해킹 시도 등에 의한 접근은 배제할 수 없었다. 그래서 신 청사의 네트워크를 설계할 때는 VLAN을 이용해 네트워크 장비 관리용 네트워크와 전산 장비 운영 또는 사용자 네트워크를 분리했다. 그렇다면 네트워크의 분리만으로 앞에서 제기했던 문제를 해결한 것은 아닐 것이다. 네트워크 장비 관리용 네트워크에 대한 접근통제가 이뤄져야 한다. 이를 위해 네트워크 장비 관리용 네트워크(VLAN 310)에 접속할 수 있는 네트워크는 정보보안담당 부서(VLAN 200)와 인증서버 및 보안 장비 관리용 네트워크(VLAN 300)로 제한하기로 했다.

정보보안담당 부서는 네트워크 장비의 관리를 위해 당연히 네트워크 장비에 접속할 수 있어야 하므로 접근권한을 부여했다. 물론 정보보안담당 부서에 근무하는 직원이라 하더라도 네트워크 장비 관리자는 소수의 인원일 수 있다. 이를 반영하고자 하는 독자라면 네트워크 관리자가 사용하는 단말기의 IP 주소만 지정함으로써 보다 상세한 접근통제를 구현할 수 있다.

802.1X 인증을 수행하기 위해서는 스위치에서 인증서버로 RADIUS 프로토콜을 이용해 인증정보를 전달할 수 있어야 한다. 그리고 인증서버에서는 인증 결과를 스위치로 전달할 수 있어야 한다. 이를 위해 네트워크 장비용 네트워크에서 인증서버 및 보안 장비 관리용 네트워크에 대한 접근을 허용하도록 했다.

리스트 7-17은 이 조건에 부합하는 ACL을 작성하고 적용하는 방법을 보여주고 있다.

```
[ACL 작성]
NAS_BB(config)#ip access-list extended AG_VLAN_310_IN
NAS_BB(config-ext-nacl)#permit any 172.30.10.0 0.0.0.255
NAS_BB(config-ext-nacl)#permit any 172.20.20.0 0.0.0.255
NAS_BB(config-ext-nacl)#deny any 172.30.13.0 0.0.0.255
NAS_BB(config-ext-nacl)#deny any 172.30.14.0 0.0.0.255
NAS_BB(config-ext-nacl)#deny any 172.20.21.0 0.0.0.255
NAS_BB(config-ext-nacl)#deny any 172.20.22.0 0.0.0.255
NAS_BB(config-ext-nacl)#deny any 172.20.23.0 0.0.0.255
NAS_BB(config-ext-nacl)#deny any 172.20.24.0 0.0.0.255
NAS_BB(config-ext-nacl)#deny any 10.10.10.0 0.0.0.255
NAS_BB(config-ext-nacl)#deny any 192.168.8.0 0.0.0.255
NAS_BB(config-ext-nacl)#deny any 192.168.9.0 0.0.0.255
NAS_BB(config-ext-nacl)#permit ip any any
NAS_BB(config-ext-nacl)#exit
NAS_BB(config)

[ACL 적용]
NAS_BB(config)#interface VLAN 310
NAS_BB(config-if)#ip access-group AG_VLAN_310_IN IN
NAS_BB(config-if)#exit
NAS_BB(config)
```

VLAN 320: 연구 장비용 서버팜

연구 목적으로 설치, 운영되는 시스템의 경우 기본적으로 연구 부서 이외의 부서에 근무하는 사용자의 접근은 허용하지 않는 것이 바람직하다. 이는 단순하게 시스템에 대한 접근만 차단하는 것이 아니라, 우발적으로 발생할 수 있는 해킹 시도나 악성코드 유포 등으로부터 시스템을 보호하는 측면에서도 필요한 조치이기 때문이다. 다만 정보보안담당 부서와 유지보수 및 협력업체 직원의 경우 연구 부서의 요청에 의해 시스템 운영지원이나 시스템 보안점검 등을 실시하기 때문에 예외적으로 시스템에 대한 접근을 허용하도록 했다. 지금까지의 접근통제정책 요구사항의 경우 이전에 구현했던 접근통제와 크게 다르지 않은 사항들이다. 그러나 연구 장비용 서버팜 운영과 관련해서 추가적으로 고려해야 할 사항이 있다. 내가 근무하는 연구소에서는 연구 수행과 관련해 다양한 나라의 연구기관들과 데이터를 교환하곤 한다. 또한 일부 연구자의 경우 주기적으로 NASA 등의 기관에서 제공하는 위성 데이터를 다운로드해 이용한다. 이렇게 데이터 교환과 다운로드를 위해 established 옵션을 사용하면 효과적일 것이다. established 옵션을 적용하기 위해서는 ACL을 OUT 방향에 적용해야 한다.

리스트 7-18 VLAN 320용 ACL 작성과 적용

```
[ACL 작성]
NAS_BB(config)#ip access-list extended AG_VLAN_320_OUT
NAS_BB(config-ext-nacl)#permit tcp any any established
NAS_BB(config-ext-nacl)#permit 172.20.20.0 0.0.0.255 any
NAS_BB(config-ext-nacl)#permit 172.20.21.0 0.0.0.255 any
NAS_BB(config-ext-nacl)#permit 172.20.23.0 0.0.0.255 any
NAS_BB(config-ext-nacl)#deny 172.30.10.0 0.0.0.255 any
NAS_BB(config-ext-nacl)#deny 172.30.11.0 0.0.0.255 any
NAS_BB(config-ext-nacl)#deny 172.30.14.0 0.0.0.255 any
NAS_BB(config-ext-nacl)#deny 172.20.22.0 0.0.0.255 any
NAS_BB(config-ext-nacl)#deny 172.20.24.0 0.0.0.255 any
NAS_BB(config-ext-nacl)#deny 10.10.10.0 0.0.0.255 any
NAS_BB(config-ext-nacl)#deny 192.168.8.0 0.0.0.255 any
NAS_BB(config-ext-nacl)#deny 192.168.9.0 0.0.0.255 any
NAS_BB(config-ext-nacl)#permit ip any any
NAS_BB(config-ext-nacl)#exit
NAS_BB(config)

[ACL 적용]
NAS_BB(config)#interface VLAN 320
NAS_BB(config-if)#ip access-group AG_VLAN_320_OUT OUT
NAS_BB(config-if)#exit
NAS_BB(config)
```

리스트 7-18의 ACL은 이전에 작성한 ACL과 다름을 확인할 수 있다. 우선 ACL 그룹 이름을 보면 맨 마지막의 ACL 적용 방향이 OUT으로 정의되어 있다. 따라서 이 정책은 인터페이스의 OUT 방향에 적용할 정책이다.

두 번째 차이점은 정책의 맨 첫 줄에 있는 permit tcp any any established 정책의 사용에 있다. 이 정책을 사용할 때는 맨 위에 등록하는 것이 효과적이다. 물론 정책의 특성에 따라 중간에 놓을 수도 있겠지만, 중간에 위치할 경우 ACL의 적용 순서에 따라 앞서 등록된 거부^{deny} 정책에 의해 필요하지만 established 옵션이

적용되지 않을 수도 있기 때문이다. 그리고 established 옵션은 tcp 패킷에만 적용되는 옵션으로 tcp 패킷 이외에는 적용되지 않는다.

마지막 차이점은 ACL 정책의 IP 주소 위치가 다르다는 것이다. 앞의 두 ACL의 경우 인터페이스의 입력IN 방향에 ACL을 적용했다. IN 방향에 적용되는 ACL의 경우 출발지 주소Source address에는 VLAN에 할당된 IP 주소대역의 IP 주소가 위치하고, 목적지 주소Destination address에는 VLAN의 외부 IP 주소가 위치한다. 그래서 앞의 두 ACL에서는 출발지 주소에 any를 지정해 VLAN 내부의 모든 IP 주소를 지정했다. 그러나 이번에 등록된 ACL에서는 출발지 주소와 목적지 주소의 위치가 바뀌어 있다. OUT 방향에 적용되는 ACL에서는 출발지 주소가 VLAN의 외부에 있는 IP 주소가 되고, 목적지 주소에 VLAN에 할당된 IP 주소가 위치하게 된다. 따라서 앞의 ACL에서는 VLAN에 할당된 전체 IP 주소대역에 대한 접근통제를 실시하므로 목적지 주소에 any를 지정했다.

VLAN 330: 행정 · 지원용 서버팜

행정 · 지원용 서버팜에서는 GWGroupware, MISManagement Information System, PMSProject Management System 등 다양한 시스템이 운영된다. 이러한 시스템은 직원이라면 누구나 사용하는 시스템으로 접근통제정책에도 이를 반영하고 있다. 행정 · 지원용 서버팜에는 리스트 7-19의 ACL을 적용한다.

리스트 7-19 VLAN 330용 ACL 작성과 적용

```
[ACL 작성]
NAS_BB(config)#ip access-list extended AG_VLAN_330_OUT
NAS_BB(config-ext-nacl)#permit tcp any any established
NAS_BB(config-ext-nacl)#permit 172.20.20.0 0.0.0.255 any
NAS_BB(config-ext-nacl)#permit 172.20.21.0 0.0.0.255 any
NAS_BB(config-ext-nacl)#permit 172.20.22.0 0.0.0.255 any
NAS_BB(config-ext-nacl)#permit 172.20.23.0 0.0.0.255 any
NAS_BB(config-ext-nacl)#deny 172.30.10.0 0.0.0.255 any
NAS_BB(config-ext-nacl)#deny 172.30.11.0 0.0.0.255 any
NAS_BB(config-ext-nacl)#deny 172.20.24.0 0.0.0.255 any
NAS_BB(config-ext-nacl)#deny 10.10.10.0 0.0.0.255 any
NAS_BB(config-ext-nacl)#deny 192.168.8.0 0.0.0.255 any
NAS_BB(config-ext-nacl)#deny 192.168.9.0 0.0.0.255 any
```

```
NAS_BB(config-ext-nacl)#permit ip any any
NAS_BB(config-ext-nacl)#exit
NAS_BB(config)

[ACL 적용]
NAS_BB(config)#interface VLAN 330
NAS_BB(config-if)#ip access-group AG_VLAN_330_OUT OUT
NAS_BB(config-if)#exit
NAS_BB(config)
```

VLAN 200: 정보보안담당 부서용

정보보안담당 부서는 연구 또는 행정·지원 부서와 달리 정보보안 장비의 운영과 관리, 네트워크 장비에 대한 보안정책 수립 및 적용, 주요 전산 장비에 대한 보안취약점 점검, 사용자 단말기에 대한 침해 사고 대응 등의 다양한 업무를 수행한다. 이러한 업무 수행을 위해서는 다른 부서보다 IT 시스템과 기기에 대한 더 많은 접근 권한이 요구된다. 따라서 정보보안담당 부서용 ACL에는 established 옵션이 적용된 정책을 등록했다. 그리고 다른 네트워크에서 정보보안담당 부서로 시도되는 네트워크 접근에 대해서는 모두 차단하도록 정책을 구성했다. 이와 관련해서는 그림 7-6을 참고하길 바란다. ACL의 내용과 적용 방법은 리스트 7-20과 같다.

리스트 7-20 VLAN 200용 ACL 작성과 적용

```
[ACL 작성]
NAS_BB(config)#ip access-list extended AG_VLAN_200_OUT
NAS_BB(config-ext-nacl)#permit tcp any any established
NAS_BB(config-ext-nacl)#deny 172.30.10.0 0.0.0.255 any
NAS_BB(config-ext-nacl)#deny 172.30.11.0 0.0.0.255 any
NAS_BB(config-ext-nacl)#deny 172.30.13.0 0.0.0.255 any
NAS_BB(config-ext-nacl)#deny 172.30.14.0 0.0.0.255 any
NAS_BB(config-ext-nacl)#deny 172.20.21.0 0.0.0.255 any
NAS_BB(config-ext-nacl)#deny 172.20.22.0 0.0.0.255 any
NAS_BB(config-ext-nacl)#deny 172.20.23.0 0.0.0.255 any
NAS_BB(config-ext-nacl)#deny 172.20.24.0 0.0.0.255 any
NAS_BB(config-ext-nacl)#deny 10.10.10.0 0.0.0.255 any
NAS_BB(config-ext-nacl)#deny 192.168.8.0 0.0.0.255 any
NAS_BB(config-ext-nacl)#deny 192.168.9.0 0.0.0.255 any
NAS_BB(config-ext-nacl)#permit ip any any
NAS_BB(config-ext-nacl)#exit
```

```
NAS_BB(config)

[ACL 적용]
NAS_BB(config)#interface VLAN 200
NAS_BB(config-if)#ip access-group AG_VLAN_200_OUT OUT
NAS_BB(config-if)#exit
NAS_BB(config)
```

VLAN 210: 연구 부서용

이제부터는 일반적인 사용자 네트워크에 대한 접근통제정책이다. 사용자 네트워크
에 대한 접근통제정책은 비교적 간단하게 구성할 수 있다. 사용자 단말기에 대해서
는 접근 허용 또는 차단 여부만 정확하게 정의하면 된다. 물론 사용자 네트워크에
도 정교한 보안정책을 적용할 수 있지만, 사용자 영역에 적용하기보다는 앞서 설명
했던 서버팜 영역에서 정책을 정의하는 것이 정책의 일관성과 이해를 위해 효과적
이다.

연구 부서용 네트워크에서 접근할 수 있는 VLAN은 연구용 서버팜(320), 행정 ·
지원업무용 서버팜(330), 정보보안담당 부서(200)로 제한했다. 여기서 연구용 서버
팜과 행정 · 지원업무용 서버팜의 경우 접근을 허용하는 것이 납득되지만, 정보보
안담당 부서에 대한 접근 허용은 이해되지 않을 수 있다. 이렇게 하는 이유는 정보
보안담당 부서의 단말기에서 연구 부서 단말기로 요청된 패킷에 대한 응답을 다시
돌려보내기 위한 것이다. 이 또한 그림 7-6을 참조하면 어렵지 않게 이해할 수 있
다. ACL의 내용과 적용 방법은 리스트 7-21과 같다.

리스트 7-21 VLAN 210용 ACL 작성과 적용

```
[ACL 작성]
NAS_BB(config)#ip access-list extended AG_VLAN_210_IN
NAS_BB(config-ext-nacl)#permit any 172.30.13.0 0.0.0.255
NAS_BB(config-ext-nacl)#permit any 172.30.14.0 0.0.0.255
NAS_BB(config-ext-nacl)#permit any 172.20.20.0 0.0.0.255
NAS_BB(config-ext-nacl)#deny any 172.30.10.0 0.0.0.255
NAS_BB(config-ext-nacl)#deny any 172.30.11.0 0.0.0.255
NAS_BB(config-ext-nacl)#deny any 172.20.22.0 0.0.0.255
NAS_BB(config-ext-nacl)#deny any 172.20.23.0 0.0.0.255
NAS_BB(config-ext-nacl)#deny any 172.20.24.0 0.0.0.255
```

```
NAS_BB(config-ext-nacl)#deny any 10.10.10.0 0.0.0.255
NAS_BB(config-ext-nacl)#deny any 192.168.8.0 0.0.0.255
NAS_BB(config-ext-nacl)#deny any 192.168.9.0 0.0.0.255
NAS_BB(config-ext-nacl)#permit ip any any
NAS_BB(config-ext-nacl)#exit
NAS_BB(config)

[ACL 적용]
NAS_BB(config)#interface VLAN 210
NAS_BB(config-if)#ip access-group AG_VLAN_210_IN IN
NAS_BB(config-if)#exit
NAS_BB(config)
```

VLAN 220: 행정 · 지원 부서용

행정 · 지원 부서용 네트워크에 적용된 정책은 앞서 설명했던 연구 부서용 정책과 동일하다. 다만 행정 · 지원 부서의 경우 연구 부서에서 사용하는 서버 또는 기타 기기에 대한 접근이 필요하지 않아 연구용 서버팜에 대한 접근을 차단하도록 했다. ACL의 내용과 적용 방법은 리스트 7-22와 같다.

리스트 7-22 VLAN 220용 ACL 작성과 적용

```
[ACL 작성]
NAS_BB(config)#ip access-list extended AG_VLAN_220_IN
NAS_BB(config-ext-nacl)#permit any 172.30.13.0 0.0.0.255
NAS_BB(config-ext-nacl)#permit any 172.20.20.0 0.0.0.255
NAS_BB(config-ext-nacl)#deny any 172.30.10.0 0.0.0.255
NAS_BB(config-ext-nacl)#deny any 172.30.11.0 0.0.0.255
NAS_BB(config-ext-nacl)#deny any 172.30.14.0 0.0.0.255
NAS_BB(config-ext-nacl)#deny any 172.20.21.0 0.0.0.255
NAS_BB(config-ext-nacl)#deny any 172.20.23.0 0.0.0.255
NAS_BB(config-ext-nacl)#deny any 172.20.24.0 0.0.0.255
NAS_BB(config-ext-nacl)#deny any 10.10.10.0 0.0.0.255
NAS_BB(config-ext-nacl)#deny any 192.168.8.0 0.0.0.255
NAS_BB(config-ext-nacl)#deny any 192.168.9.0 0.0.0.255
NAS_BB(config-ext-nacl)#permit ip any any
NAS_BB(config-ext-nacl)#exit
NAS_BB(config)

[ACL 적용]
NAS_BB(config)#interface VLAN 220
NAS_BB(config-if)#ip access-group AG_VLAN_220_IN IN
```

```
NAS_BB(config-if)#exit
NAS_BB(config)
```

VLAN 230: 유지보수/협력업체용

유지보수/협력업체용 네트워크에 대한 접근통제정책은 좀 더 신중히 정해야 한다. 지금 여기서는 네트워크 단위로 정책을 설계했지만, 실제 네트워크에 적용할 때는 호스트 단위의 정책 적용을 권고한다. 여기서는 유지보수/협력업체에 의해 정보보안 장비, 네트워크 장비, 연구 및 행정·지원업무용 서버 등에 대한 전체적인 유지보수를 담당하는 것으로 전제하고, 해당 네트워크에 대해 접근을 허용했다. 다만 다른 정책에서는 정책의 맨 마지막에 permit ip any any 정책을 등록해 내부 네트워크가 아닌 외부 인터넷망에 대해서는 자유롭게 접근할 수 있도록 했지만, 유지보수/협력업체 직원에 대해서는 유지보수 범위 네트워크에 대한 접근 이외의 외부 인터넷 접근은 차단하도록 했다. 이 부분은 유지보수 담당 직원의 상주 여부와 유지보수 및 협력업체가 사용할 VLAN의 개수 및 특성 등을 고려해 다양하게 적용할 수 있다. ACL의 내용과 적용 방법은 리스트 7-23과 같다.

리스트 7-23 VLAN 230용 ACL 작성과 적용

```
[ACL 작성]
NAS_BB(config)#ip access-list extended AG_VLAN_230_IN
NAS_BB(config-ext-nacl)#permit any 172.30.10.0 0.0.0.255
NAS_BB(config-ext-nacl)#permit any 172.30.11.0 0.0.0.255
NAS_BB(config-ext-nacl)#permit any 172.30.13.0 0.0.0.255
NAS_BB(config-ext-nacl)#permit any 172.30.14.0 0.0.0.255
NAS_BB(config-ext-nacl)#permit any 172.20.20.0 0.0.0.255
NAS_BB(config-ext-nacl)#deny any 172.20.21.0 0.0.0.255
NAS_BB(config-ext-nacl)#deny any 172.20.22.0 0.0.0.255
NAS_BB(config-ext-nacl)#deny any 172.20.24.0 0.0.0.255
NAS_BB(config-ext-nacl)#deny any 10.10.10.0 0.0.0.255
NAS_BB(config-ext-nacl)#deny any 192.168.8.0 0.0.0.255
NAS_BB(config-ext-nacl)#deny any 192.168.9.0 0.0.0.255
NAS_BB(config-ext-nacl)#deny ip any any
NAS_BB(config-ext-nacl)#exit
NAS_BB(config)


[ACL 적용]
```

```
NAS_BB(config)#interface VLAN 230
NAS_BB(config-if)#ip access-group AG_VLAN_230_IN IN
NAS_BB(config-if)#exit
NAS_BB(config)
```

VLAN 240: 방문자용

스마트폰, 스마트패드, 노트북 등과 같은 모바일 단말기의 업무활용 빈도가 높아지면서 공공기관과 기업에서도 방문자에 대한 무선 인터넷 서비스를 확대하고 있다. 공공기관의 경우 무선 인터넷 인프라를 구축하고자 할 경우 정보보안지침에 따라 내부망과 분리된 별도의 망을 구성해야 한다. 그러나 이렇게 분리된 망을 구성할 경우 방문자의 무선 인터넷 접속을 통한 내부망 접속은 엄격하게 통제할 수 있지만, 직원의 무선 인터넷 접속을 통한 업무 수행에는 제약이 있을 것이다. 물론 내부망과 무선망 사이에 방화벽을 설치하거나 VPN을 이용해 내부망 접속을 허용할 수 있지만 사용자의 불편은 여전히 크다.

802.1X를 도입함으로써 발생하는 변화 중 하나는 지금까지 엄격하게 구분했던 유·무선 네트워크의 구분이 필요하지 않다는 것이다. 유·무선 네트워크에 관계없이 동일한 인증시스템과 방법으로 인증을 수행하고, 사용자 및 업무 특성에 따라 동적으로 VLAN과 IP 주소가 할당된다. 물론 일시적으로 기관을 방문한 사용자도 유·무선 네트워크에 관계없이 방문자용 네트워크에 접속해 효과적으로 업무를 처리할 수 있다. 지금까지 구현된 유선 네트워크에서 방문자용 네트워크 서비스를 제공하는 사례는 찾아보기 쉽지 않을 것이다. 그러나 여기에 한 가지 고려해야 할 사항이 있다. 방문자용 네트워크에 접속하는 사용자에 대한 엄격한 접근통제가 선행되어야 한다는 것이다. 기존의 무선 인터넷 인프라를 구축할 때는 물리적으로 내부망과 분리되도록 구현했다면, 802.1X 도입으로 사용자와 단말기에 대한 엄격한 통제가 가능해지는 반면에 종전과 같이 물리적으로 분리된 망의 구성은 불가능해지기 때문이다. 이를 개선하기 위해 방문자가 사용하는 VLAN에 대해서는 엄격하게 내부망에 대한 접근을 통제하고 단지 인터넷만을 이용할 수 있도록 접근통제정책을 구성해야 한다.

이번에 등록할 방문자용 VLAN에서는 앞의 사항을 반영해 외부 인터넷 연결을 제외한 모든 네트워크를 차단하도록 ACL을 구성했으며, ACL의 내용과 적용 방법은 리스트 7-24와 같다.

리스트 7-24 VLAN 240용 ACL 작성과 적용

```
[ACL 작성]
NAS_BB(config)#ip access-list extended AG_VLAN_240_IN
NAS_BB(config-ext-nacl)#deny any 172.30.10.0 0.0.0.255
NAS_BB(config-ext-nacl)#deny any 172.30.11.0 0.0.0.255
NAS_BB(config-ext-nacl)#deny any 172.30.13.0 0.0.0.255
NAS_BB(config-ext-nacl)#deny any 172.30.14.0 0.0.0.255
NAS_BB(config-ext-nacl)#deny any 172.20.20.0 0.0.0.255
NAS_BB(config-ext-nacl)#deny any 172.20.21.0 0.0.0.255
NAS_BB(config-ext-nacl)#deny any 172.20.22.0 0.0.0.255
NAS_BB(config-ext-nacl)#deny any 172.20.23.0 0.0.0.255
NAS_BB(config-ext-nacl)#deny any 10.10.10.0 0.0.0.255
NAS_BB(config-ext-nacl)#deny any 192.168.8.0 0.0.0.255
NAS_BB(config-ext-nacl)#deny any 192.168.9.0 0.0.0.255
NAS_BB(config-ext-nacl)#permit ip any any
NAS_BB(config-ext-nacl)#exit
NAS_BB(config)

[ACL 적용]
NAS_BB(config)#interface VLAN 240
NAS_BB(config-if)#ip access-group AG_VLAN_240_IN IN
NAS_BB(config-if)#exit
NAS_BB(config)
```

VLAN 800: 기숙사용

3.1절에서 전체적인 네트워크 구성을 설명할 때 기숙사 네트워크의 구성에 대해서도 설명했다. 그림 3-1을 보면 기숙사 네트워크가 연구소 네트워크와 연결되어 있는 것처럼 보이지만, 실질적인 통신은 별도의 분리된 ISP를 통해 수행되도록 망이 구성되어 있음을 알 수 있다. 연구소 네트워크와 연결되어 있는 부분은 기숙사 입주자라 하더라도 네트워크를 사용할 때 사용자 인증을 수행할 수 있도록 경로를 구성한 것이다. 따라서 논리적으로는 기숙사 네트워크에서 연구소 네트워크로의 직접적인 접근이 발생하지 않는다. 그러나 관리자로서 예상하지 못했던 접근을 방지

하기 위해 기숙사에서 시도되는 네트워크 접근을 차단하고자 모든 네트워크에 대해 거부^{deny} 정책을 적용했다.

　참고적으로, 내가 근무하는 연구소는 기숙사 입주자의 경우에도 네트워크를 이용하고자 할 때는 반드시 인증을 거쳐야만 네트워크를 사용할 수 있도록 하고 있다. 보안담당자의 관점에 따라 의견을 달리하겠지만, 나는 업무공간이 아닌 기숙사에서 운영되는 네트워크라 하더라도 이용자가 누구인지를 파악하고 있어야 한다고 생각한다. 기숙사에서 발생하는 보안 사고에 대해 사고조사를 하고 재발 방지 대책을 수립하기 위해서는 단말기의 추적성이 요구되기 때문이다. ACL의 내용과 적용 방법은 리스트 7-25와 같다.

리스트 7-25 VLAN 800용 ACL 작성과 적용

```
[ACL 작성]
NAS_BB(config)#ip access-list extended AG_VLAN_800_IN
NAS_BB(config-ext-nacl)#deny any 172.30.10.0 0.0.0.255
NAS_BB(config-ext-nacl)#deny any 172.30.11.0 0.0.0.255
NAS_BB(config-ext-nacl)#deny any 172.30.13.0 0.0.0.255
NAS_BB(config-ext-nacl)#deny any 172.30.14.0 0.0.0.255
NAS_BB(config-ext-nacl)#deny any 172.20.20.0 0.0.0.255
NAS_BB(config-ext-nacl)#deny any 172.20.21.0 0.0.0.255
NAS_BB(config-ext-nacl)#deny any 172.20.22.0 0.0.0.255
NAS_BB(config-ext-nacl)#deny any 172.20.23.0 0.0.0.255
NAS_BB(config-ext-nacl)#deny any 172.20.24.0 0.0.0.255
NAS_BB(config-ext-nacl)#deny any 192.168.8.0 0.0.0.255
NAS_BB(config-ext-nacl)#deny any 192.168.9.0 0.0.0.255
NAS_BB(config-ext-nacl)#deny ip any any
NAS_BB(config-ext-nacl)#exit
NAS_BB(config)

[ACL 적용]
NAS_BB(config)#interface VLAN 800
NAS_BB(config-if)#ip access-group AG_VLAN_800_IN IN
NAS_BB(config-if)#exit
NAS_BB(config)
```

　리스트 7-25와 같이 모든 정책이 거부 정책이라면 리스트 7-26과 같이 간단하게 변경할 수도 있다.

```
NAS_BB(config)#ip access-list extended AG_VLAN_800_IN
NAS_BB(config-ext-nacl)#deny ip any any
NAS_BB(config-ext-nacl)#exit
NAS_BB(config)
```

VLAN 998: 802.1X 인증 실패용

앞으로 살펴보겠지만, 802.1X 인증에서는 인증에 실패한 단말기에 대해 별도의 지정된 VLAN을 할당해 관리자가 원하는 네트워크에 접속하도록 유도할 수 있다. 이 기능을 이용해 인증에 실패한 단말기에 대해서는 웹 페이지를 통해 인증 실패 메시지를 전달하고, 다른 네트워크에 대해서는 접근을 차단하는 정책을 적용할 것이다. ACL의 내용과 적용 방법은 리스트 7-27과 같다.

리스트 7-27 VLAN 998용 ACL 작성과 적용

```
[ACL 작성]
NAS_BB(config)#ip access-list extended AG_VLAN_998_IN
NAS_BB(config-ext-nacl)#deny ip any any
NAS_BB(config-ext-nacl)#exit
NAS_BB(config)

[ACL 적용]
NAS_BB(config)#interface VLAN 998
NAS_BB(config-if)#ip access-group AG_VLAN_998_IN IN
NAS_BB(config-if)#exit
NAS_BB(config)
```

리스트 7-27은 앞의 ACL에서 설명한 바와 같이 모든 네트워크 접근을 차단하는 정책이다. 리스트 7-27의 ACL을 적용하게 되면 단말기는 998번 VLAN의 네트워크에만 접근이 가능해진다.

VLAN 999: 802.1X 인증환경 설정 유도

802.1X가 적용된 네트워크에 접속하기 위해서는 우선적으로 단말기에 802.1X 연결을 위한 환경이 설정되어 있어야 한다. 불행히도 모든 단말기에서 기본적으로

802.1X 인증에 필요한 환경이 설정되어 있지 않다. 이로 인해 네트워크 연결이 필요한 단말기는 4.4절의 절차에 따라 인증에 필요한 환경을 설정해야 한다. 만약 인증에 필요한 환경 설정을 사용자에게 직접 진행하라고 하면 모든 사용자가 보안담당자의 입장을 이해해주며 따라올까? 절대 그럴 리는 없다. 그렇다면 어떻게 하는 것이 좋을까? 이럴 때 캡티브 포털을 이용해 환경 설정을 자동화하면 관리자와 사용자 모두에게 행복한 일이 될 것이다. 캡티브 포털을 운영할 때는 캡티브 포털에 접속한 단말기가 캡티브 포털 이외의 네트워크로 접속하는 것을 통제해야 한다. 이것을 위해서는 앞에서 작성했던 802.1X 인증 실패용 VLAN에 적용된 ACL과 동일한 ACL을 이용했다. ACL의 내용과 적용 방법은 리스트 7-28과 같다. 캡티브 포털에 대한 구체적인 사항은 다음 장에서 알아본다.

리스트 7-28 VLAN 999용 ACL 작성과 적용

```
[ACL 작성]
NAS_BB(config)#ip access-list extended AG_VLAN_999_IN
NAS_BB(config-ext-nacl)#permit udp any host 168.126.63.1 eq 53
NAS_BB(config-ext-nacl)#deny ip any any
NAS_BB(config-ext-nacl)#exit
NAS_BB(config)

[ACL 적용]
NAS_BB(config)#interface VLAN 999
NAS_BB(config-if)#ip access-group AG_VLAN_999_IN IN
NAS_BB(config-if)#exit
NAS_BB(config)
```

이것으로 업무 특성을 고려한 네트워크에 대한 접근통제정책 구현과 적용을 모두 마쳤다. 대부분의 네트워크 또는 정보보안 담당자라면 이미 알고 있었던 내용이라서 지루한 감이 있었을 듯싶다. 이렇듯 장황하게 설명한 것은 지금까지 통상적으로 적용되던 VLAN과 ACL의 적용 방법이 802.1X와 동적 VLAN을 만남으로써 보다 확대될 수 있음을 말하기 위해서다. 이번 절을 통해 다양한 보안 솔루션의 홍수 속에서 살아가고 있는 관리자가 보안에 대한 기본을 다시 한 번 돌아보는 계기를 마련했길 바란다.

7.2 ┃ 인사이동에 따른 접근통제

2.5절의 시나리오에서 설명했듯이 네트워크 및 정보보호 관련 담당자나 정보화 담당자의 업무량을 증가시키는 반갑지 않은 이벤트로 대규모의 조직개편이나 인사발령을 떠올려볼 수 있다. 많은 기관에서 대규모의 조직개편이 발생할 경우 네트워크 및 정보보안 담당자는 조직개편 시행일 며칠 전부터 개편되는 조직 구조에 적합한 네트워크 구성과 IP 주소 할당 등에 대한 사전 계획을 세우고 정보보안정책과 관련된 변경사항을 확인하고 조직개편 시행에 맞춰 변경사항을 일사불란하게 조정한다. 만약 IPT$^{\text{IP Telephony}}$를 도입했다면 이와 관련된 번호 변경, 당겨받기 그룹 설정 등에 매달려 며칠 동안 정신 없는 일상을 보내게 된다. 일부 회사에서는 네트워크 및 정보보안 등과 관련해 업무별로 적정 인력을 확보해 큰 혼란 없이 업무가 수행되기도 한다. 그러나 정보보안의 중요성이 날로 증대되고 있음에도 불구하고, 대부분의 기관에서는 한두 명의 인력에 의해 모든 네트워크 또는 정보보안 관련 업무가 수행되고 있다. 이러한 상황에서 앞서 언급한 조직개편에 대응한 네트워크 구성, 정보보안정책 변경 등과 같은 업무가 아무런 사고 없이 한 번에 완료되기는 쉽지 않다. 조직개편이 시행된 이후에도 네트워크 또는 정보보안 담당자는 사용자로부터 접수되는 생각지도 못했던 문제 해결을 위해 고군분투하는 경우가 다반사다. 이는 네트워크 또는 정보보안만의 문제가 아니라, 정보화 부문에서도 동일한 유형의 문제가 발생한다. 요즘 대부분의 기관에서는 행정 또는 기타 업무의 처리를 위해 MIS, 그룹웨어, 전자결재 등의 시스템을 도입해 운영하고 있다. 이러한 시스템의 운영과 관련해 조직개편이 발생할 때 신경 써야 하는 부분이 결재 라인 조정과 시스템에 대한 접근통제다. 내가 직접 경험하진 않았지만, 조직개편 이후 생산된 문서 또는 구매요구, 지급신청 등에 지정된 결재선이 변경된 조직도에 맞게 지정되지 않아 이를 조정해 달라는 요청이 빈번하게 발생할 수 있다.

위와 같은 상황은 대부분의 관리자라면 경험해봤을 것이다. 효과적인 대응을 위해 고민도 많이 했을 것이다. 그렇지만 고민만 하고 마는 경우가 대부분이었을 것이다. 사실 네트워크 또는 정보보안 영역에서는 고민한다고 해도 특별한 해결책이

나오지 않는다. 그나마 최선의 해결책이라고 생각할 수 있는 것은 조직개편 등의 이벤트가 발생할 때 사전에 인사 부서로부터 변경될 내역을 확보해 변경계획을 수립하고 점검하고 적용하는 정도였다. 802.1X를 도입하기 전에 내가 적용했던 방법이다. 그러나 802.1X 인증체계의 도입과 함께 DHCP를 이용한 IP 주소 관리와 동적 VLAN이 활용되면서, 최선의 해결 방법은 아니더라도 인사발령 조직개편 등의 이벤트에 조금은 유연하게 대응할 수 있는 접근통제를 구현할 수 있게 되었다. 이 방법을 이용해 앞 절에서는 업무 특성을 고려해 네트워크 및 시스템에 대한 접근통제정책을 구현했다. 앞 절에서 구현한 접근통제정책은 VLAN과 ACL에 기반하고 있다. ACL을 이용한 접근통제는 알고 있듯이 유연성이 떨어진다. 여기서 유연성이 떨어진다는 표현은 앞서 말했던 조직개편 또는 인사발령에 의한 부서 변경이나 업무 변경에 따라 유연하게 접근통제를 변경해 적용하지 못한다는 것을 의미한다. 예를 들어 사용자 행정·지원 부서에 근무하던 A가 인사발령에 의해 연구 부서로 이동한다고 하자. 인사 부서에서 A에 대한 근무부서 조정이 완료되면 A가 사용하던 단말기는 행정·지원 부서에 할당된 접근통제정책이 아닌 연구 부서에 할당된 접근통제정책을 적용받도록 해줘야 한다. 그런데 ACL은 현실 세계의 변화에 대해 인식하지 못한다. ACL은 현실 세계에서 사용하는 사용자 식별자가 아닌 IP 주소, 프로토콜 또는 서비스 포트를 이용해 접근통제를 실시하기 때문이다. A가 사용하던 단말기가 행정·지원 부서가 아닌 연구 부서의 접근통제정책을 적용받도록 하려면, A가 사용하던 단말기에 할당된 기존의 VLAN ID와 IP 주소를 연구 부서의 것으로 변경해줘야 한다.

지금부터는 이와 같이 조직개편 또는 인사발령 등에 의한 접근통제정책의 변경이 요구될 때, 해당 사용자의 단말기에 대한 네트워크를 변경하는 방법과 퇴직자가 사용하던 단말기가 사내 네트워크에 접근할 수 없도록 네트워크 접속을 원천적으로 차단하는 방법에 대해 알아보자.

7.2.1 근무부서 변경에 따른 접근 허용 네트워크 변경

그림 7-7은 앞서 예로 들었던 직원 A의 근무부서가 변경되면 접근통제를 위해 어

떠한 정보들을 변경해야 하는지를 보여주고 있다. 네트워크에 대한 접근통제를 위해서는 A의 근무부서 변경과 같은 인사정보의 변경뿐만 아니라, 단말기에 할당된 VLAN ID, IP 주소 등과 같이 단말기의 네트워크 접속을 위해 필요한 정보도 동시에 변경해야 한다.

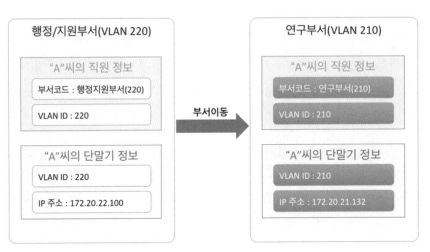

그림 7-7 직원 A의 부서 이동에 따른 변경사항

만약 A의 근무부서가 변경되었음에도 A가 사용하던 단말기에 할당된 VLAN 정보와 IP 주소정보가 변경되지 않았다면 어떠한 상황이 발생할까? 행정적으로는 연구 부서에 근무하고 있음에도 불구하고 네트워크 및 시스템에 대한 접근통제는 행정·지원 부서에 해당하는 접근통제를 적용받게 될 것이다. 결국 연구 부서에 근무하고 있음에도 연구 부서용 서버팜 영역(VLAN 320)에서 운영 중인 시스템에는 접근할 수 없을 것이다. 이번 절에서는 사용자의 근무부서 변경에 따라 해당 사용자가 사용하는 단말기의 네트워크 접속정보(VLAN ID, IP 주소 등)를 변경하는 방법에 대해 알아본다.

그럼 먼저 사용자의 근무부서 변경에 따라 변경되어야 할 단말기정보가 저장되어 있는 테이블에 대해 알아보고, 이어서 각각의 테이블에 저장되어 있는 단말기정보를 변경한다.

그림 7-8은 변경 대상 단말기정보가 저장되어 있는 테이블을 나타내고 있다.

먼저 kp_macauth_dev는 6.5절에서 구현한 802.1X 인증을 지원하지 않는 단말기의 맥 주소 인증을 위해 사용되는 테이블로, 사용자정보의 변경에 따라 단말기에 할당될 VLAN 정보와 IP 주소가 자동으로 변경된다. 그리고 kp_address_user는 IP 주소 실명제 테이블로, kp_macauth_dev 테이블에 등록된 단말기정보와 사용자 인증에 의해 등록된 단말기의 VLAN 정보 및 IP 주소정보가 저장되어 있으며 부서 변경에 의해 자동으로 갱신된다. 두 테이블(kp_macauth_dev, kp_address_user)에 저장된 단말기정보가 갱신되면 radusergroup과 kp_ip_pool 테이블의 VLAN 정보와 IP 주소정보가 자동으로 갱신된다.

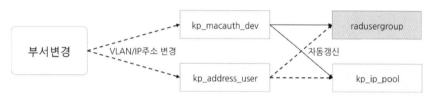

그림 7-8 부서 변경에 따른 단말기정보 변경 대상 테이블

이제 앞에서 설명했던 내용을 구현하자. 그림 7-8에서 대시(-)선으로 표시된 구간이 이번 절에서 구현할 범위다. kp_macauth_dev 테이블의 변경에 따라 변경되는 내용, 즉 실선으로 표시된 구간은 이미 6.5절에서 트리거를 이용해 구현했다.

먼저 인증 대상 단말기정보가 등록되어 있는 두 테이블 kp_macauth_dev와 kp_address_user 테이블의 VLAN 정보와 IP 주소를 변경하는 코드를 작성한다. 코드는 MySQL의 질의문을 이용하며, 6.2절에서 구현했던 사용자 계정 연동을 위해 작성해둔 공통실행 질의문(share_as.sql)의 맨 뒷부분에 작성한다. 작성할 코드는 리스트 7-29와 같다.

리스트 7-29 /root/radius/sql/share_as.sql

```
33: ## 사용자별 VLAN groupname 갱신
34: UPDATE radusergroup a
35:   INNER JOIN tmp_employee b
36:       ON a.username = b.emp_id
37:     SET a.groupname = b.groupname;
38:
39: ## 단말기 맥 주소별 VLAN groupname 갱신
```

```
40: UPDATE radusergroup c
41:  INNER JOIN ( SELECT distinct replace(a.macaddr,':','') as username,
    b.gropuname
42:                 FROM kp_address_user a,
43:                      tmp_employee b
44:               WHERE a.username = b.emp_id ) d
45:      ON c.username = d.username
46:   SET c.groupname = d.groupname;
47:
48: ## 임의등록 단말기의 VLAN 정보 및 IP 주소 변경
49: UPDATE kp_macauth_dev a
50:      INNER JOIN ( SELECT a.username, a.groupname, b.id
51:                   FROM radusergroup a
52:                   INNER JOIN kp_vlan_info b
53:                     ON a.groupname = b.groupname ) c
54:      ON a.username = c.username
55:   SET a.vlan_id = c.vlan_id;
56:
57: ## IP 주소 실명제 테이블의 VLAN 정보 및 IP 주소 변경
58: UPDATE kp_address_user a
59:      INNER JOIN ( SELECT a.username, a.groupname, b.id
60:                   FROM radusergroup a
61:                   INNER JOIN kp_vlan_info b
62:                     ON a.groupname = b.groupname ) c
63:      ON a.username = c.username
64:   SET a.vlan_id = c.vlan_id,
65:      a.ipaddr = '',
66:      a.ip2int = 0
67:  WHERE reg_type = 'A';
```

다음으로 kp_address_user 테이블에 저장된 단말기정보의 변경에 따라
radusergroup과 kp_ip_pool 테이블 변경을 위한 트리거를 작성하자. 지금 작성
할 트리거에서는 단말기의 VLAN ID가 변경되었는지를 확인하고, VLAN ID가 변
경되었을 경우 단말기에 할당되었던 IP 주소를 DHCP 시스템에 반환한다. 그리고
radusergroup 테이블에 저장되어 있는 단말기의 맥 주소에 변경된 VLAN ID를 할
당하게 된다.

리스트 7-30 au_kp_address_user 트리거

데이테베이스: radius
테이블: kp_address_user
트리거 이름: au_kp_address_user
트리거 실행시간: After
이벤트: Update

```
1:  BEGIN
2:      DECLARE v_mac_plain varchar(20) default null;
3:
4:      IF new.reg_type = 'A' AND new.vlan_id <> old.vlan_id THEN
5:
6:          SET v_mac_plain = REPLACE(old.macaddr,':','');
7:
8:          ## 이전에 할당됐던 IP 주소 할당 해제
9:          UPDATE kp_ip_pool
10:            SET username = '',
11:                macaddr = ''
12:          WHERE ipid = old.ip2int;
13:
14:          ## RADUSERGROUP 테이블 변경
15:          UPDATE `radius`.`radusergroup`
16:            SET groupname = ( SELECT groupname
17:                                FROM `radius`.`radusergroup`
18:                               WHERE username = new.username )
19:          WHERE username = v_mac_plain;
20:      END IF;
21: END
```

리스트 7-30을 살펴보면 9~12행으로 사용자 단말기에 할당되었던 IP 주소의 할당을 해제한다. 그럼 VLAN ID가 변경된 단말기에서 사용될 IP 주소는 어떤 IP 주소를 할당받을까? 단말기에 할당된 VLAN ID가 변경되었고, IP 주소 풀에서 이전에 할당받았던 IP 주소의 할당을 해지했기 때문에 이전에 사용했던 IP 주소를 할당받을 수도 없다. DHCP 시스템의 원리를 생각하면 너무도 간단하다. VLAN ID가 변경된 단말기는 새로 할당된 VLAN의 서브넷에 속하는 IP 주소대역에서 사용되지 않는 IP 주소를 할당받게 된다. 그리고 IP 주소 할당이 이뤄지면 IP 주소 풀에 IP 주소 할당내역이 등록되어 앞으로는 고정 IP 주소와 같이 할당받게 된다.

7.2.2 퇴직자 단말기 네트워크 접근통제

이번에는 퇴직자가 사용하던 단말기에 대한 접근통제를 알아보자. 그럼 간단한 한 가지 질문을 하고 시작하자. 퇴직자가 사용하던 단말기에 적용할 수 있는 가장 쉬운 접근통제는 무엇일까? 가장 쉽게 구현할 수 있으면서도 가장 효과적인 접근통제정책은 퇴직자가 사용하던 단말기에 대해서는 네트워크에 원천적으로 접근할 수 없도록 하는 것이다. 그렇다면 한걸음 더 나아가서 퇴직자가 사용하던 단말기가 네트워크에 원천적으로 접근할 수 없도록 하려면 어떻게 해야 할까? 단말기가 네트워크에 접속할 때 인증을 수행할 수 없도록 퇴직자의 계정정보와 퇴직자가 사용하던 단말기정보를 삭제하면 된다. 너무 간단하기 때문에 바로 구현하자. 먼저 퇴직자의 계정정보는 이미 5.2절에서 사용자 계정 연동을 진행하면서 자동으로 삭제하도록 SQL 질의문을 작성했다. 그래서 이번 절에서는 퇴직자가 사용하던 단말기정보 삭제 부분만 구현하면 된다. 단말기정보 삭제는 이미 작성된 SQL 질의문과 트리거를 수정하는 것으로 완료된다.

먼저 수정할 SQL 질의문은 share_as.sql 파일이다. 먼저 파일 편집기를 이용해 파일을 열고 리스트 7-31과 같이 7~13행의 내용을 삽입한 후 저장한다. 8행과 9행은 관리자가 임의로 등록한 802.1X를 지원하지 않는 단말기정보 중 퇴직자가 사용하던 단말기정보를 삭제하는 질의문이다. 그리고 11행과 12행은 IP 주소 실명제 테이블에서 퇴직자가 사용하던 단말기정보를 삭제하는 질의문이다.

리스트 7-31 /root/radius/sql/share_as.sql

```
1:   ## 임시계정 테이블의 VLAN groupname 갱신
2:   UPDATE tmp_employee a
3:    INNER JOIN kp_dept_vlan b
4:          ON a.deptcode = b.deptcode
5:     SET a.groupname = b.groupname;
6:
7:   ## 퇴직자가 사용하던 단말기정보 삭제
8:   DELETE FROM kp_macauth_dev
9:   WHERE username not in ( SELECT emp_id FROM tmp_employee );
10:
11:  DELETE FROM kp_address_user
12:   WHERE username not in ( SELECT emp_id FROM tmp_employee );
13:
```

```
14: ## 퇴직자 계정정보 삭제
15: DELETE FROM radcheck
16:  WHERE username
17:    NOT IN ( SELECT emp_id FROM tmp_employee)
...
```

다음으로는 IP 주소 실명제 테이블(kp_address_user)에 등록되어 있는 트리거 중 ad_kp_address_user 트리거를 리스트 7-32와 같이 수정한다. 리스트 7-32의 트리거는 IP 주소 실명제 테이블에서 정보가 삭제될 때, 해당 단말기의 맥 주소 인증과 관련된 정보를 radcheck 테이블과 radusergroup 테이블에서 삭제해 퇴직자가 사용하던 단말기가 네트워크에 접속했을 때 맥 주소 인증을 방지하기 위해 실행되는 질의문이다.

리스트 7-32 ad_kp_address_user 트리거

```
데이테베이스: radius
테이블: kp_address_user
트리거 이름: ad_kp_address_user
트리거 실행시간: After
이벤트: Delete

1:  BEGIN
2:      DECLARE v_mac_plain varchar(45) default '';
3:
4:      SET v_mac_plain = REPLACE(old.macaddr,':','');
5:
6:      UPDATE kp_ip_pool
7:        SET username = '',
8:            macaddr = ''
9:      WHERE ipid = old.ip2int;
10:
11:     DELETE FROM radcheck WHERE username = v_mac_plain;
12:     DELETE FROM radusergroup WHERE username = v_mac_plain;
13: END
```

이번 절에서는 그동안 네트워크 및 정보보안 담당자에게 많은 수고를 안겨줬던 인사이동에 따른 네트워크 및 정보시스템에 대한 접근통제 변경과 퇴직자가 사용하던 단말기의 네트워크 차단 방법에 대해 알아봤다. 이 내용이 독자 여러분의 기

대를 충족시키기에는 부족할 수 있다. 그러나 이번 절에서 구현한 접근통제 기법을 독자 여러분이 근무하고 있는 현장에 적절히 적용한다면, 관리자의 실수에 의해 발생할 수 있는 관리적인 오류를 일정 부분 줄일 수 있을 것이다. 이것으로 이번 절을 마무리하고 다음 절에서는 이번 절에 포함되지 않았던 또 다른 단말기 관리 이슈, 즉 장기간 사용되지 않는 단말기에 대한 접근통제를 구현하자.

7.3 │ 장기 미사용 단말기 접근통제

앞 절에서는 사용자의 소속부서 변경에 따라 사용자에게 할당되었던 네트워크 및 시스템에 대한 접근 허용 범위를 변경하고, 직원의 퇴직 시에는 사용하던 단말기 정보를 삭제해 퇴직자가 사용하던 단말기가 네트워크 또는 시스템에 접근할 수 없도록 접근통제정책을 적용했다. 대부분의 기관에서 방법과 수준은 다를 수 있지만, 부서 변경 또는 퇴직에 따른 단말기 접근통제는 어느 정도 시행하고 있을 것이다. 그럼 이번에는 다른 관점의 문제를 살펴보자. 정상적으로 근무하고 있는 사용자의 단말기 중에서 사용되지 않는 단말기는 어떻게 관리하고 있는가? 정상적인 사용자 소유로 등록된 단말기인데, 다른 사용자에 의해 사용되고 있는 단말기는 어떤가? 이렇게 단말기 관리에 대해 질문하다 보면 관리자가 인지하지 못했거나 간과하고 지나갔던 문제점들을 발견하게 되고, 단말기 관리가 쉽지 않은 문제라는 데 모두가 공감하게 될 것이다.

이번 절에서는 단말기 관리와 관련해 생각해낼 수 있는 다양한 문제점들 중에서, 장기간 사용되지 않는 단말기에 대한 접근통제를 살펴보자. 조직 내에서 어떤 상태에 있는 단말기를 장기 미사용 단말기로 분류할 수 있을까? 다음과 같은 경우가 해당되지 않을까 싶다. 우선 단말기의 성능이 저하되어 새로운 단말기로 교체되었지만 내구연한에는 이르지 않아 폐기하지 않고 자산관리 부서에 반납된 단말기가 여기에 해당될 것이다. 다음으로 직원의 휴직 또는 장기 출장 등의 사유로 사용되지 않는 단말기가 해당될 것이다. 한 가지 사례를 더 들면, 분실된 단말기도 장기 미사용 단말기에 해당될 것이다.

그렇다면 장기 미사용 단말기는 정보보안 측면에서 어떠한 문제점들을 갖고 있을까? 개인정보 유출에 의한 피해가 속출하면서 사용자 의식이 향상되어 많이 줄어들기는 했지만, 아직까지도 일부 사용자는 웹사이트 접속 등을 위해 사용하는 ID와 비밀번호를 PC에 저장해두곤 한다. 이러한 PC가 일정 기간 동안 사용되지 않다가 다른 사용자에게 지급되어 사용되기 시작한다면, 새로운 사용자는 본인의 의도와는 상관없이 이전 사용자의 계정을 이용할 수 있을 것이다. 다음으로 단말기에 설정된 IP 주소를 기준으로 네트워크와 시스템에 대한 접근통제정책이 적용되고 있었다면, 새로운 사용자는 본인도 알지 못한 채 네트워크와 시스템에 대한 접근권한을 획득하게 된다. 물론 2차, 3차의 안전장치로 인해 대형 보안 사고로 이어지는 것을 예방할 수 있겠지만, 네트워크와 시스템이 취약점에 노출되는 것은 피할 수 없는 사실이다. 마지막으로, 분실된 단말기는 어떨까? 요즘과 같이 스마트 단말기의 보급이 활발히 진행되면서, 단말기의 분실 사고 역시 증가하고 있다. 이러한 분실 단말기가 제3자에 의해 사용되는 경우가 발생하면 어떻게 될까? 결과는 충분히 예측할 수 있을 것이다.

이와 같은 문제를 해결하기 위해서는 장기간 사용되지 않는 단말기에 대한 적절한 통제 방안을 구현해야 한다. 이러한 상황을 방지하기 위해 자산관리시스템 또는 IP 주소관리시스템 등을 이용해 적극적인 통제정책을 구현하는 기관도 적지 않다. 그러나 앞에서도 말했듯이 대부분의 통제시스템은 단말기가 내부 네트워크에 진입한 이후에 적용되는 통제 방법을 이용한다. 이러한 방법의 문제점은 매우 짧은 시간이나마 단말기가 내부 네트워크에서 악의적인 행위를 할 수 있다는 것이다. 또한 어느 솔루션도 완벽한 통제를 보장하지 못한다. 따라서 원천적으로 접근통제를 실시하기 위해서는 네트워크에 접속하는 단계에서부터 차단정책을 적용해야 한다. 이와 같이 원천적인 접근통제정책을 적용할 수 있는 현존하는 유일한 방법이 802.1X 기반의 접근통제임을 이 책을 읽고 있는 독자라면 알고 있을 것이다. 지금부터 장기간 사용되지 않는 단말기에 대해 접근을 통제할 수 있는 방법에 대해 알아보자.

7.3.1 장기 미사용 단말기 식별하기

장기간 사용되지 않는 단말기의 통제를 위해서는 가장 먼저 어떠한 단말기가 장기간 사용되지 않고 있는지를 알아야 할 것이다. 그렇다면 장기간 사용되지 않는 단말기는 어떤 방법으로 알 수 있을까? 독자 여러분이 근무하는 회사에 이미 도입되어 있는 NAC, 정보자산 관리 솔루션, NMS, IP 주소 관리 솔루션 등을 이용해 장기간 사용되지 않는 단말기를 식별할 수 있다. 그러나 여기에 한 가지 걸림돌이 있다. 그것은 어떻게 802.1X와 연계할 것인가의 문제다. 물론 불가능하지는 않지만 그렇다고 쉽지만도 않은 이슈다. 정보 연계라는 직접적인 걸림돌 이외에도 재정적인 문제, 솔루션 공급업체와의 기능 구현 협의, 구현기간 등 다양한 걸림돌이 예상될 것이다. 그렇다면 이러한 복잡한 문제를 한방에 해결할 수 있는 방법이 있을까? 이 책에서 대부분의 질문에 대한 답변은 '그렇다.'였다. 물론 이번 질문에 대한 대답도 마찬가지다.

RADIUS에 대해 알고 있는 독자라면 RADIUS의 주요 기능 중에 과금 기능에 대해 알고 있을 것이다. 스마트폰이 대중화되면서 스마트폰만 있으면 언제 어디서나 인터넷 서비스를 이용할 수 있다. 다만 스마트폰을 이용해 인터넷을 이용할 경우 통화요금 이외에 데이터 이용료가 청구된다. 물론 대부분의 사용자는 일정 용량(500MB, 1GB, 10GB 또는 무제한)의 데이터 서비스가 포함된 요금제를 선택함으로써 별도의 데이터 이용료가 청구되지는 않는다. 그러나 요금제에 따라 기본적으로 제공되는 데이터 사용량을 초과했을 때는 초과된 데이터 사용량에 따라 '폭탄' 수준의 데이터 사용료가 청구되기도 한다. 그렇다면 통신사에서는 어떻게 사용자의 단말기에서 사용된 데이터 사용량을 계산할 수 있을까? 이렇게 통화량이나 데이터 사용량에 따른 과금정보의 수집에 사용하는 것이 RADIUS의 과금 기능이다. 우선 간단하게 데이터 이용량 계산을 위해 어떠한 정보들이 필요한지 생각해보자. 가장 먼저 전화번호가 떠오른다. 그리고 계속해서 업로드/다운로드 데이터 용량, 단말기 맥 주소, 네트워크 접속 및 종료시간, 데이터 서비스 이용을 위해 접속한 기지국 식별자 등이 떠오른다. 물론 실제 시스템에서는 더 다양한 정보들이 수집될 것이다. 그러나 여기서 언급한 정보만으로도 충분히 데이터 사용량을 계산할 수 있을 듯싶다. 실제로도 통신사의 RADIUS 시스템에서는 앞서 언급한 정보와 동일한 정보들을 수집하고 있다. 이러한 정보들을 기반으로 통신사에서는 전화번호별로 월별 데이터 사용량과 데이터 사용량 초과 여부에 따른 추가 징수액 계산, 그리고 이월 데이터 용량 계산 등의 작업을 수행한다.

여기서 잠깐! 장기 미사용 단말기 식별과 관련해 힌트를 얻었는가? 눈치가 빠른 독자라면 데이터 이용량 계산에 필요한 정보들을 보면서 장비 미사용 단말기 식별을 위한 실마리를 찾았을 것이다. 단말기 맥 주소와 네트워크 접속시간 및 종료시간을 보면서 눈치채지 못했는가? 이 책에서 사용자 인증을 위해 사용되는 FreeRadius 시스템도 RADIUS 표준에서 요구하는 모든 기능을 포함하고 있는 RADIUS 시스템이다. 따라서 네트워크 사용과 관련해 과금정보를 데이터베이스에 기록해 이용할 수 있도록 하고 있다. 이번 절에서는 FreeRadius의 과금정보를 이용해 단말기의 장기 미사용 여부를 판단하도록 한다.

과금정보를 이용한 장기 미사용 단말기 식별에 앞서 FreeRadius의 과금 테이블을 구성하는 주요 항목에 대해 간략히 살펴보고자 한다. 그다음 어떻게 과금 테이블에 정보가 기록되는지를 살펴보고, 장기 미사용 단말기 식별법을 알아본다.

FreeRadius에서는 과금정보가 `radacct` 테이블에 저장되며 주요 항목은 표 7-6과 같다. 각 항목들은 사용자 단말기가 네트워크에 연결되는 순간부터 종료되는 순간까지 단말기의 네트워크 사용과 관련된 다양한 정보들을 제공한다. 만약 건물 내에서 사용자 단말기의 위치를 구체적으로 파악하고자 한다면 `callingstationid`, `nasipaddress`, `nasportid` 항목을 조회하면 된다. 네트워크에 접속된 단말기의 유·무선 접속 여부를 확인하고자 한다면 `nasporttype`을 조회하면 쉽게 확인할 수 있다. 이러한 정보들을 체계적으로 관리하고 이용한다면, NMS를 도입하지 않았다 하더라도 일정 수준 이상의 네트워크 이용 현황을 파악할 수 있다.

표 7-6 radacct 테이블 주요 칼럼

항목명	내용
username	802.1X 인증을 통과한 사용자 ID 또는 단말기 맥 주소

(이어짐)

항목명	내용
nasipaddress	사용자 단말기가 접속된 스위치의 IP 주소
nasportid	사용자 단말기가 접속된 스위치의 포트 번호
nasporttype	사용자 단말기가 접속된 스위치 포트의 유형(Ethernet, Wireless-802.11 등)
acctstarttime	단말기의 스위치 연결 시작 일시
acctstoptime	단말기의 스위치 연결 종료 일시
acctsessiontime	총 연결 시간(초)
acctinputoctets	단말기에서 스위치로 입력된 데이터 용량(byte)
acctoutputoctets	스위치에서 단말기로 전송된 데이터 용량(byte)
calledstationid	단말기가 접속된 스위치 맥 주소
callingstationid	단말기 맥 주소

실제로 radacct 테이블에는 그림 7-9와 같은 형태로 저장되며, 필요에 따라 다양한 목적으로 사용할 수 있다.

acctstarttime	acctstoptime	acctinputoctets	acctoutputoctets	calledstationid	callingstationid
2013-11-06 00:35:29	NULL	0	0	10:f3:11:9a:16:60	a4-d1-d2-ae-4c-83
2013-11-06 00:34:09	NULL	0	0	10:f3:11:9a:16:60	b4-b5-2f-0f-9b-13
2013-11-06 00:33:32	NULL	0	0	20-BB-C0-AA-E5-05	78-E3-B5-94-F6-86
2013-11-06 00:31:59	NULL	9135	7614	10:f3:11:9a:16:60	54-e4-3a-02-c5-4c
2013-11-06 00:30:51	NULL	0	0		115.126.207.74
2013-11-06 00:27:33	NULL	0	0	10:f3:11:9a:16:60	8c-2d-aa-60-17-97
2013-11-06 00:25:34	2013-11-06 00:30:54	7288	10161	10:f3:11:9a:16:60	a4-d1-d2-ae-4c-83
2013-11-06 00:23:37	NULL	0	0		202.131.247.198
2013-11-06 00:19:57	2013-11-06 00:25:39	17909	7446	10:f3:11:9a:16:60	5c-96-9d-ab-29-d9
2013-11-06 00:17:56	NULL	0	0	10:f3:11:9a:16:60	e4-8b-7f-e2-c4-d4
2013-11-06 00:15:39	2013-11-06 00:21:10	7777	10278	10:f3:11:9a:16:60	a4-d1-d2-ae-4c-83
2013-11-06 00:15:21	NULL	0	0		202.131.244.13
2013-11-06 00:13:58	2013-11-06 00:15:25	111098	425542	20-BB-C0-E0-1E-0D	00-23-32-99-9C-B0
2013-11-06 00:12:24	NULL	0	0	10:f3:11:9a:16:60	14-10-9f-ce-7e-b3
2013-11-06 00:10:39	2013-11-06 00:15:57	7976	6328	10:f3:11:9a:16:60	e4-8b-7f-e2-c4-d4
2013-11-06 00:05:44	2013-11-06 00:11:05	7412	10081	10:f3:11:9a:16:60	a4-d1-d2-ae-4c-83

그림 7-9 radacct 테이블에 기록된 과금정보

예를 들어 단말기에 대한 보다 강화된 접근통제정책을 구현하기 위해 과금정보를 활용할 수 있다. 802.1X 인증체제를 도입한 이후 얻을 수 있는 장점의 하나로유 · 무선 단말기에 대한 이동성mobility 향상을 언급했다. 만약 유선으로 연결되는 특정 장비에 대해서는 이동성을 제한하고 싶다면 어떻게 하면 될까? 네트워크 또는보안 업무를 수행하다 보면 충분히 발생할 수 있는 상황이다. 몇 가지 방법이 있을것이다. 스위치에 단말기의 맥 주소를 등록해 이동성을 제한할 수 있다. 그러나 상

당히 번거롭고 노력 대비 효과가 높지 않을 것이다. 802.1X를 도입했다면 인증체제를 활용해 이동성을 제한할 수 있지 않을까? 가능하다. 간단히 원리를 설명하면 다음과 같다. 단말기가 처음 네트워크에 접속할 때 스위치의 IP 주소와 스위치 포트 정보를 별도의 테이블에 저장한다. 그 후에 해당 단말기가 네트워크에 연결될 때마다 과거에 접속했던 스위치의 IP 주소와 포트를 조회해 같으면 정상적인 VLAN을 할당하고 그렇지 않으면 접속을 제한하기 위한 VLAN을 할당하면 된다. 이처럼 과금정보를 이해하면 네트워크와 정보보호관련 업무에 다양한 방법으로 이용할 수 있다.

다시 본론으로 돌아가서 장기간사용되지 않는 단말기의 식별 방법에 대해 알아보자. 데이터베이스를 알고 있거나 다뤄본 독자라면 표 7-6을 보면서 장기간 사용되지 않고 있는 단말기를 어떻게 식별할지에 대해 생각할 수 있었을 것이다.

> 인증에 성공한 단말기가 등록되어 있는 kp_address_user 테이블과 radacct 테이블을 단말기의 맥 주소를 이용해 JOIN하고, 오늘 날짜와 비교해 지정된 기간 동안 사용되지 않은 단말기를 선택한다.

주어진 문제에 대해 짧은 시간 동안 해결 방법을 찾아내는 것은 쉬운 일이 아니다. 그런 의미에서 위와 같은 방법을 생각해낸 독자에게는 칭찬을 아끼고 싶지 않다. 그리고 한 가지 요청을 하고 싶다. 과연 위에서 제시한 해결 방법이 최선의 방법일지 다시 한 번 생각해보길 바란다. 물론 이 방법이 잘못된 방법이라고 말하는 것은 아니다. 보다 효율적이고 효과적인 방법이 있는지를 점검해보기 위함이다.

이제 내가 생각하고 있는 방법을 말하고자 한다. 그림 7-10은 내가 생각하는 미사용 단말기 식별에 필요한 기본정보를 만드는 방법을 보여주고 있다. 스위치에서 네트워크 사용과 관련된 과금정보를 RADIUS 서버의 radacct 테이블에 기록한다. radacct 테이블에 과금정보가 기록되면 DBMS의 트리거를 이용해 과금정보를 발생시킨 단말기의 맥 주소와 일치하는 단말기의 최종 네트워크 접속시간을 kp_address_user 테이블에 기록한다.

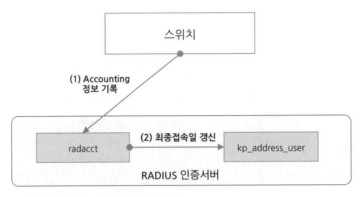

그림 7-10 단말기의 최종 사용일 확인 방법

다음에 kp_address_user에 기록된 단말기의 최종 네트워크 접속시간과 현재 날짜를 비교해 장기간 사용되지 않은 단말기인지 사용 중인 단말기인지를 판단한다. 어떤가? 처음 생각했던 방법과 비교할 때 구현하기도 쉬울 뿐 아니라 단말기별 최종 네트워크 접속시간을 보다 효과적으로 확인할 수 있다.

이 방법을 구현하기 위해서는 먼저 kp_address_user 테이블에 몇 개의 칼럼을 추가해야 한다. 칼럼을 추가하기 위해 리스트 7-33과 같이 MySQL 명령을 실행한다.

리스트 7-33 kp_address_user 테이블에 칼럼 추가

```
sysop@radius:~$ mysql -u radius -p
Enter password: 09n072
...

mysql> use radius;
Database changed

mysql> alter table kp_address_user add column auto_expire char(1) default 'Y';
Query OK, 3 rows affected (0.27 sec)
Records: 3  Duplicates: 0  Warnings: 0

mysql> alter table kp_address_user add column is_expire char(1) default 'N';
Query OK, 0 rows affected (0.04 sec)
Records: 0  Duplicates: 0  Warnings: 0

mysql> alter table kp_address_user add column last_access timestamp default
    CURRENT_TIMESTAMP;
```

```
Query OK, 3 rows affected (0.07 sec)
Records: 3  Duplicates: 0  Warnings: 0
```

맨 처음 추가한 auto_expire 칼럼은 장기 미사용 단말기로 식별된 단말기에 대한 인증을 자동으로 취소할지 여부를 판단하기 위한 칼럼이다. 만약 칼럼의 값이 Y로 설정되어 있다면, 장기간 사용되지 않았을 경우 자동으로 인증이 취소되어 네트워크 접속을 차단하며, 초기값은 Y다. 이 칼럼을 두는 이유는 네트워크 프린터, 디지털 복합기, NAS 등과 같이 한 번 작동을 시작해 네트워크에 접속되면 장기간 네트워크에 대한 재접속이 발생하지 않는 장비에 대해 자동으로 인증이 취소되는 상황을 방지하기 위해서다. 또한 일부 연구 장비의 경우 네트워크에 연결되어 있지만 몇 개월에 한 번씩 사용되는 장비의 경우 일정 기간 사용되지 않는다 하더라도 인증 상태를 유지해줘야 하기 때문이다. 두 번째 is_expire 칼럼은 단말기의 현재 상태를 표기하는 칼럼으로, 일정 기간 동안 사용되지 않아 인증이 취소되었을 때 Y 값으로 설정되며 기본값은 N으로 설정된다. 마지막 last_access 칼럼은 해당 단말기의 최종 네트워크 접속시간을 기록하는 칼럼으로, radacct 테이블의 트리거에 의해 자동으로 갱신된다. 이 칼럼의 값을 현재 날짜와 비교해 장기 미사용 단말기인지 여부를 식별하게 된다.

칼럼 추가가 완료되었으므로 이제는 radacct 테이블에 리스트 7-34의 트리거를 등록한다. 트리거는 radacct 테이블에 네트워크 이용과 관련된 새로운 레코드가 등록될 때마다 IP 주소 실명제 테이블(kp_address_user)에서 네트워크에 연결된 단말기의 맥 주소와 일치하는 레코드를 검색해 최종 접속시간 칼럼(last_access)의 값을 현재 날짜와 시간으로 갱신한다.

리스트 7-34 ai_radacct 트리거

```
데이터베이스: radius
테이블: radacct
트리거 이름: ai_radacct
트리거 실행시간: After
이벤트: Insert

1: BEGIN
```

```
2:      DECLARE v_macaddr varchar(20) default null;
3:
4:      SET v_macaddr = LCASE(REPLACE(new.callingstationid,'-',':'));
5:
6:      UPDATE kp_address_user
7:         SET last_access = CURRENT_TIMESTAMP
8:       WHERE macaddr = v_macaddr;
9: END
```

트리거 등록이 완료되는 시점부터 kp_address_user 테이블의 last_access 칼럼에 단말기별 최종 네트워크 접속 일자와 시간이 기록된다. 이제 장기간 동안 사용되지 않는 단말기를 식별해야 한다. 여기서는 장기간의 기준을 3개월로 한다. 3개월 동안 사용되지 않은 단말기 목록을 조회하기 위해서는 리스트 7-35의 질의문을 실행한다.

리스트 7-35 장기 미사용 단말기 조회 SQL

```
SELECT * FROM kp_address_user WHERE last_access < DATE_SUB(now(), INTERVAL 3
MONTH)
```

리스트 7-35의 질의문에서 주목해야 할 부분은 DATE_SUB(now(), INTERVAL 3 MONTH)로 현재 시간을 기준으로 3개월 이전의 날짜와 시간을 반환한다. DATE_SUB() 함수에서 반환된 3개월 이전의 날짜와 시간을 last_access 칼럼의 값과 비교해 3개월 동안 네트워크에 접속되지 않은 단말기의 목록을 반환한다.

7.3.2 장기 미사용 단말기 네트워크 접근 차단

앞서 살펴본 대로, 꽤 복잡할 것으로 생각했던 장기 미사용 단말기의 식별을 간단한 방법으로 수행할 수 있게 되었다. 이제는 장기 미사용 단말기로 식별된 단말기에 대한 네트워크 접근통제를 구현해보자. 이번에도 네트워크 접근통제를 구현하기에 앞서서 어떠한 방법으로 접근통제를 구현하면 좋을지를 생각해보자. 어떻게 구현하면 확실한 네트워크 접근통제를 구현할 수 있을까? 처음 장기 미사용 단말기의 접근통제를 생각할 때는 'adacct, radusergroup, kp_address_user 등의 테이블에서 해당 단말기의 맥 주소 인증정보를 삭제하면 되지 않을까?'라고 생각했었다. 그러나 실제 구현 단계에서 다시 생각해보니 접근통제에 적합하지 않은 방법임을 알게 되었다. 위의 테이블에 저장된 단말기정보가 삭제되었다 하더라도 인증에 사용되는 사용자 계정정보가 단말기에 저장되어 있다면, 다시 인증을 받아 삭제된 정보가 다시 등록되고 장기 미사용 단말기에서 해제되기 때문이다. 그렇다고해서 사용자 계정정보를 삭제할 수도 없다. 사용자가 가진 여러 대의 단말기 중 한두 대의 단말기가 사용되지 않는 단말기라고 해서 계정정보를 삭제한다면 더 큰 문제를 유발할 것이다. 이쯤 되면 여러분도 '어떤 방법이 있을까?' 혹은 '이 책의 저자가 어떤 방법을 이야기할까?'라는 궁금증이 생길 것이다. 해결 방법은 아주 간단하다. 장기 미사용 단말기로 식별된 단말기에 할당되어 있는 VLAN ID를 바꿔주는 것이다. 802.1X 인증에서는 사용자 인증이 완료된 후 사용자가 접속할 네트워크의 VLAN ID를 할당한다. 사용자 단말기가 연결된 스위치 포트에 VLAN ID가 할당되지 않거나 엉뚱한 VLAN ID가 할당되면 해당 단말기는 네트워크에 접속할 수 없거나 다른 네트워크에 접속하게 된다. 단말기에 고정 IP 주소가 할당되어 있다고 하더라도 네트워크에 연결할 수 없다. 이러한 원리를 장기간 사용되지 않는 단말기의 네트워크 접근통제에 적용하면 훌륭한 접근통제 기법으로 활용될 수 있다. 접근통제는 간단한 쉘 스크립트를 이용해 구현한다. 다음의 진행에 따라서 쉘 스크립트를 작성하고 반복적인 수행을 위해 crontab에 등록하면 끝이다. 쉘 스크립트는 리스트 7-36과 같다.

리스트 7-36 /root/radius/auto_expire.sh

```
 1:  #/bin/sh
 2:
 3:  mysql --user=radius --password=09n072 radius<< EOF
 4:  UPDATE radusergroup a
 5:      JOIN ( SELECT REPLACE(macaddr, ':', '') as macaddr
 6:              FROM kp_address_user
 7:              WHERE last_access < DATE_SUB(now(), INTERVAL 3 MONTH)
 8:                AND auto_expire = 'Y' ) b
 9:      ON a.username = b.macaddr
10:    SET groupname = 'VLAN_999';
11: EOF
```

리스트 7-36의 스크립트에서는 장기간 사용되지 않는 단말기에 할당될 VLAN ID를 999번으로 할당하도록 했다. 999번 VLAN은 8장에서 구현할 캡티브 포털에서 사용될 VLAN ID로 사용자 단말기가 네트워크에 접속했을 때 802.1X 인증을 위한 환경 구성에 사용될 VLAN이다. 999번 VLAN을 사용하게 되면, 장기 미사용 단말기로 등록된 단말기가 네트워크에 접속하는 경우 802.1X 설정 유도 페이지를 만나게 된다. 따라서 장기 미사용 단말기에 할당할 별도의 VLAN을 사용하고자 하는 독자는 해당 VLAN 정보를 radgroupreply와 kp_vlan_info 테이블에 등록하고 등록된 VLAN ID를 사용하면 된다.

쉘 프로그램 작성이 완료되었으면 리스트 7-37과 같이 쉘 프로그램에 실행권한을 부여한다.

리스트 7-37 쉘 스크립트에 실행권한 부여

```
root@radius:~/radius# chmod 700 auto_expire.sh
root@radius:~/radius#
```

리스트 7-36의 쉘 프로그램 auto_expire.sh를 반복적으로 실행하기 위해 crontab 파일에 리스트 7-38과 같이 등록한다.

리스트 7-38 /etc/crontab

```
 1: # /etc/crontab: system-wide crontab
 2: # Unlike any other crontab you don't have to run the `crontab'
 3: # command to install the new version when you edit this file
 4: # and files in /etc/cron.d. These files also have username fields,
 5: # that none of the other crontabs do.
 6:
 7: SHELL=/bin/sh
 8: PATH=/usr/local/sbin:/usr/local/bin:/sbin:/bin:/usr/sbin:/usr/bin
 9:
10: # m h dom mon dow user  command
11: 17 *   * * *   root    cd / && run-parts --report /etc/cron.hourly
12: 25 6   * * *   root    test -x /usr/sbin/anacron || ( cd / && run-parts
    --report /etc/cron.daily )
13: 47 6   * * 7   root    test -x /usr/sbin/anacron || ( cd / && run-parts
    --report /etc/cron.weekly )
14: 52 6   1 * *   root    test -x /usr/sbin/anacron || ( cd / && run-parts
```

```
       --report /etc/cron.monthly )
15: #
16:
17: ## DHCPD configuration generation
18: 1 * * * * root /bin/sh /root/radius/sync_dhcphost.sh
19:
20: ## Auto expire the devices not used for 3 months
21: 0 6 * * * root /bin/sh /root/radius/auto_expire.sh
```

리스트 7-38에서 등록한 20, 21행의 명령에 따라 매일 아침 6시가 되면 root 권한으로 auto_expire.sh 프로그램을 반복적으로 실행한다. crontab 파일 편집이 완료되면 cron 데몬을 재시작해 다음 실행시간부터 쉘 프로그램이 실행되도록 한다.

리스트 7-39 cron 데몬 재시작

```
root@radius:~/radius# service cron restart
cron start/running, process 27496
root@radius:~/radius#
```

이것으로 업무 특성, 인사이동, 장기 미사용 단말기 등을 고려한 네트워크 및 시스템의 접근통제 구현을 마쳤다. 이번 장에서 구현한 접근통제는 네트워크 및 정보 보안 업무를 수행하면서 대부분의 관리자가 필요로 하는 내용 중 일부를 구현한 것이다. 지금까지 구현한 접근통제 방법을 현장에서 응용한다면 보다 다양한 형태의 접근통제를 관리자의 요구에 따라 구현할 수 있을 것이다. 부디 이 책에서 구현한 접근통제에 머무르지 않고, 더 다양한 접근통제 기법이 논의되고 구현되기를 희망한다.

8장 캡티브 포털 구현

정보보안과 관련된 솔루션을 도입하면서 가장 고민하는 문제는 무엇일까? 물론 솔루션의 선정 절차부터 도입 이후의 운영 절차까지 어느 하나 쉽지만은 않다. 그중에서도 가장 신경을 많이 쓰는 단계는 이행 단계가 아닐까 생각한다. 의사결정 단계, 도입 단계, 운영 단계에서는 그동안의 경험을 통해 발생 가능한 문제와 해결 방안이 어느 정도 예측 가능하지만, 새로운 솔루션을 처음 이행할 때는 다른 단계에 비해 예측 가능성이 매우 낮기 때문이다. 물론 몇몇 가상의 시나리오를 작성하고 대응 방안까지 작성하지만, 문제는 항상 예측했던 시나리오를 벗어나서 발생한다. 예를 들어 NAC를 도입한다고 가정해보자. 분명히 NAC의 제조사에서는 단말기에 설치되는 에이전트(agent)가 모든 윈도우 운영체제에서 정상적으로 동작한다고 호언장담한다. 물론 대부분의 관리자들은 이러한 제조사의 호언장담을 신뢰하지 않는다. 일부러 신뢰하지 않는 것이 아니라 현실적으로 모든 단말기 환경에서 에이전트의 정상 동작 여부를 테스트할 수 없기 때문이다. 동일한 제조사의 단말기에 동일한 운영체제를 설치했다 하더라도 단말기에 설치되는 프로그램의 종류와 사용자의 이용 습관에 따라 모두 다른 단말기로 변화한다. 사전에 테스트베드를 구축하고 다양한 플랫폼에 에이전트를 설치하고 정상 동작 여부를 확인하면, 이때는 정상적으로 동작한다. 그러나 정상 동작은 여기까지다. 예정된 일정에 따라 전사에 NAC 에이전트를 배포하고 네트워크에 대한 접근통제정책을 적용하는 순간, 어떤 관리자는 공황 상태에 빠지기도 한다. 테스트 환경에서는 발생하지 않았던, 도저히 생각하지 못했던 오류들이 곳곳에서 발생하기 때문이다. 대부분의 관리자가 이와 같거나 유사한 경험을 갖고 있을 것이다.

802.1X를 도입하는 과정에서도 가장 중요한 단계는 사용자의 단말기에 802.1X 연결에 필요한 환경을 설정하는 단계다. 4.4절에서 802.1X 인증을 테스트하기 위해 윈도우7 운영체제를 사용하는 단말기에 802.1X 인증을 위한 환경을 설정했다. 인증서를 설치하고 몇몇 설정값들을 변경했다. 관리자라면 몇 번만 해보면 익숙해질 수 있는 절차다. 그러나 네트워크 또는 보안에 대한 지식이 전혀 없는 일반 사용자라면 입장이 달라질 것이다. 기존의 네트워크 이용 방식에 비해 엄청나게 복잡하고 어려운 것이 사실이다. 어떤 사용자는 IP 주소 등록조차도 어려워하기도 한다. 만약 4.4절의 절차에 따라 모든 단말기에 직접 802.1X 연결에 필요한 환경을 구성해야 한다면 802.1X를 도입할 수 있을까? 대답하기가 쉽지 않을 것이다. 사용자와 단말기 수가 많지 않다면 시도해볼 수도 있다. 그러나 기업과 같이 네트워크 환경이 복잡하고 많은 직원이 근무하는 환경에서는 섣부르게 도입할 수 없을 것이다. 802.1X가 대두된 지 10여 년이 넘었음에도 불구하고 아직까지 대중에게 활성화되지 못한 가장 큰 이유 중 하나가 802.1X 환경 구성의 어려움 때문이었다. 물론 내 경우라면 과감하게 도입할 것이다. 물론 도입하기 전에 사용 중인 모든 운영체제별로 환경 설정 안내자료를 만들고, 부서별로 IT 관련 전문성이 없는 직원을 선택해 가이드에 따라 사전에 설정을 진행하도록 테스트하고, 전 직원을 대상으로 사전교육을 진행한다. 그리고 전사적인 공지와 함께 802.1X를 적용한다. 지금 제시하는 방법은 내가 근무하는 회사에 무선 인터넷을 처음 도입할 때 적용했던 방법이다. 당시에도 오픈소스를 이용해 인증체제를 구축했고, 직원용 무선 인터넷을 사용하고자 하는 직원은 수동환경 설정을 통해 인증에 필요한 환경을 구성하도록 했다. 사용자의 불편을 최소화하면서 인증환경을 손쉽게 구성할 수 있는 방법이 있다면, 이에 대한 도입을 주저할 필요가 없을 것이다.

이번 장에서는 802.1X 인증환경 설정을 효과적으로 수행하기 위한 방법에 대해 살펴보고자 한다.

가장 먼저 살펴볼 내용은 캡티브 포털captive portal이다. 캡티브 포털은 네트워크에 접속하는 단말기에 대해 웹을 기반으로 인증을 수행하거나, 에이전트 등의 설치를 유도하는 기술을 의미한다. 캡티브 포털은 용어가 낯설게 느껴질 수도 있지만 이미 우리의 일상 가운데 깊이 들어와 있다. 스마트폰의 보급과 함께 지하철, 커피숍 등과 같은 장소에서도 무료 와이파이 서비스가 제공된다. 이때 사용자가 인터넷에 접속하려고 하면 간단한 사용자정보의 입력 또는 인증을 요구하는 웹 페이지가 나타난다. 이것이 바로 캡티브 포털이다. 이 책에서는 802.1X 환경 설정을 위해 캡티브 포털을 이용할 계획이다.

다음으로 802.1X 환경 설정을 자동화하는 도구에 대해 살펴본다. 앞에서도 말했듯이 단말기별로 802.1X 환경 설정을 사용자가 수동으로 직접 수행하도록 하는 것은 바람직하지 않을 것이다. 따라서 운영체제에 따라 802.1X 환경 설정을 자동화하는 도구들에 대해 살펴보고, 캡티브 포털과 연계해 자동으로 환경 설정 파일을 배포하는 방법에 대해 알아보고자 한다. 다만 지금까지 사용된 도구는 모두 오픈소스 도구를 이용했지만, 여기서는 불가피하게 상용 도구를 이용할 예정이다. 많은 도구를 찾아봤지만, 윈도우 운영체제에 대한 802.1X 인증환경을 위해서는 오픈소스보다는 상용 도구가 여러모로 우수했기 때문이다.

8.1 캡티브 포털의 정의

우선 간단하게 캡티브 포털이 무엇인지 알아보자. 이번 장을 시작하면서 간단하게 설명했듯이 캡티브 포털은 인터넷을 사용하기 전에 웹 브라우저를 이용해 인증을 수행하는 기술을 의미한다. 무선 인터넷의 보급 확대에 따라서 인구 밀집도가 높은 공공장소에서는 무료로 무선 인터넷 서비스를 이용할 수 있다.

그림 8-1 캡티브 포털 사례

　　다만 무료 무선 인터넷 서비스를 이용하기 위해서는 웹 페이지를 통해 간단한 인증 절차를 거쳐야 한다. 통신사에서 제공하는 와이파이를 사용하기 위해서는 통신사에 가입되어 있는 사용자 계정정보나 단말기의 맥 주소를 이용해 인증을 수행한다. 그러나 스타벅스와 같은 커피숍에서는 통신사와의 제휴를 통해 마케팅 목적으로 수집하는 사용자정보를 제공하고 무료로 무선 인터넷을 사용하도록 한다. 이와 같이 무선 인터넷 접속 이전에 사용자를 인증하거나 개인정보 제공을 위해 접속하는 페이지가 바로 캡티브 포털이다. 위키피디아에서는 캡티브 포털을 리스트 8-1과 같이 정의하고 있다.

캡티브 포털 기술은 네트워크에 연결된 HTTP 클라이언트가 인터넷에 연결되기 전에 사용자 인증 등을 목적으로 특정 웹 페이지를 강제적으로 보여주는 기술이다. 캡티브 포털은 웹 브라우저를 이용해 장치 인증을 수행한다. 이것은 사용자가 브라우저를 이용해 인터넷 접속을 시도할 때 IP 주소 또는 서비스 포트에 관계없이 패킷을 가로채는 방법을 이용한다. 이때 브라우저는 사용자가 접속하고자 했던 페이지에서 사용자 인증 또는 과금을 요청하거나, 서비스 이용 정책에 대한 동의 등을 요청하는 웹 페이지로 전환한다. 캡티브 포털은 와이파이 제공 지역에서 사용될 뿐만 아니라 공공 주택, 호텔 객실, 비즈니스 센터 등 다양한 장소에서 제공되는 유선 네트워크의 통제를 위해서도 사용될 수 있다. 외부로 접근이 차단된 네트워크 환경에서 캡티브 포털을 통해 서비스되는 로그인 페이지는 사용자의 접근이 가능해야 한다. 따라서 해당 페이지는 게이트웨이에 저장되어 서비스되거나, 접근이 통제된 네트워크 환경(walled garden)에서 별도의 인증 절차 없이 로그인 페이지에 접근할 수 있도록 화이트리스트에 포함된 웹 서버를 통해 서비스되어야 한다. 게이트웨이는 기능에 따라 로그인 페이지에 iframe 또는 링크(link)를 포함할 수 있도록 여러 웹 서버를 화이트리스트에 등록할 수 있으며, 일부 게이트웨이는 TCP 포트도 등록할 수 있다. 또한 캡티브 포털에서는 클라이언트의 맥 주소 등록을 통해 로그인 절차를 우회하는 방법도 제공한다.

이번에는 캡티브 포털을 구현하는 방법에 대해 알아보기 위해 위키피디아에서 설명하고 있는 세 가지 방법을 소개한다.

8.1.1 Redirection by HTTP

첫 번째 방법은 HTTP 요청[request]을 이용한 방법이다. 만약 인증받지 못한 클라이언트가 웹사이트에 접속하고자 하더라도, DNS 서버는 보통의 경우와 마찬가지로 요청된 URL에 대한 IP 주소를 클라이언트에 반환한다. 그리고 클라이언트의 웹 브라우저는 DNS 서버에서 반환된 IP 주소에 대해 HTTP 요청을 보낸다. 이때 투명 프록시[transparent proxy]가 설정된 방화벽에서 인증되지 않은 클라이언트의 HTTP 요청을 리다이렉트 서버로 전달한다. HTTP 요청을 받은 리다이렉트 서버는 캡티브 포털의 주소가 포함된 HTTP 상태 코드 302를 클라이언트의 브라우저에 전달해 캡티브 포털에 접속하도록 한다. 이러한 과정이 클라이언트 입장에서는 지극히 정상적인 절차로 인식되며, 초기에 요청된 URL의 응답 페이지에 의해 웹사이트가 캡티브 포털로 전환되는 것으로 받아들인다. 그림 8-2는 방금 설명한 내용을 표현하고 있다.

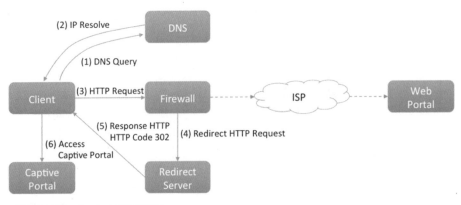

그림 8-2 Redirection by HTTP 개념도

8.1.2 IP redirect

다음 방법은 IP 주소를 리다이렉트하는 방법이다. 이 방법은 클라이언트에서 네트워크에 접근해 목적지로 지정된 IP 주소를 캡티브 포털의 IP 주소로 변환하는 방법이다. 이 방법도 HTTP 요청을 리다이렉트하는 방법과 마찬가지로 인증되지 않은단말기의 IP 주소에 대해 방화벽Firewall을 이용하거나 별도의 장치를 이용해 리다이렉션을 수행한다. 그림 8-3은 IP 주소 리다이렉트를 표현하고 있다. 이 책에서 구현할 캡티브 포털은 이 방법을 응용해 구현된다.

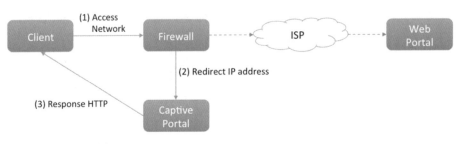

그림 8-3 IP redirect 개념도

8.1.3 Redirection by DNS

마지막 방법은 DNS를 이용한 리다이렉션 방법이다. DNS 리다이렉션을 위해서는정상적인 DNS 서버 외에 모든 도메인 이름 질의에 대해 캡티브 포털의 IP 주소만

을 반환하는 별도의 DNS 서버가 필요하다. 이 방법은 DNS 캐시 포이즈닝^{DNS Cache} ^{Poisoning}을 이용해 구현된다. 만약 클라이언트가 웹사이트에 접속하고자 할 때, 클라이언트의 웹 브라우저는 DNS에 해당 도메인 이름의 IP 주소를 요청한다. 이때 방화벽 또는 인증 장치에서는 클라이언트의 인증 여부에 따라 사용할 DNS 서버를 선택해 요청된 도메인 이름의 질의를 전달한다. 만약 클라이언트가 인증받지 않았다면 캡티브 포털용 DNS 서버에 질의가 전달되고, DNS 서버는 캡티브 포털의 IP 주소를 반환해 클라이언트의 브라우저가 캡티브 포털에 접속하도록 한다. 일반적으로 DNS 캐시 포이즈닝의 영향을 최소화하기 위해 캡티브 포털용 DNS의 TTL^{Time to} ^{Live} 값을 0으로 설정한다. 그림 8-4는 DNS에 의한 리다이렉션을 표현하고 있다.

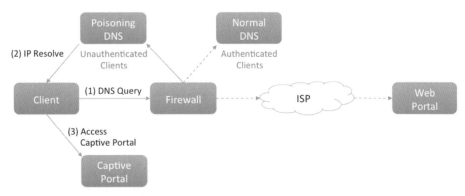

그림 8-4 Redirection by DNS 개념도

캡티브 포털이라는 용어를 처음 접한 독자는 무척 생소했을 것이다. 그러나 개념을 알고 나면 이미 우리 주변에서 인증 또는 에이전트 설치 유도 등을 위해 많이 사용되고 있음을 알 수 있다. 사실 캡티브 포털은 '네트워크 사용자 인증', '에이전트 설치 유도' 등의 표현으로 더 많이 알려져 있다. 이제부터는 캡티브 포털이라는 용어를 자유롭게 사용하길 바란다.

8.2 | 캡티브 포털 개념 잡기

캡티브 포털은 이미 우리의 생활 속에 비중 있게 자리하고 있으며, 앞으로 활용 빈도가 더욱 높아질 것이다. 다양한 모바일 단말기의 보급과 함께 와이파이 제공 지역이 확대되고 있으며, 일부 기업에서는 사용자 네트워크에 대해 유선 인프라를 최소화하고 무선 네트워크를 확대하고 있다. 네트워크 환경이 변화하고 보안 사고 위협이 증가하면서, 이에 대응하기 위한 다양한 통제수단이 도입되고 사용자 단말기에는 다양한 에이전트들이 설치된다. 802.1X도 이러한 통제 수단의 하나로 도입이 고려될 수 있다. 이러한 보안 솔루션의 도입에 있어서 관리자가 고민하는 문제 중 하나가 에이전트 배포 또는 환경 설정 자동화일 것이다. 이때 많은 솔루션에서 캡티브 포털을 이용한다. 솔루션 제조사에 따라 캡티브 포털 구현 방법과 접속 유도 방법은 다르지만 기본적으로 앞 절에서 살펴봤던 세 가지 방법을 기반으로 구현된다.

802.1X 인증체계 도입을 주저하게 했던 주요 요인 중 하나로 단말기에 대한 환경 설정 문제를 들 수 있다. 3장에서 진행했던 802.1X 테스트에서도 확인했지만, 단말기에서 802.1X를 지원할 수 있도록 환경을 설정하는 과정이 쉽지만은 않았다. 모든 단말기에 대해 사용자가 직접 환경 설정을 수행해야 한다면 전사적인 불만이 제기될 것이다. 다행히 와이파이의 확산과 BYOD 이슈 대응과 관련해 다양한 접근통제 또는 인증 관련 솔루션이 출시되고 있고 IEEE 802.1X 표준을 근간으로 개발되고 있다. 이러한 제품군 중에는 단말기 및 운영체제의 종류에 따른 802.1X 환경 설정도구를 제공하는 솔루션도 있다. 그렇다면 이러한 환경 설정도구는 어떠한 방법으로 단말기에서 실행될 수 있을까? 바로 캡티브 포털을 이용하면 된다. 단말기가 네트워크에 연결되면 단말기에 802.1X와 관련된 환경 설정 여부를 확인하고, 환경 설정이 이뤄지지 않은 단말기에 대해 캡티브 포털로 접속을 유도해 해당 단말기의 운영체제 종류에 따른 환경 설정을 진행한다.

이번 절에서는 단말기의 802.1X 환경 설정 여부를 확인하는 방법과 환경 설정이 이뤄지지 않은 단말기를 캡티브 포털로 유도하는 방법에 대해 알아보자.

8.2.1 단말기의 802.1X 환경 설정 여부 확인 후 IP 주소 할당

802.1X가 적용된 네트워크 접속과 관련해 단말기의 802.1X 환경 설정 여부에 대한 판단은 액세스 스위치에서 수행한다. 단말기가 네트워크에 연결되면 스위치와 단말기 사이에는 EAPOL로 연결된다. 이때 클라이언트에 802.1X를 위한 환경이 설정되어 있다면, 스위치에서는 단말기에 사용자 인증에 필요한 정보를 요청하고, 클라이언트는 요청에 대한 응답으로 사용자로부터 입력받은 인증 관련 정보를 스위치에 전달한다. 이후 스위치는 인증서버에 단말기로부터 전달받은 정보를 인증서버에 전달해 인증을 위해 전달한 정보의 유효성 여부를 판단하고, 결과에 따라 해당 단말기의 네트워크 연결 허용 또는 거부를 결정한다. 그림 8-5에서는 정상적인 802.1X 인증 수행 절차를 보여준다.

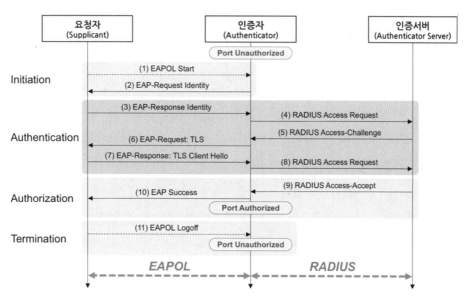

그림 8-5 802.1X 인증 수행 절차

만약 그림 8-5와 달리 인증이 정상적으로 진행되지 않았을 때는 어떠한 현상이 발생할까? 결과는 하나다. 단말기를 네트워크에 연결할 수 없다. 그렇다면 어떤 경우에 정상적인 인증을 수행할 수 없을까? 첫 번째는 물리적 경로의 이상을 들 수 있다. 클라이언트와 스위치를 연결하는 전송 미디어에 문제가 있다면 패킷 전송 장애로 정상적인 인증을 수행할 수 없을 것이다. 이때는 전송 미디어를 교체함으로써 간단하게 해결할 수 있다. 두 번째는 단말기에서 스위치로 전송한 사용자 식별정보에 오류가 있는 경우다. 이때도 관리자를 통해 정확한 식별정보를 확인함으로써 문제를 해결할 수 있다. 마지막 세 번째는 단말기에 802.1X 연결을 위한 환경이 구성되지 않은 경우다. 이때는 어떻게 처리하면 될까? 캡티브 포털에 접속해 802.1X 연결환경 설정을 위한 프로파일을 다운로드해 환경 설정을 완료한 후 네트워크 연결을 다시 시도하면 되지 않을까? 만약 이렇게 생각하고 있다면 절반만 맞춘 것으로 볼 수 있다.

캡티브 포털을 생각하기 이전에 802.1X가 적용된 네트워크에 연결하는 과정을 잠시 살펴보자. 단말기가 네트워크에 연결되기 위해서는 먼저 사용자 인증을 받아야 한다. 그리고 사용자에게 할당된 VLAN을 할당받은 후 DHCP 시스템으로부터 할당받은 VLAN의 서브넷에 속하는 IP 주소를 할당받아야만 비로소 통신할 수 있게 된다. 이것이 이 책을 통해 구현하고 있는 802.1X가 적용된 네트워크에 단말기를 연결하기 위한 개략적인 절차다.

마지막 문제로 다시 돌아가서, 정말로 문제의 단말기가 캡티브 포털에 접속할 수 있을까? 문제의 단말기는 캡티브 포털에 접속할 수 없다. 802.1X는 기본적으로 네트워크 접근통제를 위한 기술이다. 따라서 인증되지 않은 단말기는 네트워크에 대한 접속을 차단한다. 따라서 문제의 단말기는 인증에 성공할 수 없기 때문에 네트워크 접속을 차단당한다. 이 때문에 캡티브 포털에 접속하지 못하게 된다. 앞에서 살펴본 연결 절차에 따라 인증에 실패하면 VLAN을 할당받지 못하고, VLAN을 할당받지 못하면 IP 주소를 할당받지 못하기 때문이다. 여기서 우리가 살펴보려는 것이 캡티브 포털에 접속하지 못하는 이유는 아니다. 궁극적으로 알아보고자 하는 것은 이렇게 802.1X와 관련된 환경이 설정되지 않은 단말기에 대해 캡티브 포털에 접속해 환경 설정을 진행하도록 하는 방법이다.

이런 시나리오를 생각해볼 수 있지 않을까?

1. 단말기가 네트워크에 연결되면 단말기가 연결된 스위치에서 해당 단말기에 802.1X 인증을 위한 환경 설정이 수행되지 않았는지 확인한다.

   [확인 방법]
   - 단말기가 'EAPOL Start' 패킷을 스위치에 전달하지 않을 때
   - 스위치의 'EAPOL Request Identity' 요청에 단말기가 응답하지 않을 때

2. 스위치가 해당 단말기가 연결된 스위치 포트에 캡티브 포털 연결이 가능한 임의의 VLAN을 할당한다.

3. 단말기는 DHCP 서버에 IP 주소를 요청하고, DHCP 서버는 단말기에 IP 주소를 할당한다.

시나리오와 같이 구현할 수 있다면, 앞에서 생각한 바와 같이 802.1X 연결에 필요한 환경이 설정되지 않은 단말기를 캡티브 포털로 접속하도록 해서 환경 설정을 진행할 수 있다. 802.1X를 공부하고 구현하면서 놀라는 부분 중 하나는 관리자의 필요를 너무도 정확하게 꿰뚫고 있다는 것이다. 앞서 언급한 시나리오는 일부러 만든 시나리오가 아니라 802.1X 구현 시에 스위치를 통해 제공하는 기본 기능을 시나리오로 표현한 것에 불과하다. 그림 8-6은 이 시나리오를 보다 쉽게 이해할 수 있도록 표현하고 있다.

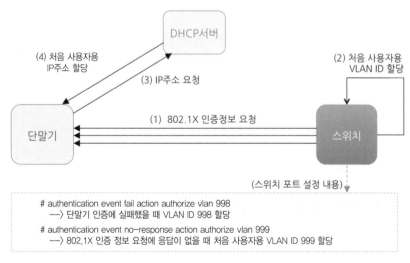

그림 8-6 처음 사용자용 VLAN과 IP 주소 할당 개념도

그림 8-6에서 보면 802.1X의 기본 구성 요소인 인증서버, 즉 RADIUS 서버가 표시되어 있지 않다. 단말기에 802.1X 연결을 위한 환경이 구성되어 있지 않기 때문에 인증서버에서 관여할 수 있는 부분이 없어서 그림에서 제외했다. 그림 8-6에서 가장 중요한 역할을 수행하는 것은 스위치다. 그림의 아래 부분에 있는 '스위치 포트 설정 내용'을 보면 두 줄의 환경 설정 명령이 있다. 이 중에서 두 번째 명령(authentication event no-response action authorize vlan 999)이 시나리오에서와 같이 인증을 위한 환경 설정이 없는 단말기의 네트워크 연결 시에 임의의 VLAN을 할당하는 명령이며, 이 책에서는 '처음 사용자용 VLAN'이라고 부를 것이다. 그럼 첫 번째 명령(authentication event fail action authorize vlan 998)은 어떠한 경우에 사용하면 적합할까? 앞에서 소개한 세 가지 문제에서 두 번째 문제를 통해 말한 바와 같이, 인증을 위한 식별정보의 오류 등으로 인증에 실패했을 때 해당 단말기가 연결된 스위치 포트에 임의의 VLAN을 할당하는 명령이다. 첫 번째 명령의 경우, 인증 실패 시에 캡티브 포털을 이용해 인증 실패 사실을 알리거나 인증에 실패했다고 하더라도 외부 인터넷 접속을 위한 경로 제공을 위한 VLAN 할당에 사용할 수 있다. 위의 설정에서는 인증에 실패했을 때는 998번 VLAN ID를 할당하고, 802.1X 연결을 위한 환경이 설정되지 않았을 때는 999번 VLAN ID를 할당한다.

이렇게 함으로써 802.1X 연결에 필요한 환경이 설정되지 않은 단말기를 캡티브 포털로 유도하기 위한 기본적인 네트워크 연결이 완료되었다. 이제는 캡티브 포털에 접속해 환경 설정만 진행하면 된다. 캡티브 포털의 구성과 관련해서는 다음 절에서 좀 더 구체적으로 살펴보자.

8.2.2 캡티브 포털 구현에 필요한 핵심 요소

사실 캡티브 포털도 접속을 유도하기 위한 기능을 제외하면 여느 홈페이지와 다를 바 없는 평범한 홈페이지일 뿐이다. 웹 서버의 설정과 운영 방법, 프로그래밍 언어와 코딩 방법, 또는 사용하는 HTML 태그 등 모든 것이 일반 홈페이지와 거의 동일하다. 다만 다음의 몇 가지 특징을 통해 캡티브 포털은 일반 홈페이지와 차이를 나타낸다.

- 캡티브 포털에 접속 가능한 단말기의 브라우저에는 어떤 URL을 입력해도 캡티브 포털로 리다이렉션된다.
- 캡티브 포털에 접속 가능한 단말기는 캡티브 포털 이외의 다른 서비스 또는 네트워크에 대한 접속이 불가능하다.
- 캡티브 포털에 접속한 단말기는 네트워크 접속을 위한 사용자 인증 또는 에이전트 설치를 완료하면 다시 접속할 필요가 없다.

이 내용들은 캡티브 포털의 특징일 뿐 아니라 캡티브 포털의 구현 시에 반영되어야 하는 핵심 기능 목록이기도 하다. 그림 8-7에서 위의 특징들이 캡티브 포털에서 어떻게 동작하는지를 표현하고 있다.

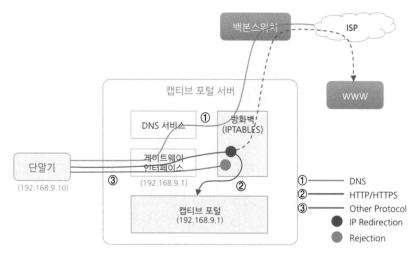

그림 8-7 캡티브 포털 서버 구성 및 동작 개념도

그림 8-7의 캡티브 포털은 앞 절에서 처음 사용자용 VLAN에 포함되는 단말기만 접속할 수 있도록 설계되어 있다. 네트워크에 연결되는 단말기가 통신하기 위해서는 게이트웨이가 설정되어야 하며, 동일한 서브넷의 호스트가 아닌 다른 서브넷에 위치하는 호스트와 통신하고자 할 때는 반드시 게이트웨이를 거쳐야 한다. 이러한 네트워크 원리가 캡티브 포털 구현에 응용되어 처음 사용자용 VLAN에 포함되는 호스트에 할당되는 IP 주소의 게이트웨이 주소는 캡티브 포털의 IP 주소가 할당

된다. 이렇게 함으로써 처음 사용자용 VLAN에 포함되는 모든 단말기의 패킷이 캡티브 포털을 경유하도록 해서, 앞서 제시한 세 가지 특징의 구현을 가능하게 한다. 그림 8-7을 개략적으로 설명하면 다음과 같다. 단말기가 네트워크에 접속해 웹사이트 접속을 시도하면 그림의 ①과 같이 URL에 대한 DNS 질의를 수행해 접속하고자 하는 웹사이트의 IP 주소를 확인하고 IP 주소를 이용해 웹사이트 접속을 시도한다. 단말기의 웹사이트 접속 요청 패킷은 게이트웨이 역할을 수행하는 캡티브 포털을 경유한다. 이때 캡티브 포털에서 운영 중인 방화벽은 목적지 IP 주소가 캡티브 포털의 IP 주소가 아니면 ②에서 표현하고 있는 것과 같이 무조건 캡티브 포털의 IP 주소로 원래의 목적지 IP 주소를 리다이렉션한다. 마지막으로 단말기에서 HTTP 또는 HTTPS^{HyperText Transfer Protocol over Secure Socket Layer} 프로토콜이 아닌 다른 서비스 이용을 위해 네트워크 접속을 시도하게 되면 ③에서와 같이 방화벽에 의해 차단된다. 이것이 앞으로 구현하게 될 캡티브 포털의 기본적인 동작 원리이며, 앞서 언급한 캡티브 포털의 특징을 모두 포함하고 있다. 이제부터 앞서 언급한 세 가지 특징이나 기능 요구사항의 구현 원리에 대해 보다 깊이 살펴보자.

URL 리다이렉션

앞 절에서 간단하게 캡티브 포털을 구현하기 위한 방법에 대해 알아봤다. 세 가지 방법을 살펴봤는데, 공통적으로 포함된 키워드는 'redirect'다. 캡티브 포털을 구현하기 위해서는 HTTP를 이용하든, IP 주소를 이용하든, 또는 DNS를 이용하든 간에 캡티브 포털로 리다이렉션하는 동작이 필요하기 때문이다. 여기서는 HTTP와 IP 주소 리다이렉션의 구현 원리에 대해 살펴보자.

네트워크에 연결된 단말기에서 송·수신되는 패킷의 흐름에 대한 제어 또는 통제를 필요로 할 때 어느 영역에서 수행이 가능할까? 이번에도 생각나는 대로 말해보면, 우선 단말기가 연결된 스위치 포트가 있다. 그리고 스위치와 백본을 연결하는 업링크^{Uplink}/다운링크^{Downlink} 포트, 서브넷의 게이트웨이, 인라인^{inline} 모드 또는 브릿지^{bridge} 모드로 설치된 방화벽 등이 있으며, 더 많은 포인트를 제시할 수 있다. 이러한 포인트는 위치에 따라 패킷을 제어할 수 있는 방법이 다르고 각각의 위치에 따라 장단점이 있다. 예를 들어 스위치 포트, 업링크/다운링크 포트에서는 ACL을 이용해 패킷에 대한 허용 또는 차단, 서비스 포트별 접근제어 등을 수행할 수 있는 반면에 HTTP/HTTPS 등의 서비스 프로토콜과 IP 주소에 대한 리다이렉션은 수행할 수 없다. 뿐만 아니라 각각의 스위치 포트에 대한 설정을 관리하는 것도 쉽지만은 않을 것이다. 서브넷의 게이트웨이는 어떨까? 게이트웨이는 네트워크를 통해 송·수신되는 패킷을 통제하기 위한 최적의 포인트다. 다만 통제 가능한 범위와 방법은 게이트웨이에 설치되는 장비와 장비에서 제공하는 기능에 따라 그때그때 달라진다. 만약 게이트웨이에 스위치가 설치되어 있다면, 스위치 포트와 다름없이 ACL에 의한 통제만 가능하다. 만약 게이트웨이에 방화벽을 설치한다면 방화벽의 기능에 따라 다르지만, ACL보다는 다양한 통제 기능을 구현할 수 있을 것이다. 그렇지만 일반적인 방화벽에서 리다이렉션 기능을 지원하는 경우는 흔하지 않다. 혹시 방화벽에서 리다이렉션 기능을 지원한다고 하더라도 캡티브 포털 구현을 위해 별도로 방화벽까지 도입하는 것은 적절치 않을 뿐더러 예산 확보에도 어려움이 따른다. 다른 방법에 대한 고민이 필요한 순간이다.

'인터넷 강국'이란 평가답게 우리나라의 웬만한 가정에는 고대역의 인터넷 회선이 대부분 설치되어 있고, 이를 모든 가족이 공유하기 위해 유·무선 인터넷 공유기를 사용하고 있다. 혹시 가정에서 인터넷 전화를 사용하고 있다면, 별도의 공유기를 설치하지 않고도 전화기에서 제공하는 기능을 이용해 유·무선 인터넷을 이용할 수 있다. 뿐만 아니라 저장장치의 가격이 하락하고 동시에 그 기능이 다양해지면서 가정에 설치된 인터넷 회선을 NAS 등에 연결해 FTP^{File Transfer Protocol} 등의 파일서버를 운용하는 사용자도 늘어나고 있다. 이때 가정에서 운영 중인 NAS에 외부로부터 접근하기 위해서는 인터넷 공유기에서 제공하는 포트포워딩^{Port Forwarding} 기능을 이용한다. 여기에 리다이렉션 기능과 관련된 힌트가 있다. 가정용 인터넷 공유기에서 구현된 포워딩 기능을 네트워크에 적용하면 되지 않을까? 그렇다고, 회사의 네트워크에 가정용 유·무선 인터넷 공유기를 설치할 수는 없다. 차라리 동일한 기능을 구현하면 된다.

가정용 유·무선 공유기에 대해 간단히 살펴보면 다음과 같은 특징을 발견할 수 있다.

첫 번째로, 공유기가 유·무선 네트워크의 게이트웨이 역할을 수행한다. 공유기에 연결된 단말기에 설정되는 IP 주소를 살펴보면 공유기에 할당된 IP 주소가 게이트웨이에 지정되어 있음을 확인할 수 있다. 따라서 모든 인터넷 트래픽이 공유기를 경유하게 된다.

두 번째로, 포트포워딩 기능을 제공해 가정에서 운영하고 있는 NAS에 외부에서도 접근할 수 있도록 한다. 예를 들어 NAS에 192.168.1.10 IP 주소를 할당하고, 21번 포트를 통해 FTP 서비스를 제공하고자 한다면, 공유기의 포트포워딩 기능을 이용해 목적지 포트가 21번 포트로 설정된 패킷은 192.168.1.10 IP 주소로 전달하라고 설정하면 된다.

세 번째로, 대부분의 가정용 유·무선 인터넷 공유기는 운영체제로 리눅스를 사용하고 있다. 물론 임베디드 형태로 설계되어 있기는 하지만, 동작 원리나 기능 측면에서 보면 PC 또는 서버에 설치되는 리눅스와 그리 다르지 않다.

마지막으로, 포트포워딩 같은 기능의 구현을 위해 리눅스의 보안도구인 iptables를 활용한다. 결국 유·무선 인터넷 공유기에서 구현되는 기능이라면 일반 서버에서도 구현이 가능하다는 결론이 성립한다.

이러한 특징들을 캡티브 포털에 적용해 리다이렉션 기능을 구현하는 방법에 대해 설명하고자 한다.

캡티브 포털 서버를 '처음 사용자용 VLAN' 서브넷의 게이트웨이로 설정한다

먼저 가정용 유·무선 공유기와 같이 캡티브 포털 서버를 '처음 사용자용 VLAN(999)'의 게이트웨이로 설정한다. 기존의 네트워크라면 당연히 스위치를 게이트웨이로 설정할 것이다. 그러나 사용자 단말기에서 시도되는 웹 접속을 캡티브 포털로 리다이렉션할 수 있도록 구현하기 위해 스위치가 아닌 캡티브 포털 서버를 게이트웨이로 설정할 것이다. 이렇게 함으로써 방화벽이 게이트웨이와 백본 스위치 사이에 위치하게 되고, 네트워크에 대한 접근을 통제하는 것과 같이 캡티브 포털이 999번 VLAN과 백본 스위치 사이에 위치함으로써 999번 VLAN에서 시도되는 네트워크 접근에 대한 통제를 수행할 수 있게 된다. 그림 8-8은 캡티브 포털을 게이트 웨이로 선언한 구조를 표현하고 있다.

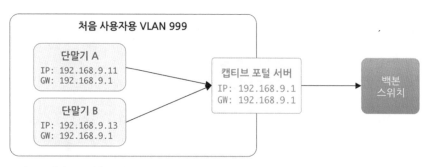

그림 8-8 캡티브 포털을 게이트웨이로 설정한 네트워크 개념도

그림 8-8에서 보는 바와 같이 처음 사용자용 VLAN에 연결된 단말기 A, B에서 외부 네트워크로 접속을 시도하면 모든 패킷은 게이트웨이를 통과하기 위해 캡티 브 포털 서버로 집중된다. 마치 방화벽 안쪽에 있는 단말기에서 외부 홈페이지 접 속을 시도할 때 모든 패킷이 방화벽을 경유해 외부로 나가는 것과 같은 구조가 구 현되는 것이다. 마치 출입구가 하나뿐인 우리 안에 소들을 가둬놓고 목동의 허락 없이는 우리를 나가지 못하도록 관리하는 것과 같다고 볼 수 있다. 캡티브 포털에 서 '캡티브captive'라는 단어는 '사로잡힌', '억류된', '포로' 등의 의미를 지니고 있다. 따라서 '처음 사용자용 VLAN'에 소속된 단말기는 캡티브 포털 이외의 다른 웹사이 트에는 접속하지 못하도록 구현된다. 캡티브 포털 서버를 게이트웨이로 설정함으 로써 처음 사용자용 VLAN에 속한 단말기의 패킷 흐름에 대한 통제를 시행할 수 있 는 기본적인 네트워크 환경을 구성했다.

캡티브 포털 서버에 DNS 서비스를 제공하도록 한다
다음에는 캡티브 포털 서버에서 DNS 서버가 운영되도록 해야 한다. 일반적인 네트 워크 환경에서 단말기를 통해 웹사이트에 접속하려면, 웹 브라우저는 지정된 DNS 서버에 웹사이트의 도메인 이름에 대한 IP 주소를 요청한다. 이때 사용되는 DNS 서버는 회사에서 운영하는 DNS 서버 또는 외부에서 서비스하는 DNS 서버를 이용할 수 있다. 질의를 접수한 DNS 서버는 요청된 도메인에 대한 IP 주소를 단말기에 회신하고, 단말기의 웹 브라우저는 해당 IP 주소를 이용해 웹사이트에 접속한다. 그림 8-9에서 이 과정을 보여주고 있다. 이 과정에서 단말기에 설정된 DNS 서버의 IP 주소에 오류가 있거나, 도메인 이름에 대한 IP 주소를 DNS 서버로부터 회신받지 못하면 웹사이트에 접속하지 못하게 된다.

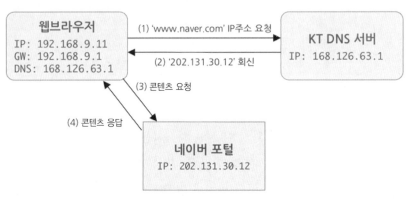

그림 8-9 웹 브라우저의 웹사이트 접속 과정

이번에는 일반적인 네트워크 환경이 아닌 캡티브 포털이 운영되는 격리된 네트워크 환경, 즉 '처음 사용자용 VLAN'에서 운영되는 DNS 서버의 역할을 살펴보고, 왜 캡티브 포털 내부에서 DNS 서버가 운영되어야 하는지를 알아보자. 격리된 네트워크에 연결된 단말기에서 웹사이트 접속을 시도하면 URL에 관계없이 원하는 웹사이트가 아닌 캡티브 포털에 접속하게 된다. 간략하게 표현된 이 과정에서 DNS 서버는 어떠한 역할을 수행한 것일까? 이것을 확인하기 위해서는 웹 브라우저가 웹사이트에 접속하는 과정을 살펴볼 필요가 있다. 이 과정은 그림 8-10에서 간략하게 표현하고 있다.

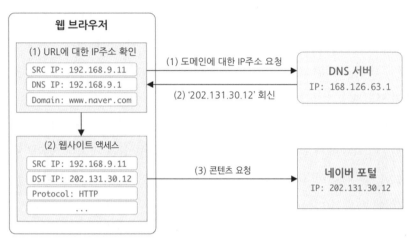

그림 8-10 웹사이트 접속 과정

웹 브라우저에서 웹사이트에 접속하는 과정은 그림 8-10과 같이 크게 두 단계로 구분할 수 있다. 첫 단계는 브라우저의 주소 창에 입력된 도메인 이름에 대한 IP 주소를 조회하는 단계다. 그리고 두 번째 단계는 DNS로부터 회신받은 IP 주소를 목적지로 설정해 콘텐츠를 요청하는 단계다. 우리가 사용하는 모든 웹 브라우저는 이 두 단계를 거쳐야만 웹 페이지에 접속할 수 있다.

여기서 잠깐! 그림 8-10의 웹사이트 접속 과정에서 'IP 주소 리다이렉션' 기법에 의해 원래 접속하고자 했던 '네이버 포털'이 아닌 캡티브 포털로 연결되는 시점은 언제일까? 그림 8-7에서 설명했듯이 도메인 이름에 대한 IP 주소를 이용해 웹사이트 접속을 시도할 때 목적지 IP 주소를 캡티브 포털의 IP 주소로 변경함으로써 캡티브 포털로 연결되도록 한다. 만일 첫 번째 단계에서 DNS 서버가 제대로 동작하지 않으면, 두 번째 단계에서 사용되는 목적지 IP 주소를 알 수 없게 된다. 웹 브라우저에 목적지 주소가 설정되지 않으면 웹사이트 접속을 시도하지 않게 되고, 웹사이트 접속이 시도되지 않으면, 캡티브 포털에도 접속할 수 없게 된다.

결론적으로 DNS 서버는 웹 브라우저의 주소 창에 입력된 URL을 근거로 웹사이트에 접속하기 위한 IP 주소를 제공하는 역할을 수행한다.

이번에는 DNS 서버의 역할에 이어 DNS 서버가 왜 캡티브 포털 내부에서 운영되어야 하는지를 알아보자.

앞에서도 설명했지만, 캡티브 포털은 특정 네트워크에 연결된 단말기에 대해 외부 네트워크 접속을 차단하고 사용자 인증 또는 에이전트 배포 등의 행위를 수행하기 위한 격리된 네트워크에서 운영된다. 이미 언급했던 캡티브 포털의 특징에서도 '캡티브 포털에 접속 가능한 단말기는 캡티브 포털 이외의 다른 서비스 또는 네트워크에 대한 접속이 불가능하다.'라고 언급했다. 이쯤 되면 왜 DNS 서버가 캡티브 포털 내부에서 운영되어야 하는지를 파악할 수 있을 것이다. 만약 '처음 사용자용 VLAN'과 같이 격리된 네트워크에 연결된 단말기가 네트워크 외부에 있는 DNS 서버에 도메인 이름에 대한 질의를 던지면 정상적인 응답을 기대할 수 없다. 네트워크를 설계하면서 처음 사용자용 VLAN(999)에 대해서는 혹시 모를 보안 사고에 대비하고자 다른 서브넷과는 통신이 불가능하도록 라우팅 정보를 등록하지 않았다. 따라서 논리적으로도 물리적으로도 999번 VLAN을 벗어나는 통신은 불가능할 뿐만 아니라 외부 DNS에 대한 질의도 불가능하다. 그러나 캡티브 포털 서버에서 DNS 서버를 운영하게 되면, 단말기와 동일한 서브넷 안에 DNS 서버가 위치하기 때문에 단말기에서 요청되는 도메인 이름 질의에 대응할 수 있게 된다.

이쯤에서 "처음 사용자용 VLAN 서브넷에서는 외부로 통신이 불가능하다고 알고 있다. 캡티브 포털의 IP 주소도 처음 사용자용 VLAN에 속해 있는데 어떻게 외부 도메인에 대한 질의가 가능한가?"라고 질문하는 독자가 있을 수 있다. 이 질문에 답하기 위해 그림 8-11을 먼저 살펴보자.

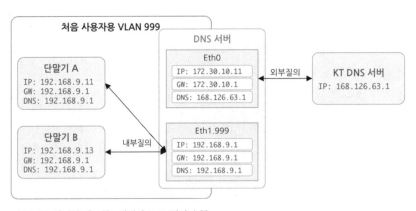

그림 8-11 격리된 네트워크에서의 DNS 질의 수행

2장과 3장에서 진행했던 인증서버 환경 설정 과정을 되짚어보면, 네트워크 인터페이스를 구성하면서 하나의 물리적 인터페이스에 여러 개의 논리적 인터페이스, 즉 가상의 인터페이스를 만들었다. 이때 eth0 인터페이스는 인증서버 관리에 사용되도록 IP 주소를 할당했고, eth1 인터페이스에는 처음 사용자용 VLAN, 즉 999번 VLAN에 대한 가상 인터페이스를 eth1.999로 정의했다. 기억나지 않는 독자는 3.4절과 4.2절을 참고하길 바란다. 이 두 인터페이스가 처음 사용자용 VLAN으로 격리 처분된 네트워크에서 발생하는 도메인 이름 질의에 대한 해결 방법을 제시한다. 혹시 여러분 중에 DNS 서버와 관련해 "DNS 서버는 특정 인터페이스로 요청되는 질의에 대해서만 응답한다."라거나, "DNS 서버는 상위 DNS에 질의를 던질 때 특정 인터페이스만 이용해 질의를 던진다."라는 설명을 들어본 독자가 있는가? 나는 아직까지 들어본 기억이 없다. DNS 서버는 도메인 이름 질의에 대해 특정 인터페이스를 기준으로 동작하는 서비스가 아니라, DNS 서버에 요청되는 모든 도메인 이름 질의에 대해 어떻게든 결과를 돌려주려고 부단히 노력한다. 얼마나 열심히 일하고 싶으면, 한 번 질의되었던 도메인 이름은 서버 내에 캐시하고 있다가 반복된 질의가 요청되면 바로 서비스할 정도다.

그럼 그림 8-11과 같은 상태일 때, 단말기 A 또는 B에서 도메인 www.naver.com에 대한 질의가 접수되면 DNS 서버는 어떻게 처리할까? DNS 서버는 먼저 자신의 DB에 www.naver.com 도메인에 대한 정보가 캐시되어 있는지 확인한다. DB에 존재한다면 DB에 존재하는 IP 주소를 단말기에 반환한다. 그러나 DB에 해당 도메인에 대한 정보가 존재하지 않으면 어떻게 처리할까? DNS 서버에서는 eth1.999 인터페이스, 즉 외부 네트워크와 통신이 불가능한 인터페이스를 통해 요청된 질의라 하더라도 외부 네트워크와 통신이 가능한 인터페이스 eth0를 이용해 외부에 있는 DNS 서버에 자신이 알지 못하는 도메인 이름에 대한 질의를 요청하고, 반환되는 결과값을 다시 eth1.999 인터페이스를 통해 전달한다. 이렇게 함으로써 외부 네트워크에 직접적으로 연결할 수 없는 격리된 네트워크에서도 DNS 서비스를 정상적으로 제공하게 된다.

iptables를 이용해 IP 주소 리다이렉션을 구현한다

웹 브라우저에서 웹사이트 접속을 시도할 때 수행하는 동작들 중에서 도메인 이름에 대한 IP 주소를 가져오는 단계까지의 과정을 알아봤다. 이제 남은 과정은 웹 브라우저가 IP 주소를 이용해 웹사이트에 접속을 시도할 때 해당 IP 주소를 캡티브 포털의 IP 주소로 변경해 웹 브라우저에 캡티브 포털이 표시되도록 하는 것뿐이다. 이 과정을 그림으로 표현하면 그림 8-12와 같다.

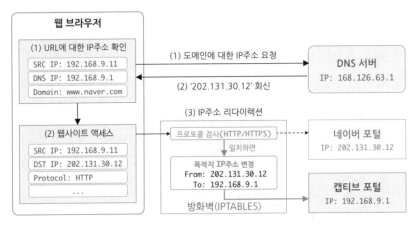

그림 8-12 IP 주소 리다이렉션 개념도

IP 주소 리다이렉션을 구현하기 위해서는 방화벽이라는 추가적인 요소가 필요하다. 다행히도 리눅스 배포판에는 이미 훌륭한 방화벽이 포함되어 있다. 바로 iptables라는 이름의 도구다. 리눅스를 사용해본 독자라면 iptables에 대해 한 번쯤은 들어봤을 것이다. 리눅스 커널에서는 Netfilter라는 강력한 네트워킹 하부시스템을 제공하고 있으며, Netfilter는 NAT 및 IP 주소 마스커레이딩^{masquerading}을 비롯한 다양한 패킷 필터링 기능을 제공한다. iptables는 Netfilter에 기반한 네트워크 필터링 도구로, 제대로 사용하면 상용 방화벽에 버금가는 효용을 발휘한다. 이러한 강력함 때문에 PacketFence, Untangle, pfSense 등의 오픈소스 보안 제품에서 방화벽 구현을 위한 기본 모듈로 사용되고 있다. 이러한 강점이 있는 반면에 단점도 있다. 바로 명령어 기반의 도구라는 것이다. 물론 리눅스 배포판에 따라 간단한 GUI 도구가 제공되고는 있으나, 정밀한 제어를 위해서는 명령어 기반의 설정을 진행해야 한다.

iptables에는 패킷 필터링에 사용되는 세 가지 체인(INPUT, OUTPUT, FORWARD)
이 있으며, 네트워크 인터페이스를 통해 송·수신되는 모든 패킷은 이 세 가지 체
인 중 하나를 반드시 통과하게 된다. 먼저 네트워크 인터페이스를 통해 시스템 내
부로 들어오는 모든 패킷은 INPUT 체인을 통과한다. 반면에 네트워크 인터페이스
를 통해 시스템 밖으로 나가는 모든 패킷은 OUTPUT 체인을 통과하게 된다. 마지
막으로 네트워크 인터페이스가 2개 이상 있을 때 하나의 네트워크 인터페이스로
들어온 패킷을 다른 네트워크 인터페이스로 전달하기만 할 때 FORWARD 체인을
통과하게 된다. 여기서 말하는 체인은 패킷을 필터링하기 위한 규칙들의 모음이라
고 이해하면 된다. 그림 8-13은 iptables의 패킷 필터링 절차를 보여주고 있다.

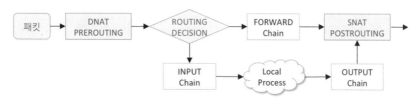

그림 8-13 iptables의 패킷 필터링 절차

그림에서 세 가지 체인 외에도 DNAT^{Destination Network Address Translation}와 SNAT^{Source}
^{Network Address Translation}를 볼 수 있다. 공통적으로 NAT라는 단어가 포함되어 있으
므로 IP 주소 변환을 의미하는 NAT와 연관성이 높은 것으로 이해할 수 있다.
iptables에는 주소 변환을 위한 별도의 NAT 테이블이 존재하며, 이 테이블에는
PREROUTING과 POSTROUTING이라는 IP 주소 변환과 관련된 체인을 갖고
있다.

이름에서도 알 수 있듯이, PREROUTING 체인은 네트워크 인터페이스에 도착
한 패킷이 라우팅 단계로 진입하기 전에 통과하는 체인이다. 이 체인을 통과하는
패킷은 아직 라우팅 경로를 알 수 없다. 패킷의 라우팅 경로는 PREROUTING 체인
을 통과한 후 라우팅 결정^{Routing Decision} 단계에서 패킷에 포함된 목적지 IP 주소에 의
해 결정되기 때문이다. 따라서 현재의 단계에서는 패킷의 최종 목적지가 로컬 시

스템인지 아니면 다른 네트워크에 연결된 다른 시스템인지 여부를 알 수 없다. 라우팅 경로가 결정되지 않았다면, 혹시 라우팅 경로를 임의로 변경할 수 있지 않을까? 그렇다. PREROUTING 체인이 존재하는 가장 큰 목적이 라우팅 경로를 변경하기 위함이다. 라우팅 경로 변경을 달리 표현하면, 패킷에 포함된 목적지 IP 주소의 변경이라고 말할 수 있다. IP 주소 변경, 다른 말로 표현하면 NAT다. 많이 듣고 있고 일상적으로 사용하는 바로 그 NAT가 맞다. 다음으로, 목적지 IP 주소 변경은 DNAT라는 용어를 사용한다. 이제 NAT와 DNAT가 왜 나오게 되었는지 이해할 수 있을 것이다. 그림 8-13에서도 SNAT를 확인할 수 있다.

이쯤 되면 어떠한 느낌이 올 것이다. 그림 8-12에서 보여준 IP 주소 리다이렉션에서 목적지 IP 주소 변경을 언급하고 있다. 혹시 이때 PREROUTING 체인을 이용해 뭔가 할 수 있지 않을까? 그렇다. 처음 사용자용 VLAN에 소속된 단말기를 캡티브 포털로 유도하기 위해 DNAT를 사용한다. 구체적인 사항은 잠시 후에 다시 설명한다. 그럼 DNAT는 어느 때 사용할까? 일반적으로 시스템에 대한 부하 분산과 보안에 사용될 수 있다. 그림 8-14와 그림 8-15를 보면 보다 쉽게 이해할 수 있다.

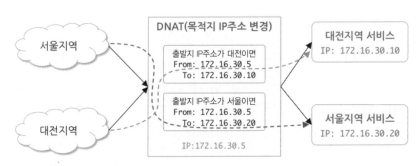

그림 8-14 DNAT를 이용한 서버 부하 분산

그림 8-14는 시스템에 대한 부하 분산을 설명하고 있다. 예를 들어 인터넷 포털 서비스와 같이 대량의 트래픽을 유발하는 서비스를 운영할 경우 하나의 서버로 모든 트래픽을 감당할 수 없다. 이때 지역별로 서버를 분리하고, 지역별 IP 주소대역에 따라 PREROUTING 체인에서 목적지 IP 주소를 변경함으로써 서버에 대한 부하 분산을 구현할 수 있다. 물론 고가의 L4 스위치를 도입하면 더 효과적인 로드밸

런싱을 구현할 수 있지만, 경제적으로 넉넉하지 않을 때는 DNAT도 좋은 대안이 될 수 있다.

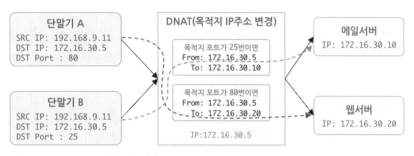

그림 8-15 DNAT를 이용한 보안 강화

다음은 DNAT를 이용한 보안 강화 방법이다. 일반적으로 웹 서버 또는 메일서버의 경우 IP 주소가 쉽게 노출됨에 따라 해커와 같은 공격자에게는 손쉬운 공격 대상이 될 수 있다. 이때 DANT를 이용해 메일서버 또는 웹 서버의 IP 주소를 외부에 공개하지 않고 서비스를 운영할 수 있다. 그림 8-15에서 보여주는 것처럼 IP 주소 172.16.30.5를 갖는 서버를 외부에 메일서버와 웹 서버로 공개한다. 이때 공개된 서버에서는 실질적인 메일 또는 웹 서비스는 제공되지 않고, DNAT 서비스만 제공한다. 실제 서비스를 제공하는 메일서버와 웹 서버는 외부에 드러나지 않고, DNAT 서버를 통해서만 외부와 통신하게 된다. 만약 단말기 A에서 홈페이지 접속을 위해 DNAT 서버에 HTTP 패킷을 요청하면, DNAT 서버의 PREROUTING 체인에서 목적지 포트가 80번인 경우에 목적지 IP 주소를 172.16.30.20으로 변경해 숨겨진 웹 서버에 접속할 수 있도록 한다. 또한 단말기에서 메일서버 접속 요청이 들어오면 목적지 포트가 25번인지를 확인하고 목적지 IP 주소를 메일서버(172.16.30.10)로 변경한다. 이렇게 DNAT를 이용해 목적지 IP 주소를 변경함으로써 외부에는 정상적인 웹과 메일 서비스를 제공하면서도 내부의 메일서버와 웹 서버의 IP 주소를 노출하지 않아, 각각의 서버에 대한 직접적인 공격 위협을 최소화할 수 있다.

이번에는 POSTROUTING 체인에 대해 알아본다. 그림 8-13에서 볼 수 있듯이 POSTROUTING 체인은 로컬 시스템에 의해 처리된 패킷이 네트워크 인터페이스를 통해 외부로 전송되거나, FORWARD 체인을 통과한 패킷이 다른 네트워크로 전달되기 전에 최종적으로 통과하는 체인이다. PREROUTING 체인이 패킷의 라우팅 경로가 확정되기 전에 패킷의 목적지 IP 주소를 변경해 라우팅 경로를 임의로 변경하는 DNAT에 사용되었다면, POSTROUTING 체인은 이미 라우팅 경로가 확정된 패킷의 출발지 IP 주소를 변경하는 SNAT를 위해 사용되는 체인이다. 일반적으로 SNAT는 사설대역의 IP 주소를 사용하는 네트워크에서 외부 인터넷 사용을 위해 출발지 주소를 공인 IP 주소로 변경하기 위해 사용한다. 인터넷 회선을 공급하는 ISP라면 충분한 공인대역의 IP 주소를 확보하고 있어 자유롭게 IP 주소를 사용할 수 있지만, 기업이라면 상황이 다르다. 기업은 ISP로부터 공인대역의 IP 주소를 할당받지만, 기업에서 실제로 요구되는 만큼의 IP 주소를 할당받기는 매우 어렵다. 이때 관리자는 기업의 모든 호스트에서 인터넷을 사용할 수 있도록 내부망에는 사설대역의 IP 주소를 할당하고, 외부와 인터넷 연결이 필요할 때는 SNAT를 이용해 내부에서 사용 중인 사설 IP 주소를 공인 IP 주소로 변경함으로써 제한된 공인 IP 주소를 효율적으로 이용한다.

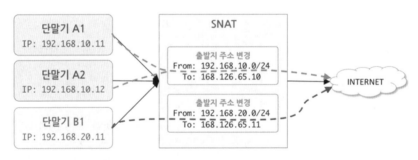

그림 8-16 SNAT를 이용해 사설 IP 주소를 공인 IP 주소로 변경

그림 8-16은 단말기의 인터넷 접속을 위해 사설 IP 주소를 공인 IP 주소로 변경하는 SNAT를 표현하고 있다. 단말기 A1과 A2는 192.168.10.0/24 대역의 사설 IP 주소를 사용하고 있으나, 인터넷에 접속할 때는 192.168.10.0/24 대역의 모든 IP 주소가 168.126.65.10으로 변경된다. 이 때문에 단말기 A1, A2는 내부적으로는 각각 다른 IP 주소를 사용하고 있음에도 외부에서는 하나의 IP 주소 168.126.65.10만 확인이 가능하며 내부에서 사용하는 IP 주소는 확인이 불가능하다. 단말기 B1의 경

우에는 192.168.20.0/24 대역의 IP 주소를 사용하고 있으며, 인터넷에 연결될 때는 168.126.65.11 IP 주소를 사용한다. 여기서 두 예의 차이점을 확인해보자. 단말기 B1의 경우 출발지 IP 주소가 변경될 때 사설 IP 주소 192.168.20.11과 공인 IP 주소 168.126.65.11이 1:1로 맵핑되기 때문에 패킷 교환 시에 큰 혼란이 없을 것이다. 그러나 단말기 A1과 A2의 경우 2개의 IP 주소 192.168.10.11과 192.168.10.12가 하나의 IP 주소 168.126.65.10과 맵핑되기 때문에 패킷 교환 시에 문제가 발생할 수 있다. 두 단말기에서 패킷이 외부로 나갈 때는 문제가 없으나, 외부에서 내부로 패킷이 들어올 때는 어느 단말기에 전송해야 하는지 알 수 없는 문제가 발생한다. 논리적으로 생각해보면 해결 가능성이 충분해 보인다. 여러 개의 출발지 IP 주소를 하나의 IP 주소로 변환할 때는 변환할 때마다 꼬리표를 달아서 패킷이 밖으로 나갔다가 들어올 때 꼬리표를 보고 원래의 출발지 IP 주소로 패킷을 보내면 될 것이다. 이러한 기능을 바로 IP 주소 마스커레이딩^{masquerading}이라고 한다. 그림 8-17은 N:1의 상황에서 SNAT가 수행될 때 생성되는 마스커레이딩 테이블의 예를 보여주고 있다.

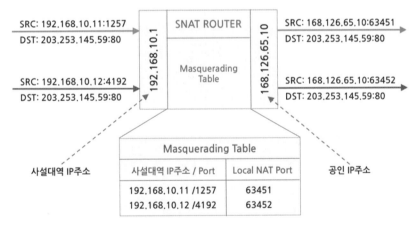

그림 8-17 IP 주소 마스커레이딩 테이블

N:1의 SNAT에서 하나의 공인 IP 주소에 어느 사설 IP 주소가 맵핑되었는지를 관리하기 위한 꼬리표로 출발지 서비스 포트 번호가 사용된다. 그림에서와 같이 IP 주소 192.168.10.11을 갖는 단말기에서 IP 주소 203.254.145.59를 갖는 서버의

HTTP(80) 서비스에 접속하면, 호스트에서 전송되는 패킷에는 출발지와 목적지의 IP 주소뿐만 아니라 출발지와 목적지의 서비스 포트가 포함되어 전송된다. 이 과정에서 패킷이 목적지에 도달하기까지의 라우팅 동안에는 목적지 IP 주소와 서비스 포트 번호가 임의로 변경되지 않는다. 반면에 출발지 IP 주소와 서비스 포트에는 변경이 발생한다. SNAT에 의해 출발지 IP 주소가 변경되며, 동시에 출발지 포트도 변경된다. 이때 사설 IP 주소의 출발지 서비스 포트와 공인 IP 주소의 출발지 서비스 포트를 별도의 테이블에 관리한다. 그림 8-17에서 확인할 수 있듯이, 출발지 IP 주소와 출발지 서비스 포트, 그리고 SNAT 된 공인 IP 주소의 출발지 포트를 조합하면 외부에서 들어오는 패킷에 대해 정확한 경로를 찾아 전송할 수 있다. 이러한 테이블을 IP 주소 마스커레이딩 테이블이라고 하며, IP 주소 마스커레이딩은 이 테이블을 참조해 N:1 SNAT 환경에서 정확한 패킷 전송을 가능하게 한다.

지금까지 iptables를 이용해 구현할 수 있는 NAT에 대해 알아봤다. 이제는 앞에서 말했듯이 PREROUTING 체인의 DNAT를 이용해서 처음 사용자용 VLAN에 연결된 단말기를 캡티브 포털로 유도하기 위한 IP 주소 리다이렉션 구현 방법에 대해 설명하고자 한다. 먼저 그림 8-18을 살펴보자. 앞의 그림 8-12와 동일한 것으로서 캡티브 포털 접속을 위한 IP 주소 리다이렉션의 개략적인 방법을 설명하고 있으며, 그림 8-15에서 살펴봤던 예제와 동일한 방법을 이용한다.

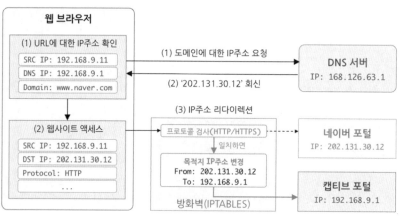

그림 8-18 IP 주소 리다이렉션 개념도

사용자 단말기의 웹 브라우저에서 웹사이트 접속을 시도하면, HTTP 요청^{request} 패킷이 게이트웨이 역할을 수행하는 캡티브 포털 서버의 네트워크 인터페이스에 전달된다. 네트워크 인터페이스를 통과한 패킷은 제일 먼저 PREROUTING 체인의 패킷 필터링 절차를 거친 후, 라우팅 단계에서 INPUT 체인을 경유해 로컬 시스템으로 들여보낼지, 아니면 FORWARD 체인을 경유해 다른 네트워크로 전달할지를 결정한다. IP 주소 리다이렉션을 이용한 캡티브 포털 접속을 유도하기 위해서는 목적지 IP 주소 변경이 요구되며, 목적지 IP 주소 변경은 PREROUTING 체인에서 수행된다. 따라서 PREROUTING 체인에 목적지 IP 주소를 변경하는 규칙을 등록해줘야 한다. 이때 사용될 변경 후 목적지 IP 주소에는 캡티브 포털 서버의 IP 주소 (192.168.9.1)를 사용하면 된다. 그리고 한 가지 더 추가해서, 목적지 IP 주소를 변경할 때 캡티브 포털의 서비스 포트도 HTTP(80번)로 정의하면 더 정확한 캡티브 포털 접속을 유도할 수 있다. 물론 보안을 위해 HTTPS(443번)를 사용할 수도 있다.

여기서 '그렇다면 PREROUTING 체인에 캡티브 포털로 들어오는 모든 패킷의 목적지 IP 주소를 192.168.9.1로 변경하면 되지 않을까?'라는 의문을 가질 수도 있다. 이렇게 생각한 독자가 있다면, 그 생각이 과연 정답일지를 다시 한 번 생각해보길 바란다. 방화벽을 운용해본 독자라면 알겠지만, 보안정책을 정의하고 적용할 때는 각각의 정책이 미치는 영향과 결과에 대한 충분한 검토와 고민을 요구한다. 만약 실수로 방화벽정책의 최상단에 `permit ip any any` 같은 정책을 등록하게 되면, 이후에 설정된 모든 방화벽정책은 아무런 의미가 없어지고 방화벽은 외부로부터 가해지는 공격을 차단하지 않을 것이다. iptables도 방화벽의 일종으로, 각각의 체인에 등록되는 규칙은 항상 신중하게 정의하고 등록해야 한다. iptables의 체인에 등록되는 각각의 규칙은 기본적으로 전체 시스템에 적용되기 때문이다. 만약 앞에서 제시했던 우문처럼, 캡티브 포털로 들어오는 모든 패킷의 목적지 IP 주소를 192.168.9.1로 변경하면 어떤 문제가 발생할까? 정답을 말하기 전에, 캡티브 포털이 운영될 서버에 대해 먼저 살펴볼 필요가 있다. 4장과 5장에서 환경 설정을 진행하며 확인했듯이 캡티브 포털 서버는 인증서버와 DHCP 서버가 같이 운영된다. 이를 위해 네트워크 인터페이스도 물리적 인터페이스와 가상 인터페이스로 나눠 여러 개가 운영되며, 각각의 네트워크 인터페이스는 서로 다른 통신을 주고받는다. 이러한 환경에서 캡티브 포털로 진입하는 모든 패킷의 목적지 IP 주소를 192.168.9.1로 변경한다면? 정답은 "네트워크 접속이 불가능하다."일 것이다.

따라서 PREROUTING 체인에 SNAT와 관련된 규칙을 등록할 때는 목적지 IP 주소를 변경할 출발지 IP 주소의 범위와 목적지 포트를 제한하고, 이에 해당되지 않는 네트워크 패킷에 대한 영향을 없애줘야 한다. 결과적으로 출발지 IP 주소의 범위가 192.168.9.0/24에 포함되고, 목적지 포트가 80번 또는 443번인 패킷에 대해서만 IP 주소 리다이렉션이 적용되도록 규칙을 등록해야 한다. 그림 8-19는 PREROUTING 체인에 등록될 SNAT 규칙을 표현하고 있다.

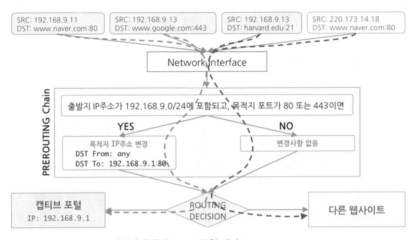

그림 8-19 PREROUTING 체인에 등록될 SNAT 규칙 개념도

IP 주소 192.168.9.11과 192.168.9.13을 사용하는 단말기는 PREROUTING 체인의 SNAT 규칙에 부합하기 때문에 목적지 IP 주소와 포트가 192.168.9.1:80으로 변경되어 캡티브 포털에 접속할 수 있다. 반면에 IP 주소 192.168.9.13을 사용하는 세 번째 단말기는 출발지 IP 주소는 규칙에 부합하지만, 목적지 포트가 21번으로 80 또는 443번과 일치하지 않아 캡티브 포털에 접속할 수 없다. 마지막 단말기의 경우 목적지 포트는 조건에 만족하지만, 출발지 주소가 192.168.9.0/24 서브넷에 포함되지 않아 캡티브 포털에 접속되지 않고 원래 접속하고자 했던 사이트로 접

속하게 된다. 표 8-1은 방금 설명한 4개 단말기의 DNAT 수행 전과 후의 IP 주소를 비교하고 있다.

표 8-1 PREROUTING 체인에서의 주소 변환

DNAT 수행 전		DNAT 수행 후	
출발지	목적지	출발지	목적지
192.168.9.11	www.naver.com:80	192.168.9.11	192.168.9.1:80
192.168.9.12	www.google.com:443	192.168.9.12	192.168.9.1:80
192.168.9.13	harvard.edu:21	192.168.9.13	harvard.edu:21
220.173.14.18	www.naver.com:80	220.173.14.18	www.naver.com:80

지금까지 캡티브 포털 접속을 위한 IP 주소 리다이렉션 구현 방법을 설명했다. 비록 iptables의 PREROUTING 체인에 주소 변환을 위한 규칙을 등록하지는 않았지만, 어떠한 방법으로 IP 주소 리다이렉션을 수행하는지 알게 되었다. 뿐만 아니라 방화벽과 같은 보안 장비에서 제공되는 주소 변환(NAT) 기능이 어떠한 원리로 동작하는지도 살펴볼 수 있었다. 마치 무협지의 주인공이 숨겨진 고수를 만나 무림의 비급을 체득하는 과정을 읽으며 느꼈던 희열을 다시금 느꼈을 것이다. 지금까지 솔루션을 통해 제공받을 수밖에 없었던, 그러나 구현의 원리가 궁금했던 IP 주소 리다이렉션을 통한 캡티브 포털 접속 유도 방법, 그리고 방화벽과 같은 보안 장비를 통해서만 이용할 수 있었던 NAT에 대한 기본적인 '초식'을 알게 된 것이다. 혹시 성급하게 바로 구현을 시도하려고 하는 독자는 잠깐만 숨을 고르길 바란다. 다시 무협지 이야기를 해보면, 무림에서는 항상 최고의 비급이 존재하고 이를 얻기 위한 무사들 간의 치열한 싸움이 전개된다. 그리고 항상 선과 악이 존재한다. 물론 결론은 주인공이 최고의 비급을 체득하게 되고 악을 무찌르는 것이다. 그러나 이전에 반드시 등장하는 스토리가 있다. 주인공이 비급을 체득하기 전에 악한 무사가 먼저 비급을 손에 넣고 이를 체득하기 위해 속성 과정을 거치다가 결국 '주화입마走火入魔 (몸속의 기를 잘못 운용해 맥을 타고 온 몸을 돌아야 할 기가 다리나 머리에 뭉쳐서 내려오지 않는 등의 부작용)'를 겪고 비급을 익히지 못한 채 폐인으로 변하는 과정이 나온다.

지금까지 IP 주소 리다이렉션의 구현 방법에 대해서만 구체적으로 설명했다. 다시 말해 조건에 만족하는 경우, 즉 출발지 IP 주소가 192.168.9.0/24 서브넷에 포함되면서 목적지 포트가 80, 443번일 때만 IP 주소 리다이렉션을 수행하는 방법을 설명했다. 이 말은 곧 조건에 만족하지 않는 경우에는 어떻게 처리할지가 결정되지 않았다는 의미다. 예를 들어 192.168.9.0/24 서브넷에 포함된 단말기에서 캡티브 포털 서버로 SSH 또는 FTP 접속을 시도한다면? 이러한 경우와 같이 허용하지 말아야 하는 접속 시도는 차단해야 한다

서비스 접속 차단

802.1X 인증체제를 도입하는 가장 큰 목적은 네트워크에 대한 접근통제를 강화해 전체적인 보안 수준을 향상시키는 데 있다. 캡티브 포털은 사용자 단말기가 802.1X 인증체계 안으로 들어오고자 할 때 맨 처음 만나게 되는 출입관리소 같은 역할을 수행한다. 혹시 세종로나 세종시의 정부청사를 출입해본 경험이 있다면 출입관리소에서 무엇을 하는지 알 것이다. 정부청사에 근무하는 공무원의 경우 신분증을 지참하면 청사 건물 출입 시 특별한 제재 조치 없이 스피드 게이트를 통해 자유롭게 출입할 수 있다. 그렇지만 방문자의 경우 맨 처음 소지품 검사, 신분 확인과 방문증 수령 절차를 거쳐야만 비로소 출입이 가능하다. 이때 출입구는 공무원에게는 자유롭게 열리지만, 방문객에게는 출입증이 없으면 절대 열리지 않는다. 그런데 만약 출입관리소 외에 신분 확인을 거치지 않는 개방된 출입구(전문 용어로 '백도어')가 있다면 어떻게 될까? 뉴스 한 꼭지를 장식할 수 있는 아주 좋은 기삿거리가 될 것이다.

　격리된 네트워크에 연결된 사용자 단말기에서 캡티브 포털에 접속하고자 할 때도 마치 출입관리소의 역할을 하는 HTTP 또는 HTTPS 이외의 프로토콜, 즉 TELNET, SSH, FTP 등의 서비스 포트가 개방되어 있다면 악의적인 목적을 가진 방문자의 좋은 먹이감이 될 수 있을 것이다. 군이 해커까지는 아니더라도 똑똑한 사용자라면 충분히 포트스캔 등을 통해 개방된 포트를 확인하고 개방된 포트에 대한 접속을 시도해볼 수 있다. 나는 서울 삼성동 코엑스에 행사가 있어서 친구들과 함께 방문했다가 어느 카페에서 무선 인터넷을 사용했던 적이 있다. 이때 친구가 업

무 처리를 위해 회사의 VPN 접속을 시도했으나 정상적으로 접근되지 않았다. 명색이 네트워크/보안 부문 관리자였던 친구는 카페의 인터넷 공유기에서 특정 서비스 포트를 차단했는지 확인하려고 혹시나 하는 마음에 인터넷 공유기의 관리자 모드에 접속을 시도했고, 결국은 관리자 모드에 접근해 다양한 설정값을 확인해볼 수 있었다. 해당 인터넷 공유기에서 관리자 계정과 비밀번호를 변경하지 않고 디폴트 계정과 비밀번호를 사용하고 있었기에 가능한 일이었다. 이 사례는 네트워크나 정보보안에 대한 전문 지식이 없는 일부 카페의 문제이기는 하지만, 캡티브 포털에서도 포트가 개방되어 있다면 다양한 공격이 시도될 수 있기 때문에 캡티브 포털 운영에 불필요한 서비스에 대해서는 접근을 차단해야 한다.

그렇다면 캡티브 포털 운영에 꼭 필요한 서비스는 어떠한 것들이 있을까? 먼저 DNS 서비스가 있다. 앞에서도 살펴봤지만, 캡티브 포털 접속을 위한 IP 주소 리다이렉션을 위해서는 IP 주소를 이용한 홈페이지 접속이 요구되고, 접속 대상 홈페이지 URL에 대한 IP 주소 확인을 위해서는 DNS 서비스를 이용해야 했다. 따라서 격리된 네트워크에 연결된 단말기가 DNS를 이용하기 위해서는 UDP 53번이 개방되어 있어야 한다. 다음으로는 HTTP 또는 HTTPS 서비스다. 캡티브 포털도 일반 홈페이지와 다름없는 홈페이지다. 다만 일반 홈페이지와 달리 서비스의 목적이 사용자 또는 단말기의 인증, 보안 솔루션의 에이전트 프로그램 설치 유도, 802.1X 인증 환경 미설정 단말기에 대한 자동화된 환경 설정 등의 기능 수행에 특화되었다는 특징이 있다. 따라서 홈페이지 서비스를 위해 기본적으로 80번 포트를 개방해야 하며, 혹시 캡티브 포털 접근과 관련된 보안을 강화하고자 한다면 443번 포트를 이용할 수도 있다.

표 8-2 캡티브 포털 운영에 필요한 서비스

서비스	포트	목적
DNS	TCP 53 UDP 53	격리된 네트워크에 연결된 단말기의 도메인 이름 질의 처리
HTTP	TCP 80	캡티브 포털 홈페이지 서비스 제공
HTTPS	TCP 443	보안이 강화된 캡티브 포털 홈페이지 서비스 제공

표 8-2에서 제시하는 서비스와 포트를 제외한 모든 서비스에 대한 접근을 차단하면 안전한 캡티브 포털 운영 환경이 완성될 듯싶지만, 한 가지 더 고려해야 할 사항이 있다. 현재 캡티브 포털이 운영되는 시스템에는 캡티브 포털뿐만 아니라 RADIUS 인증서버, DHCP 서버 등이 추가적으로 운영되고 있다. 따라서 시스템에 대한 보안정책을 수립할 때는 이와 관련된 접근통제도 고려해야 한다. 표 8-3에서는 캡티브 포털, RADIUS 인증서버, DHCP 서버 등의 운영에 필요한 서비스와 서비스 포트를 제시하고 있다.

표 8-3 802.1X 인증용 서버 운영에 필요한 서비스

구분	서비스	포트	목적
캡티브 포털	DNS	UDP 53	격리된 네트워크에 연결된 단말기의 도메인 이름 질의 처리
	HTTP	TCP 80	캡티브 포털 홈페이지 서비스 제공
	HTTPS	TCP 443	보안이 강화된 캡티브 포털 홈페이지 서비스 제공
인증서버	RADIUS	UDP 1812	RADIUS 인증 관련 정보 전송
		UDP 1813	네트워크 Accounting 정보 전송
DHCP	DCHP	UDP 67	DHCP 서버 데몬용 서비스 포트
		UDP 68	DHCP 클라이언트용 서비스 포트
DBMS	MySQL	TCP 3389	DBMS 관리 및 단말기정보 관리
관리 목적	SSH	TCP 22	관리자 접속용 SSH 포트

이제 표 8-3의 테이블에 제시된 포트를 기준으로 캡티브 포털 서버에 적용해야 할 접근통제 규칙을 세워보자. 접근통제 규칙의 기본적인 흐름은 6.1절에서 백본 스위치에 구현했던 업무 특성별 ACL과 유사하다. iptables에 등록된 접근통제 규칙은 ACL과 같이 등록된 순서에 따라 위에서 아래로 적용되지만, ACL과 달리 접근통제 규칙을 등록하기 전에 디폴트 규칙을 정의할 수 있다. 디폴트 규칙은 네트워크 인터페이스를 통해 유입된 패킷이 등록된 규칙의 순서대로 비교되어 매칭되는 규칙을 만나면 해당되는 규칙에 따라 처리되고, 마지막 규칙까지 비교되었음에도 매칭되는 규칙이 없을 때 패킷을 처리할 방법을 정의한다.

이러한 패킷 필터링 규칙을 정의하는 방법은 크게 화이트리스트 방식과 블랙리

스트 방식 두 가지로 구분할 수 있다. 통신사의 휴대전화 등록제와 관련해서 언론에 크게 보도된 적도 있으므로 대부분 한 번쯤 들어봤을 것이다. 우리나라 통신사는 외국의 경우와 달리 2011년 전까지는 이통통신 가입자가 전화기를 사용하기 위해 사용하는 단말기를 통신사에 등록하도록 하는 화이트리스트 방식의 가입자 관리 방법을 사용했다. 화이트리스트 방식은 통신사에 등록된 단말기에 대해서는 통신을 허용하지만 등록되지 않은 단말기, 즉 사용자가 직접 구매한 단말기나 타 통신사에서 사용하던 동일 기종의 단말기 등에 대해서는 자사의 USIM 카드를 이용해도 통신할 수 없는 방식이다. 반면에 외국 통신사의 경우 블랙리스트 방식을 적용함으로써 문제가 있는 단말기에 대해서만 통신을 차단하고, 모든 단말기에 대해 자사 통신사에 가입된 USIM 카드만 사용하면 통신을 허용하고 있었다. 요즘에는 우리나라 이동통신사도 블랙리스트 방식을 도입해 단말기 변경의 편의성을 향상시키기는 했지만, 아직까지 외국에 비해 단말기 구매와 변경 절차가 복잡한 것은 개선이 필요하다고 생각한다.

어쨌든 iptables를 이용한 패킷 필터링 규칙을 수립할 때도 방금 설명한 화이트리스트 방식과 블랙리스트 방식을 적용할 수 있다. 화이트리스트 방식의 필터링 규칙에서는 기본적으로 시스템에 유입되거나 외부로 발송되는 모든 패킷에 대해 차단하는 것을 원칙으로 한다. 이후 시스템에서 운영하는 서비스의 유형과 종류에 따라 필요한 프로토콜과 포트를 순차적으로 개방한다. 이렇게 함으로써 관리자의 의도와 관계없이 불필요한 서비스 포트의 외부 개방에 따른 취약점 노출과 외부로부터 가해지는 보안 위협을 최소화할 수 있다. 대부분의 보안시스템에서 보안정책을 수립할 때 적용하는 방식이며, 주로 외부에서 내부로 유입되는 패킷의 필터링에 적용하는 빈도가 높다. 반면에 블랙리스트 방식은 화이트리스트 방식과 정반대의 접근 방식을 취한다. 블랙리스트 방식의 필터링에서는 기본적으로 모든 패킷에 대해 허용하는 것을 원칙으로 한다. 그 후에 시스템의 운영에 악영향을 미치는 프로토콜과 포트에 대해 차단의 범위를 확대해 나가는 방식이다. 블랙리스트 방식을 적용한 예로는 방화벽을 통해 외부로 나가는 패킷의 통제를 들 수 있다. 방화벽을 운영하면서 외부로 나가는 패킷에 대해 화이트리스트 방식으로 통제하고 있는 독자는 거의 없을 것이다. 물론 예외적인 경우에 한해 아웃바운드 트래픽에 대해 화이트리스트 방식의 통제정책을 적용할 수 있을 것이다. 그러나 대부분의 경우 아웃바운드 트래픽에 대해서는 블랙리스트 기반의 통제 방식을 적용하고 있다.

그렇다면 현재 다루고 있는 이슈, 즉 표 8-3에서 언급하는 서비스의 유형에 따른 프로토콜, 포트 등의 통제를 위해서는 어떠한 방식의 패킷 필터링 방식을 적용하는 것이 적합할까? 당연히 화이트리스트 방식의 필터링이 적합하다. 그림 8-20은 표 8-3의 802.1X 인증용 서버 운영에 필요한 서비스와 관련된 프로토콜 및 포트에 대한 패킷 필터 규칙을 화이트리스트 방식으로 도식화해서 표현하고 있다.

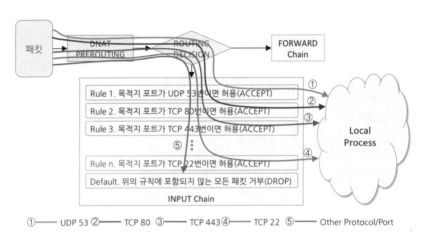

그림 8-20 패킷 필터링이 적용된 INPUT 체인에서의 패킷 흐름

그림 8-20에서 ①은 목적지 포트가 UDP 53번인 패킷을 표현하고 있으며, 라우팅 결정 단계를 거쳐 INPUT 체인으로 진입한다. INPUT 체인에서는 패킷을 등록되어 있는 규칙과 순차적으로 비교하면서 매치되는 규칙이 있는지를 확인한다. 만약 패킷이 등록된 규칙과 매치하면 규칙의 처리 방법에 따라 해당 패킷을 처리한다. ①로 표현된 패킷은 첫 번째 규칙(Rule 1)과 매치되어 Local Process로 전달된다. ②의 경우 TCP 80번을 목적지로 하고 있는 패킷이기 때문에 두 번째 규칙에 매치되어 Local Process로 진입이 허용된다. 만약 모든 규칙과 비교했음에도 매치되는 규칙이 없다면, 등록된 기본 처리 규칙에 따라 패킷이 처리된다. 그림 8-20에서는 디폴트 처리 규칙을 거부(drop)로 설정해 어느 필터링 규칙에도 매치되지 못한

패킷을 차단한다.

지금까지 설명한 접근통제 규칙은 시스템 내부에 설치되어 있는 방화벽, 즉 iptables를 사용해 구현된다. 우분투 리눅스에서는 iptables를 기반으로 하는 방화벽 시스템인 UFW[Uncomplicated Firewall]를 제공하고 있으므로 실제적인 접근통제 과정에서는 UFW를 이용하게 되며, 실제적인 구현과 적용은 다음 절에서 진행된다. UFW의 구체적인 사용법은 다음 2개의 사이트를 참고한다.

- 영문: https://help.ubuntu.com/community/UFW

- 한글: http://ubuntu.or.kr/wiki/doku.php?id=program:ufw설정

IP 주소 리다이렉션과 에러 페이지

목적지 IP 주소 리다이렉션만으로 캡티브 포털 접속이 가능할까? 이 질문에 대한 답은 "그렇다."일 수도 있고 "그렇지 않다."일 수도 있다. 무슨 의미일까? 이것을 이해하기 위해서는 IP 주소 리다이렉션 이후에 단말기의 웹 브라우저와 캡티브 포털 간의 동작을 살펴봐야 한다. 그림 8-21은 '처음 사용자용 VLAN'에 연결된 단말기에서 네이버 뉴스(http://news.naver.com)에 접속할 때 캡티브 포털로 리다이렉션하는 사례를 URL의 종류에 따라 두 가지 유형으로 나눠 보여주고 있다.

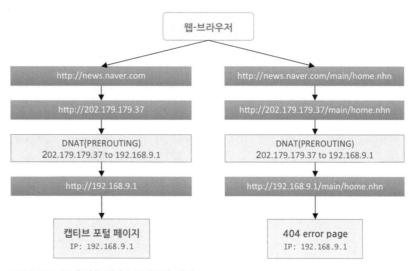

그림 8-21 URL에 따른 캡티브 포털 접속 사례

먼저 왼쪽의 사례에서는 네이버 뉴스 페이지에 접속하기 위해 도메인 이름 (news.naver.com)만을 사용하고 있다. 웹사이트 접속을 위해 URL에 도메인 이름만 입력했을 경우 홈페이지를 서비스하는 웹 서버는 해당 도메인의 루트 디렉터리에 저장되어 있는 디폴트 페이지를 반환한다. 이때 왼쪽의 예와 같이 IP 주소 리다이렉션에 의해 캡티브 포털로 접속 대상 웹사이트가 변경되는 경우에는 어떻게 될까? 이러한 경우 IP 주소 192.168.9.1을 갖는 캡티브 포털 서버에서 정상적으로 서비스를 제공하고 있다고 한다면, 캡티브 포털에 정상적으로 접속될 것이다. 웹사이트 접속을 위해 URL에 도메인 이름만을 입력하는 경우와 해당 도메인의 IP 주소만을 입력하는 경우는 동일한 웹사이트에 접속하게 된다. 따라서 목적지 IP 주소가 변경되는 경우 변경된 IP 주소를 통해 서비스하는 웹사이트의 루트 디렉터리의 디폴트 페이지에 접속하게 되어 캡티브 포털에 정상적으로 접속할 수 있다.

반면에 오른쪽과 같이 URL에 도메인 이름 외에 디렉터리와 웹 페이지가 추가적으로 지정되어 있는 경우에는 404 에러 페이지[404 error page]를 표시하고 캡티브 포털에 접속하지 못한다. 왜 그럴까? 우선 HTTP 프로토콜의 404 에러의 의미를 알아야만 문제의 원인을 파악할 수 있다. 404 에러는 웹 서버에 요청된 URL에 포함된 디렉터리 또는 웹 페이지를 찾을 수 없을 때, 또는 존재하지 않는 웹 페이지를 요청할 때 발생시키는 에러 코드다. 404 에러를 유발하는 경위를 살펴보면 다음과 같다. 오른쪽의 예제도 왼쪽과 같이 DNAT에 의해 목적지 IP 주소가 변경된다. 그러나 목적지 IP 주소가 변경된 이후 접속 대상 URL에서 차이가 발생한다. 왼쪽의 예제의 경우 URL에 별도의 디렉터리 또는 웹 페이지가 지정되지 않아 캡티브 포털의 루트 디렉터리에 접속할 수 있었지만, 오른쪽 예제에서는 목적지 IP 주소가 캡티브 포털로 지정되어 있지만 추가적으로 main 디렉터리에 위치하는 home.nhn 웹 페이지를 요청하게 된다. 이때 캡티브 포털에 요청된 디렉터리와 웹 페이지가 존재하면 정상적으로 웹 페이지를 표시하겠지만, 존재하지 않는 경우에는 이를 사용자에게 알리기 위해 404 에러 코드가 포함된 에러 페이지를 표시한다.

이와 같은 이유로 "목적지 IP 주소 리다이렉션만으로 캡티브 포털 접속이 가능할까?"라는 질문에 대한 대답은 "그렇다."일 수도 있고 "그렇지 않다."일 수도 있는 것이다. 그렇다면 그림 8-21의 오른쪽 예와 같이 캡티브 포털에 존재하지 않는 웹 페이지를 요청할 때도 404 에러 페이지를 제공하지 않고 정상적으로 캡티브 포털에 접속하도록 할 수 있는 방법은 무엇일까? 포털 사이트 또는 검색엔진에 존재하지 않는 URL에 대한 정보를 요청하면 그림 8-22와 같이 각각의 사이트별로 특화된 404 에러 페이지가 제공되는 것을 볼 수 있다.

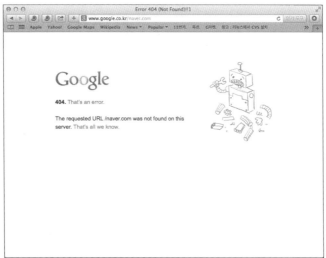

그림 8-22 네이버와 구글의 404 에러 페이지

원래 기본적인 404 에러 페이지는 간단한 메시지를 표시하지만, 각각의 사이트에 맞는 디자인과 문구를 통해 사용자에게 필요한 메시지를 효과적으로 제공하도록 하는 것이다. 맨 처음 웹 프로그램을 개발할 때는 그저 신기하기만 했던 기술이었다. 그러나 시간이 지나서 웹 서버의 설정 변경을 통해 404 에러 페이지뿐만 아니라 다양한 에러 코드와 관련된 페이지를 회사의 특성에 맞도록 변경할 수 있음을 알게 되었다. 이 원리를 캡티브 포털에 적용하는 것이다. 이때 캡티브 포털에서는 존재하지 않는 페이지에 대한 요청에 대해 네이버 또는 구글과 같이 사이트의 특성에 최적화된 에러 페이지를 제공하는 것이 아니라, 캡티브 포털의 메인 페이지를 에러 페이지로 지정해 404 에러 페이지에 접속하지 않고 자연스럽게 캡티브 포털에 접속하도록 설정할 수 있다. 그림 8-23은 존재하지 않는 웹 페이지가 캡티브 포털에 요청되었을 때 에러 페이지 설정을 통해 캡티브 포털로 유도되는 흐름을 표현하고 있다.

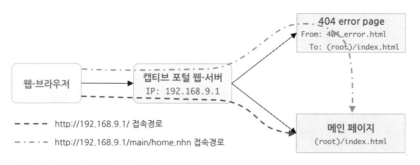

그림 8-23 캡티브 포털용 404 에러 페이지 설정

지금까지 캡티브 포털 구현에 필요한 몇 가지 지식들과 구현 원리를 살펴봤다. 이번 절 전체를 통해 살펴봤듯이 캡티브 포털의 구현에는 특별하거나 새로운 기술이 사용되는 것이 아니라 지금까지 익숙하게 사용했던 도구와 방법들을 적용했다. 물론 여기서 설명한 내용이 8.1절에서 설명했던 캡티브 포털 구현 방법 세 가지를 모두 포괄하고 있지는 않다. 그러나 지금까지 캡티브 포털의 필요성을 절감했던 독자라면 충분히 길을 찾았으리라고 생각한다. 또한 그렇게 되기를 바라고 있다. 이제 다음 절에서는 지금까지 설명했던 원리들을 기반으로 캡티브 포털을 직접 구현

하고자 한다.

8.3 | 캡티브 포털 구현하기

캡티브 포털. 처음 용어를 접한 독자라면 낯설었을 테지만 8.1절과 8.2절을 학습하면서 캡티브 포털이 이미 우리들의 일상 가운데, 예를 들어 공공장소에서의 인터넷 사용을 위한 사용자 인증이나 개인정보 제공, 보안 솔루션의 에이전트 파일 배포 등에 도입되어 사용되는 친근한 솔루션임을 알게 되었다. 또한 구체적인 구현 원리를 살펴보면서 구축 과정이 그다지 복잡하거나 어렵지 않다는 사실을 알게 되었다. 이번 절에서는 8.2절에서 설명했던 구현 원리를 적용해 캡티브 포털을 구현하자.

8.3.1 네트워크 스위치 환경 설정 변경하기

스위치 환경 설정을 위해 앞 장에서 네트워크 환경을 구축할 때와 같이, 연구소 액세스 스위치(NAS_BD_11F)에 터미널을 연결해 전역환경 설정 모드로 진입하고 리스트 8-2와 같이 환경 설정 내용을 추가한다.

리스트 8-2 인증 실패 또는 무응답 시의 VLAN 할당 설정

```
Username: admin
Password: 09n072
NAS_BD_11F$enable
Password: 09n072
NAS_BD_11F#configure terminal
NAS_BD_11F(config)#interface gi1/0/11
NAS_BD_11F(config-if)#authentication event fail action authorize vlan 998
NAS_BD_11F(config-if)#authentication event no-response action authorize vlan 999
NAS_BD_11F(config-if)#end
NAS_BD_11F#write
NAS_BD_11F#show run interface gi1/0/11
Building configuration...

Current configuration : 495 bytes
!
interface GigabitEthernet1/0/11
```

```
description ## Dot1X Auth Port ##
switchport mode access
authentication event fail action authorize vlan 998
authentication event no-response action authorize vlan 999
authentication order mab dot1x
authentication priority mab dot1x
authentication port-control auto
mab
dot1x pae authenticator
dot1x timeout tx-period 2
dot1x max-req 1
dot1x max-reauth-req 3
dot1x timeout auth-period 2
spanning-tree portfast
spanning-tree bpduguard enable
end

NAS_BD_11F#
```

인터페이스 gi1/0/11에 적용된 명령 중 첫 번째는 802.1X 인증에 실패했을 때 단말기가 연결된 스위치 포트에 998번 VLAN을 할당하는 명령이고, 두 번째는 단말기에 802.1X 인증을 위한 환경이 구성되지 않아 스위치에서 단말기에 인증정보를 요청할 수 없을 때 999번 VLAN을 할당하는 명령이다. 두 명령을 인터페이스에 적용함으로써 인증에 실패했거나 인증환경이 구성되지 않았을 때 해당 VLAN별 캡티브 포털을 통해 적절한 메시지를 사용자에게 제공할 수 있다.

8.3.2 서버환경 구성하기

캡티브 포털도 일반적인 웹 페이지와 다름없는 웹 페이지다. 이를 다수의 사용자에게 서비스하기 위해서는 당연히 웹 서비스 제공에 필요한 환경이 구축되어 있어야 한다. 이번에는 캡티브 포털 운영에 적합한 서버를 구성하도록 하자.

DNS 서버 설치 및 테스트

8.2.2절에서 살펴봤듯이 캡티브 포털을 구현하기 위해서는 URL 리다이렉션이 사용되며, 이를 구현하기 위해서는 DNS가 요구된다. 캡티브 포털이 동작하면 사용

자 단말기는 캡티브 포털 이외의 서비스에 접근할 수 없기 때문에 외부에서 제공하는 DNS에 대한 접근 또한 차단된다. 이와 같은 DNS 접속 문제를 해결하기 위해 BIND를 캡티브 포털 내에 설치한다.

BIND

캡티브 포털에 운영되는 DNS 서버는 '처음 사용자용 VLAN'에 연결된 단말기에서 요청되는 도메인 이름에 대한 질의만을 처리해 별도의 DNS 질의 처리를 위한 환경 설정이 필요하지 않다. 따라서 리스트 8-3과 같이 BIND 설치를 진행하고 정상적으로 서비스가 동작하는지 확인한다.

리스트 8-3 BIND 설치

```
sysop@radius:~$ sudo apt-get install bind9 -y
[sudo] password for sysop: 09n072
패키지 목록을 읽는 중입니다... 완료
의존성 트리를 만드는 중입니다
상태 정보를 읽는 중입니다... 완료
다음 패키지를 더 설치할 것입니다:
  bind9-host bind9utils dnsutils libbind9-80 libdns81 libisc83 libisccc80
    libisccfg82 liblwres80
제안하는 패키지:
  rblcheck
...
...
bind9 (1:9.8.1.dfsg.P1-4ubuntu0.7) 설정하는 중입니다 ...
 * Stopping domain name service... bind9
waiting for pid 1918 to die
                                                              [ OK ]
 * Starting domain name service... bind9                      [ OK ]
bind9-host (1:9.8.1.dfsg.P1-4ubuntu0.7) 설정하는 중입니다 ...
dnsutils (1:9.8.1.dfsg.P1-4ubuntu0.7) 설정하는 중입니다 ...
libc-bin에 대한 트리거를 처리하는 중입니다 ...
ldconfig deferred processing now taking place
sysop@radius:~$
```

BIND 설치가 완료되면 리스트 8-4와 같이 BIND 프로세스가 정상적으로 실행되고 있는지 확인한다.

리스트 8-4 BIND 프로세스 확인

```
sysop@radius:~$ ps -ef | grep bind
root         54     2  0 16:06 ?        00:00:00 [binder]
bind       3092     1  0 16:10 ?        00:00:00 /usr/sbin/named -u bind
sysop      3109  2355  0 16:11 pts/0    00:00:00 grep --color=auto bind
sysop@radius:~$
sysop@radius:~$ sudo service bind9 restart
 * Stopping domain name service... bind9
waiting for pid 3092 to die
                                                           [ OK ]
 * Starting domain name service... bind9                   [ OK ]
sysop@radius:~$
```

DNS 동작 테스트

설치된 DNS를 통해 정상적으로 도메인 이름 질의를 처리하는지 확인하기 위해 리스트 8-5와 같이 네임서버를 192.168.9.1로 변경하고 도메인에 대한 질의를 수행해본다.

리스트 8-5 BIND 서비스 동작 확인

```
sysop@radius:~$ nslookup
> server 192.168.9.1
Default server: 192.168.9.1
Address: 192.168.9.1#53
> www.naver.com
Server:         192.168.9.1
Address:        192.168.9.1#53

Non-authoritative answer:
www.naver.com       canonical name = www.g.naver.com.
Name:       www.g.naver.com
Address: 202.131.30.11
Name:       www.g.naver.com
Address: 125.209.222.141
> exit

sysop@radius:~$
```

웹 서버 구성

웹 서비스 제공을 위해서는 당연히 웹 서버가 동작해야 한다. 이번에는 캡티브 포털을 운영하기 위한 웹 서버와 개발 언어를 설치하고, 존재하지 않는 페이지 접속에 따른 에러 페이지 처리와 관련된 설정을 진행하도록 하자.

아파치 웹 서버와 PHP 설치

리눅스 환경에서 가장 보편적으로 사용하는 웹 서버와 개발 언어는 아파치와 PHP일 것이다. 이 책에서 구현하는 캡티브 포털의 운영을 위해 아파치와 PHP를 설치하자.

● 웹 서버, PHP 및 기타 모듈 설치

캡티브 포털 운영을 위한 웹 서버환경 구축에는 LAMP(Linux, Apache, MySQL, PHP)를 이용한다. LAMP는 웹 개발을 위해 가장 일반적으로 사용되는 솔루션으로, 설치와 운영이 간단하면서도 웹 서비스와 관련된 고급 기능도 구현할 수 있다. 뿐만 아니라 LAMP 기반으로 개발된 다양한 오픈소스 솔루션(Joomla, Drupal, Wordpress 등)을 이용해 4장과 5장에서 구현된 IP 관리 및 인증정보 관리에 필요한 웹 기반의 관리도구를 개발하는 기반으로 이용할 수 있다. LAMP 환경 구성을 위해 리스트 8-6의 명령을 실행한다.

리스트 8-6 LAMP 환경 구성

```
sysop@radius:~$ sudo su -
[sudo] password for sysop: 09n072
root@radius:~# apt-get install -y apache2 php5 libapache2-mod-php5 php5-cli php5-
    mysql php5-gd php5-mcrypt
패키지 목록을 읽는 중입니다... 완료
의존성 트리를 만드는 중입니다
상태 정보를 읽는 중입니다... 완료
다음 패키지를 더 설치할 것입니다:
  apache2-mpm-prefork apache2-utils apache2.2-bin apache2.2-common
...
...
Creating config file /etc/php5/cli/php.ini with new version
update-alternatives: /usr/bin/php5 사용해서 자동 모드에서 /usr/bin/php (php) 제공.
php5-gd (5.3.10-1ubuntu3.8) 설정하는 중입니다 ...
```

```
php5-mcrypt (5.3.5-0ubuntu1) 설정하는 중입니다 ...
php5-mysql (5.3.10-1ubuntu3.8) 설정하는 중입니다 ...
libc-bin에 대한 트리거를 처리하는 중입니다 ...
ldconfig deferred processing now taking place
root@radius:~#
root@radius:~# apache2ctl restart
apache2: Could not reliably determine the server's fully qualified domain name,
    using 127.0.1.1 for ServerName
root@radius:~#
```

웹 서버의 재실행 시에 apache2: Could not~ 메시지가 출력되는 이유는 아파치 환경 설정 파일에 ServerName이 지정되어 있지 않기 때문이다. 만약 이와 같은 메시지의 출력을 원하지 않을 경우 리스트 8-7과 같이 아파치 환경 파일에 Server Name을 등록한다.

리스트 8-7 아파치 환경 설정 파일에 Server Name 등록

```
root@radius:~# echo "
ServerName korea.re.kr" >> /etc/apache2/apache2.conf
root@radius:~#
root@radius:~# apache2ctl restart
root@radius:~#
```

● PHP 테스트 코드 생성

웹 프로그램 개발 언어인 PHP가 정상적으로 동작하는지 확인하기 위해 리스트 8-8과 같이 테스트 코드를 생성한다.

리스트 8-8 PHP 테스트 코드 생성

```
root@radius:~# cd /var/www
root@radius:/var/www# echo "<?php phpinfo(); ?>" > test.php
root@radius:/var/www# ls
index.html   test.php
root@radius:/var/www#
```

● 웹 서버 동작 여부 확인

먼저 그림 8-24와 같이 웹 브라우저를 실행하고 주소 창에 인증서버의 IP 주소 172.30.10.11을 입력해 웹 서버가 정상적으로 동작하는지 확인한다.

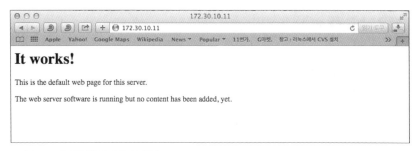

그림 8-24 아파치 웹 서버 동작 확인

이제 PHP가 정상적으로 동작하는지를 확인하기 위해 그림 8-25와 같이 주소 창에 http://172.30.10.11/test.php를 입력한다.

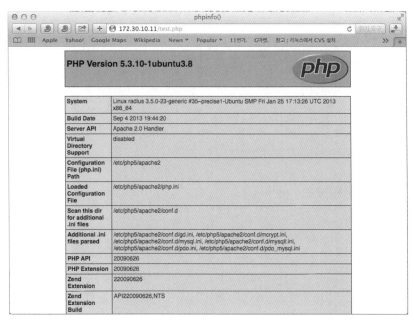

그림 8-25 PHP 정상 동작 확인

만약 그림 8-25의 결과값이 아닌 페이지 오류가 표시되는 경우에는 아파치에서 PHP 모듈이 활성화되지 않았거나 test.php 파일에 대한 접근권한이 적절하지 않을 때다. 따라서 리스트 8-9와 같이 PHP 모듈을 활성화하고 파일에 대한 접근권한을 조정한 후 결과를 다시 확인한다.

리스트 8-9 PHP 모듈 활성화

```
root@radius:/var/www# a2enmod php5
Enabling module php5.
To activate the new configuration, you need to run:
  service apache2 restart
root@radius:/var/www# apache2ctl restart
root@radius:/var/www#
root@radius:/var/www# chmod 755 test.php
root@radius:/var/www# ls -al
합계 16
drwxr-xr-x  3 root root 4096 11월 26 20:27 .
drwxr-xr-x 13 root root 4096 11월 26 22:02 ..
-rw-r--r--  1 root root  177 11월 26 18:07 index.html
-rwxr-xr-x  1 root root   20 11월 26 18:39 test.php
root@radius:/var/www#
```

다음에는 *.html 파일에 포함된 PHP 스크립트도 실행되도록 /etc/apache2/mods-enabled/php5.conf 파일에 리스트 8-10과 같이 2~4행의 내용을 추가한다.

리스트 8-10 /etc/apache2/mods-enabled/php5.conf

```
 1:  <IfModule mod_php5.c>
 2:      <FilesMatch "\.html$">
 3:          SetHandler application/x-httpd-php
 4:      </FilesMatch>
 5:      <FilesMatch "\.ph(p3?|tml)$">
 6:          SetHandler application/x-httpd-php
 7:      </FilesMatch>
 8:      <FilesMatch "\.phps$">
 9:          SetHandler application/x-httpd-php-source
10:      </FilesMatch>
11:      # To re-enable php in user directories comment the following lines
12:      # (from <IfModule ...> to </IfModule>.) Do NOT set it to On as it
13:      # prevents .htaccess files from disabling it.
14:      <IfModule mod_userdir.c>
```

```
15:        <Directory /home/*/public_html>
16:            php_admin_value engine Off
17:        </Directory>
18:    </IfModule>
19: </IfModule>
```

마지막으로 존재하지 않는 URL을 입력해 404 에러 메시지를 출력하는지 확인한다. 그림 8-26과 같이 테스트를 위해 URL은 http://172.30.10.11/naver.com을 입력했다.

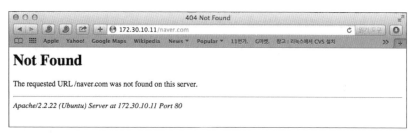

그림 8-26 존재하지 않는 URL 요청에 대한 404 에러 확인

존재하지 않는 웹 페이지 요청 처리를 위한 아파치 환경 설정

이번에는 존재하지 않는 웹 페이지를 요청했을 때 표시되는 에러 페이지를 캡티브 포털로 전환하기 위한 설정을 진행하도록 하자. 이를 위해 제일 먼저 아파치 웹서버의 Rewrite 모듈을 활성화한다. 다음으로 에러 페이지에 대한 접근 경로를 홈 디렉터리로 지정해 에러 페이지 처리가 정상적으로 수행되는지 확인한다.

● Rewrite 모듈 활성화

우분투^Ubuntu 리눅스에 설치되는 아파치 웹 서버에는 기본적으로 mod_rewrite 모듈이 포함되어 있지만, 기본적으로 비활성화^disabled되어 있다. 따라서 mod_rewrite 모듈을 사용하기 위해서는 별도로 활성화^enabled해줘야 한다. mod_rewrite 모듈은 복잡한 URL을 간소화해 웹 페이지에 대한 접근성을 향상시키는 데 이용된다. 뿐만 아니라 IP 주소 리다이렉션^redirection과 같이 특정 URL이 요청되면 다른 URL로 웹 페이지를 리다이렉션할 수도 있다. 캡티브 포털에서는 후자의 방법을 적용한다. 존재하지 않는 웹 페이지가 요청되면 웹 서버에 설정되어 있는 404 에러 페이지가 아니라 캡티브 포털의 메인 페이지로 이동하도록 한다. 이를 위해 리스트 8-11과 같이 mod_rewrite 모듈을 활성화한다.

리스트 8-11 mod_rewrite 활성화

```
root@radius:~#
root@radius:~# a2enmod rewrite
Enabling module rewrite.
To activate the new configuration, you need to run:
  service apache2 restart
root@radius:~#
root@radius:~# echo "<IfModule mod_rewrite.c>
> rewriteEngine On
> </IfModule>" >> /etc/apache2/apache2.conf
root@radius:~#
root@radius:~# apache2ctl restart
apache2: Could not reliably determine the server's fully qualified domain name,
    using 127.0.1.1 for ServerName
root@radius:~#
```

● 아파치 웹사이트 설정 파일 변경

웹사이트 설정을 변경하기 위해 설정 파일이 위치하고 있는 디렉터리(/etc/apache2/sites-enabled)로 이동한 후 디폴트 설정 파일(000-default)의 내용을 리스트 8-12와 같이 변경한다.

리스트 8-12 /etc/apache2/sites-enabled/000-default

```
9:        <Directory /var/www/>
10:               Options Indexes FollowSymLinks MultiViews
11:               #AllowOverride none
12:               AllowOverride all
13:               Order allow,deny
14:               Allow from all
15:       </Directory>
```

아파치 설정 파일 중 디렉터리Directory 섹션은 지정된 디렉터리와 하위 디렉터리에 대한 접근권한 설정에 사용된다. 12행의 `AllowOverride all` 지시자는 .htaccess 파일에 저장되어 있는 URL 리다이렉션 규칙을 이용해 404 에러 페이지를 다른 URL로 변경할 수 있도록 한다.

● 404 에러 페이지를 홈 디렉터리로 정의하기

mod_rewrite 모듈을 이용해 URL 리다이렉션을 구현하기 위해서는 .htaccess 파일에 관련 지시어를 등록해줘야 한다. .htaccess는 하이퍼텍스트 액세스hyptertext access의 줄임말로 웹 서버의 디렉터리별 접근제어에 사용된다. .htaccess 파일이 존재하는 디렉터리와 하위 디렉터리는 웹 서버의 환경 설정에 우선해 .htaccess 파일에 등록된 접근통제정책을 적용받는다. 전체 홈페이지에 대해 .htaccess의 규칙을 적용하고자 한다면 파일을 루트 디렉터리에 위치시킨다. 404 에러 페이지 지정을 위해 Document Root 디렉터리로 지정된 /var/www 디렉터리에 리스트 8-13과 같이 .htaccess 파일을 생성한다.

리스트 8-13 .htaccess 작성

```
root@radius:/etc/apache2/sites-enabled# cd /var/www
root@radius:/var/www#
root@radius:/var/www# echo "ErrorDocument 404 /" > .htaccess
root@radius:/var/www# ls -al
합계 20
drwxr-xr-x  2 root root 4096 11월 26 19:43 .
drwxr-xr-x 13 root root 4096 11월 26 18:25 ..
-rw-r--r--  1 root root   30 11월 26 19:43 .htaccess
-rw-r--r--  1 root root  177 11월 26 18:07 index.html
-rw-r--r--  1 root root   20 11월 26 18:39 test.php
root@radius:/var/www#
```

404 에러 페이지를 캡티브 포털의 홈 디렉터리로 정의하기 위해서는 `ErrorDocument 404 /` 지시어를 사용하며, 리스트 8-13과 같이 echo 명령을 사용해 .htaccess 파일에 지시어를 추가한다.

● 변경된 설정 적용을 위해 아파치 웹 서버 재시작

변경된 설정을 적용하기 위해 리스트 8-14와 같이 웹 서버를 재시작한다.

리스트 8-14 아파치 웹 서버 재시작

```
root@radius:/var/www# apache2ctl restart
root@radius:/var/www#
```

● 존재하지 않는 웹 페이지 요청에 대한 404 에러 페이지 변경 확인

웹 브라우저의 주소 입력 창에 http://172.30.10.11/naver.com을 입력하고, 존재
하지 않는 웹 페이지 요청에 대해 404 에러 페이지가 아닌 캡티브 포털의 메인 페
이지로 접속되는지 여부를 확인한다.

그림 8-27 존재하지 않는 URL 요청 시 표시되는 변경된 404 에러 페이지

만약 그림 8-27과 같이 표시되지 않고 그림 8-26과 동일한 404 에러 페이지가
표시된다면, 환경 설정 진행 과정에서 일부 과정이 누락되거나 오탈자가 입력된 것
이므로 환경 설정 내용을 확인해야 한다.

캡티브 포털 운영환경 구성

웹 서버가 설치되었고 PHP가 정상적으로 동작하는 것을 확인했다. 이번에는 캡티
브 포털이 운영될 가상 호스트 정보를 등록하고, 에러 페이지를 캡티브 포털로 지
정한다. 그리고 캡티브 포털이 정상적으로 동작하는지 확인한다.

가상 호스트 정의하기

가상 호스트는 하나의 웹 서버에서 도메인 이름 또는 IP 주소로 구분되는 복수의 홈페이지를 운영하기 위해 사용된다. 물론 현재의 서버에서 캡티브 포털만 운영하고자 한다면 가상 호스트^{Virtual Host} 정의가 필요하지 않겠지만, 캡티브 포털 외에 인증 실패 단말기에 대한 메시지 전달용 홈페이지 운영 등을 고려해서 가상 호스트를 정의하도록 한다. 가상 호스트 정의 파일은 /etc/apache2/sites-enabled/에 등록해야 하고, 디렉터리에 위치하는 파일은 웹 서버가 시작될 때 자동으로 로딩된다. 파일 편집기를 이용해 리스트 8-15의 startup 파일을 작성한다.

리스트 8-15 /etc/apache2/sites-enabled/startup

```
1:  NameVirtualHost 192.168.9.1:80
2:  <VirtualHost 192.168.9.1:80>
3:          ServerAdmin webmaster@localhost
4:          ServerName startup.korea.re.kr
5:          DocumentRoot /var/www/startup
6:
7:          <Directory /var/www/startup/>
8:                  Options Indexes FollowSymLinks MultiViews
9:                  AllowOverride all
10:                 Order allow,deny
11:                 Allow from all
12:         </Directory>
13:
14:         ErrorLog ${APACHE_LOG_DIR}/startup_error.log
15:         LogLevel info
16:         CustomLog ${APACHE_LOG_DIR}/startup_access.log combined
17: </VirtualHost>
```

캡티브 포털 웹 페이지 개발의 효율적인 진행을 위해 /etc/apache2/sites-enabled/000-default 파일의 내용을 리스트 8-16과 같이 변경한다. 이와 같이 변경함으로써 보안정책이 적용된 후에도 관리자 단말기에서 자유롭게 캡티브 포털에 접속할 수 있게 된다.

리스트 8-16 /etc/apache2/sites-enabled/000-default

```
9:          <Directory /var/www/startup>
```

```
10:              Options Indexes FollowSymLinks MultiViews
11:              #AllowOverride none
12:              AllowOverride all
13:              Order allow,deny
14:              Allow from all
15:       </Directory>
```

가상 호스트 설정 내용을 적용하기 위해 리스트 8-17과 같이 아파치 웹 서버를 재시작한다.

리스트 8-17 아파치 웹 서버 재시작

```
root@radius:/var/www# apache2ctl restart
root@radius:/var/www#
```

캡티브 포털 홈 디렉터리 생성 및 기본 파일 생성

리스트 8-18과 같이 가상 호스트 정의 파일에서 지정한 홈 디렉터리(/var/www/startup)를 생성하고 디렉터리 퍼미션을 변경한다.

리스트 8-18 캡티브 포털 홈 디렉터리 생성과 접근권한 변경

```
root@radius:/var/www# mkdir startup
root@radius:/var/www# chmod 755 startup
root@radius:/var/www#
```

리스트 8-19와 같이 홈 디렉터리에 index.html 파일을 생성하고, 파일에 "Captive Portal" 문자열을 입력한다.

리스트 8-19 /var/www/startup/index.html

```
root@radius:/var/www/startup# echo "Captive Portal" > index.html
root@radius:/var/www/startup#
```

다음에는 404 에러 페이지를 캡티브 포털의 메인 페이지로 지정하기 위해 리스트 8-20과 같이 .htaccess 파일을 생성한다.

리스트 8-20 /var/www/startup/.htaccess

```
root@radius:/var/www/startup# echo "ErrorDocument 404 /" > .htaccess
root@radius:/var/www/startup#
```

캡티브 포털 동작 테스트하기

지금 설정한 캡티브 포털용 가상 호스트가 정상적으로 동작하는지 테스트하기 위해서는 3장에서 802.1X 인증을 위해 사용했던 단말기가 필요하다. 준비된 단말기를 사용해 캡티브 포털에 접속하기 위해서는 999번 VLAN의 서브넷(192.168.9.0/24)에 속하는 IP 주소를 할당받아야 한다. 이를 위해 연구소 액세스 스위치(NAS_BD_11F)의 9번 포트에 단말기를 연결한다. 액세스 스위치의 9번 포트는 802.1X를 테스트할 때 정적 VLAN과 동적 VLAN의 상태 변화를 비교하기 위해 미리 999번 VLAN을 정적으로 할당해놓은 포트다. 따라서 단말기가 연결되면 999번 VLAN의 서브넷에 속하는 IP 중 하나를 자동으로 할당받게 된다.

테스트용 단말기가 IP 주소를 정상적으로 할당받았다면 다음의 테스트를 통해 캡티브 포털이 잘 동작하는지 확인한다.

먼저 캡티브 포털의 IP 주소(192.168.9.1)를 웹 브라우저의 주소 창에 입력해 그림 8-28과 같이 'Captive Portal' 메시지가 출력되는지 확인한다.

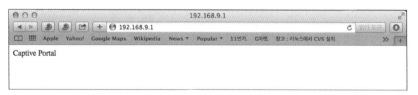

그림 8-28 캡티브 포털 접속 성공 화면

다음으로 웹 브라우저의 주소 창에 존재하지 않는 웹 페이지의 주소 http://192.168.9.1/naver.com을 입력하고 404 에러 페이지 대신에 그림 8-29와 같이 캡티브 포털의 메인 페이지를 정상적으로 표시하는지 확인한다.

그림 8-29 캡티브 포털 접속 성공 화면

8.3.3 방화벽 설정

8.2.2절에서 캡티브 포털 구현에 필요한 핵심 요소를 설명하면서 마지막 요소로 IP 주소 리다이렉션에 대해 언급했다. 이 책에서는 IP 주소 리다이렉션 구현을 위해 iptables를 사용하고자 한다. 그리고 iptables를 다루면서 캡티브 포털이 운영되는 시스템을 보호하기 위해 보안정책을 수립하고 이를 적용하고자 한다.

IP 주소 리다이렉션

네트워크에 처음 접속한 단말기를 캡티브 포털에 가둬두기 위해서는 단말기가 접속하고자 하는 모든 목적지 IP 주소를 캡티브 포털의 IP 주소로 변경해야 한다. 이번에는 iptables를 이용해 목적지 IP 주소를 캡티브 포털의 IP 주소로 변경하는 방법에 대해 알아보자.

IP 주소 리다이렉션 규칙 등록

앞 절에서 IP 주소 리다이렉션의 구현과 방화벽 설정을 위해 iptables 대신에 UFW^{Uncomplicated Firewall}를 사용한다고 했다. iptables은 NAT 테이블에 있는 PREROUTING과 POSTROUTING 체인에 명령어를 통해 NAT 규칙을 등록할 수 있지만, UFW에서는 NAT 규칙 등록을 위한 명령을 제공하지 않는다. 따라서 NAT 설정을 위해서는 직접 UFW 설정 파일에 NAT 규칙을 등록해야 한다. NAT 규칙은 /etc/ufw/before.rules 파일에 등록하며 리스트 8-21의 2~10행이 등록을 위한 내용이다.

```
1:  #
2:  *nat
3:  :PREROUTING ACCEPT [0:0]
4:  :INPUT ACCEPT [0:0]
5:  :OUTPUT ACCEPT [0:0]
6:  :POSTROUTING ACCEPT [0:0]
7:  -A PREROUTING -s 192.168.9.0/24 -p tcp -m tcp --dport 80 -j DNAT --to-
    destination 192.168.9.1:80
8:  -A PREROUTING -s 192.168.9.0/24 -p tcp -m tcp --dport 443 -j DNAT --to-
    destination 192.168.9.1:80
9:  COMMIT
10:
11: # rules.before
12: #
13: # Rules that should be run before the ufw command line added rules. Custom
14: # rules should be added to one of these chains:
15: #    ufw-before-input
16: #    ufw-before-output
17: #    ufw-before-forward
18: #
```

UFW 활성화

UFW 방화벽을 활성화하기 위해서는 리스트 8-22와 같이 `ufw enable` 명령을 실행한다.

리스트 8-22 UFW 활성화

```
root@radius:/etc/ufw# ufw enable
Command may disrupt existing ssh connections. Proceed with operation (y|n)? y
방화벽이 활성상태이며 시스템 시작시 시동됩니다.
root@radius:/etc/ufw#
```

활성화되어 있는 방화벽을 비활성화 상태로 변경하려면 리스트 8-23과 같이 `ufw disable` 명령을 실행한다. 방화벽이 비활성화된 상태에서는 IP 주소 리다이렉션을 위해 설정했던 NAT와 관련된 규칙도 동작하지 않는다.

```
root@radius:/etc/ufw# ufw disable
방화벽이 비활성되었으며 시스템 시작시에도 시동되지 않습니다.
root@radius:/etc/ufw#
```

IP 주소 리다이렉션 테스트

IP 주소 리다이렉션 테스트는 캡티브 포털 동작 테스트를 위해 준비했던 단말기에서 두 가지의 테스트를 진행한다. 첫 번째 테스트는 외부에 있는 사이트에 도메인 이름을 이용해 접속할 때 캡티브 포털로 리다이렉션이 정상적으로 수행되는지를 살펴보고, 두 번째 테스트는 도메인 이름과 함께 디렉터리, 웹 페이지를 지정해 이 또한 캡티브 포털로 정상적으로 접속되는지를 확인한다. 테스트에 사용된 URL은 네이버 도메인(www.naver.com)과 네이버 뉴스 홈(http://news.naver.com/main/home.nhn)을 사용했다. 웹사이트 접속 결과가 그림 8-30, 그림 8-31과 같다면 IP 주소 리다이렉션이 정상적으로 동작하고 있는 것이다.

그림 8-30 URL(www.naver.com)을 이용한 웹사이트 접속 시도

그림 8-31 도메인과 디렉터리, 웹 페이지를 지정한 웹사이트 접속 시도

불필요한 접근 차단하기

캡티브 포털의 정상 동작을 확인했으므로, 이번에는 캡티브 포털이 운영되는 서버의 보안을 강화하자. 지금까지 구현한 FreeRadius 인증서버, DCHP 서버, 캡티

브 포털은 인증되지 않은 단말기의 네트워크 접근 차단에 사용될 802.1X 인증체계의 핵심적인 요소들이다. 이러한 요소들은 802.1X 인증체계가 적용된 네트워크에서 단말기의 네트워크 접근 허용과 거부, 사용자의 역할에 맞는 VLAN과 IP 주소의 할당과 회수, 단말기 사용기간의 조정 등의 기능들을 통해 강력한 영향력을 행사한다. 이처럼 네트워크에 미치는 영향이 클수록 관리에 있어서도 주의를 기울여야 할 것이다. 만약 인증서버, DHCP 서버, 캡티브 포털이 운영되는 서버가 정상적으로 동작하지 않을 경우 802.1X 인증체계가 적용된 네트워크는 블랙아웃 상태에 빠지게 될 것이다. 서버의 정상적인 동작을 방해하는 요인은 하드웨어 장애, 소프트웨어 오류, 물리적 회선 오류 등과 같은 고의성 없는 요인과 해킹, DDoS 공격 등과 같은 고의성 있는 요인으로 구분될 수 있다. 이러한 다양한 요인들 중에서 이번 절에서는 서버의 운영과 관련해 서버에 대한 불필요한 접근을 차단하기 위한 방화벽 정책을 설정한다. 방화벽정책은 화이트리스트 기반의 정책으로 수립해, 기본적으로 모든 서비스와 포트에 대해 차단을 실시하고 필요한 서비스와 포트만 허용하도록 할 것이다.

먼저 UFW의 기본 정책을 확인하기 위해 리스트 8-24와 같이 `ufw status verbose` 명령을 실행한다. 명령을 실행했을 때 리스트 8-24와 같은 결과가 출력되지 않는다면 방화벽이 활성화되지 않은 것으로 볼 수 있다. 따라서 방화벽을 활성화시키고 명령을 다시 실행해 결과를 확인하길 바란다.

리스트 8-24 UFW 기본 정책 확인

```
root@radius:/etc/ufw# ufw status verbose
Status: active
Logging: on (low)
기본값: deny (들어오는 패킷), allow (나가는 패킷)
새 프로파일 skip
root@radius:/etc/ufw#
```

리스트 8-24의 결과에서 확인해야 할 사항은 기본값 항목이다. 이 항목은 시스템으로 들어오는 패킷과 나가는 패킷의 기본적인 처리 방법을 표시한다. 현재 적용된 처리 방법은 들어오는 패킷은 차단(deny)하고, 나가는 패킷은 허용(allow)하도록 설정되어 있다. 독자의 서버에서도 동일한 결과가 나왔다면, 화이트리스트 기반의 정책 적용에 필요한 기본 정책이 제대로 적용되어 있는 것이다. 만약 기본값의 결과가 이와 다르다면 /etc/default/ufw 파일의 내용을 리스트 8-25와 같이 변경한다.

리스트 8-25 /etc/default/ufw

```
     ...
13:  DEFAULT_INPUT_POLICY="DROP"
     ...
19:  DEFAULT_OUTPUT_POLICY="ACCEPT"
     ...
23:  DEFAULT_FORWARD_POLICY="DROP"
     ...
```

다음에는 캡티브 포털에 적용할 방화벽정책을 정의하도록 한다. 방화벽정책을 직접 서버에 정의하기에 앞서 표 8-4와 같이 적용할 정책을 정리한다면, 더 체계적으로 방화벽정책을 수립하고 적용할 때 오류를 최소화할 수 있다.

표 8-4 캡티브 포털 서버에 적용할 UFW 정책

번호	인터페이스	출발지(Source)			목적지(Destination)			액션
		IP 주소	프로토콜	포트	IP 주소	프로토콜	포트	
1	eth1.999	192.168.9.0/24	–	–	192.168.9.1	TCP	53	ACCEPT
2	eth1.999	192.168.9.0/24	–	–	192.168.9.1	UDP	53	ACCEPT
3	eth1.999	192.168.9.0/24	–	–	192.168.9.1	TCP	80	ACCEPT
4	eth1.999	192.168.9.0/24	–	–	192.168.9.1	TCP	443	ACCEPT
5	eth0	172.30.11.0/24	–	–	172.30.10.11	UDP	1812	ACCEPT
6	eth0	172.30.11.0/24	–	–	172.30.10.11	UDP	1813	ACCEPT
7	–	–	–	–	–	UDP	67	ACCEPT
8	–	–	–	–	–	UDP	68	ACCEPT
9	eth1.200	172.20.20.0/24	–	–	–	TCP	3389	ACCEPT
10	eth1.200	172.20.20.0/24	–	–	–	TCP	22	ACCEPT
11	eth1.200	172.20.20.0/24	–	–	–	TCP	80	ACCEPT

표 8-4의 정책 중 1~4번 정책은 '처음 사용자용 VLAN'에 연결된 단말기에 적

용되는 정책으로 캡티브 포털 접속에 필요한 DNS, HTTP, HTTPS 프로토콜에 대한 접근만 허용하고 있다.

5~6번 정책에서는 단말기 인증과 관련해 액세스 스위치와 RADIUS 서버 간의 정보 전송을 위해 UDP 1812, 1813번 포트를 개방하고 있다. UDP 1812번 포트는 802.1X 인증을 위한 계정정보, 인증된 사용자에게 할당할 VLAN 정보 등의 전송을 위해 사용되는 포트이고, UDP 1813번은 스위치 포트에 연결된 단말기의 네트워크 사용현황에 대한 과금^{Accounting} 정보 전송을 위해 사용되는 포트다.

7~8번 정책은 DHCP를 이용해 사용자용 네트워크에 연결된 단말기에 IP 주소를 할당하기 위해 사용되는 포트에 대한 접근을 허용하고 있다.

마지막으로 9~11번 정책은 정보보안 부서 네트워크에 연결된 단말기에서 서버로 시도되는 접근 중 MySQL DBMS 연결을 위한 3389번 포트, SSH 접속을 위한 22번 포트, 캡티브 포털 웹 페이지 접속을 위한 80번 포트의 접속을 허용하도록 하고 있다.

이제부터 표 8-4에 정의된 정책을 참조해 UFW에 등록해본다. 정책 등록을 위한 ufw 명령은 리스트 8-26과 같다.

리스트 8-26 UFW 정책 등록 명령 구문

1) 출발지 IP 주소(서브넷)에 대한 허용 정책 등록

   : ufw allow from 〈출발지 IP 주소〉

2) 목적지 포트와 프로토콜에 대한 허용 정책 등록

   : ufw allow 〈목적지 포트/프로토콜〉

3) 출발지 IP 주소(서브넷), 목적지 포트와 프로토콜에 대한 허용 정책 등록

   : ufw allow from 〈출발지 IP 주소〉 to any port 〈목적지 포트〉 proto 〈프로토콜〉

4) 출발지 IP 주소(서브넷), 목적지 IP 주소(서브넷), 목적지 포트 및 프로토콜에 대한 허용 정책 등록

   : ufw allow from 〈출발지 IP 주소〉 to 〈목적지 IP 주소〉 port 〈목적지 포트〉 proto 〈프로토콜〉

정책 등록에 사용되는 IP 주소(서브넷), 목적지 포트, 프로토콜은 하나씩 사용해야 한다.

먼저 리스트 8-27의 정책을 등록한다. 이 정책들은 출발지 IP 주소(서브넷)와 목적지 IP 주소, 포트 및 프로토콜 지정이 요구되어 리스트 8-26의 네 번째 정책 등록 방법을 이용한다.

```
root@radius:/etc/ufw# ufw allow from 192.168.9.0/24 to 192.168.9.1 port 53 proto
    tcp
Rule added
root@radius:/etc/ufw# ufw allow from 192.168.9.0/24 to 192.168.9.1 port 53 proto
    udp
Rule added
root@radius:/etc/ufw# ufw allow from 192.168.9.0/24 to 192.168.9.1 port 80 proto
    tcp
Rule added
root@radius:/etc/ufw# ufw allow from 192.168.9.0/24 to 192.168.9.1 port 443 proto
    tcp
Rule added
root@radius:/etc/ufw#
```

등록한 방화벽정책을 확인하기 위해 리스트 8-28과 같이 ufw status 명령을 실행한다.

리스트 8-28 UFW 정책 확인

```
root@radius:/etc/ufw# ufw status
상태: 활성

To                        Action       From
--                        ------       ----
192.168.9.1 53/tcp        ALLOW        192.168.9.0/24
192.168.9.1 53/udp        ALLOW        192.168.9.0/24
192.168.9.1 80/tcp        ALLOW        192.168.9.0/24
192.168.9.1 443/tcp       ALLOW        192.168.9.0/24

root@radius:/etc/default#
```

앞서 등록했던 4개의 방화벽정책이 정상적으로 등록된 것을 확인할 수 있다. 그리고 정책이 등록된 순서를 보면 명령 실행 순서에 따라 등록된 것을 알 수 있다. 만약 등록된 정책에 오류가 있다면 해당 정책을 삭제하고 다시 등록해야 한다. 정책을 삭제할 때는 등록 시에 사용했던 명령에서 allow 키워드 앞에 delete 키워드를 추가해 실행한다. 리스트 8-29는 앞에서 등록했던 정책 중 첫 번째 정책을 삭제하고 다시 등록하는 예제다.

UFW 정책 삭제와 재등록

```
root@radius:/var/www# ufw delete allow from 192.168.9.0/24 to 192.168.9.1 port
    53 proto tcp
규칙 삭제됨
root@radius:/var/www# ufw allow from 192.168.9.0/24 to 192.168.9.1 port 53 proto
    tcp
Rule added
root@radius:/var/www#
```

정책이 변경되었으므로 ufw status 명령을 실행해 적용현황을 살펴보자.

리스트 8-30 UFW 정책 확인

```
root@radius:/var/www# ufw status
상태: 활성

To                      Action        From
--                      ------        ----
192.168.9.1 53/udp      ALLOW         192.168.9.0/24
192.168.9.1 80/tcp      ALLOW         192.168.9.0/24
192.168.9.1 443/tcp     ALLOW         192.168.9.0/24
192.168.9.1 53/tcp      ALLOW         192.168.9.0/24

root@radius:/var/www#
```

리스트 8-28과 리스트 8-30의 차이점을 비교해보길 바란다. 가장 큰 차이점은 등록된 정책의 순서가 다르다는 것이다. 처음에 등록했던 정책을 삭제하고 다시 등록하면서 첫 번째 정책이 마지막 정책으로 등록되었다. 지금까지 사례를 통해 확인한 바와 같이 방화벽정책은 등록된 순서에 따라 적용된다. 따라서 방화벽정책을 설계하고 적용할 때는 적용 순서에 따라 정책 간의 영향 유무를 판단하고 신중하게 적용해야 한다. 다만 현재 적용하고 있는 정책들은 등록된 순서에 따라 정책 상호 간에 영향을 주지 않는다.

이제 리스트 8-31과 같이 나머지 정책들을 등록한다.

리스트 8-31 UFW 방화벽정책 등록

```
root@radius:/etc/ufw# ufw allow from 172.30.11.0/24 to 172.30.10.11 port 1812
```

```
    proto udp
Rule added
root@radius:/etc/ufw# ufw allow from 172.30.11.0/24 to 172.30.10.11 port 1813
    proto udp
Rule added
root@radius:/etc/ufw# ufw allow 67/udp
Rule added
Rule added (v6)
root@radius:/etc/ufw# ufw allow 68/udp
Rule added
Rule added (v6)
root@radius:/etc/ufw# ufw allow from 172.20.20.0/24 to any port 3389 proto tcp
Rule added
root@radius:/etc/ufw# ufw allow from 172.20.20.0/24 to any port 22 proto tcp
Rule added
root@radius:/etc/ufw# ufw allow from 172.20.20.0/24 to any port 80 proto tcp
Rule added
root@radius:/etc/ufw#
```

정책을 등록하면서 Rule added (v6) 메시지를 확인할 수 있다. 이 메시지는 정책 등록 과정에서 출발지 또는 목적지 IP 주소가 지정되지 않았을 때 정책이 IPv4 네트워크뿐 아니라 IPv6 네트워크에서도 적용됨을 의미한다. 이제 다시 등록된 방화벽정책을 확인해보자. 리스트 8-32와 동일한 결과를 확인할 수 있다면 정책이 정상적으로 등록된 것이다.

리스트 8-32 UFW 정책 확인

```
root@radius:/etc/ufw# ufw status
상태: 활성

To                          Action      From
--                          ------      ----
192.168.9.1 53/udp          ALLOW       192.168.9.0/24
192.168.9.1 80/tcp          ALLOW       192.168.9.0/24
192.168.9.1 443/tcp         ALLOW       192.168.9.0/24
192.168.9.1 53/tcp          ALLOW       192.168.9.0/24
172.30.10.11 1812/udp       ALLOW       172.30.11.0/24
172.30.10.11 1813/udp       ALLOW       172.30.11.0/24
67/udp                      ALLOW       Anywhere
68/udp                      ALLOW       Anywhere
3389/tcp                    ALLOW       172.20.20.0/24
```

```
22/tcp                  ALLOW       172.20.20.0/24
80/tcp                  ALLOW       172.20.20.0/24
67/udp                  ALLOW       Anywhere (v6)
68/udp                  ALLOW       Anywhere (v6)

root@radius:/etc/ufw#
```

이것으로 캡티브 포털 서버에 시도될 수 있는 불필요한 접근을 차단하기 위한 방화벽정책 등록을 마치도록 한다. 방화벽정책이 정상적으로 동작하는지 확인하기 위해 테스트용 단말기에서 SSH 또는 FTP 등의 접속을 시도해보길 바란다. 다음 절에서는 실제와 같은 캡티브 포털에서 운용되는 웹 페이지와 간단한 프로그램을 작성하자.

8.4 │ 캡티브 포털 페이지 작성

여행이나 출장 등으로 해외에 자주 다녀오는 독자라면 인천국제공항의 출입국심사 절차가 매우 간소화되었음을 알 것이다. RFID^{Radio-Frequency Identification} 칩이 내장된 전자여권의 도입 덕분에 출입국 심사의 자동화가 가능해졌기 때문이다. 전자여권 도입 이전에는 모든 사람들이 출입국 심사대 앞에 길게 줄을 서서 기다려야 했지만, 지금은 전자여권을 소지하면 간단한 등록 절차를 거쳐 자동 출입국 심사대를 통해 간단하면서도 빠르게 출입국 심사를 마칠 수 있다. 전자여권을 이용한 자동 출입국 심사와 같이 캡티브 포털은 802.1X가 적용된 네트워크에 연결되는 단말기의 802.1X 환경 설정과 단말기 등록 절차를 자동화해 사용자와 관리자의 업무 처리 효율을 높인다. 일반적으로 사용자가 IP 주소를 할당받기 위해서는 인트라넷을 통해 IP 주소 할당을 신청하거나, IP 주소 할당 신청서를 작성해 네트워크 관리자에게 제출해야 했다. 그러나 802.1X 구축으로 네트워크에 대한 접근통제가 강화될 뿐만 아니라 IP 주소 할당과 관리가 거의 자동화된다. 여기서 '거의'라는 표현을 사용하는 이유는 프린터, 네트워크 디스크, 디지털 복합기 등은 802.1X를 지원하지 않아 수동으로 맥 주소를 등록해줘야 하기 때문이다. 어찌 되었든 공항의 출입국 심사가 해외 여행 또는 출장의 시작점이 되듯이 캡티브 포털이 802.1X가 적용된 네트워크 연결의 첫 관문이라 할 수 있다. 인터넷 사용을 위한 첫 관문인 네트워크 연결 절차가 복잡하다면 사용자로부터 많은 불평불만에 시달리게 될지도 모르는 일이다. 이번 절에서는 이런 불평불만에서 벗어날 수 있도록 직관적이면서도 사용하기 쉬운 캡티브 포털 웹 페이지를 작성해보자.

8.4.1 사용자 유형별 프로파일 설치 절차

정부나 공공기관, 기업 등에서 제공하는 네트워크의 사용자는 크게 직원과 방문자로 나눌 수 있다. 여기서 직원과 방문자는 회사에서 제공하는 서비스에 대한 접근권한을 기준으로 구분된다. 직원의 범주에 포함되는 사용자는 회사와 직접적인 고용관계를 맺고 있지 않더라도, 회사로부터 식별자를 부여받아 네트워크 또는 시스템 등에 대한 접근권한을 가진 외부인도 포함한다. 예를 들어 건물의 시설 또는 장비를 관리하기 위해 계약관계에 있는 용역회사 직원 또는 네트워크 정보보안시스템 등의 유지보수를 위해 상주하는 협력업체 직원 등이 포함될 수 있다. 그리고 방문자는 회의 또는 발표, 계약, 납품 등을 위해 방문한 사람들을 말한다. 이렇게 구분된 사용자는 6장에서 구현했던 것처럼 사용자의 업무 특성에 따른 네트워크와 시스템에 대한 접근통제뿐만 아니라, 네트워크 연결 시작 단계에서부터 차별화된 관리가 이뤄져야 한다. 차별화된 관리를 위해서는 사용자를 구분할 수 있어야 하며, 사용자에 따라 네트워크에 연결하는 방법을 달리 적용해야 할 것이다. 그림 8-32는 직원과 방문자로 구분된 사용자별 캡티브 포털 접속을 통한 802.1X 인증용 프로파일 설치 절차를 보여주고 있다.

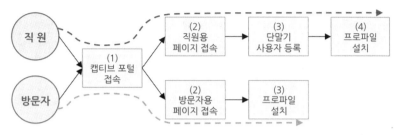

그림 8-32 사용자 유형별 캡티브 포털 접속 절차

기본적으로 직원과 방문자가 접속하는 캡티브 포털의 시작 페이지는 동일하지만, 이후 단계에서는 다른 과정을 진행하게 된다. 그림 8-33은 직원용 프로파일 설치 과정을 보여주고 있다. 시작 페이지에서 직원용 프로파일 설치를 위해 직원용 페이지로 이동하면, 프로파일 설치 이전에 단말기의 등록을 요청한다. 단말기 등록 요청 화면에는 캡티브 포털에 접속 중인 사용자 단말기의 맥 주소가 표시되고, 사용자 ID와 비밀번호 입력을 요구한다. 사용자 계정정보를 입력하고 confirm 버튼을 클릭하면, 사용자 계정이 일치하는지를 확인하고, 단말기에 대한 사용자정보를 등록한다. 사용자 확인과 단말기정보 등록이 완료되면, 프로파일 다운로드 페이지로 이동한다. 그리고 단말기 또는 운영체제 유형에 적합한 프로파일을 다운로드해 설치한 후 802.1X 인증환경을 구성하고 네트워크에 연결한다. 만약 계정정보를 보유하지 않은 사용자가 직원용 프로파일을 획득해 설치를 시도한다 하더라도 설치 도중 사용자 계정정보 입력을 요구하기 때문에 프로파일 설치를 정상적으로 마무리할 수 없다. 따라서 직원용 프로파일이 외부에 노출된다 하더라도 허가되지 않은 사용자에 의한 네트워크 접속을 차단할 수 있다.

(1) 사용자 유형 선택

(2) 사용자 확인

(3) 사용자 확인 결과   (4) 단말기 유형별 프로파일 선택

그림 8-33 직원용 프로파일 설치 단계별 캡티브 포털 화면

그림 8-34는 방문자용 프로파일 설치 절차를 보여주고 있다. 방문자의 경우 직원과 달리 계정정보를 보유하고 있지 않다. 따라서 직원용 절차와 달리 단말기 등록과 프로파일 설치 과정에서의 사용자 계정정보 입력을 요구하지 않고, 방문자 페이지에서 단말기 또는 운영체제의 유형에 적합한 프로파일을 다운로드해 설치하면 네트워크에 연결된다.

그림 8-34 방문자용 프로파일 설치 단계별 캡티브 포털 화면

일부 공공기관과 기업에서는 방문자의 네트워크 사용통제를 위해 사전 방문 신청을 받고 계정정보를 발급한다. 따라서 방문자는 미리 예약된 날짜와 시간 동안만 사용자 인증을 통해 네트워크를 사용할 수 있다. 이렇게 하는 것은 방문자에 의한 해킹 시도 또는 악성코드 전파 등과 같은 정보보안 사고가 발생했을 때 신속한 원인 규명과 대응 기반을 만들기 위해서다.

지금까지 캡티브 포털을 이용한 직원과 방문자의 네트워크 접속 프로파일 설치 절차에 대해 설명했다. 이제 이러한 흐름을 반영한 캡티브 포털 웹 페이지를 만들도록 하자.

8.4.2 디렉터리 구조

홈페이지를 만들거나 웹 프로그램을 개발할 때는 먼저 시스템 분석을 완료한 후 큰 틀의 구조를 설계하고, 과업 범위를 구조적으로 정의하고, 세부적으로 정의된 과업에 따라 세부적인 개발을 진행하게 된다. 이와 같이 캡티브 포털을 개발할 때도 비록 과업의 범위가 크지 않더라도 전체적인 구조를 미리 이해하고 진행해야 효과적으로 과업을 수행할 수 있다.

그림 8-35는 캡티브 포털의 디렉터리 구조와 각각의 디렉터리에 위치하게 될 파일들을 나열하고 있다. 캡티브 포털의 루트 디렉터리에는 메인 페이지 역할을 수행하는 index.html 파일, 직원 또는 방문자가 접속할 웹 페이지가 저장될 employee 디렉터리와 guest 디렉터리, 각종 안내자료가 저장될 guides 디렉터리, 그리고 사용자 단말기에 802.1X 인증환경을 구성해주는 프로파일 실행 파일이 저장될 profiles 디렉터리가 위치한다.

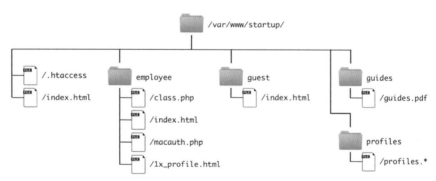

그림 8-35 캡티브 포털 디렉터리 구조

앞 절에서 캡티브 포털 운영을 위한 환경을 구성하면서 이미 루트 디렉터리는 만들었다. 이제 나머지 디렉터리를 만들고 각각의 디렉터리에 위치해야 할 캡티브 포털의 웹 페이지들을 개발하자. 리스트 8-33과 같이 캡티브 포털의 루트 디렉터리로 이동해 각각의 디렉터리를 생성한다.

리스트 8-33 캡티브 포털 디렉터리 구조 정의

```
root@radius:/etc/ufw# cd /var/www/startup
root@radius:/var/www/startup# mkdir employee guest guides profiles
root@radius:/var/www/startup#
root@radius:/var/www/startup# ls -al
합계 32
drwxr-xr-x 6 root root 4096 11월 28 12:03 .
drwxr-xr-x 4 root root 4096 11월 28 12:02 ..
-rw-r--r-- 1 root root   20 11월 28 12:02 .htaccess
drwxr-xr-x 2 root root 4096 11월 28 12:03 employee
drwxr-xr-x 2 root root 4096 11월 28 12:03 guest
drwxr-xr-x 2 root root 4096 11월 28 12:03 guides
-rw-r--r-- 1 root root   15 11월 28 12:02 index.html
drwxr-xr-x 2 root root 4096 11월 28 12:03 profiles
root@radius:/var/www/startup#
```

만약 생성한 디렉터리의 퍼미션이 리스트 8-33과 같이 drwxr-xr-x로 설정되어 있지 않다면, 리스트 8-34와 같이 퍼미션을 변경한다.

리스트 8-34 디렉터리 접근권한 변경

```
root@radius:/var/www/startup# chmod 755 employee guest guides profiles
root@radius:/var/www/startup#
```

다음으로, 웹 브라우저를 이용해 디렉터리에 직접 접근했을 때 디렉터리 목록을 표시하는 것을 차단하기 위해 각각의 디렉터리에 아무 콘텐츠도 없는 index.html 파일을 생성한다. 대부분의 웹 서버에서 디렉터리 리스팅 기능이 비활성화되어 있으므로 index.html 파일이 존재하지 않을 때에도 디렉터리에 등록된 콘텐츠가 노출되는 일이 없으나, 미리 예방하는 측면에서 리스트 8-35와 같이 내용이 없는 빈 index.html 파일을 생성한다.

리스트 8-35 디렉터리 리스팅 방지를 위한 index.html 생성

```
root@radius:/var/www/startup# touch employee/index.html
root@radius:/var/www/startup# touch guest/index.html
root@radius:/var/www/startup# touch guides/index.html
root@radius:/var/www/startup# touch profiles/index.html
```

8.4.3 메인 페이지

캡티브 포털의 메인 페이지는 직원과 방문자가 인터넷 사용을 위해 단말기를 네트워크에 연결하고 나서 처음 접하게 되는 홈페이지다. 따라서 복잡하지 않으면서도 네트워크 연결을 위해 사용자가 무엇을 해야 하는지 명확하게 알려줄 수 있어야 한다. 그림 8-36은 캡티브 포털의 메인 페이지를 보여주고 있다. 단순한 구성이지만 사용자에게 무엇을 요구하는지 명확하게 전달하고 있다. 직원이면 EMPLOYEE 버튼을 클릭하고, 방문자면 GUEST 버튼을 클릭하라는 의미임을 누구나 알 수 있다.

그림 8-36 캡티브 포털 메인 페이지

대부분의 사용자는 웹 서핑을 즐기면서 관심 있는 주제의 콘텐츠에 대해 클릭하기를 좋아하고, 화면에 이미지 하나만 달랑 있어도 무언가 링크되어 있을 것 같다는 생각에 클릭하는 습성이 있다. 따라서 그림 8-36의 화면에서도 사용자들은 알아서 의미를 파악하고 자신에게 적절한 버튼을 클릭할 것이다.

리스트 8-36의 코드를 입력하고 이와 같이 동작하는지 테스트해보길 바란다.

리스트 8-36 /var/www/startup/index.html

```
1:  <html>
2:    <head>
3:      <meta name="viewport" content="width=device-width, initial-scale=1.0,
    maximum-scale=2.0, user-scalable=yes" />
4:      <title>KOREA Network Access Authentication</title>
5:      <style>
6:        body    { background-color: #00f; }
7:        div     { width:100%;
8:                  height:100%;
9:                  border:solid 1px #f00;
10:                 font-size:80pt;
11:                 text-align:center;
12:                 padding-top:8%;
13:               }
14:        table   {
15:                  border: none;
16:                  width: 100%;
17:                  height: 100%;
18:                }
19:
20:        tr       { height:50%; }
21:        td.button { text-align: center;
22:                    vertical-align: center;
23:                    font-size: 80pt;
24:                    background-color: #eee;
25:                    border-top: solid 2px #fff;
26:                    border-left: solid 2px #fff;
27:                    border-bottom: solid 2px #777;
28:                    border-right: solid 2px #777;
29:                  }
30:      </style>
31:    </head>
32:
33:    <body>
34:      <table border=0 width="100%" height="100%" cellpadding="0" cellspan="0">
35:        <tr>
36:          <td class="button" onClick="location.href='/employee/';">
37:              EMPLOYEE
38:          </td>
39:        </tr>
40:        <tr>
```

```
41:        <td class="button" onClick="location.href='/guest/';">
42:            GUEST
43:        </td>
44:      </tr>
45:    </table>
46:  </body>
47: </html>
```

리스트 8-36의 코드는 PC, 노트북, 맥 등의 단말기뿐만 아니라 모바일 기기에
서도 동작하도록 코딩되어 있다. 따라서 모바일 기기를 위한 별도의 캡티브 포털을
제작하지 않아도 된다.

8.4.4 직원용 프로파일 설치 페이지

직원이 네트워크에 접속해 프로파일을 설치하기 위해서는 사전에 사용자가 직원인
지 여부를 확인하는 과정이 필요하다. 이번에는 직원용 프로파일의 다운로드 이전
에 직원 여부를 확인하고, 단말기의 맥 주소를 등록하는 프로그램을 만들기로 하자.

공용 함수 정의 파일

프로그래밍을 하다 보면 기본적으로 제공되는 함수 외에도 반복적으로 사용되는 코
드들을 헤더 파일, 함수 또는 모듈, 객체로 정의해 사용한다. 이러한 코드는 사용될
때마다 반복적으로 코딩되지 않고 별도의 파일에 저장해둔 후 필요할 때마다 불러
오는 방식으로 사용된다. 리스트 8-37은 직원용 페이지에서 공통적으로 사용되는
데이터베이스 연결, 맥 주소 유효성 검사, 메시지 버튼 등을 포함하고 있다.

리스트 8-37 /var/www/startup/employee/class.php

```
1:  <?php
2:  $_my_username = "radius";
3:  $_my_password = "09n072";
4:  $_my_host     = "localhost";
5:  $_my_dbname   = "radius";
6:
7:  $dsn = "mysql:dbname=$_my_dbname;host=$_my_host";
8:
```

```
9:  try {
10:    $dbo = new PDO($dsn, $_my_username, $_my_password);
11:  } catch (PDOException $e) {
12:    die('error:'.$e->getMessage());
13:  }
14:
15:  // 클라이언트 IP 주소 저장
16:  $_cli_ipaddr = $_SERVER['REMOTE_ADDR'];
17:
18:  // 맥 주소 유효성 검사 함수
19:  function macaddress_validation($mac_addr)
20:  {
21:    return (bool)preg_match('/^([0-9a-fA-F][0-9a-fA-F]:){5}([0-9a-fA-F]
    [0-9a-fA-F])$/', $mac_addr);
22:  }
23:
24:  // 단말기 맥 인증 이후 이동 버튼 출력 함수
25:  function put_html($msg, $evt)
26:  {
27:    if ($evt == 'BACK') {
28:      $btn = "<br><div class=\"btn\" onClick=\"history.go(-1);\" align=center>
    이전화면으로 돌아가기(Go, Back!)</div>";
29:    }
30:    else {
31:      $btn = "<br><p class=\"btn\" onClick=\"location.href='/employee/1x_
    profile.html';\">프로파일 설치(Install Profile)</p>";
32:    }
33:    ?>
34:    <html>
35:      <head>
36:        <meta name="viewport" content="width=device-width, initial-scale=1.0,
    maximum-scale=2.0, user-scalable=yes" />
37:        <meta http-equiv="Content-Type" content="text/html; charset=utf-8"/>
38:        <title>KOREA Network Access Authentication</title>
39:        <style>
40:          *     { font-size: 12pt; text-align: center;}
41:          table { width:100%; height:100%; }
42:          td    { text-align:center; vertical-align:center; }
43:          .btn  { text-align: center;
44:                  background-color: #eee;
45:                  border-top: solid 2px #fff;
46:                  border-left: solid 2px #fff;
47:                  border-bottom: solid 2px #777;
48:                  border-right: solid 2px #777;
49:                  padding: 10pt;
```

```
50:                        }
51:         </style>
52:     </head>
53:
54: .   <body>
55:         <table border=0>
56:           <tr>
57:             <td align="center">
58:                <?php echo $msg;?>
59:                <?php echo $btn;?>
60:             </td>
61:           </tr>
62:        </body>
63:    </html>
64:    <?php
65: }
66: ?>
```

- 1~13행: MySQL DBMS 연결을 위해 사용되는 코드다.

- 16행: 캡티브 포털에 접속한 단말기의 IP 주소를 얻기 위한 코드다.

- 19~22행: 정규식을 이용해 단말기의 맥 주소가 유효한지를 검증하기 위한 함수다.

- 25~65행: 단말기의 맥 주소 등록 후에 페이지 이동을 위한 버튼을 출력하는 함수다.

맥 주소 등록 및 사용자 확인 페이지

처음 캡티브 포털을 설계할 때는 직원용 캡티브 포털도 방문자용과 같이 바로 802.1X 인증환경 설정을 위한 프로파일을 다운로드할 수 있도록 했다. 그러나 직원들에게 네트워크에 연결되는 모든 단말기는 사용자정보가 관리되고 있음을 알리기 위해 단말기를 미리 등록하는 절차를 추가한다. 이 절차에서는 그림 8-37과 같이 사용자 단말기의 맥 주소, 사용자 ID, 비밀번호를 요구한다. 이 세 가지 정보는 직원인지 여부를 검증하고, 6장에서 만들었던 IP 주소 실명제 테이블(kp_address_user)에 단말기와 사용자정보를 등록하는 데 이용된다.

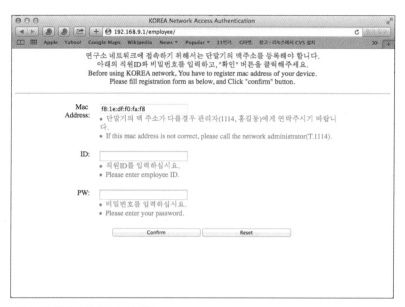

그림 8-37 단말기 맥 주소 등록 화면

그림 8-37은 사용자 단말기의 맥 주소가 입력되어 있는 것을 보여준다. 만약 사용자에게 직접 맥 주소를 입력하라고 요구하면 과연 정확한 맥 주소를 입력할까? 일부 사용자는 할 수 있겠지만, 대부분의 사용자는 맥 주소가 무엇을 의미하는지도 모르고 있을 뿐 아니라 방법을 설명한다고 하더라도 네트워크 연결을 위한 맥 주소를 찾기가 쉽지 않다. 네트워크 인터페이스가 하나만 설치된 PC라면 그나마 쉽게 찾을 수 있겠지만, 유·무선 네트워크 인터페이스가 최소한 2개 이상 장착된 노트북, 와이파이 연결만 지원하는 스마트 단말기 등에서 맥 주소를 찾기란 쉽지 않은 일이다. 그래서 캡티브 포털에서는 웹 페이지에 접속한 사용자 단말기의 맥 주소가 자동으로 입력되도록 구현했다. 이렇게 함으로써 사용자는 맥 주소를 찾는 번거로움을 해결할 수 있고 관리자는 정확한 맥 주소와 사용자정보를 파악할 수 있으므로, 서로에게 좋은 맥 주소 입력 방법이 될 것이다. 방금 전의 설명을 읽으며 아무런 감동도 받지 못했는가? 혹시 "그리 어려운 기능도 아닌 것 같은데…."라고 생각한 독자가 있는가? 물론 구현 방법을 알고 나면 그리 어려운 방법은 아니다. 혹시라도 주변에 웹 개발에 능통한 개발자가 있다면 웹 프로그래밍을 통해 사용자 단말기의 맥 주소를 확인할 수 있는지를 한번 확인해보길 바란다. 아마도 구현이 불가능

하다거나 쉽지 않다는 답변을 얻게 될 것이다. 이번 단계에서는 그림 8-37의 웹 페이지를 구현하기 전에, 지금 설명했던 내용인 웹 페이지에 접속한 사용자 단말기의 맥 주소를 확인하고 자동으로 입력하는 방법을 먼저 알아보고 웹 페이지 코딩을 진행하고자 한다.

캡티브 포털에 접속한 사용자 단말기의 맥 주소를 확인하기 위해서는 순수한 웹 기술만으로는 불가능하다. 그렇다고 액티브X^Active-X를 사용할 수도 없다. 액티브X는 윈도우 이외의 플랫폼에서는 사용할 수 없을 뿐더러, 액티브X의 창조자인 마이크로소프트에서조차도 사용을 꺼려하는 기술이기 때문이다. 그렇다면 어떻게 사용자 단말기의 맥 주소를 웹에서 확인할 수 있을까? 이것을 구현하기 위해서는 단말기가 캡티브 포털에 접속하기까지의 과정을 살펴볼 필요가 있다.

그림 8-6에서 살펴봤듯이 802.1X 인증환경이 설정되지 않은 단말기가 스위치에 연결되면 스위치는 단말기가 연결된 포트에 999번 VLAN을 할당한다. VLAN이 할당되면 단말기는 DHCP 프로토콜을 이용해 IP 주소의 할당을 요청하고, DHCP 서버는 단말기에 192.168.9.0/24 대역의 IP 주소 중 하나를 할당한다. 이후 단말기가 웹 접속을 시도하면 캡티브 포털로 연결되어 그림 8-36의 화면에 접속하게 된다. 이 과정 속에 단말기의 맥 주소를 확인할 수 있는 기회가 숨어 있다. 내용이 잘 파악되지 않는 독자는 5장에서 학습했던 내용을 떠올려보길 바란다. 그림 8-38은 DHCP를 통해 단말기에 할당될 때 IP 주소와 맥 주소를 처리하는 과정을 보여준다.

그림 8-38 IP 주소/맥 주소 추출 및 처리 절차

DHCP 서버에서 단말기에 IP 주소가 할당되면, Syslog 데이터베이스의 SystemEvents 테이블에 로그가 추가된다. SystemEvents 테이블은 기록된 로그가 IP 주소 할당과 관련된 로그이면 radius 데이터베이스의 kp_log_dhcp 테이블에

단말기에 할당한 IP 주소와 단말기의 맥 주소를 등록한다. 그리고 kp_log_dhcp 테이블에서는 kp_ip_pool에 IP 주소 할당내역을 등록한다. 이러한 과정으로 DHCP 시스템을 통해 할당되는 IP 주소와 단말기의 맥 주소를 체계적으로 관리할 수 있었다.

캡티브 포털에 접속하는 단말기도 DHCP 서버를 통해 IP 주소를 할당받기 때문에 그림 8-38의 절차에 의해 단말기의 맥 주소와 할당된 IP 주소가 kp_log_dhcp 테이블에 등록된다. 이쯤 되면 "아하!"하고 탄성을 지르는 독자가 있을 듯싶다. 그렇다. 캡티브 포털에 접속한 단말기의 IP 주소를 kp_log_dhcp 테이블에서 조회하면 해당 단말기의 맥 주소를 확인할 수 있다. 다만 IP 주소를 조회할 때 최근에 할당된 IP 주소를 조회해야만 현재 접속된 단말기의 맥 주소를 얻을 수 있으며, 리스트 8-38의 질의문을 이용한다.

리스트 8-38 단말기 맥 주소 확인용 SQL 질의문

```
SELECT macaddr
  FROM kp_log_dhcp
 WHERE vlan_id = 999
   AND ipaddr = '검색 대상 IP 주소'
 ORDER BY id DESC LIMIT 0,1;
```

너무 간단해서 허무하다고 느끼는 독자도 있을 것이다. 각각의 기능들을 따로따로 생각했을 때는 막막하기만 했던 부분들이지만, 하나로 합쳐서 문제 해결의 솔루션으로 이용하면 간단한 아이디어 하나로 기존에는 구현할 수 없었던 다양한 기능들을 구현할 수 있다. 이것이 바로 802.1X와 DHCP를 이용한 솔루션 개발의 또 다른 매력이라고 생각한다. 이제 이 방법을 캡티브 포털에 적용하자.

먼저 리스트 8-39의 코드를 입력해 그림 8-37의 정보 입력 화면을 구현한다. 실제로 단말기의 맥 주소를 정상적으로 가져오는지 확인하려면 액세스 스위치 9번 포트에 연결된 테스트용 단말기를 사용해 캡티브 포털에 접속해봐야 한다.

```php
 1:  <?php
 2:  include_once('class.php');
 3:
 4:  try {
 5:    $query = "SELECT macaddr FROM kp_log_dhcp WHERE vlan_id = 999 AND ipaddr =
      '".$_cli_ipaddr."' ORDER BY id DESC LIMIT 0,1";
 6:
 7:    $stmt = $dbo->prepare($query);
 8:    $stmt->execute();
 9:    $_cli_macaddr = $stmt->fetchColumn();
10:
11:    $query = "SELECT count(*) FROM kp_address_user WHERE macaddr = :macaddr";
12:    $stmt = $dbo->prepare($query);
13:    $stmt->bindParam(":macaddr", $_cli_macaddr, PDO::PARAM_STR);
14:    $stmt->execute();
15:    $madcnt = $stmt->fetchColumn();
16:  } catch (PDOException $e) {
17:    echo $e->getMessage();
18:    exit;
19:  }
20:
21:  // 이미 등록된 맥 주소이면 프로파일 다운로드 페이지로 이동
22:  if ( 0 < $madcnt ) {
23:    header("location:/employee/1x_profile.html");
24:    exit;
25:  }
26:  ?>
27:
28:  <html>
29:    <head>
30:      <meta name="viewport" content="width=device-width, initial-scale=1.0,
    maximum-scale=2.0, user-scalable=yes" />
31:      <meta http-equiv="Content-Type" content="text/html; charset=utf-8"/>
32:      <title>KOREA Network Access Authentication</title>
33:      <style>
34:        *         { font-size:12pt; }
35:        body      { background-color: #fff; }
36:        p         { font-size: 12pt;
37:                    text-align: center;
38:                    color: blue;
39:                  }
40:        td.title  { text-align: right;
41:                    font-size: 12pt;
42:                    padding-right: 10px;
```

```
43:                       vertical-align: top;
44:                       width: 50px;
45:                  }
46:        input.btn { width: 200px; font-size:10pt; }
47:        input.fld { width: 200px; font-size:10pt; }
48:        span.cmt  { font-size: 10pt; color: red; }
49:     </style>
50:   </head>
51:
52:   <body>
53:     <form action="macauth.php" method="post">
54:       <p>
55:          연구소 네트워크에 접속하기 위해서는 단말기의 맥 주소를 등록해야 합니다.<br>
56:          아래의 직원ID와 비밀번호를 입력하고, "확인" 버튼을 클릭해주세요.<br>
57:          Before using KOREA network, You have to register mac address of your
    device.<br>
58:          Please fill registration form as below, and Click "confirm" button.
59:       </p>
60:       <hr>
61:       <table cellpadding="10" align="center" border=0>
62:         <tr>
63:           <td class="title">Mac <br>Address:</td>
64:           <td><input class="fld" type="text" name="macaddr" value="<?php echo
    $_cli_macaddr;?>" readonly><br>
65:                <span class="cmt">
66:                <li>단말기의 맥 주소가 다를경우 관리자(1114, 홍길동)에게 연락주시기 바랍니다.
67:                <li>If this mac address is not correct, please call the
    network administrator(T.1114).
68:                </span>
69:           </td>
70:         </tr>
71:         <tr>
72:           <td class="title">ID:</td>
73:           <td><input class="fld" type="text" name="user_id" size="20"><br>
74:                <span class="cmt">
75:                <Li>직원ID를 입력하십시요.
76:                <li>Please enter employee ID.
77:                </span>
78:           </td>
79:         </tr>
80:         <tr>
81:           <td class="title">PW:</td>
82:           <td><input class="fld" type="password" name="passwd" size="20"><br>
83:                <span class="cmt">
84:                <li>비밀번호를 입력하십시요.
```

```
85:                <li>Please enter your password.
86:             </span>
87:         </td>
88:       </tr>
89:       <tr>
90:         <td colspan=2 align="center">
91:           <input class="btn" type="submit" value="Confirm">
92:           <input class="btn" type="reset" value="Reset">
93:         </td>
94:       </tr>
95:     </table>
96:   </form>
97:   </body>
98: </html>
```

- 2행: 앞에서 작성했던 '공용 함수 정의 파일'을 불러오는 명령이다.

- 5~9행: 캡티브 포털에 접속한 단말기의 IP 주소를 이용해 kp_log_dhcp 테이블에 저장되어 있는 단말기의 맥 주소를 불러와서 $_cli_macaddr 변수에 저장한다.

- 11~15행: 이미 등록된 맥 주소인지를 확인하고 결과를 $madcnt 변수에 저장한다. $madcnt에 저장된 값이 0이면 등록되지 않은 단말기이고, 0보다 크면 이미 등록된 단말기다.

- 22~25행: 이미 등록된 단말기라면 바로 프로파일 다운로드 페이지로 이동하도록 한다.

다음에 작성할 리스트 8-40은 그림 8-37에서 사용자 계정정보를 입력하고 confirm 버튼을 클릭했을 때 정보를 처리하기 위한 코드다. 이 코드는 사용자 계정정보를 이용해 등록된 직원이 맞는지를 확인하고, 직원이 맞을 때 단말기를 kp_address_user 테이블에 등록하는 기능을 수행한다.

리스트 8-40 /var/www/startup/employee/macauth.php

```
1:  <?php
2:  include_once('class.php');
3:
```

```
4:     $_cli_macaddr = $_POST["macaddr"];
5:     $_cli_userid  = $_POST['user_id'];
6:     $_cli_userpw  = $_POST['passwd'];
7:
8:   if(!macaddress_validation($_cli_macaddr)) {
9:       $_msg = "맥 주소가 올바르지 않습니다.<br>확인 후 다시 시도해 주십시요.<br>
10:              (Mac Address is not valid)";
11:    put_html($_msg, "BACK");
12:    exit;
13:  }
14:
15: try {
16:    $query = "SELECT count(*) FROM tmp_employee WHERE emp_id = :userid AND
    passwd = :passwd";
17:    $stmt = $dbo->prepare($query);
18:    $stmt->bindParam(":userid", $_cli_userid, PDO::PARAM_STR);
19:    $stmt->bindParam(":passwd", $_cli_userpw, PDO::PARAM_STR);
20:    $stmt->execute();
21:    $ucnt = $stmt->fetchColumn();
22:
23:    $query = "SELECT count(*) FROM kp_address_user WHERE macaddr = :macaddr";
24:    $stmt = $dbo->prepare($query);
25:    $stmt->bindParam(":macaddr", $_cli_macaddr, PDO::PARAM_STR);
26:    $stmt->execute();
27:    $madcnt = $stmt->fetchColumn();
28: } catch (PDOException $e) {
29:    echo $e->getMessage();
30:    exit;
31: }
32:
33: if (0 == $ucnt) {
34:    $_msg = "사용자 계정이 존재하지 않습니다.<br>확인 후 다시 시도 해 주십시요!!!<br>
35:             (User account is not founded. Please check again.)";
36:    put_html($_msg, "BACK");
37: }
38: else {
39:    $query = "SELECT id FROM kp_vlan_info WHERE groupname = ( SELECT groupname
    FROM radusergroup WHERE username = :userid )";
40:    $stmt = $dbo->prepare($query);
41:    $stmt->bindParam(":userid", $_cli_userid, PDO::PARAM_STR);
42:    $stmt->execute();
43:    $_cli_vlanid = $stmt->fetchColumn();
44:
45:    if (0 < $madcnt) {
46:      $_msg = "이미 등록된 맥 주소입니다.<br>프로파일 설치를 위해 아래의 버튼을 클릭하십시오.<br>
```

```
47:            Already registered mac address. Please click button to install
   profile.";
48:    put_html($_msg, "PROFILE");
49:    }
50:  else {
51:    try {
52:      $query = "INSERT INTO kp_address_user (username, macaddr, vlan_id )
   VALUES(:username, :macaddr, :vlan_id) ";
53:      $stmt = $dbo->prepare($query);
54:      $stmt->bindParam(":username", $_cli_userid, PDO::PARAM_STR);
55:      $stmt->bindParam(":macaddr", $_cli_macaddr, PDO::PARAM_STR);
56:      $stmt->bindParam(":vlan_id", $_cli_vlanid, PDO::PARAM_STR);
57:      $stmt->execute();
58:    } catch (PDOException $e) {
59:      echo $e->getMessage();
60:      exit;
61:    }
62:    $_msg = "맥 주소 등록이 완료되었습니다.<br>프로파일 설치를 위해 아래의 버튼을 클릭하십시오.<br>
63:            Completed mac address registration. Please click button to
   install profile.";
64:    put_html($_msg, "PROFILE");
65:   }
66: }
67: ?>
```

- 8~13행: 맥 주소를 확인하고 올바른 맥 주소가 아니면 에러 메시지를 출력한다.

- 16~21행: 직원의 계정정보가 일치하는지 확인한다. $ucnt 변수에 0이 저장되면 잘못된 직원정보다.

- 23~27행: 이미 등록된 맥 주소인지를 확인하고 결과를 $madcnt 변수에 저장한다. $madcnt에 저장된 값이 0이면 등록되지 않은 단말기이고, 0보다 크면 이미 등록된 단말기다.

- 33~37행: 직원의 계정정보가 올바르지 않을 때 에러 메시지를 출력한다.

- 39~43행: 직원의 계정정보가 올바르면 직원에게 할당된 VLAN ID를 구해 $_cli_vlanid 변수에 저장한다.

- 45~49행: 이미 등록된 단말기라면 등록된 사실을 사용자에게 알려준다.

- 50~65행: 등록되지 않은 단말기라면 `kp_address_user` 테이블에 단말기의 맥 주소와 사용자정보를 등록하고 프로파일 설치 페이지로 이동하는 버튼을 출력한다.

프로파일 다운로드 페이지

단말기에 802.1X 인증환경을 구성해주는 프로파일 다운로드 페이지는 프로그램이 포함되지 않은 웹 페이지다. 이 페이지는 그림 8-39의 페이지와 같이 운영체제 또는 단말기 유형별 프로파일과 수동 설정을 위한 가이드 문서를 다운로드할 수 있도록 구성했다. 각각의 프로파일과 문서의 이름은 근무하고 있는 회사의 특성에 맞게 만들어줘야 한다. 코드는 리스트 8-41과 같다.

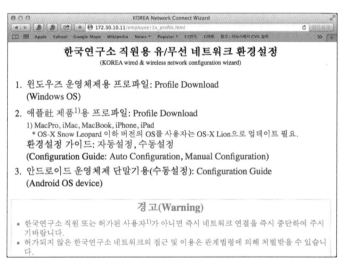

그림 8-39 직원용 프로파일 다운로드 페이지

리스트 8-41 /var/www/startup/employee/1x_profile.html

```
1:  <html>
2:  <head>
3:  <meta http-equiv="Content-Type" content="text/html; charset=utf-8"/>
4:  <meta name="viewport" content="width=device-width, initial-scale=1.0,
    maximum-scale=2.0, user-scalable=yes" />
5:  <title>KOREA Network Connect Wizard</title>
6:  <style>
7:      p      { margin:0px; font-size:15pt; }
```

```
8:    .head { font-size:20pt; font-weight:bold; text-align:center; }
9:    .lv1  { font-size:20pt; font-weight:bold; }
10:   .body { font-size:15pt; }
11:   ul    { margin:0px; margin-left:15px; padding-left:15px; font-size:15pt; }
12:   ul li { margin:0px; padding:0px;}
13:   ol    { margin-top:10px; font-size:18pt; }
14:   ol li { margin-top:10px; }
15:   a     { text-decoration:none; }
16: </style>
17: </head>
18:
19: <body>
20: <table align=center style="width:100%;">
21:   <tr>
22:     <td align=center style="padding-bottom:20px;">
23:       <p class="head">한국연구소 직원용 유/무선 네트워크 환경설정</p>
24:       (KOREA wired & wireless network configuration wizard)
25:     </td>
26:   </tr>
27:   <tr>
28:     <td>
29:       <p style="padding-left:18px;">
30:         <ol>
31:           <li>윈도우즈 운영체제용 프로파일: <a href="/profiles/MS_EA.exe">Profile
    Download</a><br>
32:                 (Windows OS)
33:           </li>
34:           <li>애플社 제품<sup>1)</sup>용 프로파일: <a href="/profiles/APPLE_
    EA.mobileconfig">Profile Download</a><br>
35:             <p style="color:blue; margin-top:3px;">
36:                 1) MacPro, iMac, MacBook, iPhone, iPad<br>
37:                    * OS-X Snow Leopard 이하 버전의 OS를 사용자는 OS-X
    Lion으로 업데이트 필요.</p>
38:                 환경설정 가이드: <a href="/guides/iPhoneEA.pdf" target="new">자동설정
    </a>,
39:                             <a href="/guides/iPhoneEM.pdf" target="new">수동설정
    </a><br>
40:                 (Configuration Guide: <a href="/guides/iPhoneEA.pdf"
    target="new">Auto Configuration</a>,
41:                                 <a href="/guides/iPhoneEM.pdf"
    target="new">Manual Configuration</a>)
42:           </li>
43:           <li>안드로이드 운영체제 단말기용(수동설정) : <a href="/guides/AndroidEM.pdf"
    target="new">Configuration Guide</a><br>
44:                 (Android OS device)
```

```
45:             </li>
46:          </ol>
47:       </p>
48:    <td>
49:  </tr>
50:  <tr>
51:    <td align="left" style="border:1px dotted #ff0000; padding:5px; ">
52:       <font color="red">
53:        <p class="head" style="margin-bottom:8px;">경고(Warning)</p>
54:        <ul>
55:          <li>한국연구소 직원 또는 허가된 사용자<sup>1)</sup>가 아니면 즉시 네트워크 연결을 즉시 중
      단해 주시기바랍니다.
56:            <li>허가되지 않은 한국연구소 네트워크의 접근 및 이용은 관계법령에 의해 처벌받을 수 있습니다.
57:            <li>If you are not an employee or authorized user at KOREA, please
      do disconnect the network connection immediately.
58:            <li>Unauthorized Internet access and usage can be punished by the
      relevant laws.
59:          </ul>
60:       </font>
61:       <p class="body" style="margin-left:25px; margin-top:5px; color:blue;">
62:          1) 세미나, 워크숍 또는 연구소와 공식적인 업무협의를 위해 방문 한 외부인
63:       </p>
64:    </td>
65:  </tr>
66: </table>
67: <body>
68: </html>
```

8.4.5 방문자용 프로파일 설치 페이지

방문자용 프로파일 설치 과정에서는 직원용과 달리 단말기 등록 또는 사용자 확인 과정을 생략해, 캡티브 포털의 메인 페이지에서 GUEST를 선택하면 바로 프로파일 설치 페이지로 진입하도록 구성했다. 그림 8-40은 그림 8-39와 동일한 코드를 사용하고 있지만, 제공되는 프로파일 설치도구와 가이드 문서가 다르다. 회사의 네트워크 관리정책이나 관리자의 요구에 의해 직원용과 같이 사용자 관리를 하려는 경우 직원용을 응용하면 그리 어렵지 않게 구현할 수 있다. 방문자용 프로파일 설치 페이지 코드는 리스트 8-42와 같다.

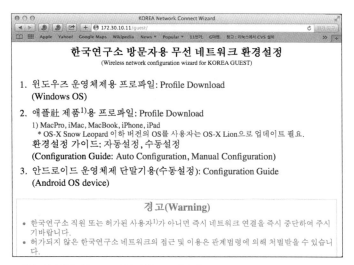

그림 8-40 방문자용 프로파일 다운로드 페이지

리스트 8-42 /var/www/startup/guest/index.html

```
1:  <html>
2:  <head>
3:  <meta http-equiv="Content-Type" content="text/html; charset=utf-8"/>
4:  <meta name="viewport" content="width=device-width, initial-scale=1.0,
     maximum-scale=2.0, user-scalable=yes" />
5:  <title>KOREA Network Connect Wizard</title>
6:  <style>
7:    p     { margin:0px; font-size:15pt; }
8:    .head { font-size:20pt; font-weight:bold; text-align:center; }
9:    .lv1  { font-size:20pt; font-weight:bold; }
10:   .body { font-size:15pt; }
11:   ul    { margin:0px; margin-left:15px; padding-left:15px; font-size:15pt; }
12:   ul li { margin:0px; padding:0px;}
13:   ol    { margin-top:10px; font-size:18pt; }
14:   ol li { margin-top:10px; }
15:   a     { text-decoration:none; }
16: </style>
17: </head>
18:
19: <body>
20: <table align=center style="width:100%;">
21:  <tr>
22:   <td align=center style="padding-bottom:20px;">
23:    <p class="head">한국연구소 방문자용 무선 네트워크 환경설정</p>
24:       (Wireless network configuration wizard for KOREA GUEST)
```

```
25:      </td>
26:    </tr>
27:    <tr>
28:      <td>
29:        <p style="padding-left:18px;">
30:          <ol>
31:            <li>윈도우즈 운영체제용 프로파일: <a href="/profiles/MS_GA.exe">Profile
   Download</a><br>
32:                (Windows OS)
33:            </li>
34:            <li>애플社 제품<sup>1)</sup>용 프로파일: <a href="/profiles/APPLE_
   GA.mobileconfig">Profile Download</a><br>
35:              <p style="color:blue; margin-top:3px;">
36:                1) MacPro, iMac, MacBook, iPhone, iPad<br>
37:                   * OS-X Snow Leopard 이하 버전의 OS를 사용자는 OS-X
   Lion으로 업데이트 필요.</p>
38:                환경설정 가이드: <a href="/guides/iPhoneGA.pdf" target="new">자동설정
   </a>,
39:                            <a href="/guides/iPhoneGM.pdf" target="new">수동설정
   </a><br>
40:                (Configuration Guide: <a href="/guides/iPhoneGA.pdf"
   target="new">Auto Configuration</a>,
41:                                    <a href="/guides/iPhoneGM.pdf"
   target="new">Manual Configuration</a>)
42:            </li>
43:            <li>안드로이드 운영체제 단말기용(수동설정): <a href="/guides/AndroidGM.pdf"
   target="new">Configuration Guide</a><br>
44:                (Android OS device)
45:            </li>
46:          </ol>
47:        </p>
48:      <td>
49:    </tr>
50:    <tr>
51:      <td align="left" style="border:1px dotted #ff0000; padding:5px; ">
52:        <font color="red">
53:          <p class="head" style="margin-bottom:8px;">경고(Warning)</p>
54:          <ul>
55:            <li>한국연구소 직원 또는 허가된 사용자<sup>1)</sup>가 아니면 즉시 네트워크 연결을 즉시 중
   단해 주시기바랍니다.
56:            <li>허가되지 않은 한국연구소 네트워크의 접근 및 이용은 관계법령에 의해 처벌받을 수 있습니다.
57:            <li>If you are not an employee or authorized user at KOREA, please
   do disconnect the network connection immediately.
58:            <li>Unauthorized Internet access and usage can be punished by the
   relevant laws.
```

```
59:          </ul>
60:        </font>
61:        <p class="body" style="margin-left:25px; margin-top:5px; color:blue;">
62:            1) 세미나, 워크숍 또는 연구소와 공식적인 업무협의를 위해 방문 한 외부인
63:        </p>
64:      </td>
65:    </tr>
66: </table>
67: <body>
68: </html>
```

이것으로 직원이나 방문자가 접속할 캡티브 포털 페이지 구현을 마친다. 다음 절에서는 사용자가 단말기에서 802.1X 환경을 구성할 프로파일을 만들도록 하자.

8.5 | 프로파일 만들기

802.1X 네트워크 접근통제 구축 과정에서 가장 중요한 단계가 사용자 단말기에 802.1X 인증환경을 구성하는 것이라고 계속 설명했다. 캡티브 포털은 단말기가 802.1X 네트워크에 처음 연결될 때 802.1X 인증환경을 구성할 수 있도록 프로파일 구성도구에 접근하는 길을 열어준다. 앞 절까지는 캡티브 포털을 만들기 위해 알고 있어야 하는 기본적인 원리들을 살펴보고 원리를 적용해 캡티브 포털을 구성했다. 물론 캡티브 포털에 대해 알게 되었고 이를 구축한 것만으로도 충분히 만족할 수 있다. 그렇지만 아직까지 캡티브 포털의 구성 목적이 달성되지 않았다. 단말기나 운영체제의 종류에 따른 프로파일 구성도구가 캡티브 포털에 등록되지 않았기 때문이다. 이번 절에서는 단말기와 운영체제의 종류에 따른 프로파일 구성도구를 만드는 방법에 대해 알아보고자 한다.

본격적인 내용을 시작하기에 앞서 먼저 한 가지 아쉬운 말을 전하고자 한다. 지금까지 802.1X 인증체계 구축을 진행하면서 지켜왔던 기본적인 원칙 중 하나는 모든 시스템 구축에 오픈소스 소프트웨어[OSS]를 이용하는 것이었다. 지금까지는 그 원칙을 잘 지켜왔다. 그러나 이번에는 이 원칙을 잠시 벗어나 상용 도구를 한 가지 사

용하려고 한다. 마이크로소프트 윈도우용 프로파일 구성도구를 만들 때 아루바네트웍스 사의 클리어패스 퀵커넥트^{ClearPass QuickConnect}를 사용하게 된 것이다. 오픈소스로 개발되어 있는 윈도우용 프로파일 배포도구가 없는 것은 아니었지만, 테스트를 진행하면서 만족할 만한 결과를 얻지 못했다. 그래서 여러 가지 도구를 검토하다가 비용이 합리적이고 사용이 편리하다는 이유로 클리어패스 퀵커넥트를 선택하게 되었다.

또 하나의 아쉬움은 리눅스와 안드로이드 운영체제를 사용하는 단말기에 대한 프로파일 배포도구는 아직까지 찾지 못했다는 것이다. 극히 일부 상용 제품에서 이를 지원한다고 홍보하고 있지만 일부 버전에 대해 제한적인 지원만 하고 있을 뿐이며, 별도 모듈로 분리해서 캡티브 포털을 통해 배포하기가 여의치 않아 이를 제외할 수밖에 없었다.

애플 사의 제품을 사용하는 독자들이 궁금해할 것 같아 미리 말해두자면, 사실 아루바네트웍스의 퀵커넥트는 윈도우 운영체제뿐만 아니라 OS X, iOS 등과 같은 애플의 운영체제도 지원한다. 그러나 테스트를 진행하다 보니 일부 단말기에서 정상적으로 동작하지 않는 오류가 발견되어 퀵커넥트는 윈도우 운영체제용 프로파일 배포에만 사용하기로 했다. 다행히 애플은 Apple Configurator라는 프로파일 생성 도구를 무료로 제공해 자사 제품에 적용하기 위한 프로파일을 자유롭게 만들어 이용할 수 있도록 지원한다. Apple Configurator는 802.1X 관련 환경 설정뿐만 아니라 웹 콘텐츠 필터, 와이파이 연결 설정, 가상 사설망 구성, 메일 구성 등 단말기 사용과 관련된 다양한 설정사항들을 회사의 특성에 따라 구성해 배포할 수 있는 도구다. 또한 Apple Configurator로 만들어진 프로파일은 아이맥^{iMac}, 맥북^{MacBook}, 맥 프로^{Mac Pro}, 아이폰^{iPhone}, 아이패드^{iPad} 등을 가리지 않고 모두 적용할 수 있어서 매우 편리하다.

이제 각각의 플랫폼별로 802.1X 인증환경 구성을 위한 프로파일을 만들어보자. 먼저 퀵커넥트를 사용해 윈도우용 프로파일 배포도구를 만든다. 다음에는 Apple Configurator를 사용해 애플 사 단말기에 적용할 수 있는 프로파일을 만들자. 그다음에는 안드로이드 OS가 사용되는 단말기에 802.1X 인증환경을 수동으로 구성하는 방법을 살펴보자. 마지막으로 지금까지 만든 프로파일을 캡티브 포털에 등록하는 방법을 간단히 살펴보고 이번 장을 마치도록 하자.

8.5.1 윈도우용 프로파일 배포 패키지 생성

앞서 언급했듯이 윈도우용 프로파일 배포 패키지를 생성하기 위해 클리어패스 퀵커넥트라는 도구를 이용하기로 했다. 이번에는 퀵커넥트에 대해 간략히 알아보고 이를 이용해 프로파일 배포 패키지를 생성하는 방법에 대해 살펴본다.

퀵커넥트 소개

클리어패스 퀵커넥트는 단말기에 대한 802.1X 인증환경 구성을 자동화해주는 솔루션으로 무선 네트워크 솔루션 전문 업체인 아루바네트웍스에서 BYOD를 겨냥해 출시했다. 이 솔루션은 웹을 통해 클라우드 형태로 서비스되며 주요 기능과 특징은 다음과 같다.

- 사용자 중심의 마법사를 이용한 802.1X 프로파일 배포 패키지 생성

- 몇 번의 클릭만으로 단말기에 대한 802.1X 인증환경 구성

- 다양한 운영체제(윈도우, OS X, iOS, 안드로이드) 지원

- 단말기에는 배포되는 인증서 이외에 어떠한 에이전트도 설치하지 않음

- 윈도우 운영체제에서는 프로파일 배포 시 30MB 미만의 에이전트와 프로그램을 함께 배포 가능

퀵커넥트는 상용 솔루션이기 때문에 사용을 위해서는 별도의 라이선스를 구매해야 한다. 라이선스 정책은 퀵커넥트를 사용하는 단말기 수량을 기준으로 산정된다. 따라서 구체적인 구매 비용은 별도로 확인해야 한다. 한 가지 다행스러운 점은 비슷한 기능을 수행하는 타사의 제품과 비교했을 때 가격 경쟁력이 우수하다는 점이다.

윈도우용 프로파일 배포 패키지 만들기

퀵커넥트를 이용해 윈도우용 프로파일 배포 패키지를 만드는 절차나 방법은 복잡하거나 어렵지 않다. 다만 상용 솔루션이기 때문에 사용을 위해서는 공급사로부터 테스트용 계정을 제공받거나 정식 라이선스를 확보해야 한다.

퀵커넥트 로그인

아루바네트웍스로부터 발급받은 ID와 비밀번호를 이용해 그림 8-41의 퀵커넥트 홈페이지(http://quickconnect.arubanetworks.com)에 로그인한다.

그림 8-41 클리어패스 퀵커넥트 로그인 화면

퀵커넥트 홈페이지에 로그인하면 그림 8-42의 메인 화면이 출력되고, 왼쪽 상단에 있는 메뉴를 통해 프로파일 생성과 관련된 작업을 수행하게 된다.

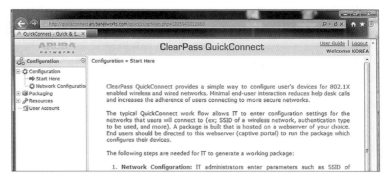

그림 8-42 클리어패스 퀵커넥트 메인 화면

인증서 등록

802.1X 인증환경 구성용 프로파일 배포 패키지 제작과 관련해 맨 먼저 인증서를 등록하자. 이 과정에서는 4장에서 만들었던 사설인증서를 등록한다.

인증서 등록을 위해 왼쪽의 메뉴에서 Certificates를 클릭한다.

그림 8-43 인증서 관리 메뉴 선택 화면

현재는 아무런 인증서도 등록되지 않았으므로 빈 인증서 목록이 출력된다. 새로운 인증서 등록을 위해 우측 상단에 있는 Add Cerficate 메뉴를 클릭한다.

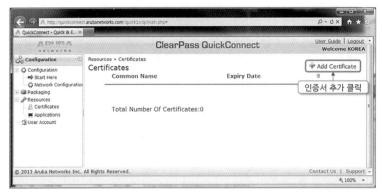

그림 8-44 인증서 목록 화면

인증서 등록 창이 열리면, Browse 버튼을 클릭해 4장에서 만들어뒀던 인증서 파일(ca.der)을 선택하고, **열기** 버튼을 클릭해 등록 대상 인증서 파일을 선택한다.

그림 8-45 인증서 선택 화면

인증서 등록 창에서 Add Cerficate 버튼을 클릭해 인증서 등록을 마무리한다.

그림 8-46 인증서 등록 화면

등록한 인증서가 인증서 목록에 표시되는지 확인하고 다음 과정을 계속 진행한다.

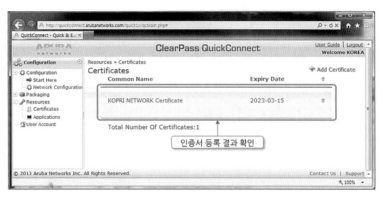

그림 8-47 인증서 목록 화면

프로파일 구성도구 UI 정보 및 로고 등록

이번에는 802.1X 프로파일을 단말기에 배포할 때 배포도구에 표시될 네트워크 정보 및 로고를 등록하자.

왼쪽 상단의 메뉴에서 User Interfaces를 클릭한다.

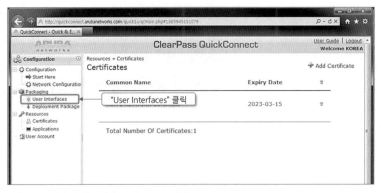

그림 8-48 사용자 인터페이스 메뉴 선택 화면

사용자 인터페이스 목록 창과 함께 미리 등록되어 있는 기본 사용자 인터페이스가 하나 출력된다. 여기서는 별도의 UI를 등록하지 않고, 이미 등록된 기본 UI를 수정해 사용하도록 한다. 만약 프로파일 배포 대상 네트워크가 여러 개 존재하거나 직원인지 방문자인지에 따라 다른 UI를 제공하고자 하면 새로운 UI를 등록해서 사용할 수 있다.

기본 UI 수정을 위해 Default UI를 클릭한다.

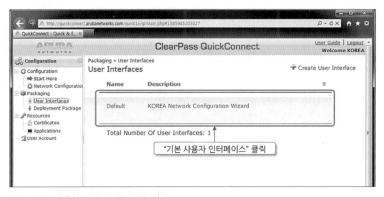

그림 8-49 사용자 인터페이스 목록 화면

UI 정보 입력 창에 각 기관의 정보를 입력하고 로그를 등록한 후 Save User Inferface 버튼을 클릭해 UI 정보를 저장한다.

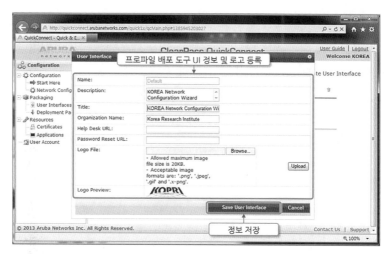

그림 8-50 UI 정보 및 로고 등록 화면

윈도우용 프로파일 만들기

앞에서 등록했던 인증서와 사용자 인터페이스를 이용해 802.1X 인증환경 구성을 위한 프로파일을 만들자.

퀵커넥트의 메인 화면에서 Start Here 메뉴를 클릭해 프로파일 구성을 시작한다.

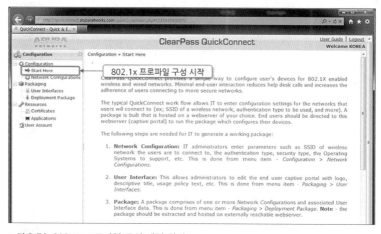

그림 8-51 802.1X 프로파일 구성 메인 화면

화면을 스크롤해서 아래로 이동한 후 프로파일 유형에서 802.1X Wireless and Wired를 선택한다. 우리나라에서도 802.1X 인증체계가 적용되고 있으나, 아직까지

는 무선 네트워크에만 도입될 뿐 유선 네트워크에 도입된 사례는 흔히 찾아볼 수 없다. 앞에서 구축한 802.1X 인증체계는 무선 네트워크뿐만 아니라 유선 네트워크에도 적용 가능하도록 구성했다. 따라서 프로파일도 유·무선 네트워크를 모두 지원하는 방법을 선택한다.

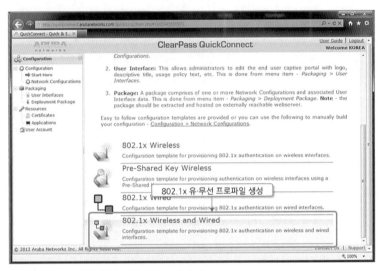

그림 8-52 프로파일 유형별 구성 방법 선택 화면

프로파일 유형을 선택하면 그림 8-53과 같이 프로파일의 이름, 설명, 구성 대상 운영체제 등의 기본 정보를 입력하는 Configuration 화면을 보여준다. 만약 프로파일의 이름과 설명을 변경하고자 하면 Name과 Description 항목을 변경하면 된다. 이번 실습에서는 Name과 Description 항목을 변경하지 않는다.

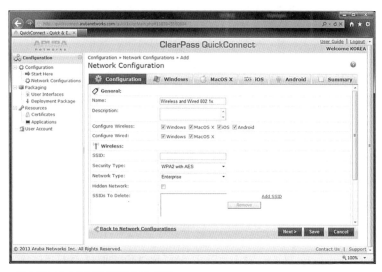

그림 8-53 프로파일 일반정보 등록 화면

다음으로 프로파일이 지원할 운영체제를 선택한다. 퀵커넥트에서는 다양한 운영체제를 지원하지만, 앞서 설명한 바와 같이 윈도우 운영체제에 적용 가능한 프로파일만 생성한다. 따라서 OS X, iOS, 안드로이드 운영체제에 대한 선택을 해제한다.

그림 8-54 프로파일 일반정보 등록 화면

지원 대상 운영체제의 선택이 완료되면, 무선 네트워크와 관련된 일반 설정을 진행한다. 먼저 SSID^{Service Set Identifier}를 입력한다. 이 SSID는 무선 네트워크에 접속하는 단말기가 802.1X 인증을 통과한 이후에 연결할 와이파이의 SSID다. 대부분의 회사는 내부에서 업무용으로 사용하는 SSID는 외부에 노출되지 않도록 관리하기 때문에, 숨겨져 있을 때에도 연결이 가능하도록 Hidden Network 항목도 선택한다. 그리고 보안 유형^{Security Type}은 WPA or WPA2를 선택해 강화된 보안을 유지하도록 하고, 네트워크 유형은 Enterprise를 선택한다.

다음에는 퀵커넥트를 시작하면서 등록했던 인증서를 사용할 수 있도록 Trust 영역에 있는 Validate Server's Certificate 항목에 체크한다. 잠시 기다려서 인증과 관련된 추가적인 입력 항목이 표시되면 Trusted Root Certificate 콤보 박스에서 앞에서 등록했던 인증서를 선택한다.

인증서의 선택이 완료되면 Next 버튼을 클릭해 다음 탭으로 이동하고 윈도우 운영체제용 프로파일 항목을 설정한다.

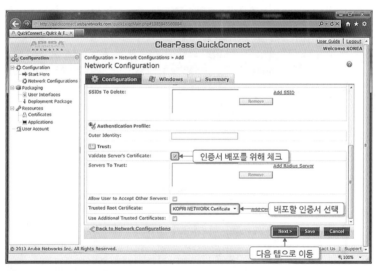

그림 8-55 프로파일 일반정보 등록 화면

윈도우 탭에서는 그림 8-56과 같이 항목들의 값을 변경한다. Authentication Mode는 User Only로 설정한다. User Only 모드는 인증에 필요한 계정정보로 사용자가 입력하는 계정정보만을 사용한다는 의미다. 만약 마이크로소프트의 액티브 디렉터리[AD, Active Directory]를 사용하고 있다면, 운영체제의 도메인 정보를 통해 인증을 수행할 수도 있다. Authentication Credentials 항목에서는 Ask User For Credentials를 선택한다. 이것은 인증이 필요할 때 사용자에게 직접 인증에 필요한 정보를 입력할 것을 요청하겠다는 의미다. Authentication Protocol은 PEAP with MSCHAPv2를 선택한다. 이 항목은 선택의 여지가 없다. 윈도우에서는 802.1X 인증을 위해 반드시 이 프로토콜을 사용해야 하기 때문이다(MSCHAPv2 프로토콜은 마이크로소프트에서 만들었다.). 이번에 한 번 인증받은 후 재인증을 시도할 때 시간을 단축시키기 위해 Enable Fast Reconnect 항목에 체크한다.

모든 설정이 완료된 후에는 Advanced Settings를 클릭해 인증과 관련된 세부적인 항목의 설정을 진행한다.

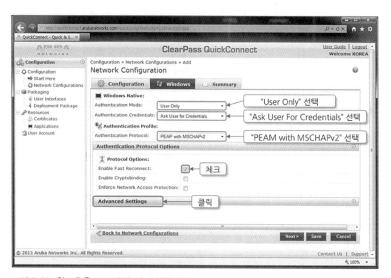

그림 8-56 윈도우용 프로파일 정보 등록 화면

Advanced Settings를 구성하고 있는 세부 항목들이 표시되면, 그림 8-57과 같이 몇 가지 항목들에 체크하고 Next 버튼을 클릭한다.

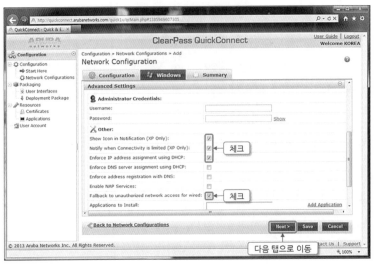

그림 8-57 윈도우용 프로파일 정보 등록 화면

Summary 탭에서는 지금까지 진행했던 802.1X 프로파일의 설정 내용을 요약해서 보여주고 있다. 잘못 설정된 값이 있다면 여기서 해당 항목의 탭을 선택해 설정된 값을 변경할 수 있다. 설정 내용에 변동사항이 없다면 Save 버튼을 클릭해 설정값을 저장한다.

그림 8-58 프로파일 구성 내용 요약 화면

저장된 구성은 그림 8-54에서 등록한 이름으로 저장되며, 왼쪽 상단에 위치한 Network Configurations 메뉴를 선택해 등록된 프로파일 목록을 열람할 수 있다.

프로파일 구성도구 패키지 제작 및 다운로드

프로파일 구성 저장이 완료되고 나면 퀵커넥트는 그림 8-59와 같이 저장된 프로파일을 배포용 패키지로 구성할지를 묻는다. 바로 패키지를 구성할지 아니면 나중에 패키지를 구성할지에 따라 적절히 선택하면 된다. 이 과정에서는 Yes를 선택한다.

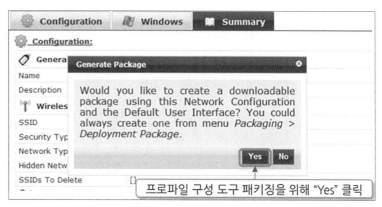

그림 8-59 프로파일 구성도구 패키징 시작 화면

퀵커넥트의 장점은 프로파일 구성 항목들을 설정하는 과정에서도 확인할 수 있었지만, 진정한 장점은 바로 이 패키징에 있다고 생각한다. 나중에 확인할 수 있겠지만, 패키징된 파일의 압축을 풀어보면 8.4절에서 구현했던 캡티브 포털의 웹 페이지를 모두 구현해서 제공한다. 따라서 사용자 인증 절차 등을 생략할 경우에는 별도의 캡티브 포털을 제작하지 않고도 패키징된 파일을 웹 서버에 등록하고 압축만 풀어주면 캡티브 포털 웹 페이지 구축을 완료할 수 있다. 다만 우리는 이미 캡티브 포털을 목적에 맞도록 구축했기 때문에, 패키지의 웹 페이지를 이용하지 않고 필요한 프로파일 구성도구만 추출해서 사용하고자 한다.

프로파일 구성도구 패키지 구성이 완료되면 그림 8-60과 같이 패키지를 다운로드할 수 있는 링크가 포함된 Packaging 탭이 드러난다.

그림 8-60 프로파일 구성도구 패키지 다운로드 화면

패키지가 링크되어 있는 화살표를 클릭해, 적절한 폴더에 다운로드한다.

그림 8-61 프로파일 구성도구 패키지 저장 화면

패키지의 다운로드가 완료되면, 해당 폴더로 이동해 정상적으로 다운로드되었는지 확인한다.

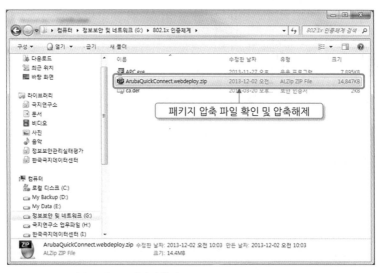

그림 8-62 프로파일 구성도구 패키지 확인

패키지의 내용 확인을 위해 알집^{Alzip}이나 윈집^{Winzip} 등의 압축 유틸리티를 이용해 패키지의 압축을 해제한다. 그림 8-63은 패키지에 포함되어 있는 파일들을 보여준다.

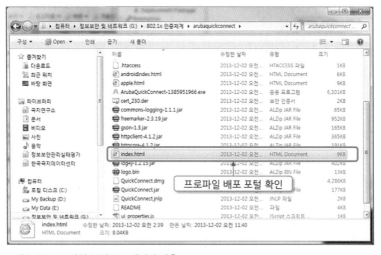

그림 8-63 프로파일 구성도구 패키지 내용

압축이 해제된 패키지 안에서 index.html 파일을 더블 클릭하면, 그림 8-65와 같이 프로파일 구성도구를 다운로드하도록 유도해주는 웹 페이지가 제작되어 있는 것을 볼 수 있다. 대학 캠퍼스와 같은 넓은 공간에서 학생들에게 무선 인터넷 서비스를 제공하고자 할 때, 별도로 웹 페이지를 제작하지 말고 패키지에 포함된 웹 페이지만 활용해도 좋은 효과를 얻을 수 있다.

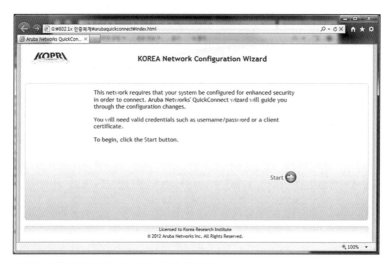

그림 8-64 퀵커넥트 제공 프로파일 구성 포털 화면

마지막으로, 8.4절에서 제작한 캡티브 포털 웹 페이지에 등록될 윈도우 운영체제용 프로파일 구성도구를 추출한다. 압축이 해제된 패키지 루트 폴더를 살펴보면 ArubaQuickConnect-1385946085.exe 파일이 있다. 이 파일이 바로 윈도우용 프로파일 구성도구다. 파일의 이름 중 확장자 앞에 있는 숫자 1385946085는 패키징이 수행될 때마다 매번 변경된다. 이 파일의 이름을 변경해 캡티브 포털에 등록할 것이다.

그림 8-65 프로파일 구성도구 패키지 내용

8.5.2 애플 OS X, iOS용 프로파일 생성

불과 몇 년 전까지만 하더라도 매킨토시^{Macintosh}(이하 맥)는 우리나라에서 출판, 그래픽 디자인, 영상 편집 등과 같은 소수의 전문가 그룹만을 위한 전유물로 여겨지곤 했다. 그러나 아이폰을 필두로 한 스마트폰의 보급과 함께 앱^{App} 개발이 확대되면서 맥 사용자가 급격하게 증가했다. 이를 실감할 수 있는 장소로 커피전문점을 들 수 있다. 스티브 잡스가 맥북 에어^{MacBook Air}를 서류봉투에 넣어가지고 나와서 퍼포먼스하기 전까지만 하더라도 커피전문점에서 업무를 보거나 휴식을 즐기는 대부분의 사람들은 일반 노트북이나 넷북^{Net Book}을 사용했다. 그러나 요즘은 커피전문점에서 맥 사용자를 쉽게 찾아볼 수 있다. 일부 커피전문점에서는 인테리어 소품을 겸해서 방문객이 인터넷을 이용할 수 있도록 아이맥을 비치하기도 한다. 커피전문점뿐만 아니라 다른 업종에서도 젊은이들의 시선을 끌기 위한 용도로 맥을 설치하는 사례가 증가하고 있다.

이번에는 좀 더 가까운 공간을 살펴보자. 독자가 근무하는 회사의 주변 동료들이나 다른 부서 직원들은 어떤가? 단언컨대 맥 사용자가 많아졌을 것이다. 더욱이 세미나, 비즈니스 미팅, 컨퍼런스 등을 참석해보면 더 많은 맥 사용자를 만나볼 수 있다. 내가 근무하는 회사만 하더라도 불과 몇 년 사이에 맥 사용자가 급격히 증가했다. 현재의 직장에 입사했을 당시만 하더라도 맥은 겨우 2~3대 정도뿐이었다. 그러나 지금은 전체 PC의 20~30%까지 증가한 것으로 파악되고 있으며, 맥을 구매하는 소비자는 지속적으로 증가하고 있다.

다음에는 스마트 기기를 살펴보자. 아이폰 출시 이후 스마트폰 광풍이 불어 2013년 기준으로 휴대전화 사용자의 80% 이상이 스마트폰을 사용한다. 이 중 약 7%의 사용자는 아이폰을 사용하고 있다. 그럼 아이패드는 어떤가? 간편한 휴대와 다양한 앱을 무기로 우리의 일상 속으로 깊이 파고들고 있으며, 일부 사용자는 노트북 대용으로 아이패드를 사용하기도 한다.

이처럼 맥, 아이폰, 아이패드 등의 단말기가 우리의 일상 속으로 매우 빠르게 들어올 수 있었던 원인은 매우 다양하다. 이 중에서 내가 생각하는 가장 큰 원인으로는 사람들이 원하는 것이 무엇인지를 이해하려고 했던 스티브 잡스의 디자인 원칙을 꼽고 싶다. 그리고 또 다른 중요한 원인으로 네트워크의 확대, 즉 인터넷 보급율의 증가를 들 수 있다. 혹자는 이렇게까지 말하기도 했다. "매슬로우의 욕구 다섯 단계에서 최고의 단계는 '자아 실현의 욕구'다. 그러나 현대인에게 있어 이를 능가하는 욕구는 '인터넷 사용에 대한 욕구'다." 이 말은 우리의 일상에서 인터넷이 차지하고 있는 비중이 그만큼 크다는 사실을 우회적으로 표현하고 있다.

이렇듯 우리의 일상 속으로 애플에서 만든 단말기가 깊이 자리하고 있는데, 인터넷 사용을 위한 연결 절차가 복잡하고 어렵다면 어떻게 될까? 사용자들의 입장에서는 애플에게 돌을 던지기보다는 네트워크 관리자에게 비난의 화살을 날릴 것이 뻔하다. 특히 802.1X 인증체계가 적용된 네트워크라면 일반 네트워크에 비해더 복잡하다. 3장에서 윈도우 운영체제를 사용하는 단말기의 환경 설정 절차를 경험했기에 충분히 알고 있을 것이다. 애플도 이러한 관리자의 어려움을 알고 있었던 듯싶다. 애플은 마이크로소프트와 달리 자사에서 생산한 단말기에 다양한 환경 설정 정보를 배포할 수 있는 Apple Configurator라는 프로파일 구성도구를 무료로 제공한다. Apple Configurator는 맥, 아이폰, 아이패드, 아이팟 등을 가리지 않고 네트워크 연결에 필요한 프로파일을 비롯해 콘텐츠 필터, 가상 사설망 연결,

메일 설정, 필수 앱 설치 등과 관련된 프로파일을 하나의 프로파일로 생성해 배포할 수 있게 한다. 다만 하나의 제약사항이 있다. 당연한 이야기일 수 있지만 Apple Configurator는 맥에서만 동작한다는 것이다. 혹시 802.1X 인증체계 구축을 검토하고 있다면 이러한 기회를 통해 맥을 경험해볼 수 있을 것이다.

Apple Configurator 앱 설치

Apple Configurator는 OS X에 기본적으로 포함된 앱이 아니기 때문에 애플의 앱 스토어를 통해 설치해야 한다. 따라서 Apple Configurator를 설치하는 과정을 진행한 후 802.1X 인증환경 구성을 위한 프로파일을 만들자.

앱 검색 및 설치

Apple Configurator 설치를 위해 앱 스토어를 실행하고 오른쪽 상단에 위치한 검색 창에 'Apple Configurator'를 입력한다.

그림 8-66 앱 스토어에서 Apple Configurator 검색

검색 결과 창에 표시된 Apple Configurator 아이콘 오른쪽에 있는 **설치**를 클릭해 앱을 설치한다.

그림 8-67 Apple Configurator 검색 결과

앱 설치 진행 및 결과 확인

독Dock의 런치패드Launchpad에 표시되는 앱 설치 진행 상황을 지켜보고, 앱 설치가 마무리되면 런치패드를 실행하거나 애플케이션Application 폴더에서 Apple Configurator가 정상적으로 설치되었는지 확인한다.

그림 8-68 Apple Configurator 설치 진행 상황

그림 8-69 Apple Configurator 설치 확인

802.1X 프로파일 구성하기

Apple Configurator를 이용한 프로파일 구성도 윈도우용 프로파일과 비슷한 과정을 거쳐 프로파일을 생성하게 된다. 차이점이라면 윈도우용 프로파일은 패키지로 생성되지만, Apple Configurator는 하나의 프로파일만 생성하며, 애플에서 생산한 모든 종류의 단말기에 배포가 가능한 장점이 있다는 것이다. 지금부터 Apple Configurator를 이용해 프로파일을 생성하자.

Apple Configurator 앱 실행

OS X와 iOS용 프로파일을 구성하기 위해 런치패드 또는 애플리케이션 폴더에서 **Apple Configurator**를 실행한다. 그림 8-70은 런치패드에서 실행하고 있다.

그림 8-70 런치패드에서 Apple Configurator 실행

감독 상태 활성화하기

앱이 실행되면 먼저 복수의 장비에 적용 가능한 프로파일을 구성할 수 있도록 감독 항목의 상태를 활성화 상태로 변경한다.

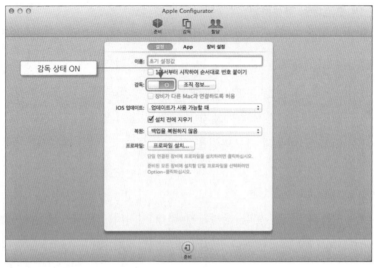

그림 8-71 Apple Configurator 메인 화면

신규 프로파일 등록하기

감독 상태가 활성화된 후 화면 하단에 있는 프로파일 창에서 프로파일 등록을 위해 + 버튼을 클릭한다.

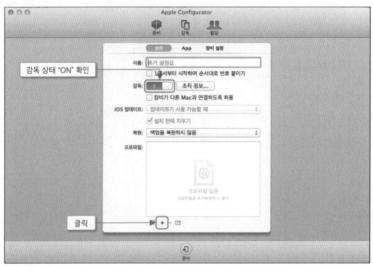

그림 8-72 신규 프로파일 등록 화면

프로파일 등록 방법에서 **새로운 프로파일 생성**…을 선택한다.

그림 8-73 프로파일 등록 방법 선택 화면

프로파일 일반정보 등록

프로파일 등록 창이 나타나면 제일 먼저 일반정보를 등록한다. 일반정보에서는 프로파일 이름과 조직 이름을 등록한다. 여기서 등록되는 이름은 그림 8-72의 프로파일 목록 창과 프로파일이 등록된 단말기에서 프로파일 이름으로 사용된다.

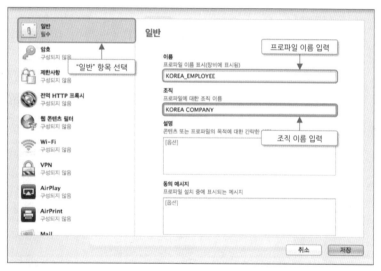

그림 8-74 프로파일 일반정보 등록 화면

와이파이 연결환경 구성

다음에는 와이파이 연결과 관련된 설정을 진행하기 위해 왼쪽의 구성항목 목록에서 **Wi-Fi**를 클릭하고, 오른쪽에서 **구성** 버튼을 클릭한다.

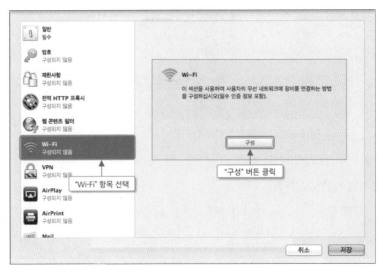

그림 8-75 와이파이 환경 구성 초기 화면

그림 8-76과 같이 와이파이 정보 등록 창에서 윈도우용 프로파일을 만들 때 등록했던 와이파이 정보와 동일한 정보를 입력한다.

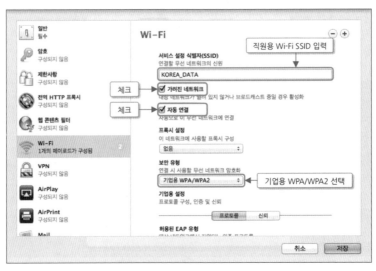

그림 8-76 와이파이 일반정보 및 보안 유형 선택 화면

이번에는 창을 아래로 스크롤해 그림 8-77과 같이 보안과 관련된 정보를 등록한다.

그림 8-77 와이파이 암호화 프로토콜 선택 화면

인증서 등록

인증서 등록을 위해 왼쪽의 구성항목 목록을 아래로 스크롤해 **인증서**를 선택하고, 오른쪽 화면의 **구성** 버튼을 클릭한다.

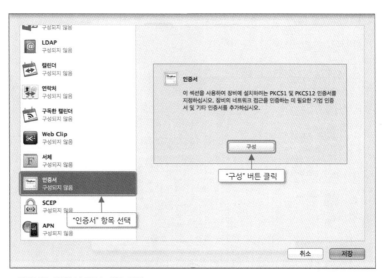

그림 8-78 인증서 구성 메인 화면

인증서 선택 창에서 윈도우용 프로파일 생성 시 등록했던 인증서와 동일한 인증서를 선택하고 **열기** 버튼을 클릭한다. 인증서는 4장에서 인증서버를 구성할 때 만들어뒀던 사설인증서를 사용한다.

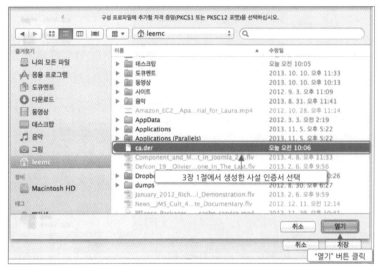

그림 8-79 프로파일에 등록할 인증서 선택 화면

선택된 인증서가 등록되면 인증서의 내용을 확인하고 **저장** 버튼을 클릭해 프로파일 생성을 완료한다.

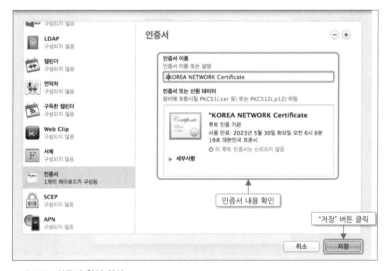

그림 8-80 인증서 확인 화면

그림 8-81과 같은 확인 메시지 창에서 **무조건 저장** 버튼을 클릭해 프로파일 등록을 마무리한다.

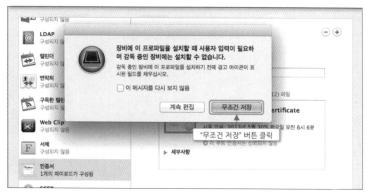

그림 8-81 프로파일 저장 확인 화면

프로파일 내보내기

현재 Apple Configurator에 등록되어 있는 프로파일을 다수의 단말기에 배포하기 위해서는 독립적인 파일 형태로 존재해야 한다. 이를 위해 그림 8-82와 같이 프로파일 목록 창에서 배포할 프로파일을 선택하고 화면 하단의 버튼(내보내기)을 클릭한다.

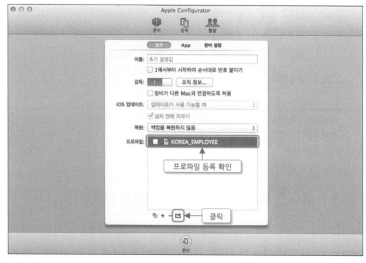

그림 8-82 등록이 완료된 프로파일 확인 화면

그림 8-83과 같은 창에서 프로파일을 저장할 위치를 선택하고 **저장** 버튼을 클릭해 프로파일을 파일로 저장한다. 이때 기본적으로 표시되는 파일 이름은 그림 8-74에서 등록한 이름이 사용된다.

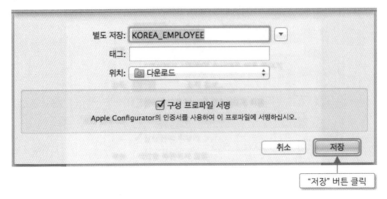

그림 8-83 프로파일 저장 화면

프로파일 내보내기가 완료되면, 탐색기를 실행해 지정된 위치에 정상적으로 저장되어 있는지 확인한다.

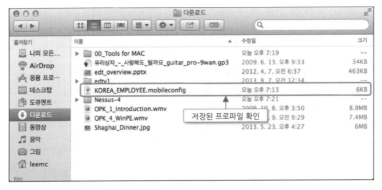

그림 8-84 저장된 프로파일 확인 화면

8.5.3 안드로이드 OS 사용 단말기 802.1X 인증환경 설정

스마트폰에서 안드로이드 운영체제가 사용되는 비율은 약 80% 정도에 이른다. 이는 안드로이드 운영체제가 무료이면서도 스마트폰 제조사마다 자사의 스마트폰 단말기에 맞춰 최적화할 수 있는 편의성이 제공되기 때문일 것이다. 때로는 이러한 편의성이 보안 또는 네트워크 관리자에게는 큰 고민을 안겨주곤 한다. 모바일 오피스 활용이 확대됨에 따라 안전한 이용을 위해서는 가상 사설망 사용이 필수적이다. 그러나 안드로이드를 사용하는 스마트폰에서는 IPSEC^{Internet Protocol Security} 표준 가상 사설망의 사용에 어려움이 있다. 그래서 안드로이드가 탑재된 단말기를 사용하는 사용자에게는 L2TP^{Layer 2 Tunneling Protocol} 또는 PPTP^{Point-to-Point Tunneling Protocol} 환경을 설정해주거나 제조사에서 제공하는 별도의 앱을 설치해줘야 한다. 물론 앱을 설치하는 것이 큰 문제는 아닐 수 있겠지만, 모든 가상 사설망에서 앱을 제공하지 않기 때문에 표준 IPSEC 가상 사설망을 제공하는 아이폰에 비해 불편한 것은 사실이다.

다음 고민거리는 네트워크 환경 설정 부분이다. 윈도우나 OS X, iOS와 같은 운영체제는 운영체제의 버전이 바뀌거나 사용하는 단말기 제조사가 다르더라도 항상 동일한 네트워크 환경 설정 방법을 제공한다. 반면에 안드로이드의 경우 OS의 버전과 스마트폰 단말기 제조사에 따라 네트워크 환경 설정 방법이 조금씩 달라진다. 아루바네트웍스, 시스코 등의 제조사에서 출시한 퀵커넥트, ISE 솔루션 등이 안드로이드 OS를 탑재한 스마트폰에서도 802.1X 인증과 관련된 환경 설정을 자동화해주는 것으로 홍보되고 있지만, 아직까지 제한된 범위의 단말기에 한해 적용할 수 있는 수준이다.

안드로이드 운영체제가 탑재된 스마트 기기에 대한 802.1X 인증환경 설정을 자동화하기가 어렵다면 어떻게 하면 될까? 간단하다. 수동으로 설정하면 된다. 그러나 수동 설정에도 어려움이 있다. 802.1X 인증체계를 적용하면서 사용자의 편의성을 위해 안드로이드가 탑재된 스마트 기기에 대한 802.1X 인증환경 설정 가이드라인을 배포했다. 이 가이드라인에서는 단말기 화면을 하나하나 캡처해서 설명까지 달았다. 그러나 얼마 지나지 않아 몇 통의 전화가 왔다. 가이드라인에서 안내하고 있는 설정항목이 자신의 스마트폰에서는 보이지 않는다는 것이다. 이때 알았다. 안드로이드가 설치된 단말기는 제조사 및 OS 버전에 따라 802.1X 인증을 위한 환경 설정항목의 이름이 조금씩 다르기 때문에, 가이드라인을 만들 때 OS의 버전과 단말기 제조사의 특성이 반영된 여러 가지 버전의 가이드라인을 제작해야 한다는 사실을 말이다.

상황이 어찌 되었든 중요한 것은 안드로이드 OS가 탑재된 단말기도 802.1X 인증체계가 적용된 네트워크에 접속할 수 있도록 네트워크 환경 설정을 지원할 수 있는 방법을 제공해야 하는 것이다. 리스트 8-43은 수동으로 802.1X 환경을 설정하는 방법을 간략히 설명하고 있다.

리스트 8-43 안드로이드 OS 탑재 단말기 802.1X 환경 설정 방법

1) 단말기의 와이파이를 활성화하고 네트워크 추가를 선택한다.
2) 네트워크 추가 화면에서 SSID에 윈도우 운영체제와 OS X, iOS 프로파일에 등록했던 SSID, KOREA-DATA를 입력한다. 이때 숨겨진 SSID 옵션이 있으면 체크한다.
3) 보안 옵션에서 802.1X EAP 옵션을 선택한다.
4) 추가적인 옵션이 활성화되면 EAP 방식에서 PEAP 또는 TTLS를 선택하고, 단계 2 인증에서는 MSCHAPv2를 선택한다.
5) ID와 비밀번호에 사용자 계정정보를 입력한다.
6) 저장 버튼을 클릭해 네트워크 연결정보를 저장한다. 단말기의 종류에 따라서 3)과 4)에서 표시되는 옵션의 이름과 선택할 수 있는 값이 다를 수 있다. 예를 들어 3)의 보안 옵션에 802.1X EAP 옵션이 아닌 802.1X, WPA/WPA2 Enterprise 등으로 표시될 수 있다. 그리고 4)에서도 TTLS가 아닌 EAP-TTLS 항목으로 표시될 수 있다. 이러한 경우에도 동일한 의미를 내포하고 있는 항목이 있기 때문에 제공되는 항목별 의미를 파악해서 선택하면 어렵지 않게 802.1X 인증환경을 설정할 수 있다.

8.5.4 프로파일 배포

지금까지 단말기 유형에 따른 802.1X 인증환경 구성에 필요한 프로파일 구성 방법과 네트워크 연결 방법에 대해 알아봤다. 이번에는 앞에서 만들었던 프로파일 구성 도구와 프로파일 등을 캡티브 포털에 등록하는 방법을 살펴보자.

우선 앞에서 만들었던 윈도우 운영체제용 프로파일 구성도구와 애플용 프로파일을 SFTP 프로그램을 이용해 캡티브 포털 서버의 sysop 계정의 홈 디렉터리에 업로드한다. 파일의 업로드는 각자가 사용하는 SFTP 클라이언트 도구를 사용하길 바란다. 간단하게 구할 수 있는 도구로는 알FTP와 파일질라^{Filezilla} 등이 있다.

파일 업로드가 완료되면 이제 캡티브 포털에 등록하도록 한다. 먼저 터미널 프로그램을 이용해 캡티브 포털 서버에 접속하고 리스트 8-44와 같이 사용자 계정을

root로 변경한다.

```
sysop@radius:~$ sudo su -
[sudo] password for sysop: 09n072
root@radius:~#
```

이제 리스트 8-45와 같이 sysop 계정에 등록되어 있는 프로파일 구성도구와 프로파일을 캡티브 포털의 profiles 디렉터리로 옮기고 파일 소유자와 퍼미션을 변경한다.

```
root@radius:~# cd /var/www/startup/profiles
root@radius:/var/www/startup/profiles# mv ~sysop/ArubaQuickConnect-1385946085.exe
   .
root@radius:/var/www/startup/profiles# mv ~sysop/KOREA_EMPLOYEE.mobileconfig .
root@radius:/var/www/startup/profiles#
root@radius:/var/www/startup/profiles# chown root:root *
root@radius:/var/www/startup/profiles# chmod 755 *
root@radius:/var/www/startup/profiles#
```

다음에는 프로파일 구성도구와 프로파일의 이름을 리스트 8-46과 같이 변경한다.

```
root@radius:/var/www/startup/profiles# mv ArubaQuickConnect-1385946085.exe MS_
   EA.exe
root@radius:/var/www/startup/profiles# mv KOREA_EMPLOYEE.mobileconfig APPLE_
EA.mobileconfig
```

리스트 8-46에서 사용한 파일 이름은 8.4절에서 캡티브 포털 웹 페이지를 작성할 때 미리 지정해뒀던 파일 이름이다.

이것으로 운영체제와 단말기 유형에 따른 802.1X 인증환경 구성을 위한 프로파일 구성 과정을 마치고자 한다. 앞에서 생성한 윈도우용과 애플용 프로파일은 직원용 네트워크 접속을 기준으로 작성했다. 이 과정을 응용하면 방문자용 프로파일도 충분히 만들 수 있을 것이다.

9장 복수의 망에 대한 접근통제

다양한 정보보안 솔루션을 이용해 구축된 정보보안체계가 운영되고 있음에도 불구하고, 기술의 진보에 발맞춰 지능화된 공격 기법을 이용한 정보보안 사고가 발생하고 있다. 언론을 통해 발표된 연이은 정보보안 사고의 유형을 세 가지로 정리하면 첫 번째는 기업, 정부 및 공공기관이 보유하고 있는 개인정보 유출, 두 번째는 기업이 보유하고 있는 지식재산 및 산업기밀 유출, 세 번째는 금융, 언론, 정부, 공공기관 등의 공공 인프라와 서비스 중단으로 요약할 수 있다. 이와 같은 사고를 유발하는 공격의 목적도 초기에는 공격자의 실력 과시나 호기심 충족이 대부분이었으나 최근에는 경제적 이득을 획득하거나 정부 또는 기업의 인프라를 파괴해 정치, 경제, 사회적 불안을 가중시키는 형태로 진화하고 있다.

강력한 정보보안체계가 구축되었음에도 유사한 정보보안 사고가 빈번하게 발생하는 근본적인 원인으로 네트워크의 연결성을 지적할 수 있다. 네트워크 간 연결성의 강화는 인터넷을 통한 비즈니스 활성화를 촉진하는 순기능을 발휘하기도 했지만, 이로 인한 보안 위협을 증가시키는 역기능을 강화하기도 했다.

많은 곳에서 다양한 정보보안시스템의 도입을 통해 외부에서 내부 정보시스템으로 행해지던 공격의 위험을 최소화했다. 또한 보안 위협을 최소화하기 위해 중요 시스템이 외부 네트워크에 직접 연결되지 않도록 격리된 네트워크 환경을 구성하기도 했다. 이처럼 정보보안체계가 강화되고 있음에도 사용자 단말기의 인터넷 연결은 통제되지 않는 경우가 대부분이다. 물론 사용자 단말기에도 다양한 통제를 수행하고 있지만, 대부분의 사용자 단말기에서 외부 인터넷과 내부 시스템에 모두 접속이 가능하다.

사용자 단말기에 감염되는 많은 악성코드가 웹사이트 접속을 통해 감염되는 것을 고려할 때, 공격자 입장에서 이것을 효과적인 공격경로로 이용할 수 있다. 또한 많은 사고에서 시스템 관리자 또는 개발자의 단말기가 이용되었음을 확인할 수 있다. 이러한 사고 예방을 위해 정부에서는 정부 및 공공기관에 대해 망 분리를 의무화하고 있다. 여기서 말하는 망 분리는 업무망과 인터넷망을 분리함으로써 업무 목적을 위해 사용되는 시스템과 단말기는 외부 인터넷 접속을 원천적으로 차단하고, 외부 인터넷 접속이 필요할 때는 내부 업무망과 연결되지 않은 별도의 단말기를 사용하는 것이다. 이는 내부 업무시스템과 단말기를 인터넷으로부터 격리해 외부에서 시도되는 악의적인 공격과 해킹, 정보 유출 시도, 악성코드 감염 등을 차단해 내부 시스템을 보호하는 것을 목적으로 한다.

정부에서 정의하는 망 분리는 내부망(업무망)과 외부망(비업무망)을 논리적으로 또는 물리적으로 구분하는 것을 의미한다. 그러나 이러한 망 분리 개념을 확대해 적용하면, 다양한 형태의 망 분리를 확인할 수 있다. 먼저 정부에서 제시하는 것처럼 업무망과 인터넷망을 분리하는 형태의 망 분리가 있다. 다음으로 내가 근무하는 회사와 같이 업무용 건물과 기숙사 건물에 각각 별도의 네트워크를 사용하는 ISP 분리가 있다. 세 번째로 특수한 목적을 달성하기 위해 인터넷을 비롯한 다른 네트워크와 연결하지 않고 운영하는 폐쇄망이 있다. 이와 같은 사례 외에도 다양한 유형의 망 분리가 존재한다. 망 분리는 도입 목적에 따라 다양한 형태로 구성되기 때문에 어떠한 형태의 망 분리가 최적이라고 단정할 수는 없다.

하지만 다양한 유형의 망 분리에도 공통점은 존재한다. 망 분리를 검토한다면 망 분리 유형에 관계없이 다음 사항들을 고려해야 한다. 우선 분리된 각 망의 보호에 필요한 보안시스템(방화벽, IDS, IPS, DDoS 등)을 도입해야 한다. 다음으로 각각의 망에 접속하는 단말기에 대한 통제(네트워크 접근통제, IP 주소 관리, 바이러스 백신 설치 등)가 필요하다. 마지막으로 각각 분리된 망에 접속된 단말기 간의 자료 교환을 위해 망 연계 솔루션을 도입해야 한다. 이와 같이 망 분리를 위해서는 망 분리의 유형뿐만 아니라 보안 관련 사항들을 고려해야 한다. 이는 곧 망 분리 도입에 필요한 초기 비용을 비롯해 망 분리 도입 이후 유지에 필요한 비용을 포함하는 총 소유비용 TCO, Total Cost of Ownership의 증가를 유발한다. 따라서 망 분리 도입을 검토할 때는 망 분리 유형에 따라 합리적인 검토가 필요하다. 예를 들어 정부에서 권고하듯이 내부망과 외부망을 물리적으로 완벽하게 분리했을 경우 인터넷과 연결되지 않은 내부망에는 방화벽을 설치하지 않을 수 있다. 그러나 망 연계 솔루션은 반드시 도입되어야 할 것이다. 다음으로 ISP 분리를 통해 사용자별로 구분된 인터넷 서비스를 제공한다면 각 서비스마다 방화벽은 설치해야 하지만, 망 연계 솔루션은 검토할 필요가 없다. 마지막으로 외부와 완벽하게 단절된 폐쇄망을 구축할 때는 방화벽과 망 연계 솔루션 모두 검토할 필요가 없다.

망 분리의 유형에 따라 도입 대상 정보보안 솔루션은 달라진다. 그렇지만 망 분리 유형에 관계없이 반드시 고려해야 할 항목이 있다. 각각의 분리된 망에 연결되는 단말기에 대한 접근통제다. 만약 분리된 각 망에서 단말기에 대한 접근통제가 이뤄지지 않는다면 심각한 문제가 발생할 것이다. 정부 또는 공공기관을 중심으로 구축되는 물리적 망 분리 환경에서 하나의 단말기로 내부망과 외부망을 번갈아가며 접속할 수 있다면? 망 분리를 통해 달성하고자 했던 당초의 목표를 달성할 수 없을 것이다. 뿐만 아니라 보안 사고가 발생했을 때 원인 분석과 대응을 어렵게 한다. 이 때문에 망 분리가 구축되는 곳에서는 각 망에 대한 단말기의 교차접근 차단과 인가되지 않은 단말기의 네트워크 접속 차단을 위해 접근통제 방안을 강구한다. 일반적으로 웹 기반의 사용자 인증 기능과 단말기의 맥 주소 및 IP 주소 고정 기능을 제공하는 네트워크 접근통제NAC와 IP 주소관리시스템IPMS을 도입한다. 이러한 솔루션이 제공하는 기능은 정적으로 운영되는 망 분리 환경에는 적합할 수 있다. 그러나 이번 장에서 구현하고자 하는 ISP 분리형 망 분리 환경에서 요구하는 기능, 즉 단말기가 사용되는 위치에 따라 접근 대상 네트워크를 결정하는 데는 적합하지 않다.

이번 장에서는 지금까지 구현한 인증체계를 응용해 복수의 ISP를 운영하는 환경에서 사용자의 위치에 따라 접근 대상 ISP를 통제하는 방법에 대해 알아보고자 한다. 앞서 구현한 접근통제에서는 사용자 또는 부서를 기준으로 접근 대상 네트워크를 결정했다면, 이번 장에서는 사용자의 위치를 기준으로 접근 대상 네트워크를 결정하는 네트워크 접근통제를 구현하고자 한다.

진행 절차는 다음과 같다. 우선 왜 ISP 분리를 통한 망 분리를 구현하게 되었는지, 설명하고 망 분리를 추진하는 과정에서 관리자로서 고민했던 사항들을 살펴보는 것으로 시작한다. 다음에는 복수의 ISP로 운영되는 네트워크 환경에서 사용자 위치에 따라 접속 대상 네트워크를 결정하는 방법과 구현 원리를 알아본다. 마지막으로 사용자 위치에 따라 접속 대상 네트워크를 통제하는 기능을 구현하고 이번 장을 마칠 예정이다.

9.1 | 2개의 ISP와 접근통제

정부에 의해 망 분리가 정의되기 전부터 이미 다양한 형태의 망 분리를 적용하고 있다. 물론 망 분리를 도입하지 않았거나, 망 분리가 필요하지 않은 네트워크 환경도 분명히 존재한다. 하지만 어떠한 형태든지 망 분리를 적용하는 사례는 증가하고 있다. 이미 정부와 공공기관, 연구기관 등에 대해 망 분리를 의무적으로 도입하도록 제도화하고 있으며, 기업에서는 자사의 기술 및 정보, 영업비밀 등을 보호하기 위해 망 분리를 적용하기 때문이다.

망 분리를 도입하게 되는 계기는 대략 세 가지로 정리할 수 있다.

첫째, 네트워크 설계 시점에서부터 망 분리를 고려하는 경우다. 예를 들어 반도체 생산공장, 발전소, 행정전산망 등과 같이 국가적으로 중요한 시설의 경우 안전한 네트워크 운영을 위해 처음부터 폐쇄망의 구축이 필요하고 제한된 사용자와 장치의 접근만을 허용해야 한다. 이러한 네트워크는 설계 시점부터 엄격한 접근통제를 위해 망 분리가 고려된다.

둘째, 정부의 보안정책에 따라 망 분리를 의무적으로 적용하는 경우다. 앞서 언급했듯이 정부에서는 정치, 경제, 사회적으로 중요한 역할을 수행하는 정부, 공공기관, 공사 및 금융기관 등에 대한 망 분리 의무화 정책을 시행하고 있다. 이에 따라 망 분리 의무적용 대상에 포함되는 기관에서는 내부망과 외부망을 분리하는 망 분리를 적용한다.

셋째, 업무적인 필요에 의해 망 분리를 적용하는 경우다. 모바일 단말기 보급 확대에 따라 무료 와이파이 서비스가 확대되고 있으며, 공공기관에서도 민원인을 위한 와이파이 서비스를 제공하기에 이르렀다. 이때 공공기관에서 제공하는 와이파이는 행정 전산망이 아닌 별도의 ISP 회선을 이용한다. 이처럼 네트워크 설계 초기에는 검토되지 않았지만, 네트워크 또는 서비스 환경 변화에 대응하기 위해 적용되는 망 분리를 업무적 필요에 의한 망 분리로 볼 수 있다.

일반적으로 첫 번째와 두 번째에 해당하는 망 분리는 이미 다양한 구축 사례와 방법론이 제시되어 망 분리 검토에서 구축까지 체계적인 접근이 가능하다. 하지만 세 번째에 해당하는 망 분리는 업무의 요구사항에 따라 검토에서 구축까지 상이한 접근이 요구된다. 앞서 언급한 와이파이 서비스 제공만 하더라도 서비스 제공 주체와 장소에 따라 접근법이 다르다. 지하철이나 카페와 같이 불특정 다수에게 제공되는 와이파이 서비스에 대한 요구사항은 기업 또는 공공기관의 요구사항에 비해 간결할 것이다. 반면에 기업 또는 공공기관에서 와이파이 서비스를 제공하고자 할 때는 서비스의 대상과 목적에 따라 서비스 사용자 범위, 사용자 인증 및 암호화 방식, 업무망 접근 허용 여부, ISP 회선 구성 방식 등에 대한 면밀한 검토가 요구된다. 이는 서비스를 제공하는 기업과 공공기관의 서비스 제공 목적, 정보보안정책, 정보통신 및 정보보안 인프라, 그리고 관리 부서의 시각에 따라 서비스 수준과 통제 기준이 다르기 때문이다.

내가 근무하는 연구소는 독립 청사를 보유하기 전까지 업무의 특성에 관계없이 하나의 ISP 회선을 이용해 모든 네트워크 서비스를 제공했다. 독립 청사를 보유하기 이전에는 빌딩의 일부를 임대해 사용했기 때문에 업무 목적 외에 별도의 네트워크 구성과 운영이 필요하지 않았다. 그러나 독립 청사를 보유하게 되면서 임대 청사에서는 존재하지 않았던 새로운 네트워크 요구사항이 발생했다. 독립 청사의 건축 시에 기숙사도 함께 건축하게 된 것이다. 청사 건립 초기에는 네트워크와 관련된 특별한 요구사항이 없었다. 따라서 업무동과 기숙사동에 대해 모두 동일한 기준에 따라 네트워크를 설계하고 정보보안정책을 적용하기로 했다.

청사와 기숙사 입주 시기가 다가오면서 기숙사 네트워크에 대한 정보보안 수준을 낮춰 달라는 요구가 접수되었다. 기숙사는 연구소에서 운영하는 업무용 시설이지만 직원의 복지를 위해 제공되는 사적인 공간으로 연구소의 정보보안정책이 최소한으로 적용되어야 한다는 이유에서였다.

또한 연구소의 업무 특성상 국제공동 연구와 외부 기관과의 협동 연구가 빈번하다. 이 때문에 해외 연구자들이 연구소를 방문하고, 게스트하우스에 체류하게 된다. 이때 연구소의 보안정책과 정보보호를 위해 설치하는 각종 에이전트가 사적인 인터넷 이용을 방해한다. 그리고 단말기에 설치된 에이전트를 삭제하지 않고 귀국하는 연구자는 에이전트 삭제를 위해 단말기의 운영체제를 재설치하는 등 번거로움이 있다는 의견이 제기되었다.

이와 같은 요구사항을 수용하면서도 연구소의 정보보안정책을 효과적으로 적용하기 위한 방안으로 기숙사에 대해서는 별도의 네트워크 서비스를 제공하기로 결정했고, 업무용 회선과 분리된 기숙사 전용 ISP 회선을 설치했다.

기숙사 입주자 입장에서는 가정에서 사용하는 인터넷과 유사한 수준의 서비스를 사용할 수 있다. 하지만 관리자 입장에서는 분리된 2개의 망을 운영함에 따라 네트워크 운영과 정보보안 측면에서 다음 사항들에 대한 검토가 필요했다.

첫째, 정보보안 사고에 대한 책임 소재였다. 정보보안 담당자라면 누구라도 정보보안 사고 앞에서 마음이 편할 수 없다. 그것이 기숙사라는 사적인 공간에서 발생하는 사고라 하더라도 담당자는 신경을 곤두세울 수밖에 없다. 물론 정보보안 사고의 일차적인 책임은 기숙사 입주자 또는 단말기 사용자에게 있다. 그렇다 하더라도 기숙사 네트워크의 구축, 관리, 운영, 통제와 관련된 책임은 정보보안 담당자에게 있기 때문에 담당자는 사고로부터 자유로울 수 없다. 이 때문에 기숙사 입주자와 정보보안 담당자 간에 책임의 범위와 한계를 구분하기 위한 정책 검토가 필요했다.

둘째, 기숙사에서 허가되지 않은 단말기의 네트워크 접근통제 문제였다. 이는 정보보안 사고가 발생했을 때 그 처리와도 연관된다. 기숙사 네트워크에 아무런 제약 없이 누구나 접근할 수 있다면 어떻게 될까? 물론 외부인이 기숙사에 출입하는 경우는 드물겠지만, 어떠한 경로를 통하든 부적절한 네트워크 접속이 허용된다면 이는 심각한 보안 문제를 초래할 수 있다. 예를 들어 누군가가 임의의 유·무선 인터넷 공유기를 설치하고 SSID를 통신사의 SSID로 변경해 모바일 단말기를 이용하는 사용자의 개인정보, 사용자 계정 등을 탈취한다면 심각한 문제가 아닐 수 없다. 이를 방지하기 위해 기숙사 네트워크에 대한 적절한 접근통제 방안이 적용되어야 했다. 또한 네트워크에 대한 접근통제뿐만 아니라 보안 사고가 발생했을 때 피해 확인이나 공격 단말기의 추적을 용이하게 할 수 있는 방법도 고려되어야 했다.

셋째, 기숙사 사용자 네트워크 서비스뿐만 아니라 기숙사 운영과 관련된 일반 보안 영역에서 사용하는 네트워크에 대한 고려였다. 기숙사도 업무동 건물과 마찬가지로 출입이 허가된 입주자 이외의 직원 또는 방문자 등의 출입통제를 위해 출입관리시스템을 운영하고 있다. 출입관리시스템은 업무동 건물과 동일한 시스템을 사용하고 있으며, 단말기를 관리하려면 메인 시스템과의 연결을 위해 업무용 네트워크와 연결되어야 했다. 물론 간단하게 생각하면 기숙사에 인터넷용 네트워크 장비와 출입관리시스템용 네트워크 장비를 분리해서 운영할 수도 있다. 다만 출입관리시스템의 운영을 위해서는 2~3개의 스위치 포트만 필요로 하는데, 이를 위해 별도의 광케이블을 포설하고 스위치를 추가로 설치할 필요가 있는지에 대해 검토가 필요했다.

넷째, 기숙사 네트워크 운영을 위해 사용되는 인증시스템, 네트워크 접근통제 등의 중복 설치를 방지해야 했다. 어떠한 유형의 망 분리를 검토하더라도 네트워크에 대한 접근통제를 위해서는 각각의 분리된 망에 대해 네트워크 접근통제 시스템을 운영해야 한다. 물론 논리적 망 분리 도입이 확산되면서 접근통제시스템의 중복 도입을 최소화할 수 있지만, 물리적 망 분리 또는 ISP 분리가 검토된다면 각 망에 대한 접근통제시스템을 도입해야 한다. 그러나 동일한 역할을 수행하는 시스템을 각각의 망에 도입하는 것은 불필요한 예산 낭비와 관리 효율의 저하를 유발할 수 있다. 따라서 하나의 인증시스템 또는 통제시스템을 이용해 복수로 설치된 망을 통제하기 위한 방법을 찾아야 했다.

이와 같은 검토사항은 굳이 망 분리 환경이 아닌 일반적인 네트워크 환경에서도 정보보안체계 구축 과정을 통해 고려할 수 있는 내용들이다. 네 가지 검토사항은 정책적인 측면과 기술적인 측면으로 구분할 수 있다. 정책적인 측면에는 첫 번째 항목이 포함되며, 나머지 세 항목은 기술적 측면에 포함된다. 다음 절에서는 기술적 측면에 포함되는 세 가지 항목의 구현 방법에 대해 알아보고자 한다. 정책적 측면에 대한 언급은 이 책의 목적에 부합하지 않는다고 판단해 언급하지 않기로 했다.

9.2 접근통제 구현

물리적으로 독립된 2개 이상의 네트워크에서 사용자 인증과 접근통제를 효과적으로 수행하기 위한 방법에는 어떠한 것들이 있을까? 간단한 방법으로 각 망에 별도의 인증시스템과 접근통제를 설치할 수 있다. 이 방법은 가장 안정적인 반면, 다른 방법에 비해 많은 예산이 필요하고 관리 대상 시스템이 증가하는 단점이 있다. 다음 방법은 하나의 인증시스템에 물리적 포트를 여러 개 두어 각 망을 관리하는 것이다. 이렇게 하면 시스템 구성을 간소화할 뿐 아니라 구축에 소요되는 예산을 절감할 수 있지만, 각 망의 정책에 혼선이 없도록 관리해야 하는 어려움이 따른다. 두 가지 방법은 장·단점이 교차하고 있다. 따라서 어느 방법이 좋은 방법이라고 말할 수는 없으며, 요구되는 통제 수준과 비즈니스의 특성을 고려해 적합한 방법을 선택해야 한다.

그렇다면 이번 장에서 논의하고 있는 업무망과 기숙사망의 관리에도 이 두 가지 방법을 적용해 접근통제를 구현할 수 있지 않을까? 3장에서 언급했듯이 분리된 두 망을 관리하기 위해 두 번째 방법의 적용을 검토했었다. 하지만 앞 절에서 언급한 네 가지 사항들을 검토하면서 새로운 방법을 찾아야 했다.

이번 절에서는 하나의 네트워크 접근통제를 이용해 2개 이상의 독립적인 망에 대한 접근통제를 구현하는 방법에 대해 알아보고자 한다. 만약 접근통제 대상 망이 전통적인 방식으로 설계된 정적인 네트워크라면 앞서 언급한 두 가지 방법을 적용해도 충분할 것이다. 하지만 이 책에서 제안하고 있는 VLAN 기반의 동적인 네트워크의 도입을 고려한다면 앞으로 제시하는 방법을 적용할 것을 권한다.

물리적으로 분리된 2개 이상의 네트워크 관리에 802.1X를 적용하기 위해서는 두 가지 측면, 즉 네트워크 설계 측면과 사용자 인증 측면에 대한 명확한 이해가 요구된다.

네트워크 설계 측면에서는 네트워크 장비 간 물리적 연결 관계와 VLAN을 활용한 논리적인 네트워크 구성이 명확히 정의되어야 한다. 그림 9-1은 ISP를 이용한 망 분리를 표현하고 있다. 연구소 네트워크와 기숙사 네트워크는 ISP A와 ISP B를 사용하는 독립된 네트워크임에도 물리적 경로가 연결되어 있어 하나의 네트워크로 동작하는 것처럼 보인다. 그러나 유형별 데이터 흐름을 보면 연구소와 기숙사 네트워크가 서로 독립적으로 동작하고 있음을 확인할 수 있다. 여기서 대시(-)선으로 표시된 802.1X 인증과 IP 주소 관리 경로 때문에 두 네트워크가 하나의 네트워크로 연결된 것으로 보인다. 그렇다. 두 네트워크에서 사용자 인증과 IP 주소 관리를 위해 하나의 시스템을 사용하기 때문에 인증과 IP 주소 관리 측면에서는 하나의 네트워크다. 그러나 인증과 IP 주소 할당 이후에 이뤄지는 데이터 통신 측면에서는 상호간에 독립적으로 통신하기 때문에 연구소와 기숙사 네트워크는 각각의 독립된 네트워크로 볼 수 있다. 구체적인 네트워크 설계는 3.1절과 3.2절을 참고하길 바란다.

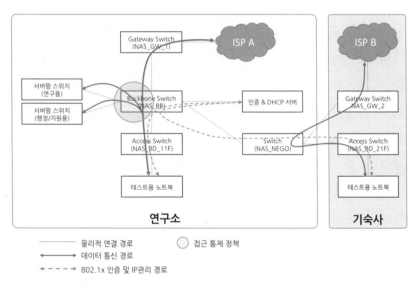

그림 9-1 802.1X와 DHCP가 적용된 네트워크 구성 개념도

다음으로 사용자 인증 측면을 살펴보자. 앞에서 구현한 802.1X 인증체계에서는 사용자 단말기를 네트워크에 연결하려면 그림 9-2의 절차에 따라 인증 과정을 거쳐 IP 주소를 할당받아야 했다.

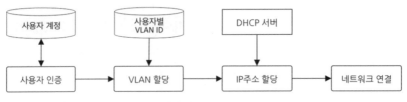

그림 9-2 802.1X 인증 및 IP 주소 할당 절차

사용자 단말기가 네트워크 스위치에 연결되면 사용자 계정(이하 단말기의 맥 주소 포함)을 이용해 인증을 시도한다. 만약 사용자 계정정보가 올바르지 않다면 인증에 실패해 다음 절차를 진행할 수 없다. 그러나 정상적인 사용자 계정이라면 인증을 통과하게 되고, 사용자에게 할당된 VLAN ID가 단말기가 연결된 스위치 포트에 할당된다. 이후 단말기는 DHCP 서버를 통해 단말기에 할당된 VLAN에 해당하는 서브넷에서 IP 주소를 할당받고, 네트워크 연결을 수행한다. 연구소 네트워크를 사용하는 모든 단말기는 그림 9-2에서 보여주는 인증 절차와 IP 주소 할당 절차를 거쳐 네트워크에 연결된다. 이 때문에 연구소에서는 단말기가 연결되는 네트워크 스위치의 위치와 관계없이 동일한 VLAN과 IP 주소를 할당받는다.

이제 그림 9-1의 기숙사 네트워크를 다시 살펴보자. 앞서 언급했듯이 기숙사 네트워크는 별도의 ISP 회선을 사용한다. 그러나 그림 9-1에서 보여주듯이 연구소 네트워크와 기숙사 네트워크가 물리적으로 연결된 구조를 갖고 있다면, 어떠한 방법으로 두 네트워크를 분리할 수 있을까? VLAN을 이용하면 물리적으로는 하나의 네트워크로 구성되어 있다 하더라도, 물리적으로 분리된 네트워크와 동일하게 동작하는 논리적 네트워크를 구성할 수 있다. 이 VLAN을 이용해 연구소 네트워크와 기숙사 네트워크를 분리함으로써 각각의 네트워크가 독립적으로 동작하도록 구성하고자 한다.

3.2절의 표 3-3과 그림 3-10의 VLAN 설계를 살펴보면, 기숙사 사용자 네트워

크에는 800번 VLAN을 할당했고 3.3절에서 기숙사 네트워크와 연계된 스위치에 이미 800번 VLAN을 선언했다. 그러나 스위치에 VLAN을 선언하는 것만으로 사용자 단말기가 연결된 각각의 스위치 포트가 800번 VLAN으로 동작하지는 않는다. 각각의 스위치 포트를 800번 VLAN으로 동작시키기 위해서는 각각의 스위치 포트를 트렁크^{trunk} 모드로 선언하거나, 액세스^{access} VLAN을 800번으로 할당해야 한다. 802.1X가 적용되지 않은 일반적인 네트워크 환경이라면, 관리자는 각각의 스위치 포트에 VLAN을 수동으로 할당해야 한다. 그러나 앞에서 살펴봤듯이 802.1X를 도입함으로써 그림 9-2에서 보여주듯이 각각의 스위치 포트에 VLAN을 자동으로 할당하게 된다. 눈치 빠른 독자라면 '그렇다면 기숙사 사용자에게 할당될 800번 VLAN도 자동 할당이 가능하지 않을까.'라고 생각했을 것이다. 그렇다. 기숙사 네트워크에 대해서도 VLAN 할당을 자동화할 수 있다. 다만 한 가지 문제가 있다. 사용자 인증과 IP 주소 할당에 관한 문제다. 물론 연구소와 기숙사 네트워크에 각각의 인증서버와 DHCP를 두고 사용자 인증과 IP 주소를 관리하면 쉽게 해결할 수 있다. 그러나 관리적 효율을 증대하기 위해 하나의 인증서버를 이용하게 되면서 문제가 발생한다. 그림 9-2에서 보여주는 것처럼 사용자 인증이 완료되면, 사용자 단말기가 연결된 스위치 포트에는 사용자에게 지정된 VLAN이 할당된다. 이것은 사용자가 어느 건물에 있든지 간에, 즉 연구소 건물이나 기숙사 건물에 관계없이 동일한 VLAN이 할당됨을 의미한다. 이 과정에서 문제가 발생한다. 만약 연구원 A에게 VLAN 210번이 할당되어 있다면 기본적으로 A에게 할당되는 VLAN은 210번이 되고, 이것은 기숙사에서도 동일하게 적용된다. 따라서 연구원 A가 기숙사 네트워크에 단말기를 연결해도 800번 VLAN이 아닌 210번 VLAN을 할당받게 된다.

문제점이 보다 명확해졌다. 사용자에게 할당된 기본 VLAN이 어떤 것이든 기숙사에서는 800번 VLAN을 할당받아야 한다. 이 책에서 인증서버로 사용되는 FreeRadius는 기본적으로 사용자 식별자에게 하나의 VLAN만 할당할 수 있어서 사용자 단말기가 연결되는 물리적 위치에 관계없이 항상 동일한 VLAN을 할당한다.

이제 다시 '어떻게 하면 기숙사 네트워크에 단말기가 연결될 때 자동으로 800번 VLAN ID를 할당할 수 있을까?'에 대한 고민을 이어가도록 하자. 앞에서 설명한

FreeRadius의 기본적인 VLAN 할당 방법에 대해서는 생각하지 말고, 이 질문에 대해서만 생각하자. 복잡하게 생각하지 말고, 단순하게 생각할수록 쉽고 간단한 해결 방법을 도출할 수 있다.

그림 9-3은 앞의 질문에 대한 해결 방법을 표현하고 있다. 기숙사 네트워크에 사용자 단말기가 연결되고 사용자 인증에 성공하면, 인증서버는 스위치 포트에 할당할 VLAN 선택을 진행한다. 이때 일반적인 경우와 달리 VLAN 할당 절차를 변경하고, 스위치 포트에 할당할 VLAN 선택 이전에 인증을 요청한 스위치가 기숙사에 설치된 스위치인지를 확인한다. 확인 결과, 기숙사에 설치된 스위치가 아니라면 그림 9-3의 좌측 절차에 따라 사용자에게 할당된 VLAN을 할당한다. 그러나 기숙사 스위치에서 인증이 요청되었다면, 기숙사 스위치에 할당할 VLAN(800)을 해당 스위치 포트에 할당한다. 그리 어렵지 않아 보인다.

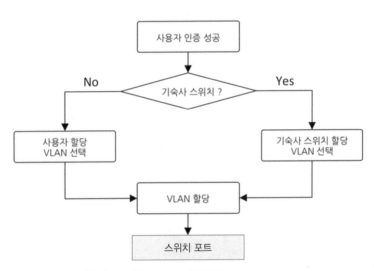

그림 9-3 기숙사 사용자를 고려한 VLAN ID 할당 절차

그림 9-3을 구현하기 위해서는 인증을 요청한 스위치의 위치를 식별하는 방법과 스위치의 위치에 따라 VLAN을 할당하는 방법에 대해 이해해야 한다.

9.2.1 인증을 요청한 스위치 위치 식별

먼저 인증을 요청한 스위치가 기숙사에서 사용되는 스위치인지를 식별하는 방법에 대해 알아보자. 어떻게 하면 인증을 요청하는 각각의 스위치 위치를 파악할 수 있을까? 7.3절에서 구현했던 장기 미사용 단말기 접근통제에서 실마리를 찾을 수 있다. FreeRadius에서는 사용자 단말기가 네트워크에 연결되어 네트워크를 사용하고 연결을 종료하기까지 발생하는 과금^Accounting 정보를 별도의 테이블(radacct)에 저장한다. 표 7-6에서 이러한 정보들을 확인할 수 있으며, 인증서버에 인증을 요청하는 스위치는 nasipaddress 칼럼에 저장된 IP 주소를 통해 확인할 수 있다.

802.1X 인증을 위해 FreeRadius를 인증서버로 사용하고자 하는 경우 인증을 요청하는 스위치정보가 사전에 nas 테이블(또는 clients.conf, DB를 사용하지 않을 때)에 등록되어 있어야 한다. nas 테이블에 등록된 각 스위치는 스위치에 할당된 관리용 IP 주소^management IP address를 이용해 식별되며, 이는 nas 테이블의 nasname 칼럼에 등록된다. 뿐만 아니라 nas 테이블에는 각 스위치를 설명하기 위한 칼럼(description)을 두고 있어 스위치와 관련된 간단한 설명과 위치정보 등을 등록할 수 있다. 따라서 radacct 테이블과 nas 테이블에 대해 관계연산(JOIN)을 수행해 사용자 인증을 요청한 스위치의 위치를 확인할 수 있다.

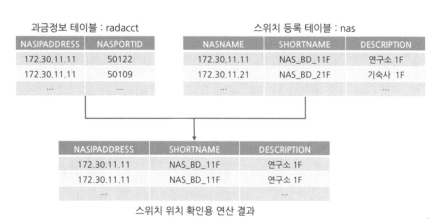

그림 9-4 radacct 테이블과 nas 테이블의 관계연산을 통한 스위치 위치 확인

그림 9-4에서 결과만 보면 nas 테이블의 description 칼럼에 위치정보만 잘

등록해두면 인증을 요청한 스위치의 위치를 간단하게 확인할 수 있는 것처럼 보인다. 잘못된 명제는 아니다. 관리자, 즉 사람의 입장에서 보면 이와 같은 방법이 적절할 수 있다. 그러나 현재 스위치의 위치를 알아야 하는 주체는 사람(관리자)이 아니라 시스템(FreeRadius)이다. FreeRadius 입장에서는 자연어로 정의된 스위치 위치가 아니라 논리적으로 식별 가능한 스위치 위치정보를 제공해줘야 한다. 논리적으로 식별 가능한 위치정보란, 프로그래밍에서 사용하는 IF 구문이나 DBMS의 질의문에서 사용하는 WHERE 구문으로 값을 비교해 참[True] 또는 거짓[False] 등의 결과값을 도출할 수 있는 값을 의미한다. 그림 9-4에서 보여주는 관계연산의 결과값을 논리적인 결과로 변경하는 방법은 두 가지가 있다.

첫 번째 방법은 nas 테이블에 스위치의 위치정보를 기록하는 칼럼을 추가하는 것이다. 지금까지 FreeRadius를 이용해 기능을 구현한 과정을 살펴보면, 다양한 정보의 기록과 관리를 위해 여러 테이블을 생성했음에도 불구하고 FreeRadius에서 제공하는 테이블의 구조는 변경하지 않았다. 이는 FreeRadius의 기능 개선이나 구조 변경 발생시에 전체적인 시스템에 미치는 영향을 최소화하기 위함이다. 만약 테이블 구조를 임의로 변경해 사용한다면, FreeRadius의 업그레이드 또는 버그 패치 등의 상황에 유연하게 대응할 수 없다. 따라서 nas 테이블에 스위치 위치 확인을 위한 칼럼을 추가하는 것은 바람직하지 않다.

두 번째 방법은 nas 테이블이 아닌 별도의 테이블을 만들고 기숙사 스위치와 같이 별도의 VLAN을 할당받아야 하는 스위치를 관리하는 것이다. 이 방법을 사용하면 지금까지 다른 기능을 구현할 때와 같이 FreeRadius의 기본적인 구조를 변경하지 않으면서도 기숙사 또는 다른 위치에서 설치되어 있는 스위치를 관리할 수 있을 듯싶다. 그럼 별도의 테이블은 어떠한 칼럼으로 구성되어야 할까? 가장 우선적으로 포함되어야 할 항목은 스위치를 식별하기 위한 스위치의 관리 IP 주소 항목이다. 다음으로 스위치의 위치를 지정하는 항목이 필요할 듯싶다. 하지만 다시 생각해보면 스위치의 위치는 nas 테이블의 description 칼럼에 등록되어 있기 때문에 굳이 만들지 않아도 된다. 이게 무슨 소리일까? 스위치의 위치 식별을 위해 별도의 테이블까지 만들면서 스위치 위치 칼럼을 제외한다니 어불성설처럼 들릴 것이다.

그림 9-3에서 인증을 요청한 스위치가 기숙사 스위치인지 여부를 비교했던 궁극적인 이유가 무엇일까? 바로 기숙사 스위치에 할당된 VLAN을 선택하기 위함이다. 그럼 질문을 바꿔보자. 지금 만들고자 하는 테이블에는 어떤 스위치의 정보가 저장되는 것일까? 바로 기숙사 스위치와 같이 기본적으로 사용자에게 할당된 VLAN을 할당받지 않고 별도의 VLAN을 할당받아야 하는 위치에 설치된 스위치에 대한 정보다. 이 때문에 굳이 스위치의 위치정보가 저장되는 칼럼은 만들지 않아도 된다. 다음으로 생각할 수 있는 칼럼은 등록된 스위치에 할당된 그룹 이름이 저장될 칼럼이다. 당연한 얘기지만 기숙사 스위치에 별도의 VLAN을 할당하려면, 할당될 VLAN과 관련된 정보가 어딘가에는 저장되어 있어야 한다. VLAN과 관련된 정보는 radgroupreply 테이블에 AVP^Attribute Value Pairs 형태로 저장되어 있으며, 이를 활용하기 위해서는 그룹 이름 지정이 요구된다. 따라서 식별자 칼럼 다음에는 그룹 이름이 등록될 칼럼을 지정한다. 이 2개의 칼럼은 스위치 식별을 위해 생성될 테이블에 필수적으로 등록되어야 하는 칼럼이다. 이후부터는 관리자의 필요에 의해 자유롭게 추가 칼럼을 등록할 수 있다. 표 9-1은 스위치 식별에 사용될 테이블 구조를 정의하고 있다.

표 9-1 별도 VLAN 할당 스위치 테이블(kp_nas_extra) 명세

순번	정보 내용	칼럼명	자료형	길이	PK	NOT NULL	DEFAULT	비고
1	식별자	NASIPADDRESS	VARCHAR	20	Y	Y		스위치 관리용 IP 주소
2	VLAN GROUP	GROUPNAME	VARCHAR	45	N	Y		임의로 할당될 VLAN 그룹 이름
3	짧은 이름	SHORTNAME	VARCHAR	32	N	N		

표 9-1의 테이블 명세에 따라 리스트 9-1과 같이 radius 데이터베이스에 테이블을 생성한다.

리스트 9-1 kp_nas_extra 테이블 생성

```
sysop@radius:~$ mysql -u radius -p
Enter password: 09n072
...
```

```
mysql> use radius;
Database changed

mysql> CREATE TABLE kp_nas_extra (
    ->   nasipaddress varchar(20) NOT NULL DEFAULT '',
    ->   groupname varchar(45) NOT NULL DEFAULT '',
    ->   shortname varchar(32) DEFAULT NULL,
    ->   PRIMARY KEY (nasipaddress)
    -> );
Query OK, 0 rows affected (0.03 sec)

mysql> show tables;
+------------------+
| Tables_in_radius |
+------------------+
| employee_default |
| kp_address_user  |
| kp_dept_vlan     |
| kp_ip_pool       |
| kp_log_dhcp      |
| kp_macauth_dev   |
| kp_nas_extra     |
| kp_vlan_info     |
| nas              |
| radacct          |
| radcheck         |
| radgroupcheck    |
| radgroupreply    |
| radpostauth      |
| radreply         |
| radusergroup     |
| tmp_employee     |
+------------------+
17 rows in set (0.00 sec)

mysql>
```

kp_nas_extra 테이블이 생성되면, 사용자에게 기본적으로 할당된 VLAN이 아닌 별도의 VLAN이 할당되어야 하는 스위치와 VLAN 그룹 정보를 등록한다.

표 9-2 kp_nas_extra 테이블에 등록할 기숙사 스위치정보

칼럼명	NASIPADDRESS	GROUPNAME	SHORTNAME
값	172.30.11.21	VLAN_800	NAS_BD_21F

표 9-2는 기숙사에 설치된 스위치정보를 보여주고 있다. nasipaddress 칼럼에 등록된 IP 주소 172.30.11.21은 기숙사 스위치에 관리 목적으로 할당된(3.3절 참조) IP 주소이며, groupname 칼럼에 등록된 VLAN_800은 기숙사에 할당될 VLAN의 AVP 그룹의 이름이다. 표 9-2의 정보를 리스트 9-2와 같이 kp_nas_extra 테이블에 등록한다.

리스트 9-2 기숙사용 스위치정보 등록

```
mysql> insert into kp_nas_extra values ('172.30.11.21', 'VLAN_800','USER_
    DOMITORY');
Query OK, 1 row affected (0.01 sec)

mysql> select * from kp_nas_extra;
+--------------+-----------+---------------+
| nasipaddress | groupname | shortname     |
+--------------+-----------+---------------+
| 172.30.11.21 | VLAN_800  | USER_DOMITORY |
+--------------+-----------+---------------+
1 row in set (0.00 sec)

mysql> exit
Bye
sysop@radius:~$
```

그림 9-5는 그림 9-4와 달리 인증을 요청한 스위치가 별도 VLAN 할당 대상 스위치인지를 확인하고, 스위치에 할당될 VLAN 정보를 선택하는 두 테이블, 즉 radacct와 kp_nas_extra 간의 관계연산을 보여준다.

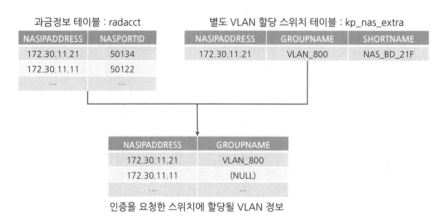

과금정보 테이블 : radacct	
NASIPADDRESS	NASPORTID
172.30.11.21	50134
172.30.11.11	50122
...	...

별도 VLAN 할당 스위치 테이블 : kp_nas_extra		
NASIPADDRESS	GROUPNAME	SHORTNAME
172.30.11.21	VLAN_800	NAS_BD_21F

NASIPADDRESS	GROUPNAME
172.30.11.21	VLAN_800
172.30.11.11	(NULL)
...	...

인증을 요청한 스위치에 할당될 VLAN 정보

그림 9-5 기숙사 스위치에 할당될 VLAN 선택

관계연산의 결과, IP 주소 172.30.11.21은 기숙사 스위치, 즉 kp_nas_extra 테이블에 등록되어 있는 스위치로 VLAN 그룹 이름 VLAN_800이 지정되었음을 확인할 수 있다. 이에 따라 기숙사 스위치에서 인증이 요청될 때는 해당 스위치 포트에 800번 VLAN이 할당된다. 반면에 IP 주소 172.30.11.11은 연구소 건물에 설치된 스위치의 관리용 IP 주소로서 kp_nas_extra 테이블에 등록되어 있지 않기 때문에, 별도의 VLAN 그룹 이름을 할당받지 못하고 널[null] 값을 반환한다. 이와 같이 VLAN 그룹 이름으로 널 값이 반환되는 경우에는 인증을 요청한 사용자에게 할당된 VLAN 정보가 자동으로 지정된다.

이쯤에서 반가운 소식 하나를 알려주고자 한다. 지금까지 살펴본 바에 따르면, 사용자 인증을 요청한 스위치의 IP 주소를 확인하기 위해 radacct 테이블에 저장된 nasipaddress 칼럼값을 이용해야만 했다. 이를 위해서는 그림 9-4와 그림 9-5에서 보여주는 바와 같이 테이블 간의 관계연산이 요구된다. 인증을 요청한 스위치의 IP 주소 확인을 위해 매번 radacct, nas, kp_nas_extra 테이블과 관계연산을 수행해야 한다면 질의문의 구조가 복잡해지고 그만큼 오류 발생 가능성도 높아진다. 물론 필요에 따라서는 관계연산이 필요할 수 있다. 하지만 이렇게 복잡한 관계연산을 사용하지 않아도 된다. FreeRadius는 인증을 요청한 스위치의 IP 주소를 확인할 수 있는 환경변수 NAS-IP-Address를 제공하고 환경변수를 SQL 질의문에서 사용할 수 있다. 물론 NAS-IP-Address 이외에도 인증과 관련된 다양한 환경변수를 제공한다. 다만 이번 장에서 구현하고자 하는 기능을 위해서는 NAS-IP-Address 변수만 사용되기 때문에 다른 변수들은 소개하지 않는다. 환경변수를 SQL 질의문에 사용하기 위해서는 %{환경변수}의 형태로 사용한다. NAS-IP-Address를 질의문에서 사용하는 형태로 표현하면 %{NAS-IP-Address}와 같다.

지금까지 그림 9-3의 절차를 이해하기 위한 첫 번째 사항, 즉 인증을 요청한 스위치가 기숙사 스위치인지 여부를 식별하는 방법을 알아보고, 더불어 기숙사 스위치에 해당하는 경우 기숙사에 할당되어야 하는 VLAN 그룹을 선택하는 방법까지 살펴봤다.

다음에는 사용자에게 할당될 VLAN과 기숙사 스위치에 할당될 VLAN을 스위치 식별 결과에 따라 올바르게 할당하는 방법에 대해 알아보자.

9.2.2 스위치 위치에 따른 VLAN 할당

앞서 설명했듯이 FreeRadius는 기본적으로 스위치 포트에 할당할 AVP(여기서는 VLAN 할당용으로 사용) 정보의 그룹 이름을 각각의 사용자 식별자에 할당하고, 인증이 완료되면 사용자에게 할당되어 있는 AVP 정보를 해당 단말기가 접속되어 있는 스위치 포트에 전송해 VLAN 변경, IP 주소 할당, 접근통제리스트ACL 적용 등과 같은 관리 또는 통제를 수행한다. 그림 9-6은 그림 9-2의 두 번째 단계인 'VLAN 할당'을 보다 구체적으로 설명하고 있다. 일반적인 상황, 즉 gdhong 사용자의 단말기가 연구소 네트워크에 접속하는 상황에서 FreeRadius는 두 번째 단계에서 표현하는 것과 같이 gdhong에게 할당된 AVP 그룹 이름 VLAN_200을 선택하고, 다음 단계에서 VLAN_200 그룹 이름이 지정하는 AVP 속성attribute과 값value을 선택해 이를 스위치에 전송한다. 각각의 스위치 포트는 이러한 절차를 통해 사용자에게 할당된 VLAN을 할당받는다.

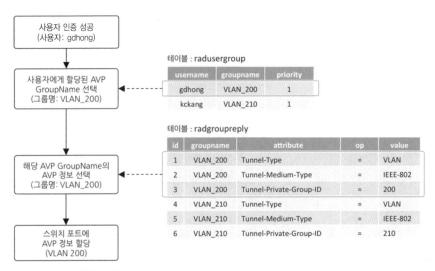

그림 9-6 VLAN 할당 절차

그러나 지금 해결하고자 하는 문제는 일반적인 상황에서 발생하는 VLAN 할당이 아니라, 사용자의 단말기가 기숙사 네트워크에 연결되었을 때 800번 VLAN을 할당하는 것이다. 이를 해결하기 위해 기숙사에 설치된 스위치를 식별하는 방법과 기숙사 스위치에 할당될 VLAN 그룹을 지정하는 방법에 대해 알아봤다. 그러나 이 것만으로 기숙사 스위치에 800번 VLAN을 할당할 수는 없다. 그림 9-6에서 보여주 듯이 FreeRadius는 기본적으로 사용자 또는 단말기 인증이 성공하면, 다음 단계에 서 radusergroup 테이블에 저장되어 있는 사용자별 그룹 이름을 선택하기 때문이 다. 기숙사 스위치에 사용자에게 할당된 그룹이 아닌 별도의 그룹을 할당하고자 하 면, 그림 9-3에서 보여주는 절차와 같이 그룹 이름 할당 프로세스를 변경해야 한 다.

FreeRadius에 대한 구체적인 지식을 갖고 있다면, 프로세스를 변경하는 것이 그리 어렵지 않을 것이다. 그러나 대부분의 독자는 FreeRadius를 처음 접해봤거나, 간단한 테스트 수준에서 사용해봤을 것이다. 나도 처음 이 문제를 접했을 때 해결 방법을 찾기가 쉽지는 않았다. 하지만 강력한 구글의 검색능력과 전 세계에 흩어져 있는 FreeRadius 구루들의 도움으로 문제를 해결할 수 있었으며, 문제 해결 방법 또한 그리 복잡하거나 어렵지는 않았다. 다만 아쉬운 점이 있다면 지금까지 고수해왔던 한 가지 원칙을 무너뜨려야 한다는 것이다. 전반부에서도 설명했듯이 지금까지 기능을 구현함에 있어 FreeRadius의 기본적인 구조는 손상시키지 않았다. 그러나 이번만큼은 FreeRadius의 구조를 변경하지 않고서는 기능 구현이 불가능하므로 아쉽지만 원칙에서 벗어나야만 했다.

이 문제를 해결하기 위해서는 먼저 그림 9-6의 두 번째 단계에서 사용자 식별자에 따라 AVP 그룹 이름이 선택되는 원리를 이해하고 있어야 한다. 앞에서 설명한 내용과 그림을 참고하면 리스트 9-3과 같이 몇 가지 규칙을 발견할 수 있다.

리스트 9-3 사용자별로 할당될 그룹 이름 선택 규칙

1) FreeRadius에서는 정보관리를 위해 DBMS를 사용한다.
2) 사용자 식별자와 그룹 이름이 테이블(radusergroup)에 저장되어 있다.
3) 데이터베이스의 테이블에 저장되어 있는 값은 SQL 질의문을 사용해 조회할 수 있다.

그림 9-7은 독자의 이해를 돕기 위해 그림 9-6의 두 번째 단계를 수학에서 함수를 배울 때 사용한 함수 그림으로 바꿔 표현한 것으로, 우리는 이런 형태를 블랙박스 Black Box라고 부른다. 블랙박스의 내부구조는 블랙박스를 개발한 사람 외에는 알지 못한다. 다만 확실히 알 수 있는 것은 그림 9-7의 블랙박스에 입력값으로 사용자 식별자를 넣으면 이에 해당하는 그룹 이름을 출력하고, 그룹 이름을 선택하기 위해 radusergroup 테이블을 참조한다는 것이다.

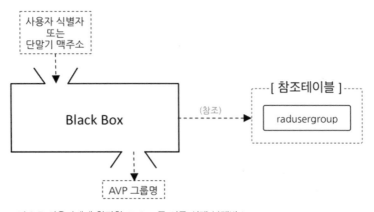

그림 9-7 사용자에게 할당할 AVP 그룹 이름 선택 블랙박스

앞서 제시한 힌트와 그림을 참조해 블랙박스의 내부에서는 어떠한 명령 또는 프로세스에 의해 그룹 이름을 선택하는지를 추측해보자. 리스트 9-4는 내가 생각해본 질의문이다.

리스트 9-4 사용자에 따라 할당될 그룹 이름 선택 SQL 구문

```
SELECT groupname
  FROM radusergroup
 WHERE username = '사용자 식별자' ;
```

응용프로그램이나 시스템에서 데이터 저장을 위해 데이터베이스를 사용한다면, 데이터베이스에 데이터를 저장하거나 불러올 때 SQL을 사용해야 한다. FreeRadius 역시 정보 저장을 위해 MySQL을 DBMS로 사용하고 있다. 따라서 그림 9-7 내에서 이뤄지는 동작은 SQL에 의해 수행됨을 충분히 예측할 수 있다. 물론 질의문의 조건 절에서 사용되는 입력값과 결과값을 처리하는 별도의 과정이 있을 수 있다. 그러나 블랙박스에서 radusergroup 테이블에 저장된 그룹 이름을 선택하기 위해 리스트 9-4의 질의문은 반드시 사용된다. 이것으로 그림 9-6의 두 번째 단계에서 AVP 그룹 이름을 선택하는 과정을 구체적으로 이해할 수 있게 되었다.

이제 궁극적으로 해결해야 하는 문제를 살펴보자. 그림 9-8의 블랙박스는 그림 9-3의 VLAN 할당 절차(그룹 이름 할당 절차), 즉 사용자가 아닌 인증을 요청한 스위치에 그룹 이름을 할당하는 절차를 표현하고 있다. 앞서 살펴봤던 그림 9-7과 비교해서 커다란 차이점이 없다. 참조 대상 테이블이 하나에서 2개로 늘어났을 뿐이다. 이것이 의미하는 바는 제기된 문제의 근본적인 해결 방법이 앞서 살펴봤던 해결 방법과 크게 다르지 않다는 것이다. 정확히 말하면 그림 9-8에서도 SQL을 이용해 스위치의 위치에 따라 할당될 그룹 이름을 선택한다는 것이다.

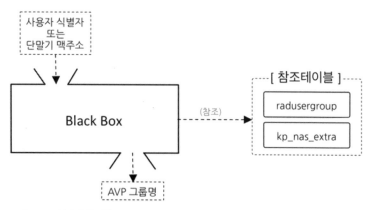

그림 9-8 스위치에 할당할 AVP 그룹 이름 선택 블랙박스

문제 해결을 위해 그림 9-8의 블랙박스에서 몇 가지 규칙을 도출하면 리스트 9-5와 같다.

리스트 9-5 스위치에 할당할 그룹 이름 선택 규칙

1) FreeRadius에서는 정보관리를 위해 DBMS를 사용한다.
2) 사용자 식별자와 그룹 이름이 radusergroup 테이블에 저장되어 있다.
3) 기숙사에서 사용하는 스위치의 IP 주소와 그룹 이름은 kp_nas_extra 테이블에 저장되어 있다.
4) 사용자에게 할당된 그룹 이름을 반환하기 전에 스위치의 위치에 따른 그룹 이름을 반환한다.
5) 데이터베이스의 테이블에 저장되어 있는 값은 SQL 질의문을 사용해 조회할 수 있다.

리스트 9-3과 비교해보면 그림 9-8의 블랙박스에서 kp_nas_extra 테이블이 참조됨에 따라 이와 관련된 규칙이 추가되었다. 리스트 9-5의 규칙들 중에서 문제 해결의 실마리를 제공하는 규칙은 네 번째 규칙이다. 네 번째 규칙이 그림 9-3에서 요구하는 VLAN 할당 프로세스를 함축하고 있기 때문이다. 결과적으로 네 번째 규칙을 리스트 9-4의 질의문에 반영하기만 하면 기숙사 또는 연구소, 즉 사용자의 위치에 따른 VLAN을 할당할 수 있다.

이제 네 번째 규칙을 반영한 SQL 질의문을 만들어보자. 질의문을 완성하기 위해서는 두 과정을 거쳐야 한다. 첫 번째 과정에서는 인증을 요청한 스위치의 위치를 확인하고, 기숙사에 설치된 스위치로 확인되었을 때 기숙사에 할당될 그룹 이름을 반환하는 질의문을 작성한다. 두 번째 과정에서는 첫 번째 과정에서 작성한 질의문을 리스트 9-4와 병합해 하나의 질의문으로 만든다.

첫 번째 과정의 질의문 작성을 위해서는 다음 두 가지 사항이 선행되어야 한다. 먼저 인증을 요청한 스위치의 IP 주소 확인 방법이 제공되어야 한다. 이는 앞에서 설명한 환경변수 NAS-IP-Address를 이용해 확인이 가능하다. 다음으로 인증을 요청한 스위치의 위치 식별 방법과 위치에 따라 할당할 그룹 이름이 사전에 정의되어 있어야 한다. 이는 리스트 9-1과 리스트 9-2의 과정을 통해 생성한 kp_nas_extra 테이블에 정의되어 있다. 이와 같은 선행사항을 기초로 질의문을 작성하면 리스트 9-6과 같다.

리스트 9-6 스위치 위치에 따라 그룹 이름을 반환하는 SQL 질의문

```
SELECT groupname FROM kp_nas_extra WHERE nasname='%{NAS-IP-Address}';
```

리스트 9-6의 SQL 질의문은 인증을 요청한 스위치의 IP 주소가 kp_nas_extra 테이블에 등록되어 있다면 해당 IP 주소에 할당된 그룹 이름을 반환하고, 만약 IP 주소가 등록되어 있지 않다면 널null을 반환한다. 예를 들어 인증을 요청한 스위치의 IP 주소가 172.30.11.21이면 결과값으로 VLAN_800을 반환한다. 하지만 인증을 요청한 스위치의 IP 주소가 172.30.11.11이라면 결과값은 널null이다. IP 주소 172.30.11.11은 연구소에서 사용하는 스위치의 IP 주소로 kp_nas_extra 테이블에 등록되지 않은 IP 주소이기 때문이다. 만약 연구소에 설치된 스위치임에도 특정한 목적을 위해 별도의 VLAN 할당이 요구된다면, 해당 스위치의 IP 주소와 할당하고자 하는 그룹 이름을 kp_nas_extra 테이블에 등록함으로써 별도의 VLAN을 할당할 수 있다.

이제 앞서 작성한 질의문 리스트 9-4와 리스트 9-6을 병합해 하나의 질의문으로 만들어보자. 두 질의문의 병합에는 서브쿼리Subquery를 이용한다. 즉, 하나의 질의문(메인쿼리)이 다른 질의문(서브쿼리)을 포함하는 질의문 간 종속관계로 병합한다. 그렇다면 두 질의문 중 어느 질의문이 메인쿼리고, 어느 질의문이 서브쿼리일까? 결론적으로 리스트 9-4가 메인쿼리고, 리스트 9-6이 서브쿼리다. 여기서 사용하는 메인쿼리와 서브쿼리는 질의문이 미치는 영향의 범위에 의해 결정된다. 메인쿼

리는 인증을 요청받은 모든 단말기에 할당할 그룹 이름을 결정한다. 반면에 서브쿼리는 kp_nas_extra 테이블에 등록된 일부 스위치에 연결된 단말기에 할당할 그룹 이름만을 결정하기 때문이다.

메인쿼리와 서브쿼리를 결정한 후에는 메인쿼리의 어느 위치에 서브쿼리를 삽입할지 결정해야 한다. SQL 문법에서 서브쿼리는 메인쿼리의 어느 위치에든 삽입이 가능하다. 일부 DBMS에서는 서브쿼리를 제한적으로 허용하고 있다. 하지만 MySQL에서는 서브쿼리를 SELECT 구문, FROM 구문 또는 WHERE 구문 등 다양한 위치에 삽입할 수 있다. 다만 서브쿼리의 역할에 따라 삽입 위치가 다르다. 서브쿼리인 리스트 9-6의 결과값은 메인쿼리인 리스트 9-4의 결과로 재사용된다. 따라서 서브쿼리의 위치는 SELECT 구문 또는 FROM 구문이 적절하다. 리스트 9-7과 리스트 9-8은 SELECT 구문과 FROM 구문에 서브쿼리가 삽입된 질의문이다. 두 질의문은 내부적으로 다르게 동작하지만 동일한 결과값을 반환한다.

리스트 9-7 SELECT 구문에 서브쿼리를 삽입한 SQL 질의문

```
1: SELECT IFNULL( (SELECT groupname
2:                   FROM kp_nas_extra
3:                   WHERE nasname='%{NAS-IP-Address}'),
4:              groupname ) as groupname
5:   FROM radusergroup
6:   WHERE username = '사용자 식별자';
```

리스트 9-8 FROM 구문에 서브쿼리를 삽입한 SQL 질의문

```
1: SELECT IFNULL( b.groupname, a.gropuname ) as groupname
2:   FROM radusergroup a,
3:       ( SELECT groupname
4:           FROM kp_nas_extra
5:           WHERE nasname='%{NAS-IP-Address}') b
6:   WHERE a.username = '사용자 식별자';
```

리스트 9-7과 리스트 9-8의 두 질의문에서 눈여겨봐야 할 부분은 SELECT 구문에 사용된 IFNULL(arg 1, arg 2) 함수다. IFNULL() 함수는 arg 1이 널이 아니면 arg 1을 반환하고, arg 1의 값이 널이면 arg 2를 반환한다. 리스트 9-7과 리

스트 9-8의 질의문을 보면 arg 1의 위치에 서브쿼리의 결과값이 위치하고, arg 2의 위치에는 메인쿼리의 결과값이 위치한다. 이를 해석하면 다음과 같다. 인증서버에 사용자 단말기에 대한 인증이 요청되면, 서브쿼리에 의해 인증을 요청한 스위치가 기숙사에 설치된 스위치인지 여부를 확인한다. 만약 기숙사에 설치된 스위치라면 기숙사용 스위치에 할당할 그룹 이름(VLAN_800)을 반환하고, 그렇지 않으면 널을 반환한다. 서브쿼리의 결과값은 IFNULL() 함수의 arg 1의 값으로 전달되어 널인지를 판단한다. 만약 arg 1에 전달된 값이 VALN_800이라면 IFNULL() 함수는 VLAN_800을 반환하고 널이라면 arg 2의 값, 즉 사용자에게 할당된 그룹 이름을 반환한다.

질의문이 복잡하거나 어렵지는 않지만 독자의 의지에 따라 강력한 네트워크 접근통제의 도구로 이용할 수 있다. 관리 대상 네트워크 또는 사용자 환경에 따라 다양한 조건을 정의하고, 조건에 따라 AVP 그룹 이름 할당을 제어한다면 보다 정교한 네트워크 접근통제가 가능하기 때문이다.

마지막으로 리스트 9-7과 리스트 9-8의 질의문 중 하나를 FreeRadius에 적용해보자. 나는 리스트 9-7을 선택했다. 이 질의문이 기본 질의문에 대한 변경을 최소화하면서 동일한 결과를 제공하기 때문이다.

FreeRadius는 인증에서 사용하는 정보 저장을 위한 백엔드^{Back-end} 데이터베이스로 MySQL뿐 아니라 PostgreSQL, 오라클, MS-SQL 등을 사용할 수 있으며, DBMS 연계에 필요한 인터페이스 모듈을 제공한다. DBMS별 인터페이스 모듈은 별도의 설치가 요구되며, 각 모듈은 /etc/freeradius/sql/데이터베이스이름/ 경로에 위치한다. 지금 사용하고 있는 MySQL 인터페이스 모듈은 /etc/freeradius/sql/mysql에 위치한다.

설치된 인터페이스 모듈이 저장된 경로에는 리스트 9-9에서 볼 수 있듯이 확장자가 sql 또는 conf인 두 가지 유형의 파일이 저장되어 있다.

리스트 9-9 인터페이스 모듈 파일

```
root@radius:/etc/freeradius/sql/mysql# ls
admin.sql     cui.conf   dialup.conf   ippool.sql   schema.sql   wimax.sql
counter.conf  cui.sql    ippool.conf   nas.sql      wimax.conf
```

```
root@radius:/etc/freeradius/sql/mysql#
```

sql 확장자를 사용하는 파일은 인증 관련 정보가 저장될 테이블 구조를 정의하며, 6.2절에서 실습한 바와 같이 데이터베이스에 정보 저장을 위한 테이블을 생성하는 데 사용한다. 확장자가 conf인 파일에는 데이터베이스를 이용한 인증정보 처리를 위한 SQL 질의문이 저장되어 있다. 4개의 conf 파일 중 사용자 인증과 AVP 처리를 담당하는 질의문이 저장된 파일은 dialup.conf다.

리스트 9-10과 같이 dialup.conf 파일에 저장되어 있는 질의문 중 group_membership_query 변수에 저장된 기존 질의문을 주석(#) 처리하고, 리스트 9-7의 질의문을 반영해 질의문의 내용을 변경한다.

리스트 9-10 /etc/freeradius/sql/mysql/dialup.conf

```
103:         # Use these for case sensitive usernames.
104: #      group_membership_query = "SELECT groupname \
105: #        FROM ${usergroup_table} \
106: #        WHERE username = BINARY '%{SQL-User-Name}' \
107: #        ORDER BY priority"
108:
109: #      group_membership_query = "SELECT groupname \
110: #        FROM ${usergroup_table} \
111: #        WHERE username = '%{SQL-User-Name}' \
112: #        ORDER BY priority"
113:        group_membership_query = "SELECT \
114:          DISTINCT IFNULL( (SELECT groupname \
115:                               FROM kp_nas_extra \
116:                               WHERE nasipaddress='%{NAS-IP-Address}'),\
117:                               groupname) as groupname \
118:         FROM ${usergroup_table} \
119:         WHERE username = '%{SQL-User-Name}' \
120:         ORDER BY priority"
121:
122:        authorize_group_check_query = "SELECT id, groupname, attribute, \
123:         Value, op \
124:         FROM ${groupcheck_table} \
125:         WHERE groupname = '%{Sql-Group}' \
126:         ORDER BY id"
```

변경된 질의문은 앞에서 작성했던 리스트 9-7의 질의문과 다르다는 사실을 확인할 수 있다. DISTINCT 키워드와 ORDER BY priority 구문이 추가되었고, 이 두 가지는 한 사용자에게 2개 이상의 그룹 이름이 할당될 때 사용된다. 먼저 ORDER BY priority 구문은 2개 이상의 그룹 이름이 있을 때 할당 우선순위를 결정하기 위해 사용되며, 변경 전 원래의 질의문에 사용되었던 구문이다. DISTINCT 키워드는 할당되어야 할 그룹 이름이 2개 이상이면서 기숙사에서 접속한 사용자에게 하나의 그룹 이름을 할당하기 위해 사용된다. 구체적인 사항에 대해서는 MySQL 레퍼런스를 참조하길 바란다.

환경 설정 파일의 내용이 변경된 후에는 리스트 9-11과 같이 FreeRadius 서비스를 재시작해 변경된 사항을 반영한다.

리스트 9-11 FreeRadius 서비스 재시작

```
sysop@radius:~$ sudo /etc/init.d/freeradius restart
[sudo] password for sysop: 09n072
 * Stopping FreeRADIUS daemon freeradius                          [ OK ]
 * Starting FreeRADIUS daemon freeradius                          [ OK ]
sysop@radius:~$
```

리스트 9-11과 같이 서비스가 정상적으로 실행되었다면, 기숙사용으로 설정된 스위치에 테스트용 단말기를 연결하고 기숙사용 VLAN을 정상적으로 받아오는지 확인한다. 만약 기숙사용 VLAN을 받아오지 못한다면, 오류를 확인하기 위해 리스트 9-12와 같이 실행 중인 FreeRadius 서비스를 중지하고 디버깅 모드로 실행한다.

리스트 9-12 FreeRadius를 디버그 모드로 실행

```
sysop@radius:~$ sudo /etc/init.d/freeradius stop
[sudo] password for sysop: 09n072
 * Stopping FreeRADIUS daemon freeradius                          [ OK ]
sysop@radius:~$ sudo freeradius -X
...
}
Listening on authentication address * port 1812
Listening on accounting address * port 1813
```

```
Listening on authentication address 127.0.0.1 port 18120 as server inner-tunnel
Listening on proxy address * port 1814
Ready to process requests.
```

대부분의 오류는 리스트 9-10의 SQL 질의문 수정 과정에서 발생한다. SQL 질의문이 올바르게 수정되었는지 확인하기 위해 FreeRadius를 디버깅 모드로 실행한 상태에서 단말기를 스위치에 연결하고, 단말기의 인증을 수행한다. 이때 알 수 없는 수많은 메시지가 화면을 덮을 것이다. 이 메시지 중에서 우리가 찾는 메시지는 리스트 9-13과 같은 메시지다.

리스트 9-13 디버깅 모드에서 AVP 그룹 선택 SQL 질의문 확인

```
[sql]        expand: SELECT DISTINCT IFNULL((SELECT groupname FROM
kp_nas_extra WHERE nasipaddress='%{NAS-IP-Address}'), groupname)
as groupname                               FROM radusergro
up                               WHERE username = '%{SQL-User-
Name}'                          ORDER BY priority  -> SELECT DISTINCT
IFNULL((SELECT groupname FROM kp_nas_extra WHERE nasipaddress='172.30.10.21'),
groupname) as groupname                        FROM radusergroup
WHERE username = 'gdhong'                       ORDER BY priority
```

메시지를 보면 유사한 질의문이 두 번 반복되고 있다. 앞서 나오는 질의문은 리스트 9-10에서 입력한 원본이고, 나중에 나오는 질의문은 원본 질의문에 사용된 환경변수를 인증을 위해 요청된 실제 값으로 변경한 것이다. 질의문에 문제가 있는지 확인하기 위해 두 번째 질의문을 리스트 9-14와 같이 DBMS에서 실행한다. 결과가 그룹 이름을 반환하지 않고 에러 메시지를 출력하면, 정상적인 결과가 나오도록 질의문의 오류를 바로잡도록 한다.

리스트 9-14 AVP 그룹 선택 질의문 실행

```
mysql> SELECT DISTINCT IFNULL((SELECT groupname FROM kp_nas_extra
    WHERE nasipaddress='172.30.10.21'), groupname) as groupname
    FROM radusergroup                               WHERE username = 'gdhong'
    ORDER BY priority;
+-----------+
| groupname |
```

```
+-----------+
| VLAN_800  |
+-----------+
| VLAN_800  |
+-----------+
1 row in set (0.00 sec)

mysql>
```

10장 802.1X 접근통제 전환 방법

이 책에서 제시된 네트워크 접근통제 방법을 몇몇 지인에게 설명했을 때, 실제 구현된 내용을 확인하기 전에 시나리오만으로도 관심을 표현하고 실무에서 꼭 필요한 내용이라고 말하는 사람들도 있었다. 독자 여러분도 네트워크 보안을 위해 다양한 솔루션을 도입하고 운영하면서 약간은 부족하다고 느꼈던 보안 요소를 네트워크에 대한 접근통제를 통해 보완할 수 있다고 느꼈으면 하는 바람이다. 특히 BYOD와 관련된 이슈가 급격히 증가하면서 사내 네트워크에 대한 사용자 단말기의 접근통제가 중요해졌고, 이를 위한 보안 제품들이 다양한 제조사에서 출시되어 관리자의 선택을 기다리고 있다. 독자 여러분이 네트워크 또는 정보보안 담당자로 근무하고 있는 직장에서 BYOD에 대한 통제 또는 허용에 관한 정책이 아직까지 정리되지 않았다면, 이 책에서 제공된 시나리오와 구현을 토대로 유·무선 네트워크에 대한 접근 정책을 수립해보길 기대한다.

하나의 솔루션을 도입하고 조직 내에서 제대로 활용하기까지는 수많은 시행착오를 거쳐야 한다. 네트워크 접근통제에 관한 이슈가 제기되었을 때, 정부 및 공공기관을 중심으로 NAC를 도입하면 모든 문제가 해결될 것 같아 NAC 도입 광풍이 불었다. 그리고 DDoS 이슈가 제기되자 앞다퉈 DDoS 공격 차단 장비를 도입하기도 했다. 하지만 이슈 제기와 함께 도입된 이런 보안 솔루션이 제대로 활용되는 사례를 찾기란 생각보다 쉽지 않았다.

네트워크 또는 정보보안 관리자로서 솔루션을 도입하는 과정에서 어려움을 경험해봤을 것이다. 나는 솔루션 도입 이후 회사의 업무환경과 사용자에게 솔루션을 적용^{deployment}하는 단계가 가장 어려웠다. NAC를 도입할 때도 사용자로부터 NAC 적용 이후 네트워크 연결이 안 된다는 항의를 받았고, 플랫폼의 특성에 따라 에이전트가 정상적으로 동작하지 않아 일부 사용자는 예외 처리를 적용하는 등 사용자의 항의를 받거나 정책의 일관성을 유지할 수 없는 상황들을 경험했다. 독자들도 비슷한 경험을 갖고 있을 것이다.

이러한 어려움을 최소화하기 위해 일부 사용자를 대상으로 사전 도입 테스트를 진행하지만, 테스트 단계에서 도출되지 않았던 다양한 문제들이 실제 적용 단계에서 다반사로 발생한다. 그래서 사용자 또는 단말기에 대한 강력한 통제 기능을 갖고 있는 솔루션을 도입할 때는 적용 단계에서 더욱 신중을 기하게 된다. 이 책에서는 관리자라면 대부분 고민하고 해결 방법을 찾고 있는 네트워크에 대한 단말기의 접근통제와 IP 주소 관리에 대한 효과적인 대안을 제시했다. 다만 운영 중인 네트워크에 적용했을 때 사용자와 단말기의 네트워크 사용에 적지 않은 통제를 가하게 된다. 이로 인해 관리자가 802.1X를 업무환경에 도입하고자 할 때는 사용자로부터 쏟아지는 불평불만을 온몸으로 받아들일 각오와 용기가 필요하다.

지금까지 도입했던 다양한 인증체제는 대부분 사용자 단말기가 관리자로부터 IP 주소를 할당받고 네트워크에 진입한 후 인증 절차를 제공해 단말기를 통제하는 사후 처리 방식의 인증체제였다. 그러나 802.1X는 기존의 네트워크 접근통제 방식과 달리 단말기가 네트워크에 진입하기 전에 정당한 사용자인지 여부를 인증하는 방식으로, 기존의 방식에 비해 좀 더 강화된 사용자 인증과 통제 기능을 제공한다. 이 때문에 802.1X를 도입했을 때 네트워크에 연결되는 모든 단말기에 영향을 미치게 된다. 기존에 도입되어 운영되고 있는 사후 인증시스템의 경우 단말기의 유형에 따라 예외를 적용해야 하는 사례들이 빈번하게 발생한다. 예를 들어 프린터, 디지털 복합기, NAS 등을 도입할 경우에는 인증 적용 대상에서 제외해야 했다. 그러나 802.1X가 도입되었을 때는 예외 없이 인증 절차를 거쳐야만 네트워크에 연결할 수 있게 된다. 이렇게 802.1X는 네트워크에 접속하는 단말기에 대한 강력한 통제를 가하기 때문에 관리자로서는 도입을 결정하기가 결코 쉽지만은 않다.

이번 장에서는 이 책에서 구현한 802.1X와 IP 주소관리체계의 도입을 고려하는 독자를 위해 기존의 네트워크 환경에서 효과적으로 802.1X로 전환하기 위한 방법에 대해 설명한다. 앞에서도 언급했듯이, 일반적으로 구축되어 운영되는 네트워크 환경에 802.1X를 도입하는 것은 네트워크 인증에 있어서 혁명적일 만큼 복잡하고 어려운 문제다. 그렇지만 다른 솔루션을 도입할 때와 달리 802.1X는 적절한 적용 전략만 수립되면 오히려 사용자가 느끼는 불편을 최소화하면서 일반적인 네트워크 환경을 802.1X가 적용된 동적인 네트워크 환경으로 전환할 수 있다.

이번 장에서는 몇 가지 상황에 따른 전환 방법을 제시한다. 조직마다 네트워크 구성과 운영 형태가 다르고 네트워크 및 정보보안 조직의 내부 위상이 다르고 또한 사용자의 특성이 다르기 때문에 모든 상황에 딱 맞아떨어지지는 않겠지만, 대부분의 조직에서 발생 가능한 상황을 근거로 해서 적용 방안을 제시하도록 하겠다.

일반적인 네트워크에서 802.1X 기반의 네트워크로 전환하기 위한 방법은 크게 세 가지로 제시할 수 있다.

첫 번째는 빅뱅 전환이다. 일반적으로 시스템 구축과 전환에서 많이 사용하는 용어가 '빅뱅'이다. 예를 들어, 조직에서 사용하는 경영정보시스템^{MIS}을 신규로 개발하고자 할 때, 신규시스템 개발이 완료되면 기존 시스템의 운영을 중단하고 신규 시스템을 통해 업무를 수행하는 방식을 말한다. 이와 같이 802.1X의 도입에도 기존에 구성된 네트워크 환경을 일시에 802.1X 환경으로 전환하는 빅뱅 방식이 활용될 수 있다. 이 방식은 사실 제일 적용하기 어려운 형태다. 그렇지만 전환기간이 짧고 조직 내 구성원이 일시에 802.1X에 적응하는 기간이 짧다는 장점이 있다. 빅뱅 방식으로의 전환은 네트워크 신규 구축, 청사 이전 등과 같은 조직 전체의 변화를 유발하는 이벤트가 있을 때 적용하면 유용하다.

두 번째 방식은 스텔스 전환이다. 내가 이름 붙인 이 전환 방식은 기존에 네트워크를 사용하던 사용자가 802.1X 전환을 느끼지 못하도록 하면서 네트워크 환경을 802.1X로 전환하는 방법이다. 관리자라면 이 방법을 가장 선호할 것이다. 그렇지만 이 방법의 실행을 위해서는 관리자가 사전 준비를 철저히 해야 하는 단점 아닌 단점이 있다. 제일 먼저 기존에 네트워크에 접속되어 있는 단말기의 IP 주소, 맥 주소,

사용자의 맵핑 정보를 만들어야 한다. 그리고 만들어진 맵핑 정보를 인증서버에 등록해줘야 한다. 맵핑 테이블을 만드는 작업은 그리 만만치 않다. 그러나 기관에서 보유하고 있는 자산관리시스템 또는 NAC 등의 시스템을 이용하면 정확하진 않아도 대부분의 정보는 파악할 수 있다.

마지막은 점진적 전환 방법이다. 점진적 전환이란 조직 전체의 네트워크를 일정 규모의 네트워크 영역으로 구분하고(층별, 건물별), 구분된 각각의 네트워크 영역에 따른 전환 일정을 수립해 일정에 따라 점진적으로 확대 적용하는 방식이다. 일반적인 조직에서 적용하기에 적합한 방식으로 조직원에 대한 사전 공지와 교육을 통해 802.1X로 전환되었을 때의 장단점, 사용자의 협조사항 등에 대한 충분한 인식을 요구한다. 그렇지만 조직원 전체에 대한 공감대를 유도할 수 있어서 사용자와 관리자가 효과적으로 협력할 수 있는 전환 방법이다.

이제 이 세 가지의 전환 방법을 보다 구체적으로 알아보자. 각각의 방법에 서로 다른 장단점이 있지만, 공통적으로 해당하는 사항이 있다. 전환 이전에 철저한 사전 준비가 요구되는 것이다. 어떠한 전환 방법을 선택하더라도 사용자에 대한 안내 및 상세한 가이드라인 제작과 배포, 전환 과정에서 발생할 수 있는 문제점에 대한 사전 예측 및 대응 방안 준비, 마지막으로 헬프데스크 구축을 통한 신속한 사용자 지원이 필요하다. 이러한 사전 준비를 바탕으로 802.1X 전환을 시도한다면 사용자의 불만을 최소화하면서도 효과적인 네트워크 접근통제시스템을 구축할 수 있을 것이다.

10.1 빅뱅 전환

빅뱅 전환! 단어의 어감 때문인지 이 표현은 상당히 거창하게 느껴진다. 결과적으로 빅뱅 전환은 대단한 변화를 유발하게 된다. 정보보안 담당자 입장에서 802.1X의 도입은 혁명적인 일이다. 네트워크에 접속하고자 하는 단말기를 인증하고, DHCP를 이용해 IP 주소를 관리하고, 네트워크에 연결된 모든 단말기의 사용자를 관리하는 등 지금까지 불가능에 가깝게 여겨졌던 이 모든 것들이 현실화되었기 때문이다.

빅뱅 전환은 말 그대로 기존의 네트워크 환경을 일시에 802.1X와 DHCP 기반으로 전환하는 것을 말한다. 빅뱅 방식은 전체 네트워크를 한꺼번에 802.1X로 전환할 수 있는 장점이 있는 반면, 전환 과정에서 발생하는 혼란을 최소화하기 위한 철저한 준비가 필요한 단점도 있다. 물론 관리자가 감당해야 하는 엄청난 부담도 단점에 포함된다.

네트워크 및 정보보안 업무를 수행할 때 관리자를 힘들게 하는 요인 중 하나는 환경 변화에서 오는 사용자의 불평불만이다. 나와 친한 동료들은 내게 이런 말을 하곤 한다. "너, 일 열심히 하지마! 괜히 열심히 일해서 사람 힘들게 하지마!" 사실이다. 일반적으로 정보보안 담당자가 열심히 일하면 사용자는 피곤해지기 마련이다. 정보보안 업무의 특성상 사고 예방을 위해 안간힘을 써가며 일하지만, 사용자 입장에서 봤을 때는 불편을 유발하는 통제로 인식하기 때문이다. 그리고 대부분의 보안 솔루션들이 단말기 또는 사용자에 대한 통제 기능을 포함하고 있기 때문에도 그렇다.

802.1X 역시 강력한 통제 기능을 포함하고 있다. 하지만 사용의 편의를 증진시키는 기능도 내포하고 있다. 한 번 인증받은 단말기는 직장 내 어느 지역에서 네트워크에 연결하더라도 사용자에 따른 동일한 네트워크 접속 환경을 보장해 단말기의 이동성^{mobility}을 보장한다. 그리고 단말기의 운영체제를 다시 설치하거나 IP 주소 설정에 관한 정보를 알지 못해도 단말기별로 동일한 IP 주소를 할당한다. 이러한 서비스는 기존 네트워크 환경에서는 제공하지 못했던 사용자의 업무 효율을 향상시키는 큰 장점들이다. 802.1X의 도입을 추진하면서 사용자에게 이러한 장점을 부각시켜 802.1X를 긍정적으로 바라보게 만드는 노력이 필요하다.

802.1X와 DHCP를 이용한 네트워크 접근통제 도입에 빅뱅 방식을 적용하고자 한다면 구체적으로 어떠한 것을 준비해야 하는지를 설명해본다. 정리하면 다음 다섯 가지 요소가 가장 중요하다고 생각한다.

첫째, 접근통제와 IP 관리체계에 대한 명확한 이해와 구현

둘째, 따라하기 쉬운 사용자 가이드 제작, 배포

셋째, 빅뱅 방식 적용을 위한 적절한 이벤트 선정

넷째, 경영진의 지원 확보와 사용자에 대한 홍보

다섯째, 협력업체의 적극적인 지원 확보

네트워크나 정보보안시스템을 구축하다 보면 담당자의 기획 의도에 적합하지 않은 시스템이 구축되는 경우를 경험하게 된다. 예를 들면, 도입 대상 시스템의 규격명세서에는 분명히 기능이 지원되는 항목으로 표기되어 있음에도 불구하고, 기능 구현이 미흡해 성능을 제대로 발휘하지 못하거나, 버그로 인해 기능이 동작하지 않는 경우가 있다. 또는 규격명세서에서는 조만간 지원 예정이라고 표기해놓고 솔루션 도입 후 몇 년이 지났음에도 불구하고 기능이 개발되지 않는 경우도 있다. 이런 상황을 한두 번 경험하고 나면 필드 테스트 등을 수행하면서 도입의 적합성을 검토하기도 하지만 발생 가능한 모든 문제를 검토하고 대응하기란 불가능하다. 그러나 이 책에서 제시하는 접근통제와 IP 주소관리체계를 도입하고자 한다면 상황은 달라진다. 무선 네트워크 접속을 위한 인증체계로서 802.1X가 도입된 사례는 많이 있으나, 아직까지 유선 네트워크까지 802.1X를 도입한 사례는 많지 않다. 더욱이 유·무선 네트워크에 동시에 적용한 사례 또한 찾기가 쉽지 않다. 이것은 곧 우리나라에서 802.1X를 체계적으로 구축할 수 있는 전문가 풀이 그만큼 적다는 것을 반증한다. 결론은 독자들이 802.1X에 대한 전문가가 되어야 한다는 것이다. 물론 협력업체를 통해 도움받을 수 있겠지만, 기관의 환경에 적합한 네트워크 접근통제와 IP 주소관리체계의 구축을 위해서는 기관의 담당자가 명확한 설계와 구축 방법에 대해 이해하고 있어야만 한다. 그렇지 않으면, 구축 단계에서 문제가 발생했을 때 해결시간이 오래 걸리고 독자적인 문제 해결 역량을 확보하지 못하게 된다. 또한 각각의 기술(802.1X와 DHCP)에 대한 깊은 이해가 요구된다. 시스코, 아루바, 주니퍼 등 다양한 외국 벤더들이 BYOD 이슈를 반영해 다양한 802.1X 솔루션을 제공하고 있지만, 적지 않은 도입 비용으로 관리자의 머리를 아프게 하고 있다. 그

리고 국내에서 개발된 인증 제품이 공급되고는 있으나, 각각의 표준을 완벽하게 만족시키지 않아 기관에서 요구하는 기능의 구현을 위해서는 추가 개발 등이 요구되곤 한다. 이로 인해 전체적인 이행^{deployment} 시기가 지연되는 문제가 발생하기도 한다. 이를 해결하기 위해서는 기술요소에 대한 구체적인 지식을 갖고 협력업체를 이끌어가는 관리자의 모습이 요구된다.

다음으로 사용자에 대한 배려가 요구된다. 802.1X가 발표된 지 이미 10여 년이 지났다. 그리고 발표 당시 아주 혁신적인 기술로서 기대를 모았지만 활성화에는 실패하고 말았다. 네트워크 장비와 단말기에서 802.1X를 완벽하게 지원하지 못하는 부분도 있었지만, 사용자에 대한 지원이 부족한 부분도 큰 영향을 미쳤으리라 생각한다. 802.1X 적용을 위해서는 네트워크 장비에서의 설정뿐 아니라 사용자 단말기의 환경도 802.1X 환경으로 설정해야 한다. 그러나 이러한 설정 절차를 일반 사용자가 이해하는 것은 매우 어려운 일이다. 그래서 우선적으로 사용자 단말기에 따라 자동으로 환경을 설정해주는 프로파일 배포시스템을 구축해야 한다. 또한 사용자가 쉽게 환경 설정을 진행할 수 있도록 따라하기 식의 가이드와 환경 설정 과정에서 발생할 수 있는 오류에 대한 해결 방안을 제공하는 것도 반드시 필요하다.

세 번째로, 빅뱅 방식의 적용을 이끌어낼 수 있는 적절한 이벤트가 필요하다. 나는 연구소의 청사 이전을 계기로 빅뱅 방식을 적용했다. 내가 근무하는 연구소는 최근까지 독립적인 청사를 보유하지 못해서 건물의 일부 층을 임차해 사용했다. 임차 건물의 네트워크는 일반적인 네트워크 환경과 마찬가지로 층별로 VLAN을 나누고 각각의 층에 다른 IP 주소대역을 할당하는 방식으로 구축되어 있었다. 그러나 독립적인 청사를 갖게 되면서 네트워크 시스템을 새로 구축해야 하는 상황이 발생했다. 많은 독자들도 비슷한 경험이 있겠지만, 내가 네트워크를 처음 구축해야 했던 2006년에는 네트워크에 대한 아무런 지식이 없었다. 스위치에 콘솔로 접속하는 방법조차 모르는 상태에서 네트워크를 구축해야 했던 것이다. 근무하는 곳에서 내가 유일한 전산 담당이었기 때문에 내게 네트워크 구축 업무가 주어졌다. 이후 네트워크를 관리하면서 조금씩 학습하고 주변의 도움을 받아 네트워크에 대한 지식을 어느 정도 습득하게 되었다. 그리고 현재의 관리체계에 대한 문제점을 발견하게 되었고, 발견한 문제점을 해결할 수 있는 좋은 계기로 신 청사에 대한 네트워크 설계 작업이 있었다. 이와 같은 기회는 네트워크와 정보보안 관리자에게 많은 것을 시도할 수 있는 기회를 제공한다. 대부분의 관리자가 네트워크 신규 구축을 계기로 기존 네트워크에서 하지 못했던 부분을 시도하곤 한다. 다행히 내가 근무하는 직장에서는 대부분의 직원이 청사가 건설됨에 따라 네트워크 및 정보보안체계가 변경될 것이라고 예상했었기에, 빅뱅 방식으로 네트워크 및 정보보안체계를 전환함에도 불구하고 큰 혼란이 없었다. 사실 네트워크보다 더 신경 써야 하는 부분이 많았기 때문에 네트워크에 대한 초기 혼란은 크게 부각되지 않았던 것 같다. 이와 같이 신규 청사 건립이나 청사 이전과 관계된 이벤트가 아니라 하더라도 정보보안 이슈와 연계해 빅뱅 방식의 전환을 고려할 수 있을 것이다. 언급하기 조심스럽지만 농협 해킹 사태, 3.20 인터넷 대란 등의 정보보안 이슈를 근무하는 곳의 네트워크 및 보안과 연계하면 충분히 기회를 만들 수 있다.

네 번째로, 경영진의 지원 확보와 사용자에 대한 홍보가 필요하다. 네트워크 및 정보보안에 대한 의사결정에서 가장 어려운 일은 경영진을 설득하는 과정이다. 중요하기도 하고 비용도 투자하지만, 구체적인 성과를 당장 드러낼 수 없는 분야 중 하나가 네트워크 또는 보안이기 때문이다. 그리고 정보보안은 강화하면 할수록 점점 불편해지는 것 같아서 투자를 꺼리기도 한다. 그렇다고 정보보안을 포기할 수는 없으므로 경영진을 반드시 설득해야만 한다. 설득을 위해 앞서 언급했던 보안 이슈를 활용하기도 하고, 편의성을 강조하기도 한다. 지금까지의 보안시스템은 통제를 강화하면서 안전을 강조했다면, 802.1X와 DHCP 기반의 IP 주소관리체계는 통제와 안전을 강화하면서도 사용자의 편의성이 증진되는 부분을 강조할 수 있다. 이 부분은 사용자에 대한 홍보 영역에도 적용된다. 나는 시스템이 구축되기 이전에 전 직원을 대상으로 간담회를 열어 네트워크 및 정보보안체계의 변화에 대해 설명하고 홍보하는 노력을 계속했다. 이 과정에서 새로운 관리체계의 도입이 가져올 사용자 단말기의 통제에 대한 설명뿐만 아니라, 그동안 네트워크를 이용하면서 불편하게 여겨졌던 부분에 대한 해결 방안을 제시함으로써 사용자의 긍정적인 인식을 유도하고자 했다. 이로 인해 사용자의 거부감을 최소화하면서 안정적으로 새로운 체계로 이행할 수 있었다.

이러한 조건이 모두 갖춰졌다 하더라도 마지막으로 한 가지 중요한 요소를 더 고려해야 한다. 바로 협력업체의 적극적인 지원이다. 네트워크 및 정보보안과 관련해 필요한 모든 분야의 전문인력을 회사 내에서 모두 확보할 수는 없다. 이러한 전문인력을 필요한 시기에 적절히 공급받는 방법은 협력업체를 활용하는 방법이다. 아직까지 우리나라에 802.1X에 관한 전문 지식과 구축 경험을 보유한 업체는 많지 않은 것 같다. 처음 협력업체에 802.1X를 구축해보자고 제안했을 때 협력업체는 주저하는 모습을 보였다. 다행히도 프로젝트 리더가 신기술과 새로운 방법에 대해 적극적으로 다가서는 성향이었기에 구축 단계별로 부딪히는 난제들을 어렵지 않게 해결할 수 있었다. 그럼 협력업체와는 어떤 관계를 형성해야 할까? 세간의 이슈가 되었던 일방적인 '갑을 관계'가 아닌 '동반자적 관계'를 만들어야 한다. 관리자는 구현하고자 하는 네트워크 접근통제의 방향을 명확하게 정립하고, 이와 관련된 기술요소를 제시한다. 협력업체는 제시된 방향성과 기술요소를 검토하고 구현의 가능성과 구현 방법 등을 파악해 제공한다. 이러한 동반자적 관계에서 관리자가 리드하는 모습을 보여줘야 한다. 그리고 구축 과정에서 발생하는 새로운 기술 및 구현 방법 등을 항상 공유해 서로의 역량을 향상시키도록 해야 한다. 이러한 협력관계를 갖고 간다면 빅뱅 방식으로 구현한다 하더라도 큰 어려움 없이 802.1X와 DHCP를 이용한 네트워크 접근통제를 구축할 수 있을 것이다.

10.2 스텔스 전환

빅뱅 방식의 전환을 설명하면서 기술적인 부분을 제시하지 않아 실망한 독자가 있을지도 모르겠다. 빅뱅 방식은 어차피 과거의 것을 무시하고 새로운 체계로 전환하는 것이기에 기술적인 고려사항이 필요하지 않은 전환 방법이다. 따라서 전환을 위한 고려사항 위주로만 설명했다. 빅뱅 방식에서 제시한 다섯 가지 사항들은 빅뱅 방식뿐만 아니라 다른 전환 방식에서도 공통적으로 적용되는 항목이므로 반드시 숙지하고 준비해야 한다.

　이번에는 스텔스 전환에 대해 알아보자. 앞서도 설명했듯이 스텔스 전환은 내가 임의로 이름을 붙인 방법이다. 스텔스 전투기는 적의 레이더에 탐지되지 않으면서 적의 상공에서 작전을 수행하는 전투기다. 단지 정확한 작전 수행 시점을 모를 뿐, 적의 스텔스기가 자신의 영공에서 작전을 수행하고 있을 것이라는 것은 상대 국가도 이미 알고 있다. 스텔스 전환 방법도 이와 유사하다고 생각하면 된다. 사용자들은 사전 공지를 통해 기존의 네트워크 체계가 802.1X와 DHCP를 이용한 네트워크 접근통제로 전환된다는 사실을 알게 된다. 그러나 자신이 사용하는 단말기가 언제 사용자 인증을 받고 IP 주소를 할당받는지는 모르도록 하는 전환 방법이다. 정말 마음에 드는 방법이다. 제대로만 실행할 수 있다면 인증체제 도입으로 인한 혼란도 발생하지 않을 것 같고, 사용자들로부터 원성을 들을 일도 없을 것이다. 그러나 세상 일이 모두 원하는 대로 순조롭게 진행되지는 않는다. 좋은 일이 있으면 나쁜 일이 있고, 어려운 일이 있으면 쉬운 일도 있기 마련이다.

　스텔스 전환은 앞서 언급한 장점을 가지는 반면에, 반드시 체계적인 준비 과정을 거쳐야만 성공할 수 있다. 이번 절에서는 이 준비 과정에 대해 구체적으로 알아보고자 한다.

　스텔스 전환을 위해서는 802.1X에 대한 구체적인 이해가 요구된다. 앞에서부터 꾸준히 학습해왔다면 이미 802.1X에 관한 일정 수준의 지식을 습득했을 것이다. 다시 한 번 앞서 구현했던 시나리오를 머릿속으로 떠올려보길 바란다. 두 번째와 세 번째 시나리오가 어떤 시나리오였는지 기억하는가? 두 시나리오는 모두 사용자 또는 단말기 인증과 관련되어 있다. 두 번째 시나리오에서는 사용자의 계정정보를 이용해 단말기를 인증했고, 세 번째 시나리오의 경우 한 번 인증된 단말기에 대해 맥 주소를 이용해서 사용자 계정을 통한 인증을 대체했다. 스텔스 전환에서는 세 번째 시나리오에서 구현했던 단말기의 맥 주소를 통한 인증을 사용한다.

　가상의 네트워크 환경을 제시하고, 그 네트워크 환경을 이 책에서 구현한 접근통제로 전환하는 절차를 설명하고자 한다. 개략적인 전환 절차는 그림 10-1과 같다.

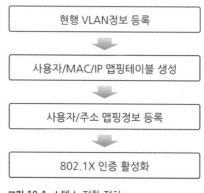

현행 VLAN정보 등록

↓

사용자/MAC/IP 맵핑테이블 생성

↓

사용자/주소 맵핑정보 등록

↓

802.1X 인증 활성화

그림 10-1 스텔스 전환 절차

리스트 10-1 스텔스 전환 대상 사례

[네트워크 상황]

A사의 본사는 8개 층의 건물을 단독으로 사용하고 있으며, 각 층별로 네트워크가 VLAN으로 분리되어 있다. 각각의 VLAN에는 C 클래스 1개 대역의 IP가 할당되어 있다. 이 건물의 7층에는 172.16.100.xxx 대역의 IP 주소가 할당되어 있고 기획관리실, 행정총괄부, 연구총괄부가 위치하고 있다. A사는 네트워크에 접근하는 단말기의 통제를 강화하기 위해 802.1X 접근통제를 도입하기로 했으며, 업무 특성별로 네트워크를 분리해 접근통제도 실시하기로 했다. 그러나 사용자에게 미치는 영향은 최소화하면서 기존 네트워크를 802.1X 접근통제가 적용된 네트워크로 전환하고자 한다. 7층에 근무하는 직원에게 할당된 IP 주소는 표 10-1과 같다.

표 10-1 IP 주소 사용현황

층	VLAN ID	부서명	성명(ID)	맥 주소	IP 주소
7층	70	기획관리실	홍길동(50001)	AA:BB:CC:00:00:01	172.16.100.11
7층	70	기획관리실	차영호(50037)	AA:BB:CC:00:00:02	172.16.100.12
7층	70	행정총괄부	김현석(50008)	BB:AA:CC:00:00:01	172.16.100.21
7층	70	행정총괄부	홍라성(50019)	BB:AA:CC:00:00:02	172.16.100.22
7층	70	연구총괄부	김알지(50005)	CC:BB:AA:00:00:01	172.16.100.91
7층	70	연구총괄부	나박사(50006)	CC:BB:AA:00:00:02	172.16.120.92

10.2.1 현행 VLAN 정보를 인증서버에 등록

스텔스 전환을 위한 가장 첫 단계는 기존에 사용 중인 VLAN 정보를 인증서버에 등록하는 것이다. 기존 VLAN 정보를 인증서버에 등록하기 전에 사용자 인증에서부터 IP 주소 할당까지의 절차를 먼저 살펴보자. 사용자 인증에서 IP 주소 할당까지의 절차를 간략하게 표현하면 그림 10-2와 같다. 갑자기 뜬금없다고 생각될 수 있지만, 이 과정에 대해 명확하게 이해하고 있어야만 스텔스 전환을 성공할 수 있다.

그림 10-2 IP 주소 할당 절차

앞서 구현한 네트워크 접근통제에서는 사용자가 단말기를 네트워크에 연결하려는 경우 인증 과정을 필수적으로 거쳐야 한다. 사용자 인증에 성공한 단말기는 이후로는 단말기의 맥 주소를 통해 인증받게 된다. 사용자 인증 또는 맥 주소 인증을 통과한 단말기는 업무 특성별로 설계된 VLAN 중에서 사용자에게 할당된 VLAN을 할당받는다. VLAN을 할당받은 후 단말기는 DHCP 시스템에서 IP 주소를 할당받는다. 물론 단말기에 할당되는 IP 주소는 단말기가 처음 할당받았던 IP 주소다.

여기서 잠깐! 바로 이곳에 스텔스 전환을 위한 핵심 요소가 녹아 있다. 아마 눈치챈 독자도 있을 것이다. 눈치챘다면 이미 802.1X와 관련된 전문가가 된 것이다.

한 번 사용자 인증을 통과한 단말기는 맥 주소를 통해 인증받는다고 설명했다. 기억을 더듬어보자. 사용자 인증이 완료되면 사용자 인증을 위한 계정정보 테이블에 맥 주소를 등록해 맥 주소 인증을 위한 계정정보로 사용하도록 했다. 그리고 해당 맥 주소에 VLAN(AVP) 그룹정보를 할당해 맥 주소 인증 완료 후 VLAN을 할당받도록 했다. 스텔스 전환은 이 과정을 이용하는 것이다.

A사의 802.1X에서는 표 10-2와 같이 업무 특성에 따라 VLAN을 설계하고 IP 주소대역을 할당했다.

표 10-2 업무 특성을 고려한 VLAN과 IP 주소 서브넷 할당

업무 특성	VLAN ID	할당 IP 주소대역	해당 부서
기획 · 행정 부문	110	172.16.110.0/24	기획관리실, 행정총괄부
연구 부서	120	172.16.120.0/24	연구총괄부, 제1연구부, 제2연구부
보안 부서	130	172.16.130.0/24	전산실, 시설/보안실
방문자용	140	172.16.140.0/24	

(이어짐)

표 10-2의 설정에 따른 802.1X를 빅뱅 방식으로 전환하면 표 10-3과 같이 부서별로 VLAN과 IP 주소를 할당받게 될 것이다.

표 10-3 업무 특성에 따른 VLAN과 IP 주소 할당

층	VLAN ID	부서명	성명(ID)	MAC	IP
7층	110	기획관리실	홍길동(50001)	AA:BB:CC:00:00:01	172.16.110.11
7층	110	기획관리실	차영호(50037)	AA:BB:CC:00:00:02	172.16.110.12
7층	110	행정총괄부	김현석(50008)	BB:AA:CC:00:00:01	172.16.110.13
7층	110	행정총괄부	홍라성(50019)	BB:AA:CC:00:00:02	172.16.110.14
7층	120	연구총괄부	김알지(50005)	CC:BB:AA:00:00:01	172.16.120.11
7층	120	연구총괄부	나박사(50006)	CC:BB:AA:00:00:02	172.16.120.12

이 예에서는 6명의 사원만 표기했지만, 수백 명 이상이 근무하는 회사라면 엄청난 혼란에 시달릴 것이다. 물론 전산담당 부서에 속하지 않은 일부 감각 있는 직원들이 802.1X와 관련된 환경 설정 방법을 빨리 터득해 IT 기기에 익숙하지 않은 동료들의 설정을 도울 수도 있다. 하지만 금융기관과 같은 미션크리티컬Mission Critical한 조직에서는 아무리 좋은 네트워크 접근통제라 하더라도 기존 체제를 하루아침에 뒤엎고 새로운 체제로 이행하기란 결코 쉽지 않은 일이다.

그럼 이제 생각을 바꿔보자. 신규로 적용할 VLAN 설계에 기존 네트워크에서 사용하던 VLAN 정보를 등록하면 표 10-4와 같다. 맨 아래에 7층에서 사용하던 VLAN 정보를 추가했다. 물론 스위치에도 이전에 사용하던 VLAN 70을 등록해줘야 한다.

표 10-4 스텔스 전환에 사용될 VLAN과 IP 주소 서브넷 내역

업무 특성	VLAN ID	할당 IP 주소대역	해당 부서
기획 · 행정 부문	110	172.16.110.0/24	기획관리실, 행정총괄부
연구 부서	120	172.16.120.0/24	연구총괄부, 제1연구부, 제2연구부
보안 부서	130	172.16.130.0/24	전산실, 시설 · 보안실
방문자용	140	172.16.140.0/24	
변경전_7F	70	172.16.100.0/24	변경 전 7층 사용자

이제 표 10-4를 참조해 VLAN 할당과 관련된 테이블에 정보를 등록하자. 이때 radusergroup 테이블과 kp_vlan_info 테이블이 사용된다. 표 10-4는 부서별 업무 특성에 따라 설계한 VLAN 정보와 802.1X 적용 전에 사용되던 VLAN 정보를 radusergroup 테이블에 등록한 것이다. 표 10-4에서 ID 칼럼에 등록된 값은 자동으로 증가하는 값으로, 이전에 등록된 레코드의 존재 유무에 따라 다를 수 있다.

표 10-5 radgroupreply 테이블에 등록된 VLAN 그룹 이름과 속성값

Id	Groupname	Attribute	Op	Value
1	VLAN_110	Tunnel-Type	=	VLAN
2	VLAN_110	Tunnel-Medium-Type	=	IEEE-802
3	VLAN_110	Tunnel-Private-Group-ID	=	110
..	..	..	..	..
..	..	..	..	..
13	VLAN_70	Tunnel-Type	=	VLAN
14	VLAN_70	Tunnel-Medium-Type	=	IEEE-802
15	VLAN_70	Tunnel-Private-Group-ID	=	70

표 10-6은 업무 특성에 따라 설계된 VLAN에서 사용될 IP 주소의 서브넷 정보를 등록한 것이다. 이때 주의해야 할 사항은 ID 칼럼에 등록되는 값은 표 10-6의 VLAN ID 값과 동일한 ID가 등록되어야 한다는 것이다.

표 10-6 kp_vlan_info 테이블에 등록된 VLAN과 IP 주소 서브넷 정보

id	vlan_name	subnet	netmask	broadcast	gateway
110	기획행정 부서	172.16.110.0	255.255.255.0	172.16.110.255	172.16.110.1
120	연구 부서	172.16.120.0	255.255.255.0	172.16.120.255	172.16.120.1
130	보안 부서	172.16.130.0	255.255.255.0	172.16.130.255	172.16.130.1
140	방문자용	172.16.140.0	255.255.255.0	172.16.140.255	172.16.140.1
70	변경전_7F	172.16.100.0	255.255.255.0	172.16.100.255	172.16.100.1

표 10-6과 같이 서브넷 정보를 등록하고 나면 kp_ip_pool 테이블에 서브넷에서 사용될 IP 주소 목록이 생성된다. IP 주소 목록을 확인해 서브넷 정보가 올바르

게 등록되었는지를 검증한다.

이로써 인증서버에는 사용자에게 VLAN 70을 할당할 수 있는 환경이 갖춰졌다. 다만 아직까지 VLAN 70을 할당받을 사용자가 정의되지 않았기에 VLAN 70이 사용자에게 할당되지는 않는다. VLAN 70은 기존에 VLAN 70을 사용하던 사용자에게 할당되도록 해야 한다. 기존의 사용자에게 VLAN 70이 할당되도록 하려면 어떻게 해야 할까? 업무 특성별로 설계된 VLAN은 부서코드에 따라 이미 사용자에게 할당되어 있다. 그래서 사용자가 네트워크에 접속해 인증을 수행하면 부서에 새로 할당된 VLAN을 할당받아 VLAN 70을 할당받을 수 없다. VLAN 70을 할당받게 하기 위해서는 사용자 인증 절차를 생략하고 바로 맥 주소 인증을 받도록 사전에 사용자 단말기의 맥 주소를 VLAN 70을 할당받도록 등록해준다. 다음 절에서 이에 대해 알아보자.

10.2.2 사용자 · 맥 주소 · IP 주소 맵핑 테이블 작성

스텔스 전환을 위한 여러 단계 중에서 가장 중요한 단계는 단말기 사용자, 단말기의 맥 주소 및 IP 주소에 대한 맵핑 테이블을 만드는 일이다. 어쩌면 스텔스 전환 단계에서 가장 까다롭고 시간이 많이 걸리는 단계가 아닐까 생각한다. IT 자산관리 솔루션으로 모든 정보자산을 체계적으로 관리하고 있거나, NAC를 이용해 철저하게 단말기를 통제하고 있는 기관이라면 맵핑 테이블을 작성하기가 그렇지 않은 기관에 비해 수월할 것이다. 그렇다고 하더라도 정확히 파악되지 않는 장비들이 분명히 있다. 대표적인 장비가 프린터나 NAS 등의 장비다. 이러한 장비는 대부분 부서에서 공용으로 사용하기 때문에 관리 부서에서도 사용자를 특정하지 않는 경우가 흔하다. 또한 자산관리나 NAC에서도 대부분 예외 처리로 하고 있어 사용자에 대한 파악은 쉽지 않다. 그래도 자산관리 솔루션이나 NAC가 없는 것보다는 훨씬 낫다고 할 수 있다. 만약 자산관리 솔루션이나 NAC 등의 도구가 없다고 하면 어떻게 맵핑 테이블을 만들 수 있을까? 여러 가지 방법이 있겠지만, 그나마 파악하기 쉬운 그림 10-3의 방법을 소개하고자 한다.

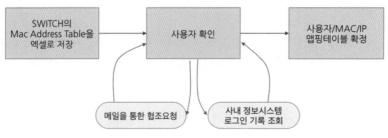

그림 10-3 사용자 · 맥 주소 · IP 주소 맵핑 테이블 작성 절차

첫 번째 단계로, 맥 주소와 IP 주소를 수집해야 한다. IT 자산관리 또는 NAC와 같은 솔루션을 보유하고 있지 않다면, 정보수집을 위한 좋은 방법으로 액세스 스위치 또는 백본 스위치에 저장되는 맥 주소 테이블^{Mac address table}을 활용하는 방법이 효과적일 것이다. 맥 주소 테이블이 스위치에 저장되는 시간이 짧아서 주기적으로 수집해야 하는 단점이 있지만, 네트워크에서 움직이는 대부분의 맥 주소와 IP 주소를 획득할 수 있는 장점이 있다. 스위치에서 확보한 맥 주소와 IP 주소정보를 엑셀 파일에 저장해둔다.

두 번째 단계는 수집된 맥 주소/IP 주소에 대한 사용자 확인이다. 사용자 확인을 위해 두 가지 방법을 이용할 수 있다. 첫째, 직원의 자발적인 협조를 요청하는 방법이다. 전자메일이나 게시판의 공지를 통해 직원 개인이 사용하고 있는 단말기의 IP 주소 회신을 요청하는 것이다. 직원의 협조가 원활하다면 의외로 빠르고 정확하게 맥 주소/IP 주소에 대한 사용자를 파악할 수 있다. 하지만 대부분의 경우 협조가 잘 되지 않는다. 이를 보완하기 위해 정보시스템의 로그인 기록을 통해 접속 사용자별 IP 주소를 확인하고 이를 토대로 맥 주소/IP 주소에 대한 사용자를 확인한다.

사용자 확인 시에는 약간의 강제성을 동원하는 방법도 효과가 있다. IP 주소 실명제를 실시한다고 공지하고, 통보되지 않은 IP 주소는 방화벽 등을 통해 외부 인터넷 접속을 차단하거나 특정 서비스를 차단하는 방식을 적용하면 보다 쉽게 IP 주소의 사용자를 파악할 수 있다.

마지막 단계는 맵핑 테이블의 확정이다. 이 단계에서는 최종적으로 미확인된 맥 주소/IP 주소에 대해 가상의 사용자를 만들어 가상의 사용자에게 할당하고 802.1X

적용을 통해 사용자를 찾아내도록 한다. 사용자를 찾아내는 것은 미인증 단말기를 위한 인증 유도 방법을 응용하면 충분히 구현할 수 있다.

A사의 7층 근무자에 대한 맵핑 테이블은 표 10-7에서 보는 것처럼, 맨 앞에서 제시했던 IP 주소 사용 내역과 같다. 결국 맵핑 테이블은 현재 네트워크 사용자와 단말기에 대한 IP 주소 할당을 기록한 대장과 다를 바 없기 때문이다. 다만 현재의 VLAN 정보가 추가되어 있고 전환이 완료된 후 적용되어야 할 VLAN ID가 추가되어 있는 점만 다를 뿐이다.

표 10-7 기존 네트워크 접속 단말기의 IP 주소 맵핑 테이블

층	VLAN	부서명	성명(ID)	MAC	IP	NEW VLAN
7층	70	기획관리실	홍길동(50001)	AA:BB:CC:00:00:01	172.16.100.11	110
7층	70	기획관리실	차영호(50037)	AA:BB:CC:00:00:02	172.16.100.12	110
7층	70	행정총괄부	김현석(50008)	BB:AA:CC:00:00:01	172.16.100.21	110
7층	70	행정총괄부	홍라성(50019)	BB:AA:CC:00:00:02	172.16.100.22	110
7층	70	연구총괄부	김알지(50005)	CC:BB:AA:00:00:01	172.16.100.91	120
7층	70	연구총괄부	나박사(50006)	CC:BB:AA:00:00:02	172.16.100.92	120

IT 자산관리나 NAC 등의 솔루션을 운영하고 있지 않더라도, 평소에 IP 주소 관리를 꼼꼼히 수행한 관리자라면 802.1X 전환 시에 큰 효과를 볼 수 있다. 그러나 그만큼 쉽지 않은 일이기에 많은 관리자가 IP 주소 관리를 포기한다. 이 책을 통해 효과적인 IP 주소 관리 방법을 배웠으므로, 이제 IP 주소 관리를 포기하지 말자.

10.2.3 인증서버에 맵핑 정보 등록

기존 네트워크에 연결된 단말기의 맵핑 테이블을 만든 다음에는 인증서버에 등록해줘야 한다. 인증서버에 등록하는 일도 그리 어렵지 않다. 그러나 정보를 여러 테이블에 등록하는 과정에서 일부 정보를 누락할 수 있어 주의가 요구된다. 맵핑 정보를 어떤 테이블들에 등록해줘야 할까? 정리하면 그림 10-4와 같다.

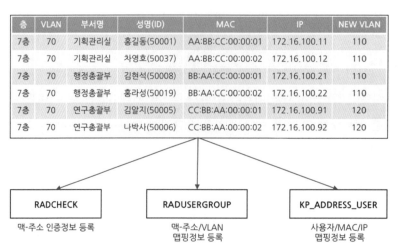

층	VLAN	부서명	성명(ID)	MAC	IP	NEW VLAN
7층	70	기획관리실	홍길동(50001)	AA:BB:CC:00:00:01	172.16.100.11	110
7층	70	기획관리실	차영호(50037)	AA:BB:CC:00:00:02	172.16.100.12	110
7층	70	행정총괄부	김현석(50008)	BB:AA:CC:00:00:01	172.16.100.21	110
7층	70	행정총괄부	홍라성(50019)	BB:AA:CC:00:00:02	172.16.100.22	110
7층	70	연구총괄부	김알지(50005)	CC:BB:AA:00:00:01	172.16.100.91	120
7층	70	연구총괄부	나박사(50006)	CC:BB:AA:00:00:02	172.16.100.92	120

RADCHECK	RADUSERGROUP	KP_ADDRESS_USER
맥-주소 인증정보 등록	맥-주소/VLAN 맵핑정보 등록	사용자/MAC/IP 맵핑정보 등록

그림 10-4 맵핑 정보 등록 대상 테이블

RADCHECK 테이블에 단말기 맥 주소 등록

사용자 계정정보가 아닌 단말기의 맥 주소로 인증받기 위해 맵핑 테이블에 있는 맥 주소 목록을 계정정보가 저장되는 테이블 radcheck에 표 10-8과 같이 등록한다.

표 10-8 radcheck 테이블에 등록된 단말기 맥 주소

Id	Username	Attribute	Op	Value
1	aabbcc000001	Cleartext-Password	:=	aabbcc000001
2	aabbcc000002	Cleartext-Password	:=	aabbcc000002
3	bbaacc000001	Cleartext-Password	:=	bbaacc000001
4	bbaacc000002	Cleartext-Password	:=	bbaacc000002
5	ccbbaa000001	Cleartext-Password	:=	ccbbaa000001
6	ccbbaa000002	Cleartext-Password	:=	ccbbaa000002

맥 주소 인증을 위해 등록되는 계정정보 username과 value 값은 주소를 구분하기 위해 사용하는 콜론(:) 또는 대시(-) 문자가 제거된 맥 주소가 등록되어야 하며, 모든 문자는 소문자로 등록해야 한다. 테이블에 등록된 칼럼의 값 중 ID 칼럼의 값은 자동으로 등록되며, 이전에 등록한 레코드가 존재할 경우 달라질 수 있다.

RADUSERGROUP 테이블에 단말기별 VLAN 그룹 등록

인증에 사용될 계정정보로 단말기의 맥 주소와 단말기에 할당될 이전 네트워크의
VLAN 정보를 등록했다. 단말기별로 이전에 사용하던 VLAN이 할당되도록 하기 위
해서는 각각의 정보를 연결해줘야 한다. 이를 위해 `radusergroup` 테이블에 단말기
의 맥 주소와 표 10-5에서 등록한 `groupname(VLAN_70)`을 표 10-9와 같이 등
록한다.

표 10-9 radusergroup 테이블에 등록된 단말기별 VLAN 그룹 이름

username	groupname	priority
aabbcc000001	VLAN_70	1
aabbcc000002	VLAN_70	1
bbaacc000001	VLAN_70	1
bbaacc000002	VLAN_70	1
ccbbaa000001	VLAN_70	1
ccbbaa000002	VLAN_70	1

KP_ADDRESS_USER 테이블에 단말기 사용자와 할당될 IP 주소 등록

맵핑 정보 등록 마지막 단계는 각각의 단말기에 대한 사용자정보를 등록하고 IP 주
소를 할당하는 것이다. 이 책의 서두에서 IP 주소 관리가 802.1X를 도입하게 된 동
기였다고 설명했다. 이 단계를 생략한다고 해서 사용자가 네트워크에 접속하지 못
하는 것은 아니다. 다만 IP 주소에 대한 실 사용자와 단말기에 할당된 IP 주소를 파
악하지 못할 뿐이다. 이를 방지하기 위해 표 10-7의 IP 주소 맵핑 테이블을 참조해
`kp_user_address` 테이블에 표 10-10과 같이 사용자정보와 IP 주소정보를 등록
한다.

표 10-10 kp_address_user 테이블에 등록된 단말기별 IP 주소

id	username	macaddr	vlan_id	ipaddr
1	50001	aabbcc000001	70	172.16.100.11
2	50037	aabbcc000002	70	172.16.100.12

(이어짐)

id	username	macaddr	vlan_id	ipaddr
3	50008	bbaacc000001	70	172.16.100.21
4	50019	bbaacc000002	70	172.16.100.22
5	50005	ccbbaa000001	70	172.16.100.91
6	50006	ccbbaa000002	70	172.16.100.92

10.2.4 802.1X 활성화

앞서 수행된 세 과정을 통해 기존 네트워크 환경을 802.1X 인증체계로 전환하기 위한 준비가 완료되었다. 이제 네트워크 장비에서 802.1X를 활성화시키기만 하면 사용자에게 미치는 영향을 최소화하면서 전환을 마무리하게 된다.

802.1X 활성화를 위해서는 각각의 스위치에 두 가지 환경 설정이 필요하다. 첫 번째는 전역환경 설정으로 스위치 전체에 802.1X 인증이 적용됨을 선언하는 것으로, 인증서버의 주소와 인증에 사용하는 포트를 정의한다. 802.1X를 위한 전역 환경 설정 내용은 리스트 10-1과 같다. 전역환경 설정에서 주의할 사항은 다음과 같다. 네트워크 환경에 따라 인증서버의 IP 주소와 스위치 인증에 사용되는 키[key] 값이 달라질 수 있으므로, 7행을 입력할 때 정확한 값을 확인하고 입력한다.

리스트 10-1 802.1X 인증을 위한 전역환경 설정

```
1:  aaa new-model
2:  aaa authentication dot1x default group radius
3:  aaa authorization network default group radius
4:  aaa accounting dot1x default start-stop group radius
5:  dot1x system-auth-control
6:  dot1x guest-vlan supplicant
7:  radius-server host 172.30.10.11 auth-port 1812 acct-port 1813 key test123
8:  radius-server vsa send accounting
·9:  radius-server vsa send authentication
10: authentication mac-move permit
```

두 번째는 인터페이스 환경 설정[Interface Configuration]으로, 각각의 스위치 포트에서 802.1X 인증을 활성화시킨다. 사용자 영역에서 사용하는 스위치라 하더라도 사용

자 단말기 외에도 무선 네트워크용 AP, 출입통제를 위한 카드리더기, IP CCTV 등
다양한 장치가 연결된다. 이 때문에 각각의 스위치 포트, 즉 인터페이스에 802.1X
환경 설정을 적용하기 전에 802.1X 인증 대상에서 제외될 단말기를 식별하고 해
당 단말기가 연결된 인터페이스는 802.1X 환경 설정에서 제외하도록 한다. 리스트
10-2는 각각의 인터페이스에 적용할 802.1X 환경 설정 내용이다.

리스트 10-2 802.1X 인증을 위한 인터페이스 환경 설정

```
1:  description ## Dot1X Auth Port ##
2:  switchport mode access
3:  authentication event fail action authorize vlan 998
4:  authentication event no-response action authorize vlan 999
5:  authentication order mab dot1x
6:  authentication priority mab dot1x
7:  authentication port-control auto
8:  mab
9:  dot1x pae authenticator
10: dot1x timeout tx-period 10
11: dot1x max-req 1
12: dot1x max-reauth-req 3
13: dot1x timeout auth-period 2
14: spanning-tree portfast
15: spanning-tree bpduguard enable
```

　　인터페이스에 802.1X 환경 설정을 적용할 때에도 순차적으로 진행한다. 즉
802.1X 적용 대상에 포함되는 인터페이스 전체에 대해 환경 설정을 곧바로 적용하
지 않고, 시험 적용 대상을 선정한 후 802.1X를 활성화한다. 이후 예상하지 못했던
오류가 발생하는지와 정상적으로 동작하는지를 확인하고 점진적으로 적용범위를
확대하도록 한다. 표 10-11과 표 10-12는 리스트 10-1과 리스트 10-2에서 사용
된 명령에 대한 설명이다.

　　스위치에 대한 802.1X 환경 설정 적용을 마친 후, 한 가지 마무리 과정을 더 수
행한다. 공지를 통해 사용자 단말기의 IP 주소 할당 방식을 DHCP로 변경하는 것
이다.

　　이것으로 802.1X 인증체계 도입을 위한 스텔스 전환 과정이 마무리되었다. 이

과정은 사용자의 불편을 최소화할 수 있는 반면에, 관리자의 철저한 준비와 테스트가 요구된다. 규모가 큰 네트워크 관리자라면 준비 과정만으로도 오랜 시간이 소요될 수 있다. 그러나 802.1X 인증과 DHCP 기반의 IP 주소 관리가 제공하는 효용성을 고려한다면 고생한 만큼의 기쁨을 충분히 기대할 수 있을 것이다.

표 10-11 802.1X 전역 환경 설정 명령어

명령	설명	비고
`aaa new-model`	AAA(Authentication, Authorization, Accounting) 활성화(초기값: 비활성화)	
`aaa authentication dot1x default group radius`	IEEE 802.1X를 위한 기본 인증 방법 목록으로 radius 그룹 생성	
`aaa authorization network default group radius`	RADIUS에서 스위치의 행위를 변경 가능하도록 스위치의 인가 기능을 활성화(동적 VLAN 할당을 위해 활성화 필요)	선택사항
`aaa accounting dot1x default start-stop group radius`	모든 RADIUS를 대상으로 IEEE 802.1X 과금(Accounting) 활성화	
`dot1x system-auth-control`	모든 스위치 포트의 IEEE 802.1X 인증 기능 활성화	
`dot1x guest-vlan supplicant`	IEEE 802.1X가 적용된 개별 포트에서 게스트 VLAN이 할당되도록 게스트 VLAN 옵션 활성화	선택사항
`radius-server host {hostname	ip-address} auth-port {auth port number} acct-port {acct port number} key {security key}`	RADIUS 서버정보 등록 • {hostname | ip-address}: RADIUS 서버 IP 주소 • {auth port number}: 인증 요청에 사용되는 UDP 포트 번호(기본설정 1812) • {acct port number}: 과금정보 전송에 사용되는 UDP 포트 번호(기본설정 1813) • {security key}: 스위치와 인증서버 간에 교환되는 데이터의 암호화에 사용되는 키	
`radius-server vsa send {accounting	authentication}`	RADIUS에 정의된 인증 및 인가와 관련된 VSA(Vender Specific Attribute)를 스위치가 인식하고 사용할 수 있도록 설정	선택사항
`authentication mac-move permit`	802.1X 인증을 받은 단말기가 다른 포트로 이동했을 때 재인증을 허용하도록 설정 (mac move 옵션이 허용되지 않은 경우 인증받은 단말기를 다른 포트에 연결하면 violation 에러 발생)	선택사항

표 10-12 인터페이스 환경 설정 주요 명령

명령	설명	비고
`switchport mode access`	스위치 포트 모드를 VLAN 전용으로 설정	
`authentication event fail action authorize vlan {vlan id}`	지정된 인증 방법에 의한 인증이 모두 실패했을 때 스위치 포트에 할당할 VLAN ID 지정	

(이어짐)

명령	설명	비고
authentication event no-response action authorize vlan {vlan id}	단말기로부터 EAP Request/Identity에 대한 응답이 없을 때 스위치 포트에 할당할 VLAN ID 지정	
authentication order {mab | dot1x | webauth}	스위치 포트에서 사용될 인증 방법의 순서 지정 선행 인증 방법이 실패하면 다음 방법 적용	선택사항
authentication priority {mab | dot1x | webauth}	인증 방법의 우선순위 지정	선택사항
authentication port-control auto	인터페이스의 포트 기반 인증 활성화	
Mab	맥 주소 기반 인증 활성화	선택사항
dot1x pae authenticator	인터페이스의 IEEE 802.1X 인증 활성화	
dot1x timeout tx-period {seconds}	EAP Request/Identity 요청 이후 클라이언트가 응답할 때까지 스위치가 기다리는 시간(기본 값: 30초, 허용범위: 1~65535초)	
dot1x max-req {count}	• 클라이언트에 요청한 EAP Request/Identity 프레임 재요청 횟수 지정(기본 값: 2회, 범위: 1~10회) • 지정된 횟수만큼 요청에 대한 응답이 없으면, 클라이언트에 대한 인증 재시작	
dot1x max-reauth-req {count}	클라이언트 인증 재시도 횟수 지정(기본 값: 2회, 허용범위: 1~10회)	
dot1x timeout auth-period {seconds}	클라이언트가 인증에 실패한 후 자격정보를 다시 보내기까지의 대기시간(기본 값: 30초, 허용범위: 1~65535초)	
authentication host-mode {multi-auth | multi-domain | multi-host | single-host }	인터페이스 포트의 호스트 인가 모드 설정 • multi-auth: IEEE 802.1X 인가 포트에 복수의 호스트 연결 허용(최초 접속된 호스트 이후 접속하는 호스트에 대해 개별 인증 수행) • multi-domain: 데이터와 음성 도메인에 속하는 다른 유형의 장치 연결 허용 • multi-host: IEEE 802.1X 인가 포트에 복수의 호스트 연결 허용(최초 접속된 호스트 이후 접속하는 호스트는 인증 과정 없이 연결) • single-host: IEEE 802.1X 인가 포트에 하나의 호스트 연결만 허용	선택사항
authentication timer inactivity {seconds | server}	클라이언트가 네트워크를 사용하지 않을 때 인가 포트를 비인가 상태로 전환하기 위한 대기시간 • seconds: 초 단위 시간 지정(허용범위: 1~65535초) • server: 서버에 지정된 시간값을 사용	선택사항
authentication timer reauthenticate {seconds | server}	인가된 포트에 대한 재인증 시간 • seconds: 초 단위 시간 지정(기본 값: 3600초, 허용범위: 1~65535초) • server: 서버에 지정된 시간값을 사용	선택사항
authentication timer restart {seconds}	클라이언트에 요청한 EAP Request/Identity 요청에 대한 타임아웃 이후, EAP Request/Identity 재요청까지의 대기시간 지정(기본 값: 60초, 허용범위: 1~65535초)	선택사항

(이어짐)

명령	설명	비고
spanning-tree portfast	• 포트의 상태를 Blocking에서 Forwarding 상태로 즉시 변경 • IEEE 802.1X 인증 진행 중 발생하는 타임아웃에 의한 충돌을 회피하기 위해 설정 필요	
spanning-tree bpduguard enable	포트 하단에 스위치 연결 시 자동으로 인터페이스 셧다운(shutdown)을 수행해 bridge loop를 차단	

*상기 명령은 Cisco C2960 IOS 12.2(55r)SE를 기준으로 함

10.3 점진적 전환

마지막으로 점전적 전환에 대해 알아보자. 이 방법은 이름에서도 알 수 있듯이 적용 대상 네트워크를 일정한 기준(층별, 건물별)에 따라 몇 개의 그룹으로 나누고, 그룹별 전환 순서와 일정에 따라 802.1x 적용범위를 점진적으로 확대해 나가는 방법이다.

이 방법은 규모가 큰 네트워크나 네트워크 환경 변화가 비즈니스에 미치는 영향이 큰 네트워크에 적합한 방법으로, 앞서 설명한 빅뱅 또는 스텔스 전환에 비해 오랜 전환시간이 요구된다. 이런 특성은 802.1X 도입을 추진함에 있어 장점이자 단점으로 작용한다. 먼저 단점을 살펴보면, 네트워크 구성과 정보보안정책 운영에서 어려움을 가중시키는 점을 들 수 있다. 당연한 얘기지만, 전환기간 동안에는 기존에 구축된 정적인 네트워크와 새로 구축되는 동적인 네트워크가 혼재하게 된다. 이 때문에 네트워크 구성이나 정보보안정책에 변경이 발생할 때 두 가지 유형의 네트워크를 고려해야 하며, 이는 관리자에게 부담으로 작용한다. 반면에 전환 과정에서 발생하는 문제들을 조기에 파악하고 해결함으로써 사용자에게 미치는 혼란과 불편을 최소화하는 장점이 있다. 정보보안 솔루션을 도입하면서 정책 적용이나 기술적 오류 때문에 난감한 상황에 처했던 경험이 한 번씩은 있을 것이다. 이러한 상황을 피하면서 사용자의 동의와 호응을 이끌어내고자 한다면 점진적 전환이 효과적인 방법이 될 것이다. 이제 구체적으로 점진적 전환의 수행 방법에 대해 알아보자.

점진적 전환은 그림 10-5와 같이 네 단계로 구분해 수행할 수 있다.

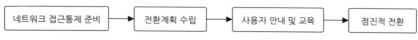

그림 10-5 점진적 전환 절차

네트워크 접근통제의 핵심 기능은 사용자 인증과 인증 결과에 따른 네트워크 접근통제다. 여기서 말하는 네트워크 접근통제는 두 가지 유형의 접근통제를 의미한다. 첫 번째 의미는 사용자 또는 단말기 인증 결과에 따라 네트워크에 대한 접근을 허용할 것인지 차단할 것인지를 결정하는 기능을 말한다. 일반적으로 국내에서 운영되고 있는 대부분의 NAC는 첫 번째 의미의 접근통제를 목적으로 이용되고 있다. 이렇게 된 일차적인 원인은 정적으로 설계된 네트워크 구조에서 찾을 수 있지만, IEEE 802.1X 표준을 구현하지 못하는 기술력의 한계에서도 찾을 수 있다. 두 번째 의미는 사용자 또는 단말기 인증 결과에 따라 연결 대상 네트워크를 동적으로 결정하는 것을 의미한다. 동적인 네트워크 결정은 IP 주소 할당 방식의 변화를 수반한다. 즉, 일반적으로 사용하는 정적 IP 주소 할당 방식에서 동적 IP 주소 할당 방식, DHCP 방식으로 IP 주소를 관리해야 함을 의미하며 인증시스템과 함께 DHCP 시스템의 운영이 필수적으로 요구된다.

첫 번째 단계에서는 앞서 언급한 두 가지 의미에 부합하는 네트워크 접근통제를 구현한다. 이 단계는 인증시스템, IP 주소관리시스템 등의 기술적인 구현뿐 아니라, 비즈니스 특성을 고려한 동적인 네트워크 설계와 네트워크 접근통제정책의 정의를 수행한다. 결국 이 책의 3장에서 9장까지의 전 과정을 포함하며 표 10-13은 영역별 구축 내용을 간략히 정리하고 있다.

표 10-13 접근통제 구현 내용

구분	내용
네트워크 설계	• 업무 또는 부서별 VLAN 설계 • VLAN별 ACL 설계 • VLAN별 IP 주소 서브넷 정의
스위치 환경 설정	• VLAN 정의 및 VLAN 인터페이스 선언 • VLAN 인터페이스 IP 주소 할당 • 스위치 환경 설정 명령 스크립트 준비 • 기존 네트워크 환경 설정 백업

(이어짐)

구분	내용
인증시스템 구현	• 운영체제 설치 및 네트워크 설정 • DHCP 환경 설정 • FreeRadius 환경 설정
캡티브 포털 구현	• 캡티브 포털 구현 • 인증 프로파일 생성 및 등록 • 사용자 안내자료 제작 및 등록
테스트	• 테스트 스위치 환경 설정 • 사용자 인증 및 IP 주소 할당 테스트

두 번째, 전환 계획 수립 단계에서는 전환 대상 네트워크를 몇 개의 그룹으로 나누고 전환 우선순위를 부여한다. 전환 대상 그룹을 나눌 때는 네트워크 환경 변화와 가용성이 비즈니스에 미치는 영향을 고려해야 한다. 네트워크가 비즈니스에 미치는 영향이 크지 않다면 정적 네트워크 구성의 기준인 건물 또는 층 단위로 그룹을 나눌 수 있다. 하지만 네트워크 가용성이 중대한 영향을 미치는 산업기반 시설, 의료, 금융 등의 비즈니스 영역에서는 세밀한 영향도 분석을 실시하고, 결과에 따라 그룹의 크기도 세분화한다. 세분화 정도는 스위치뿐 아니라 각각의 스위치 포트까지 검토할 수 있다.

802.1X가 매우 강력한 네트워크 접근통제 기능을 제공함에도 쉽사리 도입되지 못하는 이유 중 하나는 사용자 단말기에 대한 환경 설정이 어렵다는 점이다. 이를 해소하기 위해 8장에서는 캡티브 포털을 구축해 자동화된 환경 설정도구를 배포하도록 했다. 그렇다면 캡티브 포털만으로 사용자를 802.1X의 세계로 안내할 수 있을까? 사용자 단말기가 캡티브 포털에 연결되도록 하기 위해서는 단말기의 IP 주소 할당 방식을 DHCP로 변경해야 한다. 일반적인 네트워크 환경에서 사용하는 단말기는 대부분 고정 IP 주소를 사용한다. 이 때문에 IP 주소 할당 방식 변경에 대한 안내가 없다면 캡티브 포털에 접속하지 못하고, 802.1X 인증에 필요한 환경 구성 또한 불가능하다. 또한 네트워크 프린터, NAS 등과 같은 802.1X 인증을 지원하지 않는 장치는 어떻게 인증받고 새로운 네트워크 환경에서 사용할 수 있을까? 문제는 이뿐만이 아니다. 내가 경험한 가장 큰 문제점 가운데 하나는 일부 직원의 무조건적인 반대였다.

이와 같은 혼란과 어려움을 효과적으로 극복하기 위해 일반적으로 사용되는 방법이 사용자에 대한 안내와 교육이다. 802.1X를 도입하는 과정에서도 마찬가지다. 802.1X의 강력한 네트워크 접근통제 기능이 관리자에게는 웃음과 기쁨을 줄 수 있는 반면에, 사용자에게는 더 큰 불편으로 느껴질 수 있기 때문이다. 따라서 세 번째 단계에서는 사용자에 대한 안내와 교육을 실시해 새로운 보안체계에 대한 이해도를 높여야 한다. 이를 위해서는 다음 내용을 포함해야 한다. 이 단계야말로 802.1X 적용에 있어서 가장 중요한 과정이 아닐까 싶다.

첫째, 802.1X를 도입하는 목적과 이에 따른 장점을 설명한다. 대체로 정보보안 솔루션은 사용자 입장에서 편리함보다 불편을 가중시킨다는 인식이 강하다. 이를 불식시키기 위해 IP 주소 관리의 편의성 등을 강조해 사용자의 공감을 이끌어내도록 한다.

둘째, 사용자의 단말기 유형에 따른 환경 설정 방법을 제공한다. 앞서 설명했듯이 사용자 단말기는 802.1X를 지원하는 단말기와 그렇지 않은 단말기로 구분할 수 있다. 802.1X를 지원하는 단말기는 관리자의 개입 없이도 환경 설정을 진행할 수 있다. 그러나 802.1X를 지원하지 않는 단말기는 관리자가 단말기의 맥 주소를 인증시스템에 등록해야 한다. 이를 위해 802.1X를 지원하지 않는 단말기정보를 사전에 파악할 수 있도록 구체적인 방법을 포함해야 한다.

셋째, 전환 계획을 구체적으로 설명한다. 802.1X 도입은 불가피하게 네트워크 중단과 업무 중단을 유발한다. 이를 최소화하기 위해 두 번째 단계에서 수립된 전환 계획을 사용자와 공유하고, 사용자의 상황을 고려해 구체적인 일정을 조정해야 한다.

넷째, 사용자에 대한 지원 방법을 안내한다. IT 시스템은 구축 과정이 아닌 운영 과정에서 더 많은 문제점이 도출된다. 이러한 현상은 802.1X 도입 과정에서도 동일하게 나타난다. 문제의 유형은 크게 시스템의 기능에서 발생하는 오류와 시스템에 대한 사용자의 이해 부족에서 발생하는 오류로 구분할 수 있다. 하지만 사용자는 모든 문제를 시스템 오류로 인식한다. 이 때문에 시스템 관리 부서는 시스템 운영과 관련해 사용자 부주의나 이해 부족으로 발생하는 오류들에 대한 가이드라인을 제공해야 하며, 시스템 안정화 기간 동안 활동할 기술지원 조직을 구성하고 이를 사용자에게 안내한다.

이제 마지막 단계로, 802.1X 전환을 이행하는 과정만 남았다. 802.1X 적용에 있어 가장 중요한 단계를 세 번째 단계라고 한다면, 이 마지막 단계는 가장 어려운 단계라고 할 수 있다. 전환 과정에서 지금까지 예측하지 못했던 다양한 상황이 발생하기 때문이다. 이 단계에서 접할 수 있는 최악의 상황은 무엇일까? 네트워크 중단을 최소화해야 하는 단말기가 운영 중인 네트워크에서 802.1X 전환 이후 정상적으로 통신이 이뤄지지 않는 상황일 것이다. 이러한 상황에서 가장 손쉬운 해결 방법은 이전의 네트워크 설정을 복원하는 것이다. 하지만 네트워크 환경 설정에 대한 백업 과정을 생략했다면 상황은 달라진다. 물론 대부분의 관리자가 이와 같은 중차대한 변환을 앞두고 백업을 생략하는 경우는 흔치 않을 것이다. 이뿐 아니라 예측하지 못했던 다양한 문제들로 전환 과정이 원활히 수행되지 않을 수 있다. 이러한 상황에 효과적으로 대응하기 위해 다음 몇 가지 사항을 고려해 전환을 수행한다.

첫째, 전환에 앞서 전환 대상 그룹에 속하는 사용자에게 전환 일정을 공지한다. 세 번째 단계에서 안내와 교육을 실시했다 하더라도, 사용자는 이러한 내용들을 너무도 빨리 기억에서 지워버린다. 따라서 그룹별로 전환을 이행하기 전에 그룹에 속한 사용자에게 전환 일정을 공지해 미리 대비할 수 있도록 한다.

둘째, 전환에 앞서 전환 대상 스위치의 환경 설정을 백업한다. 앞서 설명했듯이 전환 과정에서 문제가 발생했을 때 가장 좋은 해결 방법은 이전의 네트워크 환경으로 복원하는 것이다. 이를 위해서는 전환 전의 네트워크 환경 설정이 요구되며 이를 확보하기 위한 최선의 방법이 백업이다.

셋째, 전환 대상 그룹의 전환에 앞서 하나의 스위치 포트에 대해 전환 테스트를 시행하고 이상 유무를 확인 후 그룹 전체를 전환한다. 물론 이렇게 함으로써 전환에 더 오랜 시간이 소요될 수 있다. 하지만 더 많은 테스트와 검증을 통해 견고한 네트워크 접근통제를 구현할 수 있을 것이다.

넷째, 전환 과정에서 발생하는 사용자의 지원 요청에 신속히 대응한다. 802.1X 도입 과정에서 간과할 수 없는 중요한 요소가 사용자의 공감과 협조다. 세 번째 단계를 통해 사용자에게 802.1X 도입의 필요성과 이로 인한 변화를 충분히 이해시켰다고 하더라도, 전환 과정에서는 예측하지 못한 다양한 문제들이 발생한다. 이는 피할 수 없는 사실이다. 이때 지원 조직을 통해 사용자의 요청에 신속히 대응한다면, 전환 과정에서 발생하는 사용자 혼란을 최소화하고 사용자의 만족도를 향상시킬 수 있다.

다섯째, 전환 이후 발생한 오류의 원인을 파악하는 데 오랜 시간이 걸릴 것으로 예상되면 신속히 이전의 네트워크 환경으로 복원한다. 이는 비즈니스 연속성 측면에서 매우 중요하다. 일반적으로 네트워크 또는 정보보안은 비즈니스의 목적이 아니라 비즈니스를 위한 도구로 이용된다. 만약 네트워크 또는 정보보안 문제로 비즈니스가 중단된다면, 이는 주객이 전도되는 상황인 셈이다. 이 때문에 802.1X 도입 과정에서 장시간 비즈니스 중단을 유발하는 상황이 발생하면, 비즈니스 연속성을 보장하도록 신속한 조치를 취한다.

지금까지 점진적 전환에 대해 알아봤다. 위에서 언급한 절차는 내 경험을 토대로 구성한 것으로 반드시 그 절차를 그대로 따라야 하는 것은 아니다. 독자가 처한 상황, 비즈니스 특성, 네트워크 환경 등을 고려해 절차를 생략하거나 추가할 수 있다. 중요한 것은 사용자의 혼란을 최소화하면서 전환할 수 있는 방법을 모색해야 한다는 점이다. 802.1X 도입의 성공 여부를 결정하는 요인은 관리자와 사용자 모두의 만족이기 때문이다.

참고자료

[참고문헌]

1. 한국정보통신기술협회, 네트워크 접근통제(NAC) 기술동향 파악 및 시험방법론 개발, 한국정보통신기술협회, 2012

2. 임재성, 네트워크접근제어 기술 및 구축방안, (주)경영과컴퓨터, 2006

3. Lawrence Orans and John Pescatore, Strategic Road Map for Network Access Control, Gartner, 2011

4. 802.1X and NAC: Best Practices for Effective Network Access control, BradfordNetworks.com, 2011

5. Jim Geier, Implementing 802.1X Security Solutions for Wired and Wireless Networks, Wiley Publishing, Inc., 2008

6. Edwin Lyle Brown, 802.1X Port-Based Authentication, Auerbach Publications, 2007

7. Ralph Droms and Ted Lemon, The DHCP Handbook Second Edition, SAMS, 2003

8. Dirk van der Walt, FreeRADIUS Begineer's Guide, Packt Publishing, 2011

9. Cisco, Identity-Based Networking Services: MAC Security Deployment Guide, Cisco, 2011

10. Cisco, Deploying IEEE 802.1X, Cisco(http://www.ciscolive365.com), 2011

11. Cisco, Deploying Wired 802.1X, Cisco(http://www.ciscolive365.com), 2011

12. Cisco, Advanced 802.1X Design and Troubleshooting, Cisco(http://www.ciscolive365.com), 2012

13. 진강훈, 후니의 쉽게 쓴 시스코 네트워킹, (주)사이버출판사, 2009

14. 마티어스 칼레 달하이머, 매트 웰시, 러닝 리눅스 5e, O'REILLY, 2005

15. 이소문, 이소문의 엔터프라이즈 리눅스, 대림, 2007

16. KISA, 2014 국가정보보호 백서, KISA, 2014

[웹 페이지]

1. 위키피디아, 블랙베리, http://ko.wikipedia.org/wiki/블랙베리_(스마트폰)

2. 제국호텔, http://blog.daum.net/seon8914/231

3. MySQL, MySQL Documentation, http://dev.mysql.com/doc

4. W3resource, MySQL FUNCTIONS and OPERATORS, http://www.w3resource.com/mysql/mysql-functions-and-operators.php

5. 위키피디아, Captive Portal, http://en.wikipedia.org/wiki/Captive_portal, 2013

6. NAT-Network Adress Translation, http://www.karlrupp.net/en/computer/nat_tutorial, 2013

7. 노정민, 리눅스 라우터 구현 및 넷트웍일반, 월간 프로그램세계, http://www.linux4d.net/lvsp_org/community/source/2nd/html/k.html

8. 녹풍, 아파치 rewrite module 켜서 .htaccess 활성화하기(우분투 기준), http://mytory.net/archives/108, 2012

9. Ubuntu, UFW, https://help.ubuntu.com/community/UFW, 2013

10. Mike Smithers, Oracle Instant Client on Ubuntu…with added Aliens, http://mikesmithers.wordpress.com/2011/04/03/oracle-instant-client-on-ubuntu-with-added-aliens/, 2011

11. Chris Malton, FreeRADIUS and Dynamic VLAN assignment, http://blog.cmalton.me.uk/2012/11/freeradius-and-dynamic-vlan-assignment, 2012

12. Fadiwissa, FreeRadius change authentication table query, http://fadiwissa.wordpress.com/2010/12/16/freeradius-change-authentication-table-query, 2010

13. 위키피디아, 대한민국의 정보 보안 사고 목록, http://ko.wikipedia.org/wiki/대한민국의_정보_보안_사고_목록, 2014

찾아보기

WINDOWS 2000 TCP/IP 문제해결

Debra Littlejohn Shinder, Thomas W. Shinder 지음 | 정형인 옮김
898997500X | 720쪽 | 2002-05-01 | 40,000원

마이크로소프트가 Windows 2000에 구현한 TCP/IP를 다룬 책. Windows 2000 TCP/IP 네트워크를 신축하거나 Windows 2000 TCP/IP로 전환하는 과정을 계획에서 테스팅, 구현에 이르기까지 원만하게 마칠 수 있도록 필수적인 지침을 제공한다. Windows 2000 TCP/IP 연결 문제들을 해결하는 툴과 테크닉에 중점을 둔 이 책은 네트워크 관리자가 꼭 읽어야 할 책이라고 할 수 있다.

임베디드 웹서버를 위한 TCP/IP

Jeremy Bentham 지음 | 박종진, 이동은, 이형수 옮김
8989975093 | 564쪽 | 2002-09-13 | 40,000원

인터넷 프로그래밍 그 신비가 벗겨지다! 간단한 TCP/IP 스택에 대한 플랫폼 독립적인 소스 코드를 포함하는 간편한 TCP/IP 네트워킹에 관한 가이드 북이다. 그리고 제공하기 쉽고 임베디드 애플리케이션에 사용되기에 효율적인 책이다.

시스코 네트워크 보안

Eric Knipp 지음 | 강유 옮김
8989975689 | 784쪽 | 2005-10-13 | 40,000원

이 책에서는 IP 네트워크 보안과 위협 환경에 대한 일반 정보뿐만 아니라 시스코 보안 제품에 대한 상세하고 실용적인 정보를 제공한다. 이 책의 저자진은 실전 경험이 풍부한 업계 전문가들이다. 각 장에서는 PIX 방화벽, Cisco Secure IDS, IDS의 트래픽 필터링, Secure Policy Manager에 이르는 여러 보안 주제를 설명한다. 이 책을 통해 독자는 시스코 네트워크를 보호하는 데 꼭 필요한 지식을 얻을 수 있을 것이다.

TCP/IP 완벽 가이드

Charles M. Kozierok 지음 | 강유, 김진혁, 민병호, 박선재 옮김
9788989975908 | 1,600쪽 | 2007-01-22 | 50,000원

TCP/IP 프로토콜 슈트에 대한 최신 참조 서적으로 초보자와 전문가 모두에게 관심을 끌 만한 내용을 담고 있다. TCP/IP 인터네트워크를 동작시키는 핵심 프로토콜, 가장 중요한 전통적 TCP/IP 애플리케이션들을 자세히 설명하며 IPv6에 대해서도 광범위하게 다룬다. 350개 이상의 그림, 수백 개의 표로 복잡한 개념을 알기 쉽게 설명하고 있다.

와이어샤크를 활용한 실전 패킷 분석

시나리오에 따른 상황별 해킹 탐지와 네트워크 모니터링

크리스 샌더즈 지음 | 김경곤, 장은경 옮김
9788960770270 | 240쪽 | 2007-12-14 | 25,000원

와이어샤크를 이용해 패킷을 캡처하고 분석하는 방법을 익힘으로써 실제 네트워크 환경에서 발생할 수 있는 다양한 시나리오에 대한 문제를 분석하고 해결하는 방법을 배울 수 있다. 네트워크에서 오가는 패킷을 잡아내어 분석해냄으로써, 해킹을 탐지하고 미연에 방지하는 등 네트워크에서 벌어지는 다양한 상황을 모니터링할 수 있다.

엔맵 네트워크 스캐닝
네트워크 발견과 보안 스캐닝을 위한 Nmap 공식 가이드

고든 '표도르' 라이언 지음 | 김경곤, 김기남, 장세원 옮김
9788960771062 | 680쪽 | 2009-11-16 | 35,000원

오픈소스인 엔맵 네트워크 스캐너는 네트워크 발견, 관리, 인벤토리, 보안 감사 용도로 수백만 명이 사용해왔다. 이 책은 엔맵 보안 스캐너의 공식 가이드다. 초보자를 위한 포트 스캐닝의 기초 설명에서 고급 해커들이 사용하는 상세한 로우레벨 패킷 조작 방법에 이르기까지, 이 책은 모든 수준의 보안 전문가와 네트워크 전문가에게 적합하다.

CAN, LIN, FlexRay를 활용한 차량용 네트워크

도미니크 파레 지음 | 강기호 옮김
9788960772120 | 556쪽 | 2011-07-05 | 40,000원

차량용 다중 네트워크 버스(CAN, LIN, 플렉스레이 등)에 대해 기술적 원리, 부품, 구현과 응용 등을 심층적이고 종합적으로 다룬다. 따라서 광범위한 응용이 가능한 임베디드 시스템에 대한 귀중한 가이드로서 전자 공학자와 자동차 산업용 전자 시스템 개발자를 위한 필독서다. 동시에 항공 분야나 첨단 망 기술을 응용하는 데 관심 있는 실무자, 임베디드 시스템 강의를 듣는 학부 4년/대학원생들에게도 유익한 책이다.

해킹 초보를 위한 무선 네트워크 공격과 방어

브래드 하인스 지음 | 김경곤, 김기남 옮김
9788960772175 | 212쪽 | 2011-07-29 | 20,000원

무선 네트워크 세계에서 발생할 수 있는 7가지 주요 공격 방법과 대응 방법을 소개한다. 와이파이 무선 네트워크 기반 공격과, 무선 클라이언트에 대한 공격, 블루투스 공격, RFID 공격, 아날로그 무선 장치 공격, 안전하지 않은 암호, 휴대폰, PDA, 복합 장치에 대한 공격 실패 사례, 공격과 방어 방법에 대한 지식을 얻을 수 있을 것이다.

와이어샤크 네트워크 완전 분석

로라 채플 지음 | 김봉한, 이재광, 이준환, 조한진, 채철주 옮김
9788960772205 | 912쪽 | 2011-08-19 | 50,000원

이 책은 IT 전문가들이 트러블슈팅, 보안과 네트워크 최적화를 위해 사용하는 필수 도구인 와이어샤크를 설명한 책 중 최고의 지침서가 될 것이다. 이 책에서는 패킷 손실, 높은 지연, 적은 패킷 크기, 속도가 느린 클라이언트, 과부하가 걸린 수신자 등과 같은 성능 문제의 원인에 대한 그래프를 만드는 방법을 배우고, 트래픽을 분석할 때 의심 가는 트래픽을 표시하고 '건초더미에서 바늘 찾기' 같은 느낌을 피하기 위해 컬러링 규칙과 전문가 정보 조합 기능을 사용한다.

(개정판) 와이어샤크를 활용한 실전 패킷 분석
상황별 시나리오에 따른 해킹 탐지와 네트워크 모니터링

크리스 샌더즈 지음 | 이재광, 김봉한, 조한진, 이원구 옮김
9788960773288 | 368쪽 | 2012-07-31 | 30,000원

패킷 분석 도구 중 가장 대표적인 와이어샤크를 이용해 패킷을 캡처하고 분석하는 기법을 소개한다. 패킷 분석이란 무엇이고, 어떠한 방법들을 통해 분석할 수 있는지 설명한다. 특히 개정판에서는 와이어샤크의 개선된 기능을 보여주고, 프로토콜에 대해 더욱 자세하게 설명하며, 실제 운영 환경에서 빈번히 발생하는 문제에 대한 45가지에 이르는 완전히 새로운 시나리오를 제시하고 그 문제를 해결하는 과정을 보여준다.

네트워크 트러블슈팅 가이드
프로토콜 계층별 네트워크 장애처리 실무

장혁 지음 | 9788960773813 | 592쪽 | 2012-12-31 | 40,000원

엔지니어가 반드시 알아야 할 프로토콜 계층별 네트워크 장애처리 완벽 가이드. 물리 계층에서 시작해 트랜스포트 계층, 그리고 그 이상에 이르기까지 이더넷 기반으로 IP와 TCP 프로토콜의 계층별 장애 처리 기법을 설명한다. 각 프로토콜 계층의 동작 특성과 이 특성에 따른 장애 처리 시의 확인 사항, 실무에서 발생했던 실제 장애 상황들을 들어, 조치 방안과 장애 처리 과정, 장애 원인 분석과 관련된 기술을 자세히 언급한다.

TCP/IP Illustrated, Volume 1, Second Edition 한국어판
TCP/IP 네트워크 프로토콜의 이해

케빈 폴, 리차드 스티븐스 지음 | 김중규, 이광수, 이재광, 홍충선 옮김
9788960773837 | 1,184쪽 | 2013-01-21 | 58,000원

오늘날의 TCP/IP 프로토콜 모음에 대한 완벽 가이드. 혁신적 수정 사항들을 완전하게 반영했으며, 최신 리눅스, 윈도우, 맥 OS 환경 등의 실제적인 예제를 통해 각 프로토콜이 어떻게 동작하는지를 보여준다. TCP/IP의 동작 원리, 일반적인 조건에서 동작 내용, 또 다양한 애플리케이션이나 네트워크상에서 TCP/IP가 어떻게 적용되는지 이해하기 위한 최적의 안내서다.

GNS3 시뮬레이터를 활용한
시스코 라우팅 완전 분석

정철윤 지음 | 9788960774506 | 1,112쪽 | 2013-07-30 | 50,000원

기본적인 IP 라우팅 동작부터 IP 주소와 각종 마스크에 대해 완벽히 이해하도록 돕고 고급 엔지니어가 되기 위한 필수 항목인 RIP과 EIGRP, OSPF, BGP를 학습하여 시스코 라우터 설정뿐 아니라 네트워크 라우팅 솔루션을 제공하는 능력을 키울 수 있고 새로운 개념의 패킷 포워딩 방식인 MPLS와 차세대 IP 주소인 IPv6의 이해를 통해 다양한 라우팅 기법을 익힌다.

티샤크를 활용한 네트워크 트래픽 분석
와이어샤크의 커맨드라인 버전 TShark

보르카 메리노 지음 | 민병호 옮김 | 9788960774698 | 92쪽 | 2013-09-30 | 12,000원

티샤크(TShark)는 가장 강력한 네트워크 분석 툴인 와이어샤크(Wireshark)와 동일한 기능을 제공하는 커맨드라인 툴이다. 다시 말해 GUI의 한계를 넘어 네트워크 패킷과 프로토콜 분석 업무를 자동화하고자 하는 보안 및 네트워크 전문가에게 보석 같은 존재다. 이 책에는 티샤크를 사용해 업무 효율성을 높이는 네트워크 분석 업무의 정수가 담겨 있다.

와이어샤크 개론
쉽고 빠른 네트워크 분석을 위한 와이어샤크 활용과 최적화

로라 채플 지음 | 이재광, 전태일 옮김
9788960774742 | 404쪽 | 2013-09-30 | 35,000원

IT 전문가들이 문제점 해결, 보안 및 네트워크 최적화를 위해서 사용하는 필수 도구인 와이어샤크에 대해 설명한 책이다. 이 책을 통해 TCP/IP 통신망에 대한 전체적인 프로토콜을 좀더 분명하게 이해하고 이를 기반으로 통신에서 일어나는 문제점을 쉽게 해결하고 필요한 조치를 할 수 있는 능력을 갖출 수 있다.

(개정판) 와이어샤크 네트워크 완전 분석
공인 Wireshark® 네트워크 분석 스터디 가이드

로라 채플 지음 | 이재광, 전태일 옮김
9788960775923 | 1,084쪽 | 2014-08-22 | 50,000원

와이어샤크(Wireshark)는 지난 10여 년간 산업계와 교육기관에서 가장 많이 사용하는 사실상의 표준이다. 이 책은 IT 전문가들이 트러블슈팅, 보안과 네트워크 최적화를 위해 사용하는 필수 도구인 와이어샤크를 설명한 책 중 최고의 지침서다. 이 책의 저자인 로라 채플(Laura Chappell)은 HTCIA와 IEEE의 회원으로, 1996년부터 네트워크와 보안 관련 책을 10여 권 이상 집필한 유명한 IT 교육 전문가이자 네트워크 분석 전문가다.

오픈플로우를 활용한 SDN 입문
네트워크 애플리케이션 개발 플랫폼 실습 가이드

시아마크 아조돌몰키 지음 | 김남곤, 이정효 옮김
9788960776098 | 188쪽 |2014-09-23 | 정가 18,000원

소프트웨어 정의 네트워크(Software Defined Networking)라는 새로운 네트워크 제어 기술에 대한 실무 중심의 소개를 제공한다. 클라우드 환경을 포함한 다양한 네트워크 환경에서의 SDN 적용 실습을 통해 소프트웨어 정의 네트워크의 실체를 직접 확인해 볼 수 있는 여러 가지 가이드를 제공하여, SDN을 통해 기존 네트워크 인프라가 어떻게 변하는지 이해하도록 도와준다. 이를 통해 독자들이 SDN을 실무에 쉽게 적용할 수 있도록 도와주는 것을 목적으로 한다.

파이썬을 활용한 네트워크 프로그래밍
개발자와 관리자를 위한 효율적인 네트워크 애플리케이션 개발

파루크 사커 지음 | 박영훈 옮김
9788960776432 | 288쪽 | 2015-01-27 | 정가 30,000원

네트워크 애플리케이션을 전문적으로 다루려는 개발자부터 시스템 관리자까지 두루 보면서 항상 참고해야 할 책이다. 먼저 파이썬의 네트워크 관련 라이브러리를 활용한 TCP/IP 기반 클라이언트/서버 개발부터 시작해 소켓을 효율적으로 다루는 방법을 알려주고, 외부 라이브러리와 연동해 네트워크 애플리케이션의 성능을 확장한다. 이메일, FTP, CGI 프로그래밍부터 웹 기반 애플리케이션 개발, 웹 서비스를 위한 외부 서비스와 연동하는 방법까지 고르게 설명한다. 더 나아가 시스템 관리자는 원격 관리 작업부터 네트워크 패킷 감시 및 보안 관련 내용을 배운 후 즉시 적용할 수 있다. 이 과정에서 파이썬 기반의 다양한 외부 라이브러리 사용법을 유용하게 활용할 수 있는 기회를 제공한다. 이 책에서 제공되는 파이썬 예제 스크립트는 네트워크 애플리케이션 개발과 시스템 관리에 적용할 수 있다.

네트워크 접근통제 시스템 구축
오픈소스를 활용한 802.1X 기반의 개방형 정보보안 플랫폼 개발

이민철 지음 | 김정호 감수
9788960776586 | 776쪽 | 2015-01-30 | 정가 45,000원

오픈소스를 활용한 개방형 네트워크 접근통제 플랫폼 개발 가이드이자 국내 최초로 802.1X의 모든 것을 담아낸 책이다. 포트 기반의 강력한 네트워크 접근통제를 구현하는 IEEE 802.1X가 스마트 기기의 새로운 트렌드인 BYOD(Bring Your Own Device)를 등에 업고 그 가치를 새롭게 인정받고 있다. 저자의 풍부한 네트워크 및 정보보안 실무 경험을 바탕으로 집필된 이 책은 모든 네트워크 환경이 주목해야 할 실질적인 레퍼런스를 지향할 뿐 아니라, 성공적인 네트워크 접근통제를 위해 네트워크/정보보안 실무자들이 숙지해야 하는 다양한 지식과 기술을 한데 모은 '바이블'로서도 손색이 없다. 전 장에 걸쳐 802.1X 기반 네트워크 접근통제 구현을 위한 8개 시나리오와 환경 설정, DHCP를 이용한 IP 주소 할당, 상황별 접근통제 노하우와 전환 방안 등이 실제 사례와 함께 소개된다. 특히 오픈소스 활용에 중점을 둔 내용 구성은 학습한 내용을 독자들이 실무에 적용하는 데 큰 도움이 될 것이다.

에이콘출판의 기틀을 마련하신 故 정완재 선생님 (1935-2004)

네트워크 접근통제 시스템 구축

오픈소스를 활용한 802.1X 기반의 개방형 정보보안 플랫폼 개발

인 쇄 | 2015년 1월 23일
발 행 | 2015년 1월 30일

지은이 | 이 민 철
감 수 | 김 정 호

펴낸이 | 권 성 준
엮은이 | 김 희 정
        전 도 영
        전 진 태

표지 디자인 | 그린애플
본문 디자인 | 공 종 욱

인 쇄 | (주)갑우문화사
용 지 | 신승지류유통(주)

에이콘출판주식회사
경기도 의왕시 계원대학로 38 (내손동 757-3) (437-836)
전화 02-2653-7600, 팩스 02-2653-0433
www.acornpub.co.kr / editor@acornpub.co.kr

Copyright ⓒ 에이콘출판주식회사, 2015, Printed in Korea.
ISBN 978-89-6077-658-6
ISBN 978-89-6077-449-0 (세트)
http://www.acornpub.co.kr/book/802-1X

이 도서의 국립중앙도서관 출판시도서목록(CIP)은 서지정보유통지원시스템 홈페이지(http://seoji.nl.go.kr)와
국가자료공동목록시스템(http://www.nl.go.kr/kolisnet)에서 이용하실 수 있습니다.(CIP제어번호: CIP2015001885)

책값은 뒤표지에 있습니다.